2024 **박문각 자격증**

전산세무 2급

독공 독하게 공부하자

세3판

이론편

실무편

기출문제

- 국가직무능력표준 **기준안 적용**
  National Competency Standards
- **KcLep 최신 프로그램 및 2024년 세법 개정안 반영**
- **최신 기출문제 (112회~103회) 및 해설 수록**

공경태, 정혜숙, 김현상, 박병규, 강만성 편저

박문각

이 책의 **머리말**

기다렸습니다!

당신에게 행복을 주고 싶어 기다렸습니다.

언제부터인가 나는 당신이 의지할 수 있는 지팡이가 되기를 바라고 있었던 것 같습니다. 마주 앉아 커피 한 잔을 함께 나누면서 미소지을 수 있는 좋은 사람이 되고 싶었습니다. 말하지 않아도 눈빛만으로 마음이 전해지고 도움이 되는 버팀목이 되고 기쁨과 행복감이 넘쳐나는 웃음을 드리고 싶었습니다. 이 책이 당신 인생의 전환점이 되어 머지않은 가까운 날에 고맙다는 말을 건네주기를 진심으로 기다려봅니다.

📖 본서의 특징

> 본서는 2024년 일반기업회계기준과 개정세법을 반영하고 있습니다.

첫째, 30점의 이론시험 철저 대비!!!

이론을 빠짐없이 완벽하게 정리하였습니다.

전산세무 2급부터는 재무회계, 원가회계, 부가가치세, 원천세 등 세무 4과목 이론과 재무회계이론 출제기준 변경부분에서 "회계변경과 오류수정"을 추가하여 학습해야 합니다. 따라서 혼자서도 교재순서에 따라 단원이론 사례문제, 분개연습, 복습을 위한 이론문제 풀이를 통해 학습하면서 완벽하게 이론을 정립하고 체계를 잡을 수 있게 집필하였습니다.

둘째, 시험에 출제되는 계정과목별 분개연습!!!

전산세무회계 자격시험을 포함하여 각종 회계시험에서 합격의 핵심 포인트는 전표처리입니다. 따라서 전산세무 2급 시험에 출제되는 계정과목별로 분개연습문제를 풀어보면서 이해력을 높일 수 있도록 구성하였습니다.

셋째, 독학으로도 70점의 실무시험 완벽 대비!!!

본서만으로도 실무시험을 대비하기 위한 독학이 가능합니다. 합격선이 되는 실무편은 2022년 출제기준이 변경된 것을 반영하여 <u>부가가치세 전자신고와 원천제세 전자신고를 추가하였고</u>, 전산세무회계 자격시험 프로그램을 활용하여 실무시험문제 순서[일반전표입력, 매입매출전표입력, 부가가치세 신고서와 부속서류 작성 및 전자신고, 가산세, 결산, 금융·기타·사업·퇴직·근로소득사업자의 사원등록, 급여자료입력, 연말정산추가자료입력, 중도퇴사자 원천징수와 원천징수이행상황신고서 서식작성 및 전자신고, 법인세 및 세무조정 등]대로 집필하였습니다. 따라서 혼자서도 충분히 실무시험을 완벽하게 준비하기 위한 연습이 가능합니다.

넷째, 최신 기출문제 풀이로 실전 대비!!!

<u>최신 기출문제 10회분을 수록</u>하여 반복적이고 종합적인 문제풀이를 통해 마지막까지 확실한 적응력을 갖출 수 있도록 체계적으로 구성하였습니다.

전산세무회계자격시험을 준비하는 수험생 여러분들을 위한 최적의 교재를 만들기 위해 최선을 다했지만 다소 부족한 부분은 앞으로 계속 보완해 나갈 것을 약속드립니다.

끝으로 본 교재의 출간을 위해 도움을 주신 박문각출판 대표님께 머리 숙여 감사드리며, 교재 출간을 위해 헌신적으로 조언을 아끼지 않으시고 교재편집을 위해 고생하신 박문각출판 편집부 직원들께도 감사의 마음을 전합니다.

저자 공경태, 정혜숙, 김현상, 박병규, 강만성
감수위원 박은정, 김보미

이 책의 **학습안내**

전산세무회계 시험개요

❶ 목적

전산세무회계의 실무처리능력을 보유한 전문인력을 양성할 수 있도록 조세의 최고전문가인 1만여 명 세무사로 구성된 한국세무사회가 엄격하고 공정하게 자격시험을 실시하여 그 능력을 등급으로 부여함으로써, 학교의 세무회계 교육방향을 제시하여 인재를 양성시키도록 하고, 기업체에는 실무능력을 갖춘 인재를 공급하여 취업의 기회를 부여하며, 평생교육을 통한 우수한 전문인력 양성으로 국가발전에 기여하고자 함

❷ 시험시간

종목	전산세무회계			
등급	전산세무 1급	전산세무 2급	전산회계 1급	전산회계 2급
시험시간	15:00~16:30	12:30~14:00	15:00~16:00	12:30~13:30
	90분	90분	60분	60분

❸ 2024년 시험일정

회차	원서접수	장소공고	시험일자	발표
제112회	01.04. ~ 01.10.	01.29. ~ 02.04.	02.04.(일)	02.22.(목)
제113회	02.28. ~ 03.05.	04.01. ~ 04.06.	04.06.(토)	04.25.(목)
제114회	05.02. ~ 05.08.	05.27. ~ 06.01.	06.01.(토)	06.20.(목)
제115회	07.04. ~ 07.10.	07.29. ~ 08.03.	08.03.(토)	08.22.(목)
제116회	08.29. ~ 09.04.	09.30. ~ 10.06.	10.06.(일)	10.24.(목)
제117회	10.31. ~ 11.06.	12.02. ~ 12.07.	12.07.(토)	12.26.(목)

📖 학습준비

[수험용 프로그램(케이렙) 다운로드]

① 한국세무사회 전산세무회계자격증 사이트(http://license.kacpta.or.kr)에 접속한다.

② 홈페이지 하단의 [케이렙(수험용) 다운로드]를 클릭하여 [KcLep 수험용 프로그램]을 클릭한다.

③ 해당 화면이 나타나면 다운로드를 선택하여 바탕화면에 옮긴다.

④ 바탕화면에 있는 아이콘[KcLep Setup 수험용 프로그램]을 더블클릭하여 실행시켜 [사용권 계약의 조항에 동의합니다]를 체크하여 "다음" 버튼을 누른다.

⑤ 시스템 최적화모드를 거쳐서 최종 프로그램 설치가 완료된 화면이 나타난다.

이 책의 **학습안내**

[실무수행 및 기출문제 백데이터 다운로드]

① 박문각 출판사 홈페이지(https://www.pmgbooks.co.kr)에 접속한다.

② 화면 상단의 [학습자료실]을 클릭하고, 좌측 화면의 [학습자료실] - [전산세무회계]를 클릭한다.

③ 자료실 리스트 중 [2024 독공 전산세무 2급 백데이터]를 클릭하여 자료를 바탕화면에 다운로드한다.

④ 다운로드한 백데이터 파일을 더블클릭하여 설치한다.

[실무수행 및 기출문제 백데이터 불러오기]

① 케이렙 프로그램 아이콘 을 더블클릭하여 실행한다.

② 케이렙 화면에서 [회사등록]을 선택한다.

③ [회사등록] 화면에서 [회사코드재생성]을 선택하고 [예]를 클릭한다.

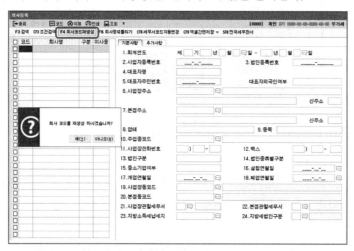

④ 이후, 풀고자 하는 회사코드를 이용하여 실습하면 된다.

[백데이터 삭제하기]

① C:₩KcLepDB₩KcLep 폴더로 이동한다.

② 언더바(_)가 표시된 파일을 제외한 모든 폴더를 선택한 후 삭제한다.

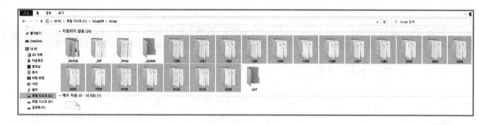

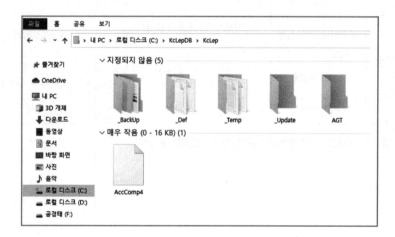

③ 이후에 본 교재에 있는 [실무수행 및 기출문제 백데이터 불러오기] 화면을 보고 재설치한다.

이 책의 **학습안내**

🔟 2022년부터 변경되는 실무시험편- 전자신고 추가

국가공인 전산세무 1급, 2급 자격시험 평가 범위를 다음과 같이 변경한다.
변경된 평가범위는 2022년 4월 10일(제101회) 시험부터 반영된다.

구분		기존	개정(2022)
전산세무 1급 (실무)	재무회계, 원가회계	거래자료입력, 결산자료입력	거래자료입력, 결산자료입력
	부가가치세	매입 · 매출 거래자료 입력 부가가치세 신고서의 작성	매입 · 매출 거래자료 입력 부가가치세 신고서의 작성 및 전자신고
	원천제세	원천제세 전반	원천제세 전반 및 전자신고
	법인세무조정	법인세무조정 전반	법인세무조정 전반
전산세무 2급 (실무)	재무회계, 원가회계	거래자료입력, 결산자료입력	거래자료입력, 결산자료입력
	부가가치세	매입 · 매출 거래자료 입력 부가가치세 신고서의 작성	매입 · 매출 거래자료 입력 부가가치세 신고서의 작성 및 전자신고
	원천제세	원천징수와 연말정산 기초	원천징수 및 전자신고, 연말정산 기초

※ 국세청 홈택스 전자신고 변환방법은 실무편에서 학습하기로 한다.

CONTENTS

이 책의 **차례**

이 책의 **차례**

PART
03

전산세무 2급
기출문제(이론 + 실무)

PART
04

전산세무 2급
기출문제 정답 및 해설

전산세무 2급
이론

01 | NCS를 적용한 재무회계 이해

제1절 회계의 기본원리

01 회계의 기본개념

1) 회계의 정의

회계는 기업경영을 수행하는 과정에서 특정 경제적 사건에 대하여 회계정보 이용자가 합리적인 판단이나 의사결정을 할 수 있도록 기업 실체에 대한 유용한 경제적 정보를 식별·측정·전달하는 과정이다.

2) 회계의 분류

구분	재무회계	관리회계	세무회계
특징	결산보고 회계	의사결정 및 업적평가회계	세무조정회계
목적	기업의 이해관계자에게 필요한 정보 제공 (외부보고목적)	경영자의 관리의사결정에 필요한 정보 제공 (내부보고목적)	세무조정을 통한 과세표준 및 세액산출(신고목적)
정보 이용자	주주, 채권자, 정부, 거래처, 고객 등	경영자 등 내부정보이용자	국세청, 세무서 등 정부기관
작성 근거	일반적으로 인정된 회계원칙	일정한 작성기준 없음	법인세, 소득세, 부가가치세법
회계 대상	과거 지향적, 화폐적	미래 지향적, 비화폐적	과거 지향적
보고 양식	재무제표	특정한 보고양식 없음	법인세신고서, 소득금액조정 합계표

3) 회계단위와 회계연도

① 회계단위 : 회계 사건으로 인하여 재무정보의 증감변화나 그 원인을 기록·계산하기 위해서는 기록·계산 범위를 한정할 필요가 있는데 이와 같은 기록·계산의 범위, 즉 장소적 범위를 말한다.

② 회계연도 : 기업의 재무상태와 경영성과를 명백히 파악하기 위해서 적당한 기간으로 구분 설정하는 것을 회계연도 또는 회계기간이라고 하며 기업회계기준에서는 1년을 초과할 수 없다고 되어 있다.

02 회계의 개념체계(=회계의 기본구조)

1) 회계의 목적(재무보고 목적)

① 투자 및 신용의사결정에 유용한 정보를 제공한다.

② 미래 현금흐름 예측에 유용한 정보를 제공한다.

③ 재무상태, 경영성과, 현금흐름 및 자본변동에 관한 정보를 제공한다.

④ 경영자의 수탁책임 평가에 유용한 정보를 제공한다.

2) 회계의 기본공준

재무제표의 기록·측정·보고에 중요한 영향을 주는 환경적 가정이 되며, 재무제표를 작성하고 공시하는 데 있어서도 기초가 되는 기본적인 공준을 말한다.

① **기업실체의 공준** : 기업이 소유주와는 독립적으로 존재하는 하나의 회계단위로 간주하고 이 회계단위의 입장에서 그 경제활동에 대한 재무적 정보를 측정·보고하는 것을 말한다.

② **계속기업의 공준** : 한번 설립된 기업은 본래 목적을 달성하기 위하여 장기적으로 계속하여 존재한다는 가정으로 다음과 같은 특징이 있다.

　　㉠ 기업의 자산을 역사적원가(취득원가)로 평가하는 것

　　㉡ 유형자산의 취득원가를 내용연수의 기간 내에 비용으로 배분하는 감가상각의 회계처리

　　㉢ 자산이나 부채를 유동성 순서에 따라 분류하는 것

③ **기간별보고의 공준** : 한 기업실체의 존속기간을 일정한 기간단위로 분할하여 각 기간별로 재무제표를 작성하여 유용한 정보를 적시성 있게 보고하는 공준을 말한다.

3) 회계정보의 질적 특성

회계정보가 의사결정에 유용하도록 갖추어야 할 정보의 질적 특성을 말한다.

① **이해가능성**

회계정보가 정보이용자의 유용한 의사결정에 사용되려면 재무제표를 통해 제공된 정보는 이용자에 의해 쉽게 이해될 수 있어야 한다.

② **목적적합성**

　　㉠ **예측가치** : 회계정보이용자가 기업실체의 미래 재무상태, 경영성과, 현금흐름 등을 예측하는 데 그 정보가 활용될 수 있는 능력을 말한다.

　　㉡ **피드백가치** : 과거의 기대치와 예측치를 확인 또는 수정함으로써 회계정보이용자의 의사결정에 영향을 미칠 수 있는 정보의 자질을 말한다.

　　㉢ **적시성** : 정보이용자의 의사결정에 영향을 주기 위해 의사결정시점에 필요한 정보를 적시에 제공해야 한다는 것을 의미한다.

③ **신뢰성**

　　㉠ **표현의 충실성** : 회계정보가 신뢰를 갖기 위해서는 그 정보가 나타내고자 하거나 나타낼 것이 합리적으로 기대되는 거래나 그 밖의 경제적 실질사건을 충실하게 표현하여야 한다.

  ⓛ 중립성 : 회계정보가 신뢰성을 갖기 위해서는 정보에 대한 편의가 없어야 한다.

  ⓒ 검증가능성 : 다수의 독립적인 측정자가 동일한 경제적 사건이나 거래에 대하여 동일한 측정방법을 적용한다면 유사한 결론에 도달할 수 있어야 함을 의미한다.

④ 질적 특성 간의 상충관계

회계정보의 목적적합성과 신뢰성은 서로 상충되기도 하므로 상충관계를 고려한 질적 특성 간의 균형이 필요하다.

구분	목적적합성	신뢰성	구분	목적적합성	신뢰성
주식평가	공정가치법 (시가법)	원가법	재무제표	반기 재무제표	연차 재무제표
손익인식	발생주의	현금주의	공사수익	진행기준	완성기준
재고자산	저가법	원가법	측정기준	현행가치	역사적원가

⑤ 회계정보의 2차적 특성

  ㉠ 비교가능성 : 회계정보를 다른 기간 또는 다른 기업과 비교할 수 있는 질적 특성을 의미하며 이는 회계정보의 유용성을 제고한다.

> ■ 기간별 비교가능성(계속성, 일관성) : 회계처리에 관한 기준 및 추정은 기간별 비교가 가능하도록 매기 계속하여 적용하고 정당한 사유 없이 이를 변경하여서는 아니 된다.
> ■ 기업간 비교가능성(통일성) : 특정기업의 정보를 다른 기업의 유사한 정보와 비교할 수 있는 속성이다.

  ㉡ 중요성 : 어떤 정보가 누락되거나 왜곡되게 표시되어 재무제표에 기초한 이용자의 경제적 의사결정에 영향을 미친다면 이는 중요한 정보이다. (예 소액이라도 소모품비로 표시한 경우)

4) 보수주의

회계처리과정에서 2가지 이상의 선택 가능한 방법이 있는 경우에는 재무적 기초를 견고히 하는 관점에서 처리되어야 한다는 것을 말하며 재무제표 작성 시에는 당기순이익을 낮게 보고하는 것도 해당된다. (예 자산을 저가주의, 수익은 낮게, 비용은 높게 보고하는 경우)

✅ 이론문제 | 회계의 기본원리

01 다음 중 회계의 궁극적인 목적으로 볼 수 있는 것은?

① 기업 내에서 일어나는 모든 거래 사실을 기록, 분류, 요약한다.

② 기업의 모든 이해관계자에게 의사결정을 위한 유용한 회계정보를 제공한다.

③ 기업이 자금조달을 원활히 할 수 있도록 채권자에게 경영상황을 보고한다.

④ 기업의 소유주인 주주를 위해 기업의 경제적 사실을 화폐로 측정하여 보고한다.

02 금액이 작은 사무용 또는 청소용 소모품은 자산으로 계상하거나 구입된 기간의 비용으로 기입할 수 있다. 소모품을 구입한 기간에 소모품비라는 비용으로 기록하는 회계처리의 근거는 무엇인가?

① 발생주의 ② 보수주의
③ 수익비용대응 ④ 중요성

03 다음 중 회계정보가 갖추어야 할 질적 특성에 대한 설명으로 틀린 것은?

① 예측가치란 정보이용자가 기업실체의 미래 재무상태, 경영성과, 순현금흐름 등을 예측하는 데에 그 정보가 활용될 수 있는 능력을 의미한다.

② 피드백가치란 제공되는 회계정보가 기업실체의 재무상태, 경영성과, 순현금흐름 등에 대한 정보이용자의 당초 기대치를 확인 또는 수정되게 함으로써 의사결정에 영향을 미칠 수 있는 능력을 말한다.

③ 중립성이란 동일한 경제적 사건이나 거래에 대하여 동일한 측정방법을 적용할 경우 다수의 독립적인 측정자가 유사한 결론에 도달할 수 있어야 함을 의미한다.

④ 표현의 충실성은 재무제표상의 회계수치가 회계기간말 현재 기업실체가 보유하는 자산과 부채의 크기를 충실히 나타내야 한다는 것이다.

04 다음의 회계정보의 질적 특성과 가장 관련이 높은 것은?

> 어떤 기업실체의 투자자가 특정 회계연도의 재무제표가 발표되기 전에 그해와 그 다음해의 이익을 예측하였으나 재무제표가 발표된 결과 당해 연도의 이익이 자신의 이익 예측치에 미달하는 경우 투자자는 그 다음해의 이익 예측치를 하향 수정하게 된다.

① 목적적합성 ② 비교가능성
③ 중요성 ④ 신뢰성

05 다음 중 재무보고의 목적이 될 수 없는 것은?

① 투자 및 신용의사결정에 유용한 정보를 제공한다.

② 미래 현금흐름예측에 유용한 정보를 제공한다.

③ 경영자의 의사결정에만 유용한 정보를 제공한다.

④ 경영자의 수탁책임 평가에 유용한 정보를 제공한다.

06 회사는 미래에도 계속적으로 정상적인 영업 활동을 영위할 것이라는 전제하에 역사적 원가주의의 근간이 되는 회계의 기본공준은?

① 기업실체의 공준
② 계속기업의 공준
③ 기간별보고의 공준
④ 발생주의

07 다음 중 보수주의에 대한 설명으로 틀린 것은?

① 보수주의는 재무적 기초를 견고히 하기 위하여 이익을 과소하게 보고하는 방법이다.
② 물가 하락 시에는 후입선출법에 의하여 기말재고를 평가한다.
③ 상각방법으로 정액법보다는 정률법을 적용한다.
④ 저가법을 적용하여 재고자산을 평가할 때에도 종목별 저가법을 적용한다.

08 다음 중 회계의 기본공준에 대한 설명으로 틀린 것은?

① 회계의 기본공준은 회계이론과 실제를 이끌어 나가기 위한 공준이라고 할 수 있다.
② 기업실체의 공준은 개인기업의 경우 기업과 기업주의 가정을 하나의 동일한 실체로 보아 회계처리를 하여야 한다는 공준이다.
③ 계속기업의 공준은 기업이 영속적으로 혹은 적어도 미래 예측 가능한 기간 동안 존재하여 경제활동을 수행할 것이라는 공준이다.
④ 기간별보고의 공준은 한 기업실체의 존속기간을 일정한 기간단위로 분할하여 각 기간별로 재무제표를 작성하여 유용한 정보를 적시성 있게 보고하는 공준을 말한다.

09 수탁책임의 이행여부를 평가할 수 있는 정보를 포함하게 해주며, 재무제표가 보고해야 하는 회계정보의 범위를 규정해주는 재무제표의 기본전제는 무엇인가?

① 계속기업   ② 기업실체
③ 화폐단위측정   ④ 기간별보고

📌 이론문제 정답 및 해설

01 ② 회계의 궁극적인 목적은 기업의 모든 이해관계자에게 의사결정을 위한 유용한 회계정보를 제공하는 것이다.

02 ④ 중요성에 대한 설명이다.

03 ③ 중립성이 아닌 검증가능성에 대한 설명이다.

04 ① 피드백가치를 설명하는 것으로 목적적합성 하부속성에는 예측가치, 피드백가치, 적시성이 포함된다.

05 ③ 경영자의 의사결정에만 한하지 않는다.

06 ② 계속기업의 공준에 대한 설명이다. 재무제표를 작성하는 데 있어서 기초가 되는 기본적 전제를 회계의 기본공준이라 한다.

07 ② 보수주의 사례로서는 재고자산의 저가평가, 미실현이익의 계상배제, 우발부채의 즉시인식, 감가상각방법으로서 정률법 적용, 공사손실의 즉시인식, 물가상승 시 후입선출법에 의한 기말재고자산평가, 장기공사 시 진행기준보다는 완성기준 적용 등이 있다.

08 ② 기업실체의 공준은 회계보고대상으로서의 범위를 결정하는 기준으로서 이에 의하면 개인기업의 경우 기업과 기업주의 가정은 독립적인 실체로 보아 회계처리를 하여야 한다.

09 ② 기업실체의 전제는 특정실체가 재무제표를 작성함에 있어 그 재무제표에 포함시킬 정보범위 결정기준이 된다.

제2절 재무제표 작성표시 및 구성요소

01 재무제표 작성표시

1) 재무제표의 범위

중간기간을 포함한 모든 회계기간에 대하여 작성하는 재무제표에 적용하고 우리나라의 일반기업회계기준에 의거한 재무제표는 다음과 같이 구성된다. 명칭사용은 재무상태표(재무상태보고서), 손익계산서(경영성과보고서)와 같이 보충적으로 병기할 수 있다.

① **재무상태표** : 일정시점에 기업의 재무상태를 표시하여 주는 정태적 보고서이다.

② **손익계산서** : 일정기간 동안에 기업의 경영성과를 나타내는 동태적 보고서이다.

③ **현금흐름표** : 일정기간 동안에 기업의 현금흐름을 나타내는 동태적 보고서이다.

④ **자본변동표** : 일정기간 동안에 기업의 자본 변동내용을 표시하여 주는 동태적 보고서이다.

⑤ **주석** : 재무제표의 계정과목 다음에 특정한 부호를 붙이고 난외 또는 별지에 동일한 부호를 표시하고 그 내용을 간략히 설명해 주는 것을 말한다.

2) 재무제표 작성표시

① **계속기업** : 경영진이 청산·경영활동 중단의도 및 중단 외의 현실적 대안이 없는 경우가 아니면 계속기업을 전제로 재무제표를 작성한다.

② **작성책임과 공정표시** : 재무제표의 작성책임은 경영진에게 있다. 일반기업회계기준에 따라 적정하게 작성된 재무제표는 공정하게 표시된 재무제표로 보고 작성된 사실은 주석으로 기재해야 한다.

③ **항목구분과 통합표시** : 중요한 항목은 구분하여 표시하고, 중요치 않은 항목은 유사한 항목과 통합하여 표시 가능하다.

④ **비교재무제표 작성** : 전기재무제표의 모든 계량정보를 당기와 비교하는 형식으로 표시하고, 전기재무제표의 비계량정보가 당기재무제표를 이해하는 데 필요한 경우에는 이를 당기의 정보와 비교하여 주석에 기재한다.

⑤ **재무제표의 보고양식** : 기업명, 보고기간종료일 또는 회계기간, 보고통화 및 금액단위를 표시한다.

02 재무상태표의 구성요소

1) 자산

과거의 거래나 사건의 결과로서 현재 기업실체에 의해 지배되고 미래 경제적 효익을 창출할 것으로 기대되는 자원을 말한다.

① 유동자산의 구분기준

　　㉠ 사용의 제한이 없는 현금 및 현금성자산

　　㉡ 기업의 정상적인 영업주기 내에 실현될 것으로 예상되거나 판매목적 또는 소비목적으로 보유하고 있는 재고자산과 회수되는 매출채권이 보고기간 종료일로부터 1년 이내에 현금화 또는 실현될 것으로 예상되는 자산

　　㉢ 단기매매 목적으로 보유하는 자산

　　㉣ 예외적으로 장기미수금과 투자자산에 속하는 매도가능증권·만기보유증권 등의 비유동자산 중 1년 이내 실현부분은 유동자산으로 분류한다.

② 비유동자산의 구분기준 : 보고기간 종료일로부터 1년 이후에 현금화할 수 있는 자산을 말한다.

2) 부채의 구분기준 및 요소

과거의 거래나 사건의 결과로서 현재 기업실체가 부담하고 미래에 자원의 유출 또는 사용이 예상되는 의무를 말한다.

① 유동부채와 비유동부채의 구분기준

원칙	1년을 기준으로 유동부채와 비유동부채로 분류함
예외	• 정상영업주기 내에 소멸할 것으로 예상되는 매입채무와 미지급비용 등은 보고기간 종료일로부터 1년 이내에 결제되지 않더라도 유동부채로 분류함 • 당좌차월, 단기차입금, 유동성장기차입금 등은 보고기간 종료일로부터 1년 이내에 결제되어야 하므로, 영업주기와 관계없이 유동부채로 분류함 • 비유동부채 중 보고기간 종료일로부터 1년 이내에 자원의 유출이 예상되는 부분은 유동부채로 분류함 • 보고기간 종료일로부터 1년 이내에 상환되어야 하는 채무는, 보고기간 종료일과 재무제표가 사실상 확정된 날 사이에 보고기간 종료일로부터 1년을 초과하여 상환하기로 합의하더라도 유동부채로 분류함 • 보고기간 종료일로부터 1년 이내에 상환기일이 도래하더라도, 기존의 차입약정에 따라 보고기간 종료일로부터 1년을 초과하여 상환할 수 있고 그런 의도가 있는 경우는 비유동부채로 분류함 • 장기차입약정을 위반하여 채권자가 즉시 상환을 요구할 수 있는 채무는, 보고기간 종료일과 재무제표가 사실상 확정된 날 사이에 상환을 요구하지 않기로 합의하더라도 유동부채로 분류함

3) 자본

기업실체의 자산총액에서 부채총액을 차감한 잔여액, 순자산으로서 기업실체의 자산에 대한 소유주 잔여청구권, 소유주 지분, 순자산이라고도 한다.

4) 재무상태표의 유용성 및 작성기준

재무상태표는 손익계산서와 함께 상호보완적인 정보를 제공해 주며 특히 기업의 위험 및 현금
흐름, 기업의 지급능력, 채권자 등에게 채무상환능력에 대한 유용한 정보를 제공한다. 또한 기업
의 재무구조에 대한 정보를 제공하기 때문에 기업의 안정성 등을 파악할 수 있게 하는 유용성이
있다.

구분	작성기준
구분표시의 원칙	자산은 유동자산과 비유동자산으로, 부채는 유동부채와 비유동부채로 구분하고 자본은 자본금, 자본잉여금, 자본조정, 기타포괄손익누계액, 이익잉여금으로 구분한다.
총액표시	자산, 부채, 자본은 총액 기재함을 원칙으로 하고 상계표시 금지한다. 다만 대손충당금, 감가상각누계액 등의 평가성계정은 차감하는 형식과 직접 차감하여 순액으로 표시할 수도 있으며 그 사항을 주석으로 기재한다.
유동·비유동기준	자산과 부채는 1년 기준뿐만 아니라 정상 영업주기를 기준으로 작성한다.
유동성배열법	재무상태표가 기재하는 자산과 부채의 항목은 유동성이 높은 항목부터 배열한다.
특정비용이연원칙	장래의 기간에 수익과 관련이 있는 특정한 비용은 차기 이후의 기간에 배분하여 처리하기 위해 재무상태표에 자산으로 기재할 수 있다.
잉여금 구분의 원칙	자본거래에서 발생한 자본잉여금과 손익거래에서 발생한 이익잉여금을 구분하여 표시한다.
미결산계정, 비망계정 표시 금지	가지급금, 가수금, 현금과부족, 미결산 등의 항목은 그 내용을 나타내는 적절한 과목으로 표시하고 대조계정 등의 비망계정은 재무상태표의 자산 또는 부채항목으로 표시하여서는 아니 된다.
재무제표의 보고양식	기업명, 보고기간종료일 또는 회계기간, 보고통화 및 금액단위를 표시한다.

◢ 03 손익계산서의 이해

1) 손익계산서 구성요소 및 양식

① **수익** : 제품의 판매나 생산, 용역제공 및 경제실체의 경영활동으로부터 일정기간 동안 발생
하는 자산의 유입이나 증가 또는 부채의 감소에 따라 자본증가를 초래하는 경제적 효익의
증가로 정의된다.

② **비용** : 제품의 판매나 생산, 용역제공 및 경제실체의 경영활동으로부터 일정기간 동안 발생
하는 자산의 유출이나 소멸 또는 부채의 증가에 따라 자본감소를 초래하는 경제적 효익의
감소로 정의된다.

③ 일반기업회계기준에 의한 보고식 손익계산서

손익계산서

(주)박문각   20××.1.1 ~ 20××.12.31   (단위 : 원)

계정과목	금액
Ⅰ. 매 출 액 (수 익)	300,000,000
Ⅱ. 매 출 원 가 (비 용)	200,000,000
Ⅲ. 매 출 총 이 익	100,000,000
Ⅳ. 판 매 비 와 관 리 비 (비 용)	60,000,000
Ⅴ. 영 업 이 익	40,000,000
Ⅵ. 영 업 외 수 익 (수 익)	10,000,000
Ⅶ. 영 업 외 비 용 (비 용)	10,000,000
Ⅷ. 법 인 세 차 감 전 순 이 익	40,000,000
Ⅸ. 법 인 세 등 (비 용)	4,000,000
Ⅹ. 당 기 순 이 익	36,000,000

2) 손익계산서 인식기준

① **총액표시** : 수익과 비용은 각각 총액으로 표시한다.

② **구분표시** : 매출액, 매출원가, 판매비관리비, 영업손익, 영업외수익, 영업외비용, 법인세차감
전순이익, 법인세비용, 당기순이익, 주당순이익으로 구분표시한다.

③ **수익비용대응원칙** : 일정 회계기간에 실현된 수익 및 동 수익과 관련되어 발생된 비용을 동일
회계기간으로 인식함으로써 당해 회계기간의 이익을 합리적으로 산출해야 한다는 원칙을
말한다.

④ **발생주의 및 실현주의** : 발생주의는 현금주의와 상반된 개념으로, 현금의 수수와는 관계없이
수익은 실현되었을 때 인식되고, 비용은 발생되었을 때 인식되는 개념이다.

◢ 04 현금흐름표 ▸ Chapter 01 제4절 현금흐름표 회계처리 참조

기업실체의 현금흐름에 대한 정보를 제공하는 현금흐름표의 기본요소는 영업활동 현금흐름, 투자
활동 현금흐름 및 재무활동 현금흐름이다. 직접법과 간접법으로 인식한다.

◢ 05 자본변동표 ▸ Chapter 01 제1절 주식회사의 자본 회계처리 참조

자본변동표는 자본의 크기와 그 변동에 관한 정보를 제공하는 재무보고서로서, 자본을 구성하고
있는 자본금, 자본잉여금, 자본조정, 기타포괄손익누계액, 이익잉여금(또는 결손금)의 각 항목별로
기초잔액, 변동사항, 기말잔액에 대한 포괄적인 정보를 제공한다.

✔️이론문제 | 재무제표 작성표시 및 구성요소

01 다음 유동부채의 분류와 관련된 내용 중 옳지 않은 것은?

① 정상적인 영업주기 내에 소멸할 것으로 예상되는 매입채무와 미지급비용 등은 보고기간 종료일로부터 1년 이내에 결제되지 않더라도 유동부채로 분류한다.

② 비유동부채 중 보고기간 종료일로부터 1년 이내에 자원의 유출이 예상되는 부분은 유동부채로 분류한다.

③ 보고기간 종료일로부터 1년 이내에 상환되어야 하는 채무라 하더라도 보고기간 종료일과 재무제표가 사실상 확정된 날 사이에 보고기간 종료일로부터 1년을 초과하여 상환하기로 합의하면 유동부채로 분류하지 않는다.

④ 기존의 차입약정에 따라 보고기간 종료일로부터 1년을 초과하여 상환할 수 있고 기업이 그러한 의도가 있는 경우에는 보고기간 종료일로부터 1년 이내에 상환기일이 도래하더라도 유동부채로 분류하지 않는다.

02 다음 항목들 중에서 유동자산의 합계금액은 얼마인가?

• 현금	150,000원
• 단기매매증권	180,000원
• 매입채무	420,000원
• 장기금융상품	305,000원
• 선급비용	230,000원
• 매출채권	510,000원
• 기계장치	340,000원
• 개발비	100,000원

① 840,000원 ② 1,070,000원

③ 1,145,000원 ④ 2,235,000원

03 일반기업회계기준상 재무상태표에 대한 설명으로 적합하지 않은 것은?

① 재무상태표는 기업의 재무상태를 명확히 보고하기 위하여 재무상태표일 현재 기업의 자산·부채·자본을 나타내는 정태적 보고서를 말한다.

② 재무상태표에서 자산·부채·자본은 총액표시를 원칙으로 한다.

③ 재무상태표는 유동성배열법에 따라 유동성이 적은 항목부터 나열한다.

④ 일반기업회계기준상 재무상태표의 작성방법에는 보고식과 계정식이 있다.

04 재무제표의 작성과 표시에 대한 설명으로 틀린 것은?

① 일반기업회계기준은 '주식회사의 외부감사에 관한 법률'의 적용대상이 아닌 기업의 재무제표 작성과 표시에 준용할 수 있다.

② 기업의 경영활동을 청산할 의도가 있을 때에는 계속기업의 전제 없이 재무제표를 작성할 수 있다.

③ 재무제표의 계정과목명은 일반기업회계기준에 예시된 명칭보다 내용을 잘 나타내는 것이라도 일반기입회계기준에 예시된 명칭을 사용하여야 한다.

④ 경영자가 계속기업의 전제에 대한 중요한 의문을 가지게 된 경우에는 그 내용을 주석으로 기재한다.

05 일반기업회계기준상의 재무상태표와 손익계산서의 작성원칙으로 틀린 것은?

① 자산과 부채는 1년을 기준으로 하여 유동자산 또는 고정자산, 유동부채 또는 고정부채로 구분하는 것을 원칙으로 한다.

② 자본거래에서 발생한 자본잉여금과 손익거래에서 발생한 이익잉여금은 혼동하여 표시하여서는 안 된다.

③ 수익과 비용은 그 발생원천에 따라 명확하게 분류하고 각 수익항목과 이에 관련되는 비용항목을 대응 표시하여야 한다.

④ 수익과 비용은 순액에 의하여 기재함을 원칙으로 하며 수익항목과 비용항목을 직접 상계함으로써 그 전부 또는 일부를 손익계산서에서 제외할 수 있다.

06 현행 일반기업회계기준서에 의한 손익계산서의 작성기준으로 올바른 것은?

① 손익계산서상 수익과 비용은 순액에 의해 기재함을 원칙으로 한다.

② 손익계산서상 영업손익은 매출액에서 매출원가를 차감하여 표시한다.

③ 손익계산서상 매출액은 총매출액에서 매출할인, 매출환입 및 매출에누리를 차감한 금액이다.

④ 손익계산서상 매출원가는 기초상품재고액에서 당기순매입액을 가산한 금액에서 기말상품재고액을 가산한 금액이다.

07 다음 일반기업회계기준에 의한 손익계산서의 작성기준 중 틀린 것은?

① 모든 수익과 비용은 그것이 발생한 기간에 정당하게 배분되도록 처리하여야 한다.

② 수익과 비용은 총액에 의하여 기재함을 원칙으로 한다.

③ 수익은 실현시기를 기준으로 계상한다.

④ 미실현수익은 당기의 손익계산에 산입함을 원칙으로 한다.

08 다음 자료에서 제조업을 영위하는 (주)박문각의 영업손익은 얼마인가?

• 급여	30,000원
• 이자수익	45,000원
• 광고선전비	8,000원
• 소모품비	4,000원
• 단기매매증권처분손실	10,000원
• 수도광열비	10,000원
• 경상연구개발비	3,000원
• 배당금수익	2,000원
• 매출총이익	200,000원

① 78,000원　　② 80,000원

③ 145,000원　　④ 87,000원

09 다음은 일반기업회계기준의 재무제표의 작성과 표시에 관한 내용이다. 옳지 않은 것은?

① 경영자는 재무제표를 작성할 때 경영활동을 계속할 수 없는 상황에 놓인 경우 등을 제외하고는 계속기업을 전제로 재무제표를 작성한다.

② "재무제표가 사실상 확정된 날"은 정기주주총회 제출용 재무제표가 이사회에서 최종 승인된 날을 말한다. 다만, 주주총회에 제출된 재무제표가 주주총회에서 수정되어 승인된 경우에는 주주총회일을 말한다.

③ "포괄손익"은 주주와의 자본거래를 제외한 모든 거래나 사건에서 인식한 자본의 변동을 말한다.

④ 재무제표는 재무상태표, 손익계산서, 이익잉여금처분계산서(또는 결손금처리계산서), 현금흐름표, 자본변동표로 구성되며, 주석을 포함한다.

📌 이론문제 정답 및 해설

01 ③ 1년을 초과하여 상환하기로 합의하더라도 유동부채로 분류한다.

02 ② 유동자산 = 현금 + 단기매매증권 + 선급비용 + 매출채권 = 1,070,000원

03 ③ 유동성배열법은 유동성이 높은 것부터 배열하는 방법이다.

04 ③ 재무제표의 계정과목명은 일반기업회계기준에 예시된 명칭보다 내용을 잘 나타내는 것이라면 그 계정과목을 사용할 수 있다.

05 ④ 총액주의란 수익과 비용은 총액에 의하여 기재함을 원칙으로 하고, 수익항목과 비용항목을 직접 상계함으로써 그 전부 또는 일부를 손익계산서에서 제외하여서는 아니 된다.

06 ③ 매출액 = 총매출액 − 매출할인 − 매출에누리 및 환입

07 ④ 미실현수익은 당기의 손익계산에 산입하지 않는다.

08 ③ 영업외수익(이자수익, 배당금수익, 단기매매증권처분손실, 배당금수익)은 제외하고, 매출총이익에서 판매비와 일반관리비를 차감한다. (매출총이익 200,000원 − 급여 30,000원 − 광고선전비 8,000원 − 소모품비 4,000원 − 수도광열비 10,000원 − 경상연구개발비 3,000원 = 145,000원)

09 ④ 재무제표는 재무상태표, 손익계산서, 현금흐름표, 자본변동표로 구성되며 주석을 포함한다. 이익잉여금처분계산서는 재무제표에 포함되지 않는다.

제3절 유동(당좌자산) – 현금 및 현금성자산 회계처리

01 현금

■ **현금의 분류**
  • **통화** : 주화, 지폐
  • **통화대용증권** : 거래처(동점)가 발행한 당좌수표, 자기앞수표, 가계수표, 우편환증서, 만기도래 국·공사채이자표, 배당금지급통지표, 송금수표, 개인수표, 은행환어음, 일람출급어음 등
  • **요구불예금** : 당좌예금, 보통예금

■ **통화대용증권으로 보지 않는 것**
  • 선일자수표(매출채권)   • 우표·엽서(통신비)   • 급여가불증(임직원단기채권)
  • 수입인지(세금과공과)   • 차용증서(대여금 또는 차입금)

회계 사건	차변		대변	
현금수입 시	현금	50,000,000	상품매출	50,000,000
현금지출 시	상품	60,000,000	현금	60,000,000

02 현금과부족(일시적인 가계정)

불일치 시점	회계사건		차변		대변	
기중에 발생	현금 실제잔액 부족 시	차액 발생 시	현금과부족	10,000	현금	10,000
		원인 확인	통신비	8,000	현금과부족	8,000
		결산 시 원인불명	잡손실	2,000	현금과부족	2,000
	현금 실제잔액 과잉 시	차액 발생 시	현금	15,000	현금과부족	15,000
		원인 확인	현금과부족	12,000	이자 수익	12,000
		결산 시 원인불명	현금과부족	3,000	잡이익	3,000
결산에 발생	실제 잔액 부족 시		잡손실	100,000	현금	100,000
	실제 잔액 과잉 시		현금	110,000	잡이익	110,000

03 현금출납장

현금의 수입과 지출을 상세히 기록하는 보조기입장을 말한다.

04 당좌예금과 보통예금

1) 당좌예금

은행과 당좌계약을 맺고 당좌예입하지만 인출은 반드시 당점(우리회사)이 당좌수표를 발행하는 경우이다.

① 당좌예금개설보증금

특정현금과예금(비유동자산)으로 분류하고 주석에는 당좌개설보증금으로 사용이 제한되어 있다는 사실을 기재한다.

② 당좌예금 입·출금의 회계처리

회계사건	수표거래		당좌예금 계좌에 입금 시
	수취	지급	
자기앞수표	(차)현금/(대)계정	(차)계정/(대)현금	(차)당좌예금/(대)계정
타인발행 당좌수표			
자기발행 당좌수표	–	(차)계정/(대)당좌예금	

③ 당좌차월(= 단기차입금) 주의 유동부채로 표시함

사전 약정에 의하여 당좌예금 잔액이 없더라도 당좌수표를 발행할 수 있는데, 이때 당좌예금 잔액을 초과하여 지급된 금액을 말한다.

2) 보통예금

기업 또는 개인이 예금과 인출을 자유롭게 할 수 있는 저축성예금으로서 체크카드, 직불카드 등을 이용하여 사용할 수 있다.

05 현금성자산

큰 거래비용 없이 현금으로 전환이 쉽고 이자율 변동에 따라 가치가 쉽게 변하지 않는 금융상품을 말한다.

현금성자산의 예	1) 취득 당시 만기 3개월 이내에 도래하는 채권 2) 취득 당시 상환일까지의 기간이 3개월 이내인 상환우선주 3) 취득 당시 3개월 이내에 환매조건인 환매체 4) 초단기 수익증권(MMF포함)

✔️ 이론문제 | 유동(당좌자산) – 현금 및 현금성자산 회계처리

01 다음 중 일반기업회계기준상 "현금 및 현금성자산"에 포함되는 금액의 합계액으로 맞는 것은?

• 현금	100,000원
• CD(양도성예금증서)	1,000,000원
	※ 만기가 6개월임
• 당좌예금	1,500,000원
• 자기앞수표	200,000원
• 단기대여금	700,000원
• 외상매출금	500,000원
• 정기적금	2,200,000원

① 300,000원 ② 1,800,000원
③ 2,500,000원 ④ 2,800,000원

02 현금 및 현금성자산에 해당하지 않는 것은?

① 배당금지급통지서, 당좌예금
② 타인발행수표, 공사채 만기이자표
③ 취득 당시 만기가 3개월 이내인 산업금융채권
④ 결산일로부터 만기가 1년 이내인 정기예금

03 일반기업회계기준상 현금흐름표 작성의 기준이 되는 현금 및 현금성자산에 해당되지 않는 것은?

① 취득 당시 만기가 1년 이내에 도래하는 채권
② 배당금지급통지표
③ 요구불 당좌예금
④ 만기도래 사채이자표

04 다음 현금과 예금을 재무제표에 공시하는 것과 관련된 사항 중 옳지 않은 것은?

① 현금과 요구불예금 및 현금성자산은 현금 및 현금성자산이라는 계정과목으로 통합하여 표시한다.
② 금융기관이 취급하는 정기예금, 정기적금은 단기적 자금운용목적으로 소유하거나 기한이 1년 내에 도래하는 경우 단기금융상품이라는 계정과목으로 하여 유동자산으로 분류한다.
③ 당좌차월은 일종의 차입금에 해당되므로 유동부채로 단기차입금으로 표시하여야 한다.
④ 선일자수표는 수표에 표시된 발행일이 도래하기까지 현금 및 현금성자산으로 처리하여야 한다.

05 다음은 기말자산과 기말부채의 일부분이다. 기말재무상태표에 표시될 계정과목과 금액으로 틀린 것은?

• 지급어음 :	10,000,000원
• 타인발행수표 :	25,000,000원
• 받을어음 :	10,000,000원
• 외상매입금 :	50,000,000원
• 외상매출금 :	40,000,000원
• 우편환증서 :	5,000,000원

① 매입채무 60,000,000원
② 현금 및 현금성자산 30,000,000원
③ 매출채권 50,000,000원
④ 당좌자산 75,000,000원

📌 이론문제 정답 및 해설

01 ② 현금 및 현금성자산은 1,800,000원(= 현금 100,000원 + 당좌예금 1,500,000원 + 자기앞수표 200,000원)이다. 만기 6개월의 CD(양도성예금증서), 정기적금은 단기금융상품이다.

02 ④ 결산일로부터 만기가 1년 이내인 정기예금은 단기금융상품으로 처리한다.

03 ① 취득 당시 만기가 1년 이내에 도래하는 채권은 단기금융상품으로 분류된다.

04 ④ 선일자수표는 "어음"으로 처리해야 한다.

05 ④ 지급어음과 외상매입금은 매입채무계정으로, 타인발행수표와 우편환증서는 현금 및 현금성자산 계정으로, 받을어음과 외상매출금은 매출채권계정으로 처리한다. 당좌자산은 타인발행수표, 외상매출금, 받을어음, 우편환증서로 총 80,000,000원이다.

제4절 유동(당좌자산) – 단기매매증권 회계처리

01 단기금융상품

금융기관이 취급하는 정기예금, 정기적금, 사용이 제한되어 있는 예금 및 기타 정형화된 상품 등으로 단기적 자금운용목적으로 소유하거나 기한이 1년 내에 도래하는 것을 말한다. 단기금융상품에는 양도성예금증서(CD), 신종기업어음(CP), 어음관리계좌(CMA), 중개어음, 표지어음 등이 있다.

02 단기매매증권

1) 단기매매증권으로 분류되기 위한 조건
① 시장성이 있어야 한다.
② 단기적 시세차익을 얻을 목적으로 취득하여야 한다. 그러나 비상장주식과 특수관계자가 발행한 주식을 취득할 경우에는 단기매매증권으로 분류될 수 없다.

분류	보유목적에 따른 분류	계정과목	자산종류	평가방법
(1) 지분증권 (주식)	① 시장성이 있고 단기시세차익 목적으로 취득 시(중대한 영향력 행사 목적이 없음)	단기매매증권	당좌자산	공정가액법
	② 장기투자목적으로 취득 시	매도가능증권	투자자산	공정가액법
(2) 채무증권 (채권)	① 시장성이 있고 단기시세차익 목적으로 취득 시(만기보유할 목적이 없음)	단기매매증권	당좌자산	공정가액법
	② 만기보유할 목적이 있음	만기보유증권	투자자산	원가법
	③ 장기투자목적으로 취득 시	매도가능증권	투자자산	공정가액법

2) 단기매매증권 취득과 처분 시 회계처리

회계사건	차변		대변	
취득 시	단기매매증권	1,000,000	현금	1,025,000
	수수료비용(영업외비용)	25,000		
① 처분 장부가 < 처분가	현금	1,300,000	단기매매증권	1,000,000
			단기매매증권처분이익	300,000
② 처분 장부가 > 처분가	현금	950,000	단기매매증권	1,000,000
	단기매매증권처분손실	50,000		

※ 단기매매증권처분이익(영업외수익)과 수수료비용 및 단기매매증권처분손실(영업외비용)은 손익계산서에 기재한다.

3) 기말 결산시점에 단기매매증권 평가

일반기업회계기준에서는 기업이 결산일에 단기매매증권의 공정가액[1](시가법 평가)과 장부금액의 차액을 반드시 평가하여 그 차액에 대해서 단기매매증권평가이익(영업외수익)과 단기매매증권평가손실(영업외비용)로 회계처리한 후 당기손익에 반영하도록 규정하고 있다. 단가는 개별법, 총평균법, 이동평균법 또는 기타 합리적인 방법에 의하여 산정한다.

회계사건	차변		대변	
취득 시	단기매매증권	1,000,000	현금	1,025,000
	수수료비용	25,000		
① 평가 장부가 1,000,000 < 공정가 1,200,000	단기매매증권	200,000	단기매매증권평가이익	200,000
② 평가 장부가 1,000,000 > 공정가 950,000	단기매매증권평가손실	50,000	단기매매증권	50,000

4) 배당금수익 및 이자수익의 인식

배당금 수령 시 주식배당 금액은 회계처리하지 않고 주석에 단지 주식 수만 증가시켜 취득단가를 하향조정한다. 그러므로 보유 주식에 대한 수익은 취득단가가 낮아진 만큼 주식처분 시 인식하게 될 것이다.

회계사건	차변		대변	
소유 주식에 대한 현금배당을 받은 경우	현금 (자산의 증가)	150,000	배당금수익 (영업외수익 증가)	150,000
소유 국공·사채 등에 대한 이자를 받은 경우	현금 (자산의 증가)	150,000	이자수익 (영업외수익 증가)	150,000

5) 단기매매증권의 재분류

단기매매증권은 원칙적으로 변경이 불가능하나, 시장성을 상실한 단기매매증권은 매도가능증권으로 분류가 가능하다.

---

[1] 결산일 현재 공정가액(fair value)이란 재무상태표일 현재 종가를 말한다.

이론문제 | 유동(당좌자산) – 단기매매증권 회계처리

01 단기매매증권의 평가방법에 관한 설명 중 적절하지 못한 것은?

① 단기매매증권 중 주식과 채권의 장부가액을 각각 구분하여 주석으로 기재한다.

② 단기매매증권 중 채권은 원가에 의하여 평가할 수 있다.

③ 단기매매증권을 시가기준에 의하여 평가하는 경우 발생하는 평가손익은 단기매매증권에 직접가감하며, 평가손익은 영업외손익으로 처리한다.

④ 단기매매증권의 시가는 재무상태표일 현재의 종가에 의한다. 다만, 재무상태표일의 종가가 없는 경우에는 직전 거래일의 종가를 적용한다.

02 다음 자료에 의한 시장성 있는 단기매매증권과 관련된 내용으로서 틀린 것은?

종목	취득원가	20×1년 말 공정가액	20×2년 말 공정가액
(주)한국 보통주식	2,000,000원	1,900,000원	2,100,000원

① 20×1년 말 단기매매증권 평가손실은 100,000원이다.

② 20×2년 말 단기매매증권평가이익은 200,000원이다.

③ 단기매매증권의 20×2년 말 재무상태표상의 가액은 2,100,000원이다.

④ 단기매매증권평가손익은 재무상태표계정 중 자본조정항목이다.

03 기말 현재 단기매매증권 보유현황이 다음과 같을 때, 일반기업회계기준에 따른 기말 평가를 하는 경우의 올바른 분개로 가장 타당한 것은?

- A사 주식의 취득원가는 200,000원이고 기말공정가액은 300,000원이다.
- B사 주식의 취득원가는 150,000원이고 기말공정가액은 120,000원이다.

① (차) 단기매매증권   100,000원
　 (대) 단기매매증권평가이익 100,000원

② (차) 단기매매증권   70,000원
　 (대) 단기매매증권평가이익 70,000원

③ (차) 단기매매증권   420,000원
　 (대) 단기매매증권평가이익 420,000원

④ (차) 단기매매증권   350,000원
　 (대) 단기매매증권평가이익 350,000원

04 (주)영광은 제1기(1.1.~12.31.) 1월 2일에 단기적인 시세차익 목적으로 상장주식 100주(주당 20,000원)를 현금으로 취득하였다. 12월 31일의 1주당 시가는 25,000원이었다. (주)영광은 제2기(1.1.~12.31.) 1월 1일에 1주당 30,000원에 50주를 매각하였다. 제2기 12월 31일의 1주당 시가는 20,000원이었다. 일련의 회계처리 중 잘못된 것을 고르면?

① 주식 취득 시 :
　 (차) 단기매매증권   2,000,000원
　 (대) 현금   2,000,000원

② 제1기 12.31. :
　 (차) 단기매매증권   500,000원
　 (대) 단기매매증권평가이익 500,000원

③ 제2기 1.1. :
    (차) 현금   1,500,000원
    (대) 단기매매증권   1,000,000원
             단기매매증권처분이익 500,000원
④ 제2기 12.31. :
    (차) 단기매매증권평가손실 250,000원
    (대) 단기매매증권   250,000원

05 다음은 (주)고려개발이 단기매매목적으로 매매한 (주)삼성가전 주식의 거래내역이다. 기말에 (주)삼성가전의 공정가치가 주당 20,000원인 경우 손익계산서상의 단기매매증권평가손익과 단기매매증권처분손익은 각각 얼마인가? (단, 취득원가의 산정은 이동평균법을 사용한다.)

거래일자	6월 1일	7월 6일	7월 20일	8월 10일
매입수량	200주	200주		100주
매도(판매)수량			150주	
단위당 매입금액	20,000원	18,000원		19,000원
단위당 매도금액			22,000원	

① 단기매매증권평가손실 450,000원,
   단기매매증권처분이익 350,000원
② 단기매매증권평가이익 450,000원,
   단기매매증권처분이익 350,000원
③ 단기매매증권평가이익 350,000원,
   단기매매증권처분손실 450,000원
④ 단기매매증권평가이익 350,000원,
   단기매매증권처분이익 450,000원

06 다음 중 일반기업회계기준서에서 규정하고 있는 유가증권의 분류에 관한 설명으로 옳지 않은 것은?

① 채무증권을 만기까지 보유할 목적으로 취득하였으며 실제 만기까지 보유할 능력이 있는 경우에는 만기보유증권으로 분류한다.
② 단기매매차익을 목적으로 취득하고 매수와 매도가 빈번하게 이루어지는 채무증권은 단기매매증권으로 분류한다.
③ 단기매매증권이나 만기보유증권으로 분류되지 않은 채무증권은 매도가능증권으로 분류해야 한다.
④ 어떠한 경우에도 단기매매증권을 매도가능증권이나 만기보유증권으로 분류 변경할 수 없다.

07 다음의 자료로 20×2년 5월 5일 현재 주식수와 주당금액을 계산한 것으로 옳은 것은?

• (주)갑의 주식을 20×1년 8월 5일 100주를 주당 10,000원(액면가액 5,000원)에 취득하였다. 회계처리시 계정과목은 단기매매증권을 사용하였다.
• (주)갑의 주식의 20×1년 12월 31일 주당 공정가치는 7,700원이었다.
• (주)갑으로부터 20×2년 5월 5일에 무상으로 주식 10주를 수령하였다.

① 100주, 7,000원/주
② 100주, 7,700원/주
③ 110주, 7,000원/주
④ 110주, 7,700원/주

📌 이론문제 정답 및 해설

01 ④ 단기매매증권 중 채권에 대한 평가는 재무상태표일 현재의 공정가액으로 평가하게 된다.

02 ④ 단기매매증권평가손익은 손익계산서항목으로서 당기손익에 반영한다.

03 ② 단기매매증권평가이익
= (300,000 + 120,000) − (200,000 + 150,000)
= 70,000원

04 ③ 처분가격은 50주 × 30,000원 = 1,500,000원, 취득원가는 50주에 대한 금액을 기록하기 때문에 1,250,000원이 된다.

(차) 현금　　　　　　　　　1,500,000원
(대) 단기매매증권　　　　　1,250,000원
　　　단기매매증권처분이익　250,000원

05 ④ 단기매매증권의 처분손익
= 150주 × 22,000원 − 150주 × 19,000원
[∵(200주 × 20,000원 + 200주 × 18,000원) ÷ 400주]
= 3,300,000원 − 2,850,000원 = 450,000원
단기매매증권의 평가이익
= 평가금액 − 장부금액
= 350주 × 20,000원 − 350주 × 19,000원
= 350주 × 1,000원 = 350,000원

06 ④ 원칙은 단기매매증권을 매도가능증권이나 만기보유증권으로 분류변경할 수 없으나 시장성을 상실한 경우에는 매도가능증권으로 분류변경할 수 있다.

07 ③ 110주, 7,000원/주
20×1.8.5. 단기매매증권 1,000,000원
(100주, 10,000원/주)
20×1.12.31. 단기매매증권 770,000원
(100주, 7,700원/주)
20×2.5.5. 단기매매증권 770,000원
(110주, 7,000원/주)

| 제5절 | 유동(당좌자산) – 외상채권 및 대손 회계처리 |

|---|---|
수취채권	매출채권 : 일반적인 상거래 채권(외상매출금 + 받을어음)
	미수금 : 일반적인 상거래 이외의 채권(기타채권)
	대여금 : 자금의 대여(기타채권)

01 외상매출금과 외상매입금

1) 외상매출금(자산)

제품이나 상품을 매출 거래처 등에 외상으로 판매하게 되면 매출이라는 수익이 발생하고 외상 판매로 인하여 받을 권리가 생기는 것을 말한다.

외상매출금	
(자산의 증가) 외상매출금 기초 미회수잔액 외상으로 판매할 경우	**(자산의 감소)** 매출환입(반품), 매출에누리, 매출할인, 회수불능(대손), 외상매출금 회수금액, 외상매출금 기말 미회수잔액

회계사건	차변		대변	
상품을 외상으로 판매 시	외상매출금 (자산의 증가)	1,000,000	상품매출 (수익의 발생)	1,000,000
① 환입(반품), 에누리, 조기할인 시[2]	매출환입및에누리 매출할인 (매출액 차감, 수익의 감소)	150,000 50,000	외상매출금 (자산의 감소)	200,000
② 나머지 외상매출금을 회수 시	현금 (자산의 증가)	500,000	외상매출금 (자산의 감소)	500,000
③ 대손처리 시	대손충당금 (외상매출금차감, 자산의 증가) 대손상각비 (판매비와 관리비)	200,000 100,000	외상매출금 (자산의 감소)	300,000

---

2) 매출품에 대한 환입(반품), 매출에누리, 매출할인은 외상매출금과 총매출액에서 동시에 차감해야 한다. 그리고 대차를 마이너스(–) 분개 처리도 가능하다.
(별해분개) (차) 외상매출금 –200,000 / (대) 상품매출 –200,000

2) 외상매입금

원재료나 상품을 외상으로 매입하고 지급할 의무가 생기는 것을 말한다.

외상매입금	
(부채의 감소) 매입환출(반품), 매입에누리, 매입할인, 외상매입금 지급금액, 외상매입금 기말 미지급잔액	**(부채의 증가)** 외상매입금 기초 미지급잔액 외상으로 매입할 경우

거래내용	차변		대변	
상품을 외상으로 매입 시	상품 (자산의 증가)	1,800,000	외상매입금 (부채의 증가)	1,800,000
① 환출(반품), 에누리, 조기할인 시[3]	외상매입금 (부채의 감소)	300,000	매입환출및에누리 220,000 매입할인 80,000 (매출원가차감, 비용의 감소)	
② 나머지 외상매입금을 지급할 경우	외상매입금 (부채의 감소)	1,500,000	현금 (자산의 감소)	1,500,000

02 받을어음과 지급어음 관리

1) 어음의 회계처리 및 원장기입

거래내용		차변		대변	
상거래 시 (상품, 원재료 등)	어음수취	받을어음 (자산의 증가)	3,000,000	상품매출 (수익의 발생)	3,000,000
	어음발행	상품 (자산의 증가)	2,500,000	지급어음 (부채의 증가)	2,500,000
상거래 아닌 경우 (비품, 건물, 차량, 기계 등)	어음수취	미수금 (자산의 증가)	4,000,000	건물 (자산의 감소)	4,000,000
	어음발행	비품 (자산의 증가)	3,200,000	미지급금 (부채의 증가)	3,200,000

받을어음		지급어음	
받을어음 기초잔액 어음의 수취	어음의 배서 어음의 할인 어음의 개서 어음의 대손 받을어음 기말잔액	지급어음 대금지급 지급어음 기말잔액	지급어음 기초잔액 약속어음의 발행 환어음의 인수

3) 매입품에 대한 환출(반품), 매입에누리, 매입할인은 외상매입금과 총매입액에서 동시에 차감해야 한다. 그리고 대차를 마이너스(-) 분개 처리도 가능하다.
(별해분개) (차) 상품 -300,000 / (대) 외상매입금 -300,000

2) 대변에 받을어음 처리(자산의 감소)하는 경우

분류	거래내용	차변	대변
① 만기 결제	정의 : 어음 만기일에 추심하는 것을 말하며 추심수수료는 "수수료비용"으로 회계처리한다.		
	보유한 어음 55,000원이 만기가 되어 현금으로 받다.	현금　　　　　55,000 (자산의 증가)	받을어음　　　　55,000 (자산의 감소)
② 배서 양도	정의 : 만기일 전에 기명날인하여 어음상의 채권을 타인에게 양도하는 것을 말한다.		
	보유한 어음 80,000원을 외상매입금을 지급하기 위해 배서양도하다.	외상매입금　　　80,000 (부채의 감소)	받을어음　　　　80,000 (자산의 감소)
③ 부도	정의 : 지급이 거절된 어음을 말한다(부도어음과 수표 → 6개월 후에 대손처리함).		
	보유한 어음 60,000원이 만기일에 지급거절이 되었다.	부도어음과수표　60,000 (자산의 증가)	받을어음　　　　60,000 (자산의 감소)
④ 개서	보유한 어음 70,000원을 만기에 거래처 사정으로 연장이자 5,000원을 포함하여 개서하다.	받을어음　　　　75,000 (자산의 증가)	받을어음　　　　70,000 (자산의 감소) 이자수익　　　　5,000 (수익의 발생)

3) 어음 할인에 대한 매각거래

만기일 전에 금융기관에서 할인료를 차감하고 자금을 융통하는 것을 말한다. 이때 어음의 할인료 (만기금액 × 할인율 × 할인기간)는 매각거래(매출채권처분손실)와 차입거래(이자비용)로 처리할 수 있다.

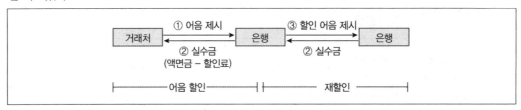

① 매각거래 요건

　㉠ 채권 양도 후 양도인은 당해 양도채권에 대한 권리를 행사할 수 없어야 한다.

　㉡ 채권 양수인은 양수한 채권을 처분(양도 및 담보제공 등)할 자유로운 권리를 갖고 있어야 한다.

　㉢ 채권 양도 후 양도인은 효율적인 통제권을 행사할 수 없어야 한다.

거래내용	차변	대변
어음할인 시	당좌예금　　　　　　　940,000(자산의 증가) 매출채권처분손실　60,000(비용의 발생)	받을어음　　　1,000,000(자산의 감소)
만기일 무사히 결제 시	분개없음	

03 채권에 대한 기중에 대손 회계처리 방법

기업의 매출채권 중에서 거래처가 파산하거나 고객이 채무불이행을 하는 경우 등 매출채권을 받을 수 없게 되어 발생하는 손실을 대손이라 한다. 대손이 확정되면 먼저 대손충당금 잔액을 우선 차변에 상계처리한 후 부족분에 대해서는 대손상각비를 사용한다.

부분 재무상태표		
매출채권	1,000,000	
대손충당금	(100,000)	900,000
매출채권의 순 장부금액 = 매출채권 − 대손충당금		

1) 매출채권의 대손 = 대손상각비(판매비와관리비)
2) 미수금, 단기대여금 등의 대손 = 기타의 대손상각비(영업외비용)

분류	거래내용	차변	대변
① 매출 채권	정의 : 외상매출금 또는 받을어음을 기중에 거래처가 파산, 부도 등으로 회수가 불가능한 경우에 하는 회계처리를 말한다.		
	㉠ 외상매출금 50,000원을 파산으로 대손처리하다. (단, 대손충당금 없음)	대손상각비　　50,000 (비용의 발생)	외상매출금　　50,000 (자산의 감소)
	㉡ 외상매출금 50,000원을 파산으로 대손처리하다. (단, 대손충당금 40,000원 있음)	대손충당금　　40,000 (자산의 증가) 대손상각비　　10,000 (비용의 발생)	외상매출금　　50,000 (자산의 감소)
	㉢ 외상매출금 50,000원을 파산으로 대손처리하다. (단, 대손충당금 80,000원 있음)	대손충당금　　50,000 (자산의 증가)	외상매출금　　50,000 (자산의 감소)
② 기타 채권	정의 : 단기대여금 또는 미수금을 기중에 거래처가 파산 등으로 회수가 불가능한 경우를 말하며 영업외비용으로 회계처리한다.		
	단기대여금 50,000원을 파산으로 대손처리하다. (단, 대손충당금 40,000원 있음)	대손충당금　　40,000 (자산의 증가) 기타의 대손상각비 10,000 (비용의 발생)	단기대여금　　50,000 (자산의 감소)

04 기말에 대손충당금 설정방법

1) 직접차감법

회수 불가능한 채권금액을 당기비용으로 인식하고 동시에 채권에서 직접 차감하는 방법을 말한다.

> ■ **장점** : 실무상 적용하기 쉽다.
> ■ **단점** : 수익비용대응 측면에서 비합리적인 방법이고 매출채권이 순실현가능액으로 평가되지 않는다.

2) 대손충당금설정법(일반기업회계기준)

결산일에 회수 불가능한 금액을 추정하여 대손충당금을 설정하고 대손이 발생하는 경우에 대손충당금을 감액시키고 동시에 채권을 차감하는 방법을 말한다. 매출채권이 순실현가능가액으로 평가된다.

3) 대손의 추정방법

① 매출채권잔액비율법 : 회계기말 현재의 매출채권 잔액에 과거의 대손율을 적용하는 방법을 말한다.

> **기말 매출채권 잔액 × 대손예상률** − 대손충당금잔액 = 보충액, 환입액
> ↳ 당기 대손충당금

거래내용	차변		대변	
㉠ 기말 결산 시 매출채권 잔액 3,000,000원에 대하여 2% 대손충당금을 설정하다. (단, 대손충당금 잔액 30,000원 있음)	대손상각비 (비용의 발생)	30,000	대손충당금 (자산의 감소)	30,000
㉡ 기말 결산 시 매출채권 잔액 3,000,000원에 대하여 2% 대손충당금을 설정하다. (단, 대손충당금 잔액 80,000원 있음)	대손충당금 (자산의 증가)	20,000	대손충당금환입 (판매관리비에서 차감항목)	20,000

② **연령분석법** : 회계기말 현재의 채권 잔액을 경과기일에 따라 분류하고, 분류된 채권에 각각 다른 대손율을 적용하는 방법을 말한다.

05 대손상각금액의 회수

1) 전기에 대손처리하였던 매출채권을 회수 시 무조건 대손충당금으로 대변에 처리하는 것으로 기중에 회수하게 되면 대손충당금이 증가한다.
2) 당기에 발생하여 회계처리하였던 채권을 회수 시에는 대손충당금, 대손상각비를 상계하는 반대의 분개를 한다.

06 기타채권·채무에 관한 기장

거래내용	채권(자산처리)	채무(부채처리)
상품 등의 매입, 매출 전 계약금을 주고받는 경우	(차) 선급금 10,000(자산의 증가) (대) 현금 10,000(자산의 감소)	(차) 현금 10,000(자산의 증가) (대) 선수금 10,000(부채의 증가)
상품 이외의 자산을 외상(월말)거래한 경우	(차) 미수금 15,000(자산의 증가) (대) 기계장치 15,000(자산의 감소)	(차) 기계장치 15,000(자산의 증가) (대) 미지급금 15,000(부채의 증가)
금전을 빌려주거나 (대여) 빌려온(차입) 경우	(차) 단기대여금 8,000(자산의 증가) (대) 현금 8,000(자산의 감소)	(차) 현금 8,000(자산의 증가) (대) 단기차입금 8,000(부채의 증가)
종업원 등이 가불한 경우	(차) 임직원단기채권 5,000(자산의 증가) (대) 현금 5,000(자산의 감소)	-
사원에게 여비개산액(출장비)을 지급한 경우	(차) 가지급금 3,000(자산의 증가) (대) 현금 3,000(자산의 감소)	-
내용불명의 돈을 회수한 경우	-	(차) 현금 4,000(자산의 증가) (대) 가수금 4,000(부채의 증가)

이론문제 | 유동(당좌자산) – 외상채권 및 대손 회계처리

01 다음 자료에 의하여 매출채권 기말잔액을 계산하면 얼마인가?

- 매출채권 기초잔액 : 30,000원
- 당기 외상매출액 : 150,000원
- 매출채권 회수액 : 80,000원
- 매출채권 회수불능액 : 20,000원

① 80,000원   ② 90,000원
③ 100,000원   ④ 120,000원

02 다음 자료에 의하여 기말외상매입금 잔액을 계산하면 얼마인가? (단, 상품매입은 전부 외상이다.)

- 기초상품재고액 : 500,000원
- 기말상품재고액 : 600,000원
- 기중상품매출 : 1,500,000원
- 매출총이익률 : 30%
- 기초외상매입금 : 400,000원
- 기중외상매입금 지급 : 1,200,000원

① 330,000원   ② 340,000원
③ 350,000원   ④ 360,000원

03 기중에 외상매입금 지급액을 계산한 금액으로 옳은 것은? (단, 상품매입은 현금과 외상매입 이외의 거래는 없다.)

외상매입금 계정	• 전기이월액 : 30,000원 • 차기이월액 : 50,000원
상품 관련 자료	• 기초상품재고액 : 40,000원 • 기말상품재고액 : 20,000원 • 당기의 순매출액 : 300,000원 • 당기의 매출총이익 : 50,000원 • 당기 중 상품 현금매입액 : 70,000원

① 130,000원   ② 140,000원
③ 150,000원   ④ 160,000원

04 대손상각은 고려하지 않을 때, 20×1년 말 재무상태표에 표시될 매출채권은 얼마인가?

- 당기현금매출액 : 40,000원
- 매출총이익 : 80,000원
- 기초 매출채권 : 70,000원
- 기초 상품재고 : 110,000원
- 매출채권 회수액 : 250,000원
- 당기 상품매입액 : 190,000원
- 기말 상품재고 : 100,000원

① 60,000원   ② 70,000원
③ 80,000원   ④ 90,000원

05 20×1년 3월 25일 거래처의 파산으로 인하여 매출채권 중 2,000,000원이 대손 확정되었다. 매출채권 관련 내용이 다음과 같을 때, 20×1년 3월 25일 분개로 옳은 것은?

부분
재무상태표
(20×1.1.1.)
	• 매출채권 : 20,000,000원
	  (대손충당금 : 1,500,000원)
	• 미수금 : 5,000,000원
	  (대손충당금 : 500,000원)

① (차) 대손상각비   2,000,000원
   (대) 대손충당금   2,000,000원
② (차) 대손상각비   500,000원
   (대) 대손충당금   500,000원
③ (차) 대손충당금   1,500,000원
       대손상각비   500,000원
   (대) 매출채권   2,000,000원
④ (차) 대손충당금   2,000,000원
   (대) 매출채권   2,000,000원

06 외상매출금의 기말잔액에 대하여 1% 대손충당금의 설정을 보충법에 의한다고 가정할 경우 대손충당금 추가설정액은?

기초 현황	• 기초 외상매출금잔액 : 35,000,000원 • 기초 대손충당금잔액(외상매출금) : 350,000원
기중 발생 내역	• 외상매출금 차변발생액 : 65,000,000원 • 거래처파산(외상매출금해당액) : 500,000원 • 외상매출금 대변발생액 : 72,000,000원

① 70,000원　　② 280,000원
③ 480,000원　　④ 650,000원

07 거래처로부터 받은 원재료매입과 관련한 계약금을 매출액으로 잘못 처리하였다. 이 회계처리가 재무상태표와 손익계산서에 미치는 영향으로 옳은 것은?

① 자산이 과대계상되고, 부채가 과대계상되었다.
② 자산이 과대계상되고, 수익이 과대계상되었다.
③ 부채가 과소계상되고, 수익이 과대계상되었다.
④ 자산이 과소계상되고, 부채가 과소계상되었다.

08 결산일 현재 매출채권 잔액은 5,000,000원이며 이에 대한 결산 전 대손충당금 잔액은 10,000원이다. 일반기업회계기준에 따라 기말의 매출채권 잔액에 대하여 2%의 대손충당금을 설정할 경우 재무상태표에 표시되는 매출채권의 순장부가액은 얼마인가?

① 1,000,000원　　② 4,000,000원
③ 4,900,000원　　④ 5,000,000원

09 다음 매출채권과 관련된 일반기업회계기준의 내용 중 옳지 않은 것은?

① 채권에 대한 대손이 확정되는 경우 당해 채권의 발생연도에 관계없이 대손충당금과 우선 상계하고 잔액이 부족한 경우 대손상각비로 처리한다.
② 대손충당금의 설정 시에는 회수불능추정액과 대손충당금 잔액의 차액을 회계처리하는 충당금 설정방법에 따른다.
③ 대손충당금은 해당자산에 평가계정으로 자산에 차감하는 형식으로 표시하거나 직접 가감하여 표시한다.
④ 매출채권에서 발생한 대손상각비는 영업외비용으로 분류하고 기타채권에서 발생한 기타 대손상각비는 판매비와관리비로 분류한다.

📌 이론문제 정답 및 해설

01 ① 30,000원 + 150,000원 − 80,000원 − 20,000원 = 80,000원이 된다.

02 ③ • 매출원가 : 매출액 1,500,000원 × (1 − 0.30) = 1,050,000원이 된다.
• 다시 매출원가 1,050,000원 = 기초재고 500,000원 + 기중외상매입(1,150,000원) − 기말재고 600,000원이 된다.
• 기말외상매입금 잔액(350,000원) = 기초 400,000원 + 기중외상매입 1,150,000원 − 기중외상지급 1,200,000원이 된다.

03 ② 순매출액에서 매출총이익을 차감하면 매출원가 250,000원이 계산되므로 당기 순매입액은 230,000원이다. 이 중 상품 현금매입액이 70,000원이므로 외상매입액은 160,000이다. 이 금액에 전기이월액을 가산하고 차기이월액을 차감하면 당기 중 지급액은 140,000원이다.

04 ① 매출액 = 매출원가(110,000원 + 190,000원 − 100,000원) + 매출총이익(80,000원) = 280,000원
기말 매출채권 = 기초 매출채권(70,000원) + 외상매출액(280,000원 − 40,000원 = 240,000원) − 매출채권 회수액(250,000원) = 60,000원

05 ③ 대손 확정 시에는 매출채권을 감소하고, 동 금액만큼 대손충당금과 상계한다. 대손충당금은 과목별로 대손을 상계한다.

06 ② 기말 외상매출금 잔액 : 기초 외상매출금 잔액 35,000,000원 + 외상매출금 차변발생액 65,000,000원 − 외상매출금 대변발생액 72,000,000원 = 28,000,000원
기말 대손충당금 잔액(외상매출금) : 대손 발생으로 전액 차변에서 상계처리되었으므로 0원이 되며, 기말 대손충당금 추가설정액은 28,000,000원 × 1% = 280,000원이 된다.

07 ③ 정상적 회계처리는 (대) 선수금이지만, (대) 매출로 잘못 회계처리된 경우이므로 부채가 과소계상되고, 수익이 과대계상되는 결과가 된다.

08 ③ 순장부가액(회수가능가액 또는 순실현가능가치)
= 매출채권잔액 − 대손충당금(5,000,000원 × 2% = 100,000원, 대손충당금설정액)
= 5,000,000원(매출채권잔액) − 100,000원(대손충당금) = 4,900,000원(순장부가액)

09 ④ 매출채권에서 발생한 대손상각비는 판매비와관리비로 분류하고 기타채권에서 발생한 기타의 대손상각비는 영업외비용으로 분류한다.

제6절 | 유동(재고자산) - 상품매매기장에 관한 회계처리

재고자산이란 기업의 정상적인 영업활동 과정에서 판매를 위하여 보유하고 있는 자산과 제품을 생산하거나 서비스를 제공하는 과정에서 투입될 원재료나 소모품 형태로 존재하는 자산을 말한다. 재고자산의 종류에는 상품, 제품, 반제품, 재공품, 원재료, 저장품(소모품), 미착품 등이 있다.

구분	의의	계정 과목
상기업	판매 목적으로 보유하고 있는 자산	상품
	업무 목적으로 보유하고 있는 자산	유형 및 무형자산
제조기업	판매를 위하여 보유하거나 생산과정에 있는 자산 및 생산과정에 투입될 원재료	원재료, 저장품, 재공품, 반제품, 제품
부동산 매매기업	판매 목적으로 보유하고 있는 자산	상품
	업무 목적으로 보유하고 있는 자산	유형 및 무형자산
금융회사기업	판매 목적으로 보유하고 있는 유가증권	재고자산
		유가증권 계정

01 기타 기말재고자산의 포함 여부 분류

구분		매출자의 수익인식 시기	재고자산 포함 여부
미착품	선적 기준	선적 시점	선적 전 : 매출자, 선적 후 : 매입자
	도착 기준	도착 시점	도착 전 : 매출자, 도착 후 : 매입자
시송품		매입 의사표시한 시점	매입 의사표시 전 : 매출자
적송품		수탁자가 판매한 시점	수탁자 판매 전 : 위탁자
저당상품		저당권 실행 시점	저당권 실행 시점 이후 : 매입자
할부판매		인도 시점	인도 시점 이후 : 매입자
반품률이 높은 상품	반품률 추정 가능	인도 시점	인도 시점 이후 : 매입자
	반품률 추정 불가능	반품기간 경과 시	반품기간 경과 이후 : 매입자

02 재고자산 취득원가

매입원가 = 매입가격 + 매입부대비용[4] + 수입관세(환급예정분 제외) - 매입할인, 에누리, 환출 등

---

[4] 취득과정에서 정상적으로 발생한 지출이며 취득원가에 포함해야 한다(매입운임, 하역비, 설치비, 보관료, 등기비용, 보험료, 세금, 수입 관련한 수입관세 등).

03 재고자산의 수량결정방법 및 회계처리

1) 계속기록법

재고자산의 입출고마다 수량을 계속적으로 기록하는 방법으로 장부상 재고수량을 기말재고수량으로 결정하는 방법이며 별도의 재고실사가 필요하지 않은 모델이다. 자산(통제목적과 내부관리)목적에 적합하다.

> 기초 재고수량 + 당기 매입수량 – 당기 판매수량 = 기말재고 수량

2) 실지재고조사법

재고자산을 매입할 때에는 매입수량, 금액을 모두 기입하지만 매출할 때에는 특별한 기록을 하지 아니하였다가 기말에 실지재고조사를 통해 기말 재고의 수량을 파악하여 당기 판매수량을 산출하는 방법으로 외부보고목적에 충실하다.

> 기초 재고수량 + 당기 매입수량 – 기말 재고수량 = 당기 판매수량

3) 혼합법(병행법)

계속기록법에 의하여 상품재고장의 기록은 유지하고 일정시점에서 실지재고조사를 하는 방법이다. 따라서 회계연도 말에 실지재고조사법에 의하여 수량을 조사하여 차이가 있는 것은 재고자산감모손실로 처리하고 비용으로 인식한다.

04 재고자산의 단가결정 - 원가흐름의 가정

1) 개별법

개별물량흐름을 직접 추적하여 원가를 대응시키는 방법이다. 즉, 재고자산에 가격표를 붙여 매입가격별로 판매된 것과 재고로 남은 것을 구별하여 매출원가와 기말재고로 구분한다. 주로 거래 빈도수가 많지 않고 수량이 적은 고가품 판매업, 부동산 매매업, 조선업 등에서 사용한다.

장점	• 실제 물량의 흐름과 동일한 가장 정확하고 이상적인 방법이다. • 수익 · 비용 대응에 가장 충실한 방법이다.
단점	• 재고자산의 수량과 거래가 많은 경우에는 실제로 적용하기 어렵다. • 동일한 상품을 시점에 따라 다른 가격으로 구매했을 때 상품을 임의로 선택하여 판매하는 경우 이익을 조작할 가능성이 있다.

2) 선입선출법

먼저 구입한 상품이 먼저 사용되거나 판매되는 것으로 가정하여 기말재고액을 결정하는 방법이다. 재고자산감모손실이 없는 경우 수량에 대한 계속기록법과 실지재고조사법을 사용하여도 두 방법이 동일한 결과를 가져온다.

3) **후입선출법** 주의 K-IFRS에서는 인정하지 않음

실제물량흐름과는 관계없이 매입의 역순으로 재화가 판매되거나 사용된다고 가정하여 기말재고액을 결정하는 방법이다. 계속기록법과 실지재고조사법으로 평가 시 재고액이 달라질 수 있다.

구분	선입선출법	후입선출법
장점	• 물량흐름은 먼저 들어온 것이 먼저 판매되므로 원가흐름 가정이 실물흐름과 일치한다. • 기말재고는 최근에 구입한 상품의 원가가 되므로 재무상태표상 재고자산가액은 공정가액에 가깝다. • 디플레이션 시 절세효과를 가질 수 있다.	• 현행수익에 최근원가가 대응되므로 수익비용의 대응이 적절하게 이루어진다. • 물가상승 시 이익이 과소계상되므로 물가변동에 유연하다. • 세금이연효과로 인해 현금흐름이 유리하다.
단점	• 현행수익에 과거원가가 대응되므로 수익·비용의 대응이 부적절하다. • 물가상승 시 이익이 과대계상되므로 법인세 부담과 배당압력이 높아진다.	• 물량흐름은 나중에 들어온 것이 먼저 판매되므로 실물흐름과 반대이다. • 재고자산이 현재가치를 표시하지 못한다.

4) **이동평균법**

계속기록법하에서 재고의 구입이 일어날 때마다 아래 식에 따라 가중평균단가를 구한 후, 상품의 매출이 일어날 때마다 각각의 평균단가를 매출원가로 처리하는 방법이다.

$$이동평균단가 = \frac{매입직전재고가액 + 매입가액}{매입직전재고수량 + 매입수량}$$

장점	• 화폐가치의 변동을 단가에 민감하게 반영시킨다. • 가격 변동이 심한 상품에 대해서는 단가가 이동시점마다 평균화되기 때문에 출고액이 기말재고자산의 급격한 변동을 방지할 수 있다.
단점	• 상품의 매입이 빈번하게 발생하는 경우 그때마다 새로운 단가를 계산해야 하는 단점이 있다.

5) **총평균법**

실지재고조사법하에서 한 회계기간 동안 구입한 평균단위당 원가를 구하여 기말재고금액과 매출원가를 산정하는 방법으로 실무적으로 적용이 간편한 방법이다.

$$총평균단가 = \frac{기초재고액 + 당기매입액}{기초재고수량 + 당기매입수량}$$

장점	• 간편하고 객관적이며 이익조작 가능성이 없다.
단점	• 기초원가가 기말의 원가에 영향을 미친다. • 기말시점 이전에는 매출원가와 재고가액을 파악할 수 없다.

> **│사례 1**
>
> 8월 중 상품매매에 관한 다음 거래를 계속기록법에 의한 선입선출법과 후입선출법으로 기록한 경우 기말재고와 매출원가는 각각 얼마인가?
>
> | | | | | |
> |---|---|---|---|---|
> | 8월 1일 : 전월이월 | | | 50개 | @180 |
> | 10일 : 매입 | | | 120개 | @200 |
> | 11일 : 매입환출 | (10일 매입분 | 30개) | | |
> | 20일 : 매출 | | | 100개 | @270 |

	선입선출법		후입선출법	
	기말재고	매출원가	기말재고	매출원가
①	7,200원	19,000원	7,200원	19,000원
②	8,000원	19,000원	7,200원	19,800원
③	8,000원	19,800원	8,000원	19,000원
④	10,000원	23,000원	10,000원	23,000원

> **정답** ▶ ②
>
> • 선입선출법은 먼저 매입한 상품을 먼저 출고시키는 방법으로, 기말재고는 나중에 매입한 상품이 남게 된다.
>   기말재고(40개×@200) = 8,000원
>   매출원가 = 기초재고(50개×@180) + 당기총매입(120개×@200) − 매입환출(30개×@200) − 기말재고(40개×@200) = 19,000원 또는 기초재고(50개×@180) + 매입(50개×@200) = 19,000원이 매출원가가 된다.
> • 후입선출법은 나중에 매입한 상품을 먼저 출고시키는 방법으로 기말재고는 먼저 매입한 상품이 남게 된다.
>   기말재고(40개×@180) = 7,200원
>   매출원가 = 기초재고(50개×@180) + 당기총매입(120개×@200) − 매입환출(30개×@200) − 기말재고(40개×@180) = 19,800원 또는 기초재고(10개×@180) + 매입(90개×@200) = 19,800원이 매출원가가 된다.

◀05 물가 상승 시 재무제표에 미치는 영향

▼ 원가흐름의 가정 요약

구분	크기 비교	비고
기말재고자산	선입선출법＞이동평균법＞총평균법＞후입선출법	
매출원가	선입선출법＜이동평균법＜총평균법＜후입선출법	
당기순이익	선입선출법＞이동평균법＞총평균법＞후입선출법	
법인세	선입선출법＞이동평균법＞총평균법＞후입선출법	과세소득이 충분함
현금흐름	선입선출법＜이동평균법＜총평균법＜후입선출법	법인세효과임

06 재고자산감모손실과 재고자산평가손실

1) 저가법

현행 일반기업회계기준은 취득원가와 시가를 비교하여 보다 낮은 가격으로 재고자산을 평가하는 방법인 저가법을 의무화하고 있고 시가가 취득원가보다 낮은 경우에는 시가를 재무상태표 가액으로 한다. (단, 재고자산평가이익은 회계처리하지 않는다.)

2) 재고자산감모손실(수량차이)

재고자산감모손실은 자연증발이나 도난·파손·훼손 등의 사유로 회사의 장부상 수량과 실제 재고수량에 의한 수량과의 차이에서 발생하는 손실을 말한다.

> 감모손실 = 감모수량(장부상 수량 − 실제 수량)×장부상 단위당 취득원가

거래내용	차변	대변
정상적 감모 (원가성이 있음)	매출원가(비용의 발생) ×××	재고자산(자산의 감소) ×××
비정상적 감모 (원가성이 없음)	재고자산감모손실 ××× (영업외비용)	재고자산(자산의 감소) ××× (적요8번 타계정으로 대체)

① 재고자산평가손실(단가하락) : 재고자산을 저가법으로 평가하는 방법으로는 종목별 기준을 원칙으로 하되 재고자산이 유사하거나 서로 관련되어 있는 경우에는 예외적으로 조별기준을 사용할 수 있지만 총계기준은 인정하지 않고 있다. 이 중에서 가장 보수적인 방법은 종목별 기준 > 조별기준 > 총계기준 순이다.

② 순실현가능가치의 회복 : 저가법 적용에 따라 평가손실을 초래했던 상황이 해소되어 새로운 공정가치가 장부금액보다 상승한 경우에는 최초의 장부금액을 초과하지 않는 범위 내에서 평가손실을 환입한다.

거래내용	차변	대변
시세하락	재고자산평가손실 ××× (매출원가 가산)	재고자산평가충당금 ××× (재고자산 차감계정)
시세회복	재고자산평가충당금 ××× (재고자산 가산계정)	재고자산평가충당금환입 ××× (매출원가 차감)

07 상품매출원가와 매출총이익 계산

- 당기 순매입액 = 총매입액 + 매입운임 등 취득부대비용 − 매입에누리와 환출 − 매입할인
- 당기 순매출액 = 총매출액 − 매출에누리와 환입 − 매출할인
- 매출원가 = 기초상품 재고액 + 당기순매입액 − 기말상품 재고액 + 정상적인 재고자산감모손실 + 재고자산평가손실
- 매출총이익 = 당기 순매출액 − 매출원가

✔️ 이론문제 | 유동(재고자산) - 상품매매기장에 관한 회계처리

01 일반기업회계기준에서 재고자산감모손실과 재고자산평가손실에 대한 회계처리의 규정을 올바르게 설명하고 있는 것은?

① 재고자산평가이익이 발생하면 재고자산에 배분한다.

② 원가성이 있는 경우는 매출원가에 배분한다.

③ 원가성이 없는 경우는 재고자산에 배분한다.

④ 별도의 회계처리를 할 필요가 없다.

02 20×1년도의 매출원가를 계산하면? (단, 장부상 기말재고는 3,000개, 1개당 200원, 실제재고수량은 2,800개이다. 감모수량 중 130개는 원가성이 있는 것으로 본다.)

• 기초재고	600,000원
• 당기 매입액	7,000,000원
• 당기 매출액	9,000,000원

① 7,014,000원 ② 7,000,000원
③ 7,026,000원 ④ 7,040,000원

03 재고자산의 시가가 취득원가보다 하락한 경우에는 저가법을 사용하여 장부금액을 결정한다. 이와 같이 저가법을 적용하는 사유에 해당하지 않는 것은?

① 보고기간 말로부터 1년 또는 정상영업주기 내에 판매되지 않았거나 생산에 투입할 수 없어 장기체화된 경우

② 진부화하여 정상적인 판매시장이 사라진 경우

③ 완성하거나 판매하는 데 필요한 원가가 하락한 경우

④ 기술 및 시장여건 등의 변화에 의해서 판매가치가 하락한 경우

04 다음의 자료에서 설명하는 재고자산의 평가방법은?

- 일반적인 물가상승 시 당기순이익이 과소 계상되어 법인세를 절감하는 효과가 있다.
- 기말재고자산이 현시가를 반영하지 못한다.
- 디플레이션 시에는 경영진의 경영실적을 높이려는 유혹을 가져올 수 있다.

① 선입선출법 ② 후입선출법
③ 개별법   ④ 이동평균법

05 다음 중 계속적으로 물가가 상승하고, 기말상품재고량은 기초상품재고량보다 증가한 상황일 때 미치는 영향으로 옳지 않은 것은?

① 매출원가는 선입선출법이 총평균법보다 작게 평가된다.

② 기말상품가액은 선입선출법이 후입선출법보다 크게 평가된다.

③ 당기순이익은 선입선출법이 후입선출법보다 크게 평가된다.

④ 기말상품가액은 선입선출법이 이동평균법보다 작게 평가된다.

06 다음 중 재고자산의 저가법에 관한 설명으로 옳지 않은 것은?

① 재고자산의 손상으로 재고자산의 시가가 취득원가보다 하락하면 저가법을 사용하여 재고자산의 장부금액을 결정한다.

② 재고자산의 시가는 매 회계기간 말에 추정하고 재고자산평가손실의 환입은 매출원가에서 차감한다.

③ 재고자산 평가를 위한 저가법은 항목별로 적용한다. 그러나 경우에 따라서는 서로 유사하거나 관련 있는 항목들을 통합하여 적용하는 것이 적절할 수 있다.

④ 원재료를 투입하여 완성할 제품의 시가가 원가보다 높을 때에도 원재료에 대하여 저가법을 적용한다.

07 다음 중 재고자산평가손실로 처리해야 하는 변동사항인 것은?

① 분실   ② 가치하락
③ 도난   ④ 파손

08 다음 자료를 기초로 하여 매출원가를 계산하면 얼마인가?

항목	금액	비고
기초재고액	100,000원	–
당기매입액	500,000원	도착지 인도조건의 미착상품 30,000원 포함
기말재고액	50,000원	창고보유분
시송품	30,000원	고객이 매입의사를 표시한 금액 10,000원
적송품	100,000원	60% 판매완료

① 430,000원   ② 440,000원
③ 450,000원   ④ 460,000원

09 재고자산의 원가흐름에 대한 가정 내용 중 옳지 않은 것은?

① 개별법은 실제 물량의 흐름과 원가흐름을 정확하게 일치시킨다.

② 이동평균법은 재고자산의 수량이 바뀔 때마다 단가를 새로 평균내는 방법으로서 실지재고조사법 하에서의 평균법이다.

③ 후입선출법은 물가하락 시 선입선출법보다 이익이 상대적으로 과대계상된다.

④ 선입선출법은 후입선출법보다 수익·비용 대응이 부적절하다.

10 다음은 재고자산(상품) 관련 자료이다. 손익계산서상 매출원가는 얼마인가?

- 기초재고액 : 150,000원
- 당기매입액 : 270,000원
- 매입환출액 : 50,000원
- 매입할인 : 30,000원
- 타계정대체액 : 20,000원
  (접대목적의 거래처 증정분)
- 기말재고액 : 30,000원

① 270,000원   ② 290,000원
③ 320,000원   ④ 340,000원

11 다음 중 일반기업회계기준서상 재고자산의 평가에 대한 설명으로 틀린 것은?

① 재고자산의 시가가 취득원가보다 하락한 경우에는 저가법을 사용하여 재고자산의 재무상태표가액을 결정한다.

② 재고자산 평가를 위한 저가법은 종목별로 적용하지만, 재고항목들이 서로 유사하거나 관련되어 있는 경우에는 저가법을 조별로 적용할 수 있다.

③ 저가기준을 적용하여 매출가격환원법을 사용하는 경우에는 원가율을 계산할 때 가격인하를 매출가격에 의한 판매가능액에서 차감하지 아니한다.

④ 평가손실을 초래했던 상황이 해소되어 시가가 장부가액보다 상승하여 평가손실을 환입한 경우에는 수정된 장부가액이 최초의 장부가액을 초과할 수도 있다.

12 다음의 계정 잔액은 정상적인 것이며 재고상품의 실사 결과 전년도 말, 즉 20×1년 12월 31일과 당해연도 말인 20×2년 12월 31일 상품 재고자산이 각각 47,000원과 58,000원으로 평가되었다. (주)한공의 20×2년 매출원가는?

계정과목	잔액	계정과목	잔액
매출	555,000원	매출환입 및 에누리	15,000원
매매	35,000원	매입	243,000원
매출할인	18,000원	매입환출 및 에누리	15,000원
매입운임	25,000원	판매운임	14,000원
일반관리비	33,000원	판매비	48,000원
법인세비용	34,000원	이자비용	13,000원

① 231,000원 ② 217,000원

③ 213,000원 ④ 242,000원

이론문제 정답 및 해설

01 ③ 원가성이 없는 경우는 재고자산평가손실 (영업외비용과 차손)에 포함시킨다.

02 ③ 기초재고액 600,000 + 당기순매입액 7,000,000 - 기말재고액 574,000 = 매출원가 7,026,000원이 된다. ※원가성 있는 감모수량은 매출원가에 포함한다.

03 ③ 완성하거나 판매하는 데 필요한 원가가 상승한 경우이다(일반기업회계기준 7.16).

04 ② 후입선출법은 선입선출법에 비해 수익비용 대응이 원칙에 부합하며 일반적으로 물가상승 시 당기순이익을 과소 계산하여 법인세를 이연하는 효과가 있다.

05 ④ 기말상품가액은 선입선출법이 이동평균법보다 크게 평가된다.

06 ④ 원재료를 투입하여 완성할 제품의 시가가 원가보다 높을 때는 저가법을 적용하지 아니한다(일반기업회계기준 7.17).

07 ② ①·③·④는 재고자산의 감모손실을 나타낸 것이며, ②는 재고자산의 평가손실이다(일반기업회계기준 7.20.).

08 ④ 기초재고 100,000원 + (당기매입 500,000원 - 미착상품 30,000원) - 기말재고자산 (실사액 50,000원 + 시송품 중 고객매입의사 미표시분 20,000원 + 적송품 중 미판매분 40,000원) = 460,000원

09 ② 이동평균법은 계속기록법 하에서의 평균법이다.

10 ② 기초재고액 150,000원 + 당기매입액 270,000원 - 매입환출액 50,000원 - 매입할인 30,000원 - 타계정대체액 20,000원 - 기말재고액 30,000원 = 매출원가 290,000원이 된다.

11 ④ 시가가 장부금액보다 상승한 경우 평가손실의 환입은 최초의 장부가액을 초과하지 않는 범위 내에서 가능하다(일반기업회계기준 7.19).

12 ④ 매출원가 242,000원 = 기초상품재고액 47,000원 + 순매입액 253,000원 - 기말상품재고액 58,000원이다. 여기에서 당기순매입액 253,000원 = 매입액 243,000원 + 매입운임 25,000원 - 매입환출 및 에누리 15,000원으로 계산한다.

제7절 | 비유동자산 – 투자자산 회계처리

기업의 정상적인 영업활동과는 무관하게 타회사를 지배하거나 통제할 목적 또는 장기적인 투자, 이윤을 얻을 목적으로 장기적으로 투자된 자산을 말한다.

◢ 01 투자자산의 분류

1) 투자 부동산

영업활동과 무관한 투자목적으로 보유하는 토지, 건물 등을 말하며 그 내용을 주석으로 공시하여야 한다.

2) 장기금융상품

재무상태표일로부터 1년 이후에 만기가 도래하는 것을 말하며 장기금융상품 중 차입금에 대한 담보제공 등으로 인하여 사용이 제한되는 경우에는 주석으로 공시한다.

3) 장기대여금

이자수익을 창출할 목적으로 타인에게 장기의 자금을 대여한 경우를 말하며 그 내용이 중요하여 재무상태표에 개별표시하고 대여 내용은 주석으로 기재하여야 한다.

4) 유가증권

타사가 발행한 지분증권, 국·공채, 사채 등의 채무증권에 투자한 경우를 말한다. 유가증권은 단기매매증권, 매도가능증권, 만기보유증권, 지분법적용투자주식으로 분류된다.

5) 기타의 투자자산

위에 속하지 않는 투자자산을 말한다.

◢ 02 매도가능증권 취득, 평가, 처분에 관한 회계처리

1) 매도가능증권으로 취득 시

■ 취득가액 1,000,000원, 수수료 25,000원이 발생한 경우			
(차) 매도가능증권	1,025,000	(대) 현금	1,025,000

> 취득원가 → 취득가액 + 취득부대비용(수수료·등록비·증권거래세 등)

2) 취득일 이후의 평가

원칙적으로 공정가치로 평가하며 만약 시장성이 없는 경우에는 공정가치가 신뢰성을 상실하여 측정할 수 없으므로 취득원가로 평가한다.

① 장부금액 1,025,000원 < 공정가치 1,100,000원인 경우

(차) 매도가능증권	75,000	(대) 매도가능증권평가이익 (기타포괄손익누계액)	75,000

② 장부금액 1,025,000원 > 공정가치 1,000,000원인 경우

(차) 매도가능증권평가손실 (기타포괄손익누계액)	25,000	(대) 매도가능증권	25,000

3) 처분 시 회계처리

매도가능증권을 처분할 때 반드시 그 장부금액과 처분금액과의 차액에 기타포괄손익누계액에 반영되어 있는 매도가능증권평가손익을 먼저 반영한 후 매도가능증권처분이익(영업외수익)과 매도가능증권처분손실(영업외비용)로 인식해야 한다.

① 공정가치 1,100,000원과 처분금액 1,200,000원(매도가능증권평가이익 75,000원이 있는 경우)

(차) 현금(처분가) 매도가능증권평가이익	1,200,000 75,000	(대) 매도가능증권 매도가능증권처분이익	1,100,000 175,000

② 공정가치 1,000,000원과 처분금액 1,200,000원(매도가능증권평가손실 25,000원이 있는 경우)

(차) 현금(처분가)	1,200,000	(대) 매도가능증권 매도가능증권처분이익 매도가능증권평가손실	1,000,000 175,000 25,000

4) 배당금수익 및 이자수익의 인식

회계사건	차변		대변	
소유 주식에 대한 현금배당을 받은 경우	현금 (자산의 증가)	150,000	배당금수익 (영업외수익 증가)	150,000
소유 국공·사채 등에 대한 이자를 받은 경우	현금 (자산의 증가)	150,000	이자수익 (영업외수익 증가)	150,000

◢ 03 만기보유증권

만기보유증권은 만기가 고정되었고 지급금액이 확정되었거나 만기까지 보유할 적극적인 의도와 능력이 있는 경우의 금융자산을 말한다.

1) 취득원가

매입금액 + 취득부대비용(수수료 등 포함)

(차) 만기보유증권	×××	(대) 현금	×××

2) 기말평가

만기보유증권은 취득원가에서 할인·할증 상각액을 가감한 가액을 의미하는 상각원가법으로 평가한다. 따라서 기말에 별도의 회계처리를 하지 않는다.

◢ 04 유가증권의 손상차손 또는 손상차손환입

> 채무증권의 상각후원가 또는 지분증권의 취득원가 > 회수가능액 = 손상차손 인식할 것을 고려

1) 유가증권손상차손

① 보고기간 종료일마다 평가하고 회수가능액을 추정하여 유가증권손상차손을 인식하고 당기손익(=영업외비용)에 반영한다.

② 미실현보유손실(매도가능증권평가손실)이 기타포괄손익누계액에 남아 있는 경우

> ■ 취득원가 5,000,000원, 회수가능 추정액 1,000,000원이며, 기존 매도가능증권평가손실 3,000,000원이 존재하는 경우
>
> (차) 매도가능증권손상차손　4,000,000 / (대) 매도가능증권　　　　　1,000,000
> 　　 (영업외비용의 발생) 　　　　　　　　　　 (투자자산 감소)
> 　　　　　　　　　　　　　　　　　　　　　　 매도가능증권평가손실　3,000,000
> 　　　　　　　　　　　　　　　　　　　　　　 (기타포괄손익누계액에서 제거)

2) 유가증권손상차손환입

회복된 금액을 당기이익으로 인식하되, 회복일 현재의 상각후원가(매도가능증권의 경우 취득원가)를 초과하지 않도록 한다.

◢ 05 유가증권의 재분류

유가증권의 보유의도와 보유능력에 변화가 있어 재분류가 필요한 경우에는 다음과 같이 처리한다.

1) 단기매매증권은 다른 범주로 재분류할 수 없으며, 다른 범주의 유가증권의 경우에도 단기매매증권으로 재분류할 수 없다. 다만, 단기매매증권이 시장성을 상실한 경우에는 매도가능증권으로 분류하여야 한다.

2) 매도가능증권은 만기보유증권으로 재분류할 수 있으며 만기보유증권은 매도가능증권으로 재분류할 수 있다.

3) 유가증권과목의 분류를 변경할 때에는 재분류일 현재의 공정가치로 평가한 후 변경한다.

이론문제 | 비유동자산 - 투자자산 회계처리

01 다음 자료에 의할 경우, 20×2년에 인식할 매도가능증권 처분손익은 얼마인가?

> • 20×1년 6월 1일 매도가능증권 120주를 주당 60,000원에 취득하였다.
> • 20×1년 기말 매도가능증권평가손실 1,200,000원(주당 공정가치 50,000원)
> • 20×2년 5월 1일 120주를 주당 50,000원에 처분하였다.

① 처분이익 2,400,000원
② 처분이익 1,200,000원
③ 처분손실 2,400,000원
④ 처분손실 1,200,000원

02 다음 2가지의 목적을 참고로 취득원가와 공정가액에 의하여 20×1년 손익계산서에 표시되는 단기매매증권평가이익과 매도가능증권평가이익은?

주식취득	취득목적	1주 공정가액
1,500주 1주 취득 1,000원 취득수수료 30,000원	단기간의 시세차익을 목적으로 하는 경우	1주 1,150원
	장기 투자를 목적으로 하는 경우	

	단기매매증권평가이익	매도가능증권평가이익
①	225,000원	195,000원
②	225,000원	185,000원
③	195,000원	225,000원
④	195,000원	185,000원

03 다음 중 유가증권에 대한 설명으로 틀린 것은?

① 매도가능증권의 미실현보유손익은 자본항목(기타포괄손익누계액)으로 처리한다.
② 단기매매증권이 시장성을 상실하는 경우 만기보유증권으로 분류변경한다.
③ 단기매매증권의 미실현보유손익은 당기손익항목으로 처리한다.
④ 만기까지 적극적으로 보유할 의도와 목적이 있는 채무증권을 만기보유증권이라 한다.

📌 이론문제 정답 및 해설

01 ④ 처분 시 120주 × (60,000원 – 50,000원)
= 1,200,000원 처분손실

(차) 현금	6,000,000원
매도가능증권처분손실	1,200,000원
(대) 매도가능증권	6,000,000원
매도가능증권평가손실	1,200,000원

02 ① 단기매매증권은 취득 시에 취득수수료를 별도로 처리하기 때문에 1,500,000원을 취득원가로 본다. 기말결산에는 1주 공정가액이 1,150원으로 증가하여 단기매매증권평가이익은 225,000원이 된다.

매도가능증권은 취득 시에 취득수수료를 포함하므로 1,530,000원을 취득원가로 본다. 기말결산에는 1주 공정가액이 1,150원으로 증가하여 매도가능증권평가이익은 195,000원이 된다.

03 ② 단기매매증권이 시장성을 상실하는 경우 매도가능증권으로 분류변경한다.

제8절 비유동자산 – 유형자산 회계처리

유형자산은 물리적인 형체가 있는 자산으로서 재화의 생산, 용역의 제공, 타인에 대한 임대 또는 자체적으로 사용할 목적으로 보유하고 장기간(1년 초과) 사용할 것이 예상되는 비화폐성자산으로서 토지, 건물, 기계장치, 차량운반구, 건설중인자산, 비품, 구축물 등을 말한다.

01 유형자산 인식조건

1) 기업 실체에 의해 지배하고 있어야 한다.
2) 자산의 미래 경제적 효익이 유입될 가능성이 높다.
3) 자산의 취득원가를 신뢰성 있게 측정할 수 있다.

02 유형자산의 취득원가 결정

유형자산의 취득원가란 자산을 취득하기 위하여 자산의 취득시점이나 건설시점에서 지급한 현금 및 현금성 자산 또는 제공하거나 부담할 기타 대가의 공정가액을 말한다.

> 취득원가 = 매입금액 + 직접취득부대비용 – 매입할인

> ■ 유형자산 취득 시 취득원가에 포함해야 할 부대비용
> - 매입 시 운반비   • 하역비   • 보관료   • 설치비
> - 취·등록세   • 관세   • 복구비용   • 운송 보험료
> - 자본화대상인 차입원가
> - 강제로 매입하는 채권의 매입금액과 현재가치의 차액
> - 설계와 관련하여 전문가에게 지급하는 수수료
> - 신규 건물과 토지 구입 시 건물철거비용

1) **토지, 건물, 구축물의 외부구입 시 취득원가**
   ① 토지 취득원가에 포함하는 경우 : 신축을 위한 구건물과 토지 구입비용, 외부구입 건물 철거 비용, 토지정지비, 중개수수료, 관청이 유지관리할 도로포장비, 토지취득세와 등록세 등이다. 단, 철거폐물 판매수익은 취득원가에서 차감한다.
   ② 건물 취득원가에 포함하는 경우 : 건물건설원가, 건물등기비, 건축설계비 등이다.
   ③ 구축물 취득원가에 포함하는 경우 : 건물주차장 건설비, 울타리공사비 등이다.
2) **일괄구입**
   서로 다른 종류의 자산을 일괄하여 취득하면서 개별자산의 취득원가를 구분할 수 없는 경우에는 일괄취득대금을 당해 자산의 공정가액을 기준으로 안분(반드시 취득 후 회사가 사용하는 자산)하여 개별 유형자산의 취득원가를 결정한다.

$$개별자산의\ 취득원가 = 일괄구입가격 \times \frac{개별자산의\ 공정시가}{일괄구입자산의\ 공정시가액}$$

3) 자가건설

기업이 필요로 하는 유형자산을 스스로 자가건설·제작하는 경우는 소요되는 직접재료비 및 직접노무비뿐만 아니라 제작과 관련하여 발생하는 제반 간접비용도 유형자산의 취득원가로 계상하여야 한다.

① 완성 전까지 지출한 설계비, 재료비, 노무비, 경비 및 도급·주문한 경우의 계약금, 중도금, 제조·건설·매입에 사용된 차입금 등의 이자비용 등

(차) 건설중인자산(자산의 증가)	×××	(대) 현금(자산의 감소)	×××

② 완성 후 사용가능 시점

(차) 건물(자산의 증가)	×××	(대) 건설중인자산(자산의 감소)	×××

4) 현물출자

주식을 발행한 대가로 현금 이외의 자산을 수령하는 것을 말하며 일반기업회계기준에서는 현물출자로 취득한 자산의 가액은 공정가액을 취득원가로 한다고 규정되어 있다.

(차) 토지(자산의 증가)	×××	(대) 자본금(자본의 증가)	×××
		주식발행초과금(자본잉여금 증가)	×××

5) 증여·무상 취득

일반기업회계기준에서는 증여 또는 무상으로 취득한 유형자산의 취득원가는 공정가액으로 한다고 규정되어 있다.

(차) 토지(자산의 증가)	×××	(대) 자산수증이익(수익의 발생)	×××

6) 장기할부, 연불조건 등

유형자산을 장기할부하거나, 연불조건 또는 대금지급기간이 일반적인 신용기간보다 긴 경우 취득원가는 현금구입가격으로 한다. 현금구입가격과 실제 총지급액과의 차액은 만기까지의 기간에 걸쳐 현재가치할인차금(이자비용)으로 인식한다.

7) 고가구입·저가구입 – 특수이해관계자와의 거래

① 취득원가가 공정가액보다 현저하게 높거나 낮은 특정자산의 구입을 고가구입·저가구입이라고 하는데 이때는 공정시가가 취득원가로 계상된다.

② 그리고 고가구입의 경우에는 현금지급액과 공정시가와의 차액을 기부금(영업외비용)으로 처리하고 저가구입의 경우에는 그 차액을 자산수증이익으로 처리한다.

사례 2

공정가액이 2,500,000원인 기계장치를 다음의 각각의 경우로 회계처리를 하시오.

① 고가구입 4,000,000원   ② 저가구입 500,000원

정답

	차변		대변	
①	기계장치(자산의 증가)	2,500,000	현금(자산의 감소)	4,000,000
	기부금(비용의 발생)	1,500,000		
②	기계장치(자산의 증가)	2,500,000	현금(자산의 감소)	500,000
			자산수증이익(수익의 발생)	2,000,000

8) 복구비용

해당 유형자산의 경제적 사용이 종료된 후에 원상회복을 위하여 그 자산을 제거·해체하거나 또는 부지를 복원하는 데 소요될 것으로 추정되는 비용이 충당부채(부채성충당금)의 요건을 충족하는 경우를 말한다.

(차) 설비자산(구축물)	×××	(대) 복구충당부채	×××

9) 이종자산의 교환과 동종자산의 교환

구분	이종자산 교환	동종자산 교환
교환손익 인식여부	자기가 제공한 자산의 공정가액, 교환손익을 인식한다.	자기가 제공한 자산의 장부가액, 교환손익을 인식하지 않는다.
현금수수	현금수수와 무관하게 교환손익을 즉시 인식한다.	㉠ 현금수수액이 중요하지 않은 경우 : 동종자산과의 교환거래로 보고 교환손익을 인식하지 않는다. ㉡ 현금수수액이 중요한 경우 : 이종자산의 교환으로 취급한다.

10) 강제로 국공채를 매입하는 경우

유형자산을 취득하면서 불가피하게 국가 기관에 등록되어 있는 국채, 공채 등을 취득하는 경우 매입금액과 현재가치의 차액을 자산의 취득원가에 포함한다.

03 유형자산의 취득 후 지출(후속 원가)

구분	자본적 지출	수익적 지출
분류	• 본래의 용도를 변경하기 위한 개조 • 엘리베이터 및 에스컬레이터 설치 • 냉난방 및 피난시설 설치 • 내용연수가 연장되는 지출 • 중고품을 구입하고 사용 전 수리비 지급 • 기타 개량, 확장, 증설 등 자산의 가치를 증가시키는 것	• 오래된 건물, 벽의 도색 • 파손된 유리, 기와의 대체 • 기계의 소모된 부속품과 벨트의 대체 • 자동차의 타이어, 배터리 교체 • 건물내부의 조명기구 교환 • 유지나 원상회복 등을 위한 것

효과	• 자산의 과대계상 • 당기순이익 과대계상 • 법인세 과대계상		• 비용의 과대계상 • 당기순이익 과소계상 • 법인세 과소계상	
분개	(차) 유형자산(자산의 증가) (대) 현금(자산의 감소)	××× ×××	(차) 수선비(비용의 발생) (대) 현금(자산의 감소)	××× ×××

◢ 04 감가상각비

유형자산의 취득원가에서 잔존가치를 차감한 감가상각대상금액을 매 기간별 체계적이고 합리적으로 배분하여 비용화시키는 과정을 말한다.

1) 감가상각 계산의 요소

감가상각을 하기 위해서는 다음의 3가지 요소가 결정되어야 한다.

① **취득원가** : 취득원가는 자산의 취득금액 또는 처분금액 이외에 이를 사용하기까지 부대비용과 자본적 지출로 사용된 금액도 포함된다.

② **내용연수** : 기업 활동이나 수익창출 활동에 이용 가능한 기간을 말한다. 내용연수 기간이 감가상각 대상기간이 되며 내용연수는 자산의 마모 등 물리적 원인과 기술진부화 등 경제적원인을 고려하여 추정 및 측정하여야 한다.

③ **잔존가치** : 유형자산의 내용연수가 끝나는 시점에 자산을 처분 또는 폐기할 때 획득될 것으로 추정되는 금액에서 폐기 및 처분에 관련된 비용 등을 차감한 금액을 말한다.

2) 감가상각방법

① **정액법** : 자산의 내용연수에 걸쳐 균등하게 감가상각비를 인식하는 방법을 말한다. 이익조작방지와 사용이 간편하다는 장점이 있으나 수익·비용 대응이 잘 이루어지지 않는 단점이 있다.

$$감가상각비 = \frac{취득원가 - 잔존가액}{내용연수} \times \frac{사용월수}{12}$$

② **정률법** : 초기에 많은 금액이 상각되고 기간이 경과함에 따라 상각액이 점차 감소하게 된다. 정률법에 의해 계산할 경우 체계적이기는 하지만 잔존가치가 없을 경우 사용할 수 없는 단점이 있다.

$$감가상각비 = (취득원가 - 감가상각누계액) \times 상각률 \times \frac{사용월수}{12}$$

③ **내용연수합계법**

$$감가상각비 = (취득원가 - 잔존가액) \times \frac{(내용연수 \ 역순)}{내용연수의 \ 합계} \times \frac{사용월수}{12}$$

④ 생산량비례법

$$감가상각비 = (취득원가 - 잔존가액) \times \frac{당기\ 실제생산량}{총예정생산량} \times \frac{사용월수}{12}$$

3) 감가상각비 회계처리

당해 감가상각비를 차변에 비용으로 계상하고 감가상각누계액을 대변에 기재하여 당해 유형자산에서 차감하는 형식의 간접차감법으로 인식한다.

| (차) 감가상각비(비용의 발생) ××× / (대) 감가상각누계액(자산의 감소) ××× |

재무상태표		손익계산서	
기계장치	50,000,000	판매 및 관리비	
감가상각누계액	(9,000,000)	1. 감가상각비	9,000,000
	41,000,000	⋮	

05 국고보조금(정부보조금)

국가 또는 지방자치단체가 기업발전을 향상시키기 위해 법률의 규정에 의하여 시설자금이나 운영자금을 국고금에서 교부하는 금액을 말하며 아래와 같이 회계처리한다.

1) 정부보조금 등으로 유형자산을 무상 또는 공정가액보다 낮은 대가로 취득한 경우 그 유형자산의 취득원가는 취득일의 공정가액으로 한다.

2) 정부보조금 등은 취득원가에서 차감하는 형식으로 표시한다.

3) 정부보조금 등으로 취득한 자산에 대한 감가상각비를 계상할 때는 취득자산의 내용연수에 걸쳐 정부보조금과 감가상각비를 상계하여야 한다.

4) 정부보조금 등으로 취득한 자산을 처분할 경우에는 감가상각비와 상계하고 남은 정부보조금 잔액을 당해 자산의 처분손익에 차감 또는 부가하는 방식으로 회계처리한다.

구분		차변	대변
국고보조금 수령 시 (상환의무가 없는 경우)	자산취득목적	현금 ×××	국고보조금 ××× (현금의 차감계정)
기타 국고보조금 수령 시 (상환의무가 없는 경우)	자산 취득 외	판매가격 > 제조원가인 품목을 국내 생산판매할 목적으로 구입 시 : 영업외수익 처리	
		저가로 수입할 수 있는 원재료를 국내에서 구입할 경우 : 제조원가에서 차감한다.	
자산취득 및 특정비용지출 시	유무형 자산 취득 시	유무형자산 ××× 국고보조금 ××× (현금의 차감계정)	현금 ××× 국고보조금 ××× (유무형자산의 차감계정)

특정비용	특정비용	×××	현금	×××
	국고보조금	×××	특정비용	×××
	(현금의 차감계정)			
결산 시 (국고보조금과 감가상각비를 상계처리)	감가상각비	×××	감가상각누계액	×××
	국고보조금	×××	감가상각비	×××
자산처분 시 (감가상각비와 상계하고 잔액은 처분손익에 차가감)	현금	×××	유무형자산	×××
	감가상각누계액	×××	유무형자산처분이익	×××
	국고보조금	×××	(손실)	
상환의무가 있는 경우	상환금액확정	(장기차입금)부채로 계상하고 상환의무가 소멸되면 채무면제 이익으로 계상한다.		
	상환금액불확정	상환금액을 추정하여 부채로 계상하고 향후 회계변경 또는 오 류수정한다.		

사례 3

당사는 시설확장을 위하여 정부보조금을 수령하여 회계처리를 하고자 한다. 다음의 사례에 대한 회계처리를 하시오.

[1] 정부보조금 30,000,000원을 보통예입하다.

[2] 기계장치를 구입하고 50,000,000원을 보통예금에서 인출하다.

[3] 기계장치에 대해 감가상각을 하다(정액법, 내용연수 5년, 잔존가치는 없음).

재무상태표	•기계장치	50,000,000	
	(감가상각누계액)	10,000,000	
	(정부보조금)	24,000,000	16,000,000

[4] 위 기계장치를 35,000,000원에 매각하다.

정답

[1] (차)	보통예금	30,000,000	(대)	정부보조금	30,000,000
				(보통예금차감)	
[2] (차)	기계장치	50,000,000	(대)	보통예금	50,000,000
	정부보조금	30,000,000		정부보조금	30,000,000
	(보통예금차감)			(기계장치차감)	
[3] (차)	감가상각비	10,000,000	(대)	감가상각누계액	10,000,000
	정부보조금	6,000,000		감가상각비	6,000,000
	(기계장치차감)				

$10,000,000 \times 30,000,000 \div 50,000,000 = 6,000,000$

[4] (차)	현금	35,000,000	(대)	기계장치	50,000,000
	감가상각누계액	10,000,000		유형자산처분이익	19,000,000
	정부보조금	24,000,000			
	(기계장치차감)				

06 유형자산의 손상차손

기업은 매 보고기간 말마다 자산손상을 시사하는 징후가 있는지를 검토하고 감가상각을 인식한 후 손상차손을 인식한다.

1) 손상차손 회계처리

> (차) 유형자산손상차손(영업외비용) ××× / (대) 손상차손누계액(자산의 감소) ×××

> 손상차손 = 장부금액 − 회수가능액*
> * 회수가능액 : max[순공정가치, 사용가치]
> ① **순매각가액(= 순공정가치)** : 합리적인 판단력과 거래의사가 있는 제3자와의 독립적인 거래에서 매매되는 경우의 예상처분가액에서 예상처분비용을 차감한 금액
> ② **사용가치** : 해당 자산 또는 자산그룹의 사용으로부터 예상되는 미래현금흐름의 현재가치

재무상태표

유형자산	×××
감가상각누계액	(×××)
유형자산손상차손누계액	(×××)
	×××

2) 시세회복된 경우

> 유형자산손상차손환입
> = min[손상 전 장부금액의 감가상각 후 잔액, 회수가능액] − 유형자산의 장부금액*
> * 손상시점의 회수가능액을 기준으로 감가상각한 금액

> (차) 손상차손누계액(자산의 증가) ××× / (대) 유형자산손상차손환입(영업외수익) ×××

07 유형자산의 처분

유형자산을 처분하거나 영구적으로 폐기하여 미래 경제적 효익을 기대할 수 없게 될 때 재무상태표에서 제거한다.

> ■ **처분 회계**
> • 유형자산처분이익 = 처분금액 > 장부금액
> • 유형자산처분손실 = 처분금액 < 장부금액
>
> | (차) | 현금(처분가격) | ××× | (대) | 유형자산(취득원가) | ××× |
> |---|---|---|---|---|---|
> | | 감가상각누계액 | ××× | | 유형자산처분이익 | ××× |

✅ 이론문제 │ 비유동자산 – 유형자산 회계처리

01 정부보조금에 대한 다음 설명 중 틀린 것은?

① 정부보조금은 보조금을 수취할 것이라는 확신이 없어도 정부보조금에 부수되는 조건을 준수할 것이라면 인식할 수 있다.

② 수익관련보조금이란 자산관련보조금 이외의 정부보조금을 말한다.

③ 수익관련보조금을 받는 경우에는 당기의 손익에 반영한다.

④ 자산관련 정부보조금으로 취득한 자산을 처분할 경우에는 감가상각액과 상계하고 남은 정부보조금 잔액을 해당 자산의 처분손익에 차감 또는 가산하는 방식으로 회계처리하여야 한다.

02 다음은 기계장치 관련 자료이다. 이에 대한 설명으로 옳지 않은 것은?

- 20×1년 5월 1일 : 정부보조금 200,000원을 보통예금으로 수령함
- 20×1년 7월 1일 : 기계장치를 1,000,000원(정부보조금 200,000원 포함)에 취득함(보통예금 지급)
- 감가상각은 월할상각, 정액법을 적용함(내용연수 5년, 잔존가치 없음)

① 20×1년 5월 1일 정부보조금 수령은 자산을 증가시키지 않는다.

② 20×1년 7월 1일 기계장치의 장부금액은 800,000원이다.

③ 20×1년 12월 31일 기계장치의 장부금액은 720,000원이다.

④ 20×1년 기계장치에 대한 감가상각비는 100,000원이다.

03 다음 중 유형자산의 감가상각에 관한 설명으로 틀린 것은?

① 유형자산의 감가상각대상금액은 내용연수에 걸쳐 합리적이고 체계적인 방법으로 배분한다.

② 유형자산의 감가상각은 자산을 구입한 때부터 즉시 시작한다.

③ 유형자산의 감가상각방법은 자산의 경제적효익이 소멸되는 형태를 반영한 합리적인 방법이어야 한다.

④ 유형자산의 내용연수는 자산으로부터 기대되는 효용에 따라 결정된다.

04 유형자산의 감가상각방법 중 정액법, 정률법 및 연수합계법 각각에 의한 3차년도 말 감가상각비가 큰 금액부터 나열한 것은?

- 기계장치 취득원가 : 1,000,000원 (1월 1일 취득)
- 내용연수 : 5년
- 잔존가치 : 취득원가의 10%
- 정률법 상각률 : 0.4

① 정률법 > 정액법 = 연수합계법

② 정률법 > 연수합계법 > 정액법

③ 연수합계법 > 정률법 > 정액법

④ 연수합계법 = 정액법 > 정률법

05 다음 중 유형자산에 대한 설명으로 가장 옳지 않은 것은?

① 유형자산의 취득원가는 당해 자산의 제작원가 또는 매입가액에 취득부대비용을 가산한 가액으로 한다.

② 새로운 건물을 신축하기 위하여 사용 중이던 기존 건물을 철거하는 경우에는 기존 건물의 장부가액은 새로운 건물의 취득원가에 가산한다.

③ 유형자산의 감가상각은 감가상각대상금액을 그 자산의 내용연수 동안 합리적이고 체계적인 방법으로 각 회계기간에 배분하는 것이다.

④ 제조설비의 감가상각비는 제조원가를 구성하고, 연구개발 활동에 사용되는 유형자산의 감가상각비는 무형자산의 인식조건을 충족하는 자산이 창출되는 경우 무형자산의 취득원가에 포함된다.

06 자본적 지출로 처리하여야 할 것을 수익적 지출로 잘못 회계처리한 경우 재무제표에 미치는 영향으로 옳지 않은 것은?

① 당기순이익이 과소계상된다.

② 현금 유출액에는 영향을 미치지 않는다.

③ 자산이 과소계상된다.

④ 자본이 과대계상된다.

07 다음은 일반기업회계기준상 유형자산의 취득원가를 설명한 것이다. 잘못된 것은?

① 증여로 취득한 자산의 가액은 공정가액을 취득원가로 한다.

② 교환으로 취득한 토지의 가액은 장부가액을 취득원가로 한다.

③ 유형자산에 대한 건설자금이자는 취득원가에 포함한다.

④ 현물출자로 받은 자산은 공정가액을 취득원가로 한다.

08 20×1년 초에 320,000원에 구입한 차량을 연수합계법에 따라 감가상각해왔다고 하면, 20×2년 말 결산 후의 감가상각누계액 잔액은? (단, 내용연수 5년, 잔존가액 20,000원, 회계기간은 1년임)

① 180,000원 ② 100,000원

③ 80,000원   ④ 60,000원

09 취득원가 1,000,000원, 내용연수 10년, 잔존가치 100,000원인 유형자산을 만 2년 사용한 후에 700,000원에 처분하였다. 정액법에 의하여 감가상각비를 계상한다면 유형자산처분손실은?

① 210,000원 ② 200,000원

③ 100,000원 ④ 120,000원

10 A회사는 사용하던 승용차를 B회사의 기계장치와 교환하기로 하였다. 동 승용차의 장부가액은 500,000원(취득가액 10,000,000원)이고, 추가로 500,000원을 현금지급하였다. 승용차의 공정가액이 700,000원인 경우 당기의 유형자산처분손익은 얼마인가?

① 이익 300,000원 ② 손실 300,000원

③ 이익 200,000원 ④ 손실 200,000원

11 당기 중에 공장건설용 토지를 구입하면서 다음과 같은 지출이 이루어진 경우 토지의 취득가액은 얼마인가?

• 토지 취득대금	30,000,000원
• 토지상의 구건물 철거비용	
	3,700,000원
• 구건물 철거 시 철골자재 등 매각대금	
	2,100,000원
• 토지 취득세, 등록세	1,400,000원
• 토지 재산세	450,000원

① 30,000,000원 ② 33,000,000원
③ 33,450,000원 ④ 35,100,000원

12 다음 중 자본화대상 금융비용이 아닌 것은?

① 사채발행차금상각액
② 리스이용자의 운용리스료
③ 차입과 직접 관련하여 발생한 수수료
④ 단기차입금에 대한 이자비용

13 20×1년 1월 1일 연구용 기계장치를 5,000,000원에 취득하였다. 취득자금 중 4,000,000원은 정부로부터 받은 보조금이다. 동 기계장치의 내용연수는 5년이며, 정액법을 적용하고, 잔존가치는 없는 것으로 예상된다. 20×1년 손익계산서상 이익에 동 기계장치의 감가상각이 미치는 영향은?

① 1,000,000원 이익을 감소시킨다.
② 200,000원 이익을 감소시킨다.
③ 1,000,000원 이익을 증가시킨다.
④ 200,000원 이익을 증가시킨다.

14 20×1년 초에 취득원가 2,000,000원의 기계장치(내용연수 5년, 잔존가치 없음)를 취득하여 정액법으로 상각하여 오던 중 20×2년 말에 내수시장의 붕괴로 인하여 자산의 시장가치가 급격히 하락하였다. 이때 회수가능액은 300,000원이었다. 20×3년 말의 회수가능액이 900,000원으로 상승하였을 경우 손상차손환입액을 계산하면 얼마인가?

① 300,000원 ② 400,000원
③ 500,000원 ④ 600,000원

📌 이론문제 정답 및 해설

01 ① 정부보조금은 다음 모두에 대한 합리적인 확신이 있을 때 인식한다(일반기업회계기준 17.2, 17.3). (1) 정부보조금에 부수되는 조건을 준수할 것이다. (2) 보조금을 수취할 것이다.

02 ④ [일자별 회계처리]

20×2년 5월 1일

(차) 보통예금   200,000원

(대) 정부보조금   200,000원

     (보통예금 차감)

7월 1일

(차) 기계장치   1,000,000원

     정부보조금   200,000원

     (보통예금 차감)

(대) 보통예금   1,000,000원

     정부보조금   200,000원

     (기계장치 차감)

※ 7월 1일 기계장치 장부금액 :

    1,000,000원 – 200,000원 = 800,000원

12월 31일

(차) 감가상각비   80,000원

     정부보조금   20,000원

(대) 감가상각누계액   100,000원

     (기계장치 차감)

※ 감가상각비 : (1,000,000원 – 200,000원) × 1년/5년 × 6개월/12개월 = 80,000원

정부보조금 상각 : 200,000원 × 1년/5년 × 6개월/12개월 = 20,000원(정부보조금 잔액 180,000원)

12월 31일 기계장치 장부금액 : 1,000,000원 – 100,000원 – 180,000원 = 720,000원

03 ② 유형자산의 감가상각은 자산이 사용가능한 때부터 시작한다. 즉, 경영진이 의도하는 방식으로 자산을 가동하는 데 필요한 장소와 상태에 이른 때부터 시작한다(일반기업회계기준 10.34).

04 ④ 3차년도 말 감가상각비 정률법 144,000원 = (1,000,000원 – 400,000원 – 240,000원) × 0.4

3차년도 말 감가상각비 연수합계법 180,000원 = (1,000,000원 – 100,000원) × 3/15

3차년도 말 감가상각비 정액법 180,000원 = (1,000,000원 – 100,000원) × 1/5

05 ② 새로운 건물을 신축하기 위하여 사용 중이던 기존 건물을 철거하는 경우 기존 건물의 장부가액은 제거하여 처분손실로 반영하고, 철거비용은 전액 당기비용으로 처리한다.

06 ④ 자산을 비용으로 계상하게 되면 자산과 당기순이익이 과소계상되고, 자본이 과소계상된다. 현금 유출액에는 영향을 미치지 않는다.

07 ②

> • 이종자산의 교환 : 제공한 자산의 공정가액(단, 제공한 자산의 공정가액이 불확실한 경우에는 취득한 자산의 공정가액으로 할 수 있으며 현금수수액을 반영함)
>
> • 동종자산의 교환 : 제공한 자산의 장부가액(교환에 포함된 현금 등의 금액이 중요하다면 동종자산의 교환으로 보지 않음)

08 ① 20×2년 말 : (320,000 – 20,000) × (5 + 4) ÷ 15 = 180,000원이 된다.

09 ④ 1차년 말 : (1,000,000 – 100,000) / 10년
= 90,000

2차년 말 : (1,000,000 – 100,000) / 10년
= 90,000, 감가상각누계액 = 180,000

처분손익 = 처분가액 – (취득원가 – 감가상각누계액) 이므로 유형자산처분손익 = 700,000 – (1,000,000 – 180,000) = –120,000원이 된다.

10 ③ 이종교환 시 유형자산처분이익은 승용차의 공정가액에서 장부가액을 차감한 나머지를 처분이익으로 계상한다. 즉, 700,000 – 500,000 = 처분이익 200,000원으로 한다.

11 ② 토지 취득가액
= 30,000,000원 + 3,700,000원
  – 2,100,000원 + 1,400,000원
= 33,000,000원

12 ② 리스이용자의 금융리스 이자비용이 자본화대상 금융비용에 해당한다.

13 ② 기계장치의 감가상각비 : 5,000,000 ÷ 5년
= 1,000,000원

정부보조금상각액 : $4,000,000 \times \dfrac{1,000,000}{5,000,000}$
= 800,000원

이익에 미치는 영향 : 1,000,000 – 800,000
= 200,000원 감소한다.

14 ④ 회수가능액 900,000원과 손상되지 않았을 경우 장부금액(2,000,000 – 2,000,000 $\times \dfrac{3}{5}$ = 800,000원), 장부금액 300,000원

– 300,000 $\times \dfrac{1}{3}$ = 200,000원

∴ min(900,000, 800,000) – 200,000
= 600,000원

제9절 비유동자산 – 무형, 기타비유동자산 회계처리

01 무형자산의 정의

무형자산은 재화의 생산이나 용역의 제공, 타인에 대한 임대 또는 관리에 장기간 사용할 목적으로 기업이 보유하고 있는 물리적 형체가 없지만 식별 가능하고 기업이 통제하고 있으며 미래 경제적 효익이 있는 비화폐성자산을 말한다.

02 무형자산의 인식요건

1) 식별 가능성

무형자산이 식별 가능하기 위해서는 법적인 권리이거나 별도로 분리가 가능하여야 한다. 분리가능의 의미는 다른 자산과 분리하여 임대, 매각, 교환, 분배할 수 있는 것을 말한다.

2) 통제 가능성

미래 경제적 효익을 확보할 수 있고 제3자의 접근을 제한할 수 있는 배타적인 권리에 대한 소유 여부를 의미한다. 단, 다음의 경우에는 무형자산으로 인식하지 않을 수 있다.

① 숙련된 종업원, 종업원의 기술은 효익이 발생가능하나 통제가 어려우므로 무형자산 정의를 충족하지 못하는 것으로 본다.

② 특정인의 경영능력, 기술적 재능은 효익 확보가 법에 의해 보호되지 않는 한 무형자산 정의를 충족하지 못하는 것으로 본다.

③ 고정고객·시장점유율, 고객과의 관계·고객의 충성도는 고객과의 관계를 지속시킬 수 있는 법적권리가 존재하지 않는다면 무형자산 정의를 충족하지 못하는 것으로 본다.

3) 미래 경제적 효익

무형자산의 미래 경제적 효익은 재화의 매출, 용역수익, 원가절감 또는 기타 효익의 형태로 발생되며 미래 순현금의 유입으로 나타난다.

03 무형자산의 종류

1) 영업권

외부에서 유상 취득한 영업권만을 무형자산으로 인정하고 내부적으로 창출한 영업권은 인정하지 않는다.

2) 산업재산권

특허권, 실용신안권, 의장권, 상표권을 말하며 산업재산권침해 방지를 위한 소송비용은 자본적 지출로 보며, 만약 소송에서 패소하는 경우에는 소송비용을 당기 비용으로 처리한다.

3) 개발비

신제품·신기술의 개발과 관련하여 발생한 비용 중 미래 경제적 효익이 기업에 유입될 가능성이 높으며, 취득원가를 신뢰성 있게 측정 가능한 것을 말한다.

구분	연구단계	개발단계
분류	① 새로운 지식을 얻고자 하는 활동 ② 연구결과나 기타 지식을 탐색, 평가, 최종 선택, 응용하는 활동 ③ 재료, 장치, 제품, 공정, 시스템이나 용역에 대한 여러 가지 대체안을 탐색하는 활동 ④ 새롭거나 개선된 재료, 장치, 제품, 공정, 시스템이나 용역에 대한 여러 가지 대체안을 제안, 설계, 평가, 최종 선택하는 활동	① 생산이나 사용 전의 시제품과 모형을 설계, 제작, 시험하는 활동 ② 새로운 기술과 관련된 공구, 기구, 주형, 금형 등을 설계하는 활동 ③ 상업적 생산목적으로 실현가능한 경제적 규모가 아닌 시험공장을 설계, 건설, 가동하는 활동 ④ 신규 또는 개선된 재료, 장치, 제품, 공정, 시스템이나 용역에 대하여 최종적으로 선정된 안을 설계, 제작, 시험하는 활동
효과	① 판매관리비의 연구비 ② 제조원가의 연구비	무형자산의 개발비
	개발 이후 자산인식 요건 미충족 시에는 "경상연구개발비" 계정으로 인식한다.	

4) 컴퓨터소프트웨어

외부로부터 구입한 비용이 무형자산 요건을 충족할 시에 회계처리하며 반대로 내부적으로 개발된 소프트웨어에 지출된 원가가 무형자산 요건을 충족할 시에는 "개발비"로 한다.

5) 기타

라이센스와 프랜차이즈, 저작권, 임차권리금, 광업권, 어업권 등을 포함한다. 다만 이들 항목이 중요한 경우에는 개별 표시한다.

◢ 04 무형자산의 취득원가 결정

취득원가 = 매입금액 + 직접부대비용 − 매입할인

■ **무형자산 취득 시 취득원가에 포함해야 할 비용**
- 무형자산 창출에 직접 종사한 인원에 대한 급여, 상여금, 퇴직급여 등의 인건비
- 무형자산 창출에 직접 사용된 재료비, 용역비 등
- 무형자산 창출에 직접 사용된 유형자산 감가상각비와 무형자산 상각비
- 법적 권리를 등록하기 위한 수수료, 취·등록세 등
- 무형자산 창출에 필요하며 합리적이고 일관된 방법으로 배부할 수 있는 간접비

※ 〈유의사항〉 취득원가에 포함되지 않는 것 : 판매비와관리비, 기타 간접지출, 무형자산으로 인식되기 전 명백한 비효율로 인한 손실금액 및 초기단계의 운용손실, 무형자산 운용하는 직원의 훈련과 관련된 지출

1) 무형자산의 취득원가

구분	내용
개별취득	• 구입가격 − 매입할인·리베이트 + 수입관세 + 환급불가능 제세금 + 의도한 목적에 사용할 수 있도록 준비하는 데 직접 관련된 원가 • 대금지급기간이 일반적인 신용기간보다 긴 경우 : 현금가격상당액
사업결합으로 인한 취득	취득일의 공정가치(피취득자의 인식여부와 무관함)
정부보조에 의한 취득	취득일의 공정가치(명목상 금액과 직접 관련된 지출의 합계금액가능)
교환취득	• 이종자산교환 : 제공한 자산의 공정가치 • 동종자산교환 : 제공한 자산의 장부금액
내부창출한 영업권	자산으로 인식하지 않음
내부창출한 무형자산	연구단계와 개발단계로 구분할 수 없는 경우는 연구단계로 당기비용으로 인식

2) 취득 후 지출(후속 원가)

무형자산을 취득 및 완성 후 추가적인 지출은 당해 지출의 성격에 따라 자본적 지출과 수익적 지출로 구분하여 자본적 지출은 자산에 포함하고 수익적 지출은 발생기간에 비용으로 처리한다.

05 무형자산 감가상각

유형자산의 감가상각과 동일한 개념으로 무형자산의 취득원가를 내용연수 동안 비용화하는 원가배분의 과정을 무형자산의 상각이라고 한다.

1) 무형자산의 상각

독점적·배타적인 권리를 부여하고 있는 관계 법령이나 계약에 정해진 경우를 제외하고는 사용가능한 시점부터 20년을 초과할 수 없다. 내용연수는 경제적 요인과 법적인 요인의 영향을 받으며 무형자산의 내용연수는 이러한 요인에 의해 결정된 기간 중 짧은 기간으로 한다.

2) 잔존가치

무형자산의 잔존가치는 없는 것이 원칙이다.

3) 상각방법

무형자산의 상각방법은 합리적이고 체계적인 방법을 사용하여야 한다. 일반기업회계기준에서는 감가상각방법으로 정액법, 정률법, 연수합계법, 생산량비례법 등이 있으나 합리적인 상각방법을 정할 수 없는 경우에는 정액법을 사용한다. 다만 영업권의 경우 정액법만 허용된다.

4) 상각기간과 상각방법, 잔존가치의 변경

상각기간과 상각방법, 잔존가치의 변경이 가능하며 회계추정의 변경으로 회계처리가 가능하다.

5) 상각비 회계처리

무형자산의 상각이 다른 자산의 제조와 관련된 경우에는 관련 자산의 제조원가로, 그 밖의 경우에는 판매비와관리비로 인식한다. 무형자산을 상각할 때에는 일반적으로 기업 실무에서는 직접차감법을 많이 사용한다.

> (차) 무형자산상각비 (비용의 발생)   ××× / (대) 무형자산 (자산의 감소)   ×××

06 무형자산 손상차손

1) 매 보고기간 말마다 자산손상을 시사하는 징후가 있는지를 검토하여 징후가 있다면 당해 자산의 회수가능액을 추정한다.

2) 아직 사용가능하지 않은 무형자산은 최소한 매 보고기간 말에 회수가능액을 반드시 추정하여야한다.

3) 사용을 중지하고 처분을 위해 보유하는 자산은 사용을 중지한 시점부터 상각을 중지하고 장부금액으로 유지하며 매 보고기간 말에 회수가능액을 평가하고 손상차손을 인식한다.

4) 자산의 진부화 및 시장가치의 급격한 하락 등으로 인하여 자산의 회수가능액이 장부금액에 중요하게 미달하게 되는 경우에는 장부금액을 회수가능액으로 조정하고 그 차액을 손상차손으로처리한다.

5) 차기 이후에 감액된 자산의 회수가능가액(= 자산의 순매각액과 사용가치 중 큰 금액)이 장부가액을 초과하는 경우에는 그 자산이 감액되기 전의 장부가액의 감가상각 후 잔액을 한도로 하여그 초과액을 손상차손환입으로 처리한다.

07 기타비유동자산

투자자산, 유형자산, 무형자산에 속하지 않는 비유동자산으로서 투자수익이 없고 다른 자산으로 분류하기 어려운 자산을 말한다.

1) 이연법인세자산

차감할 일시적 차이 등으로 인하여 미래에 경감될 법인세부담액으로서 유동자산으로 분류되는이연법인세자산을 제외한 부분을 말한다.

2) 보증금

전세권, 회원권, 임차보증금 및 영업보증금을 말한다.

3) 장기성매출채권

유동자산에 속하지 아니하는 일반적 상거래에서 발생한 장기의 매출채권을 말한다.

4) 장기선급비용, 장기선급금, 장기미수금 등을 포함한다.

✔️이론문제 | 비유동자산 – 무형, 기타비유동자산 회계처리

01 일반기업회계기준에 의한 무형자산에 대한 다음 설명 중 가장 타당하지 않은 것은?

① 시장에 대한 지식 및 기술적 지식은 법적 권리에 의해 보호된다면, 미래 경제적 효익을 통제하고 있는 것이다.
② 숙련된 종업원이나 훈련을 통해 습득된 종업원의 기술은 일반기업회계기준상 무형자산의 정의를 충족시키지 못한다.
③ 고정고객, 시장점유율, 고객과의 관계나 고객의 충성도 등은 무형자산의 정의를 충족시키지만 측정하기 곤란하므로 무형자산으로 기록하지 않는다.
④ 특정인의 경영능력이나 기술적 재능도 기업이 그것을 사용하여 미래 경제적 효익을 확보하는 것이 법에 의해 보호되지 않는 한 무형자산의 정의를 충족시킬 수 없다.

02 다음 중 영업권에 대한 설명으로 옳지 않은 것은?

① 내부적으로 창출된 영업권도 신뢰성 있게 측정하였다면 자산으로 인식할 수 있다.
② 매수기업결합으로 취득한 무형자산의 취득원가는 매수일의 공정가액으로 한다.
③ 영업권의 상각은 관계 법령이나 계약에 정해진 경우를 제외하고는 20년을 초과할 수 없다.
④ 영업권의 잔존가액은 없는 것을 원칙으로 한다.

03 다음 중 무형자산에 대한 설명으로 틀린 것은?

① 무형자산을 창출하기 위한 내부 프로젝트를 연구단계와 개발단계로 구분할 수 없는 경우에는 그 프로젝트에서 발생한 지출은 모두 연구단계에서 발생한 것으로 본다.
② 무형자산의 공정가치가 증가하면 그 공정가치를 반영하여 상각한다.
③ 합리적인 상각방법을 정할 수 없는 경우에는 정액법을 사용한다.
④ 무형자산의 잔존가치는 없는 것을 원칙으로 한다.

04 무형자산에 대한 설명으로 틀린 것은?

① 무형자산의 상각기간은 독점적·배타적 권리를 부여하고 있는 관계 법령이나 계약에 정해진 경우를 제외하고는 20년을 초과할 수 없다.
② 내부적으로 창출한 영업권의 경우, 미래 경제적 효익을 창출할 수 있다면 자산으로 인식할 수 있다.
③ 무형자산의 합리적인 상각방법을 정할 수 없는 경우에는 정액법을 사용한다.
④ 무형자산의 잔존가치는 없는 것을 원칙으로 한다.

05 다음 중 무형자산에 대한 설명으로 옳은 것은?

① 무형자산의 상각대상금액을 내용연수 동안 합리적으로 배분하기 위해 다양한 방법을 사용할 수 있다.

② 무형자산이 법적 권리인 경우 법적 권리기간이 경제적 내용연수보다 긴 기간이면 법적 권리기간 동안 상각한다.

③ 내부적으로 창출된 영업권의 경우 그 금액을 합리적으로 추정할 수 있는 경우에는 무형자산으로 인식할 수 있다.

④ 연구단계에서 발생한 지출은 모두 발생 즉시 비용으로 인식하며, 개발단계에서 발생한 지출은 모두 무형자산으로 인식한다.

06 무형자산의 취득에 대한 설명으로 옳은 것은?

① 개별취득 취득원가에서 매입할인과 리베이트 그리고 수입관세와 환급받을 수 없는 제세금을 포함한다.

② 자산을 의도한 목적에 사용할 수 있도록 준비하는 데 직접 또는 간접적으로 관련되는 원가로 구성된다.

③ 사업결합으로 취득한 무형자산의 원가는 취득일의 공정가치로 한다.

④ 대금지급기간이 일반적인 신용기간보다 긴 경우 구입원가는 현재가치로 평가하여 처리한다.

📌 이론문제 정답 및 해설

01 ③ 고정고객, 시장점유율, 고객과의 관계, 고객의 충성도 등은 일반적으로 무형자산의 정의를 충족하지 못한다.

02 ① 내부적으로 창출된 영업권은 취득원가를 신뢰성 있게 측정할 수 없을 뿐만 아니라 기업이 통제하고 있는 식별가능한 자원도 아니기 때문에 자산으로 인식하지 않는다(일반기업회계기준 11.16).

03 ② 무형자산의 공정가치가 증가하더라도 상각은 취득원가에 기초한다.

04 ② 내부적으로 창출한 영업권은 원가를 신뢰성 있게 측정할 수 없을 뿐만 아니라 기업이 통제하고 있는 식별가능한 자원도 아니기 때문에 자산으로 인식하지 않는다(일반기업회계기준 11.16).

05 ① 무형자산의 상각대상금액을 내용연수 동안 합리적으로 배분하기 위해 다양한 방법을 사용할 수 있다. 이러한 상각방법에는 정액

법, 체감잔액법(정률법 등), 연수합계법, 생산량비례법 등이 있다. 다만, 합리적인 상각방법을 정할 수 없는 경우에는 정액법을 사용한다(일반기업회계기준 11.32).

② 법적 권리기간과 경제적 내용연수 중 보다 짧은 기간 동안 상각한다(일반기업회계기준 11.30).

③ 내부적으로 창출된 영업권은 무형자산으로 인식할 수 없다(일반기업회계기준 11.16).

④ 개발단계에서 발생한 지출 중 일정한 요건을 충족시키는 경우에만 무형자산으로 인식한다(일반기업회계기준 11.20).

06 ③ ① 매입할인과 리베이트는 차감한다.

② 직접적으로 관련된 것만 인정된다.

④ 현재가치가 아니라 현금구입상당액으로 한다.

제10절 부채 – 유동부채와 비유동부채 회계처리

01 부채의 정의

1) 부채란 특정기업이 과거의 거래나 사건의 결과로 인해, 현재 기업실체가 부담하고 그 이행에 자원의 유출이 예상되는 의무이다.

2) 일반기업회계기준에서는 매입채무, 미지급비용 등 영업활동과 관련된 부채는 1년 기준과 정상영업순환주기기준 중·장기를 기준으로 구분하며 기타의 부채는 1년 기준으로 유동부채로 분류하도록 하고 있으며, 보고기간 종료일로부터 1년을 초과하여 상환하는 것은 비유동부채로 분류한다.

02 유동부채 ▸ Chapter 01 제2절 재무제표 작성표시 및 구성요소 참조

보고기간종료일로부터 1년 이내에 상환해야 하는 것을 말하며 외상매입금, 지급어음, 부가세예수금, 미지급금, 선수금, 선수수익, 예수금, 미지급비용, 유동성장기부채 등이 있다.

03 비유동부채 – 사채

이사회의 결의에 의하여 일반 대중으로부터 장기자금을 조달하기 위하여 회사가 발행한 확정채무임을 표시하는 유가증권을 사채라 한다.

1) 사채의 발행, 사채이자 계산 및 회계처리

사채의 발행금액은 다음과 같이 계산한다.
- 사채액면금액의 현재가치 = 사채액면금액 × (유효이자율) 1원의 현재가치
- 사채이자 지급액의 현재가치 = 사채액면 × 액면이자율 × (유효이자율) 원금 1원의 현재가치
- 사채의 발행금액 = 사채액면의 현재가치 + 사채이자의 현재가치

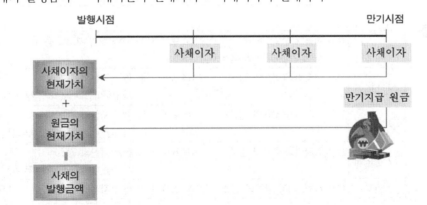

① 액면발행

거래내용	차변	대변
액면이자율 10% = 시장이자율 10%, 액면가액 = 발행가액		
사채액면 100,000원을 발행하고 대금은 현금으로 받다.	현금(자산의 증가) 100,000	사채(부채의 증가) 100,000

② 할인발행

- 사채액면이자율 < 시장이자율(유효이자율)인 경우와 액면가액 > 발행가액인 경우에는 할인발행이라 한다.
- 사채할인발행차금(선급이자 성격)은 재무상태표 대변에 사채액면가액에서 차감형식으로 기재하고, 상각액은 사채이자에 가산한다.
  → 사채할인발행차금 상각액 = 유효이자(이자비용 표시) − 액면이자
- 이자비용(증가), 사채액면금액(불변), 상각액(증가), 장부가액(증가)

사례 4

다음은 20×1년 1월 1일에 발행한 사채의 자료이다. 액면 1,000,000원, 액면이자율 10%, 유효이자율 12%, 만기는 3년, 이자는 매년 말 지급, 발행가액(=현재가치)은 951,963원이다. 이 사채발행 자료에 대한 회계처리를 하시오.

유효이자율법에 의한 상각표

일자	유효이자(12%)	액면이자(10%)	상각액	장부가액
20×1. 1. 1				951,963
20×1.12.31	114,236[1]	100,000[2]	14,236[3]	966,199[4]
20×2.12.31	115,944	100,000	15,944	982,143
20×3.12.31	117,857	100,000	17,857	1,000,000

1) 유효이자 발행(장부가액)
   $951,963 \times 12\%$
2) 액면이자 $1,000,000 \times 10\%$
3) 상각액 $114,236 - 100,000$
4) 장부가액 + 상각액
   $951,963 + 14,236$

정답

20×1. 1. 1	(차) 현금(자산의 증가) 951,963 사채할인발행차금(사채액면 차감) 48,037	(대) 사채(액면, 부채의 증가) 1,000,000
20×1.12.31	(차) 이자비용(비용의 발생) 114,236	(대) 현금(자산의 감소) 100,000 사채할인발행차금(사채장부 가산) 14,236
20×2.12.31	(차) 이자비용(비용의 발생) 115,944	(대) 현금(자산의 감소) 100,000 사채할인발행차금(사채장부 가산) 15,944
20×3.12.31	(차) 이자비용(비용의 발생) 117,857	(대) 현금(자산의 감소) 100,000 사채할인발행차금(사채장부 가산) 17,857
상환 시	(차) 사채(액면, 부채의 감소) 1,000,000	(대) 현금(자산의 감소) 1,000,000

③ 할증발행

- 사채액면이자율 > 시장이자율(유효이자율)인 경우와 액면가액 < 발행가액인 경우에는 할증발행이라 한다.
- 사채할증발행차금(선수이자 성격)은 재무상태표 대변에 사채액면가액에서 가산형식으로 기재하고, 상각액은 사채이자에서 차감한다.
  → 사채할증발행차금 상각액 = 유효이자(이자비용 표시) – 액면이자
- 이자비용(감소), 사채액면금액(불변), 상각액(증가), 장부가액(감소)

사례 5

다음은 20×1년 1월 1일 발행한 사채의 자료이다. 액면 1,000,000원, 액면이자율 10%, 유효이자율 8%, 만기는 3년, 이자는 매년 말 지급, 발행가액(=현재가치)은 1,051,540원이다. 이 사채발행 자료에 대한 회계처리를 하시오.

유효이자율법에 의한 상각표

일자	유효이자(8%)	액면이자(10%)	상각액	장부가액
20×1. 1. 1				1,051,540
20×1.12.31	84,123[1]	100,000[2]	15,877[3]	1,035,663[4]
20×2.12.31	82,853	100,000	17,147	1,018,516
20×3.12.31	81,484	100,000	18,516	1,000,000

1) 유효이자 발행(장부가액)
   1,051,540 × 8%
2) 액면이자 1,000,000 × 10%
3) 상각액 84,123 – 100,000
4) 장부가액 – 상각액
   1,051,540 – 15,876

정답

20×1. 1. 1	(차) 현금	1,051,540	(대) 사채	1,000,000
			사채할증발행차금	51,540
20×1.12.31	(차) 이자비용	84,123	(대) 현금	100,000
	사채할증발행차금	15,877		
20×2.12.31	(차) 이자비용	82,853	(대) 현금	100,000
	사채할증발행차금	17,147		
20×3.12.31	(차) 이자비용	81,484	(대) 현금	100,000
	사채할증발행차금	18,516		
상환시	(차) 사채	1,000,000	(대) 현금	1,000,000

④ 재무상태표에서 사채표시 방법(예시)

구분	사채의 할인발행		사채의 할증발행	
사채	1,000,000		1,000,000	
사채할인(할증)발행차금	(–) 48,037	951,963	(+) 51,540	1,051,540

2) 사채발행비

사채발행 시에 지출되는 사채발행수수료, 사채인쇄비, 사채발행 세금, 광고비 등을 말한다.

- 사채할인발행차금에 가산하거나 사채할증발행차금에서 차감한다.
- 이자비용 또는 이자수익으로 처리된다.
- 사채의 발행금액에서 차감하도록 규정하고 있다.

3) 사채의 상환

① **일반적인 상환(= 만기상환)** : 사채할인(할증)발행차금의 상각(환입)이 종료되고 잔액이 "0"이
된다. 사채상환 시에 상환손익은 발생하지 않는다.

② **수시상환** : 사채의 만기가 도래하기 이전에 상환하는 경우로서 사채의 장부가액과 상환금액이
달라서 손익계산서의 영업외비용(사채상환손실) 또는 영업외수익(사채상환이익)으로 계상한다.

　㉠ 추첨상환

　㉡ 매입상환 : 중간에 상환을 하는 형태로서 사채상환 시 사채상환손익이 발생하는 형태를
말한다.

(차) 사채(액면, 부채의 감소)	×××	(대) 당좌예금(상환금액)	×××
사채상환손실(비용의 발생)	×××	사채할인발행차금(상각액)	×××
		사채상환이익(수익의 발생)	×××

■ **꼭 알고 넘어가기**

　매입상환 시 사채할인발행차금상각 = 사채할인발행차금 미상각 잔액 × (상환액면가액
÷ 총액면가액)

◀04 비유동부채 - 장기차입금

1년을 초과하는 상환 조건으로 빌려온 금전을 말한다.

◀05 비유동부채 - 퇴직급여충당부채

기업의 임직원이 퇴직할 경우 근로기준법이나 기업 자체의 퇴직금지급규정에 의하여 지급할 퇴직
금에 상당하는 금액을 퇴직 이전에 매기 적립해 놓은 것을 말하며 발생연도의 수익에 대응시킬
비용으로 인식해야 하므로 퇴직급여충당금은 부채성충당금에 해당된다.

1) 충당부채 인식요건 3가지

① 장래에 지출될 것이 확실하고

② 당해 지출의 원인이 당기에 있으며

③ 당해 지출금액을 합리적으로 추정할 수 있어야 한다.

2) 퇴직급여충당부채 설정 및 지급 회계처리

당기 퇴직급여충당부채 설정액
= (당기말 퇴직금 추계액 − 전기말 퇴직금 추계액) + 당기퇴직금 지급액
= 퇴직금추계액 증가액 + 당기퇴직금지급액

구분	차변		대변	
결산 설정 시	퇴직급여*(비용의 발생)	×××	퇴직급여충당부채(부채의 증가)	×××
퇴직금 지급 시	퇴직급여충당부채(부채의 감소) 퇴직급여(비용의 발생)	××× ×××	현금(자산의 감소)	×××

* 퇴직급여는 성격에 따라 제조원가나 판매비와관리비를 분류한다.

◢ 06 비유동부채 – 퇴직연금

1) 확정급여형과 확정기여형 비교표

구분	확정급여형(DB형)	확정기여형(DC형)
부담금 납입	사용자	사용자(근로자 추가납입 가능)
회사 부담금 수준	산출기초율(운용 수익률, 승급률 등) 변경 시 변동	확정(연간 임금총액의 $\frac{1}{12}$ 이상)
퇴직급여 형태	연금 또는 일시금	연금 또는 일시금
퇴직급여 수준	30일분 이상 평균임금 × 근속연수	부담(적립)금 + 운용실적(운용실적에 따라 변동)
적립금 운용책임	사용자	근로자
목돈 필요 시	담보대출 법정사유 및 한도 내	담보대출 혹은 중도인출 법정사유 및 한도 내
적립금 운용방법	원리금보장형 실적배당형	원리금보장형 실적배당형
납입 시 회계처리	(차) 퇴직연금운용자산 ××× (대) 현금 ×××	(차) 퇴직급여 ××× (대) 현금 ×××

2) 퇴직급여 추계액을 기준으로 100% 사내적립할 경우

• 기말에 충당부채 설정 : (차) 퇴직급여　×××　/ (대) 퇴직급여충당부채　×××
• 퇴직금 지급 시 : (차) 퇴직급여충당부채　×××　/ (대) 현금　×××
　　　　　　　　　　　　　　　　　　　　　　　퇴직연금운용자산　×××

✓ 이론문제 | 부채 – 유동부채와 비유동부채 회계처리

01 10월 장부기록 내용 중 거래처인 A, B상점의 매입처원장 기입내용이다. 이에 대한 설명으로 옳지 않은 것은?

거래처	A상점		B상점	
전월이월	10/1	30,000	10/1	100,000
상품매입	10/15	170,000	10/5	150,000
현금지급	10/22	130,000	10/7	150,000
차월이월	10/31	70,000	10/31	100,000

① 10월 중에 외상매입금 지급총액은 280,000원이다.
② 10월 말 외상매입금 잔액은 100,000원이다.
③ 10월 중 외상으로 매입한 상품총액은 320,000원이다.
④ 외상매입금 10월 초 잔액은 130,000원이다.

02 퇴직급여충당부채 계정과 결산 정리 사항이다. 결산 회계처리를 하였을 경우, (가)의 금액과 (나)의 계정과목으로 옳은 것은?

```
             퇴직급여충당부채
6/30                   1/1
현금    1,000,000   전기이월   (가)
```

[결산 정리 사항]
12월 31일 결산 시 임직원 전체의 퇴직급 추산액은 6,000,000원이다.
결산 분개 :
(차) 퇴직급여   2,000,000
(대)   (나)   2,000,000

	(가)	(나)
①	1,000,000원	현금
②	2,000,000원	현금
③	5,000,000원	퇴직급여충당부채
④	6,000,000원	퇴직급여충당부채

03 20×1년 1월 1일에 액면가액 1,000,000원인 3년 만기 사채를 995,843원에 발행하였다. 사채 발행 시 액면이자율은 10%, 유효이자율은 15%이고 이자는 매년 말 1회 지급한다. 20×1년 인식하여야 할 이자비용은 얼마인가?

① 99,584원   ② 100,000원
③ 149,376원   ④ 150,000원

04 사채할인발행차금의 상각이 당기순이익과 사채의 장부금액에 미치는 영향으로 옳은 것은?

	당기순이익	사채의 장부금액
①	증가시킨다	증가시킨다
②	증가시킨다	감소시킨다
③	감소시킨다	감소시킨다
④	감소시킨다	증가시킨다

05 20×1년 4월 1일(3년 만기, 이자율 10%, 이자지급일 3월 31일) 사채를 할인발행하였고, 유효이자율법으로 상각하고 있다. 20×2년 이자지급 후 장부금액이 179,840원이고, 회계처리가 다음과 같을 때 유효이자율은 얼마인가?

(차) 이자비용	43,168
(대) 사채할인발행차금	7,168
현금	36,000

① 18%   ② 19.25%
③ 23%   ④ 25%

06 20×1년 1월 1일 시장이자율이 연 9%일 때 액면금액이 10,000원이고, 만기가 3년인 회사채를 9,241원에 할인발행하였다. 이 회사채는 매년 말 이자를 지급한다. 이 회사채의 20×1년 12월 31일 장부금액이 9,473원이라면, 이 회사채의 표시이자율은 얼마인가? (단, 소수점 이하에서 반올림함)

① 5.8% ② 6%

③ 6.2% ④ 6.5%

07 일반기업회계기준상 사채와 관련된 다음 설명 중 옳은 것은?

① 일반기업회계기준에서는 사채발행차금을 유효이자율법, 정액법 등 합리적인 방법으로 상각하도록 하고 있다.

② 일반기업회계기준에서는 재발행 목적으로 취득한 자기사채의 경우 사채의 차감계정으로 처리한다.

③ 사채의 발행 시 부대비용이 발생하였더라도 유효이자율법에서 사용할 이자율은 언제나 당해 사채가 시장에서 형성하는 시장이자율이 된다.

④ 사채를 조기상환하는 경우 상환일의 시장이자율이 발행일의 시장이자율보다 높으면 사채의 가격이 하락하여 사채상환이익이 발생한다.

08 다음 중 충당부채에 대한 회계처리로 옳지 않은 설명은?

① 미래의 예상 영업손실은 부채의 정의에 부합하지 아니할 뿐만 아니라 충당부채의 인식요건을 충족시키지 못하므로 충당부채로 인식하지 아니한다.

② 충당부채를 발생시킨 사건과 밀접하게 관련된 자산의 처분차익이 예상되는 경우에 당해 처분차익은 충당부채 금액에서 공제한다.

③ 충당부채의 명목금액과 현재가치의 차이가 중요한 경우에는 의무를 이행하기 위하여 예상되는 지출액의 현재가치로 평가한다.

④ 충당부채는 보고기간 종료일마다 그 잔액을 검토하고, 보고기간 말 현재 최선의 추정치를 반영하여 증감 조정한다.

09 다음 중 사채와 관련된 설명으로 가장 잘못된 것은?

① 사채의 발행가액은 사채의 미래현금흐름을 발행 당시의 해당 사채의 시장이자율(유효이자율)로 할인한 가치인 현재가치로 결정된다.

② 사채가 할인(할증)발행되어도 매년 인식하는 이자비용은 동일하다.

③ 사채의 액면이자율이 시장이자율보다 낮은 경우에는 사채는 할인발행된다.

④ 사채발행차금은 유효이자율법에 의하여 상각 또는 환입하도록 되어 있다.

10 총계정원장의 일부와 퇴직급여 관련 자료이다.
손익계산서에 표시될 퇴직급여는 얼마인가?

[총계정원장 일부]　　　　　(단위: 원)

퇴직급여충당부채

6/5 보통 　　예금	6,500,000	1/1	전기 이월	20,000,000
		12/31	퇴직 급여	×××

퇴직급여

12/31	퇴직급여 충당부채	×××

[당기말 퇴직금추계액 계산내역]

종업원 명	월평균급여	근속 연수	퇴직금추계액
김전원	3,000,000원	5년	15,000,000원
이통발	2,000,000원	1년 6개월	3,000,000원
합계			18,000,000원

① 3,500,000원　　② 4,500,000원

③ 6,500,000원　　④ 18,000,000원

📌 이론문제 정답 및 해설

01　② 10월 말 외상매입금 잔액은 170,000원이다.

02　③ 결산 분개 :
　　　(차) 퇴직급여　　　　　　 2,000,000원
　　　(대) 퇴직급여충당부채　 2,000,000원
　　　당기 퇴직금 추산액(6,000,000원) = 전기
　　　이월 잔액(x) - 당기 퇴직금 지급액
　　　(1,000,000원) + 결산 시 추가 설정액
　　　(2,000,000원)으로 계산된다. 따라서 전기
　　　이월 잔액(x)은 5,000,000원이 된다.

03　③ 이자비용 = 기초장부가액 × 유효이자율
　　　= 995,843원 × 15% = 149,376원이다.

04　④ 사채할인발행차금의 상각은 이자비용에
　　　해당하여 비용을 증가시키며 당기순이익
　　　을 감소시킨다. 또한 사채할인발행차금의
　　　감소는 사채의 장부금액을 증가시킨다.

05　④ (장부금액 179,840원 - 차금 7,168원) × x
　　　= 43,168원　∴ 유효이자율 x = 25%

06　② [발행 시 회계처리]
　　　(차) 현금　　　　　　　　 9,241
　　　　　 사채할인발행차금　　 759
　　　(대) 사채　　　　　　　 10,000
　　　[20×1년말 회계처리]
　　　(차) 이자비용　　 9,241 × 9% = 832
　　　(대) 현금　　　　 600(대차차액)
　　　　　 사채할인발행차금 9,473 - 9,241 = 232
　　　즉 10,000원 × 표시이자율 = 600원을 계
　　　산하면 표시이자율은 6%가 된다.

07　④ ① 사채할인발행차금은 유효이자율법에
　　　　　 의해서 상각하도록 한다.
　　　　 ② 자기사채를 취득하는 경우 사채에서
　　　　　 직접 차감한다.
　　　　 ③ 사채발행비가 있는 경우 발행금액이
　　　　　 변하므로 유효이자율이 변한다. 따라
　　　　　 서 시장이자율과 유효이자율이 항상
　　　　　 일치하는 것은 아니다.

08　② 충당부채를 발생시킨 사건과 밀접하게
　　　관련된 자산의 처분차익이 예상되는 경
　　　우에 당해 처분차익은 충당부채 금액을
　　　측정하는 데 고려하지 아니한다.

09　② 사채가 액면발행인 경우에 매년 인식하
　　　는 이자비용은 동일하며 할인발행되면
　　　매년 인식하는 이자비용은 증가하고 할
　　　증발행되면 매년 인식하는 이자비용은
　　　감소한다.

10　② 손익계산서에 표시될 퇴직급여 = 퇴직금
　　　추계액 - 결산 전 퇴직급여충당부채 잔액
　　　∴ 18,000,000원 - (20,000,000원 - 6,500,000원)
　　　= 4,500,000원이 된다.

제11절 주식회사의 자본 회계처리

01 자본의 의의

- 자본등식 = 자산 − 부채 = 자본(잔여지분, 순자산)
- 자산 = 채권자 지분 + 소유주 지분
- 발행주식수 × 1주당 액면가액 = 자본금

02 자본의 분류

자본	자본금	주식발행 수 × 1주 액면금액
	자본잉여금	주식발행초과금, 감자차익, 자기주식처분이익 등
	자본조정	주식할인발행차금, 자기주식, 미교부주식배당금, 자기주식처분손실 등
	기타포괄손익누계액	매도가능증권평가이익(매도가능증권평가손실), 해외사업환산손익, 파생상품평가손익 등
	이익잉여금	이익준비금, 기타법정적립금, 임의적립금, 차기이월이익잉여금

03 현물출자

주식의 발행가액은 취득한 자산의 공정가액으로 하도록 규정하고 있다.

04 주식발행에 대한 회계처리

구분	차변	대변
할증발행 (액면가액 < 발행가액)	당좌예금　　　×××(발행가액) (자산의 증가)	자본금　　　×××(액면가액) (자본의 증가) 주식발행초과금　　　××× (자본잉여금 증가)
	주식발행비용은 발행금액에서 차감하며 영향은 주식발행초과금에서도 동시에 차감된다.	
평가발행 (액면가액 = 발행가액)	당좌예금　　　×××(발행가액) (자산의 증가) 주식할인발행차금　　　××× (자본차감 항목)	자본금　　　×××(액면가액) (자본의 증가) 현금　　　×××(발행비용) (자산의 감소)

할인발행 (액면가액 > 발행가액)	당좌예금　　　×××(발행가액) (자산의 증가) 주식할인발행차금　　　××× (자본차감 항목)	자본금　　　×××(액면가액) (자본의 증가)	
	주식발행비용은 발행금액에서 차감하며 영향은 주식할인발행차금에서도 동시에 가산된다.		

05 증자와 감자

1) 증자

자본금을 증가시키는 것을 말한다.

구분	차변	대변	예
실질적증자 (유상증자)	당좌예금(자산의 증가)　×××	자본금(자본의 증가)　×××	주식발행
형식적증자 (무상증자)	제잉여금(자본의 감소)　×××	자본금(자본의 증가)　×××	잉여금 자본전입

2) 감자

자본금을 감소시키는 것을 말한다.

구분	차변	대변	예
실질적감자 (유상감자)	자본금(자본의 감소)　×××	당좌예금(자산의 감소)　×××	매입소각
형식적감자 (무상감자)	자본금(자본의 감소)　×××	이월결손금(자본의 감소)　××× 감자차익(자본의 증가)　×××	결손금 보전

06 자본잉여금

주식발행에 의한 주식의 납입, 자본의 변동 등 주주와의 자본거래에서 발생하는 잉여금을 말하고 결손보전이나 자본전입의 경우에만 사용할 수 있다. 자본잉여금의 종류에는 주식발행초과금, 자기주식처분이익, 감자차익 등이 있다.

07 자본조정

자본에 가산 또는 차감되어야 하나 자본금, 자본잉여금, 이익잉여금 어느 항목에도 속하지 않아 임시적으로 처리하는 계정을 말한다.

1) 주식할인발행차금

주식을 액면가액 이하로 발행하는 것으로 주식발행초과금을 먼저 상계회계처리하고 상계할 주식발행초과금이 존재하지 않을 경우 "3년" 이내로 매기 균등상각하며 동 금액만큼 이익잉여금처분에서 상각하고 자본에서 차감하는 항목이다.

2) 미교부주식배당금

이익처분 중 주식배당하는 것을 말하며 자본에서 가산하는 항목이다.

3) 자기주식(= 재취득주식)

발행한 자기회사 주식을 다시 재취득하며 자기주식 취득 시 취득원가로 기록하고 자본의 차감계정인 자본조정으로 회계처리(원가법)하는 항목이다.

◢ 08 기타포괄손익누계액

1) 매도가능증권평가손익
2) 해외사업환산손익
3) 파생상품평가손익

◢ 09 이익잉여금

1) 이익잉여금 처분항목

① 이익준비금의 적립 : 회사는 자본금의 1/2에 달할 때까지 매 결산기 금전배당액의 1/10 이상의 금액을 적립한다(법정준비금).

② 기타법정적립금의 적립 : 재무구조개선적립금

③ 이익잉여금처분에 의한 상각 : 주식할인발행차금의 상각 등

④ 주주배당금(자본금 × 배당률)
   ㉠ 금전배당 : 미지급배당금으로 배당결의하고 배당금 실제지급 시 현금으로 지급한다.
   ㉡ 주식배당 : 미교부주식배당금으로 배당결의하고 배당금 실제지급 시 자본금으로 처리한다.

⑤ 임의적립금
   ㉠ 적극적 적립금 : 기업의 순자산을 증대시킬 목적으로 적립(감채적립금, 사업확장적립금 등)하고 목적이 달성이 되면 별도적립금으로 대체한다.
   ㉡ 소극적 적립금 : 기업의 순자산의 감소를 막기 위한 적립금을 말한다(배당평균적립금, 결산보전적립금, 퇴직급여적립금 등).

⑥ 차기이월이익잉여금 : 주주총회에서 이익처분한 것을 당기순이익에서 차감한 잔액을 말한다.

▼ 이익잉여금의 회계처리

구분	차변		대변	
순이익의 계상 시	손익 이월이익잉여금	××× ×××	처분 전 이익잉여금	×××
임의적립금 계상 시	배당평균적립금 별도적립금	××× ×××	처분 전 이익잉여금	×××
잉여금 처분확정 시	처분 전 이익잉여금	×××	이익준비금 재무구조개선 적립금 주식할인발행차금 미지급 배당금 미교부주식 배당금 임의적립금 이월이익잉여금	××× ××× ××× ××× ××× ××× ×××

2) 중간배당액

연 1회 결산을 행하는 회사가 정관의 규정에 의하여 이사회의 결의로 전년도에 발생한 이월이익잉여금의 일부를 주주들에게 나중에 지급하는 것으로 반드시 금전으로 배당하는 금액이다. 유의할 점은 중간배당액은 법인세의 중간예납과는 성질이 다르다는 점과 중간배당액은 전기이월이익잉여금 한도 내에서 배당하므로 전기이월결손금이 있는 경우에는 있을 수 없다.

① 중간배당을 하는 취지 : 이익의 일부를 주주들에게 돌려줌으로써 투자에 대한 매력과 회사에 대한 신뢰도를 높이고 투자 관행의 정착을 꾀한다.

② 중간배당액이 있는 경우의 처분 전 이익잉여금 계상방식

> 전기이월잉여금 (±) 회계변경의 누적효과 (±) 전기오류수정손익 (−) 중간배당액
>   → 수정 후 전기이월이익잉여금

③ 중간배당액의 회계처리방법

> (차) 중간배당금   ××× (대) 미지급배당금   ×××

차후에 실제배당이 이루어지면 차변에 미지급배당금을 처리한 후 배당금에 대한 원천징수세액을 처리하고 배당하면 된다.

④ 중간배당액이 있을 때 이익준비금 설정하는 방법

> (처분 시 금전배당액 + 중간배당액) × 10%

10 결손발생 시 결손처리

회계연도 말에 순손실이 발생하면 처리 전 결손금으로 설정했다가, 주주총회의 결의에 따라 순손실을 처리하게 되는데, 이를 표시하는 것이 결손금처리계산서이다.

구분	차변		대변	
순손실의 계상 시	처리 전 결손금	×××	손익 이월결손금	××× ×××
결손금 처리 시	임의적립금 기타법정적립금 이익준비금 자본잉여금 이월결손금	××× ××× ××× ××× ×××	처리 전 결손금	×××

11 자본변동표

한 회계기간 동안 발생한 소유주지분의 변동을 표시하는 재무보고서로서 자본을 구성하고 있는 자본금, 자본잉여금, 자본조정, 누적기타포괄손익 및 이익잉여금(결손금)의 변동에 대한 포괄적인 정보를 제공하는 표이다.

1) 자본변동표의 역할
① 보다 명확하게 재무제표간의 연계성 파악이 가능하다.
② 누적기타포괄손익을 보고함으로써 손익계산서로는 전부 나타낼 수 없는 포괄적인 경영성과에 대한 정보를 직접적 또는 간접적으로 제공한다.

2) 자본변동표 양식 및 구분표시
① **자본금의 변동** : 유상·무상증자, 감자, 주식배당 등에 의하여 발생하며, 자본금은 보통주자본금과 우선주자본금으로 구분하여 표시한다.
② **자본잉여금의 변동** : 유상·무상증자, 결손금처리 등에 의하여 발생하며, 주식발행초과금과 기타자본잉여금으로 구분하여 표시한다.
③ **자본조정의 변동** : 주식할인발행차금, 배당건설이자, 자기주식, 출자전환채무, 청약기일이 경과된 신주청약증거금 중 신주납입금으로 충당될 금액, 감자차손, 자기주식처분손실 등으로 구분하여 표시한다.
④ **기타포괄손익누계액의 변동** : 매도가능증권평가손익, 해외사업환산손익, 현금흐름 위험회피 파생상품평가손익 등으로 구분하여 표시한다.
⑤ **이익잉여금의 변동** : 회계정책의 변경으로 인한 누적효과, 중대한 전기오류수정손익, 연차배당과 기타 전기말 미처분이익잉여금의 처분, 중간배당, 당기순손익으로 구분하여 표시한다.

한편 회계정책 변경이나 중대한 전기오류수정손익으로 인하여 비교 표시되는 전기재무제표를 재작성하는 경우 비교 표시되는 회계연도의 전기이월미처분이익잉여금(즉, 기초잉여금)에 대하여 전기에 이미 보고된 금액을 별도 표시하고, 회계정책 변경 및 중대한 전기오류수정손익이 미치는 영향을 가감하여 수정 후 전기이월미처분이익잉여금을 다시 표시하는 방식으로 작성한다.

12 주당순이익

주당순이익(earnings per share : EPS)이란 주식 1주에 귀속되는 당기순이익을 의미한다. 이는 기업의 당기순이익을 유통보통주식수로 나누어 계산된 금액으로서 기업의 수익력을 나타내는 지수로 사용된다.

$$주당순이익 = \frac{보통주 \ 당기순이익}{유통보통주식수}$$

☑ 이론문제 | 주식회사의 자본 회계처리

01 다음 중 자본거래에 대한 설명으로 가장 옳지 않은 것은?

① 유상증자 시 발행되는 주식은 반드시 액면금액으로 발행할 필요는 없다.
② 무상증자의 경우 자본금의 증가를 가져온다.
③ 주식할인발행차금은 주식발행초과금의 범위 내에서 상계처리하고 잔액은 자본조정으로 회계처리한다.
④ 자기주식처분이익과 자기주식처분손실은 자본조정으로 회계처리한다.

02 다음의 회계처리가 재무제표에 미치는 영향은?

> 3월 2일 : 주주총회에서 주주에게 현금배당금을 지급하기로 결의하고 같은 날에 경리부서에서 현금으로 지급하였다.

	자산	부채	자본
①	불변	증가	감소
②	감소	불변	감소
③	불변	감소	증가
④	감소	감소	불변

03 결손금 처리 전 자본 현황이다. 처리 전 결손금이 10,000,000원인 경우 결손금처리에 사용될 자본잉여금은 얼마인가?

> • 자본금 : 100,000,000원
> • 주식발행초과금 : 2,000,000원
> • 감자차익 : 1,000,000원
> • 이익준비금 : 3,000,000원
> • 사업확장적립금 : 6,000,000원

① 0원　　　　　② 1,000,000원
③ 3,000,000원　　④ 4,000,000원

04 다음 일련의 거래에서 감자차손은 얼마인가?

> • 1월 3일 액면금액 1,000,000원인 주식을 현금 800,000원에 매입하여 소각하다.
> • 2월 9일 액면금액 1,000,000원인 주식을 현금 1,500,000원에 매입하여 소각하다.

① 100,000원　　② 200,000원
③ 300,000원　　④ 500,000원

05 이익잉여금에 대한 사항이 다음과 같을 때 20×2년 재무상태표상에 표시되는 이익잉여금은 얼마인가?

구분	20×1년	20×2년
Ⅰ.처분 전 이익잉여금	130,000	139,000
전기이월이익잉여금	100,000	119,000
당기순이익	30,000	20,000
Ⅱ.이익잉여금 처분액	11,000	5,500
이익준비금	1,000	500
현금배당금	10,000	5,000
Ⅲ.차기이월이익잉여금	119,000	133,500

① 119,000원　　② 130,000원
③ 139,000원　　④ 133,500원

06 20×1년 배당금을 처리하기 전의 자본구성이 다음과 같다. 법정적립금전입이나 주식배당이 없다고 가정할 경우, 상법규정에 따라 20×1년 최대로 지급할 수 있는 현금배당액은 얼마인가?

- 자본금   5,000,000원
- 자본잉여금   1,000,000원
- 이익준비금   3,000,000원
- 당기순이익   350,000원
- 전기이월미처분 이익잉여금   200,000원

① 300,000원   ② 350,000원
③ 500,000원   ④ 550,000원

07 이익잉여금처분계산서(또는 결손금처리계산서) 및 자본변동표에 대한 설명으로 옳은 것은?

① 이익잉여금처분계산서는 당기순이익이 발생하는 경우에만 작성하며, 미처분이익잉여금, 임의적립금등의이입액, 이익잉여금처분액, 차기이월미처분이익잉여금으로 구분하여 표시된다.

② 결손금처리계산서는 당기순손실이 발생하는 경우에만 작성하며, 미처리결손금, 결손금처리액, 차기이월미처리결손금으로 구분하여 표시한다.

③ 자본변동표는 재무상태표에 표시되어 있는 자본의 기말잔액만을 제시함으로써 재무상태표와 연결할 수 있지만 자본의 기초잔액은 제공하지 않는다.

④ 자본변동표는 손익계산서를 거치지 않고 재무상태표의 자본에 직접 가감되는 항목의 변동내용을 나타냄으로써 손익계산서로는 전부 나타낼 수 없는 포괄적인 경영성과에 대한 정보를 제공한다.

08 자기주식 관련 거래 자료이다. 20×1년 6월 30일 회계처리로 옳은 것은? (단, 제시된 자료 외에는 고려하지 않는다.)

- 20×1년 6월 1일 : 자기주식 100주 (1주당 액면가액 5,000원)를 1주당 8,000원에 현금 매입하였다.
- 20×1년 6월 15일 : 위의 자기주식 중 30주를 1주당 10,000원에 현금을 받고 처분하였다.
- 20×1년 6월 30일 : 위의 자기주식 중 잔여주식 70주를 1주당 7,000원에 현금을 받고 처분하였다.

① (차) 현금   490,000원
   (대) 자기주식   350,000원
        자기주식처분이익   140,000원
② (차) 현금   490,000원
   (대) 자기주식   490,000원
③ (차) 현금   490,000원
        자기주식처분손실   70,000원
   (대) 자기주식   560,000원
④ (차) 현금   490,000원
        자기주식처분이익   60,000원
        자기주식처분손실   10,000원
   (대) 자기주식   560,000원

09 다음 내용 중 자본의 실질적인 감소를 초래하는 것으로 적합한 것을 모두 고른 것은?

> 가. 주주총회의 결의에 의하여 주식배당을 실시하다.
> 나. 주주총회의 결의에 따라 주당 8,000원으로 50,000주를 유상증자하다.
> 다. 이사회 결의에 의하여 중간배당으로 현금배당을 실시하다.
> 라. 결손금 보전을 위해 이익준비금을 자본금에 전입하다.
> 마. 만기보유증권을 매도가능증권으로 재분류함에 따른 평가손실이 발생하다.

① 가, 나   ② 나, 다
③ 다, 라   ④ 다, 마

10 다음은 자본에 관한 설명이다. 잘못된 것은?

① 주식을 이익으로 소각하는 경우에는 소각하는 주식의 취득원가에 해당하는 이익잉여금을 감소시킨다.
② 기업이 주주에게 순자산을 반환하지 않고 주식의 액면금액을 감소시키거나 주식수를 감소시키는 경우에는 감소되는 액면금액 또는 감소되는 주식수에 해당하는 액면금액을 감자차손으로 하여 자본조정으로 회계처리한다.
③ 기업이 이미 발행한 주식을 유상으로 재취득하여 소각하는 경우에 주식의 취득원가가 액면금액보다 작다면 그 차액을 감자차익으로 하여 자본잉여금으로 회계처리한다.
④ 이익잉여금(결손금) 처분(처리)으로 상각되지 않은 감자차손은 향후 발생하는 감자차익과 우선적으로 상계한다.

📌 **이론문제 정답 및 해설**

01 ④ 자기주식처분이익은 자본잉여금으로 회계처리하며, 자기주식처분손실은 자기주식처분이익의 범위 내에서 상계처리하고 잔액은 자본조정으로 회계처리한다.

02 ② 이익배당결의와 동시에 현금배당 시 현금(자산)의 감소와 동시에 이익잉여금(자본)이 감소된다.

03 ② 결손금 10,000,000원 중 이익잉여금 보전액 9,000,000원(=3,000,000원 + 6,000,000원)을 제외한 1,000,000원이 자본잉여금으로 보전될 금액이다.

04 ③ 1월 3일 :

(차) 자본금	1,000,000
(대) 현금	800,000
감자차익	200,000

2월 9일 :

(차) 자본금	1,000,000
감자차익	200,000
감자차손	300,000
(대) 현금	1,500,000

05 ③ 20×2년의 처분 전 이익잉여금 금액이 재무상태표의 이익잉여금이다.

06 ④ 이익준비금이 이미 자본금의 50% 이상
    에 해당하기 때문에 금전에 의한 이익배
    당을 하더라도 이익준비금을 적립할 필
    요가 없다. 최대 현금배당액은 당기순이
    익과 전기이월미처분이익잉여금을 합산
    한 550,000원이 된다.

07 ④ ① 당기순손실이 발생하여도 이익잉여
       금처분이 있으면 이익잉여금처분계
       산서가 작성된다.
      ② 당기순이익이 발생하여도 결손금 상
       태이면 결손금처리계산서가 작성된다.
      ③ 자본의 기초잔액도 표시된다.

08 ④ • 20×1년 6월 1일 회계처리
      (차) 자기주식   800,000원
      (대) 현금   800,000원
    • 20×1년 6월 15일 회계처리
      (차) 현금   300,000원
      (대) 자기주식   240,000원
         자기주식처분이익   60,000원

• 20×1년 6월 30일 회계처리
  (차) 현금   490,000원
     자기주식처분이익   60,000원
     자기주식처분손실   10,000원
  (대) 자기주식   560,000원

09 ④ 가, 라 : 자본의 변동은 없다.
    나 : 자본이 증가한다.

10 ② 감자차익에 대한 설명이다. 기업이 주주
    에게 순자산을 반환하지 않고 주식의 액
    면금액을 감소시키거나 주식수를 감소시
    키는 경우에는 감소되는 액면금액 또는
    감소되는 주식수에 해당하는 액면금액을
    감자차익으로 하여 자본잉여금으로 회계
    처리한다.

제12절 **수익과 비용 인식 회계처리**

01 수익의 인식기준

주요 경영활동에서 재화의 생산·판매, 용역의 제공 등에 따른 경제적 효익의 유입으로서 이는 자산의 증가 또는 부채의 감소 및 그 결과에 따른 자본의 증가로 나타난다.

▼ 일반기업회계기준서에서 수익인식 기준

구분	기준서
재화판매	• 원칙 : 판매기준(인도하는 날) • 기준서는 다음 요건을 충족하는 시점에서 인식한다. – 재화의 소유에 따른 유의적인 위험과 보상이 구매자에게 이전된다. – 판매자는 판매한 재화에 대하여 소유권이 있을 때 통상적으로 행사하는 정도의 관리나 효과적인 통제를 할 수 없다. – 수익금액을 신뢰성 있게 측정할 수 있다. – 경제적 효익의 유입가능성이 매우 높다. – 거래관련 발생 또는 발생할 원가를 신뢰성 있게 측정할 수 있다.
용역제공	• 원칙 : 진행기준 • 기준서는 다음 요건을 충족하는 시점에서 인식한다. – 거래 전체의 수익금액을 신뢰성 있게 측정할 수 있다. – 경제적 효익의 유입가능성이 매우 높다. – 진행률을 신뢰성 있게 측정할 수 있다. – 이미 발생한 원가 및 투입하여야 할 원가를 신뢰성 있게 측정할 수 있다.
이자·배당금·로열티	• 이자수익은 원칙적으로 유효이자율을 적용하여 발생기준에 따라 인식한다. • 배당금수익은 배당금을 받을 권리와 금액이 확정되는 시점에 인식한다. • 로열티수익은 관련된 계약의 경제적 실질을 반영하여 발생기준에 따라 인식한다.

1) 현금주의, 발생주의, 실현주의 기준 이해

① 현금주의 : 기업의 경제적 사건의 발생여부와 무관하게 영업활동으로 인한 현금유입을 수익으로 인식하고 현금유출을 비용으로 인식하는 방법이다. 단점은 수익을 창출하기에 부적절하고, 정확한 기간손익계산이 되지 않아 현행회계에서는 원칙적으로 인정되지 않는다.

② 발생주의 : 순자산에 영향을 미치는 경제적 사건이 발생한 시점(화폐적 금액으로 측정하여 수익과 비용인식)에서 경영성과를 측정하기 때문에 현행회계의 기간손익계산의 기본원리가 되고 있다.

③ 실현주의 : 수익획득과정이 진행됨에 따라 일정한 요건이 충족되면 수익이 발생하였다고 보아 수익을 인식하게 되지만 매우 주관적이며 실무적으로도 복잡하다.

PART
01

2) 공사수익 인식기준 적용

구분	진행기준	완성기준
수익인식시점	공사진행기간 중	공사완성시점
장점	기간별 영업활동 성과측정 목적적합성 강조	보수주의, 신뢰성 강조
단점	불확실성, 주관적인 요소 신뢰성 저하	기간별 영업활동 왜곡 목적적합성 저하
준칙의 적용	장기, 단기공사 모두 적용	단기공사만 특례적용함

│사례│ 6

다음 장기도급공사 자료에 대한 연도별 공사수익, 공사원가, 공사이익을 계산하시오.

	20×1년	20×2년	20×3년	
발생원가(누적액)	320,000	510,000	900,000	총공사도급금액은 1,000,000원이었으나 20×2년 원자재가격상승으로 인해 1,100,000원으로 조정하였다.
완성시까지 추가소요원가	480,000	340,000	–	
총공사원가 추정액	800,000	850,000	900,000	
공사원가청구액	250,000	400,000	450,000	
공사대금회수액	200,000	350,000	550,000	

정답

구분	20×1	20×2	20×3
공사진행률	320,000 ÷ 800,000 = 40%	510,000 ÷ 850,000 = 60%	900,000 ÷ 900,000 = 100%
공사수익	1,000,000 × 40% = 400,000	1,100,000 × 60% − 400,000 = 260,000	1,100,000 − 660,000 = 440,000
공사원가	320,000	190,000	390,000
공사이익	80,000	70,000	50,000

3) 특수매매 시 인식기준 적용

① **위탁판매** : 수탁자가 제3자에게 위탁품을 판매한 날

② **시용판매** : 고객이 구매의사를 표시한 날

③ **할부판매** : 원칙은 단기와 장기 구분 없이 판매한 날

  ※ **특례** : 중소기업회계기준은 중소기업 특례로서 장기할부판매 시 회수기준과 단기용역매출 시 완성기준 적용을 할 수 있도록 규정함

④ **부동산판매** : 잔금청산일, 소유권이전등기일, 매입자의 사용가능일 중 가장 빠른 날

⑤ **상품권판매** : 선수금(상품권선수금 계정 등)으로 처리한 후 상품권을 회수한 날(물품 등을 제공하거나 판매한 때)

02 비용

영업활동과 관련하여 재화를 생산·공급하고 용역을 제공함으로써 발생하게 되는 기업의 자산감소
및 소비, 부채의 증가를 의미한다.

1) 비용의 인식기준

수익과 비용 대응의 원칙에 근거한다.

① **직접대응** : 수익과 비용이 직접적인 인과관계가 성립할 때 수익인식시점에서 비용을 인식하
는 것이다(**예** 매출원가, 판매수수료, 매출운임 등).

② **간접대응** : 특정수익과 직접적인 인과관계를 명확히 알 수 없지만 발생원가가 일정기간 동안
수익창출활동에 기여한 경우 해당기간에 걸쳐 합리적이고 체계적인 방법에 의해 배분해야
한다(**예** 감가상각비, 보험료기간배분).

③ **당기 즉시인식** : 당기의 발생원가가 미래 효익을 제공하지 못하거나 전기에 자산으로 기록된
항목이 미래의 경제적 효익을 상실할 때는 발생 즉시 당기의 비용으로 인식한다(**예** 일반관리
비, 광고선전비, 이자비용 등).

2) 영업외손익

① **영업외수익** : 기업의 영업활동과 무관하게 발생되는 수익으로서 이자수익, 단기매매증권처분
이익, 단기매매증권평가이익, 유형자산처분이익 등이 있다.

② **영업외비용** : 기업의 영업활동과 무관하게 발생되는 비용으로서 이자비용, 단기매매증권처분
손실, 단기매매증권평가손실, 유형자산처분손실, 잡손실 등이 있다.

3) 외화채권·채무의 평가 및 처분

① **외화채권·채무의 분류**

외화환산은 최초 거래일 이후에는 화폐성 항목에 대해서만 평가한다.

구분	내용
화폐성 외화채권·채무	확정된 채권·채무를 나타내는 항목을 말한다(**예** 외화예금, 외화외상매출금, 외화외상매입금, 외화단·장기대여금, 외화단·장기차입금 등).
비화폐성 외화채권·채무	상품의 경우 향후 시가 변동에 따라 그 가격이 변하며 금액을 확정할 수 없는 항목을 말한다(**예** 선급금, 선수금, 재고자산, 매도가능증권 등).

② **기말 결산 시 외화채권·채무의 환율(장부금액과 기말 공정가치 비교)**

손익계산서에서 영업외손익 항목에 표시한다.

구분	환율상승	환율하락
외화채권	외화환산이익(수익의 발생)	외화환산손실(비용의 발생)
외화채무	외화환산손실(비용의 발생)	외화환산이익(수익의 발생)

③ 기중에 외화채권·채무에 대해 처분(장부금액과 처분금액 비교)

구분	내용
처분금액이 큰 경우	외환차익(영업외수익)이 발생함
처분금액이 작은 경우	외환차손(영업외비용)이 발생함

4) 법인세 등(= 법인세비용)

법인기업이 회계연도를 결산한 후 발생한 과세표준에 적용 세율을 곱하여 산출한 세금을 말한다.

구분	차변		대변	
중간예납 시	선납세금(자산의 증가)	×××	현금(자산의 감소)	×××
결산 시 추산액 (−) 중간예납 시	법인세비용(비용의 발생)	×××	선납세금(자산의 감소) 미지급법인세(부채의 증가)	××× ×××
확정신고 납부 시	미지급법인세(부채의 감소)	×××	현금(자산의 감소)	×××

☑️ 이론문제 | 수익과 비용 인식 회계처리

01 일반기업회계기준서상의 재화의 판매로 인한 수익을 인식하기 위한 조건으로 옳지 않은 것은?

① 재화의 소유에 따른 위험과 효익의 대부분이 구매자에게 이전된다.

② 수익금액을 신뢰성 있게 측정할 수 있다.

③ 수익금액을 판매일로부터 1개월 내에 획득할 수 있어야 한다.

④ 거래와 관련하여 발생했거나 발생할 거래원가와 관련 비용을 신뢰성 있게 측정할 수 있다.

02 다음 중 용역의 제공에 따른 수익을 인식하기 위한 조건에 대한 설명으로 틀린 것은?

① 경제적 효익의 유입 가능성이 매우 높다.

② 거래 전체의 수익금액을 신뢰성 있게 측정할 수 있다.

③ 진행률을 신뢰성 있게 측정할 수 없는 경우에는 용역의 제공이 완료되는 시점에 수익을 전액 인식한다.

④ 이미 발생한 원가 및 거래의 완료를 위하여 투입하여야 할 원가를 신뢰성 있게 측정할 수 있다.

03 다음 중 일반기업회계기준(서)상 수익의 인식 및 측정에 대한 설명으로 틀린 것은?

① 용역제공거래에서 발생된 원가와 추가로 발생할 것으로 추정되는 원가의 합계액이 총수익을 초과하는 경우에는 그 초과액과 이미 인식한 이익의 합계액을 전액 당기손실로 인식한다.

② 판매대가가 재화의 판매 또는 용역의 제공 이후 장기간에 걸쳐 유입되는 경우에 공정가액은 미래에 받을 현금의 합계액의 현재가치로 측정한다.

③ 상품권의 발행과 관련된 수익은 상품권을 회수한 시점, 즉 재화를 인도하거나 판매한 시점에 인식하고, 상품권을 판매한 때에는 선수금으로 처리한다.

④ 용역의 제공으로 인한 수익을 진행기준에 따라 인식하는 경우 진행률은 총공사대금에 대한 선수금의 비율로 계산할 수 있다.

04 다음의 거래형태별 수익인식기준 중 잘못된 것은?

① 위탁판매 : 위탁자가 수탁자에게 물건을 인도하는 시점

② 시용판매 : 고객이 구매의사를 표시한 시점

③ 상품권 판매 : 상품권을 회수하고 재화를 인도하는 시점

④ 일반적인 상품 및 제품판매 : 인도한 시점

05 손익계산서상의 영업이익은 얼마인가?

• 매출액	20,000,000원
• 매출원가	15,000,000원
• 급여	1,000,000원
• 감가상각비	500,000원
• 매출채권 관련 대손상각비	100,000원
• 이자수익	100,000원
• 유형자산처분이익	200,000원
• 법인세비용	300,000원
• 재해손실	1,500,000원
• 기부금	1,000,000원
• 기업업무추진비	500,000원
• 외화환산손실	200,000원

① 200,000원   ② 1,700,000원
③ 2,900,000원   ④ 3,800,000원

06 일반기업회계기준상 외화자산 및 부채의 환산에 관한 설명 중 옳지 않은 것은?

① 화폐성외화자산은 재무상태표일 현재의 적절한 환율로 환산한 가액을 재무상태표가액으로 한다.

② 비화폐성외화자산은 원칙적으로 당해 자산을 취득한 당시의 적절한 환율로 환산한 가액을 재무상태표가액으로 한다.

③ 외화환산손익은 원칙적으로 비화폐성외화자산에서 발생하며 당기손익으로 처리한다.

④ 일반기업회계기준상 외화환산방법은 화폐성 · 비화폐성법을 원칙으로 하고 있다.

📌 이론문제 정답 및 해설

01 ③ 경제적 효익의 유입 가능성이 매우 높으면 되고, 단기간 내에 획득할 것을 전제로 하지는 않는다.

02 ③ 진행률을 합리적으로 추정할 수 없는 경우나, 수익금액을 신뢰성 있게 측정할 수 없는 경우에는 발생한 원가의 범위 내에서 회수 가능한 금액을 수익으로 계상하고 발생원가 전액을 비용으로 인식한다.

03 ④ 중도금 또는 선수금에 기초하여 계산한 진행률은 작업진행 정도를 반영하지 않을 수 있으므로 적절한 진행률로 보지 아니한다.

04 ① 수탁자가 위탁품을 판매하는 시점에 수익을 인식한다.

05 ③ 영업이익 = 매출총이익 − 판매비와관리비
= 매출액 − 매출원가 − 급여
− 감가상각비 − 대손상각비
− 기업업무추진비 = 2,900,000원이 된다.

06 ③ 외화환산손익은 원칙적으로 화폐성외화자산 · 부채에서 발생하며 당기손익으로 처리한다.

제13절 회계변경과 오류수정 회계처리

◢ 01 회계변경

회계변경은 회계정책의 변경과 회계추정의 변경을 말한다. 회계변경은 비교가능성을 손상시킬 수 있으므로 회계변경을 하는 기업은 반드시 회계변경의 정당성을 입증하여야 한다.

1) 회계변경의 유형

구분	회계정책의 변경	회계추정의 변경
의의	재무제표의 작성과 보고에 적용되었던 회계원칙에서 다른 회계원칙으로 변경	기업환경의 변화, 새로운 정보의 획득 또는 경험의 축적에 따라 지금까지 사용해오던 회계적 추정치의 근거와 방법 등을 변경
회계변경의 예	• 기말재고자산 평가방법의 변경 • 유가증권 평가방법의 변경	• 매출채권 대손추정률 변경 • 감가상각자산 잔존가치, 내용연수 변경 • 부채성충당부채 예상액 변경 • 감가상각방법 변경 • 수익적 지출을 자본적 지출로 변경
회계처리방법	소급법(변경내용 주석공시) 단, 회계정책의 변경에 따른 누적효과를 합리적으로 결정하기 어려운 경우에는 회계변경을 전진적으로 처리하여 그 효과가 당기와 당기 이후의 기간에 반영되도록 한다.	미래적 처리법(전진법) → 누적효과를 당기 및 당기 이후 변경의 영향이 미치는 기간 동안 회계처리하는 방법
회계처리	(차) 이월이익잉여금 ××× (대) 재고자산(기초) ×××	
장점	• 재무제표 기간별 비교가능성 제고 • 변경영향을 재무제표에 반영 • 이익조작 방지 가능	• 과거재무제표 신뢰성 유지 • 이익조작 방지 • 당기업적주의에 충실
단점	• 재무제표 신뢰성 상실 • 재무제표 재작성의 노력과 비용 소요	• 비교가능성 저해 • 계속성의 위배

① 다만, 회계정책의 변경과 회계추정의 변경이 동시에 발생하는 경우에는 정책변경에 대한 누적효과를 우선 소급적용한 후 회계추정변경을 전진법으로 처리한다.

② 정당한 회계변경 사유는 아래와 같다.

  ㉠ 합병 등에 의하여 종전정책 적용 시 재무제표가 왜곡되는 경우

  ㉡ 동종산업의 기업이 채택한 회계정책 등으로 변경함에 있어서 새로운 회계정책 등이 종전보다 더 합리적이라고 판단되는 경우

  ㉢ 일반기업회계기준의 제정 등에 따라 회계변경하는 경우

  ※ 유의할 점은 세법규정을 위한 변경은 정당한 회계변경으로 보지 아니한다.

사례 7

PART
01

(주)박문각은 20×3년초에 재고자산평가방법을 선입선출법에서 평균법으로 변경하였다. 기말 재고자산의 내역은 다음과 같다. 일반기업회계기준에 의해서 회계처리하시오.

구분	20×1년	20×2년
선입선출법	200,000	250,000
평균법	150,000	220,000

정답

1. 누적효과 계산

   일반기업회계기준에서는 회계정책의 변경은 소급법을 적용하므로 누적효과를 계산한다. 누적 효과, 즉 선입선출법과 평균법의 이익차이는 20×1년을 고려할 필요는 없다. 왜냐하면 평균법 을 과거부터 적용했다면 선입선출법보다 당기순이익이 20×1년에는 50,000원만큼 적지만 20×2년에는 동액 50,000원만큼 더 클 것이므로 20×2년 계산시점에서는 차익효과가 없다. 따라서 누적효과는 회계원칙이 변경되는 20×2년의 기말재고자산을 기준으로 계산한다.

   누적효과 = 250,000 − 220,000 = 30,000원

누적효과	20×1	20×2	20×3
20×2	(50,000)	50,000	
20×3		(30,000)	30,000

2. 전년도 수정회계처리

   (차) 이월이익잉여금   30,000   (대) 재고자산 (기초)   30,000

사례 8

(주)박문각은 20×1년 1월 1일 기계를 1,000,000원에 취득하였다. 내용연수는 10년이고, 잔존가액은 100,000원이고, 정액법으로 감가상각한다. 20×2년부터 정률법(상각률 : 20%)으로 변경하였다. 전진법에 의한 감가상각 누적효과를 계산하고 회계처리를 하시오.

정답

1. 20×1년 정액법으로 감가상각할 경우

$$(1,000,000 - 100,000) \times \frac{1}{10} = 90,000원$$

2. 20×2년도 감가상각
   전년도에 대하여 수정하지 않고 기초시점의 장부가액 910,000원을 기준으로 정률법을 적용한 금액을 당기 감가상각비로 계상한다.

   (차) 감가상각비　　　　182,000　　　(대) 감가상각누계액　　　　　182,000

   $(1,000,000 - 90,000) \times 20\% = 182,000$

3. 비교대차대조표
   전년도에 공시했던 재무제표를 그대로 비교 표시한다.

구분	20×1년	20×2년
기계	1,000,000	1,000,000
감가상각누계액	(90,000)	(272,000)
	910,000	728,000

③ 당기일괄처리법

누적효과를 당기손익에 반영하며, 2개년도 이상의 비교재무제표 작성 시에는 전기 재무제표를 재작성하지 않는다.

(차) 회계변경손실　　　　　　×××　/　(대) 감가상각누계액　　　　×××

㉠ 장점 : 과거 재무제표 신뢰성 유지, 특별항목의 공시로 포괄주의에 충실
㉡ 단점 : 이익조작 위험성 및 비교가능성 저해

02 오류수정

1) 오류수정의 개념

회계원칙 적용상의 잘못이나 사실의 오용, 계산 실수 등 일반적으로 인정된 회계원칙에 위배하여 재무제표를 작성한 경우를 말한다.
오류수정은 원칙적으로 누적효과를 영업외손익(전기오류수정손익)으로 당기일괄처리법을 적용하고 있지만 예외적으로 중대한 오류의 경우에는 소급법을 적용한다.

2) 오류수정의 유형

① 당기순이익에 영향을 미치지 않는 오류

    ㉠ 재무상태표상의 오류 : 장부 마감과 관계없이 발견 즉시 수정분개한다.

- 장기금융상품을 단기금융상품으로 분류하는 오류
- 단기매매증권을 매도가능증권으로 분류하는 오류
- 유동부채를 비유동부채로 분류하는 오류

    ㉡ 손익계산서상의 오류 : 장부 마감 전의 회계처리에 대해 오류를 발견하면 즉시 수정분개를 하며, 장부 마감 후의 회계처리에 대해 오류를 발견하면 수정분개를 할 필요가 없다.

- 대손상각비를 감가상각비로 기장한 오류
- 유형자산처분이익과 유형자산처분손실을 상계하여 보고하는 오류

② 당기순이익에 영향을 미치는 오류

재무상태표와 손익계산서 모두에 영향을 미치는 오류를 말한다.

    ㉠ 자동조정오류 : 회계오류가 발생하였다 하더라도 2개의 회계기간이 지나면 오류의 효과가 자동적으로 상쇄되는 오류이다. 즉, 오류가 발생한 연도에 당기순이익이 과대(과소)표시되지만 오류발생연도 다음 연도에는 수정분개를 수행하지 않아도 당기순이익이 과소(과대)표시되어 양연도 전체 이익잉여금에는 영향을 미치지 않는다는 것이다.

      예 미지급비용의 누락, 선급비용의 오류, 선수수익의 오류, 미수수익의 오류, 기말재고자산과 매입의 오류 등

오류사항	당기 장부 마감 전		당기 장부 마감 후	
기초재고 과대계상	(차) 전기오류수정손실 (대) 매출원가	××× ×××	수정분개 필요없음	
기말재고 과대계상	(차) 매출원가 (대) 재고자산	××× ×××	(차) 전기오류수정손실 (대) 재고자산	××× ×××

    ㉡ 비자동적오류 : 2개의 회계기간 경과만으로는 자동조정되지 않는 오류

      예 유형자산 취득에 따른 지출을 전액 수익적 지출로 처리한 경우, 감가상각비 및 대손상각비 오류 등

이론문제 | 회계변경과 오류수정 회계처리

01 다음 중 회계변경의 분류로 옳지 않은 것은?

① 매출채권의 추정대손율 변경 – 회계추정의 변경
② 재고자산의 평가방법 변경 – 회계정책의 변경
③ 유형자산의 효익을 주는 기간의 변경 – 회계추정의 변경
④ 감가상각방법 변경 – 회계정책의 변경

02 전기재무제표상의 오류수정에서 중대한 오류는 어디에 반영되어야 하는가?

① 당기의 손익계산서상 영업외손익
② 특별손익
③ 이익잉여금처분계산서에 당기순이익의 조정항목
④ 이익잉여금처분계산서에 전기이월이익잉여금의 조정항목

03 1차 연도에 발생한 오류가 2차 연도에 자동적으로 상쇄되어, 3차 연도에는 오류를 수정할 필요가 없는 자동적 오류에 해당되지 않는 것은?

① 미지급비용계상의 누락
② 자본적 지출의 수익적 지출처리
③ 매입액의 과대표시
④ 기말재고자산의 과대표시

04 (주)박문각은 10월 1일에 차량의 대수선과 관련하여 1,200,000원의 자본적 지출을 하였으나 착오로 이를 수익적 지출로 처리하였다. 이 차량을 정률법(연 40%)으로 감가상각한다고 가정할 때 이러한 오류로 인하여 (주)박문각의 당기순이익은 얼마나 과소표시되는가?

① 480,000원   ② 840,000원
③ 120,000원   ④ 1,080,000원

05 다음 ㉮, ㉯, ㉰에 들어갈 내용으로 옳은 것은?

> • 사장 : 최 과장, 금년에 재고자산의 단위당 원가가 전년도에 비하여 상승한 이유가 있나요?
> • 최 과장 : 재고자산 평가방법을 올해부터 총평균법에서 선입선출법으로 변경하였기 때문입니다.
> • 사장 : 변경으로 인한 효과를 어떻게 처리해야 하나요?
> • 최 과장 : 재고자산 평가방법의 변경은 (㉮)에 해당하므로 그 변경효과를 (㉯) 적용하여야 합니다. 다만, 그 변경효과를 합리적으로 결정하기 어려운 경우에는 그 변경효과를 (㉰) 처리하여야 합니다.

	(㉮)	(㉯)	(㉰)
①	회계정책의 변경	전진적으로	소급하여
②	회계추정의 변경	전진적으로	소급하여
③	회계정책의 변경	소급하여	전진적으로
④	회계추정의 변경	소급하여	전진적으로

06 다음 중 회계변경과 오류수정에 대한 내용으로 틀린 것은?

① 변경된 새로운 회계정책은 소급하여 적용한다.

② 회계추정 변경의 효과는 당해 회계연도 종료일부터 적용한다.

③ 전기 이전기간에 발생한 중대한 오류의 수정은 자산, 부채 및 자본의 기초금액에 반영한다.

④ 비교재무제표를 작성하는 경우 중대한 오류의 영향을 받는 회계기간의 재무제표항목은 재작성한다.

07 다음 중 일반기업회계기준서상 정당한 회계변경(회계정책 또는 회계추정)의 사례로 적합한 것은?

① 정확한 세무신고를 위해 세법규정을 따를 필요가 있는 경우

② 기존의 일반기업회계기준에 대한 새로운 해석이 있는 경우

③ 회사의 상호 또는 대표이사를 변경하는 경우

④ 주식회사의 외부감사에 관한 법률에 의하여 최초로 회계감사를 받는 경우

📌 이론문제 정답 및 해설

01 ④ 유형/무형자산의 감가상각방법을 변경하는 것은 회계추정의 변경에 해당한다.

02 ④ 당기에 발견한 전기 또는 전기 이전의 기간의 중대하지 않은 오류는 손익계산서에 영업외손익 중 전기오류수정손익으로 보고한다. 그러나 중대한 오류에 해당되면 전기이월이익잉여금에 반영하고 관련 계정 잔액을 수정하고 비교재무제표를 재작성한다.

03 ② 자동적 오류란 특정한 기간에 발생한 오류가 오류정정에 대한 회계처리를 하지 않았는데도 자동적으로 차기에 오류가 정정되는 형태의 오류로 다음과 같은 것들이다.

- 재고자산의 과소 또는 과대평가
- 선급비용, 선수수익 등의 부정확한 계산
- 미지급비용, 미수수익 등의 부정확한 계산

04 ④ ㉠ 감가상각비 계산
- 정률법에 의한 연간 감가상각비
 $= 1,200,000 \times 0.4 = 480,000$원
- 10월 1일에 지출하였으므로 10, 11, 12월의 3개월분만 당해연도에

감가상각비로 계산하여야 하기 때문에 당해연도 감가상각비

$$= 480,000 \times \frac{3}{12} = 120,000$$원

㉡ 순이익이 미치는 영향: 당기에 지출한 1,200,000원은 자본적 지출로 하여 감가상각비를 계산한 120,000원만 비용으로 계산해야 하나, 1,200,000원을 수선비로 하여 비용 처리하였으므로 1,200,000원 - 120,000원 = 1,080,000원만큼 순이익이 과소계상되었다.

05 ③ 재고자산 평가방법의 변경은 (㉮ 회계정책의 변경)에 해당하므로 그 변경효과를 (㉯ 소급하여) 적용하여야 한다. 다만, 그 변경효과를 합리적으로 결정하기 어려운 경우에는 (㉰ 전진적으로) 처리하여야 한다.

06 ② 회계추정 변경의 효과는 당해 회계연도 개시일부터 적용한다.

07 ② 일반기업회계기준의 제정, 개정 또는 기존의 일반기업회계기준에 대한 새로운 해석에 따라 회계변경을 하는 경우(일반기업회계기준 실5.1)

제14절 현금흐름표 회계처리

01 현금흐름표의 의의

일정기간 동안의 영업활동, 투자활동 및 재무활동의 결과 발생한 현금유입과 현금유출에 관한 정보를 요약한 동태적 재무제표이다.

02 현금흐름표의 유용성과 한계

1) 현금흐름표의 유용성

영업활동으로 인한 현금흐름과 당기순이익간의 차이에 관한 정보, 투자정보, 재무정보, 미래 현금흐름에 대한 정보, 부채상환능력과 배당금지급능력에 관한 정보, 당기순이익과 순현금흐름간의 차이에 관한 정보 등을 알 수 있다.

2) 현금흐름표의 한계

현금흐름표는 미래 현금흐름에 대해 예측하기가 어려운 점이 있어 손익계산서 또는 재무상태표와 연관하여 파악해야 하는 것이 한계점이다.

3) 영업활동으로 인한 현금흐름

유입	유출
• 제품 등의 판매에 따른 현금유입 • 이자수입과 배당금수입, 로열티, 수수료, 중개로 인한 현금유입 • 단기매매증권 판매로 인한 현금유입 • 기타 영업활동으로 인한 현금유입	• 원재료, 상품 등의 구매에 따른 현금유출 • 종업원에 대한 지출, 이자비용 지급액 • 단기매매증권 취득으로 인한 현금유출 • 법인세 지급액 • 기타 영업활동으로 인한 현금유출

4) 투자활동으로 인한 현금흐름

유입	유출
• 유형자산 및 무형자산, 기타 장기성자산의 처분 • 다른 기업의 지분상품이나 채무상품 및 조인트벤처 투자지분 처분 • 선급금 및 대여금 회수 • 선물계약, 선도계약, 옵션계약 및 스왑계약에 따른 현금유입	• 유형자산 및 무형자산, 기타 장기성자산의 취득 • 다른 기업의 지분상품이나 채무상품 및 조인트벤처 투자지분 취득 • 선급금 및 대여금 유출 • 선물계약, 선도계약, 옵션계약 및 스왑계약에 따른 현금유출

5) 재무활동으로 인한 현금흐름

유입	유출
• 장·단기 차입금의 차입 • 담보·무담보사채의 발행 • 주식의 발행 • 기타 지분상품의 발행 • 어음발행	• 장·단기 차입금의 상환 • 사채의 상환에 따른 소유주에 대한 유출 • 리스이용자의 금융리스부채 상환 • 주식의 취득

03 현금흐름표의 양식

```
Ⅰ. 영업활동으로 인한 현금흐름                    ×××
   1. 영업활동으로 인한 현금유입액    ×××
   2. 영업활동으로 인한 현금유출액    ×××
Ⅱ. 투자활동으로 인한 현금흐름
   1. 투자활동으로 인한 현금유입액    ×××
   2. 투자활동으로 인한 현금유출액    ×××        ×××
Ⅲ. 재무활동으로 인한 현금흐름
   1. 재무활동으로 인한 현금유입액    ×××
   2. 투자활동으로 인한 현금유출액    ×××        ×××
Ⅳ. 현금의 증가(감소) (Ⅰ+Ⅱ+Ⅲ)                   ×××
Ⅴ. 기초의 현금                          (+)   ×××
Ⅵ. 기말의 현금                                ×××
```

04 영업활동으로 인한 현금흐름

1) 직접법

현금을 수반하여 발생하는 수익·비용항목을 총액으로 표시하되 현금유입액은 원천별로, 현금유출액은 용도별로 분류하여 표시하는 방법이다. 즉, 수익·비용항목을 직접 조정하여 현금주의 수익과 현금주의 비용을 구분하여 찾아내는 방법이다.

2) 간접법

당기순이익에 현금유출이 없는 비용 등을 가산하고 현금유입이 없는 수익 등을 차감하여, 영업활동으로 인한 자산·부채의 변동을 가감하여 표시하는 방법이다. 즉, 당기순이익에서 일괄하여 조정하는 방법이므로 현금주의 수익·비용은 파악할 수가 없고 단지 현금주의 이익만 파악할 수 있다. 이론적으로 직접법이 유용한 정보를 더 많이 제공하지만 실무적으로는 작성의 편의상 간접법이 많이 이용되고 있다.

직접법	간접법
Ⅰ. 영업활동으로 인한 현금흐름 ×××	Ⅰ. 영업활동으로 인한 현금흐름 ×××
1. 매출 등 수익활동으로부터 ××× 의 유입액	1. 당기순이익 ×××

2. 매입 및 종업원에 대한 유 (×××)
    출액
	2. 현금의 유출이 없는 비용 ×××
	    등의 가산

3. 이자수익유입액 ×××	3. 현금의 유입이 없는 수익 (×××) 등의 차감
4. 배당금수익 유입액 ×××	4. 영업활동으로 인한 자산· ××× 부채의 변동
5. 이자비용 유출액 (×××)	

02 | NCS를 적용한 원가회계 이해

제1절 원가회계의 기본개념과 분류

01 원가의 개념과 구분

1) 원가회계

기업의 생산과 영업활동에 관한 원가자료를 집계·배부·분석하는 것이다. 즉, 제품제조에 필요한 재료비, 임금, 기타비용을 계산하여 그 원가를 제품별로 부과하는 것을 말한다.

2) 원가회계의 목적

① 재무제표의 작성에 필요한 원가정보의 제공
② 원가통제에 필요한 원가정보의 제공
③ 경영의사결정에 필요한 원가정보의 제공
④ 예산편성 및 예산통제에 필요한 원가자료의 제공

3) 원가와 비용 구분

미소멸원가(재고자산)는 기업의 수익획득에 아직 사용되지 않은 부분으로 재무상태표에 기재한다. 반면에 소멸된 원가는 아래의 특성에 따라 구별될 수 있다.

원가(cost)	비원가항목	비용(expense)
제품제조를 위하여 소비된 경제 가치	제품의 생산이나 수익획득에 기여하지 못하고 소멸된 부분	수익획득을 위하여 사용한 경제적 가치
공장종업원의 임금	파업기간의 임금	사무직원의 급료
공장 건물·기계감가상각비	갑작스런 정전으로 발생한 불량품의 제조원가	본사 건물 감가상각비
공장의 수도료·전기료	화재나 도난 등에 의한 원재료나 제품의 감소액	본사의 수도료·전기료
공장건물의 재산세 등	—	본사건물의 재산세 등

02 원가의 분류

원가회계는 기본원가와 가공원가로 분류할 수 있다.

> • 기본원가(기초원가, 주요원가) : 직접재료비 + 직접노무비
> • 가공원가(전환원가) : 직접노무비 + 제조간접비
> ※ 제조간접비는 간접재료비, 간접노무비, 간접제조경비를 합산한 금액을 말한다.

1) 제조활동 관련성에 따른 분류

① **제조원가** : 재료비, 노무비, 제조간접비(원가의 3요소)

② **비제조원가** : 기업의 제조활동과 관련 없이 발생한 원가로 판매비와관리비 등에서 발생하는 원가를 말한다. 광고선전비, 판매수수료, 판매직원에 대한 급료 등이 있다.

2) 추적가능성에 따른 분류

① **직접비** : 특정 제품에 직접 소비되는 원가로 직접재료비, 직접노무비, 직접제조경비 등을 말한다.

② **간접비** : 여러 종류의 제품에 공통으로 소비되는 원가로 일정한 기준에 의해 제품에 부과하는 원가를 말한다. 간접재료비, 간접노무비, 간접제조경비 등이 있다.

3) 원가행태(조업도, 생산량) 변화에 따른 분류

① **순수변동비** : 조업도가 증가하면, 총원가는 증가하고 제품단위당 원가는 일정하다. 재료비, 노무비, 변동제조경비 등이 있다.

② **고정비** : 조업도가 증가하면, 총원가는 일정하고 제품단위당 원가는 감소한다. 감가상각비, 임차료 등이 있다.

③ **준변동비(혼합원가)** : 고정비(기본요금)와 변동비가 혼합된 형태로서 조업도가 증가하면 총원가도 증가하는 형태로 통신비(휴대폰요금) 등이 있다.

④ **준고정비(계단원가)** : 일정한 조업도 내에서는 일정하지만 그 범위를 벗어나면 총액이 증가하는 것을 말하며 공장 감독자의 급료 등이 해당한다.

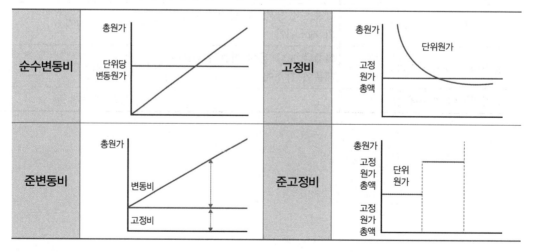

4) 수익과의 대응관계에 따른 분류(= 자산화 여부에 따른 분류)

① **제품원가**(= 재고가능원가) : 원가가 발생하면 일단 재고자산으로 계상되었다가 제품이 판매될 때 비용화되어 손익계산서에 매출원가라는 비용계정으로 대체된다. 제품원가는 판매시점까지 비용화가 이연되기 때문에 재고가능원가라고도 한다.

② **기간원가**(= 재고불능원가) : 제품생산과 관련 없이 발생된 원가로 항상 발생된 기간에 손익계산서에 판매비와관리비로 처리되는 원가를 말한다.

5) 의사결정과의 관련성에 따른 분류

① **관련원가** : 특정 의사결정과 직접적으로 관련 있는 원가이다. 여기에는 선택 가능한 대안 사이에 발생할 수 있는 미래의 원가차이를 의미한 차액원가가 있다.

② **매몰원가**(= 기발생원가) : 특정 의사결정과 관련이 없는 원가로 이미 발생하였으므로 현재의 의사결정에 아무런 영향을 미치지 못하며 비관련원가, 통제불능원가 등이 해당된다.

> ※ **통제불능원가** : 특정 관리자의 업적을 평가하는 데 유용한 개념으로 책임회계에서 중요시된다. 반대로 특정 관리자가 원가의 발생정도에 영향을 미칠 수 없는 원가를 통제불능원가라고 한다.

③ **회피가능원가와 회피불능원가**

　㉠ 회피가능원가 : 다른 대안을 선택할 경우 절약되거나 발생되지 않을 원가를 말한다.

　㉡ 회피불능원가 : 다른 대안을 선택하더라도 계속 발생하리라 예상되는 원가로서 기발생원가와 유사하지만 미래에도 계속해서 발생할 수 있다는 면에서 차이가 있다.

④ **기회원가** : 선택된 대안 이외의 다른 대안 중 최선의 대안을 선택했더라면 얻을 수 있었던 효익을 말한다.

6) 생산형태에 따른 분류

① **개별원가계산** : 종류, 규격, 성질이 다른 제품을 개별적으로 생산하는 제조업(건축업, 조선업, 기계공업 등 주문생산 형태)에서 채택하여 원가계산을 하는 방법이다.

② **종합원가계산** : 종류, 규격, 성질이 동일한 제품을 연속적으로 대량생산하는 제조업(방직업, 제지업, 제분업, 화학공업 등)에서 채택하여 원가계산을 하는 방법이다.

7) 원가계산범위에 따른 분류

① **전부원가계산**(= 흡수원가계산) : 재료의 구입으로부터 제품 제조과정을 거쳐 제품 판매에 이르기까지 소요된 원가의 일체를 계산하는 방법(변동비 + 고정비)을 말한다.

② **변동원가계산**(= 직접원가계산) : 제품제조의 과정 중에서 원가계산상 필요한 범위에 따라 어느 일부과정만을 별도로 원가를 계산하는 방법(변동원가계산으로 변동비만을 제조원가로 계산하고, 고정비는 비원가항목으로 처리하여 원가계산을 하는 방법)이다.

✓ 이론문제 | **원가회계의 기본개념과 분류**

01 다음 표에 보이는 원가행태와 관련한 설명으로 가장 옳지 않은 것은?

조업도(시간)	총원가(원)
100	3,000,000
200	3,000,000
300	3,000,000

① 조업도가 증가해도 단위당 원가부담액은 일정하다.
② 위와 같은 원가행태를 보이는 예로 임차료가 있다.
③ 조업도 수준에 상관없이 관련범위 내에서 원가총액은 일정하다.
④ 제품 제조과정에서 가공비로 분류한다.

02 원가구성요소의 분류상 해당 항목에 포함되는 내용 중 틀린 것은?

	기본원가	가공비	제조원가
①	직접노무비	제조간접비	직접재료비
②	직접재료비	제조간접비	직접노무비
③	제조간접비	직접노무비	직접재료비
④	직접노무비	간접재료비	간접노무비

03 다음 중 원가의 개념이 가장 잘못 연결된 것은?

① 기회원가 : 과거에 발생한 원가로서 의사결정에 고려되어서는 안 되는 원가
② 가공원가 : 직접노무비와 제조간접비를 합한 금액
③ 통제가능원가 : 특정부문의 경영자가 원가의 발생을 관리할 수 있으며, 부문 경영자의 성과평가의 기준이 되는 원가

④ 변동원가 : 조업도의 변동에 관계없이 단위당 원가는 일정하고, 총원가는 조업도의 변동에 비례하여 변하는 원가

04 다음에서 설명하는 원가행태에 해당하는 것은?

> 정부는 중·장기대책으로 이동통신음성데이터를 이용할 수 있는 '보편요금제'를 출시하도록 하는 방안을 추진키로 했다. 보편요금제는 월 요금 2만원에 기본 음성 200분, 데이터 1GB, 문자무제한 등을 이용할 수 있다. 음성·데이터 초과분에 대한 분당 요금은 이동통신사가 정하기로 했다.

① 변동비
② 고정비
③ 준변동비
④ 준고정비

05 원가에 대한 설명 중 가장 옳지 않은 것은?

① 직접재료비는 조업도에 비례하여 총원가가 증가한다.
② 조업도가 무한히 증가할 때 단위당 고정비는 1에 가까워진다.
③ 관련 범위 내 변동비는 조업도의 증감에 불구하고 단위당 원가가 일정하다.
④ 제품원가는 조업도가 증가하면 고정비 요소로 인하여 단위당 원가는 감소하나 단위당 변동비 이하로는 감소할 수 없다.

06 다음은 (주)반도에서 사용하고 있는 기계장치에 관한 내용이다. 내년 예상 물량을 생산하기 위해 기계장치 1대를 추가로 구입하기로 하였다. 이와 관련된 원가행태를 나타내고 있는 것은?

> • 현재 보유하고 있는 기계장치 수
>   : 2대
> • 기계장치 1대당 최대생산량
>   : 10,000개
> • 기계장치 1대당 원가 : 20,000,000원
> • 내년 예상 생산량 : 24,000개

①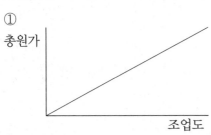

②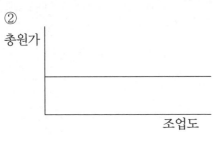

③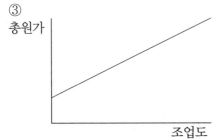

④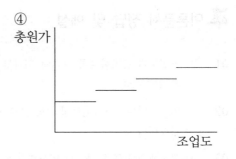

07 관련범위 내에서 단위당 변동원가의 행태에 대한 설명으로 옳은 것은?

① 각 조업도 수준에서 일정하다.
② 각 조업도 수준에서 감소한다.
③ 조업도가 증가함에 따라 단위당 원가는 증가한다.
④ 조업도가 증가함에 따라 단위당 원가는 감소한다.

08 다음 중 원가의 분류에 대한 설명 중 틀린 것은?

① 조업도가 증가하는 경우 총고정비와 단위당 고정비는 일정하다.
② 조업도가 증가하는 경우 총원가가 증가하지만 조업도가 0인 경우에도 일정액이 발생하는 원가를 준변동비 또는 혼합비라고 한다.
③ 임금, 급여, 상여금 등의 명칭에도 불구하고 제품제조를 위해 투입된 노동력에 대하여 지급된 원가를 노무비라고 한다.
④ 여러 종류의 제품제조를 위하여 공통적으로 소비되어 특정 제품에 추적할 수 없는 원가를 간접원가라고 한다.

📌 이론문제 정답 및 해설

01 ① 조업도가 증가할수록 단위당 원가부담액은 감소한다.

02 ③ 기본원가는 직접재료비, 직접노무비로 구성된다.

03 ① 과거에 발생한 원가로서 의사결정에 고려되어서는 안 되는 원가는 매몰원가이다.

04 ③ 준변동비는 고정원가와 변동원가가 혼합된 원가를 말한다.

05 ② 조업도가 무한히 증가할 때 단위당 고정비는 0에 가까워진다.

06 ④ 준고정원가(계단원가)는 특정범위의 조업도 수준에서는 일정한 금액이 발생하지만, 관련범위를 벗어나면 원가총액이 일정액만큼 증가 또는 감소하는 원가를 말한다.

07 ① 각 조업도 수준에서 단위당 변동원가는 일정하다.

08 ① 조업도 증가 시 총고정비는 일정하지만, 단위당 고정비는 감소한다.

제2절 원가의 흐름

01 제조기업의 자본 순환과정

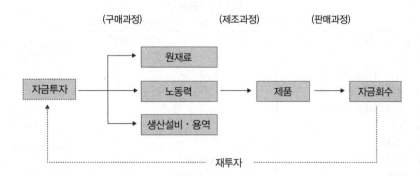

02 원가의 흐름과 절차 및 원가구성도

1) 제조원가의 흐름(원재료 → 재공품 → 제품 → 매출원가)

재료비와 임금이 지출되는 시점에 비용처리하는 것이 아니라 제품이 완성되는 시점까지를 재고
자산으로 보고, 판매되는 시점에 비용으로 처리하는 것이다.

2) 원가계산의 절차

① 요소별 원가계산(1단계) → ② 부문별 원가계산(2단계) → ③ 제품별 원가계산(3단계)

3) 원가의 구성도

			이익	
		판매비와관리비		판매가격
	제조간접비		판매원가	
직접재료원가	직접원가	제조원가		
직접노무원가				
직접제조경비				

4) 제조원가명세서 작성

│ 사례 │ 1

다음 제조원가명세서를 완성하시오.

제조원가명세서
20×1년 1월 1일부터 20×1년 12월 31일까지

적요	금액	
Ⅰ. 재료비		1,000,000
1. 기초원재료재고액	300,000	
2. 당기원재료매입액	1,500,000	
3. 기말원재료재고액	( )	
Ⅱ. 노무비		500,000
Ⅲ. 제조경비		( )
1. 감가상각비	200,000	
2. 전력비	200,000	
3. 수선유지비	300,000	
Ⅳ. 당기총제조비용		( )
Ⅴ. 기초재공품재고액		200,000
합계		( )
Ⅵ. 기말재공품재고액		100,000
Ⅶ. 당기제품제조원가		( )

정답▶ 기말원재료재고액 800,000원, 제조경비 700,000원, 당기총제조비용 2,200,000원, 합계 2,400,000원, 당기제품제조원가 2,300,000원

5) 제조원가와 매출원가의 계산 흐름 요약

재료	재공품	제품
기초원재료재고액	기초재공품재고액	기초제품재고액
(+) 당기원재료매입액	(+) 직접재료원가	(+) 당기제품제조원가
(−) 기말원재료재고액	(+) 직접노무원가	(−) 기말제품재고액
당기원재료소비액	(+) 제조간접원가	당기매출원가
	(−) 기말재공품재고액	
	당기제품제조원가	

6) 원가의 흐름 관련 분개처리

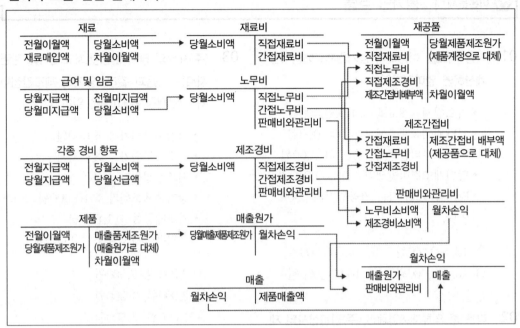

① 원재료 구입 시

　(차) 원재료　　　　　　　　×××　　(대) 현금　　　　　　　　×××

② 원재료소비액(직접재료비 대체)

　(차) 재공품　　　　　　　　×××　　(대) 원재료비　　　　　　×××

③ 노무비 발생 시

　(차) 임금(노무비)　　　　　×××　　(대) 현금　　　　　　　　×××

④ 노무비 대체 시(직접노무비 대체)

　(차) 재공품　　　　　　　　×××　　(대) 노무비　　　　　　　×××

⑤ 제조간접비 발생 시

　(차) 수선비　　　　　　　　×××　　(대) 현금　　　　　　　　×××
　　　전력비　　　　　　　　×××

⑥ 제조간접비 대체(재공품에 대체)

　(차) 재공품　　　　　　　　×××　　(대) 제조간접비　　　　　×××

⑦ 제품의 완성 시

　(차) 제품　　　　　　　　　×××　　(대) 재공품　　　　　　　×××

⑧ 제품의 판매 시

　(차) 외상매출금　　　　　　×××　　(대) 제품매출　　　　　　×××
　　　매출원가　　　　　　　×××　　　　제품　　　　　　　　×××

✔️ 이론문제 | **원가의 흐름**

01 다음 자료를 이용하여 당기원재료매입액을 계산하면 얼마인가?

> • 기초원재료재고액 : 4,000,000원
> • 기말원재료재고액 : 5,000,000원
> • 당기노무비발생액 : 10,000,000원
> • 당기제조경비발생액 : 5,000,000원
> • 당기총제조원가는 가공원가의 200% 이다.

① 13,000,000원　② 14,000,000원
③ 15,000,000원　④ 16,000,000원

02 다음 중 의류제조업체인 (주)강북상사의 제조원가명세서에 영향을 미치지 않는 것은?

① 공장의 기계장치에 대한 수선을 하고 수선비 100,000원을 미지급하였다.
② 공장건물에 대한 1년분(20×1.7.1 ~ 20×2.6.30) 화재보험료로 1,000,000원을 지급하였다.
③ 공장직원들의 사내체육대회행사에 식사를 제공하였다.
④ 공장에 있는 제품 10,000,000원이 진부화로 인해 폐기처분되었다.

03 (주)세무의 당기 발생한 제조원가와 관련된 자료는 다음과 같다. 당기의 제조간접원가와 기말재공품재고액은 얼마인가?

> • 직접재료원가 : 5,000원
> • 직접노무원가 : 3,000원
> • 제조간접원가 : ?
> • 당기총제조원가 : 10,000원
> • 기초재공품 : 1,500원
> • 당기제품제조원가 : 9,000원

① 2,000원, 2,500원
② 2,000원, 1,500원
③ 1,000원, 1,500원
④ 1,000원, 2,500원

04 다음의 자료를 근거로 매출원가를 계산하면 얼마인가?

> • 당기총제조비용　　2,000,000원
> • 기초재공품재고액　 200,000원
> • 기말재공품재고액　 300,000원
> • 기초제품재고액　　 400,000원
> • 기말제품재고액　　 500,000원

① 1,900,000원　② 1,800,000원
③ 2,200,000원　④ 3,000,000원

05 다음은 9월 중 원가자료이다. 당기총제조비용은 얼마인가?

> • 직접재료비 : 800,000원
> • 직접노무비 : 750,000원
> • 제조간접비 : 직접재료비의 50%
> • 판매비와관리비 : 200,000원

① 1,950,000원 ② 1,850,000원
③ 1,750,000원 ④ 1,550,000원

06 화재로 장부가 손상되어 아래의 자료만 남아있다. 다음 자료에 의하면 전기에 이월되었던 재공품원가는 얼마인가?

> • 기초제품   5,000,000원
> • 기말제품   3,000,000원
> • 기말재공품   2,000,000원
> • 당기총제조원가 10,000,000원
> • 매출원가   12,000,000원

① 0원   ② 2,000,000원
③ 3,000,000원 ④ 5,000,000원

📌 이론문제 정답 및 해설

01 ④ 당기총제조원가 = (10,000,000원 + 5,000,000원) × 2 = 30,000,000원
30,000,000원 = 4,000,000원 + 10,000,000원 + 5,000,000원 + X − 5,000,000원
X = 16,000,000원

02 ④ 제품의 폐기는 제조원가명세서에 영향을 미치지 않는다.

03 ① • 당기총제조원가 = 직접제조원가 + 직접노무원가 + 제조간접원가
   • 당기제품제조원가 = 기초재공품 + 당기총제조원가 − 기말재공품
   • 제조간접원가 = 10,000원 − 5,000원 − 3,000원 = 2,000원
   • 기말재공품 = 1,500원 + 10,000원 − 9,000원 = 2,500원

04 ② • 당기제품제조원가 = 200,000원 + 2,000,000원 − 300,000원 = 1,900,000원
   • 매출원가 = 400,000원 + 1,900,000원 − 500,000원 = 1,800,000원

재공품			
기초재공품	200,000	당기제품	(1,900,000)
		제조원가	
당기	2,000,000	기말재공품	300,000
총제조비용			
	2,200,000		2,200,000

제품			
기초제품	400,000	매출원가	(1,800,000)
당기제품	1,900,000	기말제품	500,000
제조원가			
	2,300,000		2,300,000

05 ① 당기총제조비용 1,950,000원 = 직접재료비 800,000원 + 직접노무비 750,000원 + 제조간접비 400,000원(800,000원 × 50%)

06 ② • 매출원가 = 기초제품재고액 + 당기제품제조원가 − 기말제품재고액
   12,000,000원 = 5,000,000원 + 10,000,000원 − 3,000,000원
   • 당기제품제조원가 = 기초재공품원가 + 당기총제조비용 − 기말재공품원가
   10,000,000원 = Y + 10,000,000원 − 2,000,000원
   ∴ Y = 2,000,000원

제3절 | 요소별 원가회계

◢ 01 원재료와 원재료비

1) 용어 정리

① 원재료 : 제조기업이 제품을 제조하기 위해 외부로부터 구입한 물품을 말한다.

② 원재료비 : 제품제조과정에서 소비된 재료의 가치를 말하며, 원재료는 재무상태표상 재고자산으로 기재하지만, 원재료비는 제품제조원가 계산에서 사용된다.

2) 원재료의 형태에 따른 분류(제조활동에 사용되는 형태)

① 주요재료 : 제품의 중요한 부분을 이루게 되는 재료의 소비액을 말한다(예 가구제조업의 목재, 기계류제조업의 철강, 제과회사의 밀가루 등).

② 보조재료 : 제품제조과정에서 주요재료의 보조적으로 사용되는 재료의 소비액을 말한다(예 가구제조업의 못, 제과업의 설탕 등).

③ 부품 : 제품에 부착되어 제품의 일부분을 차지하는 재료의 소비액을 말한다(예 가구제조업의 장식품, 자동차제조업의 타이어 등).

④ 소모공구기구비품 : 내용연수가 1년 미만이거나 그 가액이 크지 않은 소모성 공구기구 비품의 소비액을 말한다(예 망치, 드라이버 등).

3) 원가계산절차에 따른 분류(제품과의 관련성에 따른 분류)

① 직접재료비 : 특정 제품의 제조에만 사용·소비되어 특정 제품에 직접 부과할 수 있는 재료비를 말한다. 여기에는 주요재료비와 부품비가 해당되며 재공품 계정에 대체된다.

② 간접재료비 : 여러 제품의 제조에 공통적으로 사용·소비된 재료비를 말한다. 여기에는 보조재료비와 소모공구기구비품으로 제조간접비 계정에 대체한 후 재공품 계정에 대체한다.

4) 원재료 회계처리

① 원재료 매입 시 회계처리

(차) 원재료	×××	(대) 외상매입금	×××

② 원재료 출고 시와 원재료비 소비액 회계처리

■ 원재료 출고 시 회계처리

(차) 원재료비	×××	(대) 원재료	×××

■ 원재료비 소비액 회계처리

(차) 재공품(직접재료비)	×××	(대) 원재료비	×××
제조간접비(간접재료비)	×××		

5) 원재료소비량 결정 – 원재료원장 작성

① 계속기록법 : 월초재고량 + 당월매입량 – 당월출고량

② 실지재고조사법 : 월초재고량 + 당월매입량 – 월말 실지재고량

③ 역계산법 : 제품 1단위당 표준소비량 × 제품생산수량

6) 기말재료재고 차이(재료재고감모손실)

장부상의 재고량과 실제재고량 사이에 차이가 발생할 시 처리하는 방법이다.

- 정상적인 차액 → 제조간접비 계정에 대체한 후 제조원가에 포함한다.
- 비정상적인 차액 → 영업외비용으로 분류한 후 손익계정에 대체한다.

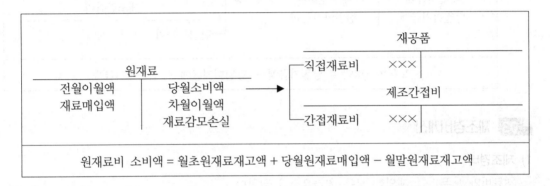

◢ 02 노무비계산

1) 노무비

제품을 제조하기 위해 제조과정에서 소비되는 노동력의 가치를 말한다.

2) 노무비의 지급형태에 따른 분류

① 임금 : 작업현장에 직접 종사하는 생산직 근로자에게 지급하는 보수를 말한다(연장근로수당, 야간작업수당 등 포함).

② 급료 : 공장장, 감독자 및 공장 사무원에게 지급하는 보수를 말한다.

③ 잡급 : 일시적으로 고용된 노무자에게 지급하는 보수를 말한다.

④ 종업원상여수당 : 작업과 직접적인 관련 없이 정기적으로 지급되는 상여금과 수당을 말한다 (가족수당, 통근수당 등 포함).

3) 노무비 성질에 따른 분류

① 노무주비 : 임금, 급여, 잡급, 종업원상여수당 등

② 노무부비 : 모집비, 교육훈련비, 복리후생비, 사업주의료비 등

4) 제품과의 관련성에 따른 분류

① **직접노무비** : 특정 제품제조에 직접 종사하는 종업원의 임금 등 특정 제품에 개별집계가 가능한 노무비를 말한다.

② **간접노무비** : 특정 제품에 공통적으로 발생한 노무비로 생산감독자 급료, 공장장 급료, 공장사무원 급료, 수선유지부 직원 급료, 공장 경비원 급료를 말한다.

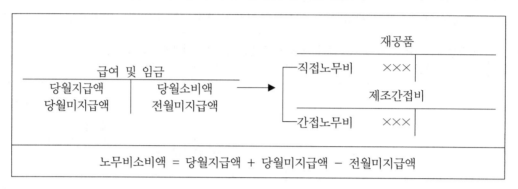

◀03 제조경비계산

1) 제조경비

재료비와 노무비를 제외한 모든 원가요소를 말한다.

2) 제조경비의 계산

① **월할경비** : 각 월별로 월할계산하는 제조경비(소비금액 ÷ 해당월수)

예 보험료, 감가상각비, 세금과공과, 특허권사용료, 임차료

② **측정경비** : 측정계기에 의해 산정되는 제조경비(당월 검침량 × 단위당 가격)

예 전력료, 가스료, 수도료 등

③ **지급경비** : 원가계산기간 중에 지급해야 할 제조경비

예 복리후생비, 수선비, 잡비, 운반비, 보관료, 여비교통비, 기업업무추진비, 외주가공비

④ **발생경비**

예 재료재고감모손실, 반품차손비 등

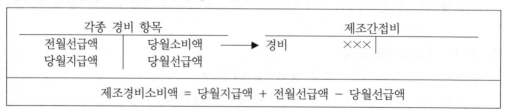

☑️이론문제 | 요소별 원가회계

01 다음 자료에 의한 직접재료비는 얼마인가?

- 기초재공품 : 1,000,000원
- 당기제품제조원가 : 5,500,000원
- 제조간접비 : 당기제품제조원가의 40%
- 직접노무비 : 제조간접비의 1.2배
- 기말재공품 : 2,000,000원

① 1,200,000원　　② 1,550,000원
③ 1,660,000원　　④ 1,860,000원

02 다음 중 월할경비에 해당하지 아니하는 것은?

① 보험료　　　　② 감가상각비
③ 가스수도료　　④ 특허권사용료

03 당기의 재료매입액이 30,000원이다. 기말의 재료재고액이 기초의 재료재고액에 비하여 5,000원 감소하였다면 재공품으로 대체될 당기의 재료원가는 얼마인가?

① 25,000원　　　② 30,000원
③ 35,000원　　　④ 40,000원

04 다음 자료에 의하여 당월 노무비 소비액을 계산하면 얼마인가?

- 임금 전월 미지급액　　　50,000원
- 임금 당월 지급액　　　500,000원
- 임금 당월 미지급액　　　70,000원

① 520,000원　　② 530,000원
③ 550,000원　　④ 560,000원

05 다음 자료를 보고 원가계산 시 당월의 전력비 소비액을 계산하면?

- 전월 말 전력사용 검침량 : 1,500kWh
- 전월 중 전력비 납부액 : 18,000원
- 당월 말 전력사용 검침량 : 2,000kWh
- 당월 중 전력비 납부액 : 23,000원
- 1kWh당 전력비 : 50원

① 5,000원　　　② 18,000원
③ 23,000원　　④ 25,000원

06 (주)하늘산업은 A와 B 두 종류의 제품을 제조한다. A제품은 납을 주재료로 하여 절단부문 – 성형부문 – 염색부문 – 조립부문을 거쳐 제조되는 제품이며, B제품은 동을 주재료로 하여 압축부문 – 성형부문 – 염색부문 – 건조부문을 거쳐 제조되는 제품이라할 때, 다음 중 원가의 분류로 잘못된 것은?

① 성형부문의 플라스틱 소비액 – 재료비 – 간접비
② 절단부문 근로자의 임금액 – 노무비 – 직접비
③ 납 원재료의 소비액 – 재료비 – 직접비
④ 염색부문 근로자의 임금액 – 노무비 – 직접비

07 다음 중 당월에 발생한 재료비 중 간접재료비 100,000원을 대체하는 분개로 맞는 것은? (단, 당사는 재료비 계정을 설정하여 회계처리를 하고 있다.)

① (차변) 재료비   100,000원
   (대변) 원재료   100,000원
② (차변) 제조간접비   100,000원
   (대변) 재공품   100,000원
③ (차변) 원재료   100,000원
   (대변) 제조간접비   100,000원
④ (차변) 제조간접비   100,000원
   (대변) 재료비   100,000원

📌 이론문제 정답 및 해설

01 ③ 제조간접비는 당기제품제조원가의 40%
= 5,500,000원 × 40% = 2,200,000원
직접노무비는 제조간접비의 1.2배이므로
2,200,000 × 1.2 = 2,640,000원
당기총제조원가
= 당기제품제조원가 + 기말재공품 - 기초재공품
= 5,500,000원 + 2,000,000원 - 1,000,000원
= 6,500,000원
직접재료비
= 당기총제조원가 - 직접노무비 - 제조간접비
= 6,500,000원 - 2,200,000원 - 2,640,000원
= 1,660,000원

02 ③ 월할경비란 각 월별로 월할계산하는 제조경비(소비금액 ÷ 해당월수)를 말한다 (예 보험료, 감가상각비, 세금과공과, 특허권사용료, 임차료 등).

03 ③

원재료			
기초	X	재료원가	? (35,000)
매입	30,000	기말	X - 5,000
	40,000		40,000

기초 재료재고액 X원 + 당기 재료매입액 30,000원 - 기말 재료재고액 (X - 5,000원) = 재료원가 35,000원
X에 임의로 10,000원을 대입하면 재료원가를 간단히 구할 수 있다.

04 ① 520,000원

노무비			
당월 지급액	500,000	전월 미지급액	50,000
당월 미지급액	70,000	당월 소비액	( )

05 ④ (2,000kWh -1,500kWh) × 50원
= 25,000원

06 ④ 염색부문 근로자의 임금액은 A제품과 B제품의 공통원가이므로 간접비로 구분된다.

07 ④ 재료비 계정에 집계된 당기 재료비 중 간접재료비는 제조간접비 계정 차변으로 대체된다.

제4절 제조간접비 배부와 개별원가계산

01 제조간접비 배부 대상

1) 용어

① **원가배부** : 원가집합을 원가회계의 여러 목적을 위하여 인위적인 배부기준에 따라 원가대상으로 배부하는 과정을 말한다.

② **원가집합** : 특정 원가대상과의 인과관계가 불투명하여 추적가능성이 없거나 추적이 비경제적인 원가를 간접원가라고 하고, 둘 이상의 유사한 간접원가항목이 집계되는 계정을 원가집합이라고 한다(**예** 제조간접비).

③ **원가대상** : 제품, 제조부문, 보조부문, 활동, 각 사업부 등과 같이 원가가 집계되는 장소로 원가계산을 위한 최종적인 원가대상은 제품이며, 제품으로 원가가 최종 배부・집계되기 위한 중간 원가대상으로서 제조부문이나 보조부문, 활동 등이 있다.

2) 원가배부기준

① **인과관계기준** : 원가발생이라는 결과를 야기한 원인에 따라 원가배부를 하는 것으로 가장 합리적인 원가배부기준이다[**예** 전력비(결과)의 발생원인은 전력의 사용(원인)이므로 원가대상에서 사용한 전력량을 기준으로 전력비를 원가대상에 배부한다].

② **수혜기준(= 수익자 부담기준)** : 원가발생으로 인하여 원가대상이 경제적 효익을 받은 경우 제공받은 효익의 크기에 비례하여 원가를 배부하는 방법이다.

③ **부담능력기준** : 원가대상이 원가를 부담할 수 있는 능력에 비례하여 원가를 배부하는 방법이다.

④ **공정성과 공평성기준** : 여러 원가대상에 원가를 배부할 때 그 원가배부는 공정하고 공평하게 이루어져야 한다는 기준이다.

3) 원가배부의 목적

① 외부재무보고　　　　　　　② 계획과 의사결정분석

③ 가격결정　　　　　　　　　④ 성과평가와 통제

02 제조간접비 배부와 개별원가계산

1) 개별원가계산

제품의 종류, 규격, 품질 등이 다른 이종의 제품을 종류별로 생산하는 주문생산형태에 사용하는 방법으로서 제조지시서별로 원가를 구분・집계하여 계산하는 방법이다(**예** 건설업, 조선업, 항공기 제조업, 주문에 의한 가구 및 기계 제작업).

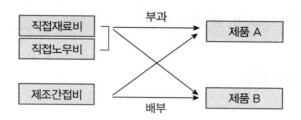

2) 개별원가계산의 특징

① 제조직접비와 제조간접비를 구분하여 작성

② 각 제조지시서별로 원가계산표 작성

③ 재공품계정의 보조원장 역할

3) 개별원가계산의 절차

① 원가집적대상이 되는 개별작업을 파악한다.

② 개별작업에 대한 직접재료비와 직접노무비를 계산하여 개별작업에 직접 부과한다.

③ 제조간접비를 공장 전체를 하나의 원가집합으로 보아 집계하거나 각 부문별로 집계하는 것이며 제조부문별 제조간접비 배부가 더 정확한 제조원가를 집계할 수 있다.

03 개별원가계산의 종류

1) 실제개별원가계산

기말에 실제 발생한 원가를 합리적인 기준으로 배부한다. 원가형태는 직접재료비(실제), 직접노무비(실제), 제조간접비(실제)로 구성되며, 기업 외부에 보고되는 재무제표의 작성에 사용될 뿐만 아니라 표준원가계산에서도 표준원가에 대비되는 실제원가를 산정하는 것으로 중요시된다. 기업실무에서 단순히 원가계산이라고 할 때에는 실제원가계산을 의미한다.

■ 제조간접비 배부액

① 제조간접비 배부율 = 제조간접비 ÷ 배부기준(조업도)

② 제조간접비 배부액 = 실제발생액 × 실제배부기준(조업도)

가액법	직접재료비법	제조간접비 배부율 = $\dfrac{1개월간의\ 제조간접비\ 총액}{동\ 기간의\ 직접재료비\ 총액}$
		재조간접비 배부액 = 특정 제품의 직접재료비 × 배부율
	직접노무비법	제조간접비 배부율 = $\dfrac{1개월간의\ 제조간접비\ 총액}{동\ 기간의\ 직접노무비\ 총액}$
		제조간접비 배부액 = 특정 제품의 직접노무비 × 배부율

	직접원가법	제조간접비 배부율 = $\dfrac{\text{1개월간의 제조간접비 총액}}{\text{동 기간의 직접원가 총액}}$
		제조간접비 배부액 = 특정 제품의 직접원가 × 배부율
시간법	직접노동시간법	제조간접비 배부율 = $\dfrac{\text{1개월간의 제조간접비 총액}}{\text{동 기간의 직접노동 총시간}}$
		제조간접비 배부액 = 특정 제품의 직접노동시간 × 배부율
	기계작업시간법	제조간접비 배부율 = $\dfrac{\text{1개월간의 제조간접비 총액}}{\text{동 기간의 기계작업 총시간수}}$
		제조간접비 배부액 = 특정 제품의 기계작업 시간수 × 배부율
수량법	제품의 수량, 중량 등에 비례하여 원가를 배부한다.	

2) 정상개별원가계산

제조직접비(직접재료비와 직접노무비)는 개별작업과 관련하여 원가를 추적, 금액을 구분할 수 있으나, 제조간접비는 특정작업과 관련하여 집계하기 힘들다. 기말 이전에 원가집계가 필요할 경우, 제조간접비에 대한 예정배부율을 이용하여 제품원가계산을 하고, 기말에 이를 정산하는 제도이다. 원가형태는 직접재료비(실제), 직접노무비(실제), 제조간접비(예정)이다.

① 제조간접비 예정배부액 계산

과거의 경험을 토대로 연간 제조간접비예산액을 연간 작업시간으로 나누어 예정배부율을 산출한 후 실제작업시간을 곱한다.

> ■ 제조간접비 예정배부액
>
> 제조간접비 예정배부율 = 제조간접비 예산 ÷ 예정조업도(배부기준)
> 제조간접비 예정배부액 = 실제작업시간 × 예정배부율

② 제조간접비 배부차이

제조간접비

간접재료비(실제)	×××	재공품(예정)	×××
간접노무비(실제)	×××	제조간접비차이(과소)	×××
간접제조경비(실제)	×××		
제조간접비차이(과대)	×××		

구분	차변		대변	
예정소비액	재공품	×××	제조간접비	×××
실제소비액	제조간접비	×××	재료비	×××
			노무비	×××
			제조경비	×××
예정>실제(과대)	제조간접비	×××	제조간접비 배부차이	×××
예정<실제(과소)	제조간접비 배부차이	×××	제조간접비	×××

3) 제조간접비 배부차이의 조정방법

① **매출원가조정법** : 과대배부 시 매출원가에서 차감하고, 과소배부 시 매출원가에서 가산한다.

② **영업외손익법** : 제조간접비 배부차이를 영업외비용과 영업외수익으로 조정하는데, 차이의 원인이 기업 외부사정에 의해 발생한 경우에 처리한다.

③ **재공품, 제품, 매출원가 비율법** : 제조간접비 배부차이를 재공품, 제품, 매출원가의 금액에 안분하여 비율을 계산한 후 조정하는 방법으로 역사적 원가 회계처리에 부합한다.

│사례 2

다음 (주)박문각의 갑제품에 대한 다음 자료에 의하여 물음에 답하시오.

- 1년간의 제조간접비 예산총액 1,800,000원
- 1년간의 예정작업시간 : 600,000시간
- 1년간의 실제작업시간 : 610,000시간
- 제조간접비 실제발생액 1,900,000원

㉠ 예정배부율 계산 :

㉡ 예정배부액 계산 :

㉢ 실제발생액과 비교하여 과대배부 또는 과소배부 여부 판단 :

 정답
㉠ 예정배부율 계산 : 1,800,000 ÷ 600,000 = 3
㉡ 예정배부액 계산 : 610,000 × 3 = 1,830,000원
㉢ 실제발생액 1,900,000원 > 예정배부액 1,830,000원
　 과소배부 70,000원

4) 표준원가계산

관리적인 측면(책임소재)에서 이용되며 원가형태로는 직접재료비(표준), 직접노무비(표준), 제조간접비(표준)로 원가를 계산하는 방법이다.

원가항목	실제원가계산	정상원가계산	표준원가계산
직접재료원가	실제발생액 (실제수량×실제단가)	실제발생액	표준금액 (표준수량×표준단가)
직접노무원가	실제발생액	실제발생액	표준금액
제조간접원가	실제발생액 (실제배부율×실제배부기준)	예정배부액 (예정배부율×실제배부기준)	표준배부액 (표준배부율×표준배부기준)

✅이론문제 | **제조간접비 배부와 개별원가계산**

01 다음 중 개별원가계산에 대한 특징으로 틀린 것은?

① 조선업, 건설업 등 주문생산에 유리하다.
② 실제원가나 예정원가를 사용할 수 있다.
③ 개별적인 원가계산으로 인해 제조간접비 배부가 중요하지 않다.
④ 제품별로 손익분석 및 계산이 용이하다.

02 다음 자료에 의하여 제조간접비 배부액과 제조원가를 구하면 얼마인가? (단, 제조간접비는 기계작업시간을 기준으로 예정배부한다.)

• 제조간접비 총액(예정)	3,000,000원
• 실제기계작업시간	8,000시간
• 직접노무비	4,000,000원
• 예정 기계작업시간	10,000시간
• 직접재료비	1,500,000원

	제조간접비 배부액	제조원가
①	2,400,000원	7,900,000원
②	2,400,000원	8,500,000원
③	3,000,000원	7,900,000원
④	3,000,000원	8,500,000원

03 (주)한국은 제조간접비를 기계사용시간으로 배부하고 있다. 20×1년도 제조간접비 배부차이는 5,000원 과소배부되었다. 20×1년도 실제 기계사용시간이 100시간이고, 실제 제조간접비 발생액은 35,000원일 경우 다음 설명 중 틀린 것은?

① 재공품에 배부된 제조간접비는 실제 제조간접비 발생액보다 적다.
② 제조간접비 예정배부율이 낮아 실제발생액보다 과소배부되었다.
③ 제조간접비 예정배부율은 기계사용시간당 350원이다.
④ 제조간접비 예정배부액은 30,000원이다.

04 다음 자료에 의한 기계작업시간당 제조간접비 예정배부율은 얼마인가?

| • 제조간접비 실제발생액 : 25,000,000원 |
| • 제조지시서의 실제 기계작업시간 : 500시간 |
| • 제조간접비 실제배부율 : 기계작업시간당 50,000원 |
| • 제조간접비 과소배부액 : 1,000,000원 |

① 기계작업시간당 47,000원
② 기계작업시간당 48,000원
③ 기계작업시간당 50,000원
④ 기계작업시간당 52,000원

05 기초(기본)원가를 기준으로 제조간접비를 배부한다고 할 때 다음 자료에 의하여 작업지시서 No.1에 배부할 제조간접비는 얼마인가? (단, 기초 및 기말재고는 없다.)

구분	공장전체 발생	작업지시서 No.1
직접재료비	1,000,000원	500,000원
직접노무비	4,000,000원	1,500,000원
당기 총제조비용	12,000,000원	–

① 2,000,000원   ② 2,800,000원
③ 3,000,000원   ④ 4,800,000원

06 (주)강서는 정상개별원가계산제도를 적용하고 있다. 제조간접비 예정배부율이 직접노무시간당 5,000원이고, 예상 직접노무시간이 220시간, 실제 직접노무시간이 200시간이다. 실제 제조간접비 발생액은 1,200,000원인 경우 제조간접비 배부차이는 얼마인가?

① 100,000원 과소배부
② 100,000원 과대배부
③ 200,000원 과소배부
④ 200,000원 과대배부

07 다음은 예정(정상)개별원가계산을 적용하고 있는 A 기업의 자료이다. 제조간접비 부족배부액 50,000원을 원가요소기준법에 의해 배부하는 경우, 매출원가에 배부되는 금액은?

구분	재공품	제품	매출원가
직접 재료비	15,000원	25,000원	23,000원
직접 노무비	35,000원	45,000원	47,000원
제조 간접비	30,000원	20,000원	50,000원
합계	80,000원	90,000원	120,000원

① 25,000원   ② 35,000원
③ 75,000원   ④ 125,000원

08 원가계산 기간의 제조간접비 예정배부액이 400,000원이고 실제배부액은 430,000원이었다. 이때 제조간접비 배부차이를 대체한 분개로 옳은 것은?

제조간접비			
실제	430,000	예정	400,000
		제조간접비배부차이	
			30,000

① (차) 제조간접비   30,000원
   (대) 재공품   30,000원
② (차) 제조간접비   30,000원
   (대) 제조간접비배부차이   30,000원
③ (차) 제조간접비배부차이   30,000원
   (대) 제조간접비   30,000원
④ (차) 제품   30,000원
   (대) 제조간접비배부차이   30,000원

09 다음 자료에 의하여 제조간접비배부차이를 바르게 표시한 것은?

> • 당해연도 제조간접비예산 3,000,000원
> • 당해연도 예상직접노동시간 60,000시간
> • 당월의 직접노동시간   6,000시간
> • 제조간접비 실제발생액 330,000원

① 20,000원(과소배부)
② 30,000원(과소배부)
③ 20,000원(과대배부)
④ 30,000원(과대배부)

10 개별원가계산에 대한 설명으로 가장 옳지 않은 것은?

① 개별작업에 대한 작업원가표가 기초가 된다.
② 고객의 주문에 따라 제품을 생산하는 주문생산형태에 적합한 원가계산방법이다.
③ 제품원가를 제조공정별로 집계한 다음 이를 그 공정의 생산량으로 나누어서 단위당 원가를 계산한다.
④ 제조직접비와 제조간접비의 구분이 중요하다.

11 다음 중 기계장치에 대한 감가상각비를 배부하는 기준으로 가장 옳은 것은?

① 제조부문과 보조부문간의 기계사용시간비율
② 제조부문과 보조부문간의 인원수비율
③ 제조부문과 보조부문간의 면적비율
④ 제조부문과 보조부문간의 취득원가비율

12 제조간접비에 대한 설명으로 틀린 것은?

① 제품에 배부되는 원가를 직접 추적할 수 없는 간접원가이다.
② 인과관계에 의한 배부기준 선택이 용이하다.
③ 실제원가배부법의 경우 동일한 제품에 매기 상이한 제품단위당 원가가 계산되는 단점이 있다.
④ 신속한 원가계산 및 제품판매가의 결정 시 의사결정의 필요성에 따라 예정원가배부법이 적용된다.

13 다음은 당월 원가자료의 일부이다. 자료에 의하여 당월에 완성된 제품#413의 제조원가를 계산하면 얼마인가? (단, 당사는 제조간접비를 직접노무비법을 사용하여 예정배부하고 있다.)

> • 당월 제조간접비 발생총액 :
>   8,200,000원
> • 당월 직접노무비 발생총액 :
>   10,250,000원
> • 제조간접비 예정배부율 :
>   직접노무비 1원당 0.5원
> • 제품#413의 직접원가 : 직접재료비
>   630,000원, 직접노무비 700,000원

① 1,330,000원   ② 1,680,000원
③ 1,890,000원   ④ 2,160,000원

📌 이론문제 정답 및 해설

01 ③ 개별원가계산의 경우에는 제조간접비의 배부가 매우 중요하다.

02 ① (3,000,000원 ÷ 10,000시간) = 1시간당 300원
300원 × 8,000시간 = 2,400,000원(제조간접비 배부액)
제조원가 = 1,500,000 + 4,000,000 + 2,400,000 = 7,900,000원

03 ③ 실제발생액 − 예정배부액 = 5,000원
예정배부액 = 30,000원
실제기계사용시간 100시간 × 예정배부율(X) = 30,000원, ∴예정배부율(X) = 300원

04 ② 예정배부액 : 25,000,000원 − 1,000,000원 = 24,000,000원
예정배부율 : 24,000,000원 ÷ 500시간 = @48,000원

05 ② 배부율 = 2,000,000원(작업지시서 No.1) ÷ 5,000,000원(공장 전체) = 40%
배부액 = (12,000,000원 − 5,000,000원) × 40% = 2,800,000원

06 ③ 배부차이 = 예정배부액 1,000,000원(예정배부율 5,000원 × 실제 직접노무시간 200시간) − 실제 제조간접비 발생액 1,200,000원 = 200,000원 과소배부

07 ① 50,000원 × [50,000원 ÷ (30,000원 + 50,000원 + 20,000원)] = 25,000원

08 ③ 예정배부액 30,000원이 과소배부되었다.
(차) 제조간접비배부차이　　　30,000원
(대) 제조간접비　　　　　　　30,000원

09 ② 예정배부율 = 3,000,000원 ÷ 60,000시간 = 50원(시간당)
배부차이 = 330,000 − (50 × 6,000시간) = 30,000원(과소배부)

10 ③ 종합원가계산에 대한 설명이다.

11 ① 기계장치의 경우에는 기계사용시간비율을 사용하는 것이 가장 적절하다.

12 ② 제조간접비는 인과관계에 따라 제품원가의 추적이 불가능하여 다양한 원가배부 방법이 존재한다.

13 ② • #413 제조간접비 배부액 = 0.5원 × 700,000원 = 350,000원
• #413 제조원가 = 630,000원 + 700,000원 + 350,000원 = 1,680,000원

제5절 부문별 원가계산

01 부문별 원가계산

제품의 제조원가를 정확히 산정하기 위하여 제조간접비(부문비)를 우선적으로 그 발생장소인 부문별로 분류·집계하는 절차를 말하며, 이것이 발생한 장소를 원가부문이라 한다.

1) 제조부문

제품의 제조활동을 직접 담당하는 부문(예 조립부문, 절단부문 등)

2) 보조부문

제조활동에 직접 참여하지는 않으나 제조부문의 제조활동을 보조하고 용역을 제공하는 부문(예 전력부문, 수선부문, 공장관리부문 등)

02 부문별 원가계산 절차

1) 부문직접비의 부과(제1단계)

2) 부문간접비의 배부(제2단계)

▼ 부문간접비 배부기준

No.	부문간접비	배부기준
1	간접재료비	각 부문의 직접재료비
2	간접노무비	각 부문의 직접노무비, 종업원 수, 직접노동시간 등
3	감가상각비	기계 : 사용시간, 건물 : 면적
4	전력비	각 부문의 전력소비량 또는 기계마력수×운전시간
5	수선비	각 부문의 수선횟수
6	가스수도료	각 부문의 가스·수도 사용량
7	운반비	각 부문의 운반물품의 무게, 운반거리, 운반횟수
8	복리후생비	각 부문의 종업원 수
9	임차료·재산세·화재보험료	각 부문이 차지하는 면적 또는 기계의 가격
10	기타부문간접비	각 부문의 직접노동시간, 종업원 수, 면적 등

3) 보조부문비의 배부(제3단계)

구분	보조부문간 용역수수	장점	단점
직접배부법	완전 무시함	간편함	원가계산 부정확함
단계배부법	일부만 고려	우선순위 정함, 직접배부법과 상호 절충	
상호배부법	완전 고려(연립방정식 이용)	원가계산 정확함	복잡함

4) 제조부문비의 제품에의 배부(제4단계)

사례 3

보조부문과 제조부문의 발생원가와 용역제공비율이 다음과 같을 때 원가배부방법에 따라 제조부문의 원가를 계산하시오.

	보조부문		제조부문	
	A	B	C	D
자기부문 발생원가	900,000	450,000	2,000,000	3,200,000
A	–	10%	40%	50%
B	20%	–	30%	50%

(1) 직접배부법에 따라 원가를 배부할 때 제조부문 C, D의 원가합계는?

(2) 단계배부법(A를 먼저 배부)에 따라 원가를 배부할 때 제조부문 C, D의 원가합계는?

정답

(1) 직접배부법에 따른 원가계산

	보조부문		제조부문	
	A	B	C	D
발생원가	900,000	450,000	2,000,000	3,200,000
A	–		400,000	500,000
	A 900,000원을 C, D에 4:5의 비율로 배부			
B		–	168,750	281,250
	B 450,000원을 C, D에 3:5의 비율로 배부			
합계	0	0	2,568,750	3,981,250

(2) 단계배부법에 따른 원가계산 : A를 먼저 배부

	보조부문		제조부문	
	A	B	C	D
발생원가	900,000	450,000	2,000,000	3,200,000
A	–	90,000	360,000	450,000
	A 900,000원을 B, C, D에 1:4:5의 비율로 배부			
B		–	202,500	337,500
	B 540,000원을 C, D에 3:5의 비율로 배부			
합계	0	0	2,562,500	3,987,500

✅ 이론문제 │ 부문별 원가계산

01 보조부문비를 제조부문에 배부하는 방법 중 상호배부법에 대한 설명으로서 가장 옳은 것은?

① 보조부문 상호간의 용역수수관계를 불완전하게 인식하는 방식이다.
② 보조부문의 배부순서를 고려할 필요가 없다.
③ 보조부문 상호간의 용역수수관계가 중요하지 않을 경우에 적합하다.
④ 배부절차가 다른 방법에 비해 비교적 간편하다.

02 당사는 단계배부법을 이용하여 보조부문 제조간접비를 제조부문에 배부하고자 한다. 각 부문별 원가발생액과 보조부문의 용역공급이 다음과 같을 경우 수선부문에서 조립부문으로 배부될 제조간접비는 얼마인가? (단, 전력부문부터 배부한다고 가정함)

구분	제조부문		보조부문	
	조립 부문	절단 부문	전력 부문	수선 부문
자기부문 제조간접비	600,000 원	500,000 원	300,000 원	450,000 원
전력부문 동력공급(kW)	300	400	–	300
수선부문 수선공급(시간)	40	50	10	–

① 200,000원 ② 240,000원
③ 250,000원 ④ 300,000원

03 단계배부법을 사용하여 원가배부를 하고 있다. 아래의 자료를 이용하여 조립부문에 배부될 보조부문의 원가는 얼마인가? (단, 전력부문을 먼저 배부할 것)

구분	보조부문		제조부문	
	전력 부문	관리 부문	조립 부문	절단 부문
배부 전 원가	200,000 원	700,000 원	3,000,000 원	1,500,000 원
전력부문 배부율	–	10%	50%	40%
관리부문 배부율	10%	–	30%	60%

① 300,000원 ② 340,000원
③ 350,000원 ④ 400,000원

04 보조부문원가를 제조부문에 배부하는 기준으로 가장 적합한 것은?

① 건물관리부문 : 종업원 수
② 종업원복리후생부문 : 종업원 수
③ 식당부문 : 전력사용량
④ 구매부문 : 기계시간

05 다음 자료에 의해 직접배부법으로 배부할 경우 제조부문 B에 배부할 수선부문비를 계산하면 얼마인가?

부문	제조 부문A	제조 부문B	수선 부문	관리 부문	원가
수선 부문	40%	40%	–	20%	18,000원
관리 부문	70%	10%	20%	–	9,000원

① 3,600원 ② 7,200원
③ 9,000원 ④ 18,000원

06 다음 보조부문의 원가를 직접배부법을 사용하여 제조부문에 배부할 경우 제조부문 중 절단부문에 배부되는 보조부문의 원가는 얼마인가?

구분	제조부문		보조부문	
	절단 부문	조립 부문	동력 부문	수선 부문
자기부문 발생액	72,000원	68,000원	30,000원	14,000원
동력부문 (kWh)	600	400	–	500
수선부문 (횟수)	40	60	50	–

① 18,000원 ② 5,600원
③ 23,600원 ④ 34,000원

📌 이론문제 정답 및 해설

01 ② ①, ③, ④ 모두 직접배부법에 대한 설명이다.

02 ② 전력부문(제조간접비 300,000원)을 제조부문 및 수선부문에 1차 배부하므로 수선부문에 300,000 × 300kW/(300 + 400 + 300)kW = 90,000원을 배부한다.
90,000원을 합산한 540,000원(450,000원 + 90,000원)을 수선부문에서 조립부문 및 절단부문에 수선시간을 기준으로 배부한다.
∴ 조립부문의 제조간접비배부액
= 540,000원 × 40시간/(40 + 50)시간
= 240,000원

03 ② 100,000원 + 240,000원 = 340,000원

구분	보조부문		제조부문	
	전력 부문	관리 부문	조립 부문	절단 부문
배부 전 원가	200,000 원	700,000 원	3,000,000 원	1,500,000 원
전력부문 배부율	-200,000 원	20,000 원	100,000 원	80,000 원
관리부문 배부율		-720,000 원	240,000 원	480,000 원

04 ② ① 건물관리부문 : 사용면적
③ 식당부문 : 종업원 수
④ 구매부문 : 주문횟수, 주문수량

05 ③ 수선부문비 : (18,000원 × 0.4) ÷ 0.8 = 9,000원

06 ③ 동력부문비 : (30,000원 × 600) ÷ 1,000원 = 18,000원
수선부문비 : (14,000원 × 40) ÷ 100 = 5,600원
따라서 18,000원 + 5,600원 = 23,600원이 된다.

제6절 **종합원가계산**

01 종합원가계산 개관

당기에 발생한 원가를 공정별로 집계하는 원가로서, 동일한 종류의 제품을 계속적으로 대량 생산하는 연속생산형태의 기업에 적용된다. 둘 이상의 제조공정을 통해 생산하므로 원가를 제조공정별로 구분하여 집계하면 정확한 제조원가를 구할 수 있다.

재공품(금액표시)				재공품(수량표시)		
기초재공품	××	당기완성품제조원가	××	기초수량	××	완성품수량	××
당기총제조비용	××	기말재공품	××	착수수량	××	기말수량	××
	××		××		××		××

> ※ 당기총제조비용 = 직접재료비 + 직접노무비 + 제조간접비
> ※ 당기완성품 단위당원가 = 당기완성품제조원가 ÷ 완성품수량

1) 개별원가계산과 종합원가계산의 비교

구분	개별원가계산	종합원가계산
계산방법	제품원가를 개별작업별로 구분하여 집계한 후 그 공정의 생산량으로 나누어 제품 단위당원가를 계산	제품원가를 제조공정별로 구분하여 계산한 후 그 공정의 생산량으로 나누어 제품 단위당원가를 계산
생산형태	고객의 주문에 따라 개별적으로 제품을 생산하는 주문생산 및 소량생산의 기업에 적용	동일한 종류의 제품을 계속적으로 연속적으로 생산하는 대량생산형태의 기업에 적용
적용업종	조선업, 건설업, 기계제작업, 항공기산업	화학공업, 시멘트업, 제지업, 정유업, 제분업, 제당업 등
원가의 구분	직접비(직접재료비와 직접노무비로 구분)와 제조간접비 배부가 핵심	직접재료비와 가공비(직접노무비와 제조간접비 합산)의 구분이 중요
원가보고서	제조지시서와 작업원가표를 기초로 하여 원가계산	제조원가 보고서를 통해 원가계산

2) 개별원가계산과 종합원가계산의 장점과 단점

구분	개별원가계산	종합원가계산
장점	• 보다 정확한 원가계산이 가능 • 제품별로 손익분석 및 계산 가능 • 작업원가표에 의해 효율성 통제, 미래작업 평가	• 원가기록업무가 비교적 단순하여 경제적 • 전체적인 원가통제와 책임회계 적용이 용이 • 제품별 회계기록에 소요되는 비용이 비교적 적음
단점	• 상세한 기록이 필요하므로 시간과 비용이 많이 소요 • 작업원가의 기록이 복잡하므로 오류가 발생할 가능성이 있음	• 원가가 비교적 부정확 • 제품별로 손익비교가 어려움 • 제품별로 제공하는 정보량이 적음

02 종합원가계산의 절차

[1단계] 물량의 흐름 파악

[2단계] 완성품환산량 계산(투입시점이 다른 원가요소별로 계산)

[3단계] 원가의 계산(평균법 : 총원가, 선입선출법 : 당기발생원가)

[4단계] 완성품환산량 단위당원가 계산(원가요소별로 계산)

[5단계] 완성품과 기말재공품의 원가계산

03 기말재공품 평가

1) 완성품환산량

모든 제품원가계산은 평균화의 과정이라는 개념 하에 재공품 수량은 완성품 수량과 구분하여 그 재공품의 완성도를 감안하여 계산하여야 한다.

① 재공품환산량 = 재공품 수량 × 완성도

② 재공품원가 = 총제조원가 × $\dfrac{\text{재공품의 완성품환산량}}{\text{총제조원가에 대한 완성품환산량}}$

③ 총제조원가 = 당기완성품 원가 + 기말재공품 원가
　　또는 평균법은 기초재공품 원가 + 당기총제조비용, 선입선출법은 당기총제조비용만을 말한다.

사례 4

현대제재소에서는 단일공정에서 펄프를 대량으로 가공하고 있다. 모든 원가는 공정의 진행도에 따라 투입되며, 6월 중 당기총제조원가는 1,820,000원이다. 당기완성량은 10,000개이며, 기말 재공품은 20,000개이며 기초재공품은 없다. 기말재공품의 완성도가 20%, 50%, 80%일 때 각 각 완성품원가와 기말재공품원가를 평가하시오.

정답 종합원가계산

	물량	완성품 환산량 완성도 20%	50%	80%
당기완성량	10,000개	10,000개	10,000개	10,000개
기말재공품	20,000개	4,000개	10,000개	16,000개
합계		14,000개	20,000개	26,000개
완성품원가		1,300,000*원	910,000원	700,000원
기말재공품원가		520,000원	910,000원	1,120,000원
합계		1,820,000원	1,820,000원	1,820,000원

*1,820,000원 × 10,000개/14,000개 = 1,300,000원

2) 평균법

당기에 완성된 제품은 그것이 기초재공품 완성분이든 당월착수 완성분이든 구분하지 않고, 모두 당월에 착수되어 완성한 것으로 가정하여 기말재공품 원가를 계산하는 방법이다.

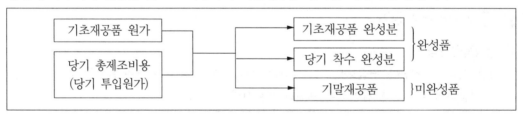

[평균법에 의한 완성품원가 및 기말재공품원가를 구하는 절차 및 등식]

① 완성품환산량 = 완성품수량 + 기말재공품환산량

② 완성품환산량 단위당원가 = (기초재공품 + 당기총제조비용) ÷ ①번 완성품환산량

③ 완성품제조원가 = 완성품환산량(기초재공품환산량 포함) × ②번 완성품환산량 단위당원가

④ 기말재공품평가액 = 기말재공품환산량 × ③번 완성품환산량 단위당원가

사례 5

평균법 → 시험문제에서 재료비와 가공비는 제조진행 중에 균등하게 발생한다고 출제된 경우

- 기초재공품 : 200,000원
- 당기총제조비용 : 재료비 300,000원, 가공비 300,000원
- 당기완성품수량 : 1,500개
- 기말재공품수량 : 200개(50%)

정답 기초재공품과 당기총제조비용을 합산하여 재료비와 가공비를 구분하지 않고 계산한다.
- 기말재공품의 완성품환산량 = 200개 × 0.5(50%) = 100개
- 기말재공품평가액 = (200,000 + 600,000) × $\dfrac{100}{1,500+100}$ = 50,000원

사례 6

평균법 → 재료비는 제조착수 시에 전부 투입, 가공비는 제조진행 중에 균등하게 발생한다고
출제된 경우

- 기초재공품 : 재료비 100,000원, 가공비 : 80,000원, 수량 : 200개(완성도 50%)
- 당기총제조비용 : 재료비 500,000원, 가공비 221,000원, 제조착수수량 800개
- 당기완성품수량 : 600개
- 기말재공품수량 : 200개(50%)

정답 기초재공품과 당기총제조비용을 합산하되 재료비와 가공비를 구분하여 계산한다.
- 기말재공품재료비 = (100,000 + 500,000) × $\dfrac{200}{600+200}$ = 150,000원
- 기말재공품가공비 = (80,000 + 221,000) × $\dfrac{100}{600+100}$ = 43,000원
- 기말재공품평가액 = 150,000원 + 43,000원 = 193,000원

3) 선입선출법

먼저 제조에 착수된 것이 먼저 완성된다는 가정 하에 기말재공품 원가를 계산하는 방법이다.

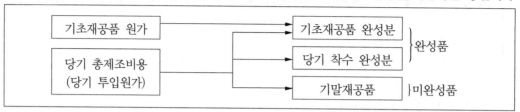

[선입선출법에 의한 완성품원가 및 월말재공품원가를 구하는 등식]

① 완성품환산량 = 완성품수량 – 기초재공품환산량 + 기말재공품환산량

② 완성품환산량 단위당원가 = 당기총제조비용 ÷ 완성품환산량

③ 완성품제조원가 = 완성품환산량(완성품수량 – 기초재공품환산량) × 완성품환산량 단위당원가 + 기초재공품원가

④ 기말재공품원가 = 기말재공품환산량 × 완성품환산량 단위당원가

---

i 사례 7

선입선출법 → 시험문제에서 재료비와 가공비는 제조진행 중에 균등하게 발생한다고 출제된 경우

- 기초재공품 : 100,000원, 수량 : 600개(완성도 50%)
- 당기총제조비용 : 300,000원
- 당기완성품수량 : 1,400개
- 기말재공품수량 : 800개(50%)

정답 당기총제조비용만을 계산하되 재료비와 가공비를 합산하여 계산한다.

- 기말재공품평가액 $= 300{,}000원 \times \dfrac{400}{1{,}400 - 600 \times 0.5 + 800 \times 0.5} = 80{,}000원$
- 완성품원가 $= 100{,}000원 + 300{,}000원 - 80{,}000원 = 320{,}000원$

│ 사례 8

선입선출법 → 재료비는 제조착수 시에 전부 투입, 가공비는 제조진행 중에 균등하게 발생한다고 출제된 경우

- 기초재공품 : 재료비 100,000원, 가공비 80,000원, 수량 200개(완성도 50%)
- 당기총제조비용 : 재료비 421,600원, 가공비 220,000원, 제조착수수량 800개
- 당기완성품수량 : 600개
- 기말재공품수량 : 220개(50%)

정답 당기총제조비용만을 계산하되 재료비와 가공비를 구분하여 계산한다.

- 기말재공품주요재료비 $= 421,600 \times \dfrac{220}{600 - 200 + 220} = 149,600원$

- 기말재공품가공비 $= 220,000 \times \dfrac{220 \times 0.5}{600 - 200 \times 0.5 + 220 \times 0.5} = 39,672원$

- 기말재공품평가액 $= 149,600 + 39,672 = 189,272원$

4) 평균법과 선입선출법의 장·단점

① 평균법은 기초재공품원가 당기발생원가를 구분하지 않기 때문에 선입선출법보다 간편한 방법이다.

② 선입선출법은 기초재공품원가와 당기발생원가를 구분하여 작업하므로 계산과정이 복잡하다.

③ 기초재공품이 없으면 평균법과 선입선출법의 완성품환산량은 동일하다.

✅ 이론문제 | **종합원가계산**

01 다음 자료에 따른 평균법에 의한 재료비와 가공비의 완성품환산량은 얼마인가? (단, 원재료는 공정 30% 시점에 전량 투입되며, 가공비는 공정기간 동안 균등하게 투입된다고 가정한다.)

- 기초재공품 : 3,000개(완성도 40%)
- 기말재공품 : 2,000개(완성도 20%)
- 착수량 : 7,000개
- 완성품 : 8,000개

	재료비	가공비
①	8,000개	10,000개
②	8,000개	8,400개
③	10,000개	8,400개
④	10,000개	10,000개

02 다음의 자료에 의하여 종합원가계산에 의한 가공비의 완성품환산량을 계산하면 얼마인가? (단, 가공비는 가공 과정 동안 균등하게 발생한다고 가정한다.)

- 기초재공품 : 200개(완성도 30%)
- 당기착수량 : 800개
- 당기완성량 : 600개
- 기말재공품 : 400개(완성도 70%)

	평균법	선입선출법
①	880개	820개
②	800개	820개
③	880개	800개
④	820개	820개

03 다음 설명 중 옳지 않은 것은?

① 기말제품원가가 과대계상되면, 당기순이익은 감소한다.

② 종합원가계산은 동일한 종류의 제품을 대량생산하는 업종에 적합하다.

③ 기말재공품이 기초재공품의 금액보다 증가하였다면, 당기총제조원가가 당기제품제조원가보다 크다.

④ 제품매출원가는 기초제품원가와 당기제품제조원가의 합계액에서 기말제품재고원가를 차감하여 계산한다.

04 다음 자료를 보고 종합원가계산 시 당기에 완성된 제품의 제조원가를 구하면? (단, 재료는 공정초기에 모두 투입되며, 평균법에 의한다.)

- 기초재공품 원가 – 재료비 : 18,000원, 가공비 : 23,000원
- 당기총제조 비용 – 재료비 : 30,000원, 가공비 : 40,000원
- 기말재공품 수량 – 200개(완성도 : 50%)
- 당기완성품 수량 – 600개

① 70,000원	② 80,000원
③ 90,000원	④ 100,000원

05 개별원가계산과 종합원가계산의 비교가 옳지 않은 것은?

① 개별원가계산에서는 제조간접비의 배부과정이 필요하나, 종합원가계산에서는 꼭 필요한 것은 아니다.

② 개별원가계산은 다품종의 제품생산에 적합하나, 종합원가계산은 동일종류 제품생산에 적합하다.

③ 개별원가계산에는 완성품환산량을 적용하나, 종합원가계산에는 그렇지 않다.

④ 개별원가계산과 종합원가계산은 주로 제조업분야에서 활용되는 원가계산방식이다.

06 완성품은 500개이며, 기초재공품은 없으며 기말재공품은 200개(완성도 60%)이다. 가공비는 1,500,000원이 발생하였다. 가공비의 완성품 환산량 단위당 원가는 얼마인가? (단, 재료는 공정초에 모두 투입되고, 가공비는 공정 전반에 걸쳐 균등하게 투입된다. 원단위 미만은 절사한다.)

① 2,142원 ② 2,419원
③ 2,586원 ④ 12,500원

07 종합원가계산에서 완성품환산량을 계산할 때 일반적으로 재료비와 가공비로 구분하여 원가요소별로 계산하는 가장 올바른 이유는 무엇인가?

① 직접비와 간접비의 구분이 중요하기 때문에

② 고객의 주문에 따라 제품을 생산하는 주문생산형태에 적합한 생산방식이므로

③ 기초재공품원가와 당기발생원가를 구분해야 하기 때문에

④ 일반적으로 재료비와 가공비의 투입시점이 다르기 때문에

08 다음 자료를 보고 종합원가계산 시 평균법에 의한 기말재공품 완성도를 계산하면?

- 당기완성품 수량 : 100개
- 기말재공품 수량 : 50개
- 기초 재공품가공비 : 50,000원
- 당기투입가공비 : 450,000원
- 기말 재공품가공비 : 100,000원

① 40% ② 50%
③ 60% ④ 70%

09 공손비의 회계처리에 관한 설명 중 가장 옳지 않은 것은?

① 개별원가계산에서 정상적인 공손비는 공손이 발생한 부문의 제조간접비로 처리할 수 있다.

② 정상적인 공손비가 특정제품에서 불가피하게 발생되는 경우에는 그 특정제조작업지시서에 배부할 수 있다.

③ 원가계산준칙에서 정상공손비는 당해 제품의 제조원가에 부과하도록 하고 있다.

④ 원가계산준칙에서 비정상공손비는 제조간접비로 처리하도록 하고 있다.

10 다음 중 종합원가계산에서 공손품 회계에 대한 설명으로 틀린 것은?

① 공손품의 의미는 재작업이 불가능한 불합격품을 의미한다.

② 공손품의 검사시점이 기말재공품의 완성도 이전인 경우에 공손품원가를 모두 완성품에만 부담시킨다.

③ 비정상공손원가는 영업외비용으로 처리한다.

④ 정상공손은 생산과정에서 불가피하게 발생하는 공손이다.

11 다음 부산물과 공통원가 배부에 대한 설명 중 틀린 것은?

① 부산물이란 주산물의 제조과정에서 필연적으로 파생하는 물품을 말한다.

② 주산물과 부산물을 동시에 생산하는 경우 발생하는 공통원가는 각 제품을 분리하여 식별할 수 있는 시점이나 완성한 시점에서 개별 제품의 상대적 판매가치를 기준으로 하여 배부한다.

③ 주산물과 부산물의 공통원가는 생산량기준 등을 적용하는 것이 더 합리적이라고 판단되는 경우 그 방법을 적용할 수 있다.

④ 중요하지 않은 부산물이라 하더라도 순실현가능가치를 측정하여 반드시 주요 제품과 구분하여 회계처리하여야 한다.

12 종합원가계산제도하에서 완성품 환산량의 계산에 선입선출법을 사용하여 당기에 실제 발생한 재료비와 가공비의 합계액을 계산하면 얼마인가?

- 기초재공품 : 1,000단위(완성도 30%)
- 기말재공품 : 1,200단위(완성도 60%)
- 당기완성품 : 4,000단위
- 재료비완성품환산량 단위당원가 : 1,000원
- 가공비완성품환산량 단위당원가 : 1,200원
- 재료비는 공정초기에 전량 투입되고 가공비는 공정기간 동안 균등하게 투입된다.
- 공손이나 작업폐물은 없는 것으로 간주한다.

① 9,264,000원 ② 9,504,000원

③ 10,586,000원 ④ 11,400,000원

13 종합원가계산방법 중 선입선출법에 대한 설명으로 틀린 것은?

① 실제 물량흐름을 반영한다.

② 전기 작업분을 포함한 평균개념이다.

③ 당기 작업분만 포함한 당기 단가개념이다.

④ 기초재공품 원가는 먼저 완성품원가를 구성하는 것으로 가정한다.

14 종합원가계산하에서 선입선출법과 평균법에 대한 설명 중 가장 옳지 않은 것은?

① 선입선출법은 평균법보다 실제물량흐름을 반영하며 원가통제 등에 더 유용한 정보를 제공한다.

② 평균법은 완성품환산량 계산 시 순수한 당기발생작업량만으로 계산한다.

③ 기초재공품원가에 대하여 평균법은 기말재공품에 배부하지만, 선입선출법은 기말재공품에 배부하지 아니한다.

④ 기초재공품이 없다면 선입선출법과 평균법의 결과는 차이를 보이지 않는다.

15 다음 자료를 이용하여 비정상공손 수량을 계산하면 얼마인가? (단, 정상공손은 당기완성품의 5%로 가정한다.)

- 기초재공품 : 200개
- 기말재공품 : 50개
- 당기착수량 : 800개
- 당기완성량 : 900개

① 5개 ② 6개

③ 8개 ④ 10개

16 다음 자료를 보고 종합원가 계산 시 선입선출법에 의한 당기말재공품원가를 계산하면? (단, 재료는 제조착수 시 전부 투입되며, 가공비는 제조진행에 따라 발생하는 것으로 가정한다.)

- 기초재공품
  - 수량 : 1,000개(완성도 : 30%)
  - 원가 : 직접재료비(220,000원), 가공비(80,000원)
- 당기총제조비용 : 직접재료비(1,000,000원), 가공비(820,000원)
- 당기말 재공품 수량 : 1,000개(완성도 : 50%)
- 당기말 완성품 수량 : 8,000개

① 205,000원　② 195,000원
③ 185,000원　④ 175,000원

17 (주)한라의 제조관련자료가 다음과 같고 정상공손은 완성품수량의 10%라 할 때, 정상공손 수량과 비정상공손 수량을 구하면?

- 기초재공품 : 500개
- 당기착수량 : 1,200개
- 기말재공품 : 300개
- 공손수량 : 200개

① 정상공손 100개, 비정상공손 100개
② 정상공손 120개, 비정상공손 80개
③ 정상공손 110개, 비정상공손 90개
④ 정상공손 90개, 비정상공손 110개

📌 이론문제 정답 및 해설

01 ② 재료비 : 8,000개 + 0개 = 8,000개, 가공비 : 8,000개 + 2,000개 × 20% = 8,400개

02 ① 평균법 : 600개 + 400개 × 70% = 880개
선입선출법 : 200개 × 70% + 400개 + 400개 × 70% = 820개

03 ① 기말제품원가가 과대계상되면 매출원가가 과소계상되므로, 당기순이익은 증가된다.

04 ③ 기말재공품 재료비 : (30,000 + 18,000원) ÷ 800개 × 200개 = 12,000원
기말재공품 가공비 : (23,000원 + 40,000원) ÷ 700개 × 100개 = 9,000원
제품제조원가 = (30,000 + 18,000) + (23,000 + 40,000) - (12,000 + 9,000) = 90,000원

05 ③ 종합원가계산에는 완성품환산량을 적용하나, 개별원가계산에는 그렇지 않다.

06 ② 1,500,000원 ÷ [500개 + (200개 × 60%)] = 2,419원

07 ④ 재료비와 가공비의 투입시점이 다르기 때문에 완성품환산량을 별도로 계산한다.

08 ② $(50,000 + 450,000) \times a \div (100 + a) = 100,000$
따라서 완성품환산량 a = 25이고 기말제공품 완성도는 25 ÷ 50 = 0.5(50%)이다.

09 ④ 원가계산준칙에서 비정상적인 공손비는 영업외비용으로 처리하도록 하고 있다.

10 ② 완성품과 기말재공품에 안분하여 부담시킨다.

11 ④ 중요하지 않은 부산물은 순실현가능가치를 측정하여 동 금액을 주요 제품의 제조원가에서 차감하여 처리할 수 있다(일반기업회계기준 7.9).

12 ② 당기 실제 발생한 재료비 = 당기 재료비완성품환산량 × 재료비완성품환산량 단위당원가
4,200,000원 = (3,000단위 + 1,200단위) × 1,000원

당기 실제 발생한 가공비 = 당기 가공비완성품환산량 × 가공비완성품환산량 단위당원가
5,304,000원 = (1,000단위 × 70% + 3,000단위 + 1,200) × 60% × 1,200원

∴ 당기에 실제 발생한 재료비와 가공비의 합계액 = 4,200,000원 + 5,304,000원 = 9,504,000원

13 ② 평균법은 전기 작업분을 포함한 평균개념이다.

14 ② 평균법은 완성품환산량 계산 시 기초재공품도 당기에 착수하여 완성한 것으로 가정하여 계산한다.

15 ① 정상공손량 : 900개 × 5% = 45개
비정상공손량 : (200개 + 800개) − (900개 + 50개) − 45개 = 5개

16 ④ <완성품환산량>
직접재료비 : 8,000개 − (1,000개 × 100%) + (1,000개 × 100%) = 8,000개
가공비 : 8,000개 − (1,000개 × 30%) + (1,000개 × 50%) = 8,200개
<환산량 단위당 원가>
직접재료비 : 1,000,000원 ÷ 8,000개 = @125원
가공비 : 820,000원 ÷ 8,200개 = @100원
<기말재공품 원가>
(1,000개 × 125원) + (500 × 100원) = 175,000원

17 ② 완성품수량 = 500개 + 1,200개 − 300개 − 200개 = 1,200개
정상공손수량 = 1,200개 × 10% = 120개,
비정상공손수량 = 200개 − 120개 = 80개

03 | NCS를 적용한 부가가치세 이해

제1절 부가가치세 총론

01 부가가치세 개관

1) 부가가치세의 정의

부가가치세(Value Added Tax)는 재화나 용역이 생산되거나 유통되는 모든 거래단계에서 발생한 부가가치에 대하여 부과되는 간접국세로 현행세율은 10%, 0%(영세율)이다.

2) 부가가치세의 특징

① 소비형 부가가치세 : 현행 부가가치세법에서는 소비지출에 해당하는 부가가치만을 과세대상으로 하고, 투자 지출(자본재구입액)에 대하여서는 과세하지 않도록 하고 있기 때문에 소비형 부가가치에 속한다.

② 전단계세액공제법

> • 이론상 : 납부세액(환급세액) = 매출세액 − 매입세액
> = (매출액 × 세율) − (매입액 × 세율)
> • 실제 : 납부세액(환급세액) = 매출세액 − 매입세액
> = (과세표준 × 세율) − (매입세금계산서상 매입세액)

③ 다단계거래세 : 재화나 용역이 최종소비자에게 도달할 때까지의 모든 거래 단계마다 부가가치세를 과세하는 것을 말한다.

④ 간접세 : 납세자와 담세자가 일치하지 않는 조세로 가장 대표적인 간접세이다.

⑤ 소비지국과세원칙 : 국가간 이동에 있어서 이중과세를 방지하기 위하여 재화의 생산국에서는 영세율을 적용하여 부가가치세를 과세하지 아니하고 재화의 소비국에서 과세하는 것을 말한다.

⑥ 물세 : 인적사항은 고려하지 않고, 재화 또는 용역의 소비사실에 대하여만 과세한다.

3) 과세대상

과세대상(거래)	공급자 또는 수입자	징수방법
① 재화의 공급	사업자가 공급하는 경우	재화 또는 용역을 공급하는 사업자가 공급받는 자로부터 거래 징수
② 용역의 공급	사업자가 공급하는 경우	
③ 재화의 수입	수입자가 사업자인지 여부 불문	세관장이 수입자로부터 징수

4) 납세의무자

① 영리목적의 유무를 불문하고 사업상 독립적으로 재화 또는 용역을 공급하는 사업자와 재화를 수입하는 자를 말한다.

② 개인·법인(국가·지방자치단체와 지방자치단체조합을 포함한다)과 법인격이 없는 사단·재단 또는 그 밖의 단체를 포함한다.

02 과세기간

1) 일반과세자 중 계속사업자

구분	계속사업자	예정신고기간과 확정신고기간	납부기한	과세 유형전환자
1기	1.1. ~ 6.30.	1.1. ~ 3.31.	4.25.	• 1.1. ~ 유형전환말일 • 유형전환일 ~ 6.30.
		4.1. ~ 6.30.	7.25.	
2기	7.1. ~ 12.31.	7.1. ~ 9.30.	10.25.	• 7.1. ~ 유형전환말일 • 유형전환일 ~ 12.31.
		10.1. ~ 12.31.	익년 1.25.	

2) 신규사업자의 최초 과세기간

구분	신규사업자
원칙	사업개시일 ~ 사업개시일이 속하는 과세기간 종료일
사업개시일 이전에 사업자등록을 신청한 경우	그 신청한 날 ~ 신청일이 속하는 과세기간 종료일

3) 폐업자의 과세기간

과세기간 개시일부터 폐업일까지이다.

4) 간이과세자

제1기와 제2기의 구분 없이 과세기간을 1.1.~12.31.로 한다.

03 납세지(= 사업장)

1) 원칙

상시 주재, 거래의 전부 또는 일부를 행하는 장소를 말하며 사업장별로 신고·납부하여야 한다 (사업장별 과세원칙).

업종			사업장
광업			광업사무소의 소재지
제조업			최종제품을 완성하는 장소(제품포장, 용기충전장소 제외)
건설, 운수, 부동산매매		법인	법인의 등기부상 소재지(등기부상 지점소재지 포함)
		개인	그 업무를 총괄하는 장소
		법인명의 차량을 개인이 운용	법인의 등기부상 소재지(등기부상 지점소재지 포함)
		개인명의 차량을 다른 개인이 운용	그 등록된 개인이 업무를 총괄하는 장소
부동산임대업			그 부동산의 등기부상 소재지(다만, 부동산상의 권리만을 대여하는 경우 업무를 총괄하는 장소)
무인판매기를 통한 재화·용역 공급			그 사업에 관한 업무를 총괄하는 장소
비거주자, 외국법인			비거주자 또는 외국법인의 국내사업장
신탁재산			신탁재산의 등기부상 소재지, 등록부상 등록지 또는 신탁사업에 관한 업무를 총괄하는 장소

2) 사업장이 없는 사업자

사업자의 주소지, 거소지이며 만약 사업자가 법인인 경우에는 본점소재지가 되며, 개인인 경우에는 업무를 총괄하는 장소를 말한다.

3) 직매장·하치장·임시사업장

구분	사업장 여부	이유
직매장	○	별개의 사업장으로 봄, 사업자등록, 세금계산서 발급 [의무불이행 시] 미등록가산세, 매입세액불공제
하치장	×	재화의 보관·관리시설만을 갖춘 장소이고 판매행위가 이루어지지 않는 장소로서 사업장으로 보지 않음
임시사업장	×	단, 행사가 개최되는 장소에 개설한 임시사업장은 기존사업장에 포함

4) 주사업장 총괄납부와 사업자단위과세

구분	주사업장 총괄납부	사업자단위과세
의의	주사업장 총괄납부(환급)받는 제도 단, 신고는 각 사업장별로 행함 → 관할세무서에 "사업장별 부가가치세 과세표준 및 납부세액신고명세서" 제출	2 이상의 사업자(추가 사업장 포함)가 사업자단위과세제도를 신청한 경우로 신고·납부·환급 제도
세금계산서 수수 등 각종 의무	각 사업장별로 행함	본점 또는 주사무소에서 행함
적용 요건	신청	사업자단위로 등록을 신청
사업장 적용	• 법인 : 본점(주사무소 포함) 또는 지점(분사무소 포함) 중 선택 • 개인 : 주사무소	• 법인 : 본점(주사무소 포함) • 개인 : 주사무소
계속사업자의 신청기간	과세기간 개시 20일 전	과세기간 개시 20일 전
신규사업자의 신청기간	주된 사업자등록증을 받은 날로부터 20일 이내	사업개시일로부터 20일 이내
포기	과세기간 개시 20일 전에 주사업장 총괄납부포기신고서 제출	과세기간 개시 20일 전에 사업자단위 과세포기신고서 제출
공급의제 여부	직매장 반출 시에는 재화의 공급으로 보지 않음. 단, 세금계산서를 교부 시에는 재화의 공급으로 봄	직매장 반출 시에는 공급의제 규정을 적용하지 않음

◢ 04 사업자등록

1) 사업자등록 신청

사업장마다 사업개시일로부터 20일 이내에 사업장 관할세무서장에게 등록하여야 한다. 다만, 신규로 사업을 개시하고자 하는 자는 매입세액을 환급해 주기 위해 사업개시일 전이라도 등록할 수 있다.

2) 사업자등록증의 교부

사업장 관할세무서장은 발기인의 주민등록등본을 확인받아 신청일로부터 2일 이내(토요일, 공휴일, 근로자의 날 제외)에 등록번호가 부여된 사업자등록증을 신청자에게 교부하여야 한다(5일 연장 가능, 10일 이내 기간을 정하여 보정 요구 가능).

3) 직권등록 및 등록거부

사업장 관할세무서장은 직권등록 및 등록거부를 할 수 있다.

4) 등록정정

다음 사유가 발생한 경우에는 지체 없이 등록정정신고를 한다.

사업자등록 정정 사유	재교부기한
① 상호를 변경하는 때 ② 통신판매업자가 사이버몰의 명칭 또는 인터넷 도메인 이름을 변경하는 때	신고일 당일
③ 면세사업자가 추가로 과세사업을 영위하고자 할 때 ④ 법인의 대표자를 변경하는 때 ⑤ 사업의 종류를 변경하거나 추가하는 때 ⑥ 상속으로 인하여 사업자의 명의가 변경되는 때(증여의 경우 정정 사유 아닌 폐업 사유) ⑦ 공동사업자의 구성원 또는 출자지분의 변경이 있는 때	신고일로부터 2일 내

5) 미등록 시 불이익

① 등록 전 매입세액불공제 : 단, 등록신청일로부터 역산하여 20일 이내의 것은 공제 가능

② 사업개시일 20일 이내 미등록사업자, 전자적용역 공급 간편사업자 가산세 부과 : 공급가액의
1%(등록기한 경과 후 1개월 이내에 등록하는 경우 50% 감면)

③ 타인 명의 사업자등록 또는 타인 명의 사업자등록을 이용하여 사업을 하는 경우 직전일까지의
공급가액의 1% 가산세, 2년 이하 징역 또는 2천만원 벌금

☑️ 이론문제 │ 부가가치세 총론

01 다음 중 부가가치세법에 대한 설명으로 잘못된 것은?

① 과세 대상 사업자는 간이과세자와 일반과세자로 구분한다.

② 직전 연도 공급대가의 합계액이 4,000만원 이상인 간이과세자는 원칙적으로 세금계산서를 발급해야 한다.

③ 사업자단위과세는 본점 또는 주사무소에서 총괄하여 각 사업장을 대신하여 신고 및 납부한다.

④ 사업자등록은 원칙적으로 사업장마다 사업개시일부터 20일 내에 등록신청하여야 한다.

02 다음 중 부가가치세법상 사업장에 관한 설명으로 잘못된 것은?

① 광업의 경우 광업사무소의 소재지로 한다.

② 직매장은 사업장으로 보며 하치장은 사업장으로 보지 않는다.

③ 부동산상의 권리만을 대여하는 부동산임대업은 부동산의 등기상 소재지를 사업장으로 한다.

④ 건설업 법인의 경우 법인의 등기부상 소재지를 사업장으로 한다.

03 다음 중 부가가치세법의 특징에 대한 설명으로 가장 옳지 않은 것은?

① 부가가치세는 공급자가 납부하고 소비자가 부담하는 간접세이다.

② 납세의무자의 부양가족 수, 기초생계비 등 인적사항이 고려되지 않는 물세이다.

③ 세금계산서의 수수로 인하여 근거과세 제도를 확립할 수 있다.

④ 수출하는 재화에 대해서는 면세를 적용하므로 수출을 촉진시킨다.

04 다음 중 부가가치세 납세의무에 대한 설명으로 잘못된 것은?

① 사업자가 아닌 자가 부가가치세가 과세되는 재화를 개인용도로 사용하기 위해 수입하는 경우에는 부가가치세 납세의무가 없다.

② 사업자가 부가가치세 과세대상 재화를 공급 시 부가가치세를 거래징수하지 못한 경우에도 부가가치세를 납부할 의무가 있다.

③ 사업자등록 없이 부가가치세가 과세되는 용역을 공급하는 사업자의 경우에도 부가가치세를 신고납부할 의무가 있다.

④ 영리목적 없이 사업상 독립적으로 용역을 공급하는 자도 납세의무자에 해당한다.

05 부가가치세법상 과세기간에 대한 설명으로 옳지 않은 것은?

① 신규사업자의 과세기간은 사업개시일부터 그날이 속하는 과세기간 종료일까지로 한다.

② 법인사업자와 일반과세자인 개인사업자의 과세기간은 다르다.

③ 폐업자의 과세기간은 폐업일이 속하는 과세기간의 개시일부터 폐업일까지로 한다.

④ 간이과세자의 과세기간은 1월 1일부터 12월 31일까지로 한다.

06 다음 중 부가가치세법상 사업자등록 정정사유가 아닌 것은?

① 개인사업자의 대표자가 변경되는 경우
② 상호를 변경하는 경우
③ 사업의 종류에 변동이 있는 경우
④ 사업장을 이전하는 경우

07 다음 중 우리나라의 부가가치세법에 대한 설명으로 틀린 것은?

① 부가가치세는 국가가 과세주체인 조세에 해당한다.
② 일정기간 동안의 매출액에서 매입액을 공제한 잔액에 세율을 적용하여 부가가치세를 계산하는 전단계거래액공제법을 사용하고 있다.
③ 면세대상을 제외한 모든 재화의 소비에 대하여 과세하는 일반소비세에 해당한다.
④ 납세의무자와 담세자가 일치하지 않는 간접세에 해당한다.

08 부가가치세법상 사업장에 대한 설명으로 가장 옳지 않은 것은?

① 광업의 경우 광업사무소의 소재지
② 제조업의 경우 최종제품을 완성하는 장소
③ 부동산매매업(법인)의 경우 부동산 등기부상 소재지
④ 건설업(법인)의 경우 법인의 등기부상 소재지

09 부가가치세법상 주사업장총괄납부제도와 사업자단위과세제도에 대한 설명으로 가장 옳지 않은 것은?

① 주사업장총괄납부제도의 경우 주사업장에서 총괄하여 신고와 납부를 한다.

② 사업자단위과세제도의 경우 부가가치세법상의 모든 의무를 본점에서 총괄한다.
③ 사업자단위과세제도의 경우 주된 사업장은 본점만 가능하며 지점은 선택이 불가능하다.
④ 주사업장총괄납부제도의 경우 기한 내에 신청만 하면 되며 별도의 승인은 요하지 않는다.

10 다음 중 부가가치세에 대한 설명으로 옳은 것은?

ⓐ 우리나라 부가가치세는 간접세이다.
ⓑ 우리나라 부가가치세는 생산지국 과세원칙을 적용하고 있다.
ⓒ 우리나라 부가가치세는 국세가 아닌 지방세이다.
ⓓ 우리나라 부가가치세는 법으로 열거된 것만 면세로 규정하고 있다.

① ⓐ, ⓑ   ② ⓑ, ⓒ
③ ⓒ, ⓓ   ④ ⓐ, ⓓ

11 다음 중 부가가치세법상 사업자등록증 정정시 당일 재발급 사유에 해당하는 것은?

① 상속으로 사업자의 명의가 변경되는 경우
② 사업자단위 과세사업자가 종된 사업장을 신설하는 경우
③ 법인이 대표자를 변경하는 경우
④ 통신판매업자가 사이버몰의 도메인이름을 변경하는 경우

12 다음 중 부가가치세법상 주사업장총괄납부에 관한 설명 중 옳지 않은 것은?

① 주사업장총괄납부의 주된 사업장은 법인의 경우 본점(주사무소를 포함)만 가능하며, 지점을 주된 사업장으로 할 수 없다.

② 주된 사업장에서 총괄하여 납부하는 사업자가 되려는 자는 그 납부하려는 과세기간 개시 20일 전에 주사업장총괄납부신청서를 주된 사업장의 관할세무서장에게 제출하여야 한다.

③ 주사업장총괄납부변경신청서를 제출하였을 때는 그 변경신청서를 제출한 날이 속하는 과세기간부터 총괄하여 납부한다.

④ 주사업장총괄납부사업자가 주된 사업장의 이동이 빈번한 경우에 해당하면 관할세무서장은 주사업장 총괄납부를 적용하지 않을 수 있다.

13 다음 중 부가가치세법상 사업장에 대한 설명으로 틀린 것은?

① 주사업장 총괄납부를 하고자 하는 자는 그 납부하고자 하는 과세기간 개시 20일 전에 주사업장총괄납부승인신청서를 주된 사업장 관할세무서장에게 제출하여야 한다.

② 주사업장 총괄납부의 승인을 얻은 자가 종된 사업장을 신설하는 경우에는 주사업장총괄납부승인변경신청서를 주된 사업장 관할세무서장에게 제출하여야 한다.

③ 2 이상의 사업장이 있는 사업자로서 전사적기업자원관리방식을 도입하는 등 일정한 요건을 갖춘 경우에는 사업자단위로 신고 및 납부를 할 수도 있다.

④ 신규로 사업을 개시하는 자가 사업자단위 신고 및 납부승인을 얻은 경우에는 당해 승인을 얻은 날이 속하는 과세기간부터 사업자단위로 신고 및 납부한다.

14 다음 중 부가가치세법상 주사업장 총괄납부 제도에 대한 설명으로 틀린 것은?

① 사업장이 둘 이상 있는 경우에는 주사업장 총괄납부를 신청하여 주된 사업장에서 부가가치세를 일괄하여 납부하거나 환급받을 수 있다.

② 주된 사업장은 법인의 본점(주사무소를 포함한다) 또는 개인의 주사무소로 한다. 다만, 법인의 경우에는 지점(분사무소를 포함한다)을 주된 사업장으로 할 수 있다.

③ 주된 사업장에 한 개의 등록번호를 부여한다.

④ 납부하려는 과세기간 개시 20일 전에 주사업장 총괄 납부 신청서를 주된 사업장의 관할 세무서장에게 제출하여야 한다.

15 다음은 (주)대한의 법인등기부등본상의 기재사항들이다. 부가가치세법상 사업자등록 정정사유가 아닌 것은?

① (주)대한에서 (주)민국으로 상호변경

② (주)대한의 대표이사를 A에서 B로 변경

③ (주)대한의 자본금을 1억원에서 2억원으로 증자

④ (주)대한의 사업종류에 부동산 임대업을 추가

이론문제 정답 및 해설

01 ② 다음 각 호의 어느 하나에 해당하는 자가 재화 또는 용역을 공급하는 경우에는 재화 또는 용역의 공급시기에 그 공급을 받은 자에게 세금계산서를 발급하는 대신 영수증을 발급하여야 한다(부가가치세법 제36조 제1항).

> 1) 주로 사업자가 아닌 자에게 재화 또는 용역을 공급하는 사업자로서 대통령령으로 정하는 사업자
> 2) 간이과세자 중 다음 각 목의 어느 하나에 해당하는 자
> 　가. 직전 연도의 공급대가의 합계액(직전 과세기간에 신규로 사업을 시작한 개인사업자의 경우 제61조 제2항에 따라 환산한 금액)이 4천800만원 미만인 자
> 　나. 신규로 사업을 시작하는 개인사업자로서 제61조 제4항에 따라 간이과세자로 하는 최초의 과세기간 중에 있는 자
> ※ 부칙〈법률 제17653호, 2020. 12. 22.〉 제7조(간이과세자의 영수증 발급 대상에 관한 경과조치) 2021년 7월 1일 전에 재화 또는 용역을 공급한 분에 대해서는 제36조 제1항의 개정규정에도 불구하고 종전의 규정에 따른다.

02 ③ 부동산상의 권리만을 대여하는 경우 그 사업에 관한 업무를 총괄하는 장소를 사업장으로 한다(부가가치세법 시행령 제8조 제2항).

03 ④ 수출하는 재화에 대해서는 영세율을 적용하므로 수출을 촉진시킨다(부가가치세법 제21조).

04 ① 재화를 수입하는 자는 사업자여부와 용도에 불문하고 부가가치세 납세의무가 있다(부가가치세법 제3조, 제4조, 제9조).

05 ② 법인사업자와 일반과세자인 개인사업자의 과세기간은 같다(부가가치세법 제5조).

06 ① 법인의 대표자가 변경되는 경우에만 사업자등록 정정사유에 해당하며 개인사업자의 대표자가 변경되는 경우에는 폐업사유에 해당한다(부가가치세법 제8조).

07 ② 전단계세액공제법을 채택하여 사용하고 있다.

08 ③ 부동산매매업(법인)의 경우 법인의 등기부상 소재지를 사업장으로 한다(부가가치세법 시행령 제8조).

09 ① 주사업장총괄납부제도의 경우 납부만 주사업장에서 총괄한다(부가가치세법 제51조).

10 ④ 부가가치세는 국세이며, 소비지국과세원칙을 적용한다(부가가치세법 제2조).

11 ④ 사이버몰에 인적사항 등의 정보를 등록하고 재화 또는 용역을 공급하는 사업을 하는 사업자(이하 "통신판매업자"라 한다)가 사이버몰의 명칭 또는 「인터넷주소자원에 관한 법률」에 따른 인터넷 도메인이름을 변경하는 경우는 사업자등록증 정정 당일 재발급 사유이다(부가가치세법 시행령 제14조 제1항 제11호, 제3항).

12 ① 주사업장총괄납부의 주된 사업장은 법인의 경우 본점(주사무소를 포함) 또는 지점(분사무소포함)을 주된 사업장으로 할 수 있다(부가가치세법 시행령 제92조 제1항).

13 ② 그 신설하는 종된 사업장 관할세무서장에게 제출하여야 한다(부가가치세법 시행령 제17조 제2항).

14 ③ 주사업장 총괄납부제도가 아닌, 사업자 단위과세제도에 대한 설명이다.
법 제8조 제5항에 따른 등록번호는 사업장마다 관할세무서장이 부여한다. 다만, 법 제8조 제3항 및 제4항에 따라 사업자 단위로 등록신청을 한 경우에는 사업자 단위 과세 적용 사업장에 한 개의 등록번호를 부여한다(부가가치세법 시행령 제12조 제1항).

15 ③ 법인의 자본금 변동사항은 사업자등록을 정정해야 할 사항은 아니고 법인등기부 등본만 변경하면 된다.

제2절 과세거래

01 부가가치세 과세대상 거래

재화의 공급, 용역의 공급, 재화의 수입이 부가가치세의 과세대상이다.

구분	내용
재화의 공급	• 사업자가 재산적 가치가 있는 유체물과 무체물을 공급하는 것은 과세대상임* ① 유체물 : 상품, 제품, 원재료, 기계, 건물 등 ② 무체물 : 동력, 열, 특허권, 광업권, 지상권, 영업권 등 기타 권리 등 • 사업성이 있는 경우에만 과세됨, 비사업자는 과세하지 않음
용역의 공급	• 사업자가 공급하는 용역은 과세대상임 • 비사업자는 과세하지 않음
재화의 수입	• 용역의 수입은 과세대상이 아니므로 사업자 여부와 무관하게 과세함 • 소비지국 과세원칙 실현이 목적임
부수재화· 용역의 공급	주된 재화와 용역에 따라 판단함

* 재산적 가치가 없는 것은 과세대상이 아니다. 토지는 재산적 가치가 있으나 토지의 공급은 부가가치세
면세대상이며 수표·어음·유가증권 등은 제외한다.

02 재화의 공급

1) 실질공급

계약상 또는 법률상 매매, 가공계약(자기가 주요 자재의 전부 또는 일부를 부담하는 가공계약
포함), 교환계약, 경매·수용·현물출자[5]), 사업자가 재화를 빌려주고 반환받는 소비대차거래
등(단, 국제징수법의 규정에 따른 공매와 민사집행법의 규정에 따른 강제경매는 제외)을 말한다.

2) 간주공급

대상은 매입세액이 공제된 것만 해당하며, 예외 규정에 있는 직매장 반출(단, 주사업장총괄납부
승인사업장일 경우에는 사업장으로 보지 아니함)은 세금계산서를 공급하지만, 이를 제외한 간
주공급은 세금계산서 교부대상이 아닌 것에 주의해야 한다. 공급가액은 간주시가로 하며 VAT
는 간주시가의 10%로 하며, 직매장 반출만 공급가액은 원가, VAT는 원가의 10%로 한다.

---

5) 현물출자 중 재화의 공급으로 보지 아니하는 것 : 출자자가 자기의 출자지분(주식)을 타인에게 양도하는 것, 법인
또는 공동사업자가 출자지분을 현금으로 반환하는 것(현금의 양도)

구분	과세대상
자가공급 (사업 ○)	① 자기의 사업과 관련하여 생산 또는 취득한 재화를 면세사업을 위하여 직접 사용·소비하는 것(면세 전용) ② 자기의 사업과 관련하여 생산 또는 취득한 재화를 비영업용 소형승용차로 사용하거나 그 유지를 위하여 사용 또는 소비하는 경우 ③ 자기의 사업과 관련하여 생산 또는 취득한 재화를 타인에게 직접 판매할 목적으로 자기의 다른 사업장(직매장 등)에 반출하는 경우

개인적
공급
(사업 ×)
	자기의 사업과 관련하여 생산하거나 취득한 재화를 사업과 직접 관계없이 개인적 목적 또는 기타의 목적으로 사업자가 사용하거나 그 사용인 또는 기타의 자가 사용·소비하는 것으로서 사업자가 그 대가를 받지 아니하거나 시가보다 낮은 대가를 받는 경우
	→ 실비변상적·복리후생적 목적으로 사용인에게 재화를 무상으로 공급하는 것은 제외
	
	• 작업복·작업모·작업화
	• 직장체육·문화와 관련된 재화
	• 경조사를 ①과 ②의 경우로 구분하여 각각 1인당 연간 10만원 이하의 재화
	  ① 경조사와 관련된 재화
	  ② 명절·기념일 등*과 관련된 재화
	    * 설날·추석·창립기념일·생일 등 포함
	  ※ 연간 10만원을 초과하는 경우 초과금액에 대해서 재화의 공급으로 봄

사업상 증여 (사업 ○)	자기의 사업과 관련하여 생산하거나 취득한 재화를 자기의 고객이나 불특정 다수인에게 그 대가를 받지 않거나 현저히 낮은 대가를 받고 증여하는 것으로 이때 증여에 상당하는 재화의 대가는 주된 거래인 재화공급의 대가에 포함되지 아니하는 것으로 한다. → 대가를 받지 아니한 견본품 및 불특정다수인에게 광고선전물을 배포하는 것은 제외
폐업 시 잔존재화 (사업 ○)	사업을 폐지하는 때 잔존하는 재화에 대해서는 사업자가 자기에게 재화를 공급하는 것으로 본다.
신탁재산 공급	「신탁법」에 따라 위탁자의 지위가 이전되는 경우에는 기존 위탁자가 새로운 위탁자에게 신탁재산을 공급한 것으로 보고, <u>기존 위탁자가 해당 공급에 대한 부가가치세의 납세의무자가 된다.</u>

3) 재화의 공급으로 보지 않는 경우

담보제공, 조세의 물납, 사업의 포괄적 양도, 손해배상금, 지체상금, 위약금, 배당금, 광고선전용 견본품, 하치장 반출, 총괄납부사업자의 직매장 반출 등이 있다.

> ■ 위탁자 지위의 이전을 신탁재산의 공급으로 보지 않는 경우
> ① 부동산집합투자업자가 다른 집합투자업자에게 위탁자 지위를 이전하는 경우
> ② 신탁재산의 실질적인 소유권이 위탁자가 아닌 제3자에게 있는 경우 등 위탁자의 지위 이전에 도 불구하고 신탁재산에 대한 실질적인 소유권의 변동이 있다고 보기 어려운 경우

▼ 타 사업장 반출

반출목적	사업자의 구분		자가공급 해당 여부	세금계산서 교부의무
비판매목적	모든 사업자		×	×
판매목적	총괄납부 승인 ×		○	○
	총괄납부 승인 ○	원칙	×	×
		예외	○	○

4) 계정과목별 물품 제공에 대한 부가가치세 과세 여부

계정과목별	매입세액 공제 여부	공급 시 부가가치세 과세 여부
광고선전비	○	×
판매장려금 (물품 제공)	○	매입세액 공제된 경우만 사업상증여로 과세대상, 세법상 기업업무추진비로 봄
판매촉진비	○	×
복리후생비	○	매입세액 공제된 경우만 개인적 공급으로 과세대상, 다만 작업복, 작업모, 작업화 등 일정한 물품은 개인적 공급으로 보지 않음
기업업무추진비	×	매입세액 공제된 경우만 사업상증여로 과세대상
기부금	–	매입세액 공제된 경우만 과세대상이나 국가, 공익단체 무상기부는 과세대상 아님

03 용역의 공급

1) 일반적인 용역의 공급

계약상 또는 법률상의 모든 원인에 의하여 역무를 제공하거나 재화, 시설물, 권리를 사용하게 하는 것을 말한다. 용역공급 범위에는 숙박 및 음식점업, 운수업, 통신업, 금융·보험업, 부동산 임대업(전·답·과수원, 목장용지 등 제외) 등이 있다.

> ■ 용역의 공급으로 보지 않는 거래
> ① 대가를 받지 아니하고 타인에게 용역을 무상으로 공급
>   → 재화의 무상공급(과세), 용역의 무상공급(과세대상이 아님)
> ② 고용관계에 의해서 근로를 제공하는 경우

재화의 무상공급(예 특허권의 양도)은 간주공급에 해당되어 과세하지만 용역의 무상공급(예 특허권의 대여)은 원칙적으로 간주공급에 해당하지 않는다. 그러나 특수관계자 간 부동산 임대용역의 무상공급과 신탁관계에서 수탁자(신탁회사)가 위탁자의 특수관계인에게 재화 또는 용역을 공급하는 것을 포함하여 간주공급에 해당되어 과세한다.

2) 전자적 용역의 공급

국외사업자가 공급하는 전자적 용역(게임, 동영상, 클라우드 서비스 등)에 대해 부가가치세가 과세된다. 전자적 용역의 공급장소는 용역을 공급받는 자의 사업장 소재지·주소지·거소지가 된다.

① 국세정보통신망을 이용하여 사업개시일로부터 20일 이내에 간편사업자등록 후 부가가치세 신고·납부한다.

② 간편사업자는 전자적 용역에 대한 거래내역을 확정신고 기한 후 5년간 보관하여야 한다.

③ 국세청장은 간편사업자에게 거래명세 제출을 요구 가능하며, 간편사업자는 요구받은 날부터 60일 이내에 기획재정부령으로 정하는 거래명세서를 제출해야 한다.

④ 국세청장은 간편사업자가 국내에서 폐업한 경우 간편사업자 등록 말소 가능하다.

◢ 04 재화의 수입

수입하는 물품을 보세구역으로부터 인취하는 시점에 부가가치세, 관세, 통관수수료 등을 세관장에게 지불하고 수입세금계산서를 발급받아 매입세액을 공제받는다.

1) 외국으로부터 국내에 도착한 물품(외국 선박에 의하여 공해에서 채집되거나 잡힌 수산물을 포함)으로서 수입신고가 수리되기 전의 것

2) 수출신고가 수리된 물품(수출신고가 수리된 물품으로서 선적되지 아니한 물품을 보세구역에서 반입하는 경우는 제외)

◢ 05 주된 사업에 부수되는 일시적, 우발적 공급의 과세와 면세적용

주된 사업	부수 재화·용역	과세·면세
과세사업	과세	과세
	면세	과세
면세사업	과세	면세
	면세	면세

◢ 06 재화의 공급시기

재화와 용역의 공급시기는 재화와 용역의 공급을 어느 과세기간에 귀속시킬 것인가의 판단기준으로 공급시기가 속하는 과세기간이 종료하는 때에 납세의무가 성립되어 세금계산서를 교부하게 된다.

1) 일반적 재화의 공급시기

① 재화의 이동이 필요한 경우 : 재화가 인도되는 때

② 재화의 이동이 필요하지 않는 경우 : 재화가 이용가능하게 되는 때

③ 위 ①, ②를 적용할 수 없을 경우 : 재화의 공급이 확정되는 때

2) 거래형태별 재화의 공급시기

거래형태	공급시기
① 현금판매, 외상판매, 할부판매	재화가 인도되거나 이용가능하게 되는 때
② 재화의 공급으로 보는 가공	가공된 재화를 인도하는 때
③ 장기할부판매	
④ 완성도기준지급, 중간지급조건부로 재화를 공급 : 전력 기타 공급단위를 구획할 수 없는 재화의 계속적 공급	대가의 각 부분을 받기로 한 때
⑤ 자가공급	재화가 사용(소비)되는 때
⑥ 개인적 공급(판매목적 타 사업장 반출)	재화를 반출하는 때
⑦ 사업상 증여	재화를 증여하는 때
⑧ 폐업 시 잔존재화	폐업하는 때
⑨ 무인판매기를 이용한 재화공급	현금을 인취하는 때
⑩ 수출재화 ㉠ 원양어업 및 위탁판매수출의 경우 ㉡ 위탁가공무역방식으로 수출하거나 외국인 도수출의 경우	수출선일, 재화가 인도되는 때 ㉠ 수출재화의 공급가액이 확정될 때 ㉡ 외국에서 당해 재화가 인도될 때
⑪ 상품권	재화가 실제로 인도되는 때

◢ 07 용역의 공급시기

역무가 제공되거나 재화, 시설물 또는 권리가 사용되는 때를 말한다.

거래형태	공급시기
① 통상적 공급, 단기할부조건부 용역	역무의 제공이 완료되는 때
② 완성도기준지급 · 중간지급 · 장기할부 또는 기타조건부용역 : 공급단위를 구획할 수 없는 용역의 계속적 공급	대가의 각 부분을 받기로 한 때
③ ①과 ②에 해당하지 않는 경우	역무의 제공이 완료되고 그 공급가액이 확정되는 때
④ 간주임대료, 선세금, 2과세기간 이상에 걸쳐 부동산임대용역을 공급한 후 받는 안분계산된 임대료	예정신고기간 또는 과세기간의 종료일
⑤ 폐업 전에 공급한 용역의 공급시기가 폐업일 이후에 도래하는 경우	폐업일

◀08 재화의 수입시기

관세법에 따른 수입신고가 수리된 때로 본다.

◀09 공급시기의 특례

대가가 수반되고 재화의 공급으로 봄	대가가 수반되지 않는 경우
① 재화 또는 용역 공급 전 대가 수취한 경우 : 세금계산서 등을 발급하는 때	공급 전에 세금계산서 또는 영수증을 발급 : 발급한 때
② 재화 또는 용역 공급 전에 세금계산서 등을 발급 때 : 발급일로부터 7일 이내 대가를 받을 경우	① 장기할부판매로 재화 또는 용역을 공급함
③ 재화 또는 용역 공급 전에 세금계산서 등을 발급하고 발급일로부터 7일 이후 대가를 받을 경우 : 계약서와 약정서 등에 대금 청구시기와 지급시기를 정함	② 전력, 그 밖에 공급단위를 구획할 수 없는 재화를 계속적으로 공급함
	③ 통신 등 그 공급단위를 구획할 수 없는 용역을 계속적으로 공급함

◀10 거래장소

1) 재화의 공급장소
① 재화의 이동이 필요한 경우 : 재화의 이동이 개시되는 장소
② 재화의 이동이 필요하지 않은 경우 : 재화가 공급되는 시기에 재화가 소재하는 장소

2) 용역의 공급장소
① 역무가 제공되거나 재화, 시설물 또는 권리가 사용되는 장소
② 국내외에 걸쳐 용역이 제공되는 국제운송인 경우에는 사업자가 비거주자 또는 외국법인일 때에는 여객이 탑승하거나 화물이 적재되는 장소

✅이론문제 | 과세거래

01 다음 중 부가가치세법상 과세거래에 해당하지 않는 것은? (단, 아래 지문에 해당하는 재화 및 용역의 매입세액은 매입세액공제를 받은 것으로 가정한다.)

① 사업자가 자기의 고객 중 추첨을 통하여 당첨된 자에게 재화를 경품으로 제공하는 경우
② 사업자가 사업용 건물을 현물출자하는 경우
③ 사업자가 사업을 폐업하는 때 잔존하는 재화
④ 사업자가 자기의 사업을 위하여 직접 용역을 공급하는 경우

02 다음 중 부가가치세법상 재화 및 용역의 공급시기에 대한 설명으로 잘못된 것은?

① 장기할부판매의 경우는 재화가 인도되거나 이용가능하게 되는 때
② 폐업 시 잔존재화는 폐업하는 때
③ 재화의 이동이 필요한 경우는 재화가 인도되는 때
④ 내국물품의 국외 반출은 수출재화의 선적일 또는 기적일

03 다음 중 부가가치세법상 재화의 공급으로 보는 특례(공급의제)에 관한 설명으로 옳지 않은 것은?

① 간주공급은 실질공급과 같이 세금계산서를 발행하여야 한다.
② 사업자가 사업의 종류를 변경한 경우 변경 전 사업에 대한 잔존재화에 대해서는 과세하지 않는다.

③ 대가를 받지 않고 다른 사업자에게 양도하는 견본품은 과세하지 않는다.
④ 사업을 위해 착용하는 작업복, 작업모 및 작업화를 종업원에게 제공하는 경우 과세하지 않는다.

04 다음 중 부가가치세법상 과세 대상에 대한 설명으로 틀린 것은?

① 사업자가 자기의 과세사업과 관련하여 매입세액 공제를 받고 취득한 재화를 면세사업에 사용하는 경우 재화의 공급으로 본다.
② 재화의 인도 대가로 다른 재화를 인도받는 교환계약도 재화의 공급으로 본다.
③ 재화란 재산적 가치가 있는 저작권, 특허권 등을 포함한다.
④ 민사집행법에 따른 경매에 따라 재화를 인도하는 것은 재화의 양도로 본다.

05 다음 중 부가가치세법상 재화의 수입에 대한 설명으로 옳지 않은 것은?

① 수출신고가 수리된 물품을 국내에 반입하는 것은 재화의 수입으로 본다.
② 외국 선박에 의하여 공해에서 잡힌 수산물로서 수입신고가 수리되기 전의 것을 국내에 반입하는 것은 재화의 수입으로 보지 아니한다.
③ 수출신고가 수리된 물품으로서 선적되지 아니한 물품을 보세구역에서 반입하는 경우는 재화의 수입으로 보지 아니한다.

④ 외국으로부터 국내에 도착한 물품으로 수입신고가 수리되기 전의 것을 국내에 반입하는 것은 재화의 수입으로 본다.

06 다음 중 부가가치세법상 재화의 공급시기에 관한 설명으로 옳지 않은 것은?

① 현금 판매의 경우 재화가 인도되거나 이용 가능하게 되는 때를 공급시기로 본다.

② 재화의 공급으로 보는 가공의 경우 가공된 재화가 이용 가능하게 되는 때를 공급시기로 본다.

③ 반환조건부 판매의 경우에는 그 조건이 성취되거나 기한이 지나 판매가 확정되는 때를 공급시기로 본다.

④ 사업자가 폐업하기 전에 공급한 재화의 공급시기가 폐업일 이후에 도래하는 경우에는 그 폐업일을 공급시기로 본다.

07 다음 중 부가가치세법상 재화의 공급에 관한 설명 중 옳지 않은 것은?

① 재화의 공급은 계약상 또는 법률상의 모든 원인에 따라 재화를 인도하거나 양도하는 것으로 한다.

② 자기가 주요 자재를 전혀 부담하지 않고 상대방으로부터 인도받은 재화를 가공하여 단순히 가공만 해주는 경우 재화의 공급으로 본다.

③ 경매, 수용, 현물출자와 그 밖의 계약상 또는 법률상의 원인에 따라 재화를 인도하거나 양도하는 것은 재화의 공급으로 본다.

④ 재화의 인도 대가로서 다른 재화를 인도받거나 용역을 제공받는 교환계약에 따라 재화를 인도하거나 양도하는 것은 재화의 공급으로 본다.

08 다음 중 부가가치세법상 공급시기에 대한 설명으로 틀린 것은?

① 장기할부판매의 경우에는 대가의 각 부분을 받기로 한 때

② 사업자가 보세구역 내에서 보세구역 이외의 국내에 재화를 공급하는 경우에 당해 재화가 수입재화에 해당하는 때에는 수입신고수리일

③ 위탁매매 또는 대리인에 의한 매매의 경우에는 수탁자 또는 대리인의 거래시기

④ 임대보증금 등에 대한 간주임대료의 경우에는 그 대가의 각 부분을 받기로 한 때

09 다음 중 부가가치세법상 과세대상인 재화의 공급에 해당하는 것은?

① 공장건물이 국세징수법에 따라 공매된 경우

② 자동차운전면허학원을 운영하는 사업자가 구입 시 매입세액공제를 받은 개별소비세과세대상 소형승용차를 업무 목적인 회사 출퇴근용으로 사용하는 경우

③ 에어컨을 제조하는 사업자가 원재료로 사용하기 위해 취득한 부품을 동 회사의 기계장치 수리에 대체하여 사용하는 경우

④ 컨설팅회사를 운영하는 사업자가 고객에게 대가를 받지 않고 컨설팅용역을 제공하는 경우

10 다음 중 부가가치세법상 재화 또는 용역의 공급으로 볼 수 없는 것은?

① 법률에 따라 조세를 물납하는 경우

② 사업자가 폐업할 때 당초매입세액이 공제된 자기생산·취득재화 중 남아있는 재화

③ 사업자가 당초 매입세액이 공제된 자기생산·취득재화를 사업과 직접적인 관계없이 자기의 개인적인 목적으로 사용하는 경우

④ 특수관계인에게 사업용 부동산 임대용역을 무상으로 제공하는 경우

11 다음 중 부가가치세법상 재화의 공급시기에 대한 내용으로 틀린 것은?

① 원양어업 및 위탁판매수출 : 수출재화의 공급가액이 확정되는 때

② 위탁가공무역방식의 수출 : 위탁재화의 공급가액이 확정되는 때

③ 외국인도수출 : 외국에서 해당 재화가 인도되는 때

④ 내국물품을 외국으로 반출하는 경우 : 수출재화의 선적일 또는 기적일

📌 이론문제 정답 및 해설

01 ④ 사업자가 자신의 용역을 자기의 사업을 위하여 대가를 받지 아니하고 공급함으로써 다른 사업자와의 과세형평이 침해되는 경우에는 자기에게 용역을 공급하는 것으로 본다. 이 경우 그 용역의 범위는 대통령령으로 정한다(부가가치세법 제12조 제1항). 다만, 현재 대통령령으로 용역의 자가공급 중 과세 대상으로 정한 바가 없어 용역의 자가공급은 과세거래로 보지 않는다.

02 ① 장기할부판매의 경우 대가의 각 부분을 받기로 한 때를 재화의 공급시기로 본다(부가가치세법 시행령 제28조 제3항).

03 ① 판매목적 타사업장 반출 외의 간주공급은 세금계산서 발행의무가 없다.

04 ④ 경매재화의 공급자는 대부분 체납자 등으로 부가가치세 납부를 기대하기 어렵고, 공급받는 자인 경락인에게는 환급이 이루어지기 때문에 국가 입장에서 손실

이 발생하므로 공급으로 보지 않는다(부가가치세법 시행령 제18조 제3항).

05 ② 재화의 수입으로 본다(부가가치세법 제13조).

06 ② 가공된 재화를 인도하는 때를 공급시기로 본다(부가가치세법 시행령 제28조).

07 ② 용역의 공급에 해당한다(부가가치세법 시행령 제25조).

08 ④ 예정신고기간 또는 과세기간의 종료일을 공급시기로 본다.

09 ② 사업자가 자기의 과세사업을 위하여 자기생산·취득재화 중 승용자동차를 고유의 사업목적(판매용, 운수업용 등)에 사용하지 않고 비영업용 또는 업무용(출퇴근용 등)으로 사용하는 경우는 간주공급에 해당한다(부가가치세법 제10조 제2항 제2호 및 부가가치세 집행기준 10-0-4 ① 2).

10 ① 법률에 따라 조세를 물납하는 것은 재화의 공급으로 보지 아니한다(부가가치세법 제9조 제6항, 부가가치세법 제12조 제4항).

11 ② 위탁가공무역방식의 수출은 외국에서 해당 재화가 인도되는 때를 재화의 공급시기로 본다.

제3절 영세율과 면세

01 영세율

매출과세표준(= 공급가액)에 적용하는 세율을 "0"으로 하는 것을 말한다.

▼ 영세율과 면세의 비교

구분	영세율	면세
기본취지	소비지국 과세원칙, 국제적 이중과세 방지	부가가치세의 역진성 완화
적용대상	수출하는 재화 등	기초생활필수품·면세용역
적용제도	완전면세제도	부분면세제도
매출세액	0	없음
매입세액	전액환급(조기환급 가능)	없음
사업자 여부	부가가치세법상 과세사업자	부가가치세법상 사업자가 아님
과세표준 신고납부	있음	면세 수입금액 신고
매입세액 회계처리	부가세대급금으로 공제	매입원가 해당
의무	모든 제반사항, 세금계산서 교부와 제출 의무 있음	매입처별세금계산서합계표 제출의무와 대리납부의무는 있음, 계산서 교부의무 있음, 수취 세금계산서 제출의무 있음

1) 적용대상자

거주자 또는 내국법인에 대해 적용되고(일반·간이과세사업자에게만 적용, 면세사업자는 적용 안 됨), 비거주자 또는 외국법인인 경우에는 상호면세주의에 의한다.

2) 영세율 대상

① 수출하는 재화 : 본래의 수출, 수출재화에 포함되는 것

> ■ 본래의 수출 : 내국물품(대한민국 선박에 의하여 채집되거나 잡힌 수산물 포함)을 외국으로 반출하는 것을 말한다.
>
> ■ "수출재화에 포함되는 것"의 요건
> • 국외의 비거주자 또는 외국법인('비거주자 등'이라고 함)과 직접 계약에 따라 공급할 것
> • 대금을 외국환은행에서 원화로 받을 것
> • 비거주자 등이 지정하는 국내의 다른 사업자에게 인도할 것
> • 국내의 다른 사업자가 비거주자 등과 계약에 따라 인도받은 재화를 그대로 반출하거나 제조·가공 후 반출할 것

구분		수출형태	세금계산서 발급의무 여부
본래의 수출	㉠ 내국물품 외국 반출하는 것	직수출 및 대행위탁수출	× (단, 수출대행업자의 수출대행수수료는 발급함)
	㉡ 대외무역방식 에 의한 수출	• 중계무역수출, 위탁판매수출 • 외국인도수출, 위탁가공무역수출	×
		대가 없이 외국 수탁가공사업자에게 가공한 재화 양도 시 원료반출	○
국내 거래지만 수출재화에 포함되는 것		• L/C 또는 구매확인서에 의해 공급하는 재화(금지금 제외) • 한국국제협력단, 한국국제보건의료재단, 대한 적십자사에 무상으로 공급하는 재화	○

② 국외에서 제공하는 용역

취지는 국외제공용역과 관련된 국내 원자재 등의 무환반출에 대해 이미 과세된 부가가치세를 환급해줌으로써 소비지국 과세원칙을 실현하고자 함이다.

용역제공 사업장	적용사례	수출형태	세금계산서 발급의무 여부
국내에 소재하는 경우만 인정	국외 건설공사도급용역 북한에 제공하는 용역	국내사업장이 없는 비거주 자 또는 외국법인	×
		위 외의 경우	○

③ 선박·항공기의 외국항행용역

④ 조세특례제한법 적용 영세율 대상

　㉠ 방산업체가 공급하는 방산물자 등

　㉡ 국군부대 또는 기관에 공급하는 석유류 등

　㉢ 국가, 지방자치단체(민간투자법에 따른 사업시행자가 공급하는 것은 제외), 도시철도공사, 한국철도시설공단, 한국철도공사 등에 직접 공급하는 도시철도 건설용역

　㉣ 국가 등에 공급하는 사회기반시설

　㉤ 장애인 보장구 및 장애인용 관련 용역

　㉥ 농·어민이 농·축산·임·어업용 기자재(비료, 농약, 사료, 기계 등)를 국내에서 구입하는 경우

⑤ 기타 외화획득 재화 또는 용역

적용사례	수출형태	세금계산서 발급 여부
외교관 등 (비거주자 아님)	외교공관, 영사기관, 국제연합에 준하는 기구 등에 공급하는 재화·용역	×
	외교관면세점 지정사업장, 외교관 면세카드 제시받아 공급한 재화·용역	○
비거주자, 외국법인에게 공급	국내에서 공급하는 일정한 재화·용역 : 전문, 과학 및 기술서비스업, 사업지원 및 임대서비스업 중 무형자산 임대업, 통신업, 컨테이너 수리업, (업종개정 : 상품중개업 및 전자상거래 소매 중개업), 정보통신업, 교육서비스업 등	×
수출재화 임가공용역	수출업자와 직접도급계약 수출재화 임가공용역	○
	수출업자와 직접도급계약이 아니거나 자기가 주요자재 전부 또는 일부 부담인 경우 반드시 L/C, 구매확인서 발급해야 함	
그 밖에 외화획득재화 또는 용역	• 외국항행선박·항공기·원양어선에 공급 • 주한 국제연합군 등에 공급 또는 미합중국군대에 직접 공급하는 재화·용역 － 미합중국군대의 범위에 SOFA협정에 따른 공인 조달 기관 추가 • 외국인관광객에 대한 관광알선용역	×

02 면세의 의의

일정한 재화 또는 용역의 공급에 대한 부가가치세의 납세의무를 면제하는 제도로서 환급은 되지 않으므로 상대방에게도 부가가치세액을 전가할 수 없는 것을 말한다.

> ■ 참고
>
> 면세제도의 취지와 목적은 동일세율로 과세되는 부가가치세의 세부담 역진성을 완화시키고 국민의 서민생활 보호와 후생복지 등을 위하여 조세 정책적, 사회 정책적으로 최종소비자에게 부가가치세의 조세부담을 경감시켜주기 위한 것이며, 면세되는 재화·용역을 공급하는 면세사업자는 부가가치세법상의 사업자가 아니다.

1) 면세적용대상 재화 또는 용역

구분	내용
기초생활 필수 재화·용역	① 미가공식료품[식용에 공하는 농·축·수·임산물과 소금(기계정제염 제외)포함. 단, 비식용 외국산만 과세] ② 국내생산 비식용의 농·축·수·임산물 ③ 수돗물(생수는 과세) ④ 연탄·무연탄(유연탄·갈탄·착화탄은 과세)

	⑤ 일반고속버스를 포함한 여객운송용역[단, 항공기, 시외우등고속버스, 전세버스, 택시, 자동차대여사업, 특수자동차, 특종선박, 고속철도, 삭도(케이블카), 관광유람선, 관광버스, 관광궤도차량(모노레일 등), 관광사업 목적 바다열차 등의 여객운송은 과세] ⑥ 여성용 생리처리 위생용품(유아용 위생용품은 면세) ⑦ 2024 강원 동계청소년올림픽대회 경기시설 제작·건설 및 경기운영에 사용하기 위한 물품으로서 국내제작이 곤란한 것(2024.12.31.까지) ⑧ 농협 등 조합원의 융자서류, 예·적금증서 및 통장, 창업중소기업 융자서류 등의 인지세, 2024년 강원 동계청소년올림픽대회 조직위원회가 작성하는 서류 ⑨ 주택과 부수토지의 임대용역에 대한 면세(단, 사업용건물과 이에 부수되는 토지 임대용역은 과세)
의료보건 용역	① 의사, 치과의사, 한의사, 조산사, 간호사가 제공하는 용역(단, 쌍꺼풀, 코성형, 유방확대, 축소술, 지방흡인술, 주름살제거술, 피부재생술, 피부미백술 등은 과세) ② 접골사, 침사, 구사 또는 안마사가 제공하는 용역 ③ 임상병리사, 물리치료사, 치과기공사가 제공하는 용역 ④ 약사의 제조용역(단, 의약품의 단순판매는 과세) ⑤ 가축, 수산동물, 장애인 보조견, 수급자가 기르는 동물, 기타 질병 예방 및 치료 목적의 반려동물 진료용역 ⑥ 장의업자가 제공하는 장의용역 ⑦ 노인 장기요양 대상자의 신체활동·가사활동의 지원 또는 간병 등의 용역 ⑧ 사회복지서비스 이용권을 대가로 국가 및 지방자치단체 외의 자가 공급하는 용역 ⑨ 모자보건법에 따라 산후조리원에서 분만 직후의 임산부나 영유아에게 제공하는 급식, 요양 등의 용역 ⑩ 사회적기업 또는 사회적협동조합이 직접 제공하는 간병·산후조리·보육 용역
교육용역	주무관청의 허가·인가 또는 승인을 얻거나 등록·신고한 교육용역(무허가·무인가 교육용역, 무도학원, 자동차운전학원은 과세)
문화관련 재화·용역	① 도서(도서대여 및 실내 도서열람, 용역 포함)·신문(인터넷신문 포함)·잡지·관보·뉴스통신·방송 등(광고는 과세) ② 예술창작품(골동품 제외)·예술행사·문화행사·비직업운동경기 ③ 도서관·과학관·박물관·미술관·동물원·식물원에의 입장(단, 오락과 유흥시설이 함께 있는 동물원, 식물원, 해양수족관은 과세, 극장 입장은 과세)
금융·보험 용역	은행 용역, 집합투자업, 신탁업자가 수탁받아 운용하는 업무(자산운용은 과세), 투자매매 및 투자중개업, 투자일임업(운용은 과세), 기관전용 사모집합투자기구 집합투자재산의 운용, 보관, 관리, 지분의 판매, 환매용역, 단기금융업, 전문외국환업무용역, 상호저축은행업, 신용보증기금업, 주택보증업무와 주택도시기금의 용역 등
	[금융·보험용역으로 보지 않고 면세인 것] 복권, 입장권, 상품권, 지금형주화 또는 금지금에 관한 대행용역, 기업합병·기업매수(중개, 수선, 대리, 신용정보서비스 및 은행업에 관련된 전산시스템과 S/W 판매·대여용역, 부동산임대용역, 감가상각자산 대여용역 등)

생산요소	① 저술가, 작곡가 등 직업상 제공하는 인적용역(공인회계사·세무사·변호사·관세사·변리사 등의 전문인력이 제공하는 용역은 과세) ② 개인·법인 등이 독립된 자격으로 공급하는 면제 인적용역 － 국선변호인의 국선변호 및 법률구조, 학술연구용역, 기술연구용역, 직업소개용역, 장애인보조견 훈련용역 등 － 「가사근로자법」에 따른 가사서비스 제공기관이 제공하는 가사서비스* (* 가정 내 청소, 세탁, 주방일 및 가구구성원의 보호·양육 등 용역) ③ 토지의 공급(토지의 임대는 과세)

구분		과세, 면세
토지의 공급		면세
토지의 임대	전, 답, 과수원, 목장용지, 임야, 염전	과세 제외
	주택부수토지	면세
	그 외 토지 임대	과세

기타	① 우표(수집용 우표는 제외)·인지·증지·복권·공중전화 ② 판매가격 200원 이하인 제조담배 및 특수제조용담배 ③ 국가·지방자치단체·지방자치단체조합 또는 공익단체에 무상으로 공급하는 재화·용역(단, 유상공급하면 과세함) ④ 국가·지방자치단체·지방자치단체조합이 공급하는 재화 또는 용역 － 국방부, 군인, 일반군무원, 그 밖에 이들의 직계존속·비속 등 기획재정부령으로 정하는 사람에게 제공하는 소매업, 음식점업·숙박업, 기타 스포츠시설 운영업 관련 재화 또는 용역 － 그 소속 직원의 복리후생을 위하여 구내에서 식당을 직접 경영하여 음식을 공급하는 용역 － 사회기반시설 또는 사회기반시설의 건설용역을 기부채납받고 그 대가로 부여하는 시설관리운영권 (단, 소포우편물을 방문접수하는 배달용역과 우편주문 판매대행용역, KTX에 의한 여객운송용역, 부동산임대용역·도소매업·음식숙박업·골프장·스키장업·기타 운동시설 운영업에서 공급하는 재화 또는 용역은 과세함) ⑤ 종교·자선·학술·구호·기타 공익을 목적으로 하는 단체 또는 문화체육관광부장관이 지정한 보상금수령단체로서 기획재정부령으로 정하는 단체인 사업자가 저작권자를 위하여 실비 또는 무상으로 공급하는 보상금 수령 관련 용역 ⑥ 공동주택 입주자주택회의 등이 제공하는 복리시설인 공동주택 어린이집의 임대용역
조세특례 제한법상 면세대상	① 도서지방 농·임·어업용으로 농·어민이 공급받아 자가발전에 사용할 목적으로 수산업협동조합에 직접 공급하는 석유류에 대한 간접세(부가가치세, 개별소비세, 교통·에너지·환경세, 교육세 등) 면제 ② 영농·영어 조합법인이 제공하는 농·어업 경영 및 농·어 작업의 대행용역 ③ 국민주택과 국민주택 건설, 리모델링 용역(단, 국민주택규모 초과주택 공급은 과세)

2) 재화의 수입 시 면세대상 재화

① 식용 미가공식료품(커피두와 코코아두의 수입은 과세), 도서·신문·잡지, 외국으로부터 국가 또는 지방자치단체에 기증하는 재화

② 거주자가 수취하는 소액물품으로서 관세가 면제되는 재화

③ 여행자휴대품·별송품과 우송품으로서 관세가 면제되거나 그 간이세율이 적용되는 재화

④ 수출된 후 다시 수입하는 재화로서 수출자와 수입자가 동일하거나 당해 재화의 제조자가 직접 수입하는 것으로서 관세가 감면되는 것 등

⑤ 해저광물 탐사·채취를 위해 수입하는 기계·장비·자재

3) 면세포기

① 관할세무서장에게 면세사업 포기신고를 하게 되면 과세사업자로 전환되므로 지체 없이 사업자등록을 하여야 한다.

② **면세포기의 효과** : 면세대상 재화·용역이 과세대상 재화·용역으로 전환되므로 부가가치세 매입세액은 공제가능 매입세액으로 전환된다. 면세포기 신고 후 3년간 다시 면세를 적용받을 수 없다.

③ **면세포기가 가능한 재화·용역**

㉠ 영세율이 적용되는 재화·용역

㉡ 학술연구단체·기술연구단체가 학술연구 또는 기술연구와 관련하여 설비 또는 무상으로 공급하는 재화·용역

이론문제 │ 영세율과 면세

01 다음 중 부가가치세법상 영세율에 대한 설명으로 잘못된 것은?

① 영세율은 원칙적으로 거주자 또는 내국법인에 대하여 적용하며, 비거주자 또는 외국법인의 경우는 상호주의에 의한다.

② 선박 또는 항공기에 의한 외국항행용역의 공급은 영세율을 적용한다.

③ 영세율을 적용받는 경우 조기환급이 가능하다.

④ 수출을 대행하고 수출대행수수료를 받는 수출대행용역은 영세율에 해당한다.

02 다음 중 부가가치세법상 면세포기에 관한 설명으로 옳지 않은 것은?

① 면세포기는 시기의 제한이 없으며, 언제든지 포기신고를 할 수 있다.

② 면세포기의 효력은 면세포기신고를 하고, 사업자등록을 한 이후의 거래분부터 적용된다.

③ 부가가치세의 면세포기를 하려면 영세율 적용의 대상이 되는 경우 또는 학술연구단체·기술연구단체가 그 연구와 관련하여 실비 또는 무상으로 공급하는 경우에 해당하여야 가능하다.

④ 면세포기신고를 한 사업자는 신고한 날 이후 언제든지 면세사업자를 신청할 수 있다.

03 다음 중 부가가치세법상 면세 및 면세사업자에 대한 설명으로 잘못된 것은?

① 면세포기를 한 사업자는 신고한 날부터 3년간은 면세를 다시 적용받지 못한다.

② 면세사업자도 매입세금계산서합계표 제출의무가 있다.

③ 주택 부수토지임대용역은 면세대상이지만 그 외의 토지임대용역은 과세대상(비과세 제외)이다.

④ 국민주택규모를 초과하는 주택의 임대용역은 과세이다.

04 부가가치세법상 영세율과 면세에 대한 설명으로 옳지 않은 것은?

① 가공하지 않은 비식용농산물은 국산과 수입산 모두 부가가치세 면세대상이다.

② 구매확인서에 의해 공급되는 재화도 영세율적용이 가능하다.

③ 면세포기신고를 한 사업자는 면세포기 신고일로부터 3년간 부가가치세를 면제받지 못한다.

④ 은행업법에 의한 은행업은 부가가치세 면제 대상이다.

05 다음 중 부가가치세법상 영세율에 대한 설명으로 옳지 않은 것은?

① 간이과세자도 영세율을 적용할 수 있다.

② 선박 또는 항공기에 의한 외국항행용역의 공급에 대하여는 영세율을 적용한다.

③ 사업자가 대한적십자사에 공급하는 재화는 모두 영세율을 적용한다.

④ 부가가치세 부담을 완전히 면제하는 완전면세제도이다.

06 다음 중 부가가치세법상 면세에 대한 설명으로 틀린 것은?

① 가공되지 아니한 식료품 및 우리나라에서 생산되어 식용으로 제공하지 아니하는 농산물은 부가가치세를 면세한다.

② 면세대상이 되는 재화 또는 용역만을 공급하는 경우 부가가치세법상 사업자 등록의무를 부담하지 아니하여도 된다.

③ 면세대상이 되는 재화가 영세율적용의 대상이 되는 경우에는 면세포기신청서를 제출하고 승인을 얻은 경우에 한하여 면세포기가 가능하다.

④ 면세포기신고를 한 사업자는 신고한 날로부터 3년간은 부가가치세의 면세를 받지 못한다.

07 다음 중 부가가치세법상 영세율 적용대상으로 틀린 것은?

① 사업자가 내국신용장 또는 구매확인서에 의하여 공급하는 재화

② 외국항행사업자가 자기의 승객만이 전용하는 호텔에 투숙하게 하는 행위

③ 수출대행업자가 수출품생산업자로부터 받는 수출대행수수료

④ 수출업자와 직접 도급계약에 의하여 수출재화를 임가공하는 수출재화임가공용역

08 다음 중 부가가치세법상 면세에 관한 설명으로 틀린 것은?

① 면세제도는 부가가치세 부담이 전혀 없는 완전면세형태이다.

② 면세사업자는 부가가치세법상 사업자가 아니다.

③ 면세제도는 부가가치세의 역진성 완화에 그 취지가 있다.

④ 영세율 적용의 대상이 되는 경우 및 학술연구단체 또는 기술연구단체가 공급하는 경우에 한하여 면세포기를 할 수 있다.

📌 이론문제 정답 및 해설

01 ④ 수출을 대행하고 수출대행수수료를 받는 수출대행용역은 수출품 생산업자의 수출대행계약에 의해 수출업자의 명의로 수출하는 경우에 해당하지 않으므로 영세율 적용대상 용역에 해당하지 않는다(부가가치세법 통칙 21-31-2).

02 ④ 면세의 포기를 신고한 사업자는 신고한 날부터 3년간 부가가치세를 면제받지 못한다(부가가치세법 제28조 제2항).

03 ④ 주택의 임대용역은 규모에 관계없이 면세대상이다(부가가치세법 제26조, 시행령 제41조).

04 ① 가공하지 않은 비식용농산물은 국산만 부가가치세 면세대상이다(부가가치세법 제26조).

05 ③ 아래의 항목에 한정하여 적용한다(부가가치세법 시행령 제31조 제2항).

> 1. 제네바협약의 정신에 따른 전시포로 및 무력충돌희생자 구호사업
> 2. 전시(戰時)에 군 의료보조기관으로서의 전상자 치료 및 구호사업
> 3. 수재(水災), 화재, 기근(饑饉), 악성 감염병 등 중대한 재난을 당한 사람에 대한 구호사업
> 4. 의료사업(간호사업 및 혈액사업을 포함한다), 응급구호사업, 자원봉사사업, 이산가족 재회사업, 청소년적십자사업, 관련 교육사업, 그 밖에 국민 보건 및 사회복지에 관한 사업
> 5. 적십자 이념 및 국제인도법의 보급사업
> 6. 적십자사의 사업 수행을 위한 국제협력사업
> 7. 그 밖에 제1호부터 제6호까지의 사업에 부대되는 사업

06 ③ 면세포기는 신청이 아닌 신고에 해당하므로 승인을 요하지 아니한다.

07 ③ 수출대행수수료는 영세율대상이 아니다.

08 ① 부가가치세법에서는 매출금액에 영의 세율을 적용함으로써 매출단계에서도 부가가치세를 면제받고 전단계 거래에서 부담한 매입세액도 환급받게 되어 부가가치세 부담이 전혀 없게 되는 완전면세형태인 영세율제도와 그 적용대상이 되는 단계의 부가가치세만을 단순히 면제해줌으로써 전단계 거래에서는 부가가치세를 부담(매입세액불공제)하게 되는 면세제도가 있다.

제4절 과세표준

01 과세표준의 의의

납세의무자가 납부해야 할 세액산출의 기준이 되는 과세대상을 말한다. (=공급가액)

신고내용				금액	세율	세액
구분						
과세 표준 및 매출 세액	과 세	세금계산서발급분	(1)		$\frac{10}{100}$	
		매입자발행세금계산서	(2)		$\frac{10}{100}$	
		신용카드 · 현금영수증발행분	(3)		$\frac{10}{100}$	
		기타(정규영수증외매출분)	(4)		$\frac{10}{100}$	
	영 세 율	세금계산서교부분	(5)		$\frac{0}{100}$	
		기타	(6)		$\frac{0}{100}$	
	예정신고누락분		(7)			
	대손세액가감		(8)			
	합계		(9)		㉮	

02 재화 또는 용역의 공급에 대한 과세표준

구분	과세표준으로 산정할 금액
금전의 대가	• 대가(단, 금전 이외일 경우 : 자기가 공급한 재화·용역의 시가) • 특수관계자로부터 부당한 저가, 무상 수령 : 자기가 공급한 시가

1) 과세표준 산정기준

포함하는 금액	포함하지 않는 금액	공제하지 않는 금액
• 금전의 대가 • 산재보험료 • 운송비 • 개별소비세 • 할부이자상당액 등	• 국고보조금(공공보조금) • 구분 기재된 봉사료 • 매출환입과 에누리, 매출할인 • 파손·멸실된 재화의 가액 • 할부 연체이자	• 대손금 • 판매장려금 • 하자보증금

2) 거래형태별 과세표준

거래형태	과세표준
외상판매 및 할부판매	공급한 재화의 총 가액
장기할부판매	계약에 따라 받기로 한 대가의 각 부분
완성도지급기준, 중간지급조건부로 재화·용역을 공급하거나 계속적으로 재화·용역을 공급하는 경우	계약에 따라 받기로 한 대가의 각 부분
기부채납	법률에 의하여 기부채납의 가격
공유수면매립법에 의한 매립용역	당해 매립공사에 소요된 총사업비
위탁가공무역방식의 수출	완성된 제품의 인도가액
개별소비세 등이 과세되는 재화 또는 용역을 공급하는 경우	개별소비세 + 주세 + 교통세·에너지·환경세 + 교육세·농특세

3) 둘 이상의 과세기간에 걸쳐 계속적으로 용역을 제공하는 경우

구분	과세표준
그 대가를 선불로 받는 경우	$선불대금 \times \dfrac{해당과세기간의\ 월수}{계약기간의\ 월수}$
BOT 방식에 의한 시설 이용 용역의 공급	$(용역제공기간\ 동안\ 받는\ 대가\ +\ 시설\ 설치가액) \times \dfrac{해당과세기간의\ 월수}{용역제공기간의\ 월수}$

4) 외화의 환산

외화 수령	• 공급시기 도래 전에 원화로 환가한 경우 : 그 환가한 금액 • 공급시기 이후에 외국통화 기타 외국환의 상태로 보유하거나 지급받는 경우 : 선적일의 기준(재정)환율

03 재화의 수입에 대한 과세표준

구분	과세표준으로 산정할 금액
수입재화의 과세표준	관세의 과세가격 + 관세 + 개별소비세 + 주세 + 교통세·에너지·환경세 + 교육세·농특세

04 일반적인 재화의 공급의제에 대한 과세표준계산의 특례

구분	과세표준으로 산정할 금액
폐업 등 간주공급	폐업 시 남아 있는 재화의 시가
직매장 반출	• 원칙 : 해당 재화의 취득가액 • 취득가액에 일정액을 가산하여 공급하는 경우 : 그 공급가액

05 해당 재화가 감가상각자산인 경우

구분	과세표준으로 산정할 금액
전부공급	간주시가 = 해당 재화의 취득가액 × (1 - 체감률 × 경과된 과세기간의 수)
일부면세 전용인 경우	간주시가 = 해당 재화의 취득가액 × (1 - 체감률 × 경과된 과세기간의 수) × 면세전용비율

• 취득가액 : 취득가액 + 취득세 등 포함 + 현재가치할인차금 - 기타 부대비용 제외
• 체감률 : 건물과 구축물 5%, 기타 감가상각 자산 : 25%
• 경과된 과세기간 수 : 과세기간 단위로 계산

06 정비사업조합에 대한 부가가치세 과세특례 적용대상

1) 재화공급특례

정비사업조합이 조합원에게 종전의 토지를 대신하여 공급하는 토지 및 건축물은 재화의 공급으로 보지 아니한다.

2) 적용대상
• 「도시정비법」에 따른 정비사업조합
• 「소규모정비법」에 따른 정비사업조합(가로주택조합 및 소규모재건축조합)

07 과세사업과 면세사업 공통 사용재화에 대한 안분계산

구분	과세표준
안분계산	해당 재화의 공급가액 × $\dfrac{직전과세기간의\ 과세공급가액}{직전과세기간의\ 총공급가액}$
안분계산 생략	• 재화를 공급하는 날이 속하는 과세기간의 직전 과세기간의 총공급가액 중 면세공급가액이 5퍼센트 미만인 경우(다만, 해당 재화의 공급가액이 5천만원 이상인 경우는 제외) • 재화의 공급가액이 50만원 미만인 경우 • 재화를 공급하는 날이 속하는 과세기간에 신규로 사업을 시작하여 직전 과세기간이 없는 경우

08 토지와 건물 등을 함께 공급하는 경우

구분	과세표준
원칙	실지거래가액에 의해 계산
안분계산	토지의 가액과 건물 등의 가액이 불분명하거나 실지거래가액으로 구분한 가액이 안분계산한 금액과 30% 이상 차이가 있는 경우 • 거래가액에 부가가치세가 포함된 경우 안분계산 $$\text{총거래가액} \times \frac{\text{건물의 기준시가}}{\text{토지의 기준시가} + (\text{건물의 기준시가} \times 110/100)}$$ • 거래가액에 부가가치세가 포함되지 않는 경우 $$\text{총거래가액} \times \frac{\text{건물의 기준시가}}{\text{토지의 기준시가} + \text{건물의 기준시가}}$$ 다만, 예외적으로 사업자가 구분한 실지거래가액을 인정할 만한 대통령령으로 정하는 사유*가 있는 경우 제외 * ① 다른 법령에서 토지와 건물의 양도가액을 정한 경우 　② 건물이 있는 토지를 취득하여 건물을 철거하고 토지만 사용하는 경우 등

09 부동산임대용역 중 전세금 또는 임대보증금을 받는 경우(= 간주임대료)

$$\text{전세금 또는 임대보증금} \times \text{과세대상기간의 월수} \times \frac{\text{정기예금이자율}}{365(\text{윤년 } 366)} = \text{간주임대료}$$

10 재고납부세액

일반과세에서 간이과세로 전환 시 세액공제를 받는다.

$$\text{공제받은 매입세액} \times (1 - 0.5\% \times \frac{110}{10}) = \text{재고매입세액}$$

11 대손세액공제

공급자는 공급 후 거래처 등(공급받은 자)의 파산 등으로 대손처리되는 경우 거래징수하지 못함에도 부가가치세를 납부하는 불합리한 결과를 방지하기 위한 제도이다. 반면에 공급받은 자는 폐업전에 대손확정 시에는 공제받은 매입세액을 차감하여 불합리한 결과를 방지하기 위함이며 대손세액을 매입세액에서 차감치 않고 신고 시는 관할세무서장이 경정하고 신고납부불성실가산세는 적용치 아니한다.

대손사유	• 파산(강제화의), 강제집행, 사망·실종, 소멸시효 완성, 결손처분(저당권 설정분은 제외) • 회사정리계획인가의 결정, 화의인가의 결정 • 부도 후 6월 경과 어음·수표(저당권 설정분은 제외) • 회수기일 6월 이상 경과한 채무자별 합계 30만원 이하 채권 • 부도 후 6월 경과한 중소기업보유 부도발생 이전의 외상매출금
대손세액	• 공급 후 10년이 경과한 날이 속하는 과세기간에 대한 확정 신고기한까지 확정된 것 • 확정 신고에만 적용 $$\text{대손세액} = \text{대손금액(VAT포함)} \times 10/110$$
기타사항	• 토지(면세)매각 미수금 : 매출세액이 없는 채권의 대손은 대손세액공제를 적용하지 않음 • 대손세액 공제받은 금액은 부가가치세법에서 공제하고 대손금은 소득세법과 법인세법에서 손금(필요경비)으로 인정하지 않음

✅ 이론문제 | **과세표준**

01 다음 중 부가가치세 과세표준에 대한 설명으로 잘못된 것은?

① 재화를 공급한 후 공급받는 자에게 지급하는 장려금은 과세표준에서 공제하지 않는다.

② 공급받는 자에게 도달하기 전에 파손되거나 훼손되거나 멸실한 재화의 가액은 과세표준에 포함하지 않는다.

③ 자기적립마일리지 등으로 대금의 전부 또는 일부를 결제받은 금액은 과세표준에서 제외한다.

④ 하자보증금은 과세표준에서 공제한다.

02 (주)발전은 택시와 시내버스운송사업에 공통으로 사용하고 있던 수리설비를 20×2년 5월 31일에 8,000,000원(공급가액)에 매각하였다. (주)발전의 공급가액 명세가 다음과 같을 때 20×2년 1기 확정 부가가치세 과세표준에 포함되는 공통수리설비의 공급가액은 얼마인가?

과세기간	택시	시내버스	합계
20×1년 제1기	2억원	6억원	8억원
20×1년 제2기	3억원	5억원	8억원
20×2년 제1기	4억원	4억원	8억원

① 1,500,000원 ② 2,000,000원
③ 3,000,000원 ④ 4,000,000원

03 다음 중 부가가치세법상 과세표준에 대한 설명으로 틀린 것은?

① 재화를 공급하고 금전 외의 대가를 받은 경우에 과세표준은 공급한 재화의 시가로 한다.

② 특수관계인 외의 자에게 재화를 시가보다 낮은 가액으로 공급한 경우의 과세표준은 그 시가로 한다.

③ 사업자가 재화를 공급받는 자에게 지급하는 판매장려금(금전)은 과세표준에서 공제하지 않는다.

④ 대가의 일부로 받는 운송보험료, 산재보험료, 운송비, 포장비, 하역비 등도 과세표준에 포함한다.

04 다음 중 부가가치세법상 과세표준에 포함하여야 하는 것은?

① 매출환입 및 매출할인

② 장기할부판매 조건으로 판매한 재화의 이자상당액

③ 공급받는 자에게 도달하기 전에 파손된 재화의 가액

④ 재화·용역의 공급과 직접 관련되지 않는 국고보조금

05 다음 중 부가가치세법상 겸영사업자의 안분계산에 대한 설명으로 틀린 것은?

① 과세사업과 면세사업에 공통으로 사용할 재화를 매입한 경우 과세사업분에 해당하는 매입세액만을 공제받아야 한다.

② 매입세액공제된 재화를 과세사업에 사용하다 면세사업으로 전용하는 경우 면세사업으로 전용한 것에 대하여 부가가치세를 납부하여야 한다.

③ 매입세액공제된 재화를 과세사업에 사용하다 면세사업으로 전용하는 경우 세금계산서를 발급하여야 한다.

④ 면세사업용으로 사용하던 재화를 과세사업으로 전용하는 경우 과세전환에 따른 매입세액을 계산하여 공제받을 수 있다.

06 다음 중 부가가치세 과세표준에 해당되는 금액은 얼마인가?

- 컴퓨터 판매가액 1,000,000원(시가 2,000,000원, 특수관계자와의 거래에 해당)
- 컴퓨터 수선관련 용역을 무상으로 제공하였다(시가 500,000원).
- 시가 300,000원에 해당하는 모니터를 공급하고 시가 500,000원에 상당하는 책상을 교환받았다.

① 1,800,000원 ② 2,300,000원
③ 3,000,000원 ④ 2,500,000원

07 다음 자료에 의하여 일반과세자 김세무의 부가가치세 매출세액을 계산하면 얼마인가?

- 납부세액은 100,000원이다.
- 세금계산서를 받고 매입한 물품의 공급가액은 3,000,000원이고 이 중 사업과 관련이 없는 물품의 공급가액 200,000원이 포함되어 있다.
- 매입에 대한 영세율세금계산서는 없다.

① 360,000원 ② 380,000원
③ 400,000원 ④ 420,000원

08 다음 자료에 의하여 부가가치세 과세표준을 계산하면 얼마인가?

1. 제품판매액(공급가액) : 50,000,000원
2. 대손금(공급가액) : 6,000,000원
3. 장려물품제공액 : 원가 3,000,000원 (시가 3,500,000원)
4. 판매할 제품 중 대표자 개인적사용분 : 원가 3,000,000(시가 5,000,000원)

① 56,000,000원 ② 57,000,000원
③ 58,500,000원 ④ 59,500,000원

이론문제 정답 및 해설

01 ④ 하자보증금은 예치금에 불과하기 때문에 과세표준에서 공제하지 않는다(부가가치세법 제29조).

02 ③ 3,000,000원 = 8,000,000원 × 직전 과세기간의 과세공급가액 3억원/총공급가액 8억원

03 ② 특수관계인 외의 자에게 저가로 공급한 경우에도 거래금액을 과세표준으로 한다(부가가치세법 제29조).

04 ② 장기할부판매 조건으로 판매한 재화의 이자상당액은 과세표준에 포함한다(부가가치세법 제29조 제3항).

05 ③ 간주공급의 경우 세금계산서 발급 의무가 면제된다(부가가치세법 시행령 제72조 제1항).

06 ② 2,000,000원 + 300,000원 = 2,300,000원
- 용역의 무상공급은 과세표준에 포함되지 않는다.
- 금전 이외의 대가를 받은 경우에는 자기가 공급한 재화의 시가를 과세표준으로 한다.

07 ② 납부세액 = 매출세액 - 매입세액 + 매입세액불공제이다. 따라서 매출세액 = 납부세액 + 매입세액 - 매입세액불공제 = 100,000원 + 300,000원 - 20,000원 = 380,000원으로 계산할 수 있다.

08 ③ 50,000,000 + 3,500,000 + 5,000,000 = 58,500,000원
[부가가치세법 제13조]
- 매출할인액과 대손금 판매장려금은 과세표준에서 공제하지 않음
- 장려물품(현물)과 물품증정은 과세표준에 산입

제5절 매입세액의 계산

01 매입세액의 계산구조

매입세액이란 자기의 과세사업을 위하여 사용되었거나 사용될 재화 또는 용역의 공급, 재화의 수입에 대한 세액공제이다. 매입세액에 대한 내용은 다음 표와 같다.

매출세액	과세표준 × 세율 + 예정신고누락분 ± 대손세액
(−)매입세액	1) 매입처별 세금계산서합계표상의 매입세액 2) 그 밖의 공제매입세액(+) 　① 신용카드매출전표 수취명세서 제출분 　② 의제매입세액, 재활용폐자원 등 매입세액 　③ 재고매입세액 　④ 과세사업용 전환 시 매입세액 　⑤ 변제대손세액 3) 공제받지 못할 매입세액(−) 　① 공제받지 못할 매입세액 　② 공통매입세액 면세사업분 　③ 대손처분받은 세액(대손금액×10/110)

(=) 납부(환급)세액

(−) 예정신고 미환급세액(또는 예정고지세액)

(−) 신용카드 매출전표 매입세액

(−) 기타 공제·경감세액

(+) 가산세액

(=) 차가감 납부(환급)세액

▼ 부가가치세신고서

	세금 계산서수취분	일반매입	(10)			
매입 세액		고정자산매입	(11)			
	예정신고누락분		(12)			
	매입자발행세금계산서		(13)			
	그 밖의 공제매입세액		(14)			
	합계((10) + (11) + (12) + (13) + (14))		(15)			
	공제받지 못할 매입세액		(16)			
	차감계((15) − (16))		(17)		㈏	

02 세금계산서 등에 의한 매입세액

1) 세금계산서 및 수입세금계산서 수취분

자기의 사업을 위하여 세금계산서 또는 전자세금계산서 등을 이용하여 재화를 매입하거나 또는 수입한 것 중 공제받을 수 있는 매입세액을 말한다.

2) 공급시기가 지난 후 발급된 세금계산서에 대한 매입세액 공제 인정 요건

확정신고기한 다음 날부터 1년 이내에 세금계산서를 발급받고, ① 납세자가 경정청구, 수정신고 하거나, ② 관할세무서장이 거래사실 확인 후 결정·경정하는 경우에 매입세액 공제가 인정된다.

3) 거래형태 착오에 의한 세금계산서 발급 오류에 대한 매입세액 공제 허용(인정)

거래당사자가 인식한 거래형태에 따라 정상적으로 세금계산서를 발급하고, 부가가치세를 납부 한다. 다음의 착오가 빈번한 사례에 대해서는 매입세액 공제를 인정한다.

> ① 본점과 거래하면서 공급자 또는 공급받는 자를 지점으로 착오하거나 그 반대의 경우 등
> ② 위탁매매를 직접매매한 것으로 착오하거나 그 반대의 경우
> ③ 용역의 주선·중개 또는 위탁용역을 용역의 직접공급으로 착오하거나 그 반대의 경우

4) 착오로 인하여 선발급된 세금계산서의 매입세액 공제 인정

착오로 공급시기 이전 발급된 세금계산서에 대해서 다음의 요건에서는 매입세액공제를 인정한다.

> ① 세금계산서 발급일로부터 공급시기가 6개월 이내에 도래하는 경우
> ② 관할세무서장이 거래사실 확인 후 결정·경정하는 경우

5) 매입자발행세금계산서 또는 계산서에 의한 매입세액공제 특례

개요	부가가치세법상 납세의무자로 등록한 사업자(세금계산서 교부의무가 있는 간이과세 자 포함)가 재화 또는 용역을 공급하고 세금계산서 또는 계산서를 교부하지 아니한 경우 그 재화 또는 용역을 공급받은 자는 관할세무서장의 확인을 받아 매입자발행세금 계산서 또는 계산서를 발행할 수 있다.
거래확인 신청	재화 또는 용역의 공급시기가 속하는 과세기간의 종료일로부터 6개월 이내에 거래사 실 확인신청서와 거래사실을 객관적으로 입증할 수 있는 거래증빙을 첨부하여 관할세 무서장에게 거래확인신청을 하여야 한다.
확인대상	건당 공급대가가 5만원 이상인 거래에 대해서만 신청을 할 수 있다.
거래사실 확인절차	거래사실확인신청서가 제출된 날로부터 7일 이내에 신청서와 제출된 증빙서류를 공 급자의 관할세무서장에게 송부하여야 한다.
매입세액 공제요건	① 거래사실이 관할세무서장에 의해 확인이 될 것 ② 예정신고, 확정신고 시 매입자발행 세금계산서합계표 또는 계산서합계표를 제출 할 것
수정세금계산서 발급사유	공급자의 부도·폐업, 계약의 해제 또는 변경 등의 사유가 발생한 경우로서 공급자가 수정세금계산서 미발급한 경우

6) 신용카드매출전표 수취명세서

일반과세자가 신용카드 매출전표 등(직불카드영수증·기명식선불카드영수증·현금영수증 등 포함)에 공급받는 자와 부가가치세액을 별도로 기재한 매출전표를 교부받은 경우에는 세금계산서를 교부받은 것으로 보아 매입세액을 공제한다.

7) 의제매입세액공제

① 의의 : 농·축·수·임산물 등 면세농산물 등을 원재료로 제조한 재화 또는 창출한 용역의 공급이 과세되는 경우 그 면세농산물 등 가액의 일정률에 상당하는 금액을 매입세액으로 공제 가능하며 환수효과와 누적효과를 완화시켜 경제 효율의 왜곡을 시정하기 위한 제도이다. 단, 음식점에서 농·어민으로부터 계약서 등에 의해 직접 구입하는 경우에는 의제매입세액공제 대상이 아니다.

② 회계처리

■ 매입 시	
(차) 원재료 1,020 / (대) 현금 1,020	
(적요6번 의제매입세액공제 차감)	
■ 공제 시	
(차) 부가세대급금 20 / (대) 원재료 20	

③ 사업자공제 요건

   ⊙ 사업자등록을 한 과세사업자 → 법인사업자도 적용

   ⓛ 면세포기 영세율적용 사업자는 적용 제외한다.

④ 공제 시기

매입한 날이 속하는 과세기간의 예정·확정 신고 시에 공제한다. 주의할 점은 사용, 소비시점이 속하는 과세기간이 아니다.

⑤ 증명서류 제출

   ⊙ 의제매입세액공제신청서, 매입처별계산서합계표, 신용카드매출전표 등 수령금액합계표 (갑) **주의** 수정신고, 경정청구, 기한후신고 등의 경우 제출해도 공제 적용된다.

   ⓛ 제조업자가 농·어민으로부터 면세농산물을 직접 공급받는 경우는 의제매입세액공제신청서만 제출하고 매입처별계산서합계표, 신용카드매출전표 등 수령금액합계표 제출은 불필요하다.

⑥ 공제율

사업자		공제율
일반업종 영위 사업자		2/102
제조업 영위 사업자 (조세특례제한법상 중소기업 및 개인사업자에 한함)	기타 제조업	4/104
	과자점업, 도정업, 제분업, 떡방앗간	6/106
	법인(중소기업)	4/104
	법인(중소기업 외)	2/102
음식점업 영위사업자	법인사업자	6/106
	개인사업자	8/108(9/109*)
	과세유흥장소 경영자	2/102

* 음식점업 개인사업자 과세표준 2억원 이하인 자는 공제율(9/109)과 한도액(과세표준 × 60~75%)을 적용한다.
* 음식점업의 면세농산물 등 의제매입세액공제 공제율 확대 특례

구분	공제율	구분	공제율
❶ 연매출액 4억원 이하 (2026.12.31.까지)	9/109	❷ 연매출액 4억원 초과	8/108

⑦ 한도액

구분		면세농산물 등의 가액 한도	
		음식점업	기타
법인사업자		50%	
개인사업자	과세표준 1억원 이하인 경우	65%	55%
	과세표준 1억원 ~ 2억원	60%	
	과세표준 2억원 초과	50%	45%

⑧ 매입가액 결정

　㉠ 매입가액

　　• 국내분 : 운임·부대비용 제외한 순수 매입원가
　　• 수입분 : 관세의 과세가격 　주의　 수입품에 대해서도 의제매입세액 공제 적용

　㉡ 겸영사업자

　　• 실지귀속에 따르되 불분명 시는 $\dfrac{\text{과세공급가액}}{\text{총공급가액}}$ 으로 안분한다.

⑨ 농수산물 매입시기가 집중되는 제조업에 대한 공제한도 정산 특례

다음의 요건을 모두 충족하는 사업자는 제2기 과세기간에 대한 납부세액을 확정신고할 때 아래의 산식에 따른 금액을 매입세액으로 공제할 수 있다.

> ㉠ 제1기 과세기간에 공급받은 면세농산물 등의 가액을 1역년에 공급받은 면세농산물 등의 가액으로 나누어 계산한 비율이 75% 이상이거나 25% 미만일 것
> ㉡ 해당 과세기간이 속하는 1역년 동안 계속하여 제조업을 영위하였을 것
>
> 제2기 의제매입세액공제액 =
> 1역년에 공급받은 면세농산물 등의 가액 한도 × 공제율 − 제1기 의제매입세액공제액
>
> | 구분 | | 한도율 |
> |---|---|---|
> | 개인사업자 | 과세표준 4억원 이하(1역년 기준) | 50% |
> | | 과세표준 4억원 초과(1역년 기준) | 40% |
> | 법인사업자 | | 35% |

8) 재활용폐자원 매입세액 공제

재활용폐자원수집사업자가 간이과세자, 면세사업자로부터 재활용폐자원을 취득하여 제조, 가공하거나 공급하는 경우 일정액을 매입세액으로 공제 가능하다.

① 적용사업자

> ㉠ 폐기물관리법에 의하여 폐기물중간처리업 허가를 받은 자 또는 폐기물재활용신고를 한 자
> ㉡ 자동차관리법에 의하여 중고자동차매매업등록을 한 자
> ㉢ 한국환경자원공사법에 의한 한국환경자원공사
> ㉣ 자동차관리법에 의한 중고자동차를 수출하는 자
> ㉤ 기타 재활용폐자원을 수집하는 사업자로서 재생재료 수집 및 판매를 주된 사업으로 하는 자

② 재활용폐자원공제액

> ㉠ 공제금액 = 취득가액 × 공제율 3/103
> ㉡ 해당과세기간에 공급한 과세표준 × 80% − 세금계산서수취분 매입가액(사업용 고정자산 매입가액은 제외)
> ㉢ 매입세액의 정산은 예정신고와 조기환급신고 시 이미 재활용폐자원 매입세액공제를 받은 금액이 있는 경우에는 확정신고 시 정산한다.

③ 중고자동차

> ㉠ 공제금액 = 취득가액 × 공제율 10/110
> ㉡ 출고 후 1년 미만에 수출하는 자동차 제외

9) 신탁재산 관련 매입세액공제 특례

다음의 요건을 모두 충족하는 경우 위탁자(수탁자)를 공급받는 자로 하여 발급받은 세금계산서로 수탁자(위탁자)의 매입세액공제를 허용한다.

① 「신탁법」 제3조에 따라 설정된 신탁의 위탁자와 수탁자일 것

② 거래사실이 확인되고 부가가치세가 신고·납부된 경우

10) 재고매입세액

간이과세에서 일반과세로 전환 시 세액공제를 받는다.

$$공제대상매입세액 \times (1 - 0.5\% \times 110 / 10) = 재고매입세액$$

03 공제받을 수 없는 매입세액

1) 등록 전 매입세액

2) 기업업무추진비와 이와 유사한 비용의 지출에 대한 매입세액

3) 세금계산서 미수취와 불분명 매입세액(영수증수취 매입세액)

4) 세금계산서합계표 미제출 및 부실기재 매입세액

5) 비영업용 소형승용차의 구입과 유지에 관한 매입세액

6) 간주임대료에 대한 매입세액

7) 사업과 관련 없는 지출에 대한 매입세액

8) 면세사업과 관련한 매입세액

9) 토지의 자본적 지출 관련 매입세액

단, 아래의 경우에는 매입세액을 공제받을 수 있다.

> ① 필요적 기재사항이 일부착오기재, 기타의 기재사항으로 거래사실이 확인되는 경우
> ② 예정신고 시 누락된 것을 확정신고 때 신고하면 가능
> ③ 국세기본법에 의해 과세표준신고서와 함께 제출하는 경우
> ④ 국세기본법에 의해 경정청구서와 함께 제출해 확인하여 경정기관이 경정하는 경우

> ■ 참고
> 소형승용차란 사람의 수송만을 목적으로 제작된 일반형 승용자동차로서 개별소비세 과세대상이 되는 차량을 말한다. 다만 화물차, 밴, 8인승초과승합차와 배기량 1,000cc 미만으로 길이 3.5m, 폭 1.5m 이하의 것은 개별소비세가 과세되지 않으므로 매입세액을 공제받을 수 있다.

04 겸영사업자의 공통매입세액 안분계산 생략 사유

1) 해당 과세기간의 총공급가액 중 면세공급가액이 5% 미만이면서 공통매입세액이 5백만원 미만인 경우
2) 해당 과세기간 중의 공통매입세액 합계액이 5만원 미만인 경우
3) 신규로 사업을 개시한 해당 과세기간에 매입한 공통사용재화를 해당 과세기간에 매각하여 과세표준 안분계산을 생략한 경우

☑️이론문제 | 매입세액의 계산

01 다음 중 부가가치세법상 과세사업과 면세사업에 공통으로 사용되는 매입세액을 안분계산하지 않고 전액 공제하는 사유가 아닌 것은?

① 해당 과세기간의 총공급가액 중 면세공급가액이 5% 미만이면서 공통매입세액이 5백만원 미만인 경우

② 공통사용재화를 매입한 과세기간과 동일한 과세기간에 공급한 경우

③ 해당 과세기간 중의 공통매입세액 합계액이 5만원 미만인 경우

④ 신규로 사업을 개시한 해당 과세기간에 매입한 공통사용재화를 해당 과세기간에 매각하여 과세표준 안분계산을 생략한 경우

02 다음의 자료는 일반과세자인 김한세(음식점업)씨의 20×1년 1기 과세기간에 대한 세금계산서 수취내역이다. 부가가치세법상 공제받을 수 있는 매입세액의 합계액은 얼마인가?

내역	매입세액
• 01월 01일 : 세무대행 수수료	500,000원
• 01월 15일 : 배달용 오토바이(125cc 이하) 유류대금	10,000원
• 02월 06일 : 종업원 회식비	300,000원
• 03월 05일 : 거래처 기업업무추진비	100,000원
• 05월 08일 : 개별소비세 과세 대상 자동차 구입대금	10,000,000원

① 510,000원   ② 810,000원

③ 910,000원   ④ 10,910,000원

03 부가가치세법상 의제매입세액공제에 대한 설명으로 옳지 않은 것은?

① 수입되는 면세농산물의 매입가액은 관세의 과세가격으로 한다.

② 공제대상이 되는 원재료의 매입가액은 운임 등의 부대비용을 제외한 매입원가로 한다.

③ 면세농산물 등을 원재료로 하여 제조 또는 가공한 재화 또는 창출한 용역의 공급이 과세되는 경우에 적용된다.

④ 면세농산물 등을 공급받는 날이 속하는 과세기간의 확정신고 시에만 공제가 가능하다.

04 다음 중 부가가치세법상 매입자발행세금계산서에 관한 설명으로 옳지 않은 것은?

① 매입자발행세금계산서를 발행하려는 자는 해당 재화 또는 용역의 공급시기가 속하는 과세기간의 종료일부터 6개월 이내에 관할세무서장에게 거래 사실의 확인을 신청하여야 한다.

② 신청서를 송부받은 공급자 관할세무서장은 신청인의 신청내용, 제출된 증빙자료를 검토하여 거래 사실 여부를 확인하여야 한다. 이 경우 거래 사실의 존재 및 그 내용에 대한 입증책임은 신청인에게 있다.

③ 신청을 받은 관할세무서장은 신청서에 재화 또는 용역을 공급한 자의 인적사항이 부정확하거나 신청서 기재방식에 흠이 있는 경우에는 신청일부터 7일 이내에 일정한 기간을 정하여 보정요구를 할 수 있다.

④ 거래 사실의 확인 신청 대상이 되는 거래는 거래 건당 공급대가가 50만원 이상인 경우로 한다.

05 다음 중 부가가치세법상 의제매입세액공제의 공제율로 틀린 것은?

① 개별소비세법에 따른 과세유흥장소의 경영자 : 102분의 2
② 과세기간의 과세표준이 1억원인 음식점을 경영하는 개인사업자 : 108분의 8
③ 제조업 중 떡방앗간을 경영하는 개인사업자 : 106분의 6
④ 음식점을 경영하는 법인사업자 : 106분의 6

06 다음 중 부가가치세법상 공제대상 매입세액에 해당하는 것은?

① 토지의 취득 및 형질변경, 공장 부지 및 택지의 조성 등에 관련된 매입세액
② 기업업무추진비 및 이와 유사한 비용의 지출에 관련된 매입세액
③ 공급시기가 속하는 과세기간이 끝난 후 20일 이내에 사업자등록을 신청한 경우 등록신청일부터 공급시기가 속하는 과세기간 기산일까지 역산한 기간 내의 매입세액
④ 개별소비세법에 따른 자동차(운수업, 자동차판매업 등 업종에 직접 영업으로 사용되는 것은 제외한다)의 구입과 임차 및 유지에 관한 매입세액

07 다음 중 부가가치세법상 사업장과 의제매입세액공제율이 잘못 연결된 것은?

구분	공제율
① 음식점과 제조업 이외의 사업장을 영위하는 법인사업자	2/102
② 과세표준이 1억원 이하인 음식점업을 영위하는 법인사업자	9/109
③ 과세표준이 2억원 이하인 음식점업을 영위하는 개인사업자	9/109
④ 개별소비세법에 따라 과세유흥장소를 영위하는 개인사업자	2/102

08 다음 중 부가가치세 납부세액 계산 시 공제대상 매입세액에 해당되는 것은?

① 사업과 무관한 부가가치세 매입세액
② 공장부지 및 택지의 조성 등에 관련된 부가가치세 매입세액
③ 자동차판매업의 영업에 직접 사용되는 8인승 승용자동차 부가가치세 매입세액
④ 거래처 체육대회 증정용 과세물품 부가가치세 매입세액

09 다음 중 부가가치세법상 신용카드 매출전표 발행에 따른 세액공제에 대한 설명으로 잘못된 것은?

① 음식점업 또는 숙박업을 하는 간이과세자의 경우 발급금액 또는 결제금액에 2.6퍼센트를 곱한 금액을 납부세액에서 공제한다.

② 신용카드매출전표 등 발행세액공제의 각 과세기간별 한도는 500만원이다.

③ 직전연도의 재화 또는 용역의 공급가액의 합계액이 사업장을 기준으로 10억원을 초과하는 개인사업자는 신용카드매출전표 등 발행세액공제를 적용할 수 없다.

④ 법인사업자는 신용카드매출전표 등 발행세액공제를 적용받을 수 없다.

10 다음 중 부가가치세법상 공제되는 매입세액이 아닌 것은?

① 공급시기 이후에 발급하는 세금계산서로서 해당 공급시기가 속하는 과세기간에 대한 확정신고기한 경과 후 발급받은 경우 당해 매입세액

② 매입처별세금계산서합계표를 경정청구나 경정 시에 제출하는 경우 당해 매입세액

③ 예정신고 시 매입처별 세금계산서합계표를 제출하지 못하여 해당 예정신고기간이 속하는 과세기간의 확정신고 시에 제출하는 경우 당해 매입세액

④ 발급받은 전자세금계산서로서 국세청장에게 전송되지 아니하였으나 발급한 사실이 확인되는 경우 당해 매입세액

📌 이론문제 정답 및 해설

01 ② 과세사업과 면세사업 등에 공통으로 사용되는 재화를 공급받은 과세기간 중에 그 재화를 공급한 경우 그 재화에 대한 매입세액의 안분계산은 직전 과세기간의 공급가액을 기준으로 한다(부가가치세법 시행령 제81조 제2항 및 시행규칙 제54조 제3항).

02 ② 세무대행 수수료 500,000원 + 배달용 오토바이 유류대금 10,000원 + 종업원 회식비 300,000원
= 810,000원

개별소비세법 과세 대상 자동차(운수업, 자동차판매업 등의 업종에 직접 영업으로 사용되는 것 제외)의 구입과 임차 및 유지에 관한 매입세액과 기업업무추진비 및 이와 유사한 비용의 지출에 관련된 매입세액은 매출세액에서 공제하지 않는다(부가가치세법 제39조 제1항 제5호 및 제6호).

03 ④ 의제매입세액은 확정신고뿐 아니라 예정신고 시에도 적용이 가능하다(부가가치세법 제42조).

04 ④ 거래 사실의 확인 신청 대상이 되는 거래는 거래 건당 공급대가가 5만원 이상인 경우로 한다(부가가치세법 시행령 제71조의2 제4항).

05 ② 음식점을 경영하는 개인사업자는 과세표준 2억원 이하인 경우에는 109분의 9를 적용한다(부가가치세법 제42조 제1항).

06 ③ 부가가치세법 제39조 제1항 제8호에 해당한다.

07 ② 음식점업을 영위하는 법인사업자의 공제율은 6/106이다(부가가치세법 제42조 제1항).

08 ③ 자동차판매업의 영업에 직접 사용되는 승용자동차는 매입세액 공제대상이다(부가가치세법 제39조 제1항 제5호).

09 ② 연간한도액은 500만원이다. 단, 2026년 12월 31일까지는 연간 1천만원을 한도로 한다(부가가치세법 제46조).

10 ① 재화 또는 용역의 공급시기 이후에 발급받은 세금계산서로서 해당 공급시기가 속하는 과세기간에 대한 확정 신고기한까지 발급받은 경우 당해 매입세액은 공제가능하다.

| 제6절 | 세금계산서 |

◢ 01 세금계산서 개관

구분	내용
의의	사업자가 재화·용역을 공급할 때 부가가치세를 거래징수한 사실을 증명하기 위하여 교부하는 계산서
기능	송장·청구서·대금영수증·증빙서류와 장부, 과세자료 기능
발급의무자	일반과세자 및 간이과세자로 사업자등록을 하고 재화 또는 용역을 공급하는 사업자
발급시기	1) 원칙 : 재화 또는 용역의 공급시기에 발급 2) 특례 　① 공급시기 도래 전 선발급 : 발급인정 　　㉠ 대가의 전부 또는 일부를 받고 세금계산서를 발행한 경우 　　㉡ 세금계산서 발급 후 7일 이내에 대가를 지급받는 경우 　　㉢ 세금계산서 발급 후 30일 이내(계약서 등을 통해 대금청구시기 세금계산서 발급시기와 지급시기 기재 시)에 대가를 받은 경우 　　㉣ 동일 과세기간 내(조기환급을 받은 경우 30일 이내)에 공급시기가 도래하는 경우 　② 공급시기 도래 후 후발급 : 월합계세금계산서 발급, 다음에 해당하는 경우에는 공급일이 속하는 달의 다음 달 10일까지 세금계산서를 발급할 수 있다. 　　㉠ 거래처별로 1역월의 공급가액을 합계하여 당해 월의 말일자를 발행일자로 하여 세금계산서를 발급하는 경우 　　㉡ 거래처별로 1역월 이내에서 사업자가 임의로 정한 기간의 공급가액을 합계하여 그 기간의 종료일자를 발행일자로 하여 세금계산서를 발급하는 경우 　　㉢ 관계증빙서류 등에 의하여 실제거래사실이 확인되는 경우로서 당해 거래 일자를 발행일자로 하여 세금계산서를 발급하는 경우
발행 및 발급	재화·용역을 공급하는 사업자가 2매를 발행하여 1매는 공급자가 보관하고 1매는 공급받는 자에게 발급
필요적 기재사항	1) 공급하는 사업자의 등록번호와 성명 또는 명칭 2) 공급받는 자의 등록번호 3) 공급가액과 부가가치세액 4) 작성연월일
임의적 기재사항	1) 공급하는 자의 주소 2) 공급받는 자의 상호·성명·주소 3) 공급하는 자와 공급받는 자의 업태와 종목 4) 공급품목·단가와 수량·공급연월일·거래의 종류

▼ 세금계산서의 종류

구분		발급의무자
세금계산서	세금계산서	일반과세사업자 또는 4,800만원 초과 8,000만원 이하 간
	전자세금계산서	이과세자가 발급
	수입세금계산서	세관장이 재화의 수입자에게 발급
	매입자발행세금계산서	매입자가 발급
계산서	계산서, 전자계산서	면세사업자
영수증	신용카드매출전표	간이과세자(공급대가 합계액이 8,000만원 이상 제외) 또
	현금영수증	는 최종소비자와 거래하는 사업자가 발급
	영수증	영세사업자, 면세사업자 등이 발급

◢ 02 전자세금계산서 발급

1) 발급의무자

법인사업자(영리법인, 국가·지방자치단체 등과 수익사업을 영위하는 비영리법인)와 직전 연도의 사업장별 재화 및 용역의 공급가액(면세공급가액 포함)의 합계액이 1억원 이상인 개인사업자(2024년 7월 1일 1억 400만원 이상)만 발급한다. 단, 1억원 이하의 개인사업자는 전자세금계산서를 선택하여 발급할 수 있다.

2) 발급

원칙적으로는 공급일자에 발급하지만 세금계산서 발급특례가 적용된 경우에는 거래시기가 속하는 달의 다음 달 10일까지 발급한다.

3) 발급명세 전송

전자세금계산서의 발급의무자는 전자세금계산서를 발급하였을 때에 "발급일의 다음 날"까지 전자세금계산서 발급명세를 국세청장에게 전송하여야 한다.

4) 전자세금계산서 발급, 전송과 관련된 혜택 및 가산세

① 혜택 : 매출·매입처별세금계산서합계표 제출 면제, 세금계산서 보관의무 면제

② 전자(세금)계산서 발급에 대한 세액공제 : 직전연도 공급가액(총수입금액)이 3억원 미만인 개인사업자가 재화와 용역을 공급하는 분부터 전자(세금)계산서 발급·전송하는 경우에는 연 100만원을 한도(발급 건수당 200원을 곱하여 계산한 금액)로 세액공제를 받는다.

③ 가산세

구분	가산세율	기한
미발급	공급가액의 2%(전자세금계산서 대신 종이세금계산서 발급1%)	확정신고기한 내 미발급 시

지연발급	공급가액의 1%(공급받는 자도 0.5%)	발급시기 지난 후 확정신고기한 내 발급 시
미전송	공급가액의 0.5%	과세기간에 대한 확정신고기한까지 미전송
지연전송	공급가액의 0.3%	발급명세 전송기한이 경과 후 과세기간에 대한 확정신고기한까지 전송
중복적용 배제	• 전자세금계산서 미전송 및 지연전송 가산세는 매출처별세금계산서합계표 관련 가산세가 적용되는 경우에는 배제함 • 전자세금계산서 지연발급가산세(1%)와 발급명세 지연전송가산세(0.5%)가 중복되는 경우에는 지연발급가산세(1%)만 부과함	

5) 수정세금계산서

① 발급사유와 발급방법

사유	수정 발급일	수정발급방법	매수	작성연월일	비고란	수정 신고
환입	환입일	환입 금액분 (−)세금계산서발급	1매	환입일	당초 작성일	×
계약해제	계약 해제일	(−)세금계산서발급	1매	계약해제일	당초 작성일	×
공급가액 변동	변동일	증감분(+)(−)세금계산서발급	1매	변동사유 발생일	당초 발급일	×
L/C 사후개설	사후 개설일	(−)세금계산서발급 영세율세금계산서발급	2매	당초작성일	개설일	×
필요기재사항 착오 등	착오 등 인식일	(−)세금계산서발급 정확한 세금계산서발급	2매	당초작성일	수정분 발급일	×, ○
필요기재사항 착오 등 외의 사유	잘못 기재 인식일	(−)세금계산서발급 정확한 세금계산서발급	2매	당초작성일	수정분 발급일	×
이중발급	이중발급 인식일	(−)세금계산서발급	1매	당초작성일	발급 사유	○, ×
면세 등 발급 대상이 아닌 거래	인식일	(−)세금계산서발급	1매	당초작성일	발급 사유	○, ×
세율 잘못 적용	인식일	(−)세금계산서발급 정확한 세금계산서발급	2매	당초작성일	발급 사유	○, ×

② 필요적 기재사항 등이 착오 외의 사유로 잘못 기재한 세금계산서에 대한 수정세금계산서 발급기한

㉠ 재화·용역의 공급시기가 속하는 과세기간의 확정신고기한 다음 날부터 1년까지이다.

㉡ 단, 관할세무서장이 결정·경정하거나 세무조사 통지 등 결정·경정할 것을 미리 알고 있는 경우 수정발급은 불가하다.

6) 수입세금계산서

세관장이 수입되는 재화에 대하여 부가가치세를 징수하고 이를 증명하기 위하여 발급하는 세금 영수증을 말한다.

① **발급의무자** : 세관장
② **발급대상** : 부가가치세 과세대상 중 재화의 수입
③ **발급상대방** : 수입재화의 수입자
④ **발급시기** : 관세징수의 예에 따라 부가가치세를 징수하는 때(부가가치세의 납부가 유예되는 때)를 포함한다.
⑤ **발급특례** : 수개의 사업장이 있는 사업자가 재화를 수입하는 경우 수입신고필증상 기재된 사업장과 당해 재화를 사용, 소비할 사업장이 상이한 때에는 수입재화를 실지로 사용, 소비할 사업장 명의로 세금계산서를 발급받을 수 있다.

> ■ 세관장의 결정·경정 전에 수입자가 수정신고 인정하는 경우
>
> ㉠ 세관장이 결정·경정하거나 관세조사 통지 등 세관장이 결정·경정할 것을 미리 알고 수정 신고 등을 하는 경우로서 수입자의 착오 또는 경미한 과실로 확인되거나 수입자의 귀책사 유 없음을 증명하는 경우에 수정신고가 인정된다.
> ㉡ 다만, 다음 경우는 제외한다.
>
> > • 「관세법」에 따라 벌칙(관세포탈죄, 가격조작죄) 등이 적용되거나 부당한 방법(허위문 서 작성, 자료파기 등)으로 당초에 과소신고한 경우
> > • 수입자가 동일한 신고오류를 반복하는 등 대통령령으로 정하는 중대한 과실이 있는 경우

7) 세금계산서 발급의무가 면제되는 경우

① 택시운송 사업자, 노점 또는 행상을 하는 자
② 소매업 또는 미용, 욕탕 및 유사서비스업을 영위하는 자가 공급하는 재화 또는 용역. 다만, 소매업의 경우에는 공급받는 자가 세금계산서의 발급을 요구하지 아니하는 경우에 한한다.
③ 무인자동판매기를 이용하여 재화 또는 용역을 공급하는 자
④ 전력 또는 도시가스를 실지로 소비하는 자(사업자가 아닌 자에 한한다)를 위하여 「전기사업 법」에 의한 전기사업자 또는 「도시가스사업법」에 의한 도시가스사업자로부터 전력 또는 도 시가스를 공급받는 명의자
⑤ 도로 및 관련시설 운영용역을 공급하는 자. 다만, 공급받는 자로부터 세금계산서의 발급을 요구받은 경우를 제외한다.
⑥ 자가공급(판매목적 타사업장 반출 제외), 개인적공급, 사업상증여, 폐업 시 잔존재화로서 공 급의제되는 재화

⑦ 영세율이 적용대상이 되는 재화·용역(단, 내국신용장, 구매확인서 등을 활용한 영세율세금
   계산서 발급 대상자는 제외)
⑧ 기타 국내사업장이 없는 비거주자 또는 외국법인에게 공급하는 재화·용역
⑨ 부동산임대용역 중 간주임대료
⑩ 전자서명인증사업자가 인증서를 발급하는 용역(다만, 공급받는 자가 사업자로서 세금계산서
   의 발급을 요구하는 경우 제외)

03 영수증

1) 영수증발급의무자

간이과세자(직전연도 공급대가의 합계액이 4,800만원 미만인 자 또는 신규로 사업을 시작하는
개인사업자 중 간이과세자)와 일반과세자 중 주로 사업자가 아닌 자에게 재화·용역을 공급하
는 일정한 사업을 영위하는 사업자이다.

2) 고객 요청 시 세금계산서를 발급하여야 하는 사업

소매업, 음식점업(다과점업 포함), 숙박업, 간이과세자가 배제되는 전문자격사업 및 행정사업,
우정사업조직이 소포우편물을 방문접수하여 배달하는 용역을 공급하는 사업, 공인인증서를 발
급하는 사업, 국내사업장이 없는 비거주자 또는 외국법인에 공급하는 재화 또는 용역 등이다.

3) 고객이 요청하더라도 세금계산서를 발급할 수 없는 사업

이발·미용업, 목욕업, 극장업, 무도학원, 진료용역을 공급하는 사업, 전자적 용역 등이다.

4) 영수증 발급효과

부가가치세가 별도로 구분가능한 신용카드매출전표영수증 등 적격증빙을 받는 경우에는 매입
세액공제를 받을 수 있다.

5) 간이과세자의 영수증 발급 적용기간

1역년의 공급대가의 합계액이 4,800만원에 미달하거나 그 이상이 되는 해의 7월 1일부터 다음
해의 6월 30일까지로 한다. 단, 신규사업자의 경우 사업개시일부터 사업을 시작한 해의 다음
해의 6월 30일까지로 한다.

✅ 이론문제 │ **세금계산서**

01 다음 중 부가가치세법상 세금계산서 발급의 무가 면제되는 경우에 해당하지 않는 것은?

① 면세사업에 전용되는 자가공급
② 항공기에 의해 외국항행용역을 제공하는 경우
③ 재화를 직접 수출하는 경우
④ 내국신용장에 의해 수출업자에게 재화를 공급하는 경우

02 다음 중 부가가치세법상 세금계산서의 필요적 기재사항을 모두 고른 것은?

> 가. 공급하는 사업자의 등록번호
> 나. 공급하는 사업자의 성명 또는 명칭
> 다. 공급받는 자의 등록번호
> 라. 공급받는 자의 성명 또는 명칭
> 마. 전송 연월일
> 바. 작성 연월일

① 가, 다, 라, 마 ② 가, 나, 라, 바
③ 가, 다, 마, 바 ④ 가, 나, 다, 바

03 다음 중 세금계산서를 발급해야 하는 거래인 것은?

① 소매업자가 공급하는 재화로서 상대방이 세금계산서 발급을 요구하지 않는 경우
② 판매목적 타사업장 반출을 제외한 재화의 간주공급
③ 국내사업장이 있는 비거주자 또는 외국법인에게 공급하는 외화획득용역
④ 부동산 임대에서 발생한 간주임대료에 대한 부가가치세를 임대인이 부담하는 경우

04 부가가치세법상 수정(전자)세금계산서 작성일을 적고자 한다. 다음 중 작성일을 소급하여 처음에 발급한 (전자)세금계산서의 작성일을 적어야 하는 것은?

① 계약의 해지로 공급가액에 감소되는 금액이 발생한 경우
② 처음에 공급한 재화가 환입된 경우
③ 세율을 잘못 적용한 경우
④ 계약의 해제로 재화가 공급되지 아니한 경우

05 다음 중 세금계산서 발급의무의 면제 대상이 아닌 것은?

① 택시운송 사업자가 공급하는 재화 또는 용역
② 미용, 욕탕 및 유사 서비스업을 경영하는 자가 공급하는 재화 또는 용역
③ 내국신용장 또는 구매확인서에 의하여 공급하는 수출용 재화
④ 부동산임대용역 중 간주임대료

06 다음 중 부가가치세법상 수정(전자)세금계산서 발급사유와 발급절차에 관한 설명으로 잘못된 것은?

① 상대방에게 공급한 재화가 환입된 경우 수정(전자)세금계산서의 작성일은 재화가 환입된 날을 적는다.
② 계약의 해제로 재화·용역이 공급되지 않은 경우 수정(전자)세금계산서의 작성일은 계약해제일을 적는다.

③ 계약의 해지등에 따라 공급가액에 추가 또는 차감되는 금액이 발생한 경우 수정(전자)세금계산서의 작성일은 증감사유가 발생한 날을 적는다.

④ 재화·용역을 공급한 후 공급시기가 속하는 과세기간 종료 후 25일 이내에 내국신용장이 개설된 경우 수정(전자)세금계산서의 작성일은 내국신용장이 개설된 날을 적는다.

07 다음 중 부가가치세법에서 정한 재화 또는 용역의 공급시기에 공급받는 자가 사업자등록증을 제시하고 세금계산서 발급을 요구하는 경우에도 세금계산서를 발급할 수 없는 사업자는?

① 소매업
② 음식점업
③ 전세버스운송사업
④ 항공여객운송사업

📌 이론문제 정답 및 해설

01 ④ 내국신용장에 의해 수출업자에게 재화를 공급하는 경우에는 영세율이 적용되더라도 국내 거래이므로 세금계산서 발급 대상 거래이다(부가가치세법 시행령 제71조 제1항 제4호).

02 ④ 부가가치세법 제32조에 해당한다.

03 ③ 국외제공용역은 용역을 제공받는 자가 국내에 사업장이 없는 비거주자 또는 외국법인인 경우에 한하여 세금계산서 발급 의무가 면제된다(부가가치세법 시행령 제71조 제1항 제5호).

04 ③ 세율을 잘못 적용하여 발급한 경우 : 처음에 발급한 세금계산서의 내용대로 세금계산서를 붉은색 글씨로 쓰거나 음의 표시를 하여 발급하고, 수정하여 발급하는 세금계산서는 검은색 글씨로 작성하여 발급한다.

05 ③ 내국신용장 또는 구매확인서에 의하여 공급하는 재화는 제외한다.

06 ④ 공급시기가 속하는 과세기간 종료 후 25일 이내에 내국신용장이 개설된 경우 당초 세금계산서 작성일을 적는다.

07 ④ 항공운송사업 중 여객운송사업은 세금계산서를 발급할 수 없다.

제7절 신고와 납부세액

부가가치세법은 매출세액에서 매입세액을 공제하여 납부(환급)세액을 산출한다.

(−)	매출세액	과세표준 × 세율 + 예정신고누락분 ± 대손세액
	매입세액	= 세금계산서 등의 매입세액 + 기타공제 매입세액 − 공제받지 못할 매입세액
	납부세액	= 매출세액 − 매입세액
(−)	세액공제	• 신용카드매출전표 발급 등에 대한 세액공제 • 전자세금계산서 발급 · 전송에 대한 세액공제 • 전자신고에 대한 세액공제
(+)	가산세액	• 예정신고 미환급세액 및 예정고지세액
	차가감 납부세액	= 납부세액 ± 가산 · 공제세액

01 예정신고와 납부

1) 예정신고 납부의무자

영세법인을 제외한 법인사업자

2) 예정신고납부를 할 수 있는 자

① 휴업 또는 사업부진 등으로 인하여 각 예정신고기간의 공급가액 또는 납부세액이 직전 과세
기간의 공급가액 또는 납부세액의 1/3에 미달하는 자

② 각 예정신고기간분에 대하여 조기환급을 받고자 하는 자

3) 예정신고납부기간

구분	예정신고 · 납부기간			예정신고 · 납부기한
	계속사업자	신규사업자	과세유형전환자	
1기 예정	1.1. ~ 3.31.	개업일 ~ 3.31.	① 1.1. ~ 유형전환 말일 ② 유형전환일 ~ 3.31.	4월 25일
2기 예정	7.1. ~ 9.30.	개업일 ~ 9.30.	① 7.1. ~ 유형전환 말일 ② 유형전환일 ~ 9.30.	10월 25일

① 과세유형전환자는 과세기간 개시일부터 유형전환 말일까지 분에 대해서 25일 이내에 확정신
고 납부하여야 한다.

② 예정신고납부기한은 예정신고납부기간 종료 후 25일 이내이다.

4) 예정고지와 납부

소규모 영세사업자의 납세편의를 도모하고, 과세행정의 효율을 기하고자 관할세무서장이 직전
기납부세액의 50%를 고지하여 납부하도록 하는 것을 말한다.

① **예정고지 대상자** : 예정신고납부를 하는 자를 제외한 개인사업자와 직전 과세기간 과세표준
이 1.5억원 미만인 법인

② 예정고지납부 제외 : 납부세액이 50만원 미만이면 제외하고, 사업자가 재난이나 도난으로 재산에 심한 손실을 입는 등 세금을 납부할 수 없다고 인정되는 경우에는 예정고지 또는 예정부과를 하지 아니하도록 하여 납세자의 납세협력 부담을 완화하였다.

③ 예정고지 기간 : 제1기 4.1 ~ 4.10, 제2기 10.1 ~ 10.10.

02 확정신고와 납부

사업자는 각 과세기간을 종료함으로써 과세표준과 납부세액 또는 환급세액을 정부에 신고하는 것을 말한다.

1) 확정신고 납부의무자

원칙은 과세사업자(영세율사업자, 면세포기사업자, 간이과세자 포함)이며 예외적으로 합병 시에는 합병 후 존속법인과 합병신설법인이 해당한다.

2) 확정신고납부기간과 기한

구분	확정신고 · 납부기간			확정신고 · 납부기한
	계속사업자	신규사업자	과세유형전환자	
1기	1.1. ~ 6.30.	개업일 ~ 6.30.	1.1. ~ 폐업일(합병등기일)	7월 25일
2기	7.1. ~ 12.31.	개업일 ~ 12.31.	7.1. ~ 폐업일(합병등기일)	다음 연도 1월 25일

3) 확정신고납부 대상 및 제외대상

예정신고 누락 과세표준과 세액, 가산세를 포함하고 예정신고 및 영세율 등 조기환급신고를 한 내용은 신고대상에서 제외한다. 그 과세기간 종료 후 25일 내에 각 사업장 관할세무서장에게 신고·납부하여야 한다.

03 신용카드매출전표 등의 발급 및 전자화폐 결제분 세액공제

부가가치세가 과세되는 재화 또는 용역을 공급하고 세금계산서 발급시기에 신용카드매출전표 등을 발급하거나 전자화폐(제로페이 등)로 결제받는 경우에 일정한 금액을 납부세액에서 공제한다.

구분	세액공제 내용
공제 대상자	1) 영수증 발급의무와 영수증 발급특례에 해당하며 최종소비자를 대상업종(소매·음식점·숙박업 등)을 하는 개인사업자(법인사업자와 직전 연도의 재화 또는 용역의 공급가액의 합계액이 2016년 1월 1일 이후 10억원을 초과하는 개인사업자 제외) 2) 간이과세자(직전 연도의 공급대가의 합계액이 4,800만원 미만인 자 또는 신규로 사업을 시작하는 개인사업자 중 간이과세자) ※ 다만, 유의할 점은 영수증 발급의무자만 공제대상이므로 도매업, 제조업, 부동산매매업 등 세금계산서 발급대상자는 공제대상자에 해당하지 않는다.

	3) 전기통신사업법에 따른 통신판매업자의 판매 대행·중개자, 외국환거래법에 따른 전문외국환업무취급업자
공제세액의 계산	• 공제세액 = (신용카드매출전표 등 발행금액 + 전자화폐결제금액) × 공제율 • 공제율 = 1%(2026.12.31.까지는 1.3%) • 한도액 = 연간 500만원(2026.12.31.까지는 1,000만원)

◢ 04 조세특례제한법상 세액공제

1) 전자신고에 대한 세액공제

구분	세액공제 내용
납세자가 직접신고	• 1만원 공제 또는 환급(간이과세자는 환급 배제) • 확정신고에만 적용되고, 예정신고는 적용 안 함
세무대리인이 신고	• 납세자 1인당 1만원 공제 • 연간공제한도액 : 300만원(세수법인 또는 회계법인은 750만원) • 연간공제한도액은 소득세 또는 법인세 공제액과 부가가치세액을 합한 금액임

2) 일반택시 운송사업자 부가가치세 납부세액 경감(경감률 99%)

> ※ 경감액은 일반택시 운수종사자 현금 지급(90%), 택시감차보상재원(5%), 복지기금재원(4%)으로 활용

3) 전자고지 신청 납세자에 대한 세액공제

전자고지 신청(전자송달 방법으로 납부고지서 송달을 신청) 납세자에 대한 세액을 공제한다.
① **대상** : 중간예납하는 소득세, 예정고지·예정부과하는 부가가치세, 과세표준과세액을 정부가 결정하는 국세(수시부과하는 경우는 제외)
② **공제금액** : 납부고지서 1건당 1,000원

4) 현금영수증사업자에 대한 부가가치세 과세특례

① **대상** : 현금영수증가맹점의 현금영수증 발급건수 등
② **공제금액** : 종이발급 9.4원, 온라인발급 8.4원

◢ 05 수정신고와 경정청구, 기한 후 신고 요약

1) 수정신고

① **신고자 및 청구사유** : 법정신고기한 내에 정기신고한 자로서 당초에 과소신고한 경우를 말한다.
② **신고(청구)기한** : 과세관청에서 결정 또는 경정을 통지하기 전까지이다.
③ **신고(청구)효력** : 확정력이 인정된다.

2) 경정 등 청구

가산세 감면사항 없음

구분	일반적 사유	후발적 사유
신고(청구)자	정기신고기한 내 신고한 자	정기신고자 또는 과세표준과세액의 결정을 받은 자
신고(청구)사유	당초 과대신고	후발적 사유로 당초 과대신고한 경우
신고(청구)기한	신고기한 5년 내	후발적 사유의 발생을 안 날로부터 3월 내
신고(청구)효력	감액확정력 없음, 정부가 2월 이내 감액결정·경정하거나 해당 없음을 통지할 의무 발생함	

3) 기한 후 신고

① 신고자 및 청구사유 : 법정신고기한 내에 신고서 미제출자로서 납부할 세액이 있는 경우를 말한다.

② 신고(청구)기한 : 과세관청이 결정하여 통지하기 전까지이다.

③ 신고(청구)효력 : 확정력이 없고 정부가 결정한다.

06 결정, 경정, 수시부과, 경정의 제한 사유

구분	사유
결정, 경정	1) 예정신고 또는 확정신고를 하지 아니한 경우 2) 예정신고 또는 확정신고를 한 내용에 오류가 있거나 내용이 누락된 경우 3) 확정신고를 할 때 매출처별 세금계산서합계표 또는 매입처별 세금계산서합계표를 제출하지 아니하거나 제출한 매출처별 세금계산서합계표 또는 매입처별 세금계산서합계표에 기재사항의 전부 또는 일부가 적혀 있지 아니하거나 사실과 다르게 적혀 있는 경우 4) 신용카드가맹점 또는 현금영수증가맹점 가입 대상자로 지정받은 사업자가 정당한 사유 없이 신용카드가맹점 또는 현금영수증가맹점으로 가입하지 아니한 경우로서 사업 규모나 영업 상황으로 보아 신고 내용이 불성실하다고 판단되는 경우 5) 조기환급 신고의 내용에 오류가 있거나 내용이 누락된 경우
수시부과	1) 사업장의 이동이 빈번한 경우 2) 사업장의 이동이 빈번하다고 인정되는 지역에 사업장이 있을 경우 3) 휴업 또는 폐업 상태에 있을 경우
경정제한	영수증교부의무가 있는 사업 중 국세청장이 정하는 업종을 경영하는 사업자로서 같은 장소에서 계속하여 5년 이상 사업을 경영한 자에 대해서는 객관적인 증명자료로 보아 과소하게 신고한 것이 분명한 경우에만 경정할 수 있다.

07 결정 · 경정 방법

1) 원칙
세금계산서, 장부, 기타 증빙을 근거로 하여 실지조사에 의하여 경정하여야 한다.

2) 예외(추계조사)
① 과세표준을 계산할 때 필요한 세금계산서, 수입세금계산서, 장부 또는 그 밖의 증명 자료가 없거나 그 중요한 부분이 갖추어지지 아니한 경우
② 세금계산서, 수입세금계산서, 장부 또는 그 밖의 증명 자료의 내용이 시설규모, 종업원 수와 원자재 · 상품 · 제품 또는 각종 요금의 시가에 비추어 거짓임이 명백한 경우
③ 세금계산서, 수입세금계산서, 장부 또는 그 밖의 증명 자료의 내용이 원자재 사용량, 동력(動力) 사용량이나 그 밖의 조업 상황에 비추어 거짓임이 명백한 경우

3) 추계조사 시에 매입세액공제
① 원칙 : 추계조사에 따라 납부세액을 계산할 때 공제하는 매입세액은 발급받은 세금계산서를 관할세무서장에게 제출하고 그 기재내용이 분명한 부분으로 한정한다.
② 예외 : 다만, 재해 또는 그 밖의 불가항력으로 인하여 발급받은 세금계산서가 소멸되어 세금계산서를 제출하지 못하게 되었을 때에는 해당 사업자에게 공급한 거래상대방이 제출한 세금계산서에 의하여 확인되는 것을 납부세액에서 공제하는 매입세액으로 한다.

4) 결정 · 경정기관
① 일반적인 경우 : 각 사업장 관할세무서장이지만 국세청장이 중요하다고 할 경우에는 관할지방국세청장 또는 국세청장이 된다.
② 총괄납부사업자인 경우 : 각 사업장 관할세무서장이지만 국세청장이 중요하다고 할 경우에는 관할지방국세청장 또는 국세청장이 된다.

08 일반환급

1) 과세기간별 일반환급
확정신고기한 경과 후 30일 내(조기환급은 15일 이내)

2) 결정 · 경정에 의한 환급
지체없이 환급되어야 함

09 조기환급

1) 조기환급대상
① 영세율을 적용받는 경우
② 사업설비(감가상각자산)를 신설, 취득, 확장 또는 증축하는 경우

③ 조기환급기간, 예정신고기간 또는 과세기간의 종료일 현재 재무구조개선계획승인권자가 승인한 재무구조개선계획을 이행 중인 경우

2) 조기환급신고기간

예정신고기간 중 또는 과세기간 최종 3개월 중 매월 또는 매 2월에 조기환급기간이 끝난 날부터 25일 이내이다.

3) 조기환급기간

각 조기환급기간별로 해당 조기환급신고기한이 지난 후 15일 이내이다.

10 부가가치세 대리납부

재화 또는 용역을 공급받는 자가 납세의무자인 공급자를 대리하여 부가가치세를 납부하는 것을 말한다.

1) 비거주자 또는 외국법인(국외사업자) 대리납부

구분	주요내용
대리납부대상	비거주자 또는 외국법인 → 공급받는 용역, 재화의 수입에 해당되지 않는 것 (주의) 재화의 수입은 수입자가 부가가치세 신고납부함
대리납부의무자 (공급받는 자)	공급받은 용역 등을 매입세액불공제 대상인 경우, 면세사업자, 비사업자에 제공하는 경우
대리납부세액 계산	용역 등의 대가지급액(과세표준) × 10%
대리납부 절차	대리징수한 부가가치세는 대리납부신고서와 함께 제출, 사업장 또는 주소지 관할 세무서장에 납부서 작성하여 한국은행에 납부하여야 함

2) 사업양수인의 대리납부

구분	주요내용
대리납부대상	사업양도는 재화의 공급으로 보지 않음. 하지만 사업양도가 불명확한 경우 인도 후 공급자가 세금계산서를 발급한 것
대리납부의무자	사업양수인
대리납부세액 계산	사업양도 대가(과세표준) × 10%
대리납부 절차	• 사업양수인으로부터 대가를 받은 자로부터 그 대가를 지급하는 날이 속하는 달의 다음 달 25일까지 납부함 • 사업양도자가 발행한 세금계산서는 유효한 것으로 보며, 매입세액공제가 허용됨 • 사업양도인은 부가가치세신고서상 사업양수자가 대리납부한 세액을 기납부세액으로 차감하여 기재함

3) 신용카드업자의 대리납부

구분	주요내용
대리납부대상	일반유흥 주점업(단란주점영업 포함), 무도유흥 주점업에서 재화 및 용역 공급자
대리납부의무자	신용카드사
대리납부세액 계산	신용카드 등 결제금액(봉사료 제외) $\times$ 4/110 (공급가액의 4%)
대리납부 기한	매 분기가 끝나는 날의 다음 달 25일

◢ 11 수입 부가가치세 납부유예 적용대상 확대

중소기업, 중견기업의 수출기업 지원을 강화하기 위한 것이다.

■ 수입 부가가치세 납부유예* 적용대상

  * 수입 시 세관에서 부가가치세 납부를 유예하고, 세무서에 예정(확정) 신고 시 정산·납부
■ 납부유예 적용대상 확대
  1) 수출비중·수출액 요건 완화
    ① **중소기업** : 수출비중 30% 이상 또는 수출액 50억 원 이상
    ② **중견기업** : 수출비중 30% 이상
  2) 최근 3년간 계속 사업을 경영하고, 관세·조세범 처벌 사실이 없을 것
  3) 최근 2년간 관세·국세 체납 및 납부유예 취소사실이 없을 것
    단, 납부기한 경과 후 15일 내 체납세액 납부 시 제외

◢ 12 가산세

■ 수정신고 시 불성실가산세 감면
  ① 1개월 내 신고 시 : 90% 감면, 감면 후 납부세액 10%
  ② 3개월 내 신고 시 : 75% 감면, 감면 후 납부세액 25%
  ③ 6개월 내 신고 시 : 50% 감면, 감면 후 납부세액 50%
  ④ 1년 내 신고 시 : 30% 감면, 감면 후 납부세액 70%
  ⑤ 1년 6개월 내 신고 시 : 20% 감면, 감면 후 납부세액 80%
  ⑥ 2년 내 신고 시 : 10% 감면, 감면 후 납부세액 90%
■ 기한 후 신고 시
  ① 1개월 내 신고 시 : 50% 감면, 감면 후 납부세액 50%
  ② 3개월 내 신고 시 : 30% 감면, 감면 후 납부세액 70%
  ③ 6개월 내 신고 시 : 20% 감면, 감면 후 납부세액 80%

가산세 내용	가산세액 계산
• 전자세금계산서 미발급가산세(확정신고기한까지 미발급 시) • 미교부 및 위장·가공세금계산서 교부 가산세 • 수취분도 포함, 실제공급자 또는 공급받는 자가 아닌 타인을 기재 시	• 공급가액 × 2%(종이 1%) • 사실과 다른 경우 : 공급가액 × 2% • 가공인 경우 : 공급가액 × 3%
• 매입처별 매입세액 과다신고 관련 가산세 – 매입처별 세금계산서 합계표 – 신용카드매출전표 등 수령명세서 과다신고	• 과다하게 적은 공급가액 × 0.5%
• 전자세금계산서 지연발급가산세 (공급일의 다음 달 11일 ~ 확정신고기한까지 발급 시)	공급가액 × 1%(지연수취는 0.5%)
• 전자세금계산서 미전송가산세 (확정신고기한까지 미전송 시)	공급가액 × 0.5%
• 전자세금계산서 지연전송가산세 (발급일의 다음 날 이후부터 ~ 확정신고기한)	공급가액 × 0.3%
• 영세율신고 불성실가산세	과세표준의 무신고, 과소신고	공급가액 × 0.5% × 감면 후 납부세율

• 영세율신고 불성실가산세	과세표준의 무신고, 과소신고	공급가액 × 0.5% × 감면 후 납부세율
	영세율첨부서류 미제출	
• 납부·환급 불성실 가산세	납부세액 무납부, 과소납부	미달납부(초과환급)세액 × (22/100,000) × 미납일수 ※ 초과환급세액은 환급일 다음 날부터 계산, 자진납부일 또는 고지일 포함
	초과환급받은 세액	
• 신고불성실가산세 (부당은 모두 40%)	무신고	해당세액 × 20% × 감면 후 납부세율
	과소신고	해당세액 × 10% × 감면 후 납부세율
	초과환급신고	해당세액 × 20% × 감면 후 납부세율

◢ 13 소액 체납에 대한 납부지연가산세

150만원 미만 체납세액(세관장이 징수하는 내국세 포함)에 대하여 납부지연가산세일 경우 일 0.025% 면제(체납 일시부과분 3%는 과세)

✔️ 이론문제 │ 신고와 납부세액

01 다음 중 부가가치세법상 대손세액공제와 관련된 설명으로 옳지 않은 것은?

① 대손세액공제는 확정신고 시에 가능하다.

② 어음의 부도발생일로부터 6개월이 지난 경우라면 채무자의 재산에 대하여 저당권을 설정하고 있더라도 대손세액공제를 받을 수 있다.

③ 대손금을 회수한 경우 회수한 날이 속하는 과세기간의 매출세액에 가산한다.

④ 대여금에 대해서는 대손세액공제를 적용할 수 없다.

02 다음 중 부가가치세법상 납부세액에 관한 설명으로 옳지 않은 것은?

① 매입처별세금계산서합계표를 제출하지 아니한 경우의 세금계산서 수령분 매입세액은 원칙적으로 매출세액에서 공제하지 아니한다.

② 토지조성을 위한 자본적 지출에 관련된 매입세액으로서 토지취득 및 형질 변경 등에 관련된 것은 매출세액에서 공제하지 아니한다.

③ 법에 따른 매입자발행세금계산서에 기재된 매입세액은 공제대상 매입세액으로 본다.

④ 일반과세자가 간이과세자로 변경되면 변경 당시의 재고품에 대해 일정부분 매입세액공제를 받을 수 있다.

03 부가가치세법상 아래의 괄호 안에 들어갈 금액은 얼마인가?

> 개인사업자와 직전 과세기간 공급가액의 합계액이 (   )원 미만인 영세법인사업자에 대하여는 납세지 관할세무서장이 각 예정신고기간마다 직전 과세기간에 대한 납부세액의 50%에 상당하는 금액을 결정하여 예정 신고기간 내에 징수하도록 규정하고 있다.

① 48,000,000원   ② 80,000,000원

③ 150,000,000원   ④ 50,000,000원

04 다음 중 부가가치세법상 가산세율이 옳지 않은 것은?

① 타인 명의로 사업자등록을 하는 경우 : 2%

② 사업자가 사업개시일부터 20일 이내에 사업자등록을 신청하지 않은 경우 : 1%

③ 세금계산서의 발급시기가 지난 후 해당 재화 또는 용역의 공급시기가 속하는 과세기간에 대한 확정신고기한까지 세금계산서를 발급하는 경우 : 1%

④ 법인이 세금계산서의 발급시기가 지난 후 해당 재화 또는 용역의 공급시기가 속하는 과세기간에 대한 확정신고기한까지 전자세금계산서를 발급하지 아니한 경우 : 2%

05 다음 중 부가가치세법상 환급에 대한 설명으로 옳지 않은 것은?

① 일반환급의 경우 예정신고기한이 지난 후 30일 이내 환급하여야 한다.

② 사업설비를 취득한 경우 조기환급신고를 할 수 있다.

③ 대통령령으로 정하는 재무구조개선계획을 이행 중인 경우 조기환급신고를 할 수 있다.

④ 조기환급신고를 한 부분은 예정신고 및 확정신고대상에서 제외한다.

06 다음 중 부가가치세법상 환급에 대한 설명으로 틀린 것은?

① 결정 또는 경정에 의하여 추가로 발생한 환급세액이 있는 경우에는 환급을 결정한 날로부터 30일 이내로 사업자에게 환급하여야 한다.

② 각 과세기간별로 그 과세기간에 대한 환급세액을 확정신고한 사업자에게 그 확정신고기한이 지난 후 30일 이내에 환급하여야 한다.

③ 사업자가 사업 설비(감가상각자산)를 확장 또는 증축하는 경우에 조기환급을 받을 수 있다.

④ 조기환급을 신청하려는 사업자는 조기환급기간이 끝난 날로부터 25일 이내에 조기환급신고를 하여야 한다.

07 부가가치세법상 조기환급기간이라 함은 예정신고기간 중 또는 과세기간 최종 3개월 중 매월 또는 매 2월을 말한다. 다음 중 조기환급기간으로 적절하지 않은 것은?

① 20×1년 7월

② 20×1년 7월~20×1년 8월

③ 20×1년 9월~20×1년 10월

④ 20×1년 11월

📌 이론문제 정답 및 해설

01 ② 부도발생일부터 6개월 이상 지난 수표 또는 어음상의 채권으로서 채무자의 재산에 대하여 저당권을 설정하고 있는 경우에는 대손세액공제를 적용받을 수 없다(부가가치세법 시행령 제87조 제1항).

02 ④ 일반과세자가 간이과세자로 변경되는 경우 과세유형 변경일 현재 법에서 정한 재고품, 건설중인자산, 감가상각자산에 대하여 일정 금액을 납부세액에 더하여 납부한다(부가가치세법 제64조).

03 ③ 150,000,000원이다.

04 ① 타인의 명의로 제8조에 따른 사업자등록을 하거나 그 타인 명의의 제8조에 따른 사업자등록을 이용하여 사업을 하는 것으로 확인되는 경우 그 타인 명의의 사업개시일부터 실제 사업을 하는 것으로 확인되는 날의 직전일까지의 공급가액 합계액의 1%(부가가치세법 제60조)

05 ① 확정신고기한이 지난 후 30일 이내 환급하여야 한다(부가가치세법 제59조).

06 ① 결정에 의하여 발생한 환급세액은 지체 없이 환급하여야 한다(부가가치세법 시행령 제106조).

07 ③ 예정신고기간 또는 과세기간 최종 3개월로 구분하여 각각 매월 또는 매 2월에 대하여 조기환급신고를 할 수 있으므로 예정신고기간에 해당하는 20×1년 9월과 과세기간 최종 3개월에 해당하는 20×1년 10월에 대하여 함께 조기환급신고를 할 수 없다.

04 | NCS를 활용한 소득세(원천세) 이론

제1절 소득세 총론

◢ 01 소득세 의의

소득세는 법인소득세와 개인소득세로 나누고 있으며 본 단원에서 학습을 하는 소득세는 개인이 얻은 소득에 대하여 부과하는 조세로서 국가가 과세주체가 되고 개인이 과세객체가 되는 것으로 국세 중 내국세, 보통세, 직접세, 인세를 말한다.

◢ 02 소득세 구분

구분	내용
종합과세소득	2,000만원 초과인 금융(이자 + 배당)소득, 사업소득(부동산임대사업소득 포함), 근로소득, 연금소득, 기타소득
분류과세소득	위에 열거된 종합소득과 별도로 과세되는 퇴직소득, 양도소득
분리과세소득	2,000만원 이하인 금융(이자 + 배당)소득, 일용근로소득, 1,200만원 초과 또는 이하의 사적연금(선택적), 기타소득(무조건분리과세, 300만원 이하의 소득금액 선택적) 등
원천징수소득	이자, 배당, 특정사업소득, 근로, 연금, 기타, 퇴직소득 등 원천징수하여 납부하고 납세의무 종결됨

◢ 03 소득세 특징

1) 과세범위에 따라서는 소득원천설[6]에 근간을 두고 있으며, 일부 소득에 대해서는 순자산증가설[7]에 채택하고 있다.

2) 과세방식은 열거주의 과세방식을 채택하고 있으며 이자와 배당소득은 금전의 사용대가 또는 수익분배성이 있는 것에 대해서는 구체적인 법조문으로 나열하지 않아도 과세할 수 있도록 유형별 포괄주의를 채택하고 있다.

3) 각 개인의 부담능력에 따라 과세되는 응능과세제도이다.

4) 납세자와 담세자가 일치하는 직접세이다.

---

6) 소득원천설 : 일정한 원천에서 경상적·계속적으로 발생하는 것만을 과세소득으로 파악하고, 고정자산처분이익 등 불규칙적·우발적으로 발생하는 것은 과세소득의 범위에서 제외하여야 한다는 주장이다.
7) 순자산증가설 : 경상적·계속적인 것뿐 아니라 기타소득 또는 양도소득 등과 같은 일시적·우발적으로 발생하는 것도 과세소득에 포함하는 것을 말한다.

5) 과세단위에 따라서는 원칙적으로 개인단위과세(= 개인을 과세단위로 하므로 부부나 가족의 소득을 합산하여 과세하지 않는다.)이지만 예외적으로 가족이 공동으로 사업을 경영하는 데 있어 지분 또는 손익분배비율을 허위로 정하는 등 법 소정 사유가 있는 경우에 한하여 공동사업합산과세를 하고 있다.

6) 인적공제는 부양가족 등에 따른 조세부담을 고려하여 공제하는 것이며 또한 소득의 증가에 비례하여 누적적으로 증가하므로 8단계 초과 누진세율을 적용한 누진과세를 채택하고 있다.

7) 납세의무자가 다음 연도 5월 1일부터 5월 31일까지 과세표준확정신고로 납세의무를 확정시키는 신고납세주의를 채택하고 있다.

04 납세의무자

1) 거주자(무제한 납세의무자)

국내에 주소가 있거나 183일 이상 거소를 둔 개인으로서 국내외 모든 원천소득에 대해 납세의무가 있다.

2) 비거주자(제한 납세의무자)

거주자가 아닌 개인으로서 국내원천소득에 대해서만 납세의무가 있다.

3) 국세기본법에 따라 법인으로 보는 단체(허가를 받아 설립한 사단·재단·기타 단체나 공익목적 출연 기본재산이 있는 단체 등)를 제외한 법인 아닌 단체는 소득세법상 납세의무가 있다. 이들 단체가 국내에 주사무소 또는 사업의 실질적 관리장소를 국내에 둔 경우에는 거주자로, 그 밖의 경우에는 비거주자로 보아 소득세법을 적용한다.

05 과세기간

1) 원칙

소득세의 과세기간은 매년 1월 1일부터 12월 31일까지이며 확정신고기한은 다음 연도 5월 1일부터 5월 31일까지이다.

2) 예외

사유구분	과세기간	확정신고기한
사망 시	1월 1일 ~ 사망한 날까지	상속개시일이 속하는 달의 말일부터 6개월이 되는 날
출국 시	1월 1일 ~ 출국한 날까지	출국일 전일
폐업 시	1월 1일 ~ 12월 31일까지	다음 연도 5월 1일부터 5월 31일
신규사업자		

06 납세지

개인이 소득세를 납부하는 장소이다.

1) 일반적인 거주자와 비거주자 납세지 구분

구분	납세지
거주자	원칙 : 주소지, [예외] 주소가 없는 때 : 거소지
비거주자	원칙 : 국내사업장 소재지, 2 이상 사업장 : 주된 국내사업장 소재지 [예외] 국내사업장이 없는 경우 : 국내원천소득이 발생한 장소

2) 납세지가 불분명한 경우

① 주소지가 2 이상인 때는 주민등록법에 의하여 등록된 곳, 거소지가 2 이상인 때에는 생활관계가 보다 밀접한 곳

② 국내에 2 이상의 사업장이 있는 비거주자의 경우 그 주된 사업장을 판단하기가 곤란한 때에는 당해 비거주자가 기획재정부령 규정에 준하여 납세지로 신고한 장소

③ 국내사업장이 없는 비거주자에게 국내의 2 이상의 장소에서 국내원천 부동산소득 또는 국내원천 부동산등양도소득이 발생하는 경우에는 그 국내원천소득이 발생하는 장소 중에서 해당 비거주자가 기획재정부령 규정에 준하여 납세지로 신고한 장소

④ 비거주자가 ②, ③ 규정에 의한 신고를 하지 아니하는 경우에는 소득상황 및 세무관리의 적정성 등을 참작하여 국세청장 또는 관할지방국세청장이 지정하는 장소

3) 원천징수하는 자에 따라 납세지 구분

구분	납세지
거주자	원칙 : 주된 사업장 소재지 [예외] • 주된 사업장 외의 사업장에서 원천징수를 하는 경우에는 그 사업장의 소재지 • 사업장이 없는 경우에는 그 거주자의 주소지 또는 거소지
비거주자	원칙 : 비거주자의 주된 국내사업장 소재지 [예외] • 주된 국내사업장 외의 국내사업장에서 원천징수를 하는 경우에는 그 국내사업장의 소재지 • 국내사업장이 없는 경우에는 그 비거주자의 거류지(居留地) 또는 체류지
법인인 경우	본점 또는 주사무소 소재지 [예외] • 법인의 지점, 영업소, 독립채산제로 독자적 회계사무 처리 : 그 사업장의 소재지

4) 납세지 지정

국세청장 또는 관할지방국세청장은 다음 사유 중 하나의 경우라도 납세지를 지정할 수 있다. 다만 납세지의 지정 사유가 소멸한 경우 국세청장 또는 관할지방국세청장은 납세지의 지정을 취소하여야 하며, 납세지의 지정이 취소된 경우에도 그 취소 전에 한 소득세에 관한 신고, 신청, 청구, 납부, 그 밖의 행위의 효력에는 영향을 미치지 아니한다.

■ 지정사유
① **정부직권** : 납세지가 부적당 또는 납세의무를 이행하기에 불편한 경우에 납세지를 따로 지정 가능함
② **거주자의 신청** : 사업소득 있는 자가 사업장소재지를 납세지로 신청한 경우

5) 납세지 변경

납세지가 변경된 경우 그 변경 후의 납세지 관할세무서장에게 변경된 날로부터 15일 이내에 신고하여야 한다.

07 납세의무 특례

1) 공동사업

각 거주자별로 납세의무를 진다(단, 공동사업합산과세 시에는 연대납세의무가 있음).

2) 상속 등의 경우의 납세지

구분	납세지
거주자 비거주자	피상속인·상속인 또는 납세관리인의 주소지나 거소지 중 상속인 또는 납세관리인이 그 관할세무서장에게 납세지로서 신고하는 장소
비거주자가 납세관리인을 둔 경우	그 국내사업장의 소재지 또는 그 납세관리인의 주소지나 거소지 중 납세관리인이 그 관할세무서장에게 납세지로서 신고하는 장소

3) 신탁재산소득

그 신탁의 수익자(신탁의 위탁자 또는 그 상속인)가 납세의무를 진다. 다만, 수익자가 특별히 정하여지지 아니하거나 존재하지 아니하는 신탁 또는 위탁자가 신탁재산을 실질적으로 통제하는 등의 신탁의 경우에는 그 신탁재산에 귀속되는 소득은 위탁자에게 귀속되는 것으로 본다.

08 소득세의 계산구조

1) 종합소득금액 계산(1단계)

이자소득	(-)비과세 (-)분리과세	총수입금액	-	=	이자소득금액	종
배당소득	(-)비과세 (-)분리과세	총수입금액	(+)귀속법인세	=	배당소득금액	합
사업소득 (부동산임대소득)	(-)비과세	총수입금액	(-)필요경비	=	사업소득금액	소
근로소득	(-)비과세 (-)분리과세	총수입금액	(-)근로소득공제	=	근로소득금액	득
연금소득	(-)비과세 (-)분리과세	총수입금액	(-)연금소득공제	=	연금소득금액	금
기타소득	(-)비과세 (-)분리과세	총수입금액	(-)필요경비	=	기타소득금액	액

2) 소득세 계산(2단계)

| 종합소득금액 | ── | 이월결손금 차감 후 소득금액 |

| (-) 종합소득공제 | ── | 인적공제, 연금보험료(공적연금), 건강(장기요양), 고용보험료, 주택자금 특별소득공제 |

| (-) 그 밖의 소득공제(조특법) | ── | 개인연금저축(사적연금), 신용카드소득공제 등 |

| 종합소득과세표준 |

| (×) 세율 ※종합·퇴직소득 동일함 | ── |

과세표준	세율
1,400만원 이하	6%
1,400만원 초과 5,000만원 이하	84만원+초과액의 15%
5,000만원 초과 8,800만원 이하	624만원+초과액의 24%
8,800만원 초과 1억5천만원 이하	1,536만원+초과액의 35%
1억5천만원 초과 3억원 이하	3,706만원+초과액의 38%
3억원 초과 5억원 이하	9,406만원+초과액의 40%
5억원 초과 10억원 이하	17,406만원+초과액의 42%
10억원 초과	38,406만원+초과액의 45%

| 산출세액 |

| (-)세액감면 |
| (-)세액공제 | ── | 다자녀, 출산입양, 연금계좌, 보장성보험료, 의료비, 교육비, 기부금, 월세 등 |

| 결정세액 |

| (+)가산세 | ── | 신고불성실, 무기장, 무납부, 지급명세서제출불성실, 영수증수취명세서미제출, 원천징수납부불성실 등 |

| (+)추가납부세액 |

| 총결정세액(= 총부담세액) |

| (-)기납부세액 | ── | 중간예납, 원천납부, 수시부과세액 |

| 차감납부할세액 |

✓ 이론문제 | 소득세 총론

01 다음 중 소득세법에 대한 설명으로 옳은 것은?

① 소득세법은 종합과세제도에 의하므로 거주자의 모든 소득을 합산하여 과세한다.
② 소득세법은 개인단위로 과세한다.
③ 소득세의 과세기간은 원칙적으로 1/1 ~ 12/31까지이나 사업자의 선택에 의하여 이를 변경할 수 있다.
④ 거주자의 소득세 납세지는 사업장 소재지를 납세지로 한다.

02 다음 중 소득세법에 관한 설명으로 옳지 않은 것은?

① 소득세법상 과세기간은 사업개시일로부터 해당 과세기간 종료일까지이다.
② 신탁재산에 귀속되는 소득은 그 신탁의 이익을 받을 수익자에게 귀속되는 것으로 본다.
③ 소득세법은 종합과세제도이지만 양도소득과 퇴직소득은 분류과세한다.
④ 사업소득이 있는 거주자의 소득세 납세지는 원칙적으로 납세자의 주소지로 한다.

03 소득세법상 납세자의 각종 협력의무로서 적당하지 않은 것은?

① 장부의 비치 · 기장
② 계산서의 작성 · 교부
③ 호적등본의 제출
④ 경비 등 지출증빙의 수취 · 보관

04 소득세법에 대한 다음의 설명 중 옳지 않은 것은?

① 부동산임대업을 영위하는 거주자의 소득세 납세지는 그 부동산의 소재지이다.
② 거주자가 사망한 경우 상속인이 납세의무를 진다.
③ 부동산임대소득을 지급하는 경우에는 소득세를 원천징수하지 않는다.
④ 국내에 1년 이상 거소를 둔 개인은 거주자에 해당된다.

05 다음 소득세의 과세기간과 납세지에 대한 설명 중 틀린 것은?

① 과세기간은 원칙적으로 1월 1일부터 12월 31일까지이다.
② 거주자에 대한 소득세의 납세지는 그 주소지로 한다. 다만, 주소지가 없는 경우에는 그 사업장으로 한다.
③ 납세의무자가 출국한 경우에는 1월 1일부터 출국한 날까지로 한다.
④ 국내에 2개 이상의 사업장이 있는 비거주자의 경우 그 주된 사업장을 판단하기가 곤란한 때에는 당해 비거주자가 납세지로 신고한 장소를 납세지로 한다.

06 소득세법상 거주자 또는 비거주자가 되는 시기에 관한 설명으로 옳지 않은 것은?

① 비거주자는 국내에 주소를 둔 날에 거주자로 된다.

② 거주자는 주소 또는 거소의 국외 이전을 위하여 비자를 받은 날에 비거주자로 된다.

③ 비거주자는 국내에 거소를 둔 기간이 183일이 되는 날에 거주자로 된다.

④ 거주자가 국내에 주소가 없거나 국외에 주소가 있는 것으로 보는 사유가 발생한 날의 다음 날에 거주자에서 비거주자로 된다.

07 소득세의 납세의무에 관한 설명 중 틀린 것은?

① 외국인도 거주자로서 납세의무를 지는 경우가 있을 수 있다.

② 법인으로 보는 단체 외의 법인이 아닌 단체로서 구성원 간 이익의 분배방법 및 비율이 정해져 있지 않은 단체는 1거주자로 취급되어 소득세 납세의무를 진다.

③ 이자소득과 배당소득의 경우에 개인별로 과세하지 않고 부부단위로 합산하여 과세한다.

④ 상속인은 피상속인의 소득세에 대한 납세의무를 진다.

📌 이론문제 정답 및 해설

01 ① 거주자는 국내외 원천소득을 구분하지 않고, 모든 소득에 대하여 소득세 납세의무를 진다. 또한, 소득세법은 개인단위로 과세하지만, 공동사업의 합산과세 시에는 공동사업합산과세를 규정하고 있다. 소득세의 과세기간은 사업자의 선택사항이 아니며, 거주자의 납세지는 주소지가 된다.

02 ① 소득세의 과세기간은 1월 1일부터 12월 31일까지 1년으로 한다. 다만, 거주자가 사망한 경우 1월 1일부터 사망한 날까지, 거주자가 출국한 경우 1월 1일부터 출국한 날까지로 한다.

03 ③ 소득세법상 납세자 중 금융소득 또는 사업소득, 연금소득, 기타소득자는 소득자료에 대한 제출의무는 있으나 인적공제에 대한 호적등본의 제출은 불필요하다. 다만, 근로소득자 또는 종합소득자가 인적공제를 받기 위해서 주민등록등본 또는 가족관계증명서를 제출할 때 대체서류로 할 경우는 있다.

04 ① 거주자에 대한 소득세의 납세지는 주소지이다.

05 ② 거주자에 대한 소득세의 납세지는 그 주소지로 한다. 다만, 주소지가 없는 경우에는 그 거주지로 한다.

06 ② 거주자는 주소 또는 거소의 국외 이전을 위하여 출국하는 날의 다음 날에 비거주자로 된다.

07 ③ 이자소득과 배당소득의 경우에도 부부단위로 합산하여 과세하지 않고 개인별로 과세한다.

제2절 종합소득의 분류

01 이자소득

> 이자소득총수입금액(비과세소득과 분리과세소득은 제외) = 이자소득금액

1) 과세이자소득의 종류

① 국가・지방자치단체・내국법인・외국법인의 국내지점 또는 국내영업소에서 발행한 채권 또는 증권의 이자와 할인액

② 국내 또는 국외에서 받는 대통령령으로 정하는 파생결합사채로부터의 이익

③ 국내 또는 국외에서 받는 예금에서 발생하는 이자

④ 상호신용계 또는 신용부금으로 인한 이익

⑤ 채권・증권의 환매조건부 매매차익

⑥ 저축성보험의 보험차익(10년 미만). 단, 10년 이상 장기저축보험의 보험차익에 대하여는 비과세

⑦ **직장공제회 초과 반환금**

> 근로자가 퇴직 탈퇴로 인하여 직장공제회로부터 받는 반환금 – 납입공제료 = 초과 반환금

⑧ **비영업대금의 이익** : 개인이 타인에게 자금을 대여하고 받는 이자

업종구분	내용	소득구분
금융・대부업	사업과 관련하여 대여하고 받은 이자	사업소득
금융・대부업 외	사업과 무관한 개인이 대여하고 받은 이자	이자소득

⑨ **유형별 포괄주의 이자소득** : 금전사용에 따른 대가의 성격이 있는 것으로 상업어음할인액, 파생금융상품이자, 신종펀드이자 등

2) 비과세 이자소득

공익신탁법에 따른 공익신탁의 이익, 비거주자와 외국법인의 국채 등 이자 등이 해당한다.

3) 이자소득의 수입시기

구분	수입시기
양도가능 채권의 이자와 할인액	① 기명의 경우 : 약정에 의한 이자지급 개시일 ② 무기명의 경우 : 그 지급을 받은 날
직장공제회 초과반환금	약정에 의한 지급일
보통예금・정기예금・적금 또는 부금의 이자	① 원칙 : 실제로 이자를 지급받은 날 ② 원본전입특약이 있는 이자 : 원본전입일 • 해약으로 인하여 지급되는 이자 : 해약일 • 계약기간을 연장하는 경우 : 그 연장하는 날 • 기일 전에 상환 시 : 그 상환일

통지예금의 이자	인출일
채권·증권의 환매조건부 매매차익	약정에 의한 환매수·매도일 (기일 전에 환매수/매도 시 : 환매수/매도일)
저축성보험의 보험차익	지급일
비영업대금의 이익	약정에 의한 이자지급 개시일
유형별포괄주의 이자	약정에 의한 상환일 (기일 전에 상환 시 : 그 상환일)
위의 이자소득발생 상속재산이 상속·증여되는 경우	상속개시일·증여일
열거된 이자소득과 유사한 소득으로서 금전사용에 따른 대가의 성격이 있는 것	약정에 의한 상환일(다만, 기일 전에 상환하는 때에는 상환일)

02 배당소득

> 배당소득 총수입금액(비과세, 분리과세 소득은 제외) + 귀속법인세 = 배당소득금액

1) 과세배당소득의 종류
① 내국법인 또는 외국법인으로부터 받는 이익이나 잉여금의 배당 또는 분배금
② 법인으로 보는 단체로부터 받는 배당 또는 분배금
③ 내국법인으로 보는 신탁재산으로부터 받는 배당금 또는 분배금
④ 의제배당
⑤ 법인세법에 의하여 배당으로 처분된 금액(인정배당)
⑥ 국내 또는 국외에서 받는 집합투자기구로부터의 이익(다만, 적격집합투자기구로부터의 이익은 대통령으로 정하는 이익으로 한정한다.)
⑦ 출자공동사업자의 배당소득

내용	소득 구분
공동사업자로 경영참가 시	사업소득
출자공동사업자이며 경영 미참가 시	배당소득

⑧ 수익분배의 성격이 있는 유형별 포괄주의 배당소득(예 문화펀드 등)
⑨ 소득을 발생시키는 거래 또는 행위와 파생상품이 대통령령으로 정하는 바에 따라 결합된 경우 해당 파생상품의 거래 또는 행위로부터의 이익

2) 의제배당

① 감자 · 해산 · 합병 · 분할로 인한 의제배당

• 주식의 소각 또는 감자 등으로 받는 재산가액(시가) • 잔여재산분배로 받는 재산가액 • 합병대가 • 분할대가	(−) 소멸하는 주식 등의 취득가액

　　= 의제배당금액

② 잉여금의 자본전입으로 인한 의제배당금액(교부받는 주식 수 × 액면가액) 유형

구분		의제배당
자본잉여금의 자본전입	⊙ 법인세가 과세되지 않는 자본잉여금의 자본전입 　• 일반적인 경우 　• 자기주식소각이익의 자본전입[8] 　• 자기주식 보유상태에서의 자본전입으로 인한 지분비율증가분	× ○ ○
	ⓒ 법인세가 과세되는 자본잉여금의 자본전입 　• 주식발행액면초과액 중 출자전환 시 채무면제이익의 자본금전입 　• 재평가적립금 중 토지 재평가차액 상당액의 자본금전입 　• 기타자본잉여금의 자본전입	○ ○ ○
이익잉여금의 자본금 전입으로 무상주 수령		○

3) 비과세 배당소득

공익신탁업의 배당이익, 우리사주조합원이 받는 배당 등이 있다.

4) 배당소득의 수입시기

실질 배당	무기명주식의 이익 · 배당	그 지급을 받은 날
	잉여금처분에 의한 배당	해당 법인의 잉여금 처분결의일
의제 배당	법인의 해산인 경우	잔여재산가액확정일
	법인의 합병 · 분할인 경우	합병등기일, 분할등기일
	잉여금을 자본전입하는 경우	자본전입 결의일
출자공동사업자의 배당		과세기간 종료일
기타 수익분배의 성격이 있는 배당 또는 분배금		그 지급을 받은 날
법인세법에 의하여 처분된 배당		결산확정일
파생금융상품의 배당		그 지급을 받은 날
집합투자기구로부터의 이익		투자의 이익을 지급받은 날

---

8) 자기주식소각이익을 2년 내에 자본전입 또는 자기주식 보유상태에서의 자본전입은 의제배당에 해당한다.

03 금융소득[이자소득과 배당소득]

금융소득은 금융자산의 저축이나 투자에 대한 대가를 말하며, 금융소득이 2,000만원 이하인 부분은 원천징수세율을 적용하므로 실질적으로는 분리과세되는 것과 동일하며, 2,000만원을 초과하는 부분은 다른 종합소득과 합산하여 종합소득세율을 적용하여 종합과세하는 제도를 말한다.

1) 금융소득의 범위

금융소득 중 종합과세 대상금액은 무조건 분리과세 금액을 제외한 무조건종합과세금액과 조건부종합과세금액을 합산하여 판단한다. 그리고 종합과세되는 금융소득을 이자소득과 배당소득으로 구분하여 본다면 다음의 구성 순서에 의한다.

[1순위] 이자소득
[2순위] 귀속법인세(Gross-up) 대상이 아닌 배당소득
[3순위] 귀속법인세(Gross-up) 대상 배당소득

구분	범위	원천징수세율
무조건 분리과세	• 직장공제회 초과반환금	기본세율
	• 법원 납부 보증금 및 경락대금에서 발생하는 이자	14%
	• 개인투자용 국채에 대한 이자(한도 1인당 총 2억 매입금액)	14%
	• 비실명이자·배당소득	45%
무조건 종합과세	• 원천징수대상이 아닌 국외에서 받은 이자·배당소득	–
	• 출자공동사업자의 배당소득	25%
조건부 종합과세	• 일반 이자소득, 일반 배당소득	14%
	• 비영업대금의 이익	25%
	• 분리과세신청한 장기채권의 이자·할인액(2018년 이후분)	30%

2) 귀속법인세(Gross-up)

① 정의 : 법인세가 과세되는 재원으로 배당 시에 배당소득으로 과세하면 이중과세의 문제가 발생하기 때문에 이를 방지하기 위해서 법인단계에서 과세된 귀속법인세를 배당소득에 가산 후 이를 배당세액공제하여 이중과세를 조정하기 위함이다.

② Gross-up금액 : Gross-up 대상 배당소득 × 10%

③ Gross-up제외대상

• 외국법인으로부터 배당소득, 분리과세대상 배당소득, 종합과세배당소득 중 14%세율을 적용한 것
• 집합투자기구로부터의 이익(투자신탁이익), 유형별포괄주의 배당소득

3) 이자소득 및 배당소득 비과세 특례 적용

① 농어가목돈마련저축, ② 비과세종합저축, ③ 조합 등 예탁금, ④ 조합 등 출자금

04 사업소득

부동산임대소득을 포함하여 영리를 목적으로 독립적이며 계속적으로 이루어지는 일정한 사업에서 발생하는 소득을 말한다. 사업소득에 대해서는 모두 종합과세한다.

> 총수입금액(비과세제외) – 필요경비 = 사업소득금액

1) 과세사업소득

- 농업(작물재배업 중 곡물 및 기타 식량작물 재배업은 제외)
- 임업 및 어업
- 광업 및 제조업
- 건설업(주택신축판매업 포함)
- 도매 및 소매업
- 음식숙박업
- 부동산임대업
- 부동산매매업(상가신축판매업 포함)
- 전문과학 및 기술서비스업(단, 비상업적인 순수 연구개발업은 제외)
- 교육서비스업(단, 정규과정인 유아교육법, 초중고등학교 제외)
- 복식부기의무자가 차량 및 운반구 등을 사업용 유형자산(감가상각자산)을 양도함으로써 발생하는 소득

2) 비과세 사업소득

① 논·밭을 작물 생산에 이용하게 함으로써 발생하는 소득(단, 10억원 이하의 작물재배에 한함)

② 1개의 주택을 소유하는 자의 주택임대소득(12억 초과주택은 과세) 또는 해당 과세기간에 대통령령으로 정하는 총수입금액의 합계액이 2천만원 이하인 자의 주택임대소득

③ 농가부업규모[젖소(소) 50마리, 돼지 700마리, 닭 15,000마리 등]의 축산에서 발생하는 소득 또는 소득금액의 합계액이 3,000만원 이하인 소득

④ ① 외에 어로어업 또는 양어소득(비과세 한도 5,000만원)·고공품제조 등의 소득으로서 연 1,200만원 이하의 소득범위에 대하여 비과세 처리하며 농어촌지역(수도권제외) 내에서 전통주, 민박, 음식물판매, 특산물 제조, 전통차 제조로 발생하는 소득이 연 1,200만원 이하인 경우 비과세(단, 1,200만원 초과 시 전액 과세)

⑤ 조림기간 5년 이상인 임목의 벌채 또는 양도로 발생하는 소득으로서 연 600만원 이하의 금액

⑥ 연근해어업과 내수면어업에서 발생하는 소득으로서 해당 과세기간의 소득금액의 합계액이 5천만원 이하인 소득

⑦ 농토지 대여소득[단, 농지(전답)을 주차장으로 사용하면 사업소득에 해당함]

3) 사업소득에 대한 원천징수대상의 범위

주택임대소득의 수입금액이 2,000만원 이하일 경우 분리과세로 선택이 가능하고, 국내에서 거주자(또는 비거주자)에게 원천징수세액을 징수하여 징수일이 속하는 달의 다음 달 10일까지 정부에 납부하여야 한다.

범위	세율
• 부가가치세법상의 면세대상에 따른 의료보건용역(수의사의 용역 포함) • 저술가·작곡가 등 일정한 자가 직업상 제공하는 인적용역 소득	3%
• 접대부·댄서 등의 봉사료 수입금액9)	5%

4) 사업소득세액의 연말정산

보험모집인, 방문판매원, 음료품배달원에 해당하는 사업자(간편장부대상자에 한정함)에게 모집수당 또는 판매수당 등의 사업소득을 지급하는 원천징수의무자는 다음 연도 2월에 소득지급 시에 연말정산을 하여야 한다. 다만 방문판매원과 음료품배달원은 연말정산을 신청한 경우에만 해당한다.

따라서, 연말정산된 사업소득 외의 다른 소득이 없는 경우에는 해당 소득자는 해당 과세기간에 대한 과세표준 확정신고를 하지 않아도 된다.

> 사업소득 결정세액 − 기원천징수납부세액 = (+)추가징수, (−)환급이 됨

5) 납세조합징수

농·축·수산물판매업자 등의 일정한 사업자는 납세조합을 조직할 수 있으며 납세조합은 조합원의 사업소득에 대한 소득세의 납세조합공제(세액의 10%)를 매월 징수하여 징수일이 속하는 달의 다음달 10일까지 납부하여야 한다.

6) 사업소득 중 부동산임대소득

> 부동산임대소득금액 = 총수입금액 − 필요경비
> ※ 필요경비란 임대부동산의 관리를 위하여 일반적으로 지출되는 인건비, 감가상각비, 보험료 등을 말한다.

---

9) 봉사료 수입금액 : 사업자가 다음의 용역을 제공하고 그 공급가액과 함께 봉사료를 계산서, 세금계산서, 영수증 또는 신용카드매출전표 등에 구분하여 기재하는 경우로서 봉사료금액이 공급가액의 20%를 초과하며 봉사료를 자신의 수입금액으로 계상하지 않는 봉사료를 말한다(업종 : 음식숙박용역, 과세유흥장소에서 제공하는 용역, 기타 기획재정부령이 정하는 용역).

① 과세 부동산임대소득

> ㉠ 부동산 또는 부동산상의 권리의 대여로 인하여 발생하는 소득(단, 전세권은 포함하나 지
> 역권·지상권은 기타소득에 해당함)
> ㉡ 공장재단 또는 광업재단의 대여로 인하여 발생하는 소득
> ㉢ 광업권자·조광업자·덕대가 채굴에 관한 권리를 대여함으로 인하여 발생하는 소득(단,
> 분철료도 일반적인 사업소득으로 봄)

② 임대보증금, 전세금 등에 대한 총수입금액 포함(단, 주택임대는 제외)

개인이 부동산 또는 부동산상의 권리 등을 대여하고 보증금·전세금 등을 받은 경우 간주임
대료를 계산하여 총수익금액에 포함한다.

> ■ 일반적인 임대보증금에 대한 간주임대료 계산
>
> $[(보증금 적수 - 임대용부동산의 건설비상당액 적수) \times \dfrac{1}{365} \times 정기예금이자율] - 금융수익$
>
> • 임대용부동산의 건설비상당액 : 건축물의 취득가액 + 자본적지출 - 재평가차액
> • 정기예금이자율 : 국세청장이 고시하는 이자율
>
> ■ 소득금액을 추계신고·추계결정하는 경우
>
> $보증금 적수 \times \dfrac{1}{365} \times 정기예금이자율$

만약, 거주자가 3주택 이상을 소유하고 주택과 주택부수토지(주택부수토지만 임대한 경우는 제
외)를 임대하고 받은 보증금 등의 합계액이 3억원을 초과하는 경우에는 다음 식과 같이 간주임
대료를 계산하여 총수입금액에 포함한다. 단, 전세보증금 간주임대료 과세 시에 전용면적 $40㎡$
이하로서 기준시가 2억원 이하인 소형주택은 제외한다.

> ■ 일반적인 임대보증금에 대한 간주임대료 계산
>
> $[(보증금 등 - 3억원)의 적수 \times 60\% \times \dfrac{1}{365} \times 정기예금이자율] - 금융수익$
>
> ■ 소득금액을 추계신고·추계결정하는 경우
>
> $(보증금 등 - 3억원)의 적수 \times 60\% \times \dfrac{1}{365} \times 정기예금이자율$
>
> ※ 전세보증금에 대한 정기예금이자율은 연 3.5% 과세

③ 선세금

미리 받는 임대료로서 총수입금액에 포함한다.

> $$선세금의 총수입금액 = 선세금 \times \dfrac{당해연도의 해당임대월수}{계약기간의 월수}$$

④ 2,000만원 이하의 소규모 임대소득자의 주택임대소득에 대한 과세방법

해당 과세기간에 주거용 건물 임대업에서 발생한 총수입금액 합계액이 2,000만원 이하인 자 (소규모 임대소득자)의 주택임대소득은 종합소득과세표준에 합산하지 않고 분리과세하며 소득세법에 의한 사업자등록의무는 면제된다.

> ■ 분리과세 주택임대소득이 있는 거주자의 종합소득 결정세액(㉠ 또는 ㉡ 중 선택)
> ㉠ (분리과세 주택임대소득에 대한 사업소득금액* − 400만원**) × 14% + 그 외의 종합 소득 결정세액
> ㉡ 분리과세 주택임대소득을 종합소득과세표준에 합산할 경우 종합소득 결정세액
> * 분리과세 주택임대소득에 대한 사업소득금액 = 총수입금액 − 총수입금액 × 60%
> ** 분리과세 주택임대소득을 제외한 해당 과세기간의 종합소득금액이 2,000만원 이하인 경우에는 400만원을 공제한다.

7) 업무용승용차 관련비용

간편장부대상자를 제외한 복식부기의무자인 사업자(성실신고확인대상사업자뿐만 아니라 성실신고확인대상사업자가 아닌 사업자도 포함)는 업무용승용차를 매각하는 경우 그 매각금액을 매각일이 속하는 과세기간에 총수입금액과 필요경비를 산입한다. 또한 업무용승용차의 처분이익 또는 처분손실을 사업소득에서 가산하거나 차감한다.

① 업무용 전용자동차보험

㉠ 대상 : 성실신고확인대상자, 간이과세 배제 대상업종(의료업, 약사업 등)

㉡ 대상차량[10] : 업무용승용차 중 사업장별로 1대를 제외한 나머지 차량으로 하며, 공동사업장은 1사업장으로 보아 1대만 제외한다.

㉢ 업무용 전용자동차보험 미가입 시에는 업무용승용차 관련 비용의 50%만 필요경비를 인정한다.

② 업무용승용차의 감가상각비 : 정액법, 내용연수 5년

③ 업무용승용차의 관련비용에 필요경비 산입

업무용승용차에 대한 감가상각비, 임차료, 유류비, 보험료, 수선비, 자동차세, 통행료, 금융리스부채에 대한 이자비용 등의 관련비용을 필요경비에 산입한 복식부기의무자는 과세표준확정신고서를 제출할 때 업무용승용차 관련비용등명세서를 관할세무서장에게 제출하여야 한다.

---

10) 업무용승용차에서 제외되는 것
① 운수업, 자동차판매업, 자동차임대업, 운전학원업, 무인경비업 등에 해당하는 업종 또는 시설대여업에서 사업상 수익을 얻기 위하여 직접 사용하는 승용자동차
② 위와 유사한 승용자동차로서 기획재정부령으로 정하는 것

④ 업무용승용차의 업무사용금액 계산방법

> ㉠ 업무사용금액 = 업무용승용차 관련비용 × 업무사용비율 $\left(\dfrac{업무용\ 사용거리}{총\ 주행거리}\right)$
>
> - 업무용승용차별로 운행기록 등을 작성 · 비치하여야 하며, 관할세무서장이 요구하면 제출해야 한다.
> ㉡ 운행기록 등을 미작성 또는 미비치한 경우의 업무사용비율
>
> | 업무용승용차 관련비용 | 업무사용비율 |
> |---|---|
> | 1,500만원 이하인 경우 | 100%(전액 손금산입) |
> | 1,500만원 초과하는 경우 | 1,500만원 ÷ 업무용승용차 관련비용 |

⑤ 감가상각비 한도초과액의 이월 필요경비산입

> ㉠ (업무용승용차별 연간 감가상각비 × 업무사용비율) − 800만원(한도액)
>
> = [필요경비불산입] 감가상각비 한도초과액(유보)
> ㉡ (업무용승용차별 연간 임차료 중 감가상각비상당액* × 업무사용비율) − 800만원(한도액)
>
> = [필요경비불산입] 임차료 중 감가상각비상당액 한도초과액(인출)
> * 감가상각비 상당액은 보험료와 자동차세를 제외한 금액을 말한다.
>   부동산임대업종 한도액은 400만원이다.

⑥ 업무용승용차 처분손실의 이월 필요경비산입

업무용승용차 처분손실이 한도액 800만원을 초과하여 발생한 금액은 다음 과세기간부터 균등하게 필요경비에 이월하여 산입한다. 단, 부동산임대업종 한도액은 400만원이다.

8) 사업소득의 수입시기

구분	수입시기
상품 · 제품을 판매한 경우	그 상품을 인도한 날
부동산매매업(전문건설업과 부동산 개발 및 공급업의 부동산 포함)	대금을 청산한 날 • 청산 전에 소유권 등 이전 : 그 등기 등록한 날 • 해당 자산을 사용 · 수익 : 사용 · 수익일
시용판매	상대방이 구매의사를 표시한 날 • 약정일 만료되거나 거절의사가 없는 경우 : 그 기간의 만료일
위탁판매	수탁자가 그 위탁품을 판매한 날
장기할부판매	• 원칙 : 그 상품 등을 인도한 날 • 예외 : 회수기일도래기준일
금융 · 보험업에서 발생하는 이자 및 할인액	실제로 수입된 날

자산의 임대	• 계약 또는 관습에 따라 정해진 것 : 그 정해진 날 • 계약 또는 관습에 따라 정해지지 않은 것 : 그 지급을 받은 날
위탁판매	수탁자가 그 위탁품을 판매한 날
건설·제조 기타 용역의 제공	• 장기건설 등 : 진행기준 • 단기건설 등 : 용역제공을 완료한 날
인적용역의 제공	용역대가를 지급받기로 한 날 또는 용역제공을 완료한 날 중 빠른 날 • 연예인 또는 직업운동선수가 1년을 초과하여 전속계약 맺은 경우 : 균등하게 안분한 수입
무인판매기에 의한 판매	현금을 인취하는 때
어음의 할인	그 어음의 만기일 • 만기 전에 어음양도 : 양도일

9) 사업소득의 총수입금액에 대한 세무조정 분류

① 기업회계와 세무회계 차이 조정

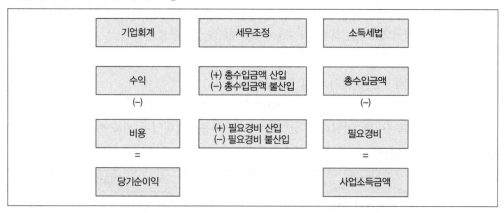

② 총수입금액 산입 항목과 총수입금액 불산입 항목 분류

총수입금액 산입	총수입금액 불산입
• 매출액(매출환입, 매출에누리, 매출할인금액은 제외) • 거래상대방으로부터 받는 장려금과 기타 이와 유사한 성질의 금액 • 관세환급금 등 필요경비로서 지출된 세액이 환입되었거나 환입된 금액 • 사업관련 자산수증이익 또는 채무면제이익 • 사업용자산의 손실로 인한 보험차익 • 재고자산을 가사용으로 소비 또는 종업원 또는 타인에게 지급 시 시가	• 자산수증익·채무면제익 중 이월결손금의 보전에 충당된 금액 • 자가생산한 제품 등을 다른 제품의 원재료로 사용한 금액 • 자기의 총수입금액에 따라 납부할 개별소비세·교통세·주세 • 국세환급가산금 • VAT매출세액 • 소득세환급액

- 외환차익
- 외상매입금이나 미지급금을 약정기일 전에 지급함으로써 받는 할인액
- 외상매출금 회수지연에 따른 연체이자
- 확정급여형(DB형) 퇴직연금제도에 따른 보험계약의 보험차익과 신탁계약의 이익 또는 분배금11)

- 전년도부터 이월된 소득금액
- 재고자산 이외(고정자산)의 자산의 처분이익 (복식부기의무자 제외)

③ 필요경비 산입 항목과 필요경비 불산입 항목 분류

필요경비 산입	필요경비 불산입
• 매출원가 • 부동산의 양도당시 장부가액 • 종업원급여(사업에 종사하는 배우자 등 포함) • 4대보험 사용자부담금, 사용자본인 직장가입자 또는 지역가입자로서의 보험료 • 외환차손 • 거래금액 등에 따라 지급하는 장려금 • 매입한 상품 등 중 재해로 인하여 멸실된 것의 원가를 그 재해가 발생한 연도의 소득금액계산에 있어서 필요경비에 산입한 경우의 그 원가 • 광고선전비 • 즉시상각의제12) • 파산, 행방불명, 사망, 부도 후 6개월이 경과한 어음과 수표 및 중소기업의 외상매출금, 소멸시효 완성채권, 물품의 수출 또는 외국에서의 용역제공으로 발생한 채권으로서 무역에 관한 법령에 따라 한국무역보험공사로부터 회수불능이 확인된 해외채권 • 근로자에게 지급하는 출산, 양육지원금	• 소득세와 지방소득세 • 가사관련경비 • 대표자급여와 퇴직급여(단, 사업자 본인의 건강, 고용, 산재보험료는 필요경비로 인정됨) • VAT매입세액 • 업무무관경비 • 선급비용 • 3만원 초과 신용카드 등 미사용기업업무추진비 • 업무용승용차 관련비용 중 업무미사용금액

---

11) 확정급여형(DB)에서 적립금의 운용수익은 사업자에게 귀속되므로 총수입금액에 산입하는 것이다.
12) 즉시상각의제의 정의 : 설비 등에 대해 원칙적으로 연도별 상각범위액 내에서 감가상각하여 필요경비로 인정하지만, 일정 요건 충족 시 일시에 필요경비로 인정하는 것을 말하며 다음은 의제대상 요건이 확대되었다.
- 시설의 개체, 기술의 낙후로 생산설비의 일부를 폐기 시 장부가액과 처분가액의 차액을 필요경비 산입한다.
- 임차인이 임차한 사업장에 시설물 설치 후, 사업 폐지 시 임대차계약에 따라 원상회복을 위해 해당 시설물을 철거하는 경우에도 필요경비 산입한다.

05 근로소득

근로소득이란 근로계약에 의하여 근로를 제공하고 받는 금품으로서, 봉급·급여·임금·상여 등 명칭이나 형식 여하에 불구하고 그 실질내용이 근로의 대가인 경우 근로소득에 포함한다.

1) 과세 근로소득의 범위

① 근로의 제공으로 인하여 받은 봉급·급료·보수·임금·상여·수당과 이와 유사한 성질의 급여
② 법인의 주주총회 등의 결의에 의하여 상여로 받는 소득
③ 법인세법에 의하여 상여로 처분된 금액(인정상여)
④ 퇴직으로 인하여 받는 소득 중 퇴직소득에 속하지 않는 소득

2) 과세 근로소득에 포함되는 것

① 업무무관기밀비, 교제비, 월정액여비, 휴가비, 자녀교육비보조금, 공무원 직급보조비
② 종업원이 받는 공로금, 위로금, 개업축하금, 학자금, 장학금
③ 근로, 가족, 전시, 물가, 출납, 직무, 기술, 보건, 연구, 시간외근무, 통근, 개근, 벽지, 해외근무, 피복, 급식, 주택, 연월차수당 등과 여비의 명목으로 지급되는 연액 또는 월액의 급여
④ 보험업 등 내근사원이 받는 집금수당과 보험모집수당 등과 유사한 급여
⑤ 출자임원에 대한 사택제공이익
⑥ 주택구입자금을 종업원(주택에 부수된 토지를 포함)에게 저리 또는 무상으로 대여받음으로써 얻는 이익
⑦ 여비의 명목으로 받는 연액 또는 월액의 급여
⑧ 퇴직급여지급규정에 의하지 않고 지급되는 퇴직금·퇴직위로금 등
⑨ 계약기간 만료 전 또는 만기에 종업원에게 귀속되는 단체환급부보장성보험의 환급금
⑩ 임직원이 당해법인 또는 당해법인과 특수 관계있는 법인으로부터 부여받은 주식매수선택권[13]을 근무기간 중 행사로 얻은 이익(단, 퇴직 후 행사하거나 고용관계 없이 부여받아 행사한 이익은 기타소득으로 봄)
⑪ 공무원에게 지급되는 직급보조비, 공무수행과 관련하여 받는 상금(모범공무원 수당 포함)과 부상

---

13) 근로소득 과세방식 : 적격스톡옵션(① 벤처특별법에 따라 부여받는 스톡옵션, ② 연간 행사가액 2억원 이하 등) 행사 시 부여받은 주식의 시가와 매수가액의 차이를 근로소득으로 과세된다. 반면에 스톡옵션 행사로 부여받은 주식 양도 시 시가와 매수가액의 차이를 양도소득으로 과세한다.

3) 비과세 근로소득의 범위

구분	비과세 근로소득
차량 보조금	종업원소유차량, 종업원이 본인의 명의로 임차한 차량 소요경비, 사용자업무수행 요건 충족 → 월 20만원 이내(단, 출장비를 별도지급 시 보조금은 과세하며 배우자소유차량이면 전액 과세)
연구 보조비	초·중등 교원 연구보조비, 기자의 취재수당, 대학·전문대교원의 연구보조비, 중소기업· 벤처기업부설연구소, 특정연구기관 등 연구원의 연구활동비 → 월 20만원 이내
벽지 수당	법령에서 정한 지역 벽지수당 → 월 20만원 이내
식사대	식대(음식물은 비과세) → 월 20만원 이하. 다만 음식물과 식대를 동시에 지급받으면 식대는 과세가 됨
자녀 보육비	근로자(종교인) 본인·배우자의 출산이나 6세 이하 자녀 → 자녀수 무관하게 월 20만원 이내
국외 근로 수당	• 국외(북한 포함) 근로제공 보수 월 100만원 이내(단, 출장, 연수 급여액은 근로소득으로 보지 아니함) • 외항선박·원양어선 선원, 해외건설 근로자 월 500만원 이내 • 대한무역투자진흥공사, 한국관광공사, 한국국제협력단, 한국국제보건의료재단 국외근무자 급여 전액(단, 실비변상적 성격의 추가급여에 대한 재외근무수당의 75% 등)
연장 야간 휴일 수당	월정액급여 210만원 이하 또는 직전 총급여액 3,000만원 이하의 생산직 근로자가 받는 다음 의 금액 → 연 240만원 이내(단, 광산근로자, 일용근로자는 전액 비과세함) [월정액급여계산에서 제외하는 금액] ① 부정기적급여(상여 등) ② 실비변상급여(자가운전보조금 등) ③ 초과근로수당 ④ 근로소득으로 보지 않는 것(통념상 타당 범위 내 경조금 등) 월 급여총액에서 위의 '① ~ ④' 이외 비과세는 포함한다.
근로 장학금	대학생의 근로장학금(다만, 대학에 재학하는 대학생에 한정함)
육아 휴직 수당	고용보험법 중 실업급여, 육아휴직 급여, 육아기 근로시간 단축 급여, 출산전후휴가 급여 등, 제대군인이 받는 전직지원금, 공무원 또는 사립학교교직원(월 150만원 한도), 별정우체국 법을 적용받는 사람이 관련 법령에 따라 받는 수당
실비 변상적 성질의 급여	• 식료(선원법), 일직료·숙직료 또는 여비로서 실비변상정도 • 제복·제모, 제화 • 병원·시험실·금융회사, 공장, 광산에서 근무하는 사람 또는 특수한 작업이나 역무에 종사 하는 사람의 작업복, 피복 • 선원법 규정에 따라 선원으로 받는 월 20만원 이내의 승선수당 • 경찰공무원, 소방공무원이 받는 함정근무수당, 항공수당, 화재진화수당 • 광산근로자가 받는 입갱수당 및 발파수당

비과세 급여 등	• 복무 중인 병이 받는 급여 • 법률에 따라 동원된 사람이 그 동원 직장에서 받는 급여 • 산재보험으로 받는 요양급여, 휴업급여, 장해급여, 간병급여, 유족급여, 유족특별급여, 장해특별급여, 장의비 또는 근로의 제공으로 인한 부상·질병·사망과 관련하여 근로자나 그 유족이 받는 배상·보상 또는 위자(慰藉)의 성질이 있는 급여 • 「근로기준법」 또는 「선원법」에 따라 근로자·선원 및 그 유족이 받는 요양보상금, 휴업보상금, 상병보상금(傷病補償金), 일시보상금, 장해보상금, 유족보상금, 행방불명보상금, 소지품 유실보상금, 장의비 및 장제비 • 「국민연금법」에 따라 받는 반환일시금(사망으로 받는 것만 해당한다) 및 사망일시금 • 공무원, 군인, 사립학교교직원, 별정우체국법에 따라 받는 공무상요양비(요양급여), 장해일시금, 유족연금, 재해부조금·재난부조금 또는 신체·정신상의 장해·질병으로 인한 휴직 기간에 받는 급여 • 국군포로가 받는 보수 및 퇴직일시금
근로자 본인의 학자금	초중고등교육법에 따른 학교(외국 유사한 교육기관을 포함)와 직업능력개발훈련시설의 입학금·수업료·수강료, 그 밖의 공납금 중 다음 각 호의 요건을 갖춘 학자금을 말한다. → 해당 과세기간에 납입할 금액을 한도(단, 자녀교육비 보조금은 과세됨) ① 당해 근로자가 종사하는 사업체의 업무와 관련 있는 교육·훈련을 위하여 받는 것일 것 ② 당해 근로자가 종사하는 사업체의 규칙 등에 의하여 정하여진 지급기준에 따라 받는 것일 것 ③ 교육·훈련기간이 6월 이상인 경우 교육·훈련 후 당해교육기간을 초과하여 근무하지 아니하는 때에는 지급받은 금액을 반납할 것을 조건으로 하여 받는 것일 것
이전 지원금	수도권 외의 지역으로 이전하는 공공기관의 소속공무원이나 직원에게 한시적으로 지급하는 이전지원금 → 월 20만원 이내
사회 보험료	건강보험료, 고용보험, 장기요양보험료의 사용자가 부담하는 보험료
복리 후생적 성질의 급여	• 주주 또는 출자자가 아닌 임원, 소액주주인 임원, 종업원, 국가 또는 지방자치단체로부터 근로소득을 받는 사람이 사택을 제공받음으로써 얻는 이익 • 중소기업의 종업원이 주택(주택에 부수된 토지를 포함한다)의 구입·임차에 소요되는 자금을 저리 또는 무상으로 대여받음으로써 얻는 이익 • 계약자가 종업원, 수익자(종업원 또는 배우자, 가족)의 단체순수보장성 보험 및 단체 환급부 보장성보험료(연 70만원 이하), 신탁부금, 공제부금 • 공무원이 국가 또는 지방자치단체로부터 공무 수행과 받는 상금과 부상 중 연 240만원 이내의 금액 • 사업주가 부담하는 위탁보육비 지원금 및 직장어린이집 운영비
직무 발명 보상금	종업원 등(특수관계자의 종업원 해당자는 제외)이 발명진흥법에 따라 지급받는 직무발명보상금 연 700만원 한도(단, 퇴직 후 지급받으면 기타소득으로 봄)

4) 근로소득금액의 계산

> 총급여액(비과세 제외) − 근로소득공제 = 근로소득금액

일반근로자의 근로소득공제는 총급여액에서 다음의 금액을 공제하며 공제액이 2,000만원을 초과하는 경우에는 2,000만원을 공제한다. 단, 일용근로자의 근로소득공제액은 1일 15만원으로 한다.

총급여액	근로소득공제율
500만원 이하	총급여액의 70%
500만원 초과 ~ 1,500만원 이하	350만원 + 500만원 초과금액의 40%
1,500만원 초과 ~ 4,500만원 이하	750만원 + 1,500만원 초과금액의 15%
4,500만원 초과 ~ 1억원 이하	1,200만원 + 4,500만원 초과금액의 5%
1억원 초과	1,475만원 + 1억원 초과금액의 2%

① 근로소득이 있는 거주자의 해당 과세기간의 총급여액이 근로소득공제액에 미달하는 경우에는 그 총급여액을 공제액으로 한다.

② 근로소득이 있는 거주자가 2인 이상으로부터 근로소득을 받는 사람(일용근로자는 제외한다)에 대하여는 그 근로소득의 합계액을 총급여액으로 하여 제1항에 따라 계산한 근로소득공제액을 총급여액에서 공제한다.

5) 근로소득의 수입시기

구분	총수입금액의 수입시기
급여	근로를 제공한 날
잉여금처분에 의한 상여	당해 법인의 잉여금처분 결의일
인정상여	근로를 제공한 날
주식매수선택권	주식매수선택권을 행사한 날
근로소득에 해당하는 퇴직위로금 등	지급받거나 지급받기로 한 날

6) 근로자의 원천징수

① 원천징수의 시기 및 방법

> • 원천징수의무자가 매월분 근로소득을 지급하는 때(근로소득간이세액표에 의함)
>   → 징수일이 속하는 달의 다음 달 10일까지 납부
> • 해당 과세기간의 다음 연도 2월분 근로소득을 지급할 때 다음 연도 2월분 미지급이거나 2월분 근로소득이 없는 경우 → 2월 말일로 원천징수
> • 퇴직자가 퇴직하는 달의 근로소득을 지급할 때
> ※ 단, 직전연도의 상시고용인원이 10인 이하인 원천징수의무자는 관할세무서장으로부터 승인을 얻어 반기별 납부할 수 있다.

② 원천징수시기에 대한 특례

> • 1월분 ~ 11월분 급여를 12월 31일까지 미지급 시 → 12월 31일에 지급한 것으로 본다.
> • 12월분의 급여를 다음 연도 2월 말까지 미지급 시 → 다음 연도 2월 말까지 지급한 것으로 본다.
> • 법인이 이익 또는 잉여금 처분에 따라 지급할 상여를 그 처분 결정한 날부터 3개월이 되는 날까지 미지급 시 → 3개월이 되는 날에 상여를 지급한 것으로 본다.

7) 일용근로자의 원천징수

일용근로자의 근로소득은 종합소득과세표준에 합산하지 않고 다음 산식에 의하여 계산한 세액을 원천징수함으로써 납세의무가 종결된다. 일용근로자에 대한 지급명세서 제출은 매 분기의 마지막 달의 다음 달 말일까지 제출해야 한다. 단, 4분기분은 다음 연도 2월 말일까지 제출해야 한다.

```
      일  급  여  액
(-)   근 로 소 득 공 제   →   일 150,000원
      과  세  표  준   →   종합소득공제는 적용하지 않음
(×)   세          율   →   무조건 6%
      산  출  세  액
(-)   근로소득 세액공제   →   산출세액의 55%(한도없음)
      원 천 징 수 할 세 액
```

8) 국외근로소득의 원천징수

국외근로소득은 근로소득공제, 종합소득공제, 근로소득세액공제를 모두 적용하며 당연히 종합과세하게 된다. 그런데 국외근로소득이 있는 자는 납세조합을 조직할 수가 있고 근로소득세를 매월 징수하여 그 징수일이 속하는 달의 다음 달 10일까지 정부에 납부하여야 한다. 원천징수세액은 국내근로소득에 대한 원천징수에 따라 소득세의 10%를 납세조합공제를 한 금액으로 한다.

가입여부	원천징수	연말정산	종합과세	확정신고
납세조합 가입	○	○	×	× (타소득 없는 경우)
납세조합 미가입	×	×	○	○

9) 지급조서의 제출

원천징수 의무자가 원천징수를 한 경우에는 다음 달 10일까지 원천징수세액을 납부하고 그에 대한 지급조서를 지급일이 속하는 연도의 다음 연도 2월 말일까지 관할세무서장에게 제출하여야 한다.

06 연금소득

연금소득은 소득자가 젊었을 때 연금보험료 소득공제 또는 연금계좌세액공제를 받아 소득세 부담을 덜어주어 연금보험료 납입을 장려하고, 노후에 연금을 수령할 때 다른 소득과 과세형평을 위하여 연금소득에 대한 소득세를 과세하려는 데 취지가 있다.

1) 과세 공적연금소득(2002년 1월 1일 이후 불입분을 기초로 받는 소득부터 과세)

가입자가 공적연금보험료를 납입할 때에는 전액소득공제를 받으며, 가입자가 나중에 급여를 연금으로 수령할 때에는 연금소득으로 과세하지만 일시금으로 수령할 때에는 퇴직소득으로 과세된다. 그리고 공적연금소득은 연말정산 시에 연금보험료공제를 적용받는다.

① **국민연금** : 국민연금과 연계노령연금

② **공무원연금 등** : 공무원연금법, 군인연금, 사립학교교직원연금법, 별정우체국법에 의하여 지급받는 각종 연금

2) 사적연금소득(연금계좌에서 연금수령하는 소득)

① **연금저축** : 개인연금(2001년 1월 1일 이후 최초로 가입하는 조특법상에 연금저축분부터 받는 소득부터 과세) 연말정산 시에는 연금계좌세액공제 중 개인연금저축세액공제를 적용받는다. 연금저축보험, 연금저축펀드, 연금저축신탁, 연금저축공제 등이 있다.

※ 사망으로 인한 해지일시금은 연금소득이지만 단순히 해지일시금은 기타소득으로 본다.

② **퇴직연금계좌** : 근로기준법의 퇴직보험연금 또는 근로자퇴직급여보장법의 확정기여형(DC형) 퇴직연금, 중소기업퇴직연금, 개인형 퇴직연금제도에 따라 설정한 연금계좌(IRP), 과학기술인공제회법에 따른 퇴직연금급여계좌 연말정산 시에는 연금계좌세액공제를 적용받는다. 단, 일시금으로 지급받는 연금은 퇴직연금으로 본다.

③ 예외적으로 "연금수령"으로 인정하는 경우 → 분리과세 연금소득으로 보며 다른 원인일 경우에는 기타소득으로 본다.

> • (의료목적으로 인출한 경우) 의료비 지급일부터 6개월 이내에 연금 계좌취급자에게 증빙서류 제출
> • (부득이한 사유*로 인출한 경우) 사유가 확인된 날부터 6개월 이내에 연금계좌취급자에게 증빙서류 제출
> * 천재지변, 계좌 가입자의 사망 또는 해외이주, 계좌 가입자 또는 부양가족(기본공제대상, 소득 제한 없음)이 질병 등으로 3개월 이상 요양이 필요 시, 가입자의 파산 등의 경우, 연금계좌취급자의 영업정지 등의 경우, 사회재난으로 인해 15일 이상 입원치료가 필요한 경우

3) 비과세 연금소득

① 국민연금법 또는 공무원연금법 및 재해보상법, 군인연금법 및 재해보상법, 사립학교교직원, 별정우체국법, 공적연금관련법 등에 의한 각종 연금 중 장애연금·유족연금·상이연금·장해연금·연계노령유족연금 등

② 산업재해보상보험법에 따라 받는 각종 연금

③ 국군포로가 받는 연금

4) 연금소득금액

총연금액(비과세 제외) − 연금소득공제액(900만원 한도) = 연금소득금액

총연금액	연금소득공제액
350만원 이하	전액
350만원 초과 700만원 이하	350만원 + 350만원 초과분 × 40%
700만원 초과 1,400만원 이하	490만원 + 700만원 초과분 × 20%
1,400만원 초과	630만원 + 1,400만원 초과분 × 10%

5) 연금소득의 과세방법

① **공적연금** : 원칙은 종합과세. 다른 소득이 없으면 과세표준확정신고는 하지 않아도 된다.

② **사적연금** : 원칙은 종합과세. 다만, 다음의 경우에는 선택적 분리과세할 수 있다.

- 연금계좌에 입금한 이연퇴직소득을 연금수령하는 연금소득
- 사적연금소득 중 예외적으로 연금수령으로 인정되는 경우
- 위 외에 사적연금소득의 합계가 연 1,500만원 이하인 경우(저율 3~5% 분리과세 또는 종합과세 선택 가능)
- 위 외에 사적연금소득의 합계가 연 1,500만원 초과인 경우(고율 15% 분리과세 또는 종합과세 선택 가능)

6) 연금소득에 대한 원천징수

① **공적연금** : [연금소득 간이세액표]에 따른 원천징수와 공적연금소득만 있다는 가정 시에 연금소득세액의 연말정산 방법이 있다.

② **사적연금** : 아래의 요건을 동시에 충족하는 경우 낮은 세율을 적용한다.

구분	원천징수세율
이연퇴직소득 수령 시	연금외 수령 가정 시 원천징수세율 × 70%(2020.1.1. 이후 연금수령분부터 실수령연자가 10년을 초과하는 경우 60%)
세액공제받은 연금계좌 납입액이나 운용실적에 따라 증가된 금액을 연금수령한 연금소득	• 연금소득자 나이에 따라 : 70세 미만(5%), 80세 미만(4%), 80세 이상(3%) • 종신연금은 4%

7) 연금 수령 한도액 계산

연금 수령 한도액은 연금소득세로 과세되지만 연금 수령 한도초과액은 기타소득으로 과세된다. 다만, 연금 수령 한도초과액이라도 그 인출금의 원천이 퇴직소득인 경우에는 퇴직소득세로 과세된다.

8) 연금소득의 수입시기

구분	수입시기
공적연금	연금을 지급받기로 한 날
사적연금(연금계좌에서 인출하는 연금소득)	연금수령한 날
그 밖의 연금소득	해당 연금을 지급받은 날

9) 주택담보노후연금이자비용공제

① 신청한 경우 적용, 200만원 공제한도 요건 모두 충족 시

> • 주택담보노후연금보증을 받아 지급받거나 금융회사의 주택담보노후연금일 것
> • 담보권의 설정대상이 되는 주택(연금소득이 있는 거주자의 배우자 명의 주택 포함)의 기준 시가가 12억원 이하일 것

② 이자상당액 공제액 : 해당 주택담보노후연금을 지급한 금융회사 등 또는 한국주택금융공사법에 따른 한국주택금융공사가 발급한 주택담보노후연금 이자비용증명서에 적힌 금액으로 함

◢07 기타소득

이자, 배당, 사업, 근로, 연금, 퇴직, 양도소득을 제외한 소득을 말한다.

1) 과세 기타소득

구분	내용
상금	상금 · 현상금 · 포상금 · 보로금 또는 이에 준하는 금품
복권 당첨금 등	• 복권 · 경품권, 기타 추첨권에 의하여 받는 당첨금품 • 회전판돌리기, 추첨, 경품 등 사행심에서 얻는 재산상의 이익 • 승마 · 경륜환급금, 슬롯머신당첨금품, 소싸움 등에서 구매자가 받는 환급금
자산 등의 양도 · 대여 · 사용의 대가	• 저작자등 외의 자가 저작권, 저작인접권의 양도 · 사용대가로 받는 금품 • 영화필름, 라디오 · TV방송용 테이프 또는 필름 등의 자산, 권리의 양도 · 사용 대가로 받는 금품 • 광업권, 산업재산권 · 산업정보, 산업상 비밀, 상표권, 영업권, 점포임차권 등 각종 권리의 대여 및 양도로 받는 금품 • 지역권 · 지상권의 설정 · 대여, 물품 또는 장소의 일시대여
보상금 등 우발적인 소득	• 계약의 위약이나 해약으로 인하여 받는 위약금과 배상금 등 • 유실물습득, 매장물발견, 무주물 점유로 인한 보상금 등과 취득자산 • 거주자 · 비거주자 · 법인의 특수관계인이 특수관계로 인하여 당해 거주자 · 비거주자 · 법인으로부터 받는 경제적 이익으로 급여 · 배당 또는 증여로 보지 아니하는 금품

일시적 인적용역	• 고용관계 없이 받는 강연료 • TV · 라디오의 해설 · 계몽 등으로 받는 보수 • 변호사 등의 제공용역, 교수의 연구용역 소득
기타	• 뇌물, 알선수재 및 배임수재에 의해 받는 금품(=불법소득) • 문예창작소득(원작가가 받는 원고료 · 인세 등) • 재산권알선수수료, 사례금, 주택입주지체상금 • 조세특례제한법상 연금저축의 해지일시금과 연금외의 형태로 지급받는 것 • 퇴직 전 부여받아 퇴직 후 행사 시의 주식매수선택권행사이익 또는 고용관계 없이 부여받아 행사한 주식매수선택권행사이익 • 폐업 등 사유발생 이전 소기업 · 소상공인 공제부금의 해지일시금

▼ 강연료와 원고료 소득구분

구분	판단	소득구분
강연료	고용관계	근로소득
	프리랜서	사업소득
	일시, 우발적 소득	기타소득
원고료	회사 사보 게재	근로소득
	프리랜서	사업소득
	일시, 우발적 소득	기타소득

2) 비과세 기타소득

① 「국가유공자 등 예우 및 지원에 관한 법률」에 따라 받는 보훈급여금 및 학습보조비 및 「북한이탈주민의 보호 및 정착지원에 관한 법률」에 따라 받는 정착금 · 보로금과 그 밖의 금품

② 국가보안법에 따라 받는 상금과 보로금

③ 상훈법에 따른 훈장과 관련하여 받은 부상이나 그 밖에 국가나 지방자치단체로부터 받는 상금과 부상

④ 종업원이 발명진흥법에 따른 직무발명으로부터 받는 보상금, 대학의 교직원이 소속대학에 설치된 「산업교육진흥 및 산학협력촉진에 관한 법률」에 따른 산학협력단으로부터 받는 직무발명보상금 연 700만원 이하의 금액(비과세 근로소득 중 직무발명보상금이 있는 경우에는 연 700만원에서 해당금액을 차감, 특수관계자의 종업원은 제외)

⑤ 「국군포로의 송환 및 대우 등에 관한 법률」에 따라 국군포로가 받는 위로지원금과 그 밖의 금품

⑥ 문화재보호법에 따라 국가지정문화재로 지정된 서화 · 골동품의 양도로 발생하는 소득

⑦ 서화 · 골동품을 박물관 또는 미술관에 양도함으로써 발생하는 소득

3) 기타소득금액 계산

> 총수입금액 − 필요경비 = 기타소득금액

① 필요경비가 80% 적용되는 기타소득

> max(㉠, ㉡) ㉠ 실제사용 필요경비, ㉡ 총수입금액의 80%

- 공익법인이 주무관청의 승인을 얻어 시상하는 상금과 부상 및 다수의 사람이 순위 경쟁을 통하여 상금이 주어지는 대회에서 입상한 자가 받는 상금 및 부상
- 계약의 위약금과 배상금 중 주택입주 지체상금
- 서화·골동품의 양도로 발생하는 소득(개당 6,000만원 이상일 것)
  단, 서화·골동품 양도가액이 1억원 이하, 보유기간이 10년 이상인 경우에는 90% 필요경비

② 필요경비가 60% 적용되는 기타소득

> max(㉠, ㉡) ㉠ 실제사용 필요경비, ㉡ 총수입금액의 60%

- 고용관계 없이 받는 강연료
- TV·라디오의 해설·계몽 등으로 받는 보수
- 변호사 등의 제공용역, 교수의 연구용역 소득
- 문예창작소득(원작가가 받는 원고료·인세, 미술음악 또는 사진에 속하는 창작품에 대한 대가 등)
- 광업권, 영업권, 점포임차권 등 각종 권리의 대여 및 양도
- 지역권·지상권의 설정·대여소득
- 통신판매중개를 통한 물품 또는 장소의 대여소득(500만원 이하)

③ 실제발생경비만 필요경비로 인정되는 소득

- 상금·현상금·포상금 등
- 승마·경륜환급금(구매자가 구입한 적중된 투표권의 단위투표금액)
- 슬롯머신 당첨금품(당첨 당시에 슬롯머신 등에 투입한 금액)
- 저작자 등 외의 자가 저작권, 저작인접권의 양도·사용대가로 받는 금품
- 영화필름, 라디오·TV방송용 테이프 또는 필름 등의 자산, 권리의 양도·사용대가로 받는 금품
- 물품 또는 장소를 일시적으로 대여하고 받은 금품
- 계약의 위약이나 해약으로 인하여 받는 위약금과 배상금, 부당이득 반환 시 지급받는 법정이자 등
- 유실물습득, 매장물발견, 무주물 점유로 인한 보상금 등과 취득자산
- 거주자·비거주자·법인의 특수관계인이 특수관계로 인하여 당해 거주자·비거주자·법인으로부터 받는 경제적 이익으로 급여·배당 또는 증여로 보지 아니하는 금품

> • 재산권알선수수료, 사례금
> • 연금저축의 해지일시금
> • 퇴직 전 부여받아 퇴직 후 행사 시의 주식매수선택권행사이익 또는 고용관계 없이 부여받아 행사한 주식매수선택권행사이익
> • 종교인소득은 의제필요경비를 인정하고 근로소득 신고 시에 인정한다.

4) 기타소득의 과세방법

① 원천징수세액 : 기타소득금액 × 20%(단, 무조건분리과세대상은 3억원 초과분은 30% 적용함)

② 기타소득의 종합과세와 분리과세

> ㉠ 무조건 분리과세
> • 연금계좌에서 연금외 수령한 기타소득 : 15%
> • 서화·골동품의 양도로 발생하는 소득 : 20%
> • 복권당첨소득 : 20%(30%)
> ㉡ 무조건 종합과세
> 뇌물, 알선수재 및 배임수재에 따라 받은 금품
> ㉢ 선택적 분리과세
> 무조건 분리과세와 무조건 종합과세소득을 제외한 기타소득금액이 300만원 이하이면서 원천징수된 소득

③ 과세최저한

> ㉠ 원칙은 기타소득금액이 건별로 5만원 이하인 때이다. 단, 연금계좌에서 발생하는 기타소득은 과세최저한을 적용 제외한다.
> ㉡ 예외 : 슬롯머신 등 당첨금품은 건별로 200만원 이하인 경우, 승마투표권 등의 구매자가 받는 환급금은 배당률 100배 이하 & 환급금 200만원 이하인 경우이다.

5) 기타소득의 수입확정시기

원칙은 대가를 지급받은 날(현금주의)로 하며 예외적으로는 다음의 예가 있다.

구분	수입시기
법인세법에 의하여 처분된 기타소득	해당 법인의 당해 사업연도의 결산확정일
광업권, 어업권, 산업재산권 등을 양도하고 그 대가로 받은 금품	그 대금을 청산한 날, 자산을 인도한 날 또는 사용·수익일 중 빠른 날
계약의 위약·해약으로 인하여 받은 기타소득 중 계약금이 위약금·해약금으로 대체되는 경우의 기타소득	계약의 위약·해약이 확정된 날
연금계좌에서 연금 외 수령한 기타소득	연금 외 수령한 날

이론문제 | 종합소득의 분류

01 다음 중 무조건 종합과세 금융소득인 것은?

① 비영업대금의 이익
② 원천징수대상이 아닌 국외에서 받은 이자·배당소득
③ 주권상장법인의 대주주가 받는 배당소득
④ 직장공제회 초과반환금

02 다음 중 배당소득의 수입시기로 옳지 않은 것은?

① 잉여금의 처분에 의한 배당은 잉여금 처분 결의일
② 무기명주식의 이익이나 배당은 배당결의일
③ 잉여금의 자본전입은 자본전입 결의일
④ 법인세법에 의한 배당소득처분은 당해 법인의 결산확정일

03 다음 금융소득 중 조건부 종합과세 대상이 아닌 것은?

① 비영업대금의 이익
② 주권상장법인의 대주주가 받는 배당소득
③ 비상장 내국법인의 주주가 받는 배당소득
④ 우리사주조합원의 조합원으로서 받는 배당소득

04 다음 중 소득세법상 근로소득에 대한 설명으로 옳지 않은 것은?

① 종업원이 받는 직무수당 중 사회통념상 타당하다고 인정되는 범위 내의 금액은 근로소득으로 보지 않는다.

② 법인의 임원이 부여받은 주식매수선택권을 근무하는 기간 중 행사함으로써 얻은 이익은 근로소득에 해당한다.
③ 일직료·숙직료 또는 여비로서 실비변상정도의 금액은 비과세 근로소득이다.
④ 연말정산한 근로소득은 다른 종합소득이 없으면 과세표준확정신고를 하지 않아도 된다.

05 다음 중 과세대상 이자소득에 해당하지 않는 것은?

① 비영업 대금의 이익
② 국내에서 받는 예금의 이자
③ 신용부금의 이익
④ 국내의 비상장법인에서 받는 배당금

06 다음 중 소득세법상 이자소득이 아닌 것은?

① 직장공제회 초과반환금
② 비영업대금이익
③ 연금저축의 연금계좌에서 연금 외 수령하는 일시금
④ 저축성보험의 보험차익(10년 미만)

07 다음 사업소득의 총수입금액에 대한 설명 중 틀린 것은?

① 환입된 물품의 가액과 매출에누리는 해당 과세기간의 총수입금액에 산입하지 아니한다.
② 부가가치세의 매출세액은 해당 과세기간의 소득금액을 계산할 때 총수입금액에 산입하지 아니한다.

③ 관세환급금 등 필요경비에 지출된 세액이 환급되었거나 환입된 경우에 그 금액은 총수입금액에 이를 산입한다.

④ 거래상대방으로부터 받는 장려금과 기타 이와 유사한 성질의 금액은 총수입금액에 이를 산입하지 아니한다.

08 다음 중 배당소득에 대한 설명으로 틀린 것은?

① 소득세법상 비과세대상 배당소득은 있다.

② 무기명주식의 이익이나 배당은 잉여금 처분 결의일이 수입시기이다.

③ 소득세법상 배당소득은 필요경비를 인정하지 않는다.

④ 비실명배당소득에 대해서는 무조건 분리과세한다.

09 다음 소득세법상 이자소득의 수입시기 중 옳지 않은 것은?

① 기명의 채권 또는 기타 증권의 이자와 할인액 : 약정에 의한 이자지급 개시일

② 통지예금의 이자 : 인출일

③ 보통예금의 이자 : 원칙적으로 실제로 이자를 지급받는 날

④ 직장공제회 초과반환금 : 그 이자를 지급받는 날

10 다음은 국내 거주자 정직해씨의 금융소득 내역이다. 이와 관련한 설명으로 옳지 않은 것은?

가. 직장공제회 초과반환금	5,000,000원
나. 정기예금이자	10,000,000원
다. 보유 중인 주식의 소각으로 인한 의제배당	5,000,000원
라. 법원에 납부한 보증금에 대한 이자	6,000,000원

① 직장공제회 초과반환금은 무조건 분리과세이다.

② 직장공제회 초과반환금을 제외한 이자·배당소득의 합계액이 2천만원을 초과하므로 종합과세된다.

③ 주식의 소각으로 인한 의제배당은 감자결의일을 수입시기로 한다.

④ 이자·배당소득은 필요경비가 인정되지 않는다.

11 다음은 거주자 홍길동씨의 금융소득 내역이다. 홍길동씨의 종합과세대상 금융소득은 얼마인가? (단, '다'를 제외한 모든 금융소득은 소득세법에 따라 원천징수된 것으로 가정한다.)

가. 내국법인으로부터 받은 현금배당금	3,000,000원
나. 직장공제회 초과반환금	8,000,000원
다. 외국법인으로부터 받은 현금배당금	2,000,000원
라. 비영업대금의 이익	10,000,000원

① 2,000,000원 ② 12,000,000원
③ 20,000,000원 ④ 23,000,000원

12 다음 소득세법상 부동산임대업에 대한 설명 중 틀린 것은?

① 주거용 건물 임대업에서 발생한 수입금액 합계액이 2천만원을 초과하는 경우에도 분리과세가 가능하다.

② 1주택 소유자가 1개의 주택을 임대하고 있는 경우 주택의 임대보증금에 대한 간주임대료 계산을 하지 않는다.

③ 주거용 건물 임대업에서 발생한 수입금액 합계액이 2천만원 이하인 경우 분리과세를 선택할 수 있다.

④ 부동산을 임대하고 받은 선세금에 대한 총수입금액은 그 선세금을 계약기간의 월수로 나눈 금액의 각 과세기간의 합계액으로 한다(월수계산은 초월산입·말월불산입).

13 다음 중 해당 과세기간에 전액 필요경비에 불산입하는 항목은 모두 몇 개인가?

> 가. 사업과 직접적인 관계없이 무상으로 지급하는 법령에서 정한 기부금
> 나. 가사의 경비와 이에 관련되는 경비
> 다. 벌금, 과료, 과태료
> 라. 선급비용
> 마. 대손금

① 2개   ② 3개
③ 4개   ④ 5개

14 다음 중 소득세법에 따른 사업소득 필요경비에 해당하지 않는 것은?

① 해당 사업에 직접 종사하고 있는 사업자의 배우자 급여

② 판매한 상품 또는 제품의 보관료, 포장비, 운반비

③ 운행기록을 작성비치한 업무용승용차 관련비용 중 업무사용비율에 해당하는 금액(복식부기의무자)

④ 새마을금고에 지출한 기부금

15 다음 중 소득세법상 사업소득에 관한 설명으로 옳지 않은 것은?

① 사업소득금액 계산 시 대표자 본인에 대한 급여는 필요경비로 인정하지 않는다.

② 은행예금 수입이자는 사업소득금액 계산 시 총수입금액에 불산입한다.

③ 복식부기의무자가 사업용 차량운반구를 양도하는 경우 그 양도가액은 총수입금액에 불산입한다.

④ 사업소득 중에서도 원천징수대상이 되는 소득이 있다.

16 다음 소득세법상 사업소득의 수입시기 중 틀린 것은?

① 상품의 시용판매 – 상대방이 구입의사를 표시한 날

② 상품의 위탁판매 – 수탁자가 그 위탁품을 판매한 날

③ 인적용역의 제공 – 용역대가를 지급받기로 한 날 또는 용역의 제공을 완료한 날 중 빠른 날

④ 무인판매기에 의한 판매 – 소비자가 무인판매기에 현금을 투입한 때

17 다음 중 사업소득에 대한 설명으로 옳지 않은 것은?

① 종업원의 급여는 필요경비에 산입하지만 대표자의 급여는 필요경비에 산입되지 않는다.

② 종업원과 대표자 모두 퇴직급여충당금의 설정이 가능하다.

③ 자산수증이익과 채무면제이익 중 이월
결손금 보전에 충당된 금액은 총수입
금액에 산입하지 않는다.

④ 자산수증이익이나 채무면제이익은
사업과 관련 있는 경우에 한하여 총
수입금액에 산입한다.

18 다음 중 복식부기의무자인 개인사업자 김행
복씨의 사업소득금액은 얼마인가?

가.	매출액	100,000,000원
나.	매출원가	50,000,000원
다.	거래처에 지급한 판매장려금	
		30,000,000원
라.	주택자금 대출이자	10,000,000원

① 10,000,000원 　② 20,000,000원
③ 40,000,000원 　④ 50,000,000원

19 다음 중 소득세법상의 주택임대소득에 대한
설명으로 옳지 않은 것은?

① 2개의 주택을 소유한 자가 주택을 전
세로만 임대하고 받은 전세 보증금에
대해서는 소득세가 과세되지 않는다.

② 주택임대수입이 2,000만원 이하이면
분리과세를 적용한다.

③ 본인과 배우자가 세대를 달리하여 주
택을 소유하여도 주택 수를 합산하지
않는다.

④ 1주택자의 기준시가 12억원을 초과하
는 주택에 대한 월세임대소득은 소득
세를 과세한다.

20 다음 비과세 근로소득의 설명 중 가장 틀린
것은?

① 자가운전보조금 – 월 20만원 이하의
금액

② 근로자가 제공받는 식대 – 식사를 제
공받지 않으며 월 20만원 이하의 금액

③ 자녀보육수당 – 월 30만원 이하의
금액

④ 직무발명보상금 – 연 700만원 이하의
금액

21 다음 중 소득세법상 비과세 근로소득에 해
당하지 않는 것은?

① 식사를 제공받지 아니하는 근로자가
지급받는 월 20만원 이하의 식사대

② 국외에서 근로를 제공하고 받는 보수
중 월 100만원 이내의 금액

③ 월정액 급여 100만원 이하인 생산직근
로자가 근로기준법상 연장시간근로로
인해 통상임금에 가산하여 받는 급여
중 연 300만원 이내의 금액

④ 초·중등교육법에 의한 교육기관의 교
원이 받는 월 20만원 이내의 연구보조비

22 다음 중 근로소득의 귀속시기에 대한 설명
으로 틀린 것은?

① 통상적인 급여 – 근로를 제공한 날

② 잉여금처분에 의한 상여 – 당해 법인
잉여금처분 결의일

③ 근로소득에 속하는 퇴직위로금 – 지급
받거나 지급받기로 한 날

④ 법인세법에 의해 처분되는 인정상여 –
법인세과세표준신고일

23 다음 중 소득세법상 근로소득의 수입시기로 옳지 않은 것은?

① 당해 사업연도의 소득금액을 법인이 신고하거나 세무서장이 결정·경정함에 있어서 발생한 그 법인의 임원에 대한 상여 : 당해 사업연도 중의 근로를 제공한 날

② 급여 : 근로를 제공한 날

③ 잉여금처분에 의한 상여 : 당해 법인의 잉여금상여 지급일

④ 퇴직위로금 : 지급받거나 지급받기로 한 날

24 다음 소득세법상 일용근로자의 근로소득에 대한 설명 중 틀린 것은?

① 일용근로자의 근로소득은 분리과세되어 연말정산이나 확정신고 의무가 없다.

② 1일 8만원의 근로소득공제가 적용된다.

③ 일용근로자의 근로소득은 종합소득공제를 적용받지 못한다.

④ 동일한 고용주에게 계속하여 3개월 동안 고용된 건설공사 종사자는 일용근로자에 해당한다.

25 다음 중 근로소득에 해당하지 않는 것은?

① 법인의 주주총회, 이사회 등 의결기관 결의에 의하여 받는 상여

② 비출자임원과 종업원이 사택을 제공받음으로써 얻는 이익

③ 연 또는 월단위로 받는 여비

④ 업무를 위해 사용된 것이 분명하지 않은 기밀비, 판공비, 교제비

26 소득세법상 기타소득의 필요경비로서 총수입금액의 80%가 인정되지 않는 것은?

① 지역권·지상권(지하 또는 공중에 설정된 권리를 포함)을 설정 또는 대여하고 받는 금품

② 광업권의 대여료

③ 복권당첨금

④ 공익법인이 주무관청의 승인을 얻어 시상하는 상금과 부상

27 다음 중 기타소득이 아닌 것은?

① 근로자가 주택을 제공받음으로써의 이익

② 문예창작소득

③ 고용관계 없이 다수인에게 강연을 하고 받은 강연료

④ 계약의 위약에 따른 위약금

28 소득세법상 연금소득에 대한 설명으로 옳지 않은 것은?

① 연금소득금액은 소득세법에서 정한 총연금액에서 실제 지출된 필요경비를 차감한 금액으로 한다.

② 산업재해보상보험법에 따라 받는 각종 연금은 비과세소득이다.

③ 공적 연금소득을 지급하는 자가 연금소득의 일부 또는 전부를 지연하여 지급하면서 지연지급에 따른 이자를 함께 지급하는 경우 해당 이자는 공적 연금소득으로 본다.

④ 납입 시에 소득공제 등을 적용받지 않은 연금불입액은 수령 시에 과세되지 않는다.

29 다음 중 연금소득에 대한 설명으로 틀린 것은?

① 국민연금법에 의하여 지급받는 각종 연금은 연금소득에 해당된다.

② 국민연금법에 의하여 지급받는 장애연금은 비과세연금소득이다.

③ 지급받은 총연금액이 350만원 이하인 경우에는 전액을 소득공제한다.

④ 총연금액이 1,200만원 이하인 경우에는 거주자가 분리과세를 선택할 수 있다.

30 기타소득금액의 연간 합계액이 (   )원 이하인 경우에 당해 소득은 납세의무자의 선택에 따라 종합소득과세표준에 합산하지 않을 수 있다. (   ) 안에 들어갈 금액은?

① 1,500,000원 ② 2,000,000원

③ 2,500,000원 ④ 3,000,000원

31 소득세법상 원천징수 의무자는 원천징수한 소득세를 징수일이 속하는 달의 그 다음 달 (   )까지 납부하여야 한다. (   )에 들어갈 알맞은 말은?

① 5일 ② 10일

③ 15일 ④ 20일

32 다음 소득세법상 원천징수에 관한 내용 중 가장 옳지 않은 것은?

① 원천징수 대상소득은 이자소득, 배당소득, 특정사업소득, 근로소득, 연금소득, 기타소득, 퇴직소득이다.

② 원천징수세율은 비영업대금에 대한 이자소득은 25%(기타 이자소득은 14%)이고, 일반적인 배당소득은 14%이다.

③ 일용근로자 근로소득의 원천징수세율은 종합소득세의 기본세율을 적용한다.

④ 기타소득의 원천징수세율은 20%이다.

33 다음 중 무조건 분리과세되는 기타소득으로 옳지 않은 것은?

① 복권당첨소득

② 승마투표권, 소싸움경기투표권 및 체육진흥투표권의 구매자가 받는 환급금

③ 계약의 위약 또는 해약으로 받은 위약금 (계약금이 위약금으로 대체되는 경우)

④ 슬롯머신 등을 이용하는 행위에 참가하여 받는 당첨금품

34 다음 중 원천징수에 대한 설명으로 옳지 않은 것은?

① 분리과세대상소득은 별도의 확정신고 절차 없이 원천징수로써 납세의무가 종결된다.

② 금융소득이 연간 1,500만원을 초과하는 경우에는 원천징수 후 종합소득에 합산된다.

③ 연 300만원 이하의 기타소득금액은 거주자의 선택에 의하여 분리과세하거나 종합과세한다.

④ 근로소득에 대해서는 매월 원천징수 후 다음 연도 2월분 근로소득 지급 시 연말정산한다.

35 다음은 성실해씨의 수입 내역이다. 원천징수 대상 기타소득금액은 얼마인가? (단, 실제 소요된 필요경비는 없는 것으로 가정한다.)

> 가. 유실물의 습득으로 인한 보상금
> 　　　　　　　　　　 2,000,000원
> 나. 주택입주 지체상금 1,000,000원
> 다. 원작자가 받는 원고료 500,000원

① 2,300,000원　② 3,000,000원
③ 3,200,000원　④ 4,000,000원

36 다음은 김한공씨의 수입 내역이다. 원천징수 대상 기타소득금액은 얼마인가? (단, 실제 소요된 필요경비는 없는 것으로 가정한다.)

> 가. 위약금으로 대체된 계약금
> 　　　　　　　　　　 10,000,000원
> 나. 상표권 대여소득 20,000,000원
> 다. 정신적 피해로 인한 손해배상금
> 　　　　　　　　　　 15,000,000원

① 4,000,000원　② 6,000,000원
③ 10,000,000원　④ 20,000,000원

📌 이론문제 정답 및 해설

01 ② 국외에서 원천징수되지 않는 금융소득은 무조건 종합과세이다.

02 ② 무기명주식의 이익이나 배당의 수입시기는 그 지급을 받은 날이다.

03 ④ 조건부 종합과세되는 금융소득에는 다음과 같은 것이 있다.
- 비영업대금의 이익
- 주권상장법인 또는 협회등록법인의 대주주가 받는 배당소득(단, 증권투자회사법에 의한 증권투자회사의 주주가 받는 배당소득은 제외한다.)
- 비상장법인의 주주가 받는 배당소득 (단, 우리사주조합의 조합원으로서 받는 배당소득, 농업협동조합법의 규정에 의한 우선출자자가 받는 배당소득과 증권투자회사법에 의한 증권투자회사의 주주가 받는 배당소득은 제외한다.)

04 ① 종업원이 받는 직무수당은 금액에 관계없이 근로소득으로 본다.

05 ④ 국내의 비상장법인에서 받는 배당금은 조건부 종합과세 배당소득에 해당된다.

06 ③ 연금저축의 연금계좌에서 연금외 수령하는 일시금은 기타소득에 해당된다.

07 ④ 거래상대방으로부터 받는 장려금 등은 총수입금액에 산입한다.

08 ② 무기명주식의 이익이나 배당은 그 지급을 받는 날이 수입시기이다.

09 ④ 직장공제회 초과반환금의 수입시기는 약정에 의한 지급일이 해당한다.

10 ② 직장공제회 초과반환금과 법원에 납부한 보증금에 대한 이자는 무조건 분리과세대상이며, 이를 제외한 이자·배당소득의 합계액이 15,000,000원으로 2천만원을 초과하지 않으므로 종합과세되지 않는다.

11 ① 직장공제회 초과반환금은 무조건 분리과세이고, 내국법인으로부터 받은 현금배당금과 비영업대금의 이익은 조건부 종합과세대상이며, 외국법인으로부터 받은 현금

배당금은 무조건 종합과세대상이다. 무조건 분리과세대상을 제외한 금융소득이 2천만원 이하이므로 무조건 종합과세대상 금융소득 2,000,000원만 종합과세한다.

12 ① 주거용 건물 임대업에서 발생한 수입금액 합계액이 2천만원을 초과하는 경우 종합과세대상이다.

13 ② '가'와 '마'는 세법에서 정한 범위 내에서 필요경비에 산입가능하다.

14 ④ 새마을금고에 지출한 기부금은 비지정기부금에 해당하여 필요경비에 산입하지 않는다.

15 ③ 복식부기의무자가 사업용 차량운반구 양도 시 양도가액은 총수입금액에 산입한다.

16 ④ 무인판매기에 의한 판매의 수입시기는 현금을 인취할 때이다.

17 ② 개인사업에 있어서 대표자는 사업경영주체로서 고용관계에 있지 아니하고 급여를 지급받아도 그것은 출자금의 인출에 불과하므로 필요경비에 산입되지 아니하며 퇴직급여충당금설정 대상자도 아니다.

18 ② 사업소득금액 : 100,000,000원 – 50,000,000원 – 30,000,000원 = 20,000,000원으로 계산한다.

19 ③ 본인과 배우자가 세대를 달리하여 주택을 소유하여도 주택 수를 합산한다.

20 ③ 자녀보육수당은 월 20만원 이하의 금액이다.

21 ③ 월정액 급여 210만원 이하, 직전 총급여액이 3,000만원의 요건을 모두 충족한 생산직근로자가 근로기준법상 연장시간 근로로 인해 통상임금에 가산하여 받는 급여 중 연 240만원 이내의 금액이 비과세 근로소득에 해당한다.

22 ④ 법인세법에 의해 처분되는 인정상여의 수입시기는 당해 사업연도 중 근로를 제공한 날이다.

23 ③ 잉여금처분에 의한 상여에 대한 수입시기는 당해 법인의 잉여금처분 결의일이다.

24 ② 일용근로자는 1일 15만원의 근로소득공제가 적용된다.

25 ② 비출자임원과 종업원이 사택을 제공받음으로써 얻는 이익은 근로소득으로 보지 아니한다.

26 ③ 복권당첨금은 분리과세대상이므로 필요경비가 80%가 인정되지 않는다.

27 ① 근로자가 주택을 제공받음으로써 얻는 이익은 근로소득에 해당한다.

28 ① 연금소득금액은 소득세법에서 정한 총연금액에서 연금소득공제를 적용한 금액으로 한다.

29 ④ 사적연금액이 연 1,500만원 이하인 경우와 연 1,500만원을 초과하는 경우에 거주자가 저율과 고율로 선택적 분리과세 및 종합과세를 할 수 있다.

30 ④ 무조건분리과세와 무조건종합과세소득을 제외한 기타소득금액이 300만원 이하이면서 원천징수된 소득을 선택적 분리과세할 수 있다.

31 ② 징수일이 속하는 달의 그 다음 달 10일까지 원천징수세액을 납부하여야 한다.

32 ② 일용근로자 근로소득의 원천징수세율은 6%를 적용한다.

33 ③ 계약의 위약 또는 해약으로 받은 위약금(계약금이 위약금으로 대체되는 경우)은 무조건 종합과세가 된다.

34 ② 금융소득이 연간 2천만원을 초과하는 경우에는 원천징수 후 종합소득에 합산된다.

35 ① 유실물의 습득으로 인한 보상금은 실제 소요된 필요경비가 없으며, 주택입주 지체상금과 원작자가 받는 원고료는 80%의 필요경비가 인정된다. 따라서 원천징수대상 기타소득금액은

2000,000원 + 1,000,000원 × (100% - 80%) + 500,000원 × (100% - 80%) = 2,300,000원

36 ① 상표권 대여소득은 원천징수대상 기타소득이나, 위약금으로 대체된 계약금은 기타소득이지만 원천징수대상이 아니며, 정신적 피해로 인한 손해배상금은 소득세 과세대상이 아니다. 상표권 대여소득은 실제필요경비와 법정필요경비(총수입금액의 80%) 중 큰 금액을 필요경비로 한다. 따라서 원천징수대상 기타소득금액 = 20,000,000원 - (20,000,000원 × 80%) = 4,000,000원이 된다.

제3절 **소득금액계산의 특례**

◢ 01 부당행위계산의 부인

출자공동사업자의 배당소득·사업소득 또는 기타소득이 있는 거주자의 행위·계산이 그 거주자와
특수관계인과의 거래이며 조세부담을 부당히 감소시킨 것으로 인정되는 경우를 부당행위계산의 부
인이라고 한다.

구분	특수관계인의 범위		
친족관계	6촌 이내의 혈족, 4촌 이내의 인척, 배우자, 입양된 자 및 배우자 및 직계비속		
경제적 연관관계	• 임원과 그 밖의 사용인 • 본인의 금전이나 그 밖의 재산으로 생계를 유지하는 자 • 위의 자와 생계를 같이하는 친족		
주주·출자자 등 경영지배관계	• 1차 지배관계 법인 : 본인(개인)이 직접 또는 그와 친족관계 또는 경제적 연관관계에 있는 자를 통하여 법인의 경영에 대하여 지배적인 영향력을 행사하고 있는 경우 그 법인 • 2차 지배관계 법인 : 본인(개인)이 직접 또는 그와 친족관계 또는 경제적 연관관계 또는 위에 1차 지배관계에 있는 자를 통하여 법인의 경영에 대하여 지배적인 영향력을 행사하고 있는 경우 그 법인 • 경영지배기준 : 해당 법인의 경영에 대하여 지배적인 영향력을 행사하고 있는 것으로 본다.		
	영리법인	• 법인의 발행주식총수 또는 출자총액의 30% 이상을 출자한 경우 • 임원의 임명권의 행사, 사업방침의 결정 등 법인의 경영에 대하여 사실상 영향력을 행사하고 있다고 인정되는 경우	
	비영리법인	• 법인의 이사의 과반수를 차지하는 경우 • 법인의 출연재산(설립을 위한 출연재산만 해당함)의 30% 이상을 출연하고 그중 1인이 설립자인 경우	

◢ 02 조세부담을 부당하게 감소시킨 것으로 인정되는 유형

부당한 행위·계산으로 보는 것을 말하며, 아래의 1)~4)는 시가와 거래가액의 차액이 3억원 이상
이거나 시가의 5%에 상당하는 금액 이상인 경우에만 해당한다.

1) 특수관계인으로부터 시가보다 고가매입 또는 특수관계인에게 저가양도한 경우

2) 특수관계인에게 금전·자산·용역을 무상 또는 저율대부한 경우(단, 실제 주택에 거주하는 직
계존비속에게 무상사용을 허용한 경우는 제외한다.)

3) 특수관계인으로부터 금전·자산·용역을 고율차용한 경우

4) 특수관계인과 거래에서 총수입금액 또는 필요경비를 계산할 때 조세의 부담을 부당하게 감소시
킨 것으로 인정되는 경우

5) 특수관계인으로부터 무수익자산을 매입 시에 비용을 부담할 때

03 공동사업 등에 대한 소득금액계산의 특례

1) 소득금액 계산

1거주자로 보아 소득금액 계산 후 약정손익분배비율(없으면 지분비율)에 의해 분배한다. 다만 유의할 점은 소득금액의 분배여부나 실제분배금액과 무관하며 기업업무추진비한도액 계산도 공동사업장을 1거주자로 보고 계산한다.

2) 결손금 등 분배 및 공제

결손금(특정 가산세)은 손익분배비율(지분비율)에 따라 각 공동사업자별로 분배하며 미처리결손금은 공동사업자 구성원별로 각각 이월되어 다음 과세기간 이후의 소득금액에서 이월결손금으로 공제받게 된다.

3) 공동사업 합산과세

과세기간 종료일 현재 공동사업자 중 친족관계에 있는 자로 생계를 같이하고 일정한 허위사유가 있는 때에는 손익분배배율이 큰 주된 공동사업자에게 합산과세한다.

이는 조세회피 목적으로 단독사업을 공동사업으로 위장하는 경우를 방지하기 위한 것으로 주된 공동사업자 외의 자는 주된 공동사업자와 연대납세의무를 진다.

① 허위사유

ㄱ 공동사업자가 제출한 과세표준확정신고서와 첨부서류에 기재한 사업의 종류, 소득금액 내역, 지분비율, 약정된 손익분배비율 및 지분비율, 약정된 손익분배비율 및 공동사업자 간의 관계 등이 사실과 현저하게 다른 경우

ㄴ 공동사업자의 경영참가, 거래관계, 손익분배비율 및 자산과 부채 등의 재무상태 등을 감안할 때 조세를 회피하기 위하여 공동으로 사업을 경영하는 것이 확인되는 경우

② 주된 공동사업자의 판단

> 〈1순위〉 공동사업소득 이외의 종합소득금액이 가장 많은 자
> → 동일하면 〈2순위〉 직전연도 종합소득금액이 가장 많은 자
> → 동일하면 〈3순위〉 해당 사업에 대한 종합소득과세표준을 신고한 자
> → 무신고 시 〈4순위〉 관할세무서장이 정하는 자

04 결손금 및 이월결손금 공제

1) 결손금

필요경비가 총수입금액보다 초과한 금액을 말한다.

2) 이월결손금

사업소득금액에서 발생한 결손금으로서 해당 과세기간의 종합소득과세표준의 계산 시에 공제하고 남은 결손금을 말한다.

3) 결손금 공제순서

① 부동산임대소득 공제하고 남은 사업소득 결손금 → 근로소득금액 → 연금소득금액 → 기타소득금액 → 이자소득금액 → 배당소득금액에서 순서대로 공제한다.

② 다만 부동산임대업에서 발생한 결손금은 다른 소득금액에서 공제하지 않고 다음 과세기간으로 이월시켜 부동산임대업의 소득금액에서만 공제한다.

4) 이월결손금 공제순서

① 이월결손금은 자산수증이익 또는 채무면제이익으로 충당된 것을 제외한 남은 금액을 다음 순서로 공제한다.

> 사업소득(부동산임대소득)금액 → 근로소득금액 → 연금소득금액 → 기타소득금액 → 이자소득금액 → 배당소득금액

② 부동산임대업에서 발생한 결손금은 다른 소득금액에서 공제하지 않고 부동산임대업의 소득금액에서만 공제한다.

5) 종합과세되는 금융소득이 있는 경우 결손금 공제

① 분리과세(14% 세율 적용분) : 공제에서 제외된다.

② 종합과세(기본세율 적용분) : 납세자가 그 소득금액의 범위 안에서 공제 여부와 공제금액을 선택하여 결정할 수 있다.

6) 이월결손금의 공제기간

이월결손금은 발생연도 종료일로부터 15년(다만 2008.12.31. 이전 결손금 5년, 2020년 이전 결손금 10년) 내에 종료하는 과세기간의 소득금액을 계산할 경우 먼저 발생한 연도의 이월결손금부터 순서대로 해당 과세기간 소득별로 이를 공제한다.

7) 기타사항

① 결손금과 이월결손금이 함께 있는 경우 : 결손금을 먼저 소득금액에서 공제한 후 이월결손금을 공제한다.

② 추계결정 시 이월결손금 공제 여부 : 이월결손금공제를 배제한다. 단, 천재 등 불가항력으로 장부멸실 시에는 공제 적용한다.

③ 중소기업 결손금소급공제에 의한 환급

　㉠ 중소기업을 경영하는 거주자가 그 중소기업의 사업소득금액을 계산할 때 해당 과세기간의 이월결손금(부동산임대업에서 발생한 이월결손금은 제외)이 발생한 경우이다.

　㉡ 직전 2년(직전 과세기간 및 직전전 과세기간)의 사업소득에 부과된 종합소득 결정세액을 한도로 하여 환급신청할 수 있다. 이 경우 소급공제한 이월결손금에 대해서는 그 이월결손금을 공제받은 금액으로 본다.

☑️ 이론문제 | 소득금액계산의 특례

01 다음 소득세법상 소득금액계산의 특례에 관한 내용 중 틀린 것은?

① 당해연도의 소득금액을 추계결정하는 경우에도 원칙적으로 이월결손금공제는 적용한다.

② 공동사업장에 대한 소득금액 계산에 있어서 당해 공동사업장은 1거주자로 본다.

③ 상속의 경우 피상속인의 소득과 상속인의 소득은 구분하여 각각 별도로 소득세를 계산하여야 한다.

④ 신탁재산에 귀속되는 소득은 그 신탁의 수익자에게 귀속되는 것으로 보아 소득금액을 계산한다.

02 소득세법상 결손금과 이월결손금의 공제에 관한 설명 중 옳지 않은 것은?

① 소득세법상 결손금은 사업소득(부동산임대소득 포함) 등에 인정된다.

② 사업소득의 결손금은 15년(다만 2008년 12월 31일 이전 결손금 5년, 2020년 이전 결손금 10년)간 이월공제가 가능하다.

③ 사업소득의 이월결손금은 사업소득금액 → 근로소득금액 → 연금소득금액 → 기타소득금액 → 이자소득금액 → 배당소득금액 순으로 공제한다.

④ 소득금액은 추계 시에도 원칙적으로 이월결손금 공제가 가능하다.

03 다음 중 소득세법상 소득금액 계산과 관련된 설명으로 잘못된 것은?

① 직계존속에게 주택을 무상으로 사용하게 하고 직계존속이 그 주택에 실제 거주하는 경우 부당행위계산의 부인 대상이 아니다.

② 공동사업자의 구성원 변동이 있는 경우 기장의무는 직전 연도 당해 공동사업장의 수입금액에 의해 판정한다.

③ 이자소득, 연금소득에 대해서는 부당행위계산 부인이 적용되지 않는다.

④ 피상속인의 소득금액은 상속인에게 승계되며 상속인의 소득금액과 합산된다.

04 다음은 거주자 정바름씨의 소득 관련 자료이다. 정바름씨의 소득세법상 20×2년 귀속 종합소득금액은 얼마인가?

구분	20×1년 귀속분	20×2년 귀속분
근로소득금액	21,000,000원	20,000,000원
(상가)부동산임대사업소득금액	(−)3,000,000원	5,000,000원
사업소득금액	(−)5,000,000원	1,000,000원

① 13,000,000원 ② 16,000,000원
③ 23,000,000원 ④ 26,000,000원

05 다음 중 소득세법상 소득금액계산의 특례에 대한 설명으로 옳지 않은 것은?

① 종합소득금액 중 이자소득은 부당행위계산 부인규정을 적용받지 않는다.

② 거주자가 비(非)특수관계인과 부동산임대사업을 공동으로 경영하는 경우 각자 소득세 납세의무를 진다.

③ 거주자가 특수관계인에게 부동산을 무상으로 임대한 경우 부당행위계산 부인규정이 적용될 수 있다.

④ 종합과세되는 배당소득은 전액이 결손금 또는 이월결손금의 공제대상에 해당한다.

📌 이론문제 정답 및 해설

01 ① 당해연도의 소득금액을 추계결정하는 경우에도 원칙적으로 이월결손금공제는 적용하지 않는다.

02 ④ 추계결정·경정 시는 원칙적으로 이월결손금은 공제하지 않는다. 다만, 천재·지변·기타 불가항력으로 장부 등이 멸실되어 추계하는 경우에는 이월결손금공제를 적용한다.

03 ④ 피상속인의 소득금액에 대한 소득세로서 상속인에게 과세할 것과 상속인의 소득금액에 대한 소득세는 구분하여 계산하여야 한다.

04 ③ 23,000,000원 = 근로소득금액 20,000,000원 + 부동산임대사업소득금액 3,000,000원 소득세법 제45조에 의하여 다음과 같이 구할 수 있다.

- 20×1년 귀속 종합소득금액 : 근로소득금액 21,000,000원 − 사업소득금액 5,000,000원 = 18,000,000원
- 20×1년 이월결손금 : 부동산임대사업 소득금액 (−)3,000,000원
- 20×2년 사업소득금액 : 1,000,000원 − 20×1년 부동산임대사업소득 이월결손금 1,000,000원 = 0원
- 20×2년 부동산임대사업소득금액 : 5,000,000원 − 20×1년 부동산임대사업소득 이월결손금 2,000,000원 = 3,000,000원

05 ④ 결손금 및 이월결손금을 공제할 때 금융소득 종합과세 시 세액계산특례에 따라 산출세액을 계산을 하는 경우 종합과세되는 배당소득 또는 이자소득 중 원천징수세율을 적용받는 부분은 결손금 또는 이월결손금의 공제대상에서 제외한다.

제4절 종합소득공제 및 과세표준 계산

▼ 연말정산 흐름도

총급여	**총급여** 연봉(급여+상여+수당+인정상여) – 비과세소득
(−) 근로소득공제	
근로소득금액	**기본공제** (1명당 연 150만원 공제)
(−) 인적공제	**추가공제** 70세 이상 경로우대·장애인·부녀자·한부모
(−) 연금보험료공제	
(−) 특별소득공제	보험료, 주택자금, 기부금(이월분)
(−) 그 밖의 소득공제	개인연금저축, 소기업·소상공인공제부금 주택마련저축, 중소기업창업투자조합 출자 등 신용카드 등 사용금액, 우리사주조합출연금, 고용유지중소기업 근로자, 장기집합투자증권저축
(+) 소득공제 한도초과액	
종합소득 과세표준	
(×) 기본세율	
산출세액	
(−) 세액감면 및 공제	세액감면(중소기업 취업자 소득세 감면 등) 근로소득세액공제 자녀세액공제(기본공제대상자녀, 8세 이상, 출생·입양) 연금계좌세액공제(퇴직연금, 연금저축 등) 특별세액공제(보장성보험료, 의료비, 교육비, 기부금) 표준세액공제 납세조합공제 주택자금차입금이자세액공제 외국납부세액공제 월세액세액공제
결정세액	
(−) 기납부세액	
차감징수세액	

종합소득과세표준은 종합소득금액에서 인적공제(기본공제와 추가공제), 소득세법상의 특별소득공제, 조세특례제한법상의 특별소득공제를 차감하여 계산한다. 단, 소득공제금액의 합계액이 2,500만원을 초과하는 금액은 없는 것으로 한다.

◢ 01 종합소득공제 요약

구분	종류	적용	
		근로소득자의 연말정산	사업자의 과세표준 확정신고
인적 공제	1) 기본공제(소득세법) 2) 추가공제(소득세법)	적용	적용
물적 공제	1) 특별공제(소득세법) • 건강 및 노인장기요양, 고용보험료 • 주택자금공제	적용	미적용
	2) 연금보험료공제(소득세법)	적용	적용
	3) 주택담보노후연금 이자비용공제(소득세법)	적용	적용
	4) 신용카드 등 사용금액 공제(조세특례제한법)	적용	미적용
	5) 조세특례제한법상 기타의 소득금액		
	• 소기업소상공인공제부금	미적용	적용
	• 중소기업창업투자조합 출자에 대한 소득공제	적용	적용
	• 우리사주조합원에 대한 출자금의 소득공제	적용	미적용
	• 장기집합투자증권저축에 대한 소득공제	적용	미적용
	• 고용유지중소기업의 상시근로자 소득공제	적용	미적용

◢ 02 종합소득공제

1) 기본공제(가족수 × 1인당 150만원)

구분	나이	연간소득금액
본인공제	–	–
배우자공제	–	100만원 이하
부양가족공제 : 거주자(배우자 포함)와 생계를 같이 하는 다음의 부양가족		100만원 이하
• 직계존속	60세 이상	
• 직계비속과 입양자(위탁아동)	20세 이하(18세 미만)	
• 본인과 배우자의 형제자매	20세 이하 또는 60세 이상	
• 기초생활보장법에 의한 보호대상자		

① 거주자와 이혼한 부인은 거주자와 생계를 같이 하더라도 배우자의 범위에 포함되지 않는다.

② 직계존속이 재혼한 경우에는 그 배우자를 포함하며 외조부모, 외손자도 포함한다.

③ 위탁아동은 6개월 이상 직접 양육한 아동에 한정한다.

④ 직계존속의 형제자매(외삼촌, 이모, 고모 등)는 공제받지 못한다.

⑤ "생계를 같이하는 부양가족"의 범위는 배우자, 직계비속과 입양자는 동거와 무관하고, 주거 형편에 따라 별거하는 직계존속, 취학·질병요양·근무상 형편으로 주소를 일시퇴거한 부양 가족도 포함하여 기본공제를 받을 수 있다.

⑥ 공제대상 판단 시기는 당해 연도 과세기간 종료일 현재의 상황에 의한다. 단 사망자와 장애 치유자는 사망일 전일, 치유일 전일 상황에 의한다.

⑦ "연간소득금액 100만원 이하"는 종합소득, 퇴직소득, 양도소득금액을 합산한 금액을 말하며 세부적인 내용은 다음과 같다.

> • 금융(이자와 배당)소득 합계액이 2,000만원 이하의 원천징수가 적용된 소득(단, 배당소득 은 귀속법인세를 제외한 금액으로 함)
> • 직장공제회 초과반환금
> • 500만원 이하의 근로소득
> • 일용근로자의 근로소득
> • 총수입금액의 합계액이 2,000만원 이하인 자의 분리과세 주택임대소득
> • 연금외 수령한 기타소득
> • 사적연금소득으로 총연금액이 연 1,500만원 이하인 분리과세(저율) 및 연 1,500만원 초과인 분리과세(15% 고율) 연금소득
> • 복권당첨금 및 승마투표권·경륜·소싸움·슬롯머신 등 구매자가 받는 환급금
> • 기타소득금액이 300만원 이하인 원천징수가 적용된 소득

2) 추가공제

구분	공제금액	사유
경로우대공제	연 100만원	기본공제대상자가 70세 이상인 경우
장애자공제	연 200만원	기본공제대상자가 장애자인 경우
부녀자공제 • 배우자가 없는 여성으로 부양가족이 있는 세대주인 경우 • 배우자가 있는 여성인 경우	연 50만원	종합소득금액이 3,000만원 이하인 경우
한부모 공제	연 100만원	배우자가 없는 사람으로서 기본공제대상자인 직계비속 또는 입양자가 있는 경우

① 부양가족이 장애인에 해당하는 경우 연령의 제한을 받지 않는다.

② 부녀자공제와 한부모공제가 중복되는 경우에는 한부모공제가 적용된다. 또한 부녀자는 2017년 1월 1일부터는 근로장려금과 중복공제가 허용된다.

③ 기본공제대상자 1인이 장애인이면서 동시에 경로우대자에 해당될 경우 기본공제, 장애인공제, 경로우대공제 모두 공제 가능하다.

④ 장애인공제 해당 사유

- 1호 : 장애인복지법에 의한 장애인
- 2호 : 상이자 및 이와 유사한 자로서 근로능력이 없는 자(보훈청에서 발급)
- 3호 : 항시 치료를 요하는 중증환자(병원기관에서 발급)

03 소득공제

1) 연금보험료공제

종합소득이 있는 거주자가 공적연금보험료 납입액에 기여 또는 개인부담을 한 납입액에 대해서 전액 공제한다.

① 공적연금보험료는 국민연금보험료(사용자부담금 제외)
② 공무원·군인·사립학교교직원연금법의 근로자부담금

2) 주택담보노후연금 이자비용공제

연금소득이 있는 거주자가 주택담보노후연금을 지급받은 경우에는 그 지급받는 연금에 대하여 당해연도에 발생한 이자상당액을 해당연도 연금소득금액에서 공제한다.

min(① 당해연도에 발생한 이자상당액, ② 연 200만원)

04 특별소득공제

1) 건강보험료 등 보험료공제 – 전액 소득공제

근로소득이 있는 거주자(일용근로자는 제외)가 국민건강보험료와 노인장기요양보험료 및 고용보험료를 말한다.

2) 주택자금 소득공제

근로소득이 있는 거주자로서 무주택 세대주(세대주 미적용 시에는 세대구성원도 가능, 외국인 근로자도 공제대상 포함됨)가 해당 과세기간에 주택자금을 지급한 경우, 다음의 금액을 그 과세기간의 근로소득금액에서 공제한다.

주택자금공제액 = min(①, ②)
① 공제대상액

$$\left[\begin{array}{c} \text{주택청약저축의} \\ \text{납입금액} \end{array} + \begin{array}{c} \text{국민주택 임차를 위한} \\ \text{차입금의 원리금상환금액 *} \end{array} \right] \times 40\% * + \begin{array}{c} \text{장기주택저당차입금의} \\ \text{이자상환액(15년 이상)} \end{array}$$
　* 연 400만원 한도

② 공제한도액 : 500만원(차입금의 상환기간이 15년 이상인 장기주택차입금에 대하여 적용한다.)
- 장기주택저당차입금의 70% 이상을 고정금리로 지급하거나 차입금의 70% 이상을 비거치식 분할상환 방식으로 상환하는 것을 말한다.

① 주택청약저축의 납입 : 해당 과세기간의 총급여액이 7,000만원 이하인 무주택 세대주를 대상으로 납입액의 40%를 소득공제하며, 연 300만원 한도 내로 한다.

② 국민주택규모 주택임차 : 총급여액 5,000만원 이하인 자로서 무주택 세대주(세대원 중 근로소득자)가 주택(오피스텔 포함) 임차를 위해 3개월 내의 차입금과 개인에게 차입한 경우(1개월 내의 차입과 적정이자율을 갖출 것)와 국가보훈처에서 차입한 경우에 한한다.

③ 장기주택저당차입금 이자상환공제 : 무주택 또는 1세대 보유세대주(세대원 중 근로소득자)가 취득 당시 6억원 이하(600만원 ~ 2,000만원 한도) 이하의 주택 취득을 위해 저당권을 설정한 것을 말한다. 단, 거주자(2주택 이상 보유 시 보유기간이 속한 과세연도는 공제배제), 세대원은 2주택 이상 보유 시에는 적용배제한다.

상환기간 15년 이상			상환기간 10년 이상
고정금리 + 비거치식	고정금리 또는 비거치식	기타	고정금리 또는 비거치식
2,000만원	1,800만원	800만원	600만원

05 그 밖의 소득공제

1) 조세특례제한법상의 신용카드 등 소득공제

① 소득공제대상자

    ㉠ 근로소득이 있는 거주자(일용근로자 제외)의 사용금액합계액이 총급여의 25%를 초과할 것

    ㉡ 나이는 불문하고 연 100만원 이하의 소득금액이 있는 부양가족(형제자매 사용분과 국외 신용카드 사용분은 제외)

② 신용카드 사용금액합계액 : 반드시 근로기간 중 사용한 금액만 공제대상이 됨

> 신용카드+직불카드(기명식선불카드)+현금영수증+제로페이+전자화폐
>
> ㉠ 취학 전 아동의 학원·체육시설 수강료 사용액은 중복공제 가능
> ㉡ 교복구입 사용액은 중복공제 가능
> ㉢ 의료비 사용액은 중복공제 가능
> ㉣ 중고차 구입 금액의 10%는 신용카드 소득공제 적용됨

③ 신용카드 사용액 제외대상

> ㉠ 사업성소득의 비용·법인의 비용에 해당하는 경우
> ㉡ 허위거래이거나 실제매출액을 초과한 신용카드에 의한 거래행위
> ㉢ 다른 신용카드 가맹점 명의임을 알면서 신용카드 사용한 행위
> ㉣ 국민건강보험료, 고용보험료, 국민연금보험료, 생명·손해보험계약의 보험료
> ㉤ 어린이집, 유치원, 초·중·고, 대학교 및 대학원교육비납부액
> ㉥ 현금서비스받은 금액

ⓐ 국세·지방세·전기료·수도료·아파트관리비·고속도로통행료·인터넷사용료 등 제세공과금
ⓞ 리스료와 상품권 등 유가증권구입
ⓩ 국가 등에 지급하는 사용료, 수수료 등의 대가(우체국택배, 부동산임대업, 기타 운동시설운영, 보건소에서 지출비용은 신용카드 사용대상 금액임)
ⓒ 면세점(시내, 출국장 면세점, 기내 면세점 등) 사용금액
ⓚ 세액공제·소득공제 적용받은 정치자금 기부액
ⓣ 주택자금공제 적용받은 월세액
ⓟ 국외에서의 사용액

④ **전통시장 소득공제 제외대상**

• 전통시장 안의 준대규모 점포
• 사업자단위 과세자로서 전통시장 안 사업장과 전통시장 밖 사업장의 신용카드 등 사용액이 구분되지 않는 사업자

⑤ **신용카드 등 소득공제액 계산**

㉠ [신용/직불/선불/현금영수증] 공제가능한 금액(한시적 사용분은 변동증가율을 반영한다.)
• 전통시장사용분 × 40%
• 대중교통사용분 × 40%
• 현금영수증, 직불카드, 선불카드 × 30%
• 도서·공연·미술관, 박물관, 영화관람료 등(총급여 7,000만원 이하인 자만 적용) × 30%
• 일반신용카드사용분 × 15%
㉡ 공제한도액 : 신용카드 소득공제 한도 차등 적용

총급여액	기본공제한도	추가공제한도
7,000만원 이하	300만원	전통시장, 대중교통, 도서공연 등 300만원
7,000만원 초과	250만원	전통시장, 대중교통 200만원

⑥ 2024년 신용카드 등 사용금액 증가분 : 2023년 대비 105%를 초과하는 사용금액, 공제율은 상반기 사용금액 증가분 20%, 하반기 사용금액 증가분 10%, 공제한도 100만원

2) 고용유지중소기업의 상시근로자에 대한 소득공제

고용유지중소기업에 근로를 제공하는 상시근로자에 대하여 해당 과세연도의 근로소득금액에서 공제할 수 있다.

소득공제액 = min(①, ②)

① (직전 과세연도의 해당 근로자 연간 임금총액 − 해당 과세연도의 해당 근로자 연간 임금총액) × 50%

② 공제한도 : 1,000만원

3) 소기업·소상공인 공제부금에 대한 소득공제

거주자가 소기업·소상공인 공제(= 노란우산공제)부금 가입자의 소득수준별 형평성 제고를 위하여 공제한도를 사업·근로소득금액에 따라 차등하여 적용한다.

min(① 해당 연도의 공제부금 납부액, ② 공제한도*)

* 공제한도 차등적용
  • 사업·근로소득금액 4천만원 이하 : 500만원
  • 사업·근로소득금액 4천만원 초과 ~ 1억원 이하 : 300만원
  • 사업·근로소득금액 1억원 초과 : 200만원

4) 중소기업창업투자조합, 벤처기업, 벤처조합 출자 등에 대한 소득공제

거주자가 중소기업창업투자조합 등에 출자·투자한 경우에는 출자일 또는 투자일이 속하는 과세연도부터 출자 또는 투자 후 2년이 되는 날이 속하는 과세연도까지 거주자가 선택하는 1 과세연도의 종합소득금액에서 공제할 수 있다.

= min (① 소득공제 대상 출자·투자금액 × 공제율
② 해당 과세연도의 종합소득금액 × 50%)

▼ 소득공제 대상 출자·투자에 대한 공제율(2025.12.31.까지 적용)

소득공제 대상 출자·투자	공제율
거주자가 벤처투자조합, 민간재간접벤처투자조합, 신기술사업투자조합 또는 전문투자조합에 출자하는 경우, 벤처기업투자신탁의 수익증권에 투자하는 경우	10%
거주자가 벤처기업에 투자하는 경우 또는 거주자로부터 출자받은 금액을 벤처기업 개인투자조합이 해당 출자일이 속하는 과세연도의 다음 과세연도 종료일까지 엔젤투자하는 경우	• 3,000만원 이하분 : 100% • 5,000만원 이하분 : 70% • 5,000만원 초과분 : 30%

5) 우리사주조합에 대한 출자금의 소득공제

우리사주조합원이 자사주를 취득하기 위하여 우리사주조합에 출자하는 경우에는 근로소득금액에서 공제할 수 있다.

> 지출액(출연금) 400만원 한도(단, 벤처기업은 1,500만원 한도)

06 종합소득공제의 배제 및 소득공제의 종합한도

1) 종합소득공제 등의 배제

① **분리과세소득만 있는 경우** : 분리과세이자소득, 분리과세배당소득, 분리과세연금소득, 분리과세기타소득만이 있는 자에 대해서는 종합소득공제가 배제된다.

② **종합소득 과세표준확정신고자가 증명서류를 제출하지 않은 경우** : 인적공제, 연금보험료공제, 주택담보노후연금 이자비용공제, 특별소득공제, 자녀세액공제, 연금계좌세액공제 및 특별세액공제 대상임을 증명하는 서류를 제출하지 않는 경우에는 기본공제 중 거주자 본인분과 표준세액공제만을 공제한다. 단, 나중에 제출할 경우에는 종합소득공제를 적용받을 수 있다.

③ **수시부과결정의 경우** : 수시부과결정의 경우에는 기본공제 중 거주자 본인에 대한 150만원만을 공제한다.

2) 종합소득공제의 한도(= 2,500만원)

거주자의 공제금액의 합계액이 2,500만원을 초과하는 경우에는 그 초과하는 금액은 없는 것으로 한다. 이 제도는 조세특례제한법에 따른 소득세 최저한세제도와 같은 조세감면의 제한에 해당하며 고소득자의 과도한 소득공제의 혜택을 일괄배제하기 위해 마련하는 것으로 다음에 해당하는 경우를 말한다.

> ① 주택자금 특별소득공제
> ② 중소기업창업투자조합 출자에 대한 소득공제
> ③ 청약저축 등에 대한 소득공제
> ④ 우리사주조합 출자에 대한 소득공제
> ⑤ 장기집합투자증권저축 소득공제
> ⑥ 신용카드 등 사용금액에 대한 소득공제

✓ 이론문제 | **종합소득공제 및 과세표준 계산**

01 다음은 소득세법상 인적공제에 관한 설명이다. 옳지 않은 것은?

① 기본공제 대상 판정에 있어 소득금액 합계액은 종합소득금액, 퇴직소득금액, 양도소득금액을 합하여 판단한다.

② 배우자가 없는 거주자로서 기본공제대상자인 자녀가 있는 경우에도 종합소득금액이 3천만원을 초과하는 경우에는 한부모추가공제를 적용받을 수 없다.

③ 형제자매의 배우자는 공제대상 부양가족에서 제외한다.

④ 부양기간이 1년 미만인 경우에도 인적공제는 월할계산하지 않는다.

02 다음 중 소득세법상 종합소득공제에 대한 설명으로 옳지 않은 것은?

① 100만원 이하의 소득이 있는 배우자는 연령에 상관없이 기본공제가 가능하다.

② 기본공제대상자가 아닌 자는 추가공제 대상자가 될 수 없다.

③ 경로우대자공제를 받기 위한 최소한의 나이는 65세이다.

④ 기본공제대상자가 장애인인 경우 1명당 연 200만원을 추가공제한다.

03 다음은 종합소득공제에 관한 설명이다. 옳지 않은 것은?

① 직계비속이 당해 연도 중 20세가 된 경우에도 당해 연도에는 기본공제를 적용한다.

② 배우자가 거주자와 생계를 같이 하지 않는 경우에는 기본공제를 적용받을 수 없다.

③ 해당 연도 중 장애가 치유되어 해당 연도 말에는 장애자가 아닌 경우에도 장애자공제를 적용받을 수 있다.

④ 근로자가 연말정산 시 공제서류를 제출하지 않은 경우에도 본인에 대한 기본공제는 적용받을 수 있다.

04 다음 중 소득세법상 기본공제 대상자에 해당될 수 없는 것은?

① 거주자와 생계를 같이 하지 않는 형제자매

② 배우자

③ 거주자와 생계를 같이 하지 않는 배우자의 직계존속

④ 당해 거주자

05 종합소득공제에 관한 다음 설명 중 옳지 않은 것은?

① 장애인은 1인당 200만원을 공제한다.

② 부녀자공제는 배우자 존재여부를 판단하지 않고 종합소득금액이 3,000만원 이하인 여성의 경우 공제받을 수 있다.

③ 연간소득금액 100만원 이하의 대상자는 연간급여액이 500만원일 경우에는 공제받을 수 없다.

④ 부녀자공제와 근로장려금이 중복공제가 허용된다.

06 다음 자료에 의하여 인적공제액의 합계액을 계산하면 얼마인가?

> • 근로소득금액 : 3,000만원
> • 부양가족현황 : 배우자, 아버지(61세), 어머니(54세), 아들(21세)
> • 모두 소득 없음

① 7,500,000원　② 4,500,000원
③ 9,000,000원　④ 9,500,000원

07 다음 중 기본공제에 대한 설명으로 틀린 것은?

① 기본공제대상자에 해당되는 경우에는 1인당 150만원을 종합소득금액에서 공제받을 수 있다.
② 배우자공제의 경우에는 그 배우자의 자산소득금액을 포함하여 연간 소득금액의 합계액이 100만원 이하이어야 공제가 가능하다.
③ 장애인의 경우에는 연령에 제한 없이 공제대상이 될 수 있다. 그러나 장애인도 소득금액의 제한은 받는다.
④ 기본공제대상자의 연령은 과세기간종료일 현재를 기준으로 판단하므로 당해 연도 중 만 20세가 된 직계비속은 기본공제를 적용받을 수 없다.

08 다음 중 인적공제 중 추가소득공제 대상과 대상금액이 잘못된 것은?

① 기본공제대상자가 70세 이상인 경우 : 경로우대자공제 1인당 100만원
② 기본공제대상자가 장애인인 경우 : 장애인공제 1인당 200만원
③ 기본공제대상자가 7세 이하의 직계비속인 경우 : 자녀양육비 1인당 150만원

④ 당해 거주자가 배우자가 있는 여성(세대주)인 경우 : 부녀자공제 50만원

09 다음 중 종합소득세 특별공제에 대한 설명으로 옳은 것은?

① 근로소득이 있는 거주자(일용근로자는 제외)는 국민건강보험료와 노인장기요양보험료는 전액 공제를 받으나 고용보험료는 공제를 받지 못한다.
② 주택자금 소득공제는 반드시 근로소득이 있는 거주자만 소득공제를 받을 수 있다.
③ 주택담보노후연금 이자비용공제한도액은 연 300만원이다.
④ 조세특례제한법상 신용카드 소득공제에서 중고차 구입비는 구입금액의 10%에 대해서 소득공제를 적용받을 수 있다.

10 다음 중 조세특례제한법상 신용카드 소득공제에 대한 설명으로 옳은 것은?

① 신용카드 소득공제는 일용근로자도 적용받을 수 있으며 총급여액의 25%를 초과하여야 적용받을 수 있다.
② 신용카드 소득공제는 나이는 불문하고 연 100만원 이하의 소득금액이 있으면 부양가족은 모두 적용받을 수 있다.
③ 신용카드 중복공제 받을 수 있는 항목은 취학 전 아동의 학원·체육시설 수강료 사용액, 교복구입 사용액은 적용이 되나 의료비 사용액은 적용되지 못한다.
④ 신용카드사용액 중 보험료, 현금서비스, 제세공과금 등, 월세액 등은 소득공제를 적용받지 못한다.

11 다음 조세특례제한법상 특별소득공제에 대한 설명 중 옳은 것은?

① 신용카드 소득공제한도는 총급여액에 상관없이 연 300만원을 적용한다.

② 분리과세소득만이 있는 경우에도 종합소득공제를 적용받을 수 있다.

③ 고소득자의 과도한 소득공제의 혜택을 위해 일괄배제 항목에 신용카드 등 사용금액에 대한 소득공제는 적용하지 않는다.

④ 거주자의 소득공제금액의 합계액이 2,500만원을 초과하는 경우에는 그 초과하는 금액은 없는 것으로 한다.

12 다음 중 신용카드 등 사용금액에 대한 소득공제 적용 시 신용카드 등 사용금액에 포함되는 것은?

① 소득세법에 따라 월세소득공제를 적용받은 월세액

② 지방세법에 의하여 취득세가 부과되는 재산의 구입비용

③ 학원의 수강료

④ 상품권 등 유가증권구입비

13 다음 중 종합소득공제의 추가공제대상이 아닌 것은?

① 기본공제대상자가 장애인인 경우

② 기본공제대상자가 70세 이상인 경우

③ 본인이 배우자가 있는 여성인 경우(연간 종합소득금액 3천만원)

④ 기본공제대상자인 자녀가 초등학생인 경우

14 다음 중 소득세법상 특별소득공제와 관련된 설명으로 옳지 않은 것은?

① 국민건강보험료는 한도 없이 지급액 전액을 소득공제한다.

② 공제액이 해당 과세기간의 합산과세되는 종합소득금액을 초과하는 경우 그 초과액은 차기로 이월된다.

③ 장기주택저당차입금공제는 취득 당시 기준시가가 6억원 이하인 주택에 대하여 적용한다.

④ 보장성보험은 특별소득공제 대상이 아니다.

15 종합소득공제에 대한 설명으로 옳은 것은?

① 기본공제대상자가 부녀자공제와 한부모공제에 모두 해당되는 경우 둘 다 적용한다.

② 계부·계모는 직계존속이 아니므로 실제 부양하는 경우에도 기본공제대상이 아니다.

③ 장애인은 나이와 소득에 관계없이 기본공제대상이다.

④ 해당 과세기간에 사망한 자도 기본공제대상이 될 수 있다.

16 소득세법상 종합소득공제에 대한 설명으로 옳지 않은 것은?

① 비거주자에 대하여 종합과세하는 경우 종합소득공제는 본인 및 배우자에 대한 인적공제만 적용된다.

② 배우자가 없는 거주자로서 기본공제대상자인 직계비속이 있는 경우 연 100만원의 추가공제가 가능하다.

③ 인적공제의 합계액이 종합소득금액을 초과하는 경우 그 초과하는 공제액은 없는 것으로 한다.

④ 거주자의 기본공제대상자 중 장애인복지법에 따른 장애인이 있는 경우 연 200만원의 추가공제가 가능하다.

📌 이론문제 정답 및 해설

01 ② 한부모 추가공제는 소득금액의 제한을 받지 않는다.

02 ③ 기본공제대상자 중 70세 이상인 사람에 대하여는 경로우대자추가공제를 적용한다.

03 ② 배우자는 생계를 같이 하지 않는 경우에도 기본공제를 적용한다.

04 ① 형제자매는 거주자와 생계를 같이 하여야 한다.

05 ③ 연간소득금액 100만원 이하의 대상자는 연간급여액이 500만원일 경우에는 공제받을 수 있다.

06 ② 본인, 배우자, 아버지 3명(1,500,000원 × 3 = 4,500,000원)에 대해서 기본공제를 적용받을 수 있다. 어머니와 아들은 나이의 제한 때문에 공제받을 수 없다.

07 ④ 공제대상에 해당하는지의 여부판정은 당해 연도 과세기간종료일 현재의 상황에 의한다. 그러나 연령이 정해진 경우 당해 연도 중 그 연령에 해당하는 날이 하루라도 있는 때에는 공제대상자로 한다.

08 ③ 기본공제대상자가 6세 이하의 직계비속에 대한 자녀양육비 수당은 인원에 상관없이 1인당 20만원 이내로 비과세수당에 해당한다.

09 ④ ① 근로소득이 있는 거주자(일용근로자는 제외)가 국민건강보험료와 노인장기요양보험료, 고용보험료는 전액 공제를 받을 수 있다.
   ② 근로소득이 있는 거주자로서 주택을 소유하지 않는 세대의 세대주(세대주가 주택자금을 소득공제를 적용받지 않은 경우에는 세대의 구성원 중 근로소득이 있는 자를 말한다.)가 해당 과세기간에 주택자금을 지급한 경우 그 과세기간의 근로소득금액에서 공제한다.
   ③ 주택담보노후연금 이자비용공제한도액은 연 200만원이다.

10 ④ ① 일용근로자는 신용카드 소득공제를 적용받을 수 없다.
   ② 신용카드 소득공제 대상자 중 형제자매가 사용한 것은 적용받지 못한다.
   ③ 신용카드 중복공제 받을 수 있는 항목은 취학 전 아동의 학원·체육시설 수강료 사용액, 교복구입 사용액, 의료비 사용액 모두 적용된다.

11 ④ ① 신용카드 소득공제한도는 총급여액에 따라 구간별로 차등 적용한다.
   ② 분리과세소득만이 있는 경우에는 종합소득공제를 적용받을 수 없다.
   ③ 고소득자의 과도한 소득공제의 혜택을 위한 일괄배제 항목은 다음과 같다.

> • 주택자금 특별소득공제
> • 중소기업창업투자조합 출자에 대한 소득공제
> • 청약저축 등에 대한 소득공제
> • 우리사주조합 출자에 대한 소득공제
> • 장기집합투자증권저축 소득공제
> • 신용카드 등 사용금액에 대한 소득공제

12 ③ 취학 전 아동의 학원의 수강료는 중복공제가 가능하다.

13 ④ ①은 장애인공제, ②는 경로우대자공제, ③은 부녀자공제가 적용되나, ④는 추가공제대상이 아니다.

14 ② 공제액이 해당 과세기간의 합산과세되는 종합소득금액을 초과하는 경우 그 초과되는 금액은 없는 것으로 한다.

15 ④ 해당 과세기간에 사망한 자는 사망일 전날의 상황에 따라 기본공제여부를 판단하므로 기본공제대상이 될 수 있다.
  ① 기본공제대상자가 부녀자공제와 한부모공제에 모두 해당되는 경우 한부모공제를 적용한다.
  ② 계부·계모는 직계존속과 동일하게 보아 기본공제대상인지 판정한다.
  ③ 장애인은 나이의 제한이 없으나, 소득금액의 제한은 있다.

16 ① 비거주자에 대하여 종합과세하는 경우 종합소득공제는 본인에 대한 공제만 가능하다.

제5절	종합소득 산출세액, 감면세액, 세액공제

종합소득 결정세액구조는 다음과 같다.

	종합소득과세표준	
(×)	기본세율	과세표준에 따라 6% ~ 45% 초과누진세율 적용
=	종합소득산출세액	
(−)	세액감면	
(−)	세액공제	소득세법·조세특례제한법에 의한 세액공제
=	종합소득결정세액	

01 산출세액

종합소득과세표준을 계산 후 다음의 기본세율을 적용하여 산출세액을 계산한다.

종합소득과세표준	기본세율
1,400만원 이하	과세표준의 6%
5,000만원 이하	84만원 + 1,400만원 초과금액의 15%
8,800만원 이하	624만원 + 5,000만원 초과금액의 24%
1억5천만원 이하	1,536만원 + 8,800만원 초과금액의 35%
3억원 이하	3,706만원 + 1억5천만원 초과금액의 38%
5억원 이하	9,406만원 + 3억원 초과금액의 40%
10억원 이하	17,406만원 + 5억원 초과금액의 42%
10억원 초과	38,406만원 + 10억원 초과금액의 45%

■ 산출세액보다 세액공제액이 큰 경우
- 자녀세액공제와 연금계좌세액공제 합산과세 금액 > 종합소득산출세액(금융소득에 산출세액은 제외) = 초과금액은 없다.
- 보험료, 의료비, 교육비 세액공제 합산과세 금액 > 근로소득에 대한 종합소득 산출세액 = 초과금액은 없다.
- 보험료, 기부금세액공제, 표준세액공제 합산과세 금액 > 종합소득 산출세액(금융소득에 산출세액은 제외) = 초과금액은 없다.

02 세액감면

특정한 소득에 대해 사후적으로 세금을 완전히 면제해주거나 또는 일정한 비율만큼 경감해주는 것을 말한다.

$$감면세액 = 종합소득산출세액 \times \frac{감면대상소득금액}{종합소득금액} \times 감면율$$

1) 소득세법에 의한 세액감면
① **사업소득에 대한 감면** : 거주자 중 대한민국의 국적을 가지지 않은 자가 선박과 항공기의 외국항행사업으로부터 얻는 소득에 대해 감면한다.
② **근로소득에 대한 감면** : 정부 간의 협약에 따라 우리나라에 파견된 외국인이 그 양쪽 또는 한쪽 당사국의 정부로부터 받는 급여에 대해 감면한다.

2) 조세특례제한법에 의한 세액감면
중소기업 취업자에 대한 감면

구분	주요내용
대상자	청년, 노인, 장애인, 경력단절여성
감면율	70%(청년은 90%) ※ 과세기간별 200만원은 한도
감면기간	3년(청년은 5년)
대상업종	농어업, 제조업, 도매업, 음식점업, 컴퓨터학원 등

03 세액감면 및 세액공제 시 적용순위 등

1) 해당 과세기간의 소득에 대한 소득세의 감면
2) 이월공제가 인정되지 아니하는 세액공제
3) 이월공제가 인정되는 세액공제(이 경우 해당 과세기간 중에 발생한 세액공제액과 이전 과세기간에서 이월된 미공제액이 함께 있을 때에는 이월된 미공제액을 먼저 공제한다.)

04 세액공제

산출세액에서 일정한 금액을 공제해주는 제도로서 소득세법과 조세특례제한법으로 세액공제를 인정하고 있다.

1) 소득세법에 의한 세액공제
① **배당세액공제** : 배당소득자가 적용대상자이며 종합소득금액에 배당소득금액이 합산되어 있는 경우에는 귀속법인세를 산출세액에서 공제한다.

$$= \min \left(\begin{array}{l} ① \ 조정대상 \ 배당소득 \ 총수입금액 \times 11\% \\ ② \ 종합소득산출세액 - 비교산출세액 \end{array} \right)$$

② **기장세액공제** : 간편장부대상자가 적용대상자이며 복식부기에 따라 기장하여 기업회계기준을 준용하여 신고서를 제출할 경우 산출세액에서 공제한다.

$$= \min \left(\begin{array}{l} ① \ 종합소득산출세액 \times \dfrac{기장된 \ 사업소득금액}{종합소득금액} \times 20\% \\ ② \ 공제한도 \ 100만원 \end{array} \right)$$

③ **외국납부세액공제** : 국외원천소득자가 적용대상자이며 국외에서 외국소득세액을 납부하였거나 납부할 것이 있을 때에는 외국납부세액공제와 외국납부세액의 필요경비산입 중 하나를 선택하여 적용받을 수 있다. 단, 사업소득 외의 종합소득에 대해서는 산출세액에서 공제하며, 공제한도 초과액은 10년 이내에 이월 공제한다.

$$한도액 = 종합소득산출세액 \times \dfrac{국외원천소득금액}{종합소득금액}$$

④ **재해손실세액공제** : 사업자가 적용대상자이며 천재지변과 그 밖의 재해로 자산총액의 20% 이상에 상당하는 자산을 상실하여 납세가 곤란하다고 인정되는 경우에 산출세액에서 공제한다. 신청기한은 3개월 이내로 연장된다.

$$= \min \left(\begin{array}{l} ① \ 공제대상 \ 소득세액 \times 재해상실비율 \\ ② \ 상실된 \ 자산가액 \\ ※ \ 재해상실비율 = 상실자산가액 \div 상실 \ 전 \ 자산가액 \end{array} \right)$$

⑤ **근로소득세액공제** : 근로소득이 있는 거주자에 대해서 산출세액에서 공제한다.

구분	산출세액	근로소득세액공제
일반근로자인 경우	130만원 이하	근로소득 산출세액 × 55%
	130만원 초과	$\min \left[\begin{array}{l} ① \ 715,000원 + (산출세액^{주1)} - 130만원) \times 30\% \\ ② \ 총급여액 \ 구간별 \ 한도액(74만원 - 20만원)^{주2)} \end{array} \right]$
일용근로자인 경우	–	산출세액 × 55%

주1) 산출세액

$$종합소득산출세액 \times \dfrac{근로소득금액}{종합소득금액}$$

주2) 총급여액 구간별 한도액

총급여액	한도액
3,300만원 이하	74만원
3,300만원 초과 7,000만원 이하	max [① 74만원 – (총급여액 – 3,300만원) × 0.8% ② 66만원]
7,000만원 초과 1억2천만원 이하	max [① 66만원 – (총급여액 – 7,000만원) × 50% ② 50만원]
1억2천만원 초과	max [① 50만원 – (총급여액 – 1억2천만원) × 50% ② 20만원]

⑥ **자녀세액공제** : 종합소득이 있는 자가 적용대상자이며 기본공제대상자에 해당하는 자녀(입양자 및 위탁아동 포함) 및 손자녀에 대해서 산출세액에서 공제한다.

구분	공제	세액공제액
일반공제	1명인 경우	연 15만원
	2명인 경우	연 35만원(첫째 15만원 + 둘째 20만원)
	3명인 경우	연 35만원 + 연 30만원 × (자녀수 – 2명)
추가공제	8세 이상의 공제자녀가 2명 이상인 경우	연 15만원 × (8세 이상의 공제대상자녀수 – 1명)
	출산·입양	자녀수 × (첫째 30만원, 둘째 50만원, 셋째 이상 70만원)

⑦ **연금계좌세액공제** : 종합소득이 있는 자가 적용대상자이며 연금저축계좌의 퇴직연금계좌에 납입한 금액이 있는 경우 산출세액에서 공제한다.

㉠ 연금저축 + 퇴직연금

총급여액 (종합소득금액)	세액공제 대상 납입한도 (연금저축 납입한도)	세액 공제율
5,500만원 이하 (4,500만원)	900만원 (600만원)	15%
5,500만원 초과 (4,500만원)		12%

㉡ 연금계좌 납입한도는 연금저축과 퇴직연금을 합산한 연간 1,800만원이다.

㉢ 분리과세 또는 종합과세 선택가능 기준금액

사적연금소득 합계액	과세방법
1,500만원 이하	분리과세(3~5%)
1,500만원 초과	분리과세(15%)

※ 공제순서 : 연금보험료공제 및 연금계좌세액공제는 후순위로 공제

※ 세액감면 공제 적용 순서

세액감면 → 근로소득세액공제 → 자녀세액공제 → 보장성보험료세액공제 → 의료비세액공제 → 교육비세액공제 → 정치자금기부금세액공제 → 표준세액공제 → 납세조합공제 → 주택차입금공제 → 월세세액공제 → 특례 / 우리사주 / 일반기부금 → 외국납부세액공제 → 연금계좌세액공제

2) 소득세법에 의한 특별세액공제

① 보험료 세액공제 : 나이(○), 소득금액(○) 모두 요건 충족해야 한다.

구분	세액공제 내용
공제대상자	근로소득 거주자와 기본공제대상자에 해당하는 부양가족(피보험자)
공제대상범위 (1단계)	• 보장성보험의 보험료와 주택임차보증금(보증대상 3억원 이하) 반환보증 보험료 (연 100만원 한도) • 장애인전용 보장성보험의 보험료(연 100만원 한도)
세액공제계산 (2단계)	세액공제대상 보험료 × 12%(단, 장애인전용보장성보험료는 15%)
신용카드 중복여부	보험료(○), 신용카드(×)
공제적용판단	• 맞벌이부부 : 근로자(본인)계약자, 배우자(피보험자) → 공제불가능 • 근로자(본인)계약자, 소득이 있는 모(피보험자) → 공제불가능 • 소득이 없는 배우자(계약자, 피보험자) → 공제가능 • 일반보장성 보험료와 장애인보장성 보험료 각각 연 100만원 공제함

② 의료비 세액공제 : 나이(×), 소득금액(×) 제한이 없다.

구분	세액공제 내용
공제대상자	근로소득이 있는 거주자와 기본공제대상자에 해당하는 부양가족
공제대상범위 (1단계)	• 특정의료비대상 외 일반의료비 : 총급여액의 3%를 초과해야 함 • 특정의료비(한도없음) : 본인, 장애인, 65세 이상 경로우대자, 6세 이하자, 중증질환자, 희귀난치성질환자 또는 결핵환자, 임신을 위한 난임시술비 • 실손의료보험금은 의료비에서 차감한 후 공제대상으로 한다.
세액공제계산 (2단계)	• 세액공제대상 의료비 = ① + ② ① 일반의료비 : min(기준초과의료비, 연 700만원) ② 특정의료비 : (본인 등 의료비 - 기준미달의료비) • 의료비 세액공제액 : 세액공제대상 의료비 × 15%(다만, 난임시술비 세액공제율은 30% 인상됨) • 미숙아·선천성이상아 세액공제율 20% 상향됨
신용카드 중복여부	의료비(○)와 신용카드(○) 중복 공제됨

공제적용판단	[공제 가능한 의료비] • 진찰·진료·질병예방비 및 치료, 요양 의약품(한약 포함) 구입비 • 장애인보장구(의수족, 휠체어, 보청기 등), 의료기기 구입·임차비용 • 시력보정용 안경, 콘텍트렌즈로 1인당 50만원 이내 금액 • 초음파검사, 인공수정을 위한 검사시술비 등 임신관련비용 • 의료기관에 한해서 출산관련 분만비용, 식대, 건강검진비, 예방접종비 • 보철비, 임플란트, 스케일링비 • 라식시술비, 근시교정시술비 • 산후조리원비: 모든 근로자(사업소득금액 6,000천만원 이하 성실사업자 및 성실 신고확인대상자)가 출산 시 1회당 200만원 • 장애인활동지원급여(수급자에게 제공되는 활동보조, 방문목욕, 방문간호 등의 서 비스) 비용 중 실제 지출한 본인 부담금
	[공제 불가능한 의료비] • 국외기관에 지출한 의료비 공제 불가능함 • 간병인에게 개인적으로 지급한 비용 의료비 공제 불가능함 • 미용성형수술비, 건강증진의약품구입비(건강보조식품 포함) 공제 불가능함 • 실손의료보험금으로 보전한 금액 공제 불가능함

③ 교육비 세액공제 : 나이(×), 소득금액은 연 100만원 이하인 자

구분	세액공제 내용
공제대상자	근로소득이 있는 거주자와 기본공제대상자에 해당하는 부양가족
공제대상범위 (1단계)	• 본인 교육비(전액) : 대학(원격 또는 학위취득과정 포함) 또는 대학원, 시간제과정, 직업능력개발훈련비용(단 근로자수강지원금은 제외), 든든학자금 및 일반상환자금 대출의 원리금상환액 • 배우자, 직계비속, 형제자매, 입양자, 위탁아동 표: 대학교 1인당 900만원 / 미취학·초·중·고 각 1인당 300만원 • 본인과 부양가족 특수교육비 : 나이와 소득금액에 제한 없음
세액공제계산 (2단계)	• 세액공제대상 교육비 : 세액공제 대상 교육비의 합계액에서 소득세 또는 증여세가 비과세되는 금액은 제외한다. • 교육비 세액공제액 : 세액공제대상 교육비 × 15%
신용카드 중복여부	• 교육비(○), 신용카드는 (×) • 단, 교복구입비는 교육비(○), 신용카드(○) 중복 공제됨

구분	한도액	구분	한도액
대학교	1인당 900만원	미취학·초·중·고	각 1인당 300만원

공제적용판단	[공제 가능한 교육비] • 학교 또는 보육시설 등에 지급한 수업료, 입학금, 보육비용 및 그 밖의 공납금, 초중고학생의 체험학습비[14](1인당 30만원) • 학교급식비, 사이버대학, 학점인정 및 독학에 의한 학위 취득과정, 초중고 정규과정 교과서대금, 대학입학전형료, 수능응시료 • 교복구입비용 1인당 50만원 한도(중·고등학생만 가능), 방과 후 학교 수강료 및 도서구입비, 특별활동비 도서구입비 • 동거 중인 형제자매의 대학 등록금을 본인이 부담한 경우 • 근로자인 본인이 회사 자녀학자금을 지원받아 자녀의 수업료를 납부하였을 경우 교육비 • 취학 전 아동만 학원 및 체육시설 교육비 • 근로소득자인 본인이 휴직기간 중에 교육비를 지출한 경우 • 국외교육비(단, 어학원 등은 제외) • 평생교육법에 따른 초·중·고등학교를 추가(1인당 300만원) [공제 불가능한 교육] • 직계존속 교육비공제 불가능(단, 장애인특수교육비는 공제가능) • 학자금 대출을 받아 지급하는 교육비

④ 기부금 세액공제 : 부양가족은 나이(×), 소득금액은 연 100만원 이하인 자

구분	세액공제 내용	
공제대상자	근로소득이 있는 거주자와 근로소득이 없는 종합소득자	
소득여부 에 따른 기부금 적용방법	**소득여부**	**기부금 적용방법**
	• 사업소득만 있는 자	필요경비 산입방법 적용
	• 사업소득 외 종합소득 있는 자, 연말정산대상 사업소득만 있는 자	기부금 세액공제방법 적용
	• 사업소득과 종합소득이 함께 있는 자	필요경비 산입과 기부금 세액공제방법 적용
공제대상 범위 (1단계)	• 특례기부금과 정치자금기부금, 고향사랑기부금 : (기준소득금액 − 이월결손금) × 100% • 우리사주조합기부금 : (기준소득금액 − 이월결손금 − 한도 내의 정치기부금 − 고향사랑기부금 − 특례기부금) × 30% ※ 기준소득금액 = 종합소득금액 + 필요경비에 산입한 기부금 − 원천징수세율 적용 금융소득금액 ※ 기준소득금액에서 공제하는 순서 : 이월결손금 → 정치자금기부금 → 고향사랑기부금 → 특례기부금 → 우리사주조합기부금 • 종교단체 기부금이 없는 일반기부금 : (기준소득금액 − 이월결손금 − 정치자금 − 고향사랑 − 특례기부금 − 우리사주조합) × 30% • 종교단체 기부금이 있는 일반기부금 : [(기준소득금액 − 이월결손금 − 정치자금 − 고향사랑 − 특례기부금 − 우리사주조합) × 10%] + min(①, ②)	

---

14) 체험학습비는 학교에서 실시하는 수련활동, 수학여행 등 현장체험학습비 지출액을 말한다.

	min(①, ②) ① (기준소득금액 − 이월결손금 − 정치자금 − 고향사랑 − 특례기부금 − 우리 　사주조합) × 20% ② 종교단체 외에 지급한 기부금

• 고향사랑 기부금에 대한 세액공제 : 거주자가 지방자치단체에 기부한 금액

기부금	세액공제액	한도액
10만원 이하	110분의 100	연 500만원 한도(단, 사업자의 경우에는 이월결
10만원 초과	100분의 15	손금을 뺀 소득금액의 범위에서 손금산입함)

세액공제 계산 (2단계)	• 기부금(고액기부금 적용) 세액공제 계산 | 기부금	세액공제액 | |---|---| | 1,000만원 이하 | 세액공제대상 기부금 × 15% | | 1,000만원 초과 | 세액공제대상 기부금 × 30% | | 3,000만원 초과 | 세액공제대상 기부금 × 40%(한시 24.12.31.까지) |

세액공제 계산 (2단계)	• 기부금(고액기부금 적용) 세액공제 계산

기부금	세액공제액
1,000만원 이하	세액공제대상 기부금 × 15%
1,000만원 초과	세액공제대상 기부금 × 30%
3,000만원 초과	세액공제대상 기부금 × 40%(한시 24.12.31.까지)

세액공제 한도액 검토 및 계산 (3단계)	• 기부금 세액공제 한도액 검토 및 계산 기부금 세액공제 = min(①, ②) ① 2단계에서 계산한 기부금 세액공제액 ② 종합소득산출세액 − 필요경비 산입된 사업소득에 대한 산출세액
신용카드 중복여부	기부금(○), 신용카드(×)
기부금 이월공제	기부금 한도초과액과 기부금세액공제를 받지 못한 경우(종합소득 산출세액)에 10년간 이월하여 세액공제 받을 수 있다.
공제적용 판단	• 소득세법(특례기부금) ① 국가 또는 지방자치단체에 무상으로 기증하는 금품의 가액 ② 국방헌금과 국군장병 위문금품의 가액 ③ 천재지변으로 인한 수재의연금과 이재민구호금품 ④ 사립학교 등에 시설비, 교육비, 장학금, 연구비로 지출하는 기부금 ⑤ 국립대학병원, 국립암센터, 서울대학교병원, 대한적십자가 운영하는 병원 등의 　시설비, 교육비, 장학금 또는 연구비로 지출하는 기부금 ⑥ 정당에 기부한 정치자금으로서 10만원 초과금액 → 본인만 공제됨 　(10만원까지는 100/110의 금액을 세액에서 공제한다.) ⑦ 특별재난지역을 복구하기 위하여 자원봉사(적용대상 : 국가, 지자체, 학교, 병원, 　전문모금기관 등)한 경우 그 용역의 가액(1일 = 총 봉사시간 ÷ 8시간, 일당 　8만원) ⑧ 사회복지공동모금회에 출연한 기부금 ⑨ 대한적십자사, 독립기념관에 지출한 기부금 ⑩ 한국장학재단에 대한 기부금 • 우리사주조합기부금 → 우리사주조합원이 아닌 거주자 본인에 한함

• 소득세법(일반기부금)

① 종교단체기부금
② 사내근로복지기금에 지출한 기부금
③ 불우이웃돕기로 지출하는 기부금
④ 영업자가 조직한 단체로서 법인이거나 주무관청에 등록된 조합 또는 협회에 지급한 특별회비
⑤ ④외에 임의로 조직된 조합·협회에 지급한 회비

• 비지정기부금 : 신협 또는 새마을금고 등에 지출하는 기부금, 어음·수표로 지출하는 기부금, 동창회, 종친회, 향우회 등

3) 조세특례제한법에 따른 세액공제

① 전자신고에 대한 세액공제 : 납세자가 직접 전자신고 또는 세무대리인이 대리 전자신고 시에 공제한다.

$$= \min \left(\begin{array}{l} ① \ 2만원 \times 신고건수 \\ ② \ 300만원 \ 한도 \end{array} \right)$$

② 전자(세금)계산서 발급·전송에 대한 세액공제

구분	세액공제 내용
공제대상	직전연도 사업장별 공급가액(총수입금액)이 3억원 미만인 개인사업자와 해당연도에 신규사업자가 전자(세금)계산서를 발급일의 다음 날까지 국세청장에게 전송
공제금액	연 100만원(발급건수 건당 200원)
공제방식	소득세와 부가가치세에서 공제함

③ 월세 세액공제

구분	세액공제 내용	
공제대상자	주택을 소유하지 않는 세대주[세대주(배우자 등)가 가계약을 체결한 경우를 포함한 월세 세액공제 및 주택자금 소득공제를 받지 않는 경우에는 세대의 구성원 포함]로서 총급여 8천만원(종합소득금액 7천만원) 이하 무주택근로자 및 성실사업자	
공제대상범위 (1단계)	• 국민주택규모(85㎡)일 것 • 주택 및 오피스텔, 고시원의 부수토지가 주택면적 × 배율(도시구역 내는 5배, 외는 10배) 이하일 것 • 고시원에 지급한 월세액에 관리비 등이 별도로 구분되지 않는 경우에는 지급한 월세액의 일정률(예 80%)을 공제 • 임대차계약증서의 주소지와 주민등록등본의 주소지가 일치할 것	
세액공제계산 (2단계)	월세 세액공제(1,000만원 한도) = 월세액 × 공제율	
	총급여액	**공제율**
	5,500만원 이하(종합소득금액 4,500만원 이하)	17%
	7,000만원 이하(종합소득금액 6,000만원 이하)	15%

④ 성실신고사업자 등에 대한 의료비, 교육비, 월세세액 공제 특례

　　㉠ 공제대상 : 조세특례제한법에 따라 성실신고확인서를 제출한 성실신고확인대상자를 말한다.

　　㉡ 공제액

구분	공제액 내용
의료비	일반의료비는 사업소득금액 3% 초과금액의 15%, 미숙아·선천성이상아 의료비 20%, 난임시술비 30%
교육비	교육비 지출액의 15%
월세	월세 지출액은 종합소득금액 7,000만원 이하의 15%(종합소득금액이 4,500만원 이하인 경우 17%) 단, 초과금액은 없는 것으로 함

⑤ 표준세액공제

구분	세액공제 내용
근로소득자 (㉠과 ㉡ 중 선택)	㉠ 항목별 세액공제 + 특별소득공제 + 월세 세액공제 　• 항목별 세액공제 : 보장성보험료, 의료비, 교육비, 기부금 　• 특별소득공제 : 건강보험료, 주택자금 　• 월세 세액공제 ㉡ 표준세액공제 13만원 ※ 표준세액공제와 정치자금기부금세액공제와 우리사주조합기부금 세액공제는 중복공제 가능하다.
근로소득은 없고 종합소득만 있는자	㉠ 근로소득은 없고 종합소득 있는 자 : 기부금 세액공제 + 표준세액공제 연 7만원 ㉡ 소득세법 성실사업자 　• 조특법 성실사업자 : 　　기부금 세액공제 + $\dfrac{\text{조특법 성실사업자의 의료비·교육비 세액공제}}{\text{표준세액공제 연 12만원 중 선택}}$ 　• 위 조특법 성실사업자 외의 성실사업자 : 　　기부금 세액공제 + 표준세액공제 연 12만원

✅ 이론문제 | **종합소득 산출세액, 감면세액, 세액공제**

01 다음 중 소득세법 및 조세특례제한법상 근로소득자 및 사업소득자 모두 적용받을 수 있는 공제가 아닌 것은?

① 표준세액공제
② 신용카드 등 소득공제
③ 연금계좌세액공제
④ 연금보험료공제

02 다음 의료비세액공제에 대한 설명 중 틀린 것은?

① 건강증진을 위한 의약품 구입비용은 의료비 공제대상이 아니다.
② 진찰·진료·질병예방을 위한 의료비는 공제대상이다.
③ 치료·요양을 위한 의약품 구입비는 공제대상이다.
④ 시력보정용안경 또는 콘택트렌즈 구입을 위하여 지출한 비용 전액은 의료비 공제대상이다.

03 다음 자료에 의하여 근로자 서미경씨의 종합소득세 산정 시 교육비 세액공제액을 계산하면 얼마인가? (단, 나이에 대한 소득요건은 충족함)

관계	교육비 내역	금액
본인	대학원 수업료	3,000,000원
장남	대학교 수업료	4,000,000원
장녀	고등학교 수업료	1,000,000원
차남	취학전 미술학원수강료	1,500,000원

① 1,050,000원 ② 1,200,000원
③ 1,425,000원 ④ 3,000,000원

04 다음 종합소득산출세액보다 세액공제액이 큰 경우에 대한 설명 중 틀린 것은?

① 자녀세액공제와 연금계좌세액공제 합산과세되는 금액이 종합소득 산출세액(금융소득에 산출세액은 제외)을 초과하는 경우 초과금액은 없다.
② 보험료, 의료비, 교육비 세액공제 합산과세되는 금액이 근로소득에 대한 종합소득 산출세액을 초과하는 경우 초과금액은 없다.
③ 보험료, 기부금세액공제, 표준세액공제 합산과세되는 금액이 종합소득 산출세액(금융소득에 산출세액은 제외)을 초과하는 경우 초과금액은 없다.
④ 종합소득 산출세액보다 세액공제가 큰 경우라도 전액 공제를 받을 수 있다.

05 다음 중 소득세법상 기장세액공제에 대한 설명으로 옳지 않은 것은?

① 간편장부대상자가 복식부기에 따라 비치·기장한 장부에 의하여 소득금액을 계산하고 세법이 규정한 과세표준확정신고서류를 제출하는 경우에 적용한다.
② 복식부기에 의하여 계산한 세액의 20%에 해당하는 금액을 공제한다. 다만, 공제세액이 100만원을 초과하는 경우에는 100만원을 공제한다.
③ 기장세액공제와 관련된 장부 및 증명서류를 해당 과세표준 확정신고기간 종료일부터 5년간 보관하지 않는 경우에는 기장세액공제를 적용하지 않는다.

④ 비치·기록한 장부에 의하여 신고하여 야 할 소득금액의 10% 이상을 누락하여 신고한 경우 기장세액공제를 적용하지 않는다.

06 다음 중 소득세법상 공제대상자녀 수에 따른 자녀세액공제액의 연결이 잘못된 것은? (단, 해당 과세기간에 출산하거나 입양한 공제대상자녀는 없는 것으로 가정한다.)

① 공제대상자녀 수가 1명인 경우 : 연 15만원

② 공제대상자녀 수가 2명인 경우 : 연 35만원

③ 공제대상자녀 수가 3명인 경우 : 연 65만원

④ 공제대상자녀 수가 4명인 경우 : 연 100만원

07 다음 중 종합소득 특별세액공제에 대한 설명으로 옳지 않은 것은?

① 근로소득자 본인의 저축성 보험료는 보험료 세액공제대상이다.

② 본인, 장애인, 70세 이상 경로우대자, 난임시술비는 의료비 세액공제를 위한 한도액은 전액 공제이다.

③ 1인당 연 50만원 이내로 공제되는 것은 시력보정용 안경과 콘택트렌즈 구입비, 교복구입비이며, 1인당 연 30만원 이내로 공제되는 것은 초·중·고등학생의 체험학습비가 적용된다.

④ 기부금 세액공제 대상자 중 20세 이하 직계비속과 60세 이상 직계존속의 나이 제한은 폐지되었다.

08 다음 중 종합소득 특별세액공제에 대한 설명으로 옳지 않은 것은?

① 월세 세액공제를 신청하기 위해서는 총급여액이 연 8,000만원 이하인 근로소득이 있는 거주자 또는 종합소득금액이 7,000만원 이하인 거주자가 대상이다.

② 근로소득은 없고 종합소득 있는 자는 (기부금 세액공제 + 표준세액공제 연 7만원)에 대해 표준세액공제를 적용한다.

③ 본인에 대한 교육비는 전액 공제 대상금액이 된다.

④ 국가 또는 지방자치단체에 무상으로 기증하는 금품의 가액은 일반기부금에 해당한다.

09 다음 기부금 특별세액공제에 대한 설명 중 옳지 않은 것은?

① 기부금 세액공제대상자 중에는 소득요건만 충족된다면 형제자매도 공제를 받을 수 있다.

② 고액기부금 세액공제를 포함하여 기부금 세액공제를 계산하기 위한 기준금액은 1,000만원 이하와 초과, 3,000만원 초과분이 있다.

③ 기부금에 대한 신용카드 사용액은 중복공제가 허용된다.

④ 천재지변으로 인한 수재의연금과 이재민구호금품은 특례기부금에 해당되며 불우이웃돕기로 지출하는 기부금은 일반기부금에 해당한다.

10 다음 중 소득세 세액계산에 관한 설명으로 옳지 않은 것은?

① 근로소득세액공제는 근로자의 별도 신청이 없어도 산출세액에서 차감한다.

② 정치자금세액공제는 정당 등에 본인 명의로 기부한 정치자금에만 적용된다.

③ 외국납부세액공제는 사업소득 외의 종합소득에 대해서는 적용되지 않는다.

④ 사업자가 아닌 경우에는 재해손실세액공제를 적용받을 수 없다.

11 다음 중 종합소득 산출세액에서 세액공제를 받을 수 없는 경우인 것은?

① 종합소득에 근로소득이 포함된 경우

② 간편장부대상자가 간편장부로 기장한 경우

③ 종합소득금액에 배당가산액이 포함된 경우

④ 사업자가 재해로 자산총액의 20% 이상을 상실하여 납세가 곤란한 경우

12 다음 중 소득세법상 세액공제를 계산하기 위한 산식으로 틀린 것은?

① 의료비세액공제 : 세액공제대상 의료비 × 15%(난임시술비 세액공제율은 30% 인상됨)

② 출산·입양세액공제 : 자녀수 × (첫째 50만원, 둘째 70만원, 셋째 이상 90만원)

③ 교육비세액공제 : 세액공제대상 교육비 × 15%

④ 보장성보험료세액공제 : 보험료납입액(100만원 한도) × 12%

📌 이론문제 정답 및 해설

01 ② 근로소득이 있는 거주자(일용근로자 제외)의 신용카드 등 사용금액의 연간합계액이 해당 과세연도 총급여액의 100분의 25를 초과하는 경우 신용카드 등 소득공제를 적용한다.

02 ④ 시력보정용안경 또는 콘택트렌즈 구입을 위하여 지출한 비용으로 1인당 연 50만원 이내의 금액은 의료비 공제대상이다.

03 ③ 교육비 세액공제액 계산은 다음과 같다.
- 본인(대학원도 공제가능) 3,000,000원
- 장남(한도 900만원) 4,000,000원
- 장녀(한도 300만원) 1,000,000원
- 차남(한도 300만원) 1,500,000원
- 합계 9,500,000원

따라서 교육비 세액공제액은 9,500,000원 × 15% = 1,425,000원이다.

04 ④ 종합소득 산출세액보다 세액공제가 큰 경우에는 ①, ②, ③의 경우처럼 초과금액은 없는 것으로 한다.

05 ④ 비치·기록한 장부에 의하여 신고하여야 할 소득금액의 20% 이상을 누락하여 신고한 경우 기장세액공제를 적용하지 않는다.

06 ④ 공제대상자녀의 수가 3명 이상인 경우 연 35만원과 2명을 초과하는 1명당 연 30만원을 합한 금액을 자녀세액공제액으로 한다. 따라서 공제대상자녀의 수가 4명인 경우 자녀세액공제액은 95만원이다.

07 ① 근로소득자 본인의 저축성 보험료는 보험료 세액공제대상이 아니다.

08 ④ 국가 또는 지방자치단체에 무상으로 기증하는 금품의 가액은 특례기부금에 해당한다.

09 ③ 기부금에 대한 신용카드 사용액은 중복공제가 허용되지 않는다.

10 ③ 외국납부세액공제는 사업소득 외의 종합소득에 대해서도 적용된다.

11 ② ①은 근로소득세액공제, ③은 배당세액공제, ④는 재해손실세액공제를 받을 수 있다. 기장세액공제는 간편장부대상자가 복식부기장부로 기장한 경우에 적용하므로 간편장부대상자가 간편장부로 기장한 경우에는 기장세액공제를 받을 수 없다.

12 ② 출산·입양세액공제는 [자녀수 × (첫째 30만원, 둘째 50만원, 셋째 이상 70만원)]으로 한다.

제6절　종합소득 납부절차, 원천징수, 가산세

종합소득 차감납부할 세액구조는 다음과 같다.

	종합소득결정세액	
(+)	가산세액	
=	총결정세액	
(−)	기납부세액	중간예납 · 원천징수 · 예정신고납부 · 수시부과세액
=	차감납부할 세액	

01 중간예납

종합소득이 있는 거주자는 1월 1일부터 6월 30일까지를 중간예납기간으로 하여 일정액의 소득세를 11월 30일까지 고지납부하는 제도이다.

1) 중간예납의무자

종합소득이 있는 거주자만 중간예납의무를 진다. 다만, 다음의 소득에 대해서는 중간예납의무가 없다.

① 퇴직소득과 양도소득만 있는 자

② 이자, 배당, 근로, 연금, 기타소득만 있는 자

③ 사업소득 중 보험모집인, 방문판매원, 전환정비사업조합의 조합원이 영위하는 공동사업, 주택조합의 조합원이 영위하는 공동사업, 직업선수 · 코치 · 심판 등

④ 사업소득 중 수시부과하는 소득만 있는 경우

⑤ 당해 연도 신규사업자

⑥ 분리과세 주택임대소득

⑦ 납세조합이 소득세를 매월 원천징수하여 납부하는 경우

2) 중간예납세액의 결정 · 고지 및 징수

① 중간예납세액의 결정

> 중간예납세액의 계산 = (중간예납기준액* × 1/2) − 토지 등 매매차익 예정신고납부세액
> * 중간예납기준액 = (전년도 중간예납세액 + 확정신고 납부세액 + 결정 · 경정 추가납부세액 + 기한후신고 · 수정신고 추가자진납부세액) − 환급세액

② 중간예납세액의 고지 및 징수

11월 1일 ~ 11월 15일까지 관할세무서장이 고지서로 발급하며 11월 30일까지 납부한다.

3) 중간예납추계액의 신고와 납부

원칙적으로 중간예납기준액이 없는 거주자가 해당 과세기간의 중간예납기간 중 종합소득이 있는 경우 또는 예외적으로 중간예납을 하여야 할 거주자의 중간예납추계액이 중간예납기준액의 30%에 미달하는 경우에는 중간예납추계액을 중간예납세액으로 하여 11월 31일까지 납부한다. 그리고 소득세 중 중간예납세액이 50만원 미만인 경우에는 징수하지 않는다.

4) 토지 등 매매차익 예정신고와 납부

부동산매매업자는 토지 등의 매매차익과 그 세액을 매매일이 속하는 달의 말일부터 2개월이 되는 날까지 신고하고 납부한다(1,000만원을 초과하면 분납도 가능함).

02 원천징수

납세의무자가 직접 소득세를 납부하는 것이 아니라 소득금액을 지급하는 자(이를 원천징수의무자라 함)가 당해 소득을 지급할 당시 원천징수세율을 적용하여 미리 소득세를 징수하고 이를 당해 관할세무서에 납부하는 제도이다.

1) 원천징수의 종류

① **완납적 원천징수** : 분리과세 대상소득은 별도로 확정신고에는 불필요하고, 원천징수당함으로써 당해 소득자의 납세의무가 완전히 소멸하는 방법이다. (예 분리과세이자·배당소득 및 연금소득, 일용근로자의 급여에 대한 원천징수)

② **예납적 원천징수** : 종합과세 대상소득으로 원천징수를 당했다 하더라도 과세기간 종료 후 종합소득과 합쳐져서 확정신고하는 방법이다. [예 종합과세되는 이자·배당소득, 근로소득에 대한 원천징수, 사업소득(자유직업소득)에 대한 원천징수 등]

2) 원천징수 대상소득과 원천징수 세율

대상소득	원천징수 세율
금융소득 (이자 + 배당)	• 일반 : 14% • 내국법인에게 지급하는 비영업대금의 이익 + 출자공동사업자의 배당 : 25% 　단 온라인투자연계금융업자를 통해 지급받는 비영업대금의 이익 : 14% • 비실명이자배당소득, 비실명 비영업대금의 이익 : 45%(90%)
특정사업소득	• 부가가치세가 면세되는 인적용역, 의료보건용역 : 3% • 봉사료 : 5%(봉사료가 매출액의 20% 초과에 한함)
근로소득	• 상용직근로자 : 간이세액표 적용한 기본세율 • 일용직근로자 : 6%(1일 비과세 150,000원 적용)
연금소득	• 공적연금 : 기본세율(연금소득 간이세액표) • 사적연금 : 퇴직연금 70세 미만(5%), 80세 미만(4%), 80세 이상(3%)

기타소득	• 기타소득금액의 20%(3억원 초과분 복권당첨소득은 30%) • 서화·골동품의 양도로 발생하는 소득 : 20% • 연금계좌에서 연금외 수령한 기타소득 : 15%
퇴직소득	• 기본세율(연분연승법 적용)
양도소득	• 원천징수하지 않음

3) 원천징수의 배제
① 비과세 또는 과세최저한에 적용된 면제되는 소득을 지급한 경우
② 이미 발생된 원천징수대상소득이 지급되지 않음으로써 소득세가 원천징수되지 않은 상태에서 이미 종합소득에 합산되어 종합소득세가 과세된 경우
③ 과세최저한(건별 기타소득금액 5만원 이하와 복권당첨금, 승마, 경륜, 경정, 소싸움, 체육진흥 투표권의 환급금, 슬롯머신 등 당첨금품은 건별 200만원 이하 등) 적용
④ 소액부징수 : 원천징수할 세액이 1,000원 미만인 경우 원천징수하지 아니함

4) 원천징수세액의 납부
원천징수세액을 그 징수일이 속하는 달의 다음 달 10일까지 납부한다. 단, 상시고용인원이 20명 이하인 경우에는 그 징수일이 속하는 반기의 마지막 달의 다음 달 10일까지 납부한다.

5) 원천징수 관련 가산세
① 원천징수납부의무자가 징수하여야 할 세액을 납부기한까지 미납하거나 과소납부한 경우 : 미납세액 × 3% + (과소무납부세액 × 2.5/10,000 × 경과일수) ≤ 50%
단, 법정납부기한의 다음 날부터 고지일까지의 기간에 해당하는 금액 ≤ 10%
② 사례 : 원천징수이행상황신고(×) + 납부(○) → 가산세(×) 적용 안 함
　　　　 원천징수이행상황신고(○) + 납부(×) → 가산세(○) 적용함

📌 **03** 과세표준확정신고

당해 연도의 소득금액(종합, 퇴직, 양도소득)이 있는 거주자는 당해 소득의 과세표준을 당해 연도의 다음 연도 5월 1일부터 5월 31일까지 납세지 관할세무서장에게 신고하여야 한다. 그리고 과세표준이 없거나 결손금이 없는 경우에도 신고하여야 된다.

1) 과세표준확정신고 제출서류
① 인적공제, 특별소득공제, 특별세액공제 대상임을 증명하는 서류
② 간편장부대상자는 간편장부소득금액계산서 등
③ 재무상태표, 손익계산서, 합계잔액시산표, 조정계산서
④ 영수증수취명세서
⑤ 대손·퇴직급여·일시상각충당금명세서
⑥ 무기장 시에는 추계소득금액계산서 등(단, 복식부기의무자가 재무상태표, 손익계산서, 합계잔액시산표, 조정계산서 미제출할 경우에는 무신고로 본다.)

2) 과세표준확정신고의무 면제사유

① 근로소득만 있는 자(연말정산 대상이다.)

② 공적연금소득만 있는 자(연말정산 대상이다.)

③ 연말정산 사업소득(보험모집인 등의 사업소득)만 있는 자

④ 퇴직소득만 있는 자(완납적 원천징수로 종결된다.)

⑤ 근로소득 및 퇴직소득만 있는 자

⑥ 공적연금소득과 퇴직소득만 있는 자

⑦ 연말정산 사업소득과 퇴직소득만 있는 자

⑧ 분리과세소득(이자소득, 배당소득, 연금소득, 기타소득)만 있는 자(완납적 원천징수로 종결된다.)

⑨ 단, ①, ②, ③의 소득 중 2가지 이상의 소득이 있는 자는 과세표준확정신고를 하여야 한다.

3) 과세표준확정신고와 납부

과세표준확정신고는 원칙적으로는 다음 연도 5월 1일 ~ 5월 31일까지 신고와 납부를 하여야 한다. 그러나 예외적으로 과세표준확정신고는 다음과 같이 한다.

> • **출국 시** : 출국일 전일까지 신고납부한다.
> • **사망 시** : 상속개시일로부터 6월이 되는 날까지 신고납부하며 이 기간 중 상속인이 출국 시는 출국일 전일까지 신고납부한다.

4) 확정신고세액의 자진납부

확정신고기한까지 납세지 관할세무서·한국은행·체신관서에 납부하고, 만약 납부할 세액이 1,000만원을 초과할 경우 납부기한 경과 후 2개월 이내에 분납할 수 있다.

구분	분납세액
1,000만원 초과 ~ 2,000만원 이하	1,000만원을 초과하는 금액
2,000만원 초과하는 경우	그 세액의 50% 이하의 금액

◢ 04 사업장 현황신고

1) 사업장 현황신고 대상 및 신고

개인사업자 중 부가가치세 면세사업자(겸영사업자는 제외)는 해당 과세기간의 다음 연도 2월 10일까지 사업장 소재지 관할세무서장에게 신고하여야 한다. 그리고 위 사업자가 복수의 사업장이 있는 경우에는 각 사업장별로 신고하여야 하며 휴·폐업 신고 시는 사업장 현황신고와 병행하여 신고하여야 한다.

2) 사업장 현황신고 면제사유

① 사망·출국으로 과세표준확정신고를 하게 될 때

② 부가가치세법상 예정신고 또는 확정신고할 때

3) 사업장 현황 조사·확인 사유

① 사업장현황신고를 하지 않은 경우

② 신고내용 중 시설현황 등 중요부분이 미비·허위라고 인정되는 경우

③ 계산서 수수명세가 사실과 현저히 다르다고 인정되는 경우

④ 휴업·폐업한 경우

4) 지급명세서 제출의무

구분		제출기한
원칙		다음 연도 2월 말일
근로, 퇴직, 사업, 종교인소득		제출기한 : 해당 과세기간의 다음 연도 3월 10일
일용근로소득(매월) 원천징수영수증		• 원칙 : 지급일이 속하는 달의 다음 달 말일 • 예외 : 휴업·폐업·해산일이 속하는 달의 다음 달 말일

간이
지급명세서
	상용직 근로소득	• 원칙 : 지급일이 속하는 반기의 마지막 달의 다음 달 말일
		  예 1월 ~ 6월 : 7월 31일까지
		    7월 ~ 12월 : 1월 31일까지
		• 예외 : 휴업·폐업·해산일이 속하는 반기의 마지막 달의 다음 달 말일

	원천징수대상 사업소득	• 원칙 : 지급일이 속하는 달의 다음 달 말일 • 예외 : 휴업·폐업·해산일이 속하는 달의 다음 달 말일

※ 단, 2024년 1월 1일 지급하는 상용직 근로소득, 원천징수대상 사업소득, 인적용역 관련 기타소득분
부터는 [매월 지급일이 속하는 달의 다음 달 말일]까지 제출해야 한다.

◢ 05 결정과 경정

1) 결정의 사유

확정신고를 하여야 할 자가 신고를 하지 않을 경우 정부가 당해 거주자의 과세표준과 세액을
결정한다. 단, 결정은 과세표준 확정신고기일로부터 1년 내에 완료하는 것이 원칙이다.

2) 경정의 사유

정부는 다음의 경우에는 당해 연도의 과세표준과 세액을 경정한다.

① 신고내용에 탈루 또는 오류가 있는 때

② 매출·매입처별세금계산서합계표 또는 지급조서의 전부 또는 일부를 제출하지 아니한 때

③ 신용카드가맹점 가입대상자로 지정받은 사업자가 정당한 사유 없이 신용카드가맹점으로 가
입하지 아니한 경우로서 시설규모나 업황으로 보아 신고내용이 불성실하다고 판단되는 때

④ 근로, 연금, 사업, 퇴직소득세를 원천징수한 내용에 탈루 또는 오류가 있는 경우로서 원천징
수의무자의 폐업·행방불명 또는 근로자의 퇴사로 원천징수이행이 어려운 경우

⑤ 사업용계좌를 미개설·미신고·미이용할 경우

3) 경정청구 기한(국세기본법 제45조의2)

① 일반적인 경정청구 기한 : 법정신고기한으로부터 5년이다.

② 후발적 사유로 인한 경정청구 기한 : 최초의 신고에서 과세표준 및 세액의 계산근거가 된 거래·행위가 판결에 의하여 다른 것으로 확정되었을 때를 후발적 사유라고 한다. 이에 대한 기한은 사유발생을 안 날로부터 3개월이다.

06 추계결정 · 경정

원칙은 실지조사에 의한다. 단, 소득금액을 계산할 수 없는 경우에는 추계조사결정 또는 경정할 수 있다.

1) 추계사유

다음 중 어느 하나의 사유에 해당되는 경우에 한다.

① 과세표준계산 시 필요한 장부·증빙서류가 없거나 중요한 부분이 미비·허위인 경우

② 기장의 내용이 시설규모·종업원수·원자재·상품 또는 제품의 시가·각종 요금 등에 비추어 허위임이 명백한 경우

③ 기장의 내용이 원자재사용량·전력 사용량 등 조업상황에 비추어 허위가 명백한 경우

2) 추계결정 방법

① 추계과세표준을 계산한다.

추계과세표준 = 추계소득금액 − 소득공제액

② 추계소득금액은 기준경비율, 단순경비율, 동업자권형방법 등을 이용하여 계산한다.

3) 결정 · 경정사항에 대한 통지

납세지 관할세무서장 또는 지방국세청장은 거주자의 과세표준과 세액의 결정 또는 경정 사항을 거주자 또는 상속인에게 서면으로 통지하여야 하며, 2명 이상의 상속인이 있을 경우 상속인별로 각각 통지하여야 한다.

07 징수와 환급 및 소액부징수

1) 징수

해당 세액의 전부 또는 일부를 납부하지 않은 경우에는 그 미납된 소득세액 또는 미달세액을 국세징수법에 의해 징수한다.

① 중간예납추계액 또는 확정신고자진납부할 세액의 징수

② 결정·경정에 따른 추가납부세액의 징수

③ 원천징수세액의 징수(원천징수세액 + 원천징수납부불성실가산세액)

④ 납세조합 징수(납세조합징수세액 + 납세조합납부불성실가산세액)

2) 환급

기납부세액(중간예납, 토지 등 매매차익예정신고납부세액, 수시부과세액, 원천징수세액)이 종합소득총결정세액을 초과하는 경우에는 그 초과하는 세액은 환급하거나 국세·가산금·체납처분비에 충당한다.

3) 소액부징수

① 원천징수세액(이자소득 또는 계속적·반복적으로 행하는 활동을 통하여 얻는 인적용역 사업소득 원천징수세액은 원천징수 대상이 됨) 또는 납세조합의 징수세액이 1,000원 미만인 경우

② 중간예납세액이 50만원 미만인 경우

◢ 08 종합소득세 가산세

1) 무신고가산세

> ① 일반무신고 : 무신고납부세액 × 20%(부정무신고 40%, 국제거래 수반 60%)
>
> ② 복식부기의무자 : $\max \left(\begin{array}{l} \text{무신고납부세액} \times 20\%(\text{부정무신고 } 40\%, \text{ 국제거래 수반 } 60\%) \\ \text{사업소득총수입금액} \times 7/10,000(\text{부당행위 } 14/10,000) \end{array} \right)$

2) 과소신고, 초과환급 신고가산세

> ① 일반과소신고 : 일반과소신고납부세액 × 10%(부정 40%, 국제거래 위반 60%)
>
> ② 복식부기의무자 : $\max \left(\begin{array}{l} \text{부정과소신고납부세액} \times 40\%(\text{국제거래 위반 } 60\%) \\ \text{부정과소신고수입금액} \times 14/10,000 \end{array} \right)$

3) 장부의 기록·보관 불성실가산세(구. 무기장가산세)

> ① 소규모사업자는 배제한다.
>   ※ 소규모사업자 : 당해 신규사업개시자, 직전 사업소득 수입금액 4,800만원 미달자, 연말정산사업소득만 있는 사업자
>
> ② 무기장가산세액 : 종합소득산출세액 × $\dfrac{\text{무기장·미달기장 소득금액}}{\text{종합소득금액}}$ × 20%

4) 납부불성실·환급불성실 가산세

> ① 미달·미달납부세액 × 경과일수* × 2.2/10,000
> ② 초과환급받은 세액 × 경과일수* × 2.2/10,000
> * 경과일수 : 납부기한 다음 날 ~ 자진납부일(또는 납부고지일)

5) 지급명세서제출불성실 가산세

① 미제출(불분명)금액 × 1%[지연제출(= 기한 후 3월 내 제출 시)금액 × 0.5%]
② 근로소득간이지급명세서 : 지급금액 × 미제출 0.25%(단, 제출기한 경과 후 1개월 내 지연제출 0.125%)
③ 원천징수대상 사업소득의 지급명세서(가산세율 : 1%)와 간이지급명세서(가산세율: 0.25%)를 모두 미제출하거나 불분명한 경우 높은 가산세율 1%만 적용한다. 단 2024년 1월 1일부터는 인적용역 관련 기타소득도 적용한다.
　　※ 다만, 연말정산 사업소득은 지급명세서(1%)·간이지급명세서(0.25%) 제출 불성실 가산세를 중복 적용한다.
④ 원천징수대상 사업소득은 간이지급명세서(매월)를 모두 제출 시 지급명세서(연1회) 제출을 면제한다. 다만, 연말정산 사업소득은 간이지급명세서와 지급명세서를 모두 제출하여야 한다.

6) 계산서(전자계산서)불성실 가산세(복식부기의무자만 해당)

① 계산서 허위·누락기재 공급가액 × 1%
② 계산서합계표 미제출·허위·누락기재 공급가액 × 0.5%(기한 후 1월 내 제출 시 0.3%)
③ 계산서 미발급·가공(위장)수수 가산세 : 공급가액 × 2%
④ 중도매인에 대한 계산서 제출불성실 가산세 : [(총매출액 × 연도별 교부비율) − 교부금액]에 대해서만 가산세 부과

7) 전자계산서 관련 가산세(복식부기의무자만 해당)

　※ [참고] 전자계산서의 발급 등
① 의무발급대상자 : 법인, 직전 과세기간의 과세분과 면세분 공급가액 합계액 1억원 이상인 개인사업자를 말한다.
② 발급기한 : 과세기간의 다음 연도 7월 1일부터 그 다음 연도 6월 30일까지이다. 단, 수정신고·결정·경정으로 발급하여야 하는 기간은 수정신고 등을 한 날이 속하는 과세기간의 다음 과세기간으로 한다.
③ 전송 : 발급한 날의 다음 날
　　㉠ 전자계산서 외의 계산서 발급 공급가액 × 1%
　　㉡ 전자계산서 발급명세 미전송 공급가액 × 0.5%
　　㉢ 전자계산서 발급명세 지연전송(과세기간 말의 다음 달 2일까지 전송) 공급가액 × 0.3%

8) 매입처별 세금계산서 합계표(복식부기의무자만 해당)

① 미제출, 불분명분 공급가액 × 0.5%
② 지연제출(기한 후 1월 이내 제출) 공급가액 × 0.3%

9) 증명서류 수취 불성실(소규모사업자 및 추계자 제외)

소규모사업자 또는 소득금액이 추계되는 자를 제외한 사업자가 3만원 초과하는 적격증명서류를 받지 않거나 또는 상이 증명서류를 받은 경우 : 미수취·허위수취 금액 ×2%

10) 영수증수취명세서 제출·작성 불성실가산세

소규모사업자 또는 소득금액이 추계되는 자를 제외한 사업자가 3만원 초과하는 적격증명서류를 미제출 또는 불분명한 증명서류를 제출한 경우 : 미제출·불분명한 금액 ×1%

11) 사업장현황신고 불성실가산세

의료업, 수의업, 약사에 관한 업을 행하는 사업자가 사업자현황신고를 하지 않거나 수입금액을 미달하여 신고한 경우 : 무신고·미달신고 수입금액×0.5%

12) 공동사업장등록 불성실가산세

① 미등록·허위등록한 경우 : 수입금액×0.5%
② 무신고 또는 허위신고 : 수입금액×0.1%

13) 사업용계좌 불성실가산세(복식부기의무자만 해당)

복식부기의무자는 과세기간의 개시일부터 6개월 이내에 사업용계좌를 신고하여야 한다.
① 계좌 미사용 : 미사용금액 × 0.2%

② 계좌 미신고 : $\max \left(\begin{array}{l} \text{해당과세기간수입금액} \times \text{미신고기간}/365 \times 0.2\% \\ \text{미사용 거래금액의 합계금액} \times 0.2\% \end{array} \right)$

14) 신용카드 불성실가산세

신용카드가맹점이 신용카드에 의한 거래를 거부하거나 신용카드매출전표를 사실과 다르게 발급한 경우 : 거부금액 또는 사실과 다르게 발급한 금액 × 5%(건별 5천원 미만 시 5천원)

15) 현금영수증[15] 불성실가산세

현금영수증가맹점으로 미가입, 미발급, 상이하게 발급한 경우이다.
① 미가입 : 수입금액 × 미가입기간/365 × 1%

② 미발급, 상이하게 발급한 경우 : $\max \left(\begin{array}{l} \text{건별 미발급금액·상이 금액} \times 5\% \\ \text{건별 } 5{,}000원 \end{array} \right)$

---

15) 상대방이 현금영수증 발급을 요청하지 않아도 건당 거래금액 10만원 이상인 경우 무기명으로 의무적으로 현금영수증 의무발급해야 한다. 이에 대한 업종은 변호사업, 치과의원, 한의원, 유흥주점업, 교습학원, 골프장운영업, 장례식장업, 가구소매업, 전기용품 및 조명장치 소매업, 의료용 기구소매업, 페인트유리 및 기타 건설자재 소매업, 안경소매업 등으로 확대되었다.

16) 기부금영수증 불성실가산세

기부금영수증에 기재사항이 다르거나 또는 기부자별 발급합계표를 미작성·미보관하는 경우이다.
① 상이기재한 경우 : 영수증에 적힌 금액×0.5%
② 기부자별 발급합계표 미작성·미보관 : 미작성·미보관금액×0.2%

17) 특정 외국법인의 유보소득 계산명세서 제출불성실가산세

「국세조세조정에 관한 법률」에 따라 특정외국법인의 유보소득 계산명세서를 미제출 또는 불분명한 명세서를 제출한 경우 : 배당가능 유보소득금액 × 0.5%

18) 주택임대사업자 미등록가산세

미등록 주택임대수입금액 × 0.2%

✅ 이론문제 │ **종합소득 납부절차, 원천징수, 가산세**

01 다음 중 소득세법상 반드시 종합소득 과세표준 확정신고를 해야 하는 사람은 누구인가?

① 퇴직소득금액 6,000만원과 양도소득금액 5,000만원이 있는 자

② 국내 정기예금 이자소득금액 3,000만원과 일시적인 강연료 기타소득금액 310만원이 있는 자

③ 일용근로소득 1,200만원과 공적연금소득 2,000만원이 있는 자

④ 근로소득금액 6,000만원과 복권당첨소득 5억원이 있는 자

02 다음 소득세법상 중간예납 신고의무가 면제되는 사유를 설명한 것 중 틀린 것은?

① 퇴직소득과 양도소득만 있는 자

② 사업소득과 다른 종합소득이 있는 자

③ 이자, 배당, 근로, 연금, 기타소득만 있는 자

④ 사업소득 중 수시부과하는 소득만 있는 경우

03 다음 소득세법상 중간예납의무자에 대한 설명 중 틀린 것은?

① 종합소득이 있는 거주자만 중간예납의무를 진다.

② 중간예납세액의 납부기한은 11월 30일이며 분납은 불가능하다.

③ 당해 과세기간 중 사업 개시자는 중간예납의무가 없다.

④ 중간예납추계액이 중간예납기준액의 30%에 미달하는 경우 중간예납추계액을 중간예납세액으로 하여 납부할 수 있다.

04 다음 중 종합소득납부세액의 계산과정으로 옳은 것은?

① 종합소득금액 → 종합소득과세표준 → 산출세액 → 결정세액 → 납부세액

② 종합소득과세표준 → 종합소득금액 → 산출세액 → 결정세액 → 납부세액

③ 산출세액 → 종합소득금액 → 종합소득과세표준 → 결정세액 → 납부세액

④ 결정세액 → 종합소득과세표준 → 종합소득금액 → 산출세액 → 납부세액

05 다음 종합소득세 과세표준 확정신고에 대한 설명 중 틀린 것은?

① 종합소득과세표준이 없거나 결손금이 없는 경우에는 신고할 필요가 없다.

② 복식부기의무자가 재무상태표, 손익계산서, 합계잔액시산표, 조정계산서를 미제출할 경우에는 무신고로 본다.

③ 근로소득, 공적연금소득, 연말정산 사업소득만 있는 자 중 2가지 이상의 소득이 있는 자는 과세표준확정신고를 하여야 한다.

④ 확정신고기한까지 납세지 관할세무서 · 한국은행 · 체신관서에 납부하고, 만약 납부할 세액이 1,000만원을 초과할 경우 납부기한 경과 후 2개월 이내에 분납할 수 있다.

06 다음 중 소득세법상의 가산세가 아닌 것은?

① 무신고가산세

② 과소신고가산세

③ 세금계산서합계표미제출가산세

④ 기부금영수증 불성실가산세

07 다음 결정과 경정, 추계결정·경정, 징수와 환급 및 분납에 대한 설명 중 틀린 것은?

① 결정은 과세표준 확정신고기일로부터 1년 내에 완료하는 것이 원칙이다.

② 과세표준계산 시 필요한 장부·증빙서류가 없거나 중요한 부분이 미비·허위인 경우에는 추계사유에 해당한다.

③ 기납부세액이 종합소득 총결정세액을 초과하는 경우에는 그 초과하는 세액은 환급하거나 국세·가산금·체납처분비에 충당한다.

④ 분납은 1,000만원을 초과할 경우 납부기한 경과 후 45일 이내에 분납할 수 있다.

08 다음 중 소득세법상 중간예납에 대한 설명으로 옳지 않은 것은?

① 원칙적으로 사업소득이 있는 거주자가 중간예납의무를 지며, 퇴직소득 및 양도소득에 대해서는 중간예납을 하지 않는다.

② 중간예납기간은 1월 1일부터 6월 30일까지이며, 당해연도의 10월 31일까지 납부하여야 한다.

③ 신규로 사업을 시작한 자는 중간예납의무를 지지 않는다.

④ 중간예납추계액이 중간예납기준액의 30%에 미달하는 경우 중간예납추계액을 신고·납부할 수 있다.

09 다음 중 소득세법상 소규모사업자도 적용대상이 되는 가산세는 무엇인가?

① 계산서발급불성실가산세

② 영수증수취명세서미제출가산세

③ 지급명세서제출불성실가산세

④ 증명서류수취불성실가산세

10 다음 중 소득세법상 신고 및 납부절차에 대한 설명으로 옳지 않은 것은?

① 분리과세 대상 이자소득 또는 기타소득만 있는 거주자는 과세표준 확정신고를 하지 않을 수 있다.

② 사업장현황신고는 해당 과세기간의 다음 연도 1월 25일까지 사업장 소재지 관할세무서장에게 신고하여야 한다.

③ 사업소득 중 수시부과하는 소득에 대하여는 중간예납의무를 부과하지 않는다.

④ 성실신고확인 대상 사업자가 기한 내에 성실신고확인서를 제출하지 않은 경우 5% 가산세를 적용한다.

📌 이론문제 정답 및 해설

01 ② 국내 정기예금 이자소득은 2천만원 초과
인 경우 종합과세하고, 일시적인 강연료
기타소득금액은 300만원 초과인 경우 종
합과세한다.
① 퇴직소득과 양도소득은 종합과세하지
않고, 분류과세한다.
③ 일용근로소득은 무조건 분리과세하고,
공적연금소득은 다음 해 1월분 연금
소득을 지급하는 때에 연말정산한다.
④ 근로소득은 종합과세합산대상 타 소
득이 없는 경우 연말정산에 의하여
납세의무가 종결되므로 확정신고를
할 필요가 없고, 복권당첨소득은 무
조건분리과세한다.

02 ② 사업소득과 다른 종합소득이 있는 자는
확정신고의무를 진다.

03 ② 중간예납세액도 분납이 가능하다.

04 ① 종합소득납부세액의 흐름을 설명한 것이다.

05 ① 종합소득과세표준이 없거나 결손금이 없
는 경우에는 신고하여야 한다.

06 ③ 세금계산서합계표미제출가산세는 부가가치
세법상 가산세항목에 해당되며 소득세법상
에서는 가산세항목에 해당되지 않는다.

07 ④ 분납은 1,000만원을 초과할 경우 납부기
한 경과 후 2개월 이내에 분납할 수 있다.

08 ② 사업소득이 있는 거주자는 1월 1일부터
6월 30일까지의 기간을 중간예납기간으
로 하여 11월 30일까지 중간예납세액을
징수하여야 한다.

09 ③ 소규모사업자도 지급명세서제출불성실가
산세가 적용된다.

10 ② 사업장현황신고는 해당 과세기간의 다음
연도 2월 10일까지 사업장 소재지 관할
세무서장에게 신고하여야 한다.

전산세무 2급
실무

01 | 프로그램의 설치 및 기초정보관리

◢ 01 프로그램의 설치

1) 전산세무 2급에서는 기본데이터가 입력되어 있는 백데이터를 활용하여 학습을 하기 때문에 교육용프로그램을 설치한 후 출판사에서 제공하는 백데이터를 실행하여 학습하도록 한다.

   한국세무사회자격시험 홈페이지(https://license.kacpta.or.kr/)에서 교육용프로그램 케이렙(수험용)을 다운로드 한 후 설치를 하고 바탕화면에  아이콘이 생성된다.

   박문각 출판 홈페이지(www.pmgedu.co.kr)에서 학습자료실 → 전산세무·회계 → 2023 독공 전산세무 2급 백데이터를 다운로드한 후 실행한다.

2) 교육용프로그램 실행화면에서 회사등록을 누른 후 [F4 회사코드재생성]을 클릭하면 백데이터가 복구된다.

   바탕화면에서  아이콘을 실행한 후 종목선택 2.전산세무2급, 회사코드 4000.(주)독공전자를 선택하고 로그인을 하여 학습을 시작한다.

02 기초정보관리

1) 기초정보관리

① 회사등록

회사등록 메뉴는 프로그램을 실행하여 작업할 회사의 기초 정보 및 사업자등록증상의 내역을 입력하는 메뉴이다.

② 거래처등록

거래처등록 메뉴는 일반거래처, 금융기관, 신용카드 탭으로 구성되어 있다. 일반거래처는 매출거래처, 매입거래처, 수출수입거래처, 사업자등록증이 없는 개인(주민기재분)을 등록한다. 금융기관은 당좌예금, 보통예금, 정기예적금 등의 금융기관 거래처와 계좌번호 등의 정보를 입력한다. 신용카드는 매입카드 정보와 매출카드 가맹점에 대한 정보를 입력한다.

▼ 실무시험 수행 시 거래처를 반드시 입력해야 하는 계정과목

채권		채무	
외상매출금	선급금	외상매입금	선수금
받을어음	보통예금, 당좌예금 (은행명이 제시된 경우)	지급어음	유동성장기부채
미수금	가지급금	미지급금	가수금
대여금(장기, 단기)	임차보증금	차입금(장기, 단기)	임대보증금

③ 계정과목 및 적요등록

계정과목은 일반기업회계기준에 따라 가장 일반적인 체계로 설정되어 있으며 필요에 따라 추가 등록하거나 기존에 사용하고 있는 계정과목을 수정하여 사용할 수 있으며, 계정과목에 필요한 적요사항(현금적요와 대체적요)도 기본적으로 등록된 것 이외에도 추가로 등록하여 사용할 수 있다.

▼ 비용계정과목 입력 시 주의사항

500번대	제조원가	800번대	판매비와관리비

④ 환경등록

환경등록 메뉴는 프로그램을 본격적으로 사용하기 이전에 시스템의 환경설정을 등록하는 메뉴로서 회사 설정에 맞는 환경을 등록하는 메뉴이다. 프로그램 전반에 걸쳐 영향을 미치기 때문에 초기 설정값을 신중하게 고려하고 결정하여 등록하며 초기에 등록한 내역은 가급적 변경하지 않고 사용하는 것이 좋다.

2) 전기분재무제표

① 전기분재무상태표

계속기업이 전기에 결산을 하게 되면 재무제표 자료가 이월되어 당해 연도에 기초 재무제표 자료가 된다. 자격시험에서는 데이터가 입력되어 있으며 입력한 전기분재무상태표의 자료는 거래처별초기이월 메뉴에서 자동으로 반영된다.

② 전기분손익계산서

전년도 말의 손익계산서 자료를 입력하는 메뉴로서 비교식 손익계산서 작성자료로 제공된다. 자격시험에서는 데이터가 입력되어 있으며 전기분손익계산서의 당기순이익은 전기분잉여금처분계산서로 반영된다.

③ 전기분원가명세서

제조업에서 당기제품제조원가를 산출하기 위해 작성하는 명세서이다. 산출된 당기제품제조원가는 손익계산서작성 시 매출원가를 계산하는 데 반영된다.

④ 전기분잉여금처분계산서

"미처분이익잉여금"은 전기분재무상태표에 [이월이익잉여금]으로 반영되어야 한다. 이때 차액은 이익잉여금처분의 내용으로 일반전표에서 처분확정일을 기준으로 대체분개하여 이월이익잉여금의 금액을 동일하게 해준다. 단, 유념해야 할 것은 이월결손금은 음수(−)로 기재한다. 차기이월이익잉여금을 계산하는 식은 다음과 같다.

> 차기이월이익잉여금 = 전기이월미처분이익잉여금 + 당기순이익 − 이익잉여금처분액

⏱ 실습하기

1. 2024년 2월 28일의 처분확정일자를 입력하고 일반전표에 분개를 입력한다.

(차변) 이월이익잉여금	15,500,000원	(대변) 이익준비금	500,000원
		미지급배당금(부채)	5,000,000원
		미교부주식배당금(자본조정)	10,000,000원

2. 4월 4일자로 현금배당과 주식배당에 대한 일반전표 분개를 한다.

[현금배당]

(차변) 미지급배당금	5,000,000원	(대변) 예수금	770,000원
		현금	4,230,000원

[주식배당]

(차변) 미교부주식배당금	10,000,000원	(대변) 자본금	10,000,000원

실습하기 작업순서

1. [전기분잉여금처분계산서]

[일반전표입력]

□	일	번호	구분	계 정 과 목	거 래 처	적 요	차 변	대 변
□	28	00014	차변	0375 이월이익잉여금			15,500,000	
□	28	00014	대변	0351 이익준비금				500,000
□	28	00014	대변	0265 미지급배당금				5,000,000
□	28	00014	대변	0387 미교부주식배당금				10,000,000

2. [일반전표입력]

□	일	번호	구분	계 정 과 목	거 래 처	적 요	차 변	대 변
□	4	00002	차변	0265 미지급배당금			5,000,000	
□	4	00002	대변	0254 예수금				770,000
□	4	00002	대변	0101 현금				4,230,000
□	4	00003	차변	0387 미교부주식배당금			10,000,000	
□	4	00003	대변	0331 자본금				10,000,000

⑤ 거래처별초기이월

전기분재무상태표의 데이터가 자동반영되므로 반드시 전기분재무상태표를 먼저 입력하여
야 한다. 거래처별초기이월은 거래처별로 채권, 채무 등을 관리하기 위한 목적으로 입력하
는 메뉴이며 입력 후 거래처원장 전기이월란에 표기된다.

거래처별초기이월 메뉴를 열어서 [F4 불러오기]를 클릭하면 전기분재무상태표 정보가 자동
반영된다.

02 | 일반전표입력

01 일반전표입력

1) 일반전표 메뉴 알아보기

기업은 경영활동상에서 회계상의 거래가 발생하였을 경우 거래의 8요소에 의해서 전표를 발행하게 된다. 전표는 부가가치세와 관련이 없는 일반전표와 부가가치세와 관련이 있는 매입매출전표로 나뉘게 되며 일반전표는 입금전표, 출금전표, 대체전표로 구분할 수 있다.

입금전표는 거래총액이 전액 현금으로 입금된 경우에 발행하며 출금전표는 거래총액이 전액 현금으로 지출된 경우에 발행한다. 대체전표는 거래총액 중 현금을 전혀 수반하지 않은 거래이거나 거래총액 중 일부가 현금의 수입과 지출이 있는 경우에 해당한다.

[일반전표입력 메뉴설명]

1. **월** : 입력하고자 하는 전표의 해당 월 2자리 숫자를 입력하거나 마우스를 클릭하여 1월~12월 중 해당 월을 선택한다.

2. **일** : 전표일자는 사용자 편의를 위하여 두 가지 방법으로 입력할 수 있다.
   ① 해당 월만 입력 후 일자별 거래를 계속하여 입력
   ② 해당일자를 입력 후 해당일 거래를 입력

3. **번호** : 전표번호는 각 일자별로 1부터 자동 부여되며, 한번 부여 후 삭제된 번호는 다시 부여되지 않는다.
   대체분개 입력 시에는 차변, 대변 합계가 일치할 때까지 1개의 전표로 인식된다. 또한 동일한 번호가 부여되며, 차변과 대변의 합계가 일치된 다음 입력되는 전표는 새로운 전표로 보아 다음 번호로 부여된다.
   → 전표번호를 수정하고자 하는 경우에는 상단에서 [SF2 번호수정]을 클릭한 후 수정하고자 하는 번호를 입력하여 수정한다.

4. **구분** : 전표의 유형을 입력하는 곳이다.

   > ⓒ 구분을 입력하세요. 1.출금, 2.입금, 3.차변, 4.대변, 5.결산차변, 6.결산대변

   현금전표 - 1 : 출금전표, 2 : 입금전표
   대체전표 - 3 : 차변, 4 : 대변
   결산전표 - 5 : 결차, 6 : 결대, 결차-결산차변, 결대-결산대변

5. **계정과목을 입력하는 방법**
   ① [F2 코드도움]을 누르고 계정코드도움창이 뜨면 계정과목을 2글자 입력하여 계정과목을 선택한다.

---

② 코드란에 찾고자 하는 계정과목을 2글자 입력한 후 엔터를 치면 계정과목코드도움창이 뜨고 계정과목을 선택한다.

6. **거래처** : 채권, 채무에 관련한 계정과목은 반드시 거래처를 입력해야 한다.
   - **거래처코드를 입력하는 방법**
     ① [F2 코드도움]을 누르고 거래처도움창이 뜨면 거래처명 2글자를 입력하여 거래처명을 선택한다.
     ② 거래처코드란에서 입력하고자 하는 거래처명을 2글자 입력한 후 거래처도움창에서 거래처를 선택하고 확인을 누른다.
     ③ 거래처코드를 알고 있는 경우에는 거래처코드란에 코드를 입력하면 자동으로 반영된다.
   - **신규거래처를 등록하는 경우**
     커서가 거래처코드란에 있을 때 "+"를 누르면 "00000"이 자동으로 표기가 된다. 입력하고자 하는 거래처명을 입력하고 엔터를 누르면 거래처등록창이 뜨게 된다. 등록하고자 하는 거래처 코드를 입력하고 등록을 누르면 세부사항의 등록 없이도 거래처가 등록이 된다. 거래처의 사업자등록증상의 상세정보를 등록하고자 할 경우에는 수정을 누르고 화면 하단에서 거래처등록 박스에 상세정보를 등록하면 된다.

7. **적요** : [F2 코드도움]을 눌러서 적요도움 창에서 해당하는 적요를 선택하여 등록한다. 화면하단에 보여지는 적요는 내장적요이며, 사업장에서 필요하다고 판단되는 적요를 등록하고자 하는 경우에는 [F8 적요수정]을 눌러서 내장적요를 수정할 수도 있고 추가로 등록하여 사용할 수도 있다.
   → 시험에서는 적요의 입력은 생략한다. 다만 타계정으로 대체인 경우는 반드시 입력하도록 한다.

8. **금액** : 금액을 입력할 경우에는 키보드 오른쪽에서 "+"를 누르면 "000"이 입력되어 큰 금액을 입력할 경우 유용하게 사용할 수 있다. 예를 들어 2,000,000원을 입력할 경우 2++를 누르면 된다.

2) 입금전표 입력하기

입금전표는 전액 현금으로 입금된 경우에 입력하는 전표이다. 시험에서는 대체전표로 입력하여도 무방하며 분개만 정확하게 입력하면 된다.

실습하기

1월 3일 거래처 (주)솔트에 계약금 1,000,000원을 현금으로 입금받고 입금표를 발행해 주었다.

실습하기 작업순서

① 시험에서 적요의 입력은 생략한다. (단, 타계정으로 대체에 해당하는 경우에는 반드시 입력한다.)

    (차) 101. 현금   1,000,000 / (대) 259.선수금   1,000,000

                                     (00103.(주)솔트)

② 일반전표에 분개를 입력한다.

3) 출금전표 입력하기

출금전표는 전액 현금으로 지출된 경우에 입력하는 전표이다. 시험에서는 대체전표로 입력하여도 무방하며 분개만 정확하게 입력하면 된다.

실습하기

1월 7일 영업부에서 구독하는 신문대금 20,000원을 현금으로 지급하였다.

실습하기 작업순서

① 시험에서 적요의 입력은 생략한다. (단, 타계정으로 대체에 해당하는 경우에는 입력한다.)

    (차) 826. 도서인쇄비   20,000 / (대) 101. 현금   20,000

② 일반전표에 분개를 입력한다.

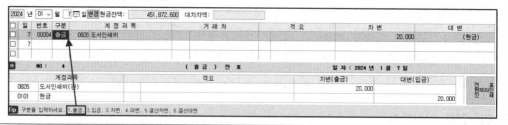

4) 대체전표 입력하기

대체전표는 거래총액 중 현금을 전혀 수반하지 않은 거래이거나 거래총액 중 일부가 현금의 수입과 지출이 있는 경우에 해당한다.

⏱ 실습하기

1월 13일 파손된 본사 영업팀 건물의 유리를 교체하고, 대금 2,000,000원을 당좌수표로 발행하여 지급하였다.

⏱ 실습하기 작업순서

① 시험에서 적요의 입력은 생략한다. (단, 타계정으로 대체에 해당하는 경우에는 반드시 입력한다.)

(차) 820. 수선비   2,000,000 / (대) 102.당좌예금   2,000,000

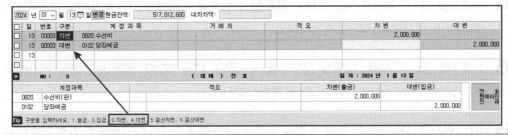

일반전표입력 연습하기

01 3월 2일 당사는 1주당 액면가액 5,000원의 주식 1,000주를 1주당 7,000원에 발행하고 신주발행비 50,000원을 제외한 대금을 보통예금 계좌로 송금받았다.

02 3월 3일 판매목적으로 보유하고 있던 상품을 생산부서에서 소모품으로 모두 사용하였다. 상품의 구매가는 1,000,000원, 판매가는 1,300,000원이며 비용으로 회계처리하였다.

03 3월 4일 거래처 (주)영전자의 파산으로 외상매출금 25,000,000원이 회수불가능하게 되었다. 장부를 조회하여 분개하시오.

04 3월 5일 미지급금으로 처리하였던 물류창고 임차료 2,200,000원을 임대인인 (주)성공과 협의하여 임차보증금과 상계처리하였다.

05 3월 7일 생산부서에서 사용할 문구류를 구입하고 대금 19,500원은 보통예금 계좌에서 이체하였다. (사무용품비 계정으로 회계처리하시오.)

06 3월 8일 (주)서울로부터 제품 매출에 대한 외상매출금 6,200,000원을 조기회수에 따른 매출할인액(할인율 5%)을 차감한 금액을 당좌예금 계좌로 입금받았다.

07 3월 9일 기계장치를 취득하기 위해 정부보조금 40,000,000원을 보통예금 계좌로 입금받았다. 정부보조금은 상환의무가 없는 지원금이다.

08 3월 10일 정기예금 10,000,000원이 만기가 되어 원금과 이자 250,000원(이자소득에 대한 원천징수세액은 38,500원)을 포함하여 보통예금으로 입금받았다. 원천징수세액은 자산처리한다.

09 3월 15일 기계장치를 70,000,000원에 취득하고 대금 중 40,000,000원은 보통예금으로 입금받았던 정부보조금으로 지급하고 잔액은 당좌수표를 발행하여 지급하였다.

10 3월 17일 투바(주)로부터 차입한 외화 $15,000를 보통예금 계좌에서 이체하여 상환하였다. 차입당시 단기차입금으로 회계처리하였으며 환율은 1$당 1,200원이었다. 당일 환율은 1$당 1,100원이다.

11 3월 20일 3월분 직원 급여를 보통예금 계좌에서 이체하여 지급하였다.

[3월 급여대장]

(단위 : 원)

부서	성명	지급내용		공제내용						차감 수령액
		기본급	직책수당	소득세	지방소득세	고용보험	국민연금	건강보험	공제계	
경리	이준호	2,700,000	100,000	45,000	4,500	20,000	94,500	75,000	239,000	2,561,000
생산	안효섭	2,500,000	–	35,000	3,500	16,000	90,000	72,000	216,500	2,283,500
합계		5,200,000	100,000	80,000	8,000	36,000	184,500	147,000	455,500	4,844,500

12 3월 21일 액면가액 20,000,000원의 사채를 18,000,000원의 3년 만기로 발행하였으며 사채발행비 100,000원을 차감한 금액을 보통예금으로 입금받았다.

13 3월 23일 당좌예금 계좌개설을 위해서 당좌거래개설보증금 3,000,000원을 현금으로 지급하였다.

14 3월 25일 단기보유목적으로 (주)정인의 주식 1,000주(액면가액 @10,000원)를 주당 @15,000원에 취득하고 대금은 보통예금 계좌에서 이체하여 지급하였다. 취득 시 수수료 200,000원은 현금으로 지급하였다.

15 3월 26일 종업원 이준호에게 6개월 후 회수하기로 하고 2,000,000원을 현금으로 대여하였다.

16 3월 27일 현금시재를 확인한 결과 장부상 금액보다 실제 현금실제잔액이 120,000원 부족한 것을 확인하였다. 부족한 원인을 조사 중에 있다.

17 3월 28일 (주)미지기업에 대한 외상대금 35,000,000원을 결제하기 위하여 대금 중 20,000,000원은 당좌수표를 발행하여 지급하고 나머지는 현금으로 지급하다.

18 3월 29일 원재료 5,500,000원을 구입하고 대금은 수표를 발행하여 지급하였다. 금일 신한은행 당좌예금 잔액은 2,000,000원이며 약정에 의한 당좌차월한도는 10,000,000원이라고 가정한다.

19 3월 30일 매출대금으로 받아 보관 중인 (주)공업의 약속어음 1,400,000원이 지급거절되어 부도처리하였다.

20 4월 1일 단기보유목적으로 보유하고 있던 (주)정인의 주식 장부가액 15,000,000원(1,000 주, @15,000원)을 주당 @17,000원에 처분하고 처분수수료 310,000원을 제외한 금액을 보통예금 계좌로 입금받았다.

21 4월 2일 생산부 직원들에 대한 확정기여형(DC형) 퇴직연금 납입액 3,000,000원을 보통 예금 계좌에서 이체하였다.

22 4월 3일 자금조달을 목적으로 (주)성공에서 받아 보관 중인 약속어음 5,000,000원을 신한 은행에서 만기일 이전에 할인하고 할인료를 차감한 금액을 당좌예금 계좌로 입금받았다. 할인율은 연 10%이며 금일자로 어음의 만기는 3개월이 남아 있으며 월할계산, 매각거래로 회계처리하시오.

23 4월 5일 피플전자의 미수금 2,000,000원이 회수불가능하게 되어 대손처리하였다.

24 4월 6일 (주)성공에서 받아 보관 중인 전자어음 6,000,000원이 만기가 되어 거래은행에 대금지불을 요청한 결과 추심수수료 50,000원을 제외한 금액이 당좌예금 계좌에 입금되 었다.

25 4월 7일 판매목적으로 구입한 상품(원가 500,000원, 시가 800,000원)을 매출 거래처 (주)온양에 증정하였다.

26 4월 8일 (주)엘프스의 원재료 외상매입금 5,500,000원을 약정에 의한 할인기간 내에(2/10, n/20) 조기상환하면서 대금은 현금으로 지급하였다.

27 4월 9일 (주)우리산업에서 상품 11,900,000원을 구입하면서 대금은 어음을 발행하여 지급 하였다. 구입 시 발생한 당사 부담 운반비 150,000원과 보험료 1,000,000원은 수표를 발 행하여 지급하였다.

28 4월 10일 3월분 급여에서 원천징수하였던 종업원 부담분 건강보험료(경리부 75,000원, 생 산부 72,000원)와 국민연금(경리부 94,500원, 생산부 90,000원)을 보통예금에서 계좌이 체하였다.

29 4월 12일 선적지 인도조건으로 현재 운송 중에 있는 원재료 구입대금 15,000,000원을 미 국의 언더우드사로 보통예금 계좌에서 이체하여 지급하였다.

30 4월 15일 장기보유 목적으로 주식 1,000주(액면가액 1,000원)를 1주당 1,200원에 취득하고 대금은 수표를 발행하여 지급하였다. 주식발행관련 수수료 150,000원은 현금으로 지급하였다.

31 4월 17일 투자목적으로 (주)솔트에서 건물을 100,000,000원에 구입하고 대금 중 절반은 보유하고 있던 (주)우리산업이 발행한 당좌수표로 지급하고 나머지는 전자어음을 발행하여 지급하였다. 건물취득과 관련한 중개수수료와 취득세 등 1,100,000원은 현금으로 지급하였다.

32 4월 20일 3년 만기 보유 목적으로 (주)한영의 사채를 4,000,000원에 취득하고 취득수수료 120,000원을 포함하여 수표를 발행하여 지급하였다.

33 4월 22일 (주)신정으로부터 토지를 증여받았다. 토지의 취득원가는 5,000,000원이며 공정가액은 8,000,000원이다. 토지취득세와 등록세 400,000원은 현금으로 지급하였다.

34 4월 24일 당사는 제품을 교환할 수 있는 상품권 300,000원을 발행하여 판매하고 대금은 전액 현금으로 수취하였다. (거래처입력은 생략할 것)

35 4월 25일 공장의 신축을 위한 차입금의 이자비용 4,200,000원을 당좌수표를 발행하여 지급하였다. (단, 해당 이자비용은 자본화대상이며, 공장의 완공예정일은 내년 6월 30일이다.)

36 4월 26일 당사는 재경부 직원들을 대상으로 직무능력향상을 위해 [부가가치세신고실무] 교육을 실시하고 초빙강사인 정혜숙 교수의 강사료 3,000,000원을 사업소득원천징수세액 99,000원을 제외하고 보통예금 계좌에서 이체하였다.

37 4월 27일 본사 건물에 냉난방장치시설 공사를 (주)동신에 의뢰하여 진행하고 공사대금 10,000,000원은 전자어음을 발행하여 지급하였다.

38 4월 28일 공장에서 사용하는 샘플운반용으로 사용하는 승용차의 엔진오일을 80,000원에 교체하고 우리카드로 결제하였다.

39 4월 30일 불우이웃을 돕기 위해 당사의 제품(원가 1,000,000원, 시가 1,600,000원)을 사회복지회에 증정하였다.

40 5월 1일 화재로 본사 건물(취득원가 150,000,000원, 전기말감가상각누계액 100,000,000원)이 소실되었다. 해당 건물의 감가상각방법은 정액법, 잔존가치 0원, 내용연수는 20년이며 당기 감가상각비를 계상하여 회계처리하시오. (단, 월할상각할 것)

41 5월 2일 공장 기숙사 외벽에 도색을 하기 위해 성실인테리어에 의뢰하여 작업을 마무리하고 대금 700,000원은 다음 달 10일에 지급하기로 하였다.

42 5월 3일 업무용차량을 구입하면서 법령에 의하여 액면가액 800,000원의 공채를 현금으로 매입하였다. 공채의 공정가액은 610,000원이며 단기매매증권으로 분류한다.

43 5월 4일 공장 기숙사를 추가로 제공하기 위해 (주)명진에 원룸을 임차하고 보증금 5,000,000원을 보통예금 계좌에서 이체하였다. (계약기간은 금일로부터 2년이다.)

44 5월 5일 회사는 확정급여형 퇴직연금상품에 가입하고 6,000,000원을 보통예금 계좌에서 이체하고 운용에 따른 수수료 50,000원은 퇴직연금사업자의 사업비로 충당한다.

45 5월 6일 공장건물 청소원의 일용직 근로소득 600,000원을 보통예금 계좌에서 이체하였다. (잡급으로 처리할 것)

46 5월 7일 신주 1,000주(액면가액 8,000원)를 주당 5,000원에 발행하고 대금은 당좌예금 계좌로 입금하였으며 주식발행수수료 200,000원은 현금으로 지급하였다. 주식발행초과금을 조회하여 분개하시오.

47 5월 8일 본사 경영지원팀에서는 법정단체인 무역협회에 일반회비 400,000원을 현금으로 지급하였다.

48 5월 9일 당사의 주식 3,000주(액면가액 8,000원)를 주당 7,000원에 매입 소각하면서 대금은 수표를 발행하여 지급하였다.

49 5월 10일 전기에 납부하였던 본사 건물에 대한 전기요금의 과오납으로 인하여 70,000원이 보통예금 계좌로 입금되었다. (해당 오류는 중대한 오류는 아니며 잡이익 계정과목으로 처리하지 않는다.)

50 5월 11일 전년도 2기 확정신고기간의 미납된 부가가치세 600,000원과 가산세 100,000원을 법인카드인 우리카드로 납부하였다. 신용카드수수료는 결제대금의 2%이며 미납된 부가가치세는 미지급세금으로 계상되어 있다.

51 5월 12일 보유하고 있던 (주)한솔의 주식에 대한 배당금 7,000,000원을 원천징수세액 1,078,000원을 제외하고 보통예금 계좌로 입금받았다.

52 5월 13일 자금조달을 위해 (주)성공에서 받아 보관 중인 전자어음 2,900,000원을 국민은행에서 할인하고 할인료 100,000원을 제외한 잔액을 당좌예금 계좌로 입금받았다. (차입거래로 분개하시오.)

53 5월 14일 전기에 거래처 (주)부실의 파산으로 대손처리하였던 외상매출금 17,600,000원(부가세포함)을 동점발행 수표로 회수하였다. 해당 외상매출금은 전기에 부가가치세 신고시 대손세액공제를 받았다.

54 5월 15일 장기보유목적(투자자산)으로 보유 중인 주식 중 일부(장부가액 20,000,000원)를 22,000,000원에 처분하고 대금은 보통예금으로 입금받았다. 주식처분에 관련한 수수료 200,000원은 보유하고 있던 자기앞수표로 지급하였다. (단, 전기의 기말평가는 일반기업회계기준에 따라 처리하였다.)

55 5월 16일 거래처 (주)태양산업에 대한 외상매출금 20,000,000원을 금전소비대차계약으로 전환하여 3년간 대여하기로 하였다.

56 5월 17일 미국 웰스파고은행으로부터 차입한 외화장기차입금 $10,000와 이자 $100를 보통예금 계좌에서 이체하였다. 전기말 적용환율은 1$당 1,100원이며 상환 시 적용환율은 1$당 1,350원이다.

57 5월 18일 경리부 이준호 차장은 지방출장에서 돌아와 출장비정산내역서를 제출하였다. 출장비는 사전에 500,000원 지급하면서 선급금으로 처리하였고 추가지출분은 현금으로 지급하였다.

> [출장비정산내역서]
> • 항공권 구입 : 300,000원   • 거래처와 식사 : 100,000원
> • 숙박 및 식대 : 240,000원

58 5월 19일 자기주식 50주(액면가액 10,000원)를 주당 12,000원에 매각하고 대금은 당좌예금 계좌로 입금받았다.

59 5월 20일 원재료 매입거래처 (주)미지기업의 외상매입금 40,000,000원 중에서 35,000,000원은 수표를 발행하여 지급하였고 나머지는 탕감받았다.

60 5월 21일 (주)한섬에서 기계장치(장부가액 60,000,000원, 공정가액 50,000,000원)를 취득하면서 보유 중인 기계장치(취득원가 100,000,000원, 감가상각누계액 30,000,000원, 공정가액 50,000,000원)를 제공하였다.

61 5월 22일 공장 생산직 김진수의 퇴직금 7,800,000원을 지급하면서 4,000,000원은 퇴직연금운용자산에서 지급되었고 원천징수세액 150,000원을 차감한 금액은 보통예금 계좌에서 이체하여 지급하였다.

62 5월 25일 새로운 건물을 짓기 위해 건물이 있는 토지를 구입하고 동시에 건물은 철거하였다. 건물이 있는 부지의 구입비로 60,000,000원을 보통예금에서 이체하여 지급하고 철거비용 3,000,000원은 수표를 발행하여 지급하였다.

63 6월 1일 당사가 가입한 확정급여형 퇴직연금에 대한 이자 1,000,000원이 입금되었다.

64 6월 2일 사업축소를 위하여 당사의 주식 1,000주(액면 @5,000원)를 1주당 10,000원에 매입 후 즉시 소각하고 대금은 현금으로 지급하였다. (감차차손 또는 감자차익을 조회한 후 분개할 것)

65 6월 3일 본사 건물 화재와 관련하여 (주)하나화재보험으로부터 보험금 40,000,000원을 보통예금 계좌로 입금받았다.

66 6월 5일 당사는 사옥으로 사용할 목적으로 (주)일등건설로부터 건물과 토지를 300,000,000원에 일괄 취득하고 대금은 약속어음을 발행하여 지급하였다. 취득당시 건물의 공정가액은 160,000,000원, 토지의 공정가액은 80,000,000원이었으며, 건물과 토지의 취득원가는 상대적 시장가치에 따라 안분하며, 부가가치세는 고려하지 않기로 한다.

67 6월 8일 보유 중인 자기주식(취득원가 : 850,000원)을 500,000원에 현금으로 처분하였다. 재무상태표에 자기주식처분이익 또는 자기주식처분손실을 조회하여 분개하시오.

68 6월 10일 회사는 대표이사의 주소가 변경됨으로 인해서, 법인등기부등본을 변경등기하고 이에 대한 등록세 120,000원과 등록관련 수수료 100,000원을 현금으로 지급하였다.

69 6월 12일 영업부서의 난방용 유류대 300,000원과 공장 작업장의 난방용 유류대 500,000원을 보통예금에서 이체하여 지급하였다.

70 6월 14일 원재료를 수입하면서 아래의 비용을 보통예금 계좌에서 이체하여 지급하였다.

> • 통관서류작성 대행 수수료 : 200,000원
> • 창고까지 운반한 비용 : 250,000원

71 6월 15일 공장 기숙사를 짓기 위해 (주)한솔에서 부지를 취득하면서 아래의 금액을 지출하였다. 토지구입과 관련하여 전월에 계약금으로 10,000,000원을 지급하였다.

항목	지출액(원)	비고
잔금지급액	50,000,000	전액 보통예금에서 이체
중개수수료	700,000	자기앞수표로 지급

72 6월 16일 사채(액면가액 6,000,000원)를 조기상환하면서 6,400,000원을 보통예금에서 이체하여 지급하였다. (단, 사채할인발행차금 및 사채할증발행차금 계정금액은 없다.)

73 6월 18일 원재료로 사용하기 위해 구입한 부품(취득원가 5,000,000원)을 생산공장의 기계장치를 수리하는 데 사용하였다. (단, 수리와 관련된 비용은 수익적 지출로 처리하시오.)

74 6월 20일 사용 중인 지점건물을 새로 신축하기 위하여 기존건물을 철거하였다. 철거당시의 기존건물의 취득원가 및 감가상각누계액의 자료는 다음과 같다.

- 건물의 취득원가 : 100,000,000원
- 철거당시 감가상각누계액 : 47,500,000원(철거시점까지 감가상각비 계산 완료함)
- 건물철거비용 : 3,000,000원을 현금지급함

75 6월 21일 (주)한영의 사채에 대한 이자 1,000,000원을 원천징수세액 154,000원 제외하고 현금으로 수취하였다.

76 6월 23일 회사는 공장직원에 대해 확정기여형 퇴직연금(DC형)에 가입하고 있으며, 당월 불입액인 5,000,000원을 보통예금에서 이체하였다.

77 6월 25일 투자목적으로 보유하고 있던 건물(장부가액 100,000,000원)을 (주)뉴전자에 135,000,000원에 처분하고 대금은 전액 전자어음으로 수취하였다.

78 6월 27일 (주)성공에서 수취한 약속어음 5,000,000원이 만기가 되어 신한은행에 지급제시하고 추심수수료 280,000원을 제외한 금액을 당좌예금 계좌로 입금받았다.

79 6월 28일 당사는 사용 중이던 기계장치를 (주)광명의 차량과 교환하면서 추가로 400,000원을 현금으로 지급하였다. 아래의 자료를 참고로 분개하시오.

구분	취득가액	감가상각누계액	공정가액
당사의 기계장치	120,000,000원	6,000,000원	70,000,000원
(주)광명의 차량운반구	100,000,000원	40,000,000원	60,000,000원

해설

[1] 3월 2일 (차) 보통예금   6,950,000원 (대) 자본금   5,000,000원
                                                주식발행초과금   1,950,000원

[2] 3월 3일 (차) 소모품비(제)   1,000,000원 (대) 상품   1,000,000원
                                                (적요8.타계정으로대체)

[3] 3월 4일 (차) 대손충당금(109)   9,000,000원 (대) 외상매출금   25,000,000원
                  대손상각비   16,000,000원   ((주)영전자)

[4] 3월 5일 (차) 미지급금   2,200,000원 (대) 임차보증금   2,200,000원
                  ((주)성공)   ((주)성공)

[5] 3월 7일 (차) 사무용품비(제)   19,500원 (대) 보통예금   19,500원

[6] 3월 8일 (차) 당좌예금   5,890,000원 (대) 외상매출금   6,200,000원
                  매출할인(406)   310,000원   ((주)서울)

[7] 3월 9일 (차) 보통예금   40,000,000원 (대) 정부보조금   40,000,000원
                                                (보통예금차감)

[8] 3월 10일 (차) 보통예금   10,211,500원 (대) 정기예금   10,000,000원
                  선납세금   38,500원   이자수익   250,000원

[9] 3월 15일 (차) 기계장치   70,000,000원 (대) 정부보조금   40,000,000원
                  정부보조금   40,000,000원   (기계장치차감)
                  (보통예금차감)   당좌예금   30,000,000원
                                                보통예금   40,000,000원

[10] 3월 17일 (차) 단기차입금   18,000,000원 (대) 보통예금   16,500,000원
                  (투바(주))   외환차익   1,500,000원

[11] 3월 20일 (차) 급여   2,800,000원 (대) 예수금   455,500원
                  임금   2,500,000원   보통예금   4,844,500원

[12] 3월 21일 (차) 보통예금   17,900,000원 (대) 사채   20,000,000원
                  사채할인발행차금   2,100,000원

[13] 3월 23일 (차) 특정현금과예금 3,000,000원 (대) 현금 3,000,000원

[14] 3월 25일 (차) 단기매매증권 15,000,000원 (대) 보통예금 15,000,000원
             수수료비용(984) 200,000원   현금 200,000원

[15] 3월 26일 (차) 임직원등단기채권 2,000,000원 (대) 현금 2,000,000원
             (이준호)

[16] 3월 27일 (차) 현금과부족 120,000원 (대) 현금 120,000원

[17] 3월 28일 (차) 외상매입금 35,000,000원 (대) 당좌예금 20,000,000원
                                       현금 15,000,000원

[18] 3월 29일 (차) 원재료 5,500,000원 (대) 당좌예금 2,000,000원
                                       (신한은행(당좌))
                                       단기차입금 3,500,000원
                                       (신한은행(당좌))

[19] 3월 30일 (차) 부도어음과수표 1,400,000원 (대) 받을어음 1,400,000원
             ((주)공업)   ((주)공업)

[20] 4월 1일 (차) 보통예금 16,690,000원 (대) 단기매매증권 15,000,000원
                                       단기매매증권처분이익 1,690,000원

[21] 4월 2일 (차) 퇴직급여(508) 3,000,000원 (대) 보통예금 3,000,000원

[22] 4월 3일 (차) 당좌예금 4,875,000원 (대) 받을어음 5,000,000원
             매출채권처분손실 125,000원   ((주)성공)

     ※ 매출채권처분손실 = (5,000,000원 × 10%) × $\frac{3}{12}$ = 125,000원

[23] 4월 5일 (차) 기타의대손상각비 2,000,000원 (대) 미수금 2,000,000원
                                       (피플전자)

[24] 4월 6일 (차) 당좌예금 5,950,000원 (대) 받을어음 6,000,000원
             수수료비용(판) 50,000원   ((주)성공)

[25] 4월 7일 (차) 기업업무추진비(판) 500,000원 (대) 상품 500,000원
(적요8.타계정으로대체)

[26] 4월 8일 (차) 외상매입금 5,500,000원 (대) 매입할인(155) 110,000원
((주)엘프스) 현금 5,390,000원

[27] 4월 9일 (차) 상품 13,050,000원 (대) 지급어음 11,900,000원
((주)우리산업)
당좌예금 1,150,000원

[28] 4월 10일 (차) 복리후생비(제) 72,000원 (대) 보통예금 663,000원
복리후생비(판) 75,000원
세금과공과(제) 90,000원
세금과공과(판) 94,500원
예수금 331,500원

[29] 4월 12일 (차) 미착품 15,000,000원 (대) 보통예금 15,000,000원

[30] 4월 15일 (차) 매도가능증권(178) 1,350,000원 (대) 당좌예금 1,200,000원
현금 150,000원

[31] 4월 17일 (차) 투자부동산 101,100,000원 (대) 현금 51,100,000원
미지급금 50,000,000원
((주)솔트)

[32] 4월 20일 (차) 만기보유증권(181) 4,120,000원 (대) 당좌예금 4,120,000원

[33] 4월 22일 (차) 토지 8,400,000원 (대) 자산수증이익 8,000,000원
현금 400,000원

[34] 4월 24일 (차) 현금 300,000원 (대) 선수금 300,000원

[35] 4월 25일 (차) 건설중인자산 4,200,000원 (대) 당좌예금 4,200,000원

[36] 4월 26일 (차) 교육훈련비(판) 3,000,000원 (대) 예수금 99,000원
보통예금 2,901,000원

[37]　4월 27일　(차)　건물　　　　　　10,000,000원　(대)　미지급금　　　　　　10,000,000원
　　　　　　　　　　　　　　　　　　　　　　　　　((주)동신)

[38]　4월 28일　(차)　차량유지비(제)　　80,000원　(대)　미지급금　　　　　　　80,000원
　　　　　　　　　　　　　　　　　　　　　　　　　(우리카드)

[39]　4월 30일　(차)　기부금　　　　　　1,000,000원　(대)　제품　　　　　　　1,000,000원
　　　　　　　　　　　　　　　　　　　　　　　　　(적요8번.타계정으로대체)

[40]　5월 1일　(차)　감가상각누계액　102,500,000원　(대)　건물　　　　　150,000,000원
　　　　　　　　　　　(203)
　　　　　　　　　　　재해손실　　　47,500,000원

　　※ 당기감가상각비 = (150,000,000원 − 0)/20년 × $\dfrac{4}{12}$ = 2,500,000원

[41]　5월 2일　(차)　수선비(제)　　　　700,000원　(대)　미지급금　　　　　　700,000원
　　　　　　　　　　　　　　　　　　　　　　　　　(성실인테리어)

[42]　5월 3일　(차)　차량운반구　　　190,000원　(대)　현금　　　　　　　　800,000원
　　　　　　　　　　　단기매매증권　　610,000원

[43]　5월 4일　(차)　임차보증금　　5,000,000원　(대)　보통예금　　　　　5,000,000원
　　　　　　　　　　　((주)명진)

[44]　5월 5일　(차)　퇴직연금운용자산　5,950,000원　(대)　보통예금　　　　6,000,000원
　　　　　　　　　　　수수료비용(판)　　50,000원

[45]　5월 6일　(차)　잡급(제)　　　　600,000원　(대)　보통예금　　　　　　600,000원

[46]　5월 7일　(차)　당좌예금　　　5,000,000원　(대)　자본금　　　　　　8,000,000원
　　　　　　　　　　　주식발행초과금　1,950,000원　　　현금　　　　　　　200,000원
　　　　　　　　　　　주식할인발행차금　1,250,000원

[47]　5월 8일　(차)　세금과공과(판)　400,000원　(대)　현금　　　　　　　　400,000원

[48]　5월 9일　(차)　자본금　　　24,000,000원　(대)　당좌예금　　　　　21,000,000원
　　　　　　　　　　　　　　　　　　　　　　　　　감자차익　　　　　3,000,000원

[49] 5월 10일 (차) 보통예금   70,000원   (대) 전기오류수정이익(912)   70,000원

※ 중대한 오류가 아닐 경우 영업외수익 계정과목으로 처리한다.

[50] 5월 11일 (차) 미지급세금   600,000원   (대) 미지급금   714,000원
              세금과공과(판)   100,000원   (우리카드)
              수수료비용(판)   14,000원

[51] 5월 12일 (차) 보통예금   5,922,000원   (대) 배당금수익   7,000,000원
              선납세금   1,078,000원

[52] 5월 13일 (차) 당좌예금   2,800,000원   (대) 단기차입금   2,900,000원
              이자비용   100,000원   (국민은행)

[53] 5월 14일 (차) 현금   17,600,000원   (대) 대손충당금(109)   16,000,000원
                                       부가세예수금   1,600,000원

[54] 5월 15일 (차) 보통예금   22,000,000원   (대) 매도가능증권(178)   20,000,000원
                                       현금   200,000원
                                       매도가능증권평가손실   500,000원
                                       매도가능증권처분이익   1,300,000원

[55] 5월 16일 (차) 장기대여금   20,000,000원   (대) 외상매출금   20,000,000원
              ((주)태양산업)   ((주)태양산업)

[56] 5월 17일 (차) 외화장기차입금   11,000,000원   (대) 보통예금   13,635,000원
              (웰스파고은행)
              이자비용   135,000원
              외환차손   2,500,000원

[57] 5월 18일 (차) 기업업무추진비   100,000원   (대) 선급금(이준호)   500,000원
              여비교통비   540,000원   현금   140,000원

[58] 5월 19일 (차) 당좌예금   600,000원   (대) 자기주식   500,000원
                                       자기주식처분이익   100,000원

[59] 5월 20일 (차) 외상매입금   40,000,000원   (대) 당좌예금   35,000,000원
              ((주)미지기업)   채무면제이익   5,000,000원

[60] 5월 21일 (차) 기계장치   70,000,000원   (대) 기계장치   100,000,000원
               감가상각누계액 30,000,000원

[61] 5월 22일 (차) 퇴직급여충당부채 7,800,000원   (대) 퇴직연금운용자산   4,000,000원
                                              예수금   150,000원
                                              보통예금   3,650,000원

[62] 5월 25일 (차) 토지   63,000,000원   (대) 보통예금   60,000,000원
                                              당좌예금   3,000,000원

[63] 6월 1일   (차) 퇴직연금운용자산 1,000,000원   (대) 이자수익   1,000,000원

[64] 6월 2일   (차) 자본금   5,000,000원   (대) 현금   10,000,000원
               감자차익   3,000,000원
               감자차손   2,000,000원

[65] 6월 3일   (차) 보통예금   40,000,000원   (대) 보험금수익   40,000,000원

[66] 6월 5일   (차) 건물   200,000,000원   (대) 미지급금   300,000,000원
               토지   100,000,000원   ((주)일등건설)

※ 건물과 토지의 취득원가는 상대적 시장가치에 따라 안분계산한다.

건물 : $300,000,000원 \times \dfrac{160,000,000}{240,000,000} = 200,000,000원$

토지 : $300,000,000원 \times \dfrac{80,000,000}{240,000,000} = 100,000,000원$

[67] 6월 8일   (차) 현금   500,000원   (대) 자기주식   850,000원
               자기주식처분이익   100,000원
               자기주식처분손실   250,000원

[68] 6월 10일 (차) 세금과공과(판)   120,000원   (대) 현금   220,000원
               수수료비용(판)   100,000원

[69] 6월 12일 (차) 수도광열비(판)   300,000원   (대) 보통예금   800,000원
               가스수도료(제)   500,000원

[70] 6월 14일 (차) 원재료   450,000원   (대) 보통예금   450,000원

[71] 6월 15일   (차) 토지   60,700,000원   (대) 보통예금   50,000,000원
                                                           선급금   10,000,000원
                                                           ((주)한솔)
                                                           현금   700,000원

[72] 6월 16일   (차) 사채   6,000,000원   (대) 보통예금   6,400,000원
                      사채상환손실   400,000원

[73] 6월 18일   (차) 수선비(제)   5,000,000원   (대) 원재료   5,000,000원
                                                           (적요8. 타계정으로대체액)

[74] 6월 20일   (차) 감가상각누계액(203) 47,500,000원   (대) 건물   100,000,000원
                      유형자산처분손실 55,500,000원   현금   3,000,000원

[75] 6월 21일   (차) 현금   846,000원   (대) 이자수익   1,000,000원
                      선납세금   154,000원

[76] 6월 23일   (차) 퇴직급여(제)   5,000,000원   (대) 보통예금   5,000,000원

[77] 6월 25일   (차) 미수금   135,000,000원   (대) 투자부동산   100,000,000원
                      ((주)뉴전자)   투자자산처분이익   35,000,000원

[78] 6월 27일   (차) 당좌예금   4,720,000원   (대) 받을어음   5,000,000원
                      수수료비용(판)   280,000원   ((주)성공)

[79] 6월 28일   (차) 차량운반구   70,400,000원   (대) 기계장치   120,000,000원
                      감가상각누계액(207) 6,000,000원   현금   400,000원
                      유형자산처분손실 44,000,000원

※ 이종교환일 경우 취득한 자산의 취득원가는 제공한 자산의 공정가액에 현금지급액을 더하여 결정한다.

03 | 매입매출전표입력

01 매입매출전표입력

매입매출전표는 부가가치세와 관련된 거래를 입력하는 전표로서 부가가치세신고서, 매출처별 또는 매입처별세금계산서합계표, 매입매출장, 계산서합계표 등에 자동 반영된다. 매입매출전표입력 메뉴의 상단 부분은 부가가치세와 관련된 공급가액과 부가가치세를 입력하며, 하단부분은 분개를 입력하게 된다.

[매입매출전표입력 메뉴설명]

1. **월** : 입력하고자 하는 전표의 해당 월 2자리 숫자를 입력하거나 마우스를 클릭하여 1월~12월 중 해당 월을 선택한다.

2. **일** : 전표일자는 사용자 편의를 위하여 두 가지 방법으로 입력할 수 있다.
   ① 해당 월만 입력 후 일자별 거래를 계속하여 입력
   ② 해당 일자를 입력 후 해당일 거래를 입력

3. **유형** : 매입매출전표를 입력하기 위해서는 정확하게 입력해야 하는 중요한 부분이다. 유형은 "매출"과 "매입"으로 나뉘며, 유형 코드에 따라 부가가치세신고서의 각 해당 항목에 자동 집계된다.

부 가 세 유 형

매출						매입					
11.과세	과세매출	16.수출	수출	21.전자	전자화폐	51.과세	과세매입	56.금전	금전등록	61.현과	현금과세
12.영세	영세율	17.카과	카드과세	22.현과	현금과세	52.영세	영세율	57.카과	카드과세	62.현면	현금면세
13.면세	계산서	18.카면	카드면세	23.현면	현금면세	53.면세	계산서	58.카면	카드면세		
14.건별	무증빙	19.카영	카드영세	24.현영	현금영세	54.불공	불공제	59.카영	카드영세		
15.간이	간이과세	20.면건	무증빙			55.수입	수입분	60.면건	무증빙		

▼ 매출 유형

코드	유형	입력내용	반영되는 서식
11	과세	매출세금계산서(부가가치세 10%)	매출처별세금계산서합계표, 매입매출장, 부가가치세신고서
12	영세	영세율세금계산서(LOCAL L/C 또는 구매확인서에 의한 수출) (부가가치세 0%) 전표입력 시 영세율구분을 반드시 입력한다.	매출처별세금계산서합계표, 매입매출장, 부가가치세신고서
13	면세	면세사업자가 발행하는 계산서(부가가치세 면제)	매출처별계산서합계표, 매입매출장, 부가세신고서의 과세표준명세

코드	유형	입력내용	반영되는 서식
14	건별	세금계산서가 교부되지 않은 과세매출 (소매매출, 부동산간주임대료, 간주공급분) 부가가치세법상 세금계산서 교부의무 면제 (부가가치세 10%)	매입매출장, 부가세신고서 과세매출의 기타란 부가세신고서의 과세표준명세
15	간이	간이과세자의 매출(공급가액과 부가세 가 구분되지 않음)	부가세신고서
16	수출	직수출인 경우(영세율세금계산서 발급 의무 면제) (부가가치세 0%) 전표입력 시 영세율구분을 반드시 입력 한다.	매입매출장, 부가세신고서의 영세매출 기타란
17	카과	신용카드매출전표 발행분(과세) 미수 금 또는 외상매출금에 반드시 카드거래 처를 입력한다. (부가가치세 10%)	매입매출장, 신용카드매출전표발행집 계표, 부가세신고서의 과세매출의 신용 카드·현금영수증 발행분란
18	카면	면세대상거래의 신용카드매출전표 발행분 (부가가치세 면제) 미수금 또는 외상매출금에 반드시 카드 거래처를 입력한다.	매입매출장, 신용카드매출전표발행집 계표, 부가가치세신고서의 과세표준의 면세수입금액란
19	카영	영세율이 적용되는 재화를 공급하고 신용 카드로 결제한 경우 선택한다. (부가가치세 0%)	매입매출장, 신용카드매출전표발행집 계표, 부가가치세신고서의 과세매출의 영세기타란
20	면건	계산서가 발행되지 않은 면세매출을 입 력할 때 사용된다. (부가가치세 면제)	매입매출장, 부가가치세신고서의 과세 표준의 면세수입금액란
21	전자	전자적 결제 수단으로의 매출을 사용한다.	
22	현과	현금영수증에 의한 과세 매출 시에 사용 한다. (부가가치세 10%)	매입매출장, 신용카드매출전표발행집계 표, 부가가치세신고서의 과세매출의 신 용카드·현금영수증란
23	현면	현금영수증에 의한 면세 매출 시에 사용 한다. (부가가치세 면제)	매입매출장, 신용카드매출전표발행집 계표, 부가가치세신고서의 과세표준의 면세수입금액란
24	현영	현금영수증에 의한 영세 매출 시에 사용 한다. (부가가치세 0%)	매입매출장, 신용카드매출전표발행집계 표, 부가가치세신고서의 영세매출기타란

▼ 매입 유형

코드	유형	입력자료	반영되는 서식
51	과세	매입세금계산서(부가가치세 10%)	매입매출장, 부가세신고서의 일반매입란과 고정자산매입란, 매입처별세금계산합계표
52	영세	영세율세금계산서(LOCAL L/C 또는 구매확인서에 의한 매입) (부가가치세 0%)	매입매출장, 부가세신고서의 일반매입란과 고정자산매입란, 매입처별세금계산서합계표
53	면세	면세사업자가 발행하는 계산서를 교부받은 경우 (부가가치세 면제)	매입매출장, 매입처별계산서합계표, 부가가치세신고서
54	불공	세금계산서는 수취하였으나(수입세금계산서 포함) 매입세액을 공제받을 수 없는 경우 (부가가치세 10%로 과세하여 매입하였으나 공제받을 수 없으므로 부가세는 공급가액과 합산하여 표시한다.) 	매입매출장, 매입처별세금계산서합계표, 부가가치세신고서의 공제받지못할매입세액란
55	수입	세관장이 발행한 수입세금계산서로서 공급가액은 부가세 과세표준이며, 하단 분개 시 부가가치세만 표시된다. (부가가치세 10%)	매입매출장, 부가세신고서의 일반매입란과 고정자산매입란, 매입처별세금계산합계표
56	금전	매입세액공제가 가능한 금전등록기 이면확인받은 영수증(1998년까지만 사용한다.)	
57	카과	매입세액공제가 가능한 신용카드매출전표를 수취한 경우 (부가가치세 10%)	매입매출장, 신용카드매출전표 등 수령금액 합계표(갑), 부가가치세신고서의 그 밖의 공제매입세액란

코드	유형	입력자료	반영되는 서식
58	카면	면세대상거래의 신용카드매출전표를 수취한 경우 (부가가치세 면제)	매입매출장
59	카영	영세율이 적용되는 재화 등을 매입하고, 신용카드로 결제한 경우 선택한다. (부가가치세 0%)	매입매출장, 신용카드매출전표 등 수령금액 합계표(갑), 부가가치세신고서의 그 밖의 공제매입세액란
60	면건	증빙이 발행되지 않은 면세매입을 입력할 때 사용된다. (부가가치세 면제)	매입매출장
61	현과	현금영수증에 의한 과세 매입 시에 사용한다. (부가가치세 10%)	매입매출장, 신용카드매출전표 등 수령금액 합계표(갑), 부가가치세신고서의 그 밖의 공제매입세액란
62	현면	현금영수증에 의한 면세 매입 시에 사용한다. (부가가치세 면제)	매입매출장

4. **품명** : 해당 품명을 입력한다. 단, 품명이 2개 이상일 경우에는 화면 상단에 있는 [F7 복수거래] 버튼을 클릭하여 입력해야 한다.

5. **수량** : 수량을 입력한다. 문제에서 제시하지 않으면 입력하지 않고 넘어간다. 반품일 경우 수량에 음수(-)로 표기한다.

6. **단가** : 단가를 입력한다. 문제에서 제시하지 않으면 입력하지 않고 넘어간다.

7. **공급가액** : 위 수량과 단가를 입력하면 공급가액과 부가가치세가 자동으로 반영되며 수량 단가 없이 직접입력 가능하다.

8. **부가가치세** : 수량과 단가를 입력하면 자동으로 반영되며, 공급가액을 직접입력할 경우에도 자동반영된다. 단, 영세, 면세, 수출 등을 입력하면 부가가치세는 공란으로 반영된다.

9. **코드, 공급처명, 사업/주민번호**
   ① 거래처코드 입력하는 방법
      ㉠ [F2 코드도움]을 누르고 거래처도움 창이 뜨면 거래처명 2글자를 입력하여 거래처명을 선택한다.

ⓛ 거래처코드란에서 입력하고자 하는 거래처명을 2글자 입력한 후 거래처도움창에서 거래처를 선택하고 확인을 누른다.

ⓒ 거래처코드를 알고 있는 경우에는 거래처코드란에 코드를 입력하면 자동으로 반영된다.

② 신규거래처를 등록하는 경우

커서가 거래처코드란에 있을 때 "+"를 누르면 "00000"이 자동으로 표기가 된다. 입력하고자 하는 거래처명을 입력하고 엔터를 누르면 거래처등록 창이 뜨게 된다. 등록하고자 하는 거래처코드를 입력하고 등록을 누르면 세부사항등록없이 거래처가 등록이 된다. 거래처의 사업자등록증상의 상세 정보를 등록하고자 할 경우에는 수정을 누르고 화면하단에서 거래처등록 박스에 상세 정보를 등록하면 된다.

10. 전자 : 전자세금계산서 여부를 등록한다. 전자일 경우는 "1. 여"를 선택한다.

11. 분개 : 해당 거래에 대한 분개유형을 선택한다.

구분	내용
분개없음(0번)	분개를 입력하지 않을 경우에 선택한다.
현금(1번)	전액 현금거래일 경우에 선택한다.
외상(2번)	전액 외상거래일 경우 선택한다. 외상거래일 경우에도 미수금이나 미지급금을 사용하는 경우에는 혼합을 선택한다.
혼합(3번)	전액현금과 전액외상 이외의 거래를 분개하는 경우 선택한다.
카드(4번)	신용카드로 매출이나 매입을 할 경우에 선택하며 신용카드사를 입력한다.
추가(5번)	환경등록 메뉴에서 추가계정설정에 입력하는 계정과목으로 회계처리하는 경우 선택한다.

12. 적요 : [F2 코드도움]을 눌러서 적요도움 창에서 해당하는 적요를 선택하여 등록한다. 화면에 나타나는 적요는 내장적요이다. 시험에서는 적요의 입력은 생략하나 아래의 경우에는 반드시 입력하도록 한다.

① 재고자산의 타계정으로 대체액 : 적요8번

② 의제매입세액공제신고서에 자동반영할 경우 : 적요6번

③ 재활용폐자원세액공제신고서에 자동반영할 경우 : 적요7번

13. F11 간편집계표 → SF5 예정신고누락분

① 부가가치세 신고를 하면서 예정신고 때 누락한 전표를 부가가치세확정신고서 예정신고 누락분란에 데이터를 반영하기 위해서 사용한다.

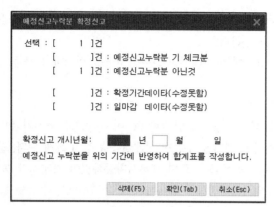

② 확정신고서에 반영할 매입매출전표를 클릭하고 [F11 간편집계표] → [SF5 예정신고누락분]을 클릭하여 확정신고 개시년월을 입력한 후 확인을 누른다.

부가가치세 확정신고서 예정신고누락분에 반영된 것을 확인한다.

14. 삭제 : 전표를 삭제하고자 하는 경우 상단의 [F5 삭제]를 눌러 삭제한다.

매입매출전표입력 연습하기

※ 예정신고누락전표 부가가치세신고서에 반영하기

2024년 1기 예정신고 시 누락한 전표를 입력하고 2024년 1기 확정 부가가치세신고서에 반영하시오(가산세는 고려하지 않음).

2월 4일

새암(주)에 제품(공급가액 1,000,000원, 부가가치세 별도)을 판매하고 대금은 현금으로 수취하였다. 전자세금계산서는 4월 10일에 발급하였다.

① 2월 4일자에 매입매출전표를 입력한다.

② [F11 간편집계]에서 예정누락분을 클릭한다.

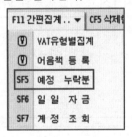

③ 예정신고누락분 확정신고 화면에서 확정신고 개시년월을 입력 후 확인을 누른다.

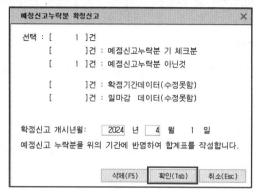

④ 입력 후 화면

⑤ 1기 확정 신고기간의 부가가치세신고서에 반영된 화면

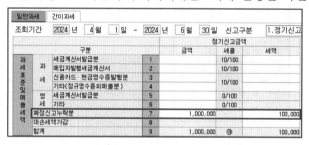

02 매출유형별 전표입력하기

1) 11. 과세[과세매출]

증빙 : 전자세금계산서, 부가가치세 10%

7월 1일

(주)솔트에 제품(공급가액 30,000,000원, 부가가치세 별도)을 판매하고 전자세금계산서를 발급하였다. 판매대금은 종전에 수령한 계약금 1,000,000원을 제외한 잔액을 (주)솔트 발행 어음으로 받았다.

유형	품목	공급가액	부가세	공급처명	전자	분개
11.과세	제품	30,000,000	3,000,000	㈜솔트	여	혼합

(차) 선수금	1,000,000	(대) 부가세예수금	3,000,000
받을어음	32,000,000	제품매출	30,000,000

7월 2일

영업부에서 사용 중이던 승용차를 (주)조은전자에 20,000,000원(부가가치세 별도)에 매각하고 전자세금계산서를 발급하였다. 대금 중 5,000,000원은 자기앞수표로 받고 잔액은 9월에 받기로 하였으며, 차량운반구의 취득원가는 50,000,000원, 감가상각누계액은 8,000,000원이다.

유형	품목	공급가액	부가세	공급처명	전자	분개
11.과세	승용차	20,000,000	2,000,000	㈜조은전자	여	혼합

(차) 감가상각누계액(209)	8,000,000	(대) 부가세예수금	2,000,000
현금	5,000,000	차량운반구	50,000,000
유형자산처분손실	22,000,000		
미수금	17,000,000		

7월 3일

(주)솔트에 판매하였던 제품 중 일부 300,000원(부가가치세 별도)이 반품되어 수정전자세금계산서를 발행하였으며 전액 외상대금과 상계처리하기로 하였다.

유형	품목	공급가액	부가세	공급처명	전자	분개
11.과세	제품반품	-300,000	-30,000	㈜솔트	여	외상

(차) 외상매출금	-330,000	(대) 부가세예수금	-30,000
		제품매출	-300,000

7월 4일

㈜수림상사에 제품을 3,500,000원(부가가치세 별도)에 판매하고 전자세금계산서를 교부하였으며, 2,000,000원은 ㈜수림상사가 ㈜서울로부터 받을 외상매출금 채권을 양수하였고, 나머지는 보통예금계정에 입금되었다. 하나의 전표로 입력하시오.

유형	품목	공급가액	부가세	공급처명	전자	분개
11.과세	제품	3,500,000	350,000	㈜수림상사	여	혼합

(차) 외상매출금	2,000,000	(대) 부가세예수금	350,000
((주)서울)		제품매출	3,500,000
보통예금	1,850,000		

7월 31일

㈜미지기업에 제품을 판매하고 발행한 전자세금계산서이다. 당사는 부가가치세법상 월합계세금계산서를 매월 말일자를 작성일자로 하여 발행하고 있다. 작성일자에 적절한 회계처리를 하시오.

거래일자	품목	공급가액	부가세	결제내역
7월 15일	전자제품-1	2,000,000원	200,000원	1,500,000원은 전자어음을 수취하였
7월 25일	전자제품-2	1,000,000원	100,000원	고 잔액은 외상으로 하였다.

→ 날짜와 과세유형을 선택한 후 상단에서 [F7 복수거래]를 눌러 화면 하단에서 내역을 입력한다.

No	품목	규격	수량	단가	공급가액	부가세	합계	비고
					복 수 거 래 내 용 (F 7)		(입력가능갯수 : 100개	
1	전자제품-1				2,000,000	200,000	2,200,000	
2	전자제품-2				1,000,000	100,000	1,100,000	
3								
	합 계				3,000,000	300,000	3,300,000	

유형	품목	공급가액	부가세	공급처명	전자	분개
11.과세	전자제품-1외	3,000,000	300,000	㈜미지기업	여	혼합

(차) 받을어음	1,500,000	(대) 부가세예수금	300,000
외상매출금	1,800,000	제품매출	3,000,000

7월 5일

㈜엘프스에 특허권을 양도하고 전자세금계산서를 교부하였다. 특허권의 양도대가 11,000,000원 (부가가치세 포함)은 보통예금통장으로 이체받았다. (단, 특허권의 장부상 가액은 8,000,000원임)

유형	품목	공급가액	부가세	공급처명	전자	분개
11.과세	특허권	10,000,000	1,000,000	㈜엘프스	여	혼합

(차) 보통예금	11,000,000	(대) 부가세예수금	1,000,000
		특허권	8,000,000
		무형자산처분이익	2,000,000

▼ 부가가치세신고서 반영 화면

부가가치 ⇨ 부가가치세 ⇨ 부가가치세신고서

		구분		금액	세율	세액
과세표준및매출세액	과세	세금계산서발급분	1	66,200,000	10/100	6,620,000
		매입자발행세금계산서	2		10/100	
		신용카드·현금영수증발행분	3		10/100	
		기타(정규영수증외매출분)	4			
	영세	세금계산서발급분	5		0/100	
		기타	6		0/100	
	예정신고누락분		7			
	대손세액가감		8			
	합계		9	66,200,000	㉑	6,620,000

일반과세 / 간이과세
조회기간 2024 년 7 월 1 일 ~ 2024 년 9 월 30 일 신고구분 1.정기신고
정기신고금액

→ 고정자산매각분은 부가가치세신고서 상단에 [F4 과표명세]를 눌러 수입금액제외란에서 확인한다. (종목에 고정자산매각을 입력함)

▼ 세금계산서합계표 반영 화면

부가가치 ⇨ 부가가치세 ⇨ 세금계산서합계표

조회기간	2024 년 07 ∨ 월 ~ 2024 년 09 ∨ 월 2기 예정 1. 정기신고 ∨						

매 출　매 입

※ [확인]전송일자가 없는 거래는 전자세금계산서 발급분으로 반영 되므로 국세청 홈택스 전송 세금계산서와 반드시 확인 합니다.

2. 매출세금계산서 총합계

구 분		매출처수	매 수	공급가액	세 액
합 계		5	6	66,200,000	6,620,000
과세기간 종료일 다음달 11일까지전송된 전자세금계산서 발급분	사업자 번호 발급분	5	6	66,200,000	6,620,000
	주민등록번호발급분				
	소　계	5	6	66,200,000	6,620,000
위 전자세금계산서 외의 발급분(종이발급분+과세기간 종료일다음달 12일 이후분)	사업자 번호 발급분				
	주민등록번호발급분				
	소　계				

과세기간 종료일 다음달 11일까지 (전자분)　과세기간 종료일 다음달 12일이후 (전자분), 그외　전체데이터

참고사항 : 2012년 7월 이후 변경사항

No	사업자등록번호	코드	거래처명	매수	공급가액	세 액	대표자성명	업 태	종 목	주류코드
1	133-81-22642	00104	(주)엘프스	1	10,000,000	1,000,000	김가람	제조	전자제품	
2	229-81-31253	00107	(주)조은전자	1	20,000,000	2,000,000	장노아	제조	전자제품	
3	602-81-40388	00111	(주)수림상사	1	3,500,000	350,000	정다온	제조	전자제품	
4	603-81-35364	00103	(주)솔트	2	29,700,000	2,970,000	공마루	제조	전자제품	
5	609-81-71562	00124	(주)미지기업	1	3,000,000	300,000	신보슬	제조	전자제품	
			합 계	6	66,200,000	6,620,000				
			마 감 합 계							

2) 12. 영세[영세매출]

증빙 : 영세율전자세금계산서, 부가가치세 0%

내국신용장(Local L/C) 또는 구매확인서에 의한 수출

7월 6일

(주)국제에 내국신용장(Local L/C)에 의하여 제품 30,000,000원을 공급하고 영세율전자세금계산서를 발행하였다. 대금은 보통예금으로 입금된 계약금을 상계한 잔액을 동계좌로 입금받았다.

계약내용	
계약일자	7월 1일
총계약금액	30,000,000원
계약금	7월 1일 : 5,000,000원
납품기일 및 금액	7월 6일 : 25,000,000원

유형	품목	공급가액	부가세	공급처명	전자	분개
12.영세	제품	30,000,000		(주)국제	여	혼합

영세율구분 : 3.내국신용장·구매확인서에 의하여 공급하는 재화

(차) 선수금	5,000,000	(대) 제품매출	30,000,000
보통예금	25,000,000		

→ 영세율구분칸에서 F2 또는 💬를 누른 후 3. 내국신용장·구매확인서에 의하여 공급하는 재화를 선택한다.

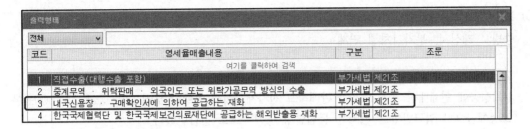

코드	영세율매출내용	구분	조문
	여기를 클릭하여 검색		
1	직접수출(대행수출 포함)	부가세법	제21조
2	중계무역 · 위탁판매 · 외국인도 또는 위탁가공무역 방식의 수출	부가세법	제21조
3	내국신용장 · 구매확인서에 의하여 공급하는 재화	부가세법	제21조
4	한국국제협력단 및 한국국제보건의료재단에 공급하는 해외반출용 재화	부가세법	제21조

PART 02

▼ 부가가치세신고서 반영 화면

부가가치 ⇨ 부가가치세 ⇨ 부가가치세신고서

일반과세 / 간이과세

조회기간 2024 년 7 월 1 일 ~ 2024 년 9 월 30 일 신고구분 1.정기신고

구분				정기신고금액		
				금액	세율	세액
과세표준및매출세액	과세	세금계산서발급분	1	66,200,000	10/100	6,620,000
		매입자발행세금계산서	2		10/100	
		신용카드 · 현금영수증발행분	3		10/100	
		기타(정규영수증외매출분)	4			
	영세	세금계산서발급분	5	30,000,000	0/100	
		기타	6		0/100	
	예정신고누락분		7			
	대손세액가감		8			
	합계		9	96,200,000	㉑	6,620,000

▼ 세금계산서합계표 반영 화면

부가가치 ⇨ 부가가치세 ⇨ 세금계산서합계표

조회기간 2024 년 07 월 ~ 2024 년 09 월 2기 예정 1. 정기신고

매출 / 매입

※ [확인]전송일자가 없는 거래는 전자세금계산서 발급분으로 반영 되므로 국세청 홈택스 전송 세금계산서와 반드시 확인 합니다

2. 매출세금계산서 총합계

구 분		매출처수	매 수	공급가액	세 액
합 계		6	7	96,200,000	6,620,000
과세기간 종료일 다음달 11일까지전송된 전자세금계산서 발급분	사업자 번호 발급분	6	7	96,200,000	6,620,000
	주민등록번호발급분				
	소 계	6	7	96,200,000	6,620,000
위 전자세금계산서 외의 발급분(종이발급분+과세기간 종료일다음달 12일 이후분)	사업자 번호 발급분				
	주민등록번호발급분				
	소 계				

과세기간 종료일 다음달 11일까지 (전자분) / 과세기간 종료일 다음달 12일이후 (전자분), 그외 / 전체데이터

참고사항 : 2012년 7월 이후 변경사

No	사업자등록번호	코드	거래처명	매수	공급가액	세 액	대표자성명	업 태	종 목	주류코드
1	133-81-22642	00104	(주)엘프스	1	10,000,000	1,000,000	김가람	제조	전자제품	
2	204-81-63737	00110	(주)국제	1	30,000,000		한겨례	제조	전자제품	
3	229-81-31253	00107	(주)조은전자	1	20,000,000	2,000,000	장노아	제조	전자제품	
4	602-81-40388	00111	(주)수림상사	1	3,500,000	350,000	정다온	제조	전자제품	
5	603-81-35364	00103	(주)솔트	2	29,700,000	2,970,000	공마루	제조	전자제품	
6	609-81-71562	00124	(주)미지기업	1	3,000,000	300,000	신보슬	제조	전자제품	
			합 계	7	96,200,000	6,620,000				
			마 감 합 계							

3) 13. 면세[면세매출]

증빙 : 계산서, 부가가치세 면제

7월 7일

(주)성공에 면세대상 제품 도서를 판매하고 전자계산서를 발행한 후에 대금 중 1,000,000원은
보통예금으로 입금받았고 잔액은 동점발행 당좌수표로 입금받았다.

품목	수량	단가	공급가액	부가세	합계
경영관리	30	30,000	900,000		900,000
인사관리	20	35,000	700,000		700,000

→ 날짜와 유형을 선택한 후 상단에서 [F7 복수거래]를 눌러 하단에서 품목별로 수량과 단가를
입력한다. [TAB], [ESC]로 상단으로 이동한 후 입력한다.

유형	품목	공급가액	부가세	공급처명	전자	분개
13.면세	경영관리외	1,600,000		(주)성공	여	혼합

(차) 보통예금	1,000,000	(대) 제품매출	1,600,000
현금	600,000		

▼ **계산서합계표 반영 화면**

부가가치 ⇨ 부가가치세 ⇨ 계산서합계표

▼ 부가가치세신고서 반영 화면

부가가치 ⇨ 부가가치세 ⇨ 부가가치세신고서

부가가치세신고서 상단 [F4 과표명세]를 클릭하면 면세사업수입금액과 85.계산서발급금액에 자동으로 반영된다.

4) **14. 건별[전자세금계산서가 교부되지 않은 과세매출]**

증빙 : 증빙없음, 부가가치세 10%

7월 8일

거래처 선물용으로 당사 제품(원가 400,000원, 시가 600,000원)을 매출거래처 (주)공업에 제공하였다.

→ 간주공급 중 사업상증여에 해당하며 시가의 10%를 부가가치세로 입력하고, 제품을 판매한 것이 아니기 때문에 원가금액으로 감소시켜주고 적요를 8번으로 등록해주어야 한다.

→ 건별유형일 경우 공급가액 칸에 공급대가를 입력하면 프로그램에서 자동으로 공급가액과 부가가치세를 나누어 입력해 준다. 즉, 공급가액 칸에 공급대가 660,000원을 입력하면 공급가액 600,000원과 부가가치세 60,000원으로 자동으로 입력된다. 편의기능이므로 직접입력해도 무방하다.

유형	품목	공급가액	부가세	공급처명	전자	분개
14.건별	제품	600,000	60,000	㈜공업		혼합

(차) 기업업무추진비(판)	460,000	(대) 부가세예수금	60,000
		제품	400,000
		(적요8.타계정으로대체)	

7월 9일

개인 신은경에게 제품을 300,000원(부가가치세 별도)에 판매하고 대금은 전액 현금으로 입금 받았다. (단, 현금영수증은 발행하지 않았다.)

유형	품목	공급가액	부가세	공급처명	전자	분개
14.건별	제품	300,000	30,000	신은경		혼합

(차) 현금	330,000	(대) 부가세예수금	30,000
		제품매출	300,000

▼ 부가가치세신고서 반영 화면

부가가치 ⇨ 부가가치세 ⇨ 부가가치세신고서

		구분		금액	세율	세액
과세표준및매출세액	과세	세금계산서발급분	1	66,200,000	10/100	6,620,000
		매입자발행세금계산서	2		10/100	
		신용카드·현금영수증발행분	3		10/100	
		기타(정규영수증외매출분)	4	900,000	10/100	90,000
	영세	세금계산서발급분	5	30,000,000	0/100	
		기타	6		0/100	
	예정신고누락분		7			
	대손세액가감		8			
	합계		9	97,100,000	㉮	6,710,000

일반과세 / 간이과세
조회기간 2024 년 7 월 1 일 ~ 2024 년 9 월 30 일 신고구분 1.정기신고
정기신고금액

5) 16. 수출[수출]

증빙 : 수출실적명세서, 직수출, 부가가치세 0%
세금계산서 발급의무 면제

7월 10일

미국의 언더우드사에게 제품을 $25,000에 직수출하고 금일에 제품을 선적하였다. 대금은 계약금으로 7월 1일에 $5,000을 받아서 원화 ₩6,000,000으로 환가하였고, 잔액인 $20,000은 7월 30일에 받기로 하였다. 계약금에 대한 회계처리는 적절하게 되었으며, 선적일의 환율은 다음과 같다. (단, 수출에 대한 회계처리는 부가가치세법에 따라 처리하시오.)

구분		환율
선적일(7월 10일)	대고객외국환 매도율	₩1,290/$
	대고객외국환 매입율	₩1,280/$
	기준환율	₩1,240/$

유형	품목	공급가액	부가세	공급처명	전자	분개
16.수출	제품	30,800,000		언더우드사		혼합

영세율구분 : 1.직접수출(대행수출포함)

(차) 선수금	6,000,000	(대) 제품매출	30,800,000
외상매출금	24,800,000		

→ 영세율구분칸에서 F2 또는 ⌨를 누른 후 1. 직접수출(대행수출 포함)을 선택한다.

코드	영세율매출내용	구분	조문
	여기를 클릭하여 검색		
1	직접수출(대행수출 포함)	부가세법	제21조
2	중계무역 · 위탁판매 · 외국인도 또는 위탁가공무역 방식의 수출	부가세법	제21조
3	내국신용장 · 구매확인서에 의하여 공급하는 재화	부가세법	제21조

7월 11일

일본의 카오에 다음과 같은 조건으로 제품을 수출 완료하였다. 대금 ¥2,000,000은 전액 잔금 지급 약정일인 7월 30일에 수취하기로 하였다.

수출대금총액	¥2,000,000
계약일	7월 2일
수출품완성일	7월 7일
수출품선적일	7월 11일

환율(100엔당)	7월 2일	7월 7일	7월 11일
대고객외환매도율	730원	720원	750원
대고객외환매입율	760원	740원	790원
재정환율	700원	690원	720원

→ 공급가액 = ¥2,000,000 × 720원/¥100 = 14,400,000원

유형	품목	공급가액	부가세	공급처명	전자	분개
16.수출	제품	14,400,000		카오		외상

영세율구분 : 1.직접수출(대행수출포함)

(차) 외상매출금	14,400,000	(대) 제품매출	14,400,000

7월 12일

킴리(주)에 제품을 직수출하기 위하여 선적을 하고 수출대금 $100,000 중 7월 2일 수령한 계약금 $10,000을 제외하고 전액 외상으로 하였다. US 1$당 7월 2일의 환율은 1,000원이었고 7월 12일의 환율은 1,100원이었다. 계약금은 수령 즉시 원화로 환가하였다. 부가가치세법에 따른 회계처리를 하시오.

유형	품목	공급가액	부가세	공급처명	전자	분개
16.수출	제품	109,000,000		킴리(주)		혼합

영세율구분 : 1.직접수출(대행수출포함)

(차) 선수금	10,000,000	(대) 제품매출	109,000,000
외상매출금	99,000,000		

7월 13일

중국 하이얼사에 제품을 선적(공급가액 : $10,000)완료하였다. 대금수취와 관련해서는 6월 25일에 위 공급가액 중 계약금 명목으로 송금받은 $4,000(원화환전액 : 4,000,000원)은 동일자로 선수금 계정에 반영하였으며, 나머지는 외상으로 하였다. 단, 선적일 현재 기준환율은 ₩900/1$이며, 회계처리 시 수익의 인식은 부가가치세법상 공급시기에 따르며, 측정은 부가가치세법상 과세표준액으로 한다.

유형	품목	공급가액	부가세	공급처명	전자	분개
16.수출	제품	9,400,000		하이얼사		혼합

영세율구분 : 1.직접수출(대행수출포함)

(차) 선수금	4,000,000	(대) 제품매출	9,400,000
외상매출금	5,400,000		

→ 4,000,000원 + ($6,000 × 900원) = 9,400,000원

대가를 외국통화로 받아 공급시기 전에 원화로 환가한 경우에는 그 환가한 금액을 과세표준으로 한다.

7월 14일

(주)지앤티에 제품을 수출하고, 수출대금은 7월 30일에 미국달러화로 받기로 하였다. 수출과 관련된 내용은 다음과 같다.

- 수출신고일 : 7.6.
- 선하증권상(B/L)의 선적일 : 7.14.
- 수출가격 : $100,000

일자	7월 6일	7월 14일	7월 30일
기준환율	1,250원/1$	1,200원/1$	1,230원/1$

유형	품목	공급가액	부가세	공급처명	전자	분개
16.수출	제품	120,000,000		(주)지앤티		외상

영세율구분 : 1.직접수출(대행수출포함)

(차) 외상매출금	120,000,000	(대) 제품매출	120,000,000

▼ 부가가치세신고서 반영 화면

부가가치 ⇨ 부가가치세 ⇨ 부가가치세신고서

일반과세	간이과세					

조회기간 2024 년 7 월 1 일 ~ 2024 년 9 월 30 일 신고구분 1.정기신고

		구분		정기신고금액		
				금액	세율	세액
과세표준및매출세액	과세	세금계산서발급분	1	66,200,000	10/100	6,620,000
		매입자발행세금계산서	2		10/100	
		신용카드·현금영수증발행분	3		10/100	
		기타(정규영수증외매출분)	4	900,000		90,000
	영세	세금계산서발급분	5	30,000,000	0/100	
		기타	6	283,600,000	0/100	
	예정신고누락분		7			
	대손세액가감		8			
	합계		9	380,700,000	㉮	6,710,000

6) 17. 카과[카드과세]

증빙 : 신용카드매출전표, 부가가치세 10%

7월 15일

(주)삼호상사에 제품 110,000원(부가가치세 포함)을 판매하고 신용카드매출전표(나라카드)를 발행하였다.

유형	품목	공급가액	부가세	공급처명	전자	분개
17.카과	제품	100,000	10,000	(주)삼호상사		카드

신용카드사 : 나라카드

| (차) 외상매출금 | 110,000 | (대) 부가세예수금 | 10,000 |
| (나라카드) | | 제품매출 | 100,000 |

→ 카드과세 유형일 경우 공급가액 칸에 공급대가를 입력하면 프로그램에서 자동으로 공급가액 과 부가가치세를 나누어 입력해 준다. 편의기능이므로 직접입력해도 무방하다.

→ 신용카드사 구분 칸에서 F2 또는 ⋯를 누른 후 99600. 나라카드를 선택한다.

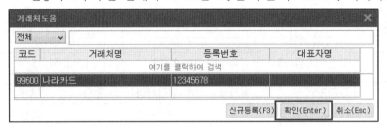

7월 16일

비사업자인 신은경에게 제품 220,000원(부가가치세 포함)을 판매하고 신용카드(나라카드)로 결제받았다.

유형	품목	공급가액	부가세	공급처명	전자	분개
17.카과	제품	200,000	20,000	신은경		외상

신용카드사 : 나라카드

| (차) 외상매출금 | 220,000 | (대) 부가세예수금 | 20,000 |
| (나라카드) | | 제품매출 | 200,000 |

▼ **부가가치세신고서 반영 화면**

부가가치 ⇨ 부가가치세 ⇨ 부가가치세신고서

일반과세 | 간이과세

조회기간 2024 년 7 월 1 일 ~ 2024 년 9 월 30 일 신고구분 1.정기신고

구분				정기신고금액		
				금액	세율	세액
과세표준및매출세액	과세	세금계산서발급분	1	66,200,000	10/100	6,620,000
		매입자발행세금계산서	2		10/100	
		신용카드·현금영수증발행분	3	300,000	10/100	30,000
		기타(정규영수증외매출분)	4	900,000		90,000
	영세	세금계산서발급분	5	30,000,000	0/100	
		기타	6	283,600,000	0/100	
	예정신고누락분		7			
	대손세액가감		8			
	합계		9	381,000,000	㉑	6,740,000

7) 22. 현과[현금과세]

증빙 : 현금영수증, 부가가치세 10%

7월 17일

개인 신은경(비사업자)에게 제품 70,000원(부가가치세 별도)을 판매하고 대금은 현금으로 받고 현금영수증을 발급하였다.

유형	품목	공급가액	부가세	공급처명	전자	분개
22.현과	제품	70,000	7,000	신은경		현금

(차) 현금		77,000	(대) 부가세예수금	7,000
			제품매출	70,000

→ 현금과세 유형일 경우 공급가액 칸에 공급대가를 입력하면 프로그램에서 자동으로 공급가액과 부가가치세를 나누어 입력해 준다. 편의기능이므로 직접입력해도 무방하다.

▼ **부가가치세신고서 반영 화면**

부가가치 ⇨ **부가가치세** ⇨ **부가가치세신고서**

		구분		금액	세율	세액
일반과세	간이과세					
조회기간	2024 년 7 월 1 일 ~ 2024 년 9 월 30 일	신고구분		1.정기신고		
				정기신고금액		
과세표준및매출세액	과세	세금계산서발급분	1	66,200,000	10/100	6,620,000
		매입자발행세금계산서	2		10/100	
		신용카드·현금영수증발행분	3	370,000	10/100	37,000
		기타(정규영수증외매출분)	4	900,000		90,000
	영세	세금계산서발급분	5	30,000,000	0/100	
		기타	6	283,600,000	0/100	
	예정신고누락분		7			
	대손세액가감		8			
	합계		9	381,070,000	㉘	6,747,000

8) 18. 카면[카드면세]

증빙 : 신용카드매출전표, 부가가치세 면제

7월 18일

회사를 이전하면서 직원 식사를 위해 구입하였던 쌀 10kg을 쌀 판매점인 (주)한솔에 500,000원에 판매하고 나라카드로 결제받았다. 쌀의 구입원가는 500,000원이며 구입당시 저장품으로 하였고 미수금으로 회계처리한다. 단, 쌀 판매는 (주)독공전자의 사업과 관련된 부수재화에 해당되지 않는 것으로 가정한다.

유형	품목	공급가액	부가세	공급처명	전자	분개
18.카면	쌀	500,000		㈜한솔		카드

(차) 미수금 (나라카드)	500,000	(대) 저장품	500,000

03 매입유형별 전표입력하기

1) 51. 과세[과세매입]
증빙 : 세금계산서, 부가가치세 10%

8월 1일

(주)다로에서 보유하고 있는 특허권을 취득하고 전자세금계산서를 교부받았으며, 대가로 주식 1,000주를 발행하여 교부하고 800,000원은 미지급하였다. 당사가 발행한 주식은 액면가액 @5,000원, 시가 @8,000원, 특허권의 시가는 8,000,000원이다.

유형	품목	공급가액	부가세	공급처명	전자	분개
51.과세	특허권	8,000,000	800,000	㈜다로	여	혼합

(차) 부가세대급금	800,000	(대) 자본금	5,000,000
특허권	8,000,000	미지급금	800,000
		주식발행초과금	1,750,000
		주식할인발행차금	1,250,000

8월 2일

원재료를 구입하면서 (주)미래에 운반비 50,000원(부가가치세 별도)을 현금지급하고 전자세금계산서를 교부받았다.

유형	품목	공급가액	부가세	공급처명	전자	분개
51.과세	운반비	50,000	5,000	㈜미래	여	현금

(차) 부가세대급금	5,000	(대) 현금	55,000
원재료	50,000		

8월 3일

당사는 공장내 원료운반용 지게차를 임차해오고 있으며, 당해 지게차 임차와 관련하여 (주)유신상사로부터 아래와 같은 전자세금계산서를 교부받았다. 대금은 다음 달에 지급될 예정이다.

작성일자	품목	공급가액	세액	합계	비고
8.3.	지게차 대여	1,000,000원	100,000원	1,100,000원	청구

유형	품목	공급가액	부가세	공급처명	전자	분개
51.과세	지게차임차	1,000,000	100,000	㈜유신상사	여	혼합

(차) 부가세대급금	100,000	(대) 미지급금			1,100,000
임차료(제)	1,000,000				

8월 4일

당사의 공장용 화물트럭이 원재료 운반 도중 접촉사고가 발생하여 이를 수리한 뒤 (주)형제자동차공업으로부터 전자세금계산서 1매를 교부받았고, 관련 대금은 다음 달 말일에 지급할 예정이다.

품명	공급가액	세액	합계	비고
엔진 교체	5,000,000원	500,000원	5,500,000원	자본적 지출
앞 유리교체	300,000원	30,000원	330,000원	수익적 지출
앞 범퍼교체	500,000원	50,000원	550,000원	수익적 지출
합계	5,800,000원	580,000원	6,380,000원	

No	품목	규격	수량	단가	공급가액	부가세	합계	비고
				복 수 거 래 내 용 (F 7)			(입력가능갯수 : 100개)	
1	엔진교체				5,000,000	500,000	5,500,000	
2	앞 유리교체				300,000	30,000	330,000	
3	앞 범퍼교체				500,000	50,000	550,000	
4								
	합 계				5,800,000	580,000	6,380,000	

유형	품목	공급가액	부가세	공급처명	전자	분개
51.과세	엔진교체외	5,800,000	580,000	㈜형제자동차공업사	여	혼합

(차) 부가세대급금	580,000	(대) 미지급금			6,380,000
차량운반구	5,000,000				
차량유지비(제)	800,000				

8월 5일

(주)지앤티로부터 원재료를 10,000,000원(부가가치세 별도)에 매입하고 전자세금계산서를 교부받았으며 대금결제는 보유하고 있던 (주)솔트 발행 약속어음 6,000,000원을 배서양도하고 잔액은 당좌수표를 발행하여 지급하였다.

유형	품목	공급가액	부가세	공급처명	전자	분개
51.과세	원재료	10,000,000	1,000,000	㈜지앤티	여	혼합

(차) 부가세대급금	1,000,000	(대) 받을어음	6,000,000
원재료	10,000,000	(㈜솔트)	
		당좌예금	5,000,000

8월 6일

(주)조은에서 원재료를 121,000,000원(부가가치세 포함)에 매입하고 전자세금계산서를 교부받았다. 대금 중 월초에 지급하였던 계약금 22,000,000원을 차감한 잔액 중 10,000,000원은 당사에서 만기상환을 목적으로 보관하던 (주)성공 발행의 약속어음을 배서양도하고, 잔액은 당좌수표를 발행하여 지급하였다. (계약금을 지급함에 대하여는 별도의 전자세금계산서를 교부받지 않음)

유형	품목	공급가액	부가세	공급처명	전자	분개
51.과세	원재료	110,000,000	11,000,000	㈜조은	여	혼합

(차) 부가세대급금	11,000,000	(대) 선급금	22,000,000
원재료	110,000,000	받을어음	10,000,000
		((주)성공)	
		당좌예금	89,000,000

8월 7일

공장의 신축이 완료되어 (주)제이와피에 잔금을 보통예금 계좌에서 이체하여 지급하고 세법에 의한 전자세금계산서를 수취하다. 공급계약은 다음과 같다. (본 계약은 계약금 및 중도금지급 시 적법하게 세금계산서를 발행하였다.)

구분	지급일자	공급대가(부가가치세 포함)
계약금	3월 29일	11,000,000원
중도금	4월 21일	55,000,000원
잔금	8월 7일	44,000,000원

계약금과 중도금은 입력된 자료를 이용하며, 건물로의 대체분개도 포함하여 회계처리한다.

유형	품목	공급가액	부가세	공급처명	전자	분개
51.과세	공장신축완료	40,000,000	4,000,000	㈜제이와피	여	혼합

(차) 부가세대급금	4,000,000	(대) 건설중인자산	60,000,000
건물	100,000,000	보통예금	44,000,000

8월 8일

당사는 업무용 컴퓨터를 (주)미지기업에서 임차하여 사용하고 있으며 임차료 400,000원(부가가치세 별도)의 전자세금계산서를 수취하였다. 대금은 쌍방협의하에 (주)미지기업에 대한 당사의 외상매출금과 즉시 상계하였다.

유형	품목	공급가액	부가세	공급처명	전자	분개
51.과세	임차료	400,000	40,000	(주)미지기업	여	혼합

(차) 부가세대급금	40,000	(대) 외상매출금	440,000
임차료(판)	400,000		

8월 9일

회사 ERP시스템 구축을 위하여 삼보(주)에 소프트웨어 용역을 공급받고 전자세금계산서를 수취하면서 33,000,000원(부가가치세 포함)을 현금으로 지급하였다. 무형자산항목으로 처리하고, 당해 용역이 완료되었다고 가정한다.

유형	품목	공급가액	부가세	공급처명	전자	분개
51.과세	소프트웨어	30,000,000	3,000,000	삼보(주)	여	현금

(차) 부가세대급금	3,000,000	(대) 현금	33,000,000
소프트웨어	30,000,000		

▼ 부가가치세신고서 반영 화면

부가가치 ⇨ 부가가치세 ⇨ 부가가치세신고서

매입세액						
	세금계산서 수취분	일반매입	10	122,250,000		12,225,000
		수출기업수입분납부유예	10-1			
		고정자산매입	11	83,000,000		8,300,000
	예정신고누락분		12			
	매입자발행세금계산서		13			
	그 밖의 공제매입세액		14			
	합계(10)-(10-1)+(11)+(12)+(13)+(14)		15	205,250,000		20,525,000
	공제받지못할매입세액		16			
	차감계 (15-16)		17	205,250,000	㉯	20,525,000

▼ 세금계산서합계표 반영 화면

부가가치 ⇨ 부가가치세 ⇨ 세금계산서합계표

조회기간	2024 년 07 ∨ 월 ~ 2024 년 09 ∨ 월 2기 예정 1. 정기신고 ∨

매 출 **매 입**

※ [확인]전송일자가 없는 거래는 전자세금계산서 발급분으로 반영 되므로 국세청 홈택스 전송 세금계산서와 반드시 확인 합니다

2. 매입세금계산서 총합계

구 분		매입처수	매 수	공급가액	세 액
합	계	9	9	205,250,000	20,525,000
과세기간 종료일 다음달 11일까지 전송된 전자세금계산서 발급받은분	사업자 번호 발급받은분			205,250,000	20,525,000
	주민등록번호발급받은분				
	소 계	9	9	205,250,000	20,525,000
위 전자세금계산서 외의 발급 받은분(종이발급분+과세기간 종료일다음달 12일 이후분)	사업자 번호 발급받은분				
	주민등록번호발급받은분				
	소 계				

과세기간 종료일 다음달 11일까지 (전자분) | 과세기간 종료일 다음달 12일이후 (전자분), 그외 | **전체데이터**

참고사항 : 2012년 7월 이후 변경사

No	사업자등록번호	코드	거래처명	매수	공급가액	세 액	대표자성명	업 태	종 목	주류코드
1	106-86-78741	00146	삼보(주)	1	30,000,000	3,000,000	김수연	제조,도소매	전자부품	
2	108-81-61668	00157	(주)미래	1	50,000	5,000	김재호	제조,도소매	전자부품	
3	137-81-74991	00141	(주)다로	1	8,000,000	800,000	고민정	제조,도소매	전자부품	
4	220-81-55073	00102	(주)지앤티	1	10,000,000	1,000,000	이승진	제조	전자부품	
5	609-81-71562	00124	(주)미지기업	1	400,000	40,000	신보슬	제조	전자제품	
6	617-18-46610	00105	(주)형제자동차공업사	1	5,800,000	580,000	이삼진	서비스	자동차정비	
7	617-81-15431	00115	(주)조은	1	110,000,000	11,000,000	함유빈	도매	전자부품	
8	617-81-66186	00122	(주)제이와피	1	40,000,000	4,000,000	김도현	부동산업	건설	
9	617-81-81080	00112	(주)유신상사	1	1,000,000	100,000	정영식	서비스	지게차임대	
			합 계	9	205,250,000	20,525,000				

2) 52. 영세[영세매입]

증빙 : 영세율세금계산서, 부가가치세 0%
내국신용장(Local L/C) 또는 구매확인서에 의한 매입

8월 10일

(주)미래로부터 내국신용장(Local L/C)에 의하여 원재료 2,000,000원을 공급받고 영세율 전자세금계산서를 발급받았으며, 대금 중 50%는 어음으로 지급하고 나머지 금액은 현금으로 지급하였다.

유형	품목	공급가액	부가세	공급처명	전자	분개
52.영세	원재료	2,000,000		(주)미래	여	혼합

(차) 원재료	2,000,000	(대) 지급어음	1,000,000
		현금	1,000,000

8월 11일

구매확인서에 의해 수출용 제품에 대한 원재료 4,000,000원(공급가액)을 (주)지앤티로부터 매입하고, 영세율전자세금계산서를 발급받았다. 구입대금 중 2,000,000원은 (주)태양산업으로부터 받은 어음을 배서해주고, 나머지는 외상으로 하였다.

유형	품목	공급가액	부가세	공급처명	전자	분개
52.영세	원재료	4,000,000		㈜지앤티	여	혼합

(차) 원재료		4,000,000	(대) 받을어음		2,000,000
			((주)태양산업)		
			외상매입금		2,000,000

3) 53. 면세[면세매입]

증빙 : 계산서, 부가가치세 면제

8월 12일

당사는 독공회계학원(면세사업자)에서 학원생 운행용으로 사용하던 미니버스(25인승)를 20,000,000원에 구입하면서, 전자계산서를 수취하였으며 대금은 전액 현금 지급하였다.

유형	품목	공급가액	부가세	공급처명	전자	분개
53.면세	미니버스	20,000,000		독공회계학원	여	혼합

(차) 차량운반구		20,000,000	(대) 현금	20,000,000

8월 13일

재경팀 박진수의 결혼식에 보낼 화환을 200,000원에 아름꽃집에서 구입하고 전자계산서를 발급받았다. 대금은 전액 현금으로 지급하였다.

유형	품목	공급가액	부가세	공급처명	전자	분개
53.면세	화환	200,000		아름꽃집	여	현금

(차) 복리후생비		200,000	(대) 현금	200,000

8월 14일

싱싱과일에서 신규매출처에 선물로 증정하기 위하여 사과(120,000원)를 외상으로 구입하고 전자계산서를 교부받았다.

유형	품목	공급가액	부가세	공급처명	전자	분개
53.면세	사과	120,000		싱싱과일	여	혼합

(차) 기업업무추진비(판)		120,000	(대) 미지급금	120,000

▼ 부가가치세신고서 반영 화면

부가가치 ⇨ 부가가치세 ⇨ 부가가치세신고서

부가가치세신고서 상단 [F4 과표명세]를 클릭하면 86.계산서수취금액에 자동으로 반영된다.

| 과세표준명세 | | | | > |

신고구분 : 1 (1.예정 2.확정 3.영세율 조기환급 4.기한후과세표준)
국세환급금계좌신고 [💬]　　　　　은행 [　　　　　]　지점
계좌번호 :
폐업일자 : ____-__-__ 폐업사유 : [　　　　　　　▽]

과세표준명세			
	업태	종목	코드	금액
28	제조,도소매및무역업	컴퓨터 및 주변장치 외	515050	350,470,000
29				
30				
31	수입금액제외		515050	22,000,000
32	합계			372,470,000

면세사업수입금액			
	업태	종목	코드	금액
81	제조,도소매및무역업	컴퓨터 및 주변장치 외	515050	1,600,000
82				
83	수입금액제외			
84	합계			1,600,000
계산서발급 및 수취명세	85.계산서발급금액			1,600,000
	86.계산서수취금액			20,320,000

세무대리인정보		
성명	사업자번호 ___-__-_____	전화번호
신고년월일 2024-10-25	핸드폰	생년월일 ____-__-__
e-Mail		

[회사정보 불러오기]　　[확인[Tab]]

▼ 계산서합계표 반영 화면

부가가치 ⇨ 부가가치세 ⇨ 계산서합계표

조회기간 2024 년 07 ▽ 월 ~ 2024 년 09 ▽ 월 2기 예정
[매 출] [매 입]

◇ **2. 매입계산서 총합계**

구 분		매입처수	매 수	공급가액
합　계		3	3	20,320,000
과세기간 종료일 다음달 11일까지 전송된 전자계산서 발급받은분	사업자 번호 발급받은분	3	3	20,320,000
위 전자계산서 외의 발급받은분 (종이발급분+ 과세기간 종료일 다음달 12일 이후분)	사업자 번호 발급받은분			

[과세기간 종료일 다음달 11일까지 (전자분)] [과세기간 종료일 다음달 12일이후 (전자분), 그외] [전체데이터]

No	사업자등록번호	거래처명	매 수	공급가액	대표자성명	업 태	종 목
1	501-25-50836	아름꽃집	1	200,000	김아름	소매	원예,생화
2	502-96-27250	독공회계학원	1	20,000,000	지창욱	교육서비스	전산세무회계
3	775-74-00046	싱싱과일	1	120,000	박도일	소매	과일
		합　계	3	20,320,000			
		마감합계					

4) 54. 불공[매입세액이 공제되지 않는 사유에 해당하는 경우]

증빙 : 세금계산서, 부가가치세 10%

→ 세금계산서는 수취하였으나 부가가치세법상 불공제사유에 해당하는 경우 매입세액은 공제 받지 못한다. 유형을 불공으로 선택한 후 불공제사유를 선택하여 등록한다.

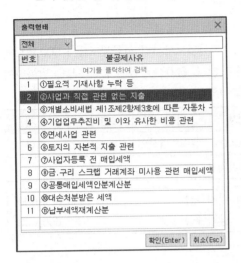

8월 15일

대표이사 공도윤의 자택에서 사용할 목적으로 (주)엘프스에서 TV를 7,000,000원(부가가치세 별도)에 구입하고 회사 명의로 전자세금계산서를 발급받았다. 대금은 보통예금 계좌에서 이체하였다.

유형	품목	공급가액	부가세	공급처명	전자	분개
54.불공	TV	7,000,000	700,000	㈜엘프스	여	혼합

불공제사유 : 2.사업과 직접 관련 없는 지출

(차) 가지급금	7,700,000	(대) 보통예금	7,700,000
(공도윤)			

8월 16일

(주)한솔에서 영업용 승용차(1998cc)를 30,000,000원(부가가치세 별도)에 구입하고 전자세금계산서를 수취하였으며 10,000,000원은 법인 우리카드로 결제하고 잔액은 12개월 할부로 결제하였다. (고정자산등록은 생략한다.)

유형	품목	공급가액	부가세	공급처명	전자	분개
54.불공	승용차	30,000,000	3,000,000	㈜한솔	여	혼합

불공제사유 : 3. 비영업용 소형승용차 구입·유지 및 임차

(차) 차량운반구	33,000,000	(대) 미지급금	10,000,000
		(우리카드)	
		미지급금	23,000,000

8월 17일

매출거래처의 신규지점개설을 축하하기 위하여 (주)우리산업으로부터 선물세트를 1,500,000원 (부가가치세 별도)에 매입하고 전자세금계산서를 수취한 후 650,000원은 당좌수표를 발행하여 지급하였고 나머지 금액은 한 달 후에 지급하기로 하였다.

유형	품목	공급가액	부가세	공급처명	전자	분개
54.불공	선물세트	1,500,000	150,000	㈜우리산업	여	혼합

불공제사유 : 4.기업업무추진비 및 이와 유사한 관련비용

| (차) 기업업무추진비 | 1,650,000 | (대) 미지급금 | 1,000,000 |
| | | 당좌예금 | 650,000 |

8월 18일

본사 사옥을 신축할 목적으로 건축물이 있는 토지를 구입하고 기존 건축물을 철거하였다. 철거 관련비용 2,000,000원(부가가치세 별도)은 (주)신도상사가 발행한 전자세금계산서를 수취하였으며 대금은 수표를 발행하여 지급하였다.

유형	품목	공급가액	부가세	공급처명	전자	분개
54.불공	철거비용	2,000,000	200,000	㈜신도상사	여	혼합

불공제사유 : 6.토지의 자본적 지출 관련

| (차) 토지 | 2,200,000 | (대) 당좌예금 | 2,200,000 |

8월 19일

미국 자동차회사인 GM상사로부터 영업부서에서 사용할 승용차(배기량 2,000cc, 4인승)를 인천세관을 통해 수입하고 전자수입세금계산서(공급가액 50,000,000원, 부가가치세 5,000,000원)를 교부받았다. 부가가치세 5,000,000원과 관세 1,000,000원을 보통예금으로 지급하였다. 매입매출전표에서 부가가치세와 관세에 대해서만 회계처리하시오.

유형	품목	공급가액	부가세	공급처명	전자	분개
54.불공	승용차	50,000,000	5,000,000	인천세관	여	혼합

불공제사유 : 3. 비영업용 소형승용차 구입·유지 및 임차

(차) 차량운반구	6,000,000	(대) 보통예금	6,000,000

※ 부가가치세 5,000,000원 + 관세 1,000,000원 → 차량운반구 취득원가 산입

8월 20일

출판사업부에서 사용할 기계장치를 (주)동광으로부터 10,000,000원(부가가치세 별도)에 전액 외상으로 구입하고 전자세금계산서를 수취하였다. 당사에서는 출판사업부에서 발생한 매출액에 대하여 부가가치세를 면세로 신고해오고 있다.

유형	품목	공급가액	부가세	공급처명	전자	분개
54.불공	기계장치	10,000,000	1,000,000	㈜동광	여	혼합

불공제사유 : 5.면세사업관련

(차) 기계장치	11,000,000	(대) 미지급금	11,000,000

▼ 부가가치세신고서 반영 화면

부가가치 ⇨ 부가가치세 ⇨ 부가가치세신고서

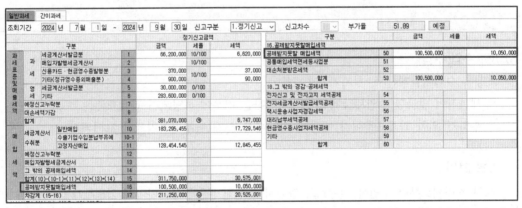

★★★ 과세유형 불공은 세금계산서수취분 일반매입 또는 고정자산매입에 반영이 된 후 공제받지못할매입세액에 반영이 되어 공제매입세액에서 차감된다.

▼ 세금계산서합계표 반영 화면

부가가치 ⇨ 부가가치세 ⇨ 세금계산서합계표

조회기간 2024 년 07 ∨ 월 ~ 2024 년 09 ∨ 월 2기 예정 1. 정기신고 ∨

매출 **매입**

※ [확인]전송일자가 없는 거래는 전자세금계산서 발급분으로 반영 되므로 국세청 홈택스 전송 세금계산서와 반드시 확인 합니다

2. 매입세금계산서 총합계

구 분		매입처수	매 수	공급가액	세 액
합 계		15	17	311,750,000	30,575,000
과세기간 종료일 다음달 11일까지 전송된 전자세금계산서 발급받은분	사업자 번호 발급받은분	15	17	311,750,000	30,575,000
	주민등록번호발급받은분				
	소 계	15	17	311,750,000	30,575,000
위 전자세금계산서 외의 발급받은분(종이발급분+과세기간 종료일다음달 12일 이후분)	사업자 번호 발급받은분				
	주민등록번호발급받은분				
	소 계				

과세기간 종료일 다음달 11일까지 (전자분) | 과세기간 종료일 다음달 12일이후 (전자분), 그외 | 전체데이터

참고사항 : 2012년 7월 이후 변경사항

No	사업자등록번호	코드	거래처명	매수	공급가액	세 액	대표자성명	업 태	종 목	주류코드
1	105-81-83080	00109	(주)한솔	1	30,000,000	3,000,000	조태호	제조	금속	
2	106-86-78741	00146	삼보(주)	1	30,000,000	3,000,000	김수연	제조,도소매	전자부품	
3	108-81-61668	00157	(주)미래	2	2,050,000	5,000	김재호	제조,도소매	전자부품	
4	121-83-00561	00154	인천세관	1	50,000,000	5,000,000	.			
5	128-86-12434	00116	(주)신도상사	1	2,000,000	200,000	정지훈	도매	무역	
6	133-81-22642	00104	(주)엘프스	1	7,000,000	700,000	김가람	제조	전자제품	
7	136-81-01103	00134	(주)동광	1	10,000,000	1,000,000	하민수	도매	사무용품	
8	137-81-74991	00141	(주)다로	1	8,000,000	800,000	고민정	제조,도소매	전자부품	
9	220-81-55073	00102	(주)지앤티	2	14,000,000	1,000,000	이승진	제조	전자부품	
10	229-81-12993	00135	(주)우리산업	1	1,500,000	150,000	민경건	도소매	식품,잡화	
11	609-81-71562	00124	(주)미지기업	1	400,000	40,000	신보슬	제조	전자제품	
12	617-18-46610	00105	(주)형제자동차공업사	1	5,800,000	580,000	이삼진	서비스	자동차정비	
13	617-81-15431	00115	(주)조은	1	110,000,000	11,000,000	함유빈	도매	전자부품	
14	617-81-66186	00122	(주)제이와피	1	40,000,000	4,000,000	김도현	부동산업	건설	
15	617-81-81080	00112	(주)유신상사	1	1,000,000	100,000	정영식	서비스	지게차임대	
			합 계	17	311,750,000	30,575,000				
			마 감 합 계							

5) 55. 수입[수입]

증빙 : 수입세금계산서, 부가가치세 10%

→ 세관장이 발급한 수입세금계산서를 수취하는 경우에 해당되며 과세표준은 부가가치세를 징수하기 위한 과세표준이기 때문에 하단에서 <u>분개는 부가가치세만 표기된다</u>.

8월 21일

해외 거래처로부터 수입한 원재료와 관련하여 인천세관에 부가가치세 2,500,000원(공급가액 25,000,000원)을 현금으로 납부하고 전자수입세금계산서를 교부받았다.

유형	품목	공급가액	부가세	공급처명	전자	분개
55.수입	원재료	25,000,000	2,500,000	인천세관	여	현금

(차) 부가세대급금	2,500,000	(대) 현금	2,500,000

8월 22일

원재료를 수입하면서 인천세관으로부터 40,000,000원(부가가치세 별도)의 수입세금계산서를 교부받고 통관수수료 200,000원을 포함하여 현금으로 지급하였다. (미착품은 고려하지 않는다.)

유형	품목	공급가액	부가세	공급처명	전자	분개
55.수입	원재료	40,000,000	4,000,000	인천세관	여	혼합

(차) 부가세대급금	4,000,000	(대) 현금	4,200,000
원재료	200,000		

PART 02

▼ 부가가치세신고서 반영 화면

부가가치 ⇨ 부가가치세 ⇨ 부가가치세신고서

매입세액	세금계산서 수취분	일반매입	10	248,295,455		24,229,546
		수출기업수입분납부유예	10-1			
		고정자산매입	11	128,454,545		12,845,455
	예정신고누락분		12			
	매입자발행세금계산서		13			
	그 밖의 공제매입세액		14			
	합계(10)-(10-1)+(11)+(12)+(13)+(14)		15	376,750,000		37,075,001
	공제받지못할매입세액		16	100,500,000		10,050,000
	차감계 (15-16)		17	276,250,000	④	27,025,001

▼ 세금계산서합계표 반영 화면

부가가치 ⇨ 부가가치세 ⇨ 세금계산서합계표

조회기간 2024 년 07 ∨ 월 ~ 2024 년 09 ∨ 월 2기 예정 1. 정기신고 ∨

매 출 | 매 입

※ [확인]전송일자가 없는 거래는 전자세금계산서 발급분으로 반영 되므로 국세청 홈택스 전송 세금계산서와 반드시 확인 합니다.

2. 매입세금계산서 총합계

구 분		매입처수	매 수	공급가액	세 액
합 계		15	19	376,750,000	37,075,000
과세기간 종료일 다음달 11일까지 전송된 전자세금계산서 발급받은분	사업자 번호 발급받은분	15	19	376,750,000	37,075,000
	주민등록번호발급받은분				
	소 계	15	19	376,750,000	37,075,000
위 전자세금계산서 외의 발급 받은분(종이발급분+과세기간 종료일다음달 12일 이후분)	사업자 번호 발급받은분				
	주민등록번호발급받은분				
	소 계				

과세기간 종료일 다음달 11일까지 (전자분) | 과세기간 종료일 다음달 12일이후 (전자분), 그외 | 전체데이터

참고사항 : 2012년 7월 이후 변경사

No	사업자등록번호	코드	거래처명	매수	공급가액	세 액	대표자성명	업 태	종 목	주류코드
1	105-81-83080	00109	(주)한솔	1	30,000,000	3,000,000	조태호	제조	금속	
2	106-86-78741	00146	삼보(주)	1	30,000,000	3,000,000	김수연	제조, 도소매	전자부품	
3	108-81-61668	00157	(주)미래	2	2,050,000	5,000	김재호	제조, 도소매	전자부품	
4	121-83-00561	00154	인천세관	3	115,000,000	11,500,000				
5	128-86-12434	00116	(주)신도상사	1	2,000,000	200,000	정지훈	도매	무역	
6	133-81-22642	00104	(주)엘프스	1	7,000,000	700,000	김가람	제조	전자제품	
7	136-81-01103	00134	(주)동광	1	10,000,000	1,000,000	하민수	제조	사무용품	
8	137-81-74991	00141	(주)다로	1	8,000,000	800,000	고민정	제조, 도소매	전자부품	
9	220-81-55073	00102	(주)지앤티	2	14,000,000	1,000,000	이승진	제조	전자부품	
10	229-81-12993	00135	(주)우리산업	1	1,500,000	150,000	민경건	도소매	식품, 잡화	
11	609-81-71562	00124	(주)미지기업	1	400,000	40,000	신보슬	제조	전자제품	
12	617-18-46610	00105	(주)형제자동차공업사	1	5,800,000	580,000	이삼진	서비스	자동차정비	
13	617-81-15431	00115	(주)조은	1	110,000,000	11,000,000	함유빈	도매	전자부품	
14	617-81-66186	00122	(주)제이와피	1	40,000,000	4,000,000	김도현	부동산업	건설	
15	617-81-81080	00112	(주)유신상사	1	1,000,000	100,000	정영식	서비스	지게차임대	
			합 계	19	376,750,000	37,075,000				
			마 감 합 계							

6) 57. 카과[카드과세]

증빙 : 신용카드매출전표 수령, 부가가치세 10%

→ 부가가치세법상 매입세액공제요건을 충족한 경우 매입세액공제가 가능하다.

8월 23일

광고전단지 인쇄대금 6,050,000원(부가가치세 포함)을 (주)동광에 우리카드로 결제하였다.

→ 카과유형일 경우 공급가액 칸에 공급대가를 입력하면 프로그램에서 자동으로 공급가액과 부가가치세를 나누어 입력해 준다. 편의기능이므로 직접입력해도 무방하다.

유형	품목	공급가액	부가세	공급처명	전자	분개
57.카과	광고선전비	5,500,000	550,000	㈜동광		카드

(차) 부가세대급금	550,000	(대) 미지급금	6,050,000
광고선전비	5,500,000	(우리카드)	

8월 24일

공장에 설치 중인 전자동기계의 성능을 시험해 보기로 하였다. 시운전을 위하여 양천주유소에서 휘발유 200리터를 330,000원(1,650원/리터)에 구입하고 대금은 우리카드로 지급하였다. (신용카드매출전표상에 공급가액과 세액을 구분표시하여 받음)

유형	품목	공급가액	부가세	공급처명	전자	분개
57.카과	주유	300,000	30,000	양천주유소		카드

(차) 부가세대급금	30,000	(대) 미지급금	330,000
기계장치	300,000	(우리카드)	

▼ 부가가치세신고서 반영 화면

부가가치 ⇨ 부가가치세 ⇨ 부가가치세신고서

매입세액	세금계산서수취분	일반매입	10	248,295,455		24,229,546	정누락분	신용카드매출수령금액합계	일반매입			
		수출기업수입분납부유예	10-1						고정매입			
		고정자산매입	11	128,454,545		12,845,455		의제매입세액				
	예정신고누락분		12					재활용폐자원등매입세액				
	매입자발행세금계산서		13					과세사업전환매입세액				
	그 밖의 공제매입세액		14	5,800,000		580,000		재고매입세액				
	합계(10)-(10-1)+(11)+(12)+(13)+(14)		15	382,550,000		37,655,001		변제대손세액				
	공제받지못할매입세액		16	100,500,000		10,050,000		외국인관광객에대한환급세액				
	차감계 (15-16)		17	282,050,000	ⓝ	27,605,001		합계				
납부(환급)세액(매출세액ⓐ-매입세액ⓝ)					ⓓ	-20,858,001		14.그 밖의 공제매입세액				
경감공제세액	그 밖의 경감·공제세액		18					신용카드매출	일반매입	41	5,500,000	550,000
	신용카드매출전표등 발행공제등		19	407,000				수령금액합계표	고정매입	42	300,000	30,000
	합계		20		ⓜ			의제매입세액		43	뒤쪽	

7) 58. 카면[카드면세]

증빙 : 신용카드매출전표 수령, 부가가치세 면제

8월 25일

본사 재경부에서 사용할 컴퓨터관련 서적 12권(@20,000)을 작은책방에서 구입하고, 대금은 우리카드로 결제하였다.

유형	품목	공급가액	부가세	공급처명	전자	분개
58.카면	서적	240,000		작은책방		카드

(차) 도서인쇄비	240,000	(대) 미지급금	240,000
		(우리카드)	

8월 26일

부가가치세 과세제품에 사용되는 쌀라면의 원재료인 쌀을 (주)다로에서 2,000,000원에 구입하고 우리카드로 결제하였다. 단, 외상매입금으로 계정처리하시오.

유형	품목	공급가액	부가세	공급처명	전자	분개
58.카면	쌀	2,000,000		㈜다로		카드

(차) 원재료	2,000,000	(대) 외상매입금	2,000,000
		(우리카드)	

8월 27일

(주)오렌지기업에서 한우갈비세트(부가가치세 면세대상임) 1,100,000원을 법인명의 신용카드 (우리카드)로 구입하고, 신용카드매출전표를 수취하였다. 이 중 400,000원은 당사 공장직원에게 제공하였고, 나머지는 매출거래처에 증정하였다.

유형	품목	공급가액	부가세	공급처명	전자	분개
58.카면	한우갈비세트	1,100,000		㈜오렌지기업		카드

(차) 복리후생비(제)	400,000	(대) 미지급금	1,100,000
기업업무추진비	700,000	(우리카드)	

8) 61. 현과[현금과세]

증빙 : 현금영수증 수령, 부가가치세 10%

8월 28일

본사 경리부에서 사용할 복사용지 120,000원(부가가치세 별도)을 (주)동광에서 현금으로 구입하고 현금영수증을 수취하였다(소모품비로 처리할 것).

→ 현과유형일 경우 공급가액 칸에 공급대가를 입력하면 프로그램에서 자동으로 공급가액과 부가가치세를 나누어 입력해 준다. 편의기능이므로 직접입력해도 무방하다.

유형	품목	공급가액	부가세	공급처명	전자	분개
61.현과	복사용지	120,000	12,000	㈜동광		현금

(차) 부가세대급금	12,000	(대) 현금	132,000
소모품비(판)	120,000		

8월 29일

(주)조은전자로부터 영업부에서 사용할 컴퓨터를 2,200,000원(부가가치세 포함)에 구입하고 현금영수증을 교부받았으며 대금은 당좌수표를 발행하여 지급하였다.

유형	품목	공급가액	부가세	공급처명	전자	분개
61.현과	컴퓨터	2,000,000	200,000	㈜조은전자		혼합

(차) 부가세대급금	200,000	(대) 당좌예금	2,200,000
비품	2,000,000		

▼ 부가가치세신고서 반영 화면

부가가치 ⇨ 부가가치세 ⇨ 부가가치세신고서

■ 과세기간 종료일의 부가가치세 납부(환급)세액 분개

매출거래 시 부가가치세는 납부세액으로 대변에 부가세예수금(부채)으로 분개가 되고 매입거래 시 부가가치세는 공제세액으로 차변에 부가세대급금(자산)으로 분개가 된다.

과세기간 종료일에(3월 31일, 6월 30일, 9월 30일, 12월 31일) 납부 또는 환급세액에 대한 정리 분개를 하게 되는데 부가세예수금(부채)은 차변으로 부가세대급금(자산)은 대변으로 분개하고 납부세액일 경우 미지급세금으로, 환급세액일 경우 미수금으로 회계처리한다.

부가가치세 납부(환급) 회계처리 시 일단위절사액은 잡이익, 전자신고세액공제 잡이익, 가산세는 세금과공과로 회계처리를 한다.

[예제]

① 납부세액 발생 시 정리분개

　　[과세기간 종료일 분개]

　　　(차) 부가세예수금　　　　　　　　10,000　　(대) 부가세대급금　　　　　　　　6,000
　　　　　　　　　　　　　　　　　　　　　　　　　　　미지급세금　　　　　　　　　4,000

　　[부가가치세 납부일 분개]

　　　(차) 미지급세금　　　　　　　　　4,000　　(대) 보통예금　　　　　　　　　4,000

② 환급세액 발생 시 정리분개

　　[과세기간 종료일 분개]

　　　(차) 부가세예수금　　　　　　　　10,000　　(대) 부가세대급금　　　　　　　13,000
　　　　　미수금　　　　　　　　　　　3,000

　　[부가가치세 납부일 분개]

　　　(차) 보통예금　　　　　　　　　　3,000　　(대) 미수금　　　　　　　　　3,000

04 | 부가가치세신고서의 작성 및 전자신고

01 신용카드매출전표 등 발행집계표

부가가치세가 과세되는 재화 또는 용역을 공급하고 세금계산서 발급시기에 신용카드매출전표 등을 발급하거나 전자화폐(제로페이 등)로 결제받는 경우에 일정한 금액을 납부세액에서 공제한다.

1) 공제대상자

① 영수증 발급의무와 영수증 발급특례에 해당하는 일반과세사업자(법인사업자와 직전 연도의 재화 또는 용역의 공급가액의 합계액이 10억원을 초과하는 개인사업자 제외)

② 4,800만원 초과부터 8,000만원 이하의 간이과세자(직전 연도의 공급대가의 합계액이 4,800만원 미만인 자 또는 신규로 사업을 시작하는 개인사업자 중 간이과세자는 제외)

※ 다만, 유의할 점은 영수증 발급의무자만 공제대상이므로 도매업, 제조업, 부동산매매업 등 세금계산서 발급대상자는 공제대상자에 해당하지 않는다.

2) 공제세액의 계산

① **공제세액** : (신용카드매출전표 등 발행금액 + 전자화폐결제금액) × 공제율

② **공제율** : 1%(2026.12.31.까지는 1.3%)

③ **한도액** : 연간 500만원(2026.12.31.까지는 1,000만원)

3) 알아두기

① 직접입력할 경우 공급대가(공급가액 + 부가가치세)로 입력한다.

② 세금계산서를 교부하고 신용카드 결제 또는 현금영수증 결제를 받았다면 부가가치세신고서에는 세금계산서 발급분으로 매출신고를 하고 신용카드매출전표 등 발행집계표에서 세금계산서발급분으로 표기하여 신고하게 되면 매출이 이중으로 신고되지 않는다.

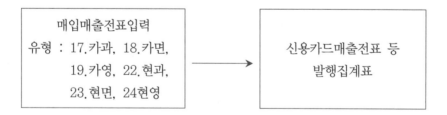

🕐 실습하기

다음 자료를 이용하여 제2기 확정 부가가치세 과세기간의 신용카드매출전표 등 발행금액집계표를 작성하시오(단, 아래의 거래 내역만 있고 전표입력은 생략할 것).

일자	거래내역
10월 7일	(주)서울에 제품 6,600,000원(부가가치세 포함)을 공급하고 전자세금계산서를 발급하였다. 대금은 자금 사정으로 인해 10일 후에 신용카드로 결제를 받았다.
11월 1일	비사업자인 송중기씨에게 제품 880,000원(부가가치세 포함)을 판매하고 대금 중 절반은 신용카드로 결제를 받고 나머지 절반은 현금영수증을 발급하였다.
11월 8일	(주)한국에 면세제품 300,000원을 판매하고 계산서를 발급하였으며 신용카드로 결제를 받았다.
12월 3일	비사업자인 이준호에게 면세제품 100,000원을 판매하고 현금영수증을 발급하였다.

※ 반드시 공급대가로 입력한다.
※ [F11 저장]을 반드시 누른다.

🕐 실습하기 작업순서

02 부동산임대공급가액명세서

부동산임대용역을 공급하는 사업자는 부가가치세신고 시 부동산임대용역의 공급내역을 상세히 기록한 부동산임대공급가액명세서를 제출하여야 한다. 월세나 관리비는 매월 세금계산서 발급을 하게 되지만 임대보증금 또는 전세금을 받은 경우에 간주임대료를 계산하여 과세표준에 포함하여 신고를 한다. 부동산임대사업자의 간주임대료의 적정 계산여부와 신고여부를 판단하는 자료로 활용된다.

1) 과세표준

과세표준 = 월세 + 관리비 + 간주임대료

2) 간주임대료 계산

$$간주임대료 = 임대보증금 \times 정기예금이자율 \times \frac{과세대상기간의\ 일수}{365(윤년의\ 경우\ 366)}$$

→ 정기예금이자율은 연 3.5%이며 연중에 변경될 수 있다.

3) 간주임대료의 회계처리

간주임대료는 매입매출전표 입력 시 14.건별로 입력하고 부가가치세신고서에서 기타(정규영수증외매출분)에 반영한다.

간주임대료는 부가가치세법상 세금계산서교부의무 면제이다.

[임대인이 부담하는 경우]
(차) 세금과공과 ×××　　(대) 부가세예수금 ×××

[임차인이 부담하는 경우]
(차) 세금과공과 ×××　　(대) 현금 ×××

4) 입력방법

① **조회기간** : 과세기간을 입력한다.
② **코드** : F2를 눌러 거래처도움창에서 선택하여 입력할 수 있고 직접입력도 가능하다.
③ **동, 층, 호** : 사용하고 있는 동, 층, 호를 입력하고 지하층은 반드시 [B]를 입력한다.
④ **적용이자율** : [F6 이자율]을 눌러 수정가능하다.
⑤ **면적, 용도** : 면적과 용도를 입력한다.
⑥ **임대기간** : 임대기간을 입력하면 과세기간을 자동으로 산정하여 간주임대료를 계산하게 된다. <u>계약갱신을 하게 되었을 경우에는 임대기간의 시작에서 엔터를 누르고 임대기간의 종료일을 입력한다.</u>

PART
02

실습하기

다음 자료에 따라 제2기 확정신고 시 제출할 부동산임대공급가액명세서를 작성하고 간주임대료에 대한 매입매출전표 입력을 하여 부가가치세신고서에 반영하시오. 간주임대료에 대한 정기예금이자율은 3.5%이며 동코드 입력은 생략한다. 또한 간주임대료는 당사(임대인)가 부담하는 것으로 한다.

층	호수	상호(사업자번호)	면적(㎡)	용도	임대기간	보증금(원)	월세(원)	관리비(원)
지하 1층	1	(주)한솔 105-81-83080	400	점포	2022.11.1. ~ 2024.10.31.	23,000,000	500,000	30,000
					2024.11.1. ~ 2026.10.31.	35,000,000	550,000	40,000
지상 1층	1	(주)솔트 603-81-35364	600	점포	2023.9.5. ~ 2025.9.4.	60,000,000	300,000	50,000
지상 2층	2	(주)국제 204-81-63737	600	사무실	2023.4.3. ~ 2025.4.2.	50,000,000	200,000	50,000

※ 월세와 관리비에 대해서는 전자세금계산서를 발급하고 있다.

실습하기 작업순서

① (주)한솔 입력화면

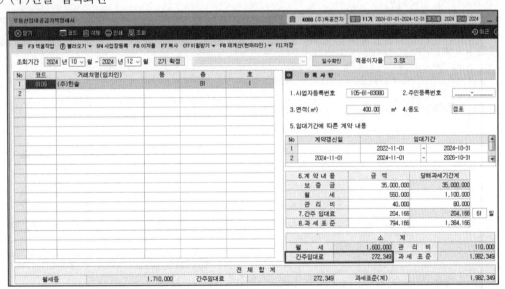

→ 간주임대료 계산

23,000,000원 × 3.5% × 31일/366일 = 68,183원

35,000,000원 × 3.5% × 61일/366일 = 204,166원

② (주)솔트 입력화면

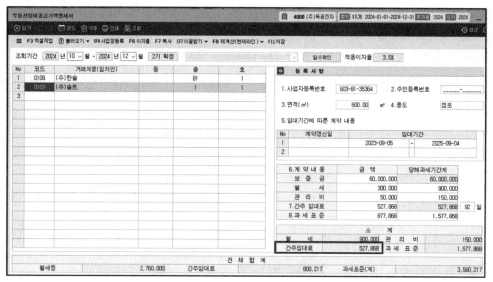

→ 간주임대료 계산

60,000,000원 × 3.5% × 92일/366일 = 527,868원

③ (주)국제 입력화면

→ 간주임대료 계산

50,000,000원 × 3.5% × 92일/366일 = 439,890원

※ [F11 저장]을 반드시 누른다.

④ 12월 31일 과세기간 종료일에 매입매출전표 입력

유형	품목	공급가액	부가세	공급처명	전자	분개
14.건별	간주임대료	1,240,107	124,010			혼합
(차) 세금과공과		124,010	(대) 부가세예수금			124,010

⑤ 간주임대료는 부가가치세신고서 2기 확정신고기간에 기타(정규영수증외매출분)에 반영되며 [F4 과세표준명세]에서 수입금액제외란에 반영되어 있는 것을 확인할 수 있다.

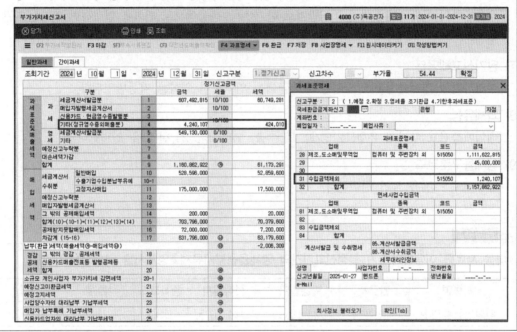

03 영세율첨부서류제출명세서

영세율첨부서류제출명세서는 개별소비세 수출면세의 적용을 받기 위하여 수출신고필증, 우체국장이 발행한 소포수령증 등을 개별소비세 과세표준신고서와 함께 이미 제출한 사업자가 부가가치세 신고를 할 때 해당 서류를 별도로 제출하지 아니하려는 경우 또는 영세율 첨부서류를 전산테이프·디스켓으로 제출하고자 하는 경우에 작성한다.

1) 서류명

개별소비세 신고 시 이미 제출한 서류와 전산테이프 또는 디스켓에 수록된 서류의 명칭을 입력한다.

2) 발급자, 발급일자

발급자는 [F2 코드도움]을 눌러 선택하고 발급일자는 직접 입력한다.

3) 선적일자

수출재화의 실질적 선적일자를 입력한다.

4) 통화코드

수출대금을 결제받기로 한 외국통화를 [F2 코드도움]을 눌러 검색한다.

5) 환율

수출재화 선적일자의 외국환 거래시점에 의한 기준환율 또는 재정환율을 입력한다.

6) 당기제출금액

수출재화의 인도조건에 따라 지급받기로 한 전체 수출금액으로 외화를 입력하면 원화는 자동반영된다.

7) 당기신고해당분

부가가치세 영세율신고과 관련된 외화금액을 입력하면 원화는 자동반영된다.

8) 과세유형

매입매출전표 부가세 유형(12.영세, 16.수출, 19.카영, 24.현영)을 입력한다.

9) 영세율구분코드

[F2 코드도움]을 눌러 선택한다.

📇 실습하기

다음 자료를 이용하여 2기 확정신고기간의 영세율첨부서류제출명세서를 작성하시오.

서류명	발급자	발급일자	선적일자	통화코드	환율	외화
외화입금증명원	국민은행	2024.10.15.	2024.10.5.	USD	1,150원	$10,000

📇 실습하기 작업순서

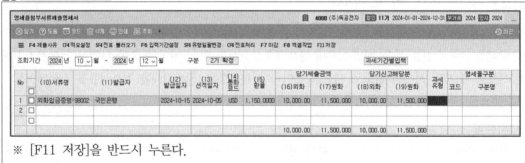

※ [F11 저장]을 반드시 누른다.

04 수출실적명세서

외국으로 재화를 직접 반출(수출)하여 영세율을 적용받는 사업자가 작성하여 부가가치세신고 시 제출한다. 부가가치세법상 수출의 공급시기는 선적일이다.

> ■ 과세표준 산정
> • 공급시기(선적일) 도래 전 원화로 환가한 경우 : 환가한 날의 환율 × 외화금액
> • 공급시기(선적일) 도래 후에 받거나(외상) 외화로 보유하고 있는 경우 : 공급시기(선적일)의 기준 환율 또는 재정환율 × 외화금액

1) 조회기간

과세기간을 입력한다.

2) 수출신고번호

수출신고서의 신고번호를 하이픈은 제외하고 입력한다.

3) 선적일자

수출재화(물품)를 실질적으로 선적한 일자를 입력한다.

4) 통화코드

수출대금을 결제받기로 한 외국통화를 [F2 코드도움]을 눌러 검색한다.

5) 환율

수출재화 선적일자의 외국환 거래시점에 의한 기준환율 또는 재정환율을 입력한다.

6) 금액

수출재화의 인도조건에 따라 지급받기로 한 전체 수출금액으로 외화를 입력하면 원화는 자동반영된다.

7) 전표정보

거래처코드에서 [F2 코드도움]을 눌러 거래처를 입력한다.

> 🕒 **실습하기**
>
> **다음은 미국 WOOD Co., Ltd.에 제품을 직수출하고 신고한 수출신고필증이다. 대금은 말일에 거래은행을 통하여 NEGO하기로 하였다.**
>
> • 선하증권(B/L)상의 선적일은 2024년 10월 14일이다.
> • 10월 14일 기준환율 : ₩1,150원/$
>   10월 12일 기준환율 : ₩1,120원/$

수출신고필증(갑지)

※ 처리기간 : 즉시

제출번호 22456-04-6031185	⑤ 신고번호 43830-21-600814X	⑥ 신고일자 2024/10/12	⑦ 신고구분 H	⑧ C/S구분
① 신 고 자 인천 관세법인 관세사 최고봉				

② 수 출 대 행 자 (주)독공전자	⑨ 거래구분 11	⑩ 종류 A	⑪ 결제방법 TT
(통관고유부호) 독공전자-1-75-1-12-3 수출자구분 A	⑫ 목적국 US USA	⑬ 적재항 INC 인천항	⑭ 선박회사 (항공사) HJSC
수 출 화 주 (주)독공전자 (통관고유부호) 독공전자-1-75-1-12-3	⑮ 선박명(항공편명) HANJIN SAVANNAH	⑯ 출항예정일자 20241014	⑰ 적재예정보세구역 03011101
(주소) 서울 강동구 천호대로 975(천호동) (대표자) 공도윤 (소재지)	⑱ 운송형태 10 BU		⑲ 검사희망일 2024/10/10
(사업자등록번호) 132-81-11332	⑳ 물품소재지 한진보세장치장 인천 중구 연안동 245-1		

③ 제 조 자 (주)독공전자	㉑ L/C번호 2042-A1522-08-1111	㉒ 물품상태 N
(통관고유부호) 독공전자-1-75-1-12-3 제조장소 214 산업단지부호	㉓ 사전임시개청통보여부 A	㉔ 반송 사유
④ 구 매 자 WOOD Co,Ltd (구매자부호) CNTOSHIN12347	㉕ 환급신청인 1 (1:수출대행자/수출화주, 2:제조자) 간이환급 NO	

· 품명 · 규격 (란번호/총란수: 999/999)

㉖ 품 명 MONA-2A ㉗ 거래품명	㉘ 상표명 NO		

㉙ 모델·규격	㉚ 성분	㉛ 수량 500(EA)	㉜ 단가(US$) 350	㉝ 금액(US$) 175,000
㉞ 세번부호 2456.12-1111	㉟ 순중량 400KG	㊱ 수량 500(EA)	㊲ 신고가격 (FOB)	$175,000 ₩196,525,000
㊳ 송품장번호 AC-2014-00620	㊴ 수입신고번호	㊵ 원산지 Y	㊶ 포장갯수(종류)	500C/T
㊷ 수출요건확인(발급서류명)				
㊸ 총중량 450KG	㊹ 총포장갯수 500C/T	㊺ 총신고가격 (FOB)		$175,000 ₩196,525,000
㊻ 운임(₩)	㊼ 보험료(₩)	㊽ 결제금액 FOB-$175,000		
㊾ 수입화물관리번호		㊿ 컨테이너번호 ELSO2022013		Y

※ 신고인기재란 수출자 : 제조/무역, 전자제품	51 세관기재란		
52 운송(신고)인 국제통운(주) 한기철 53 기간 2024/10/12 부터 2024/11/11 까지	54 적재의무 기한 2024/11/11	55 담당자 355669 (이상호)	56 신고수리 일자 2024/10/12

실습하기 작업순서

		🖩 4000 (주)독공전자 법인 11기 2024-01-01-2024-12-31 후기A 2024 인A 2024

수출실적명세서

≡ F3 입력기간설정 CF4 적요설정 F4 전표처리 SF4 전표불러오기 F6 엑셀작업 F7 마감 F8 신고일 F11 저장

조회기간 2024 년 10 ∨ 월 ~ 2024 년 12 ∨ 월 구분 : 2기 확정 과세기간별입력

구분	건수	외화금액	원화금액	비고
⑧합계	1	175,000.00	201,250,000	
⑨수출재화[=⑩합계]	1	175,000.00	201,250,000	
⑩기타영세율적용				

No	□	(13)수출신고번호	(14)선(기) 적일자	(15) 통화코드	(16)환율	금액 (17)외화	금액 (18)원화	전표정보 거래처코드	전표정보 거래처명
1	□	43830-21-600814X	2024-10-14	USD	1,150.0000	175,000.00	201,250,000	00106	WOOD Co.,Ltd.
		합계				175,000	201,250,000		

※ [F11 저장]을 반드시 누른다.

실습하기

다음 자료를 보고 2024년 제1기 확정신고기간의 수출실적명세서를 작성하시오(단, 거래처코드 및 거래처명도 입력할 것).

상대국	거래처	수출신고번호	선적일	원화환가일	통화	수출액	기준환율	
							선적일	원화환가일
미국	언더우드사	13042-10-044689X	2024.4.20.	4.13.	USD	$50,000	₩1,150/$	₩1,140/$
미국	카오	13045-10-011470X	2024.5.12.	5.15.	USD	$60,000	₩1,140/$	₩1,130/$
중국	하이얼사	13064-25-247041X	2024.6.7.	6.10.	CNY	700,000위안	₩170/위안	₩171/위안

실습하기 작업순서

※ [F11 저장]을 반드시 누른다.

→ 선적일 이전에 원화로 환가한 경우 환가한 날의 환율 × 외화금액이 과세표준이 된다.

05 내국신용장, 구매확인서전자발급명세서

내국신용장, 구매확인서전자발급명세서는 전자무역문서(「전자무역촉진에 관한 법률」 제12조에 따른 전자무역기반시설을 이용한 전자문서를 말함)로 발급된 내국신용장·구매확인서에 의해 공급하는 재화 또는 수출재화임가공용역에 대하여 영세율을 적용받는 사업자가 작성하며 제출한다.

1) 조회기간

신고대상 과세기간을 입력한다.

2) 구분

'1.내국신용장, 2.구매확인서'인지 선택한다.

3) 서류번호

서류번호를 입력한다.

4) 발급일

발급일자를 입력한다.

5) 거래처명

거래처를 직접 입력하거나 [F2 코드도움]을 통해 선택한다(필수입력항목이 아님).

6) 금액

신고대상기간의 발급 또는 개설금액을 입력한다.

7) 전표일자

매입매출전표입력 메뉴에 입력한 데이터를 불러온 경우 해당 데이터의 전표일자가 반영된다.

8) F4 불러오기

매입매출전표입력 메뉴에서 과세유형 12.영세로 입력한 전표를 불러오기하여 적용할 수 있다.

📰 **실습하기**

다음 자료를 이용하여 2기 확정신고기간의 내국신용장·구매확인서 전자발급명세서를 작성하시오.

구분	서류번호	발급일	거래처	금액	개설은행
내국신용장	LCCAPP202	2024.10.28.	(주)국제	12,000,000원	국민은행

📰 **실습하기 작업순서**

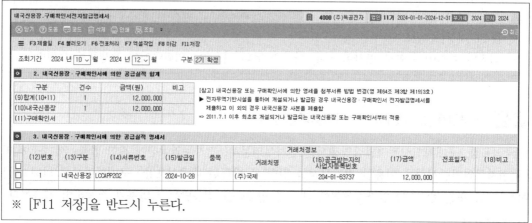

※ [F11 저장]을 반드시 누른다.

◀ **06** 영세율매출명세서

부가가치세법, 조세특례제한법 및 그 밖의 법률에 따른 영세율 적용 매출 실적이 있는 경우 영세율
매출명세서를 작성하여 제출한다.

1) 조회기간

신고대상 과세기간을 입력한다.

2) 부가가치세신고서의 과세표준 및 매출세액의 영세율 금액란의 금액을 기준으로 각각의 영세율 규정에 따른 세무명세를 구분하여 입력한다.

3) F4 불러오기

매입매출전표 입력자료를 불러오기하여 적용할 수 있다.

🕒 실습하기

2기 예정신고기간의 영세율매출명세서를 작성하시오.

🕒 실습하기 작업순서

매입매출전표의 입력자료가 자동으로 반영된다.

영세율매출명세서			🖥 4000 (주)독공전자 법인 11기 2024-01-01-202
⊗닫기 ②도움 ⊡코드 ⑪삭제 🖶인쇄 🔍조회 ▾			
☰ F4 불러오기 F11저장			
조회기간 2024 년 07 ∨ 월 ~ 2024 년 09 ∨ 월 2기 예정			
부가가치세법 조세특례제한법			
(7)구분	(8)조문	(9)내용	(10)금액(원)
		직접수출(대행수출 포함)	283,600,000
		중계무역·위탁판매·외국인도 또는 위탁가공무역 방식의 수출	
	제21조	내국신용장·구매확인서에 의하여 공급하는 재화	30,000,000
		한국국제협력단 및 한국국제보건의료재단에 공급하는 해외반출용 재화	
		수탁가공무역 수출용으로 공급하는 재화	
(11) 부가가치세법에 따른 영세율 적용 공급실적 합계			313,600,000
(12) 조세특례제한법 및 그 밖의 법률에 따른 영세율 적용 공급실적 합계			
(13) 영세율 적용 공급실적 총 합계(11)+(12)			313,600,000

※ [F11 저장]을 반드시 누른다.

◢ 07 대손세액공제신고서

사업자는 부가가치세가 과세되는 재화나 용역을 공급한 경우 공급가액과 공급가액의 10%의 부가가치세(매출세액)를 공급받는자에게 판매대금으로 수취하여 부가가치세를 납부하여야 한다.
매출대금을 외상매출금으로 하였을 경우 부가가치세를 징수하지 못하였어도 사업자가 부가가치세를 납부하게 된다. 거래상대방이 파산 또는 부도 등의 사유로 대손이 발생하여 부가가치세를 회수할 수 없게 된 경우 사업자의 세부담을 완화시켜주기 위한 제도로 대손이 확정된 날이 속하는 과세기간에 매출세액에서 공제해주게 되는데 이를 대손세액공제라고 한다.

1) 대손사유

① 민사집행법에 따라 채무자의 재산에 대한 경매가 취소된 압류채권
② 채무자의 파산, 강제집행, 형의집행 또는 사업의 폐지, 사망, 실종 또는 행방불명
③ 상법, 민법, 어음법, 수표법상의 소멸시효 완성

④ 부도발생일로부터 6개월이 경과한 수표 또는 어음상의 채권(저당권을 설정하고 있는 경우는 제외)
⑤ 중소기업의 외상매출금으로서 회수기일로부터 2년이 경과한 외상매출금 및 미수금
⑥ 회수기일이 6개월 이상 경과한 채권 중 채권가액이 30만원 이하인 채권

2) 공제범위
재화나 용역을 공급한 날로부터 10년이 지난 날이 속하는 과세기간에 대한 확정신고 시까지 대손이 확정된 것에 한해서 공제해준다.

3) 대손세액공제시기 및 대손율
대손세액공제시기는 대손이 확정된 날이 속하는 과세기간(확정신고)이며 공제율은 <u>10/110</u>이다.

4) 공급자와 공급받는자의 부가가치세신고서 방법 및 회계처리
① 공급자(판매자)
▼ 부속서류 및 부가가치세신고서 작성방법

구분	대손세액공제신고서	부가가치세신고서
대손발생	대손세액공제신고서 <u>대손발생탭</u> → 양수 100	부가가치세신고서 대손세액가감란 음수로 반영 → −100
대손금회수	대손세액공제신고서 <u>대손발생탭</u> → 음수 100	부가가치세신고서 대손세액가감란 양수로 반영 → +100

▼ 회계처리

대손발생 회계처리	부가세예수금 ××× / 외상매출금 ××× 대손충당금 ××× 대손상각비 ×××
대손금회수 회계처리	현금 ××× / 부가세예수금 ××× 대손충당금 ×××

② 공급받는자(구매자)
▼ 부속서류 및 부가가치세신고서 작성방법

구분	대손세액공제신고서	부가가치세신고서
대손발생		부가가치세신고서 공제받지못할매입세액 → 대손처분받은세액란에 반영
대손금상환	대손세액공제신고서 <u>대손변제탭</u> → 양수 100	부가가치세신고서 그밖의공제매입세액 → 변제대손세액란에 반영

▼ 회계처리

대손발생 회계처리	외상매입금 ××× / 부가세대급금 ××× 대손세액에 대해서만 회계처리한다.
대손금상환 회계처리	부가세대급금 ××× / 현금 ××× 외상매입금 ×××

📋 실습하기

다음 자료를 참고하여 2기 확정신고 시 대손세액공제신고서를 작성하시오.

① 2024년 2월 21일 (주)조은(대표자 : 함유빈 617-81-15432)에 상품을 매출하고, 대금(부가가치세 포함) 15,400,000원은 (주)조은 발행 약속어음으로 수령하였다. 동어음은 거래일로부터 6개월이 지난 2024년 8월 21일에 주거래은행으로부터 부도확인을 받았다.

② 외상매출금 중 88,000,000원은 2021년 9월 5일 (주)한솔(대표자 : 조태호, 105-81-83080)에 대한 것이다. 이 외상매출금의 회수를 위해 당사는 법률상 회수노력을 다하였으나 결국 회수를 못하였고, 2024년 9월 5일자로 동외상매출금의 소멸시효가 완성되었다.

③ 소멸시효 완성으로 인해 2022년 1기 부가가치세 확정신고 시 공제받지 못할 매입세액(대손처분받은 세액)으로 신고하였던 (주)신도상사(대표자 : 정지훈, 128-86-12434)에 대한 외상매입금 3,300,000원을 2024년 10월 1일 전액 현금으로 상환하였다. (단, 당초대손확정일은 2022년 4월 5일이다.)

④ 2024년 10월 10일자로 (주)수림상사(대표자 : 정다온, 602-81-40388)에 대한 채권잔액 187,000원(부가가치세 포함)을 대손처리하다. 동채권은 회수기일로부터 7개월이 경과된 것이며, 이외의 (주)수림상사에 대한 채권은 없다. (단, 당초공급일은 2024년 2월 1일이다.)

⑤ 2022년 12월에 파산으로 대손처리했던 (주)유신상사(대표자 : 정영식, 617-81-81080)에 대한 채권액 16,500,000원 중 50%에 상당하는 금액을 2024년 11월 7일 현금으로 회수하였다. 당사는 동채권액에 대하여 2022년 2기 부가가치세 확정신고 시 대손세액공제를 적용받았다. (단, 당초공급일은 2021년 6월 10일이다.)

⑥ 2024년 10월 9일 (주)국제(대표자 : 한겨레, 204-81-63737)의 기계장치판매 대금(미수금) 1,100,000원을 대손처리하였다. 해당 법인이 채무자의 재산에 대하여 저당권을 설정하고 있다. (단, 당초공급일은 2024년 10월 1일이다.)

📋 실습하기 작업순서

당초공급일	대손확정일	대손금액	공제율	대손세액	거래처		대손사유
2021-09-05	2024-09-05	88,000,000	10/110	8,000,000	(주)한솔	6	소멸시효완성
2024-02-01	2024-10-10	187,000	10/110	17,000	(주)수림상사	7	6개월경과 소액채권
2021-06-10	2024-11-07	-8,250,000	10/110	-750,000	(주)유신상사	7	대손금회수(파산)
합 계		79,937,000		7,267,000			

※ [F11 저장]을 반드시 누른다.

→ ①번은 부도발생일로부터 6개월이 경과하지 않았으므로 대손세액공제가 불가능하다.

  ⑥번은 저당권이 설정된 채권이므로 대손세액공제가 불가능하다.

일반과세	간이과세					

조회기간 2024 년 10 월 1 일 ~ 2024 년 12 월 31 일 신고구분 1.정기신고

구분				정기신고금액		
				금액	세율	세액
과세표준및매출세액	과세	세금계산서발급분	1	607,492,815	10/100	60,749,281
		매입자발행세금계산서	2		10/100	
		신용카드·현금영수증발행분	3		10/100	
		기타(정규영수증외매출분)	4	4,027,517		402,751
	영세	세금계산서발급분	5	549,130,000	0/100	
		기타	6		0/100	
	예정신고누락분		7			
	대손세액가감		8			-7,267,000
	합계		9	1,160,650,332	㉑	53,885,032

▼ 대손변제탭 입력화면

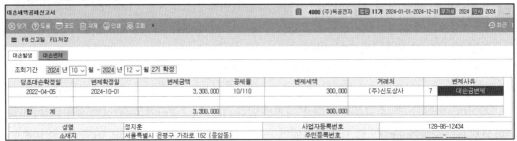

대손세액공제신고서　　　　　　　　　🏢 **4000** (주)특공전자　전망 **11기** 2024-01-01~2024-12-31 부가세 2024 인사 2024 …

⊗닫기 ⑦도움 🗔코드 🗑삭제 🖨인쇄 🔍조회 ▾　　　　　　　　　　⊙최근

☰ F8 신고일 F11저장

대손발생	대손변제

조회기간 2024 년 10 월 ~ 2024 년 12 월 2기 확정

당초대손확정일	변제확정일	변제금액	공제율	변제세액	거래처		변제사유
2022-04-05	2024-10-01	3,300,000	10/110	300,000	(주)신도상사	7	대손금변제
합　계		3,300,000		300,000			

성명	정지훈	사업자등록번호	128-86-12434
소재지	서울특별시 은평구 가좌로 162 (응암동)	주민등록번호	-

※ [F11 저장]을 반드시 누른다.

▼ 부가가치세신고서 반영

14.그 밖의 공제매입세액					
신용카드매출	일반매입	41	200,000		20,000
수령금액합계표	고정매입	42			
의제매입세액		43		뒤쪽	
재활용폐자원등매입세액		44		뒤쪽	
과세사업전환매입세액		45			
재고매입세액		46			
변제대손세액		47			300,000
외국인관광객에대한환급세액		48			
합계		49	200,000		320,000

08 신용카드매출전표 등 수령명세서

사업자가 일반과세자 및 간이과세자(직전년도 공급대가 합계액이 4,800만원 이상이며 2021년 7월 1일 이후 발급분)로부터 부가가치세액이 별도 구분기재된 신용카드매출전표 등을 수취한 경우 매입세액공제요건이 충족한다면 신용카드매출전표 등 수령명세서를 작성하여 제출하고 매입세액공제를 받을 수 있다.

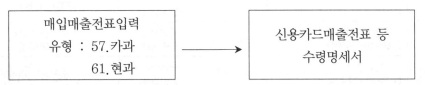

1) 매입세액공제가 불가능한 경우

① 세금계산서 수취분

② 목욕, 이발, 미용, 택시, 항공기, 고속철도, 고속버스 등 여객운송업(전세버스 제외)

③ 입장권을 발행하는 사업자로부터 수취분

④ 부가가치세법상 매입세액 불공제 사유

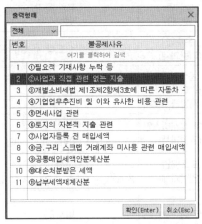

⑤ 면세사업자, 간이과세자와의 거래가 아닐 것 : 간이과세자 중에서 직전년도 공급대가 합계액이 4,800만원 이상이며 2021년 7월 1일 이후 발급분은 공제가 가능하다.

2) 작성방법

① 조회기간 : 신고기간의 과세기간을 입력한다.

② 구분

　㉠ 현금 : 현금영수증

　㉡ 복지 : 화물운전자 복지카드

　㉢ 사업 : 법인신용카드

　㉣ 신용 : 그 밖의 신용카드

실습하기

다음 자료를 참고하여 1기 예정신고기간의 신용카드매출전표 등 수령명세서를 작성하시오.

[자료1]

구분	거래처명 (등록번호)	거래일자	발행금액 (VAT포함)	공급자 업종 (과세유형)	거래내용
현금영수증	메가마트 (131-28-95052)	1.2.	220,000원	소매업 (일반과세)	거래처 선물구입대
법인카드	명인식당 (143-16-00991)	1.10.	330,000원	음식점업 (일반과세)	직원회식대 (복리후생)
법인카드	알파문구 (106-81-27494)	2.13.	440,000원	도매업 (일반과세)	세금계산서수취분
법인카드	예스호텔 (104-85-29650)	3.10.	550,000원	숙박업 (일반과세)	지방출장 숙박비
법인카드	케이마트 (105-05-54107)	1.19.	880,000원	소매업 (일반과세)	영업부서 소모품
현금영수증	바른헤어샵 (214-06-93696)	2.4.	220,000원	미용업 (일반과세)	광고모델인 한지민의 미용비
직원명의 신용카드	삼성드림의원 (121-96-74516)	3.17.	100,000원	보건업 (면세)	직원 독감 예방주사
법인카드	스마트정비소 (255-02-01258)	3.22.	550,000원	운수업 (일반과세)	운반용 트럭 수리비
법인카드	사천짜장 (150-05-91233)	3.25.	660,000원	음식점업 (간이과세) 영수증발급사업자	직원회식대
법인카드	(주)네버랜드 135-85-04288	2.16.	330,000원	상업시설서비스업 (일반과세)	놀이동산 입장권 (직원 야유회 목적) 구입
직원명의 신용카드	오일뱅크 110-40-13133	2.22.	88,000원	도소매업 (일반과세)	업무용자동차 (2,000cc, 5인승 승용차) 주유비 결제
직원명의 신용카드	개인택시 122-85-11236	3.8.	33,000원	운수업 (간이과세) 영수증발급사업자	택시요금
직원명의 신용카드	아름다운항공(주) 104-81-17480	3.9.	165,000원	여객운송업 (일반과세)	항공권

[자료2]

사업용카드번호 : 5522-1133-4444-8888

직원명의 신용카드번호 : 7733-6666-9999-2222

실습하기 작업순서

▼ 입력화면

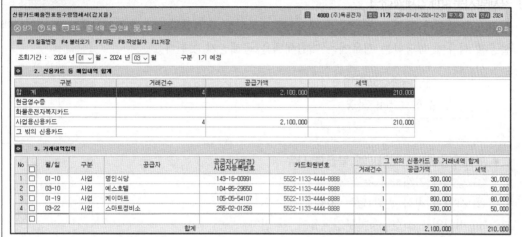

※ [F11 저장]을 반드시 누른다.

→ 메가마트 : 기업업무추진비관련 매입세액은 공제 안 됨

알파문구 : 세금계산서수취분은 과세매입으로 매입세액 공제를 받았기 때문에 공제 안 됨

바른헤어샵 : 미용업은 매입세액 공제 안 됨

삼성드림의원 : 면세사업자와의 거래는 매입세액 공제 안 됨

사천짜장 : 영수증발급사업자인 간이과세자와의 거래는 매입세액 공제 안 됨

(주)네버랜드 : 입장권을 발행하는 사업자로부터 수취분은 매입세액 공제 안 됨

오일뱅크 : 비영업용소형승용차의 주유비는 매입세액 공제 안 됨

개인택시 : 택시사업자와의 거래는 매입세액 공제 안 됨

아름다운항공(주) : 여객운송업은 매입세액 공제 안 됨

◀ 09 공제받지못할매입세액명세서

1) 공제받지못할매입세액내역

사업자가 재화나 용역을 공급받고 전자세금계산서를 수취하였으나 부가가치세법상 매입세액 불공제 사유에 해당하는 경우에는 매입세액을 공제받지 못한다.

```
┌──────────────────┐              ┌──────────────────────┐
│   매입매출전표입력   │   ────▶     │  공제받지못할매입세액내역  │
│   유형 : 54. 불공   │              └──────────────────────┘
└──────────────────┘
```

> ■ 부가가치세법상 매입세액 불공제 사유
> ① 필요적 기재사항 누락 등
> ② 사업과 직접 관련 없는 지출
> ③ 비영업용 소형승용차구입·유지 및 임차
>   → 개별소비세가 과세되는 차량은 공제가 안 됨
>   ※ 1,000cc 이하의 경차(국민차), 9인승 이상 승용자동차, 화물차(트럭)는 공제가능
> ④ 기업업무추진비 및 이와 유사한 비용 관련
> ⑤ 면세사업 등 관련
> ⑥ 토지의 자본적 지출 관련
> ⑦ 사업자등록 전 매입세액
>   → 공급시기가 속하는 과세기간이 끝난 후 20일 이내 등록 신청한 경우는 공제가능
> ⑧ 금·구리 스크랩 거래계좌 미사용 관련 매입세액

📋 실습하기

다음 자료를 참고하여 1기 예정신고기간의 공제받지못할매입세액내역을 작성하시오.

① 상품(공급가액 5,000,000원, 부가가치세 500,000원)을 구입하고 전자세금계산서를 수취하였으나 공급받는자의 상호 및 공급받는자의 대표자 성명이 누락되고 공급자의 성명에 날인도 되지 않은 오류가 있었다.
② 대표이사가 개인적인 용도로 사용할 목적으로 TV를 1,000,000원(부가가치세 별도)에 구입하고 전자세금계산서를 교부받았다.
③ 회사의 공장건물을 신축하기 위하여 회사보유 토지를 평탄하게 하는 공사(자본적 지출임)를 하기 위하여 (주)일등건설에 10,000,000원(부가가치세 별도)에 외주를 주어 공사를 완료하고 전자세금계산서를 교부받았다(동 공사는 건물의 자본적지출이 아님).
④ 회사의 업무용으로 사용하기 위하여 차량(배기량 800cc, 4인용, 승용)을 12,000,000원(부가가치세 별도)에 구입하고 전자세금계산서를 교부받았다.

⑤ 거래처에 선물용으로 공급하기 위해서 볼펜(단가 1,000원, 500개, 부가가치세 별도)을 구입하고 전자세금계산서를 교부받았다.

⑥ 대표자의 업무용승용차(2,000cc)의 고장으로 인해 형제자동차공업사에서 수리를 하고 전자세금계산서(공급가액 3,000,000원 부가가치세 300,000원)를 수취하였다.

⑦ 면세사업에만 사용할 목적으로 비품으로 처리한 난방기를 (주)우리산업에서 250,000원(부가가치세 별도)에 구입하고 전자세금계산서를 수취하였다.

⑧ 한진상사로부터의 상품(2,000,000원 부가가치세 별도)을 매입하고 전자세금계산서를 수취하였으나 세금계산서합계표상의 공급받는자의 등록번호가 착오로 일부 오류기재되었다. (전자세금계산서는 정확히 기재됨)

실습하기 작업순서

▼ 입력화면

공제받지못할매입세액명세서 | 4000 (주)독공전자 | 법인 11기 2024-01-01-2024-12-31 부가세 2024 인사 2024

F4 불러오기 F8 신고일 F11저장

조회기간 2024 년 01 월 ~ 2024 년 03 월 구분 1기 예정

공제받지못할매입세액내역 | 공통매입세액안분계산내역 | 공통매입세액의정산내역 | 납부세액또는환급세액재계산

매입세액 불공제 사유	세금계산서		
	매수	공급가액	매입세액
①필요적 기재사항 누락 등			
②사업과 직접 관련 없는 지출	1	1,000,000	100,000
③비영업용 소형승용자동차 구입·유지 및 임차	1	3,000,000	300,000
④기업업무추진비 및 이와 유사한 비용 관련	1	500,000	50,000
⑤면세사업등 관련	1	250,000	25,000
⑥토지의 자본적 지출 관련	1	10,000,000	1,000,000
⑦사업자등록 전 매입세액			
⑧금·구리 스크랩 거래계좌 미사용 관련 매입세액			
합계	5	14,750,000	1,475,000

※ [F11 저장]을 반드시 누른다.

→ [매입세액 공제가능]
① 공급받는자의 상호 및 성명, 공급자의 날인은 필요적 기재사항이 아니므로 매입세액 공제가 가능하다.
④ 1,000cc 이하의 경차는 매입세액 공제가 가능하다.
⑧ 착오기재인 경우에는 매입세액 공제가 가능하다.

[매입세액 불공제]
② 사업과 직접 관련 없는 지출
③ 토지의 자본적 지출 관련
⑤ 기업업무추진비 및 이와 유사한 비용 관련
⑥ 비영업용 소형승용차 구입·유지 및 임차
⑦ 면세사업등 관련

2) 공통매입세액안분계산내역

사업자가 과세사업과 면세사업의 겸영사업자일 경우 과세사업과 관련한 매입세액은 공제가 가능하지만 면세사업과 관련한 매입세액은 공제되지 않는다.

과세사업과 면세사업에 공통으로 사용된 매입세액인 경우 예정신고 시 안분계산하여 면세사업에 관련한 매입세액을 불공제매입세액으로 신고한다.

① 안분계산식

원칙은 당해 과세기간의 공급가액 기준으로 안분을 한다.

$$\text{불공제매입세액} = \text{공통매입세액} \times \text{해당과세기간의} \frac{\text{면세공급가액}}{\text{총 공급가액}}$$

공급가액이 불분명한 경우에는 매입가액기준 → 예정공급가액기준 → 예정사용면적기준의 순서로 안분계산을 한다.

② 안분계산의 배제

다음의 경우에는 공통매입세액은 공제되는 매입세액으로 한다.

- 해당 과세기간의 총공급가액 중 면세공급가액이 5% 미만인 경우
  (다만, 공통매입세액이 500만원 이상인 경우는 제외)
- 해당 과세기간 중의 공통매입세액이 5만원 미만인 경우
- 해당 과세기간에 신규로 사업을 개시하여 직전 과세기간이 없는 경우의 매입세액

실습하기

다음 자료를 보고 당사(과세면세 겸영사업자)의 1기 예정 부가가치세 신고 시 부가가치세 신고부속서류 중 공제받지못할매입세액명세서(매입세액불공제내역)를 작성하라. 단, 아래의 매출과 매입은 모두 관련 전자세금계산서 또는 전자계산서를 적정하게 수취한 것이며, 과세분 매출과 면세분 매출은 모두 공통매입분과 관련된 것이다. (아래의 자료로만 작성하고 이미 등록된 전표자료는 적용하지 말 것)

구분		공급가액(원)	세액(원)	합계액(원)
매출내역	과세분	40,000,000	4,000,000	44,000,000
	면세분	60,000,000	–	60,000,000
	합계	100,000,000	4,000,000	104,000,000
매입내역	과세분	30,000,000	3,000,000	33,000,000
	공통분	50,000,000	5,000,000	55,000,000
	합계	80,000,000	8,000,000	88,000,000

PART
02

실습하기 작업순서

→ ① 조회기간을 입력하고 당해과세기간의 공급가액기준으로 산식을 선택한다.
  ② "전표데이타를 불러오시겠습니까?"라는 메시지창에서 "아니오"를 선택한다.

▼ 입력화면

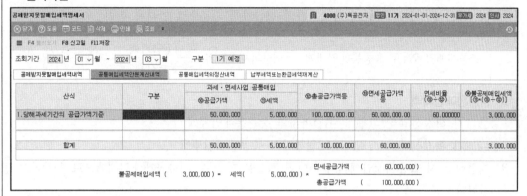

※ [F11 저장]을 반드시 누른다.

③ 공통매입세액 회계처리 방법
  ㉠ 매입 시 과세매입으로 처리한 경우

매입매출전표입력			
51. 과세매입			
(차) 원재료	50,000,000원	(대) 외상매입금	55,000,000원
부가세대급급	5,000,000원		

과세기간 종료일 분개(3월 31일)			
(차) 원재료	3,000,000원	(대) 부가세대급금	3,000,000원
(적요9.타계정에서대체액)			

  ㉡ 매입 시 불공매입으로 처리한 경우

매입매출전표입력			
54. 불공매입			
(차) 원재료	55,000,000원	(대) 외상매입금	55,000,000원

과세기간 종료일 분개(3월 31일)			
(차) 부가세대급금	2,000,000원	(대) 원재료	2,000,000원
		(적요8.타계정으로대체액)	

3) 공통매입세액정산내역

공통매입세액은 예정신고 때 안분계산을 하고 확정신고 시에는 예정신고분과 확정신고분을 합산하여 정산을 해야 한다. 확정신고 시 불공제매입세액에서 예정신고 때 불공제매입세액을 차감하여 정산한다.

① 정산계산식 : 원칙은 당해 과세기간의 공급가액 기준으로 안분을 한다.

$$\text{불공제매입세액} = \text{총공통매입세액} \times \text{해당과세기간의} \frac{\text{면세공급가액}}{\text{총공급가액}} - \text{기불공제매입세액}$$

② 총공통매입세액

ㄱ 1기 확정신고 → 1월 ~ 6월까지의 총공통매입세액

ㄴ 2기 확정신고 → 7월 ~ 12월까지의 총공통매입세액

③ 예정신고 시 불공제매입세액이 있다면 정산을 할 경우 기불공제매입세액으로 차감하고 정산한다.

🕒 실습하기

다음은 당사(과세면세 겸영사업자)의 1기 부가가치세 확정신고 자료 중 과세재화와 면세재화에 공통으로 사용되는 원재료 매입액에 관한 공통매입세액 정산내역이다. 아래 자료를 이용하여 공제받지못할매입세액명세서를 작성하시오. 본 문제에 한하여, 전산데이터와 상관없이 아래의 자료를 적용하기로 한다.

• 과세기간의 매출(공급가액)내역

구분	과세 · 면세	금액(원)
01.01. ~ 03.31.	과세매출	40,000,000
	면세매출	60,000,000
04.01. ~ 06.30.	과세매출	30,000,000
	면세매출	70,000,000

• 예정신고 시 공통매입세액불공제내역
  ① 공통매입세액 300,000원
  ② 기불공제매입세액 180,000원
• 과세기간 최종 3월(04.01. ~ 06.30.)의 내역
  ① 공통매입세액 500,000원

실습하기 작업순서

▼ 입력화면

공제받지못할매입세액명세서									4000 (주)독공전자 11기 2024-01-01-2024-12-31 2024 2024

조회기간 2024 년 04 월 ~ 2024 년 06 월   구분 1기 확정

공제받지못할매입세액내역   공통매입세액안분계산내역   공통매입세액의정산내역   납부세액또는환급세액재계산

산식	구분	(15)총공통매입세액	(16)면세 사업확정 비율			(17)불공제매입세액총액 ((15)×(16))	(18)기불공제매입세액	(19)가산또는공제되는매입세액((17)-(18))
			총공급가액	면세공급가액	면세비율			
1.당해과세기간의 공급가액기준		800,000	200,000,000.00	130,000,000.00	65.000000	520,000	180,000	340,000
합계		800,000	200,000,000	130,000,000		520,000	180,000	340,000

가산또는공제되는매입세액 (340,000) = 총공통매입세액(800,000) × 면세비율(%) 65.000000) - 기불공제매입세액(180,000)

※ [F11 저장]을 반드시 누른다.

4) 납부세액 또는 환급세액재계산

과세사업과 면세사업을 겸영하는 사업자가 고정자산을 취득하여 공통매입세액을 취득 시 공급가액 기준으로 안분계산을 하게 될 경우 고정자산은 여러 과세기간에 걸쳐 사용하게 되므로 납세자의 입장에서 불합리하게 된다. 과세사업과 면세사업에 공통으로 사용되는 고정자산의 취득과 관련한 매입세액에 대해서는 아래의 조건에 해당된다면 재계산을 하여 재계산한 과세기간의 납부세액에 가감하거나 환급세액에서 가감하는 제도를 두고 있다.

① 재계산의 요건

- 공통매입세액을 안분계산한 경우
- 면세비율이 추후 과세기간에 5% 이상 증감된 경우
- 매입세액을 공제받은 자산이 감가상각대상 자산인 경우(건물과 구축물은 10년, 기타의 감가상각대상 자산은 2년 이내)
  → 상품, 토지 등은 제외
  ※ 납부세액 재계산은 확정신고 시 한다.

② 재계산 방법

- 건물과 구축물
  해당재화의매입세액 × (1-5% × 경과된 과세기간의 수) × 증감된 면세공급가액비율
- 기타의 감가상각대상 자산
  해당재화의매입세액 × (1-25% × 경과된 과세기간의 수) × 증감된 면세공급가액비율

실습하기

다음 자료를 참고하여 1기 확정 부가가치세신고서 납부세액재계산을 하여 공제받지못할매입세액
명세서를 작성하시오. 본 문제에 한하여, 전산데이터와 상관없이 아래의 자료를 적용하기로 한다.

- 2023년 과세사업과 면세사업에 공통으로 사용되는 자산의 구입내역

계정과목	취득일자	공급가액	부가가치세
기계장치	2023.7.1.	10,000,000원	1,000,000원
공장건물	2023.8.10.	100,000,000원	10,000,000원
상품	2023.10.20.	1,000,000원	100,000원

※ 2023년 제2기 부가세 확정신고 시 공통매입세액에 대한 안분계산 및 정산은 정확히 신고서
에 반영되었다.

- 2023년 및 2024년의 공급가액 내역

구분	2023년 제2기	2024년 제1기
과세사업	100,000,000원	80,000,000원
면세사업	100,000,000원	120,000,000원

실습하기 작업순서

→ ① 조회기간을 입력하고 당해과세기간의 공급가액기준으로 산식을 선택한다.
② "전표데이타를 불러오시겠습니까?"라는 메시지창에서 "아니오"를 선택한다.
③ 면세공급가액비율 → 10% 증가
  2023년 2기 → (1억/2억) × 100 = 50%
  2024년 1기 → (1억2천/2억) × 100 = 60%
④ 상품은 재고자산이므로 납부세액재계산대상이 아니다.

▼ 입력화면

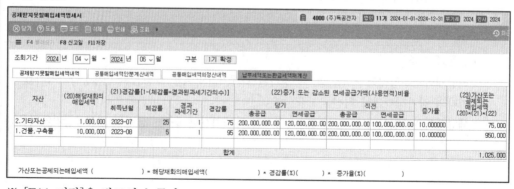

※ [F11 저장]을 반드시 누른다.

10 의제매입세액공제신고서

사업자가 부가가치세가 면제되는 농·축·수·임산물 등을 원재료로 하여 제조·가공한 재화 또는 용역이 과세되는 경우에 구입한 원재료 등의 가액의 일정한 공제율을 계산하여 매입세액을 공제받을 수 있는데 이를 의제매입세액공제라고 한다.

1) 의제매입세액

의제매입세액 = 면세농산물 등의 매입가액 × 공제율

① 면세농산물 등의 매입가액

   ㉠ 국내분 : 운임·부대비용 제외한 순수 매입원가

   ㉡ 수입분 : 관세의 과세가격

② 공제율

업종구분		공제율
일반업종		2/102
중소제조업 및 개인사업자	기타 제조업	4/104
	과자점업, 도정업, 제분업, 떡방앗간	6/106
	법인(중소기업)	4/104
	법인(중소기업 외)	2/102
음식점업	법인사업자	6/106
	개인사업자	8/108(9/109)
	과세유흥장소 경영자	2/102

※ 음식점업 개인사업자 과세표준 2억원 이하인 자는 공제율(9/109)과 한도액(과세표준 × 40~65%)을 적용한다.

2) 공제한도

구분		면세농산물 등의 가액 한도	
		음식점업	기타
법인사업자		50%	
개인사업자	과세표준 1억원 이하인 경우	65%	55%
	과세표준 1억원 ~ 2억원	60%	
	과세표준 2억원 초과	50%	45%

3) 공제요건

① 사업자로부터 면세농산물 등을 공급받은 경우 정규증명서류 : 계산서, 신용카드매출전표, 현금영수증을 수취(과세유형 : 53.면세, 58.카면, 62.현면)

② 농어민으로부터 면세농산물 등을 공급받은 경우(제조업만 가능) : 증빙자료는 필요없으나 인적사항이 필요함(과세유형 : 60.면건)

4) 의제매입세액(공제세액) 회계처리

과세기간 종료일에 일반전표에 입력한다.

(차) 부가세대급금	×××	(대) 원재료	×××
		(적요8. 타계정으로 대체액)	

5) 의제매입세액 정산

① **예정신고 시** 의제매입세액공제액 = 예정신고기간의 면세농산물 등의 매입가액 × 공제율

② **확정신고 시** 의제매입세액공제액 = (과세기간의 공제대상금액 × 공제율) − 예정신고 시 이미 공제받은금액

> ㉠ 공제대상금액 = min(한도액, 당기매입액)
> 한도액 = 과세표준(예정분 과세표준 + 확정분 과세표준) × 한도율(50%)
> 당기매입액 = 예정매입분 + 확정매입분
> ㉡ 과세기간 공제할 세액
> 공제대상세액 − 이미공제받은금액 = 공제할세액
> → 공제대상세액 = 공제대상금액 × 공제율

6) 전표입력 시 의제매입세액공제신고서에 자동반영하기

방법 1) 매입매출전표입력 [전체입력]탭 → 원재료 계정과목에서 "적요6. 의제매입세액공제신 고서 자동반영분" 입력함 → 의제매입세액공제신고서에 자동반영됨 → 단, 공제율을 업종에 맞게 수정한다.

방법 2) 매입매출전표입력 [의제류매입]탭에서 입력 → 부가세대급금(의제매입세액)과 의제매 입세액공제신고서에 자동반영된다.

⊟ 실습하기

다음의 자료를 토대로 2기 예정신고기간의 의제매입세액공제신청서를 작성하시오. 당사는 제조업을 영위하며 중소제조업에 속하며 의제매입세액공제대상이 되는 거래는 다음 거래뿐이며 매입매출전표입력(전체입력 tab)을 하여 의제매입세액공제신청서에 반영을 하시오. (원재료 구입대금은 전액 현금지출분이다.)

공급자	사업자번호 주민번호	매입일자	품명	수량	매입가격	비고
수원농산	135-81-22221	9.5.	농산물	100	10,000,000원	전자계산서수령
이농부	620202-1103222	9.20.	야채	50	300,000원	비사업자인 농민에게 매입 증빙없음

실습하기 작업순서

① 매입매출전표입력화면

[수원농산]

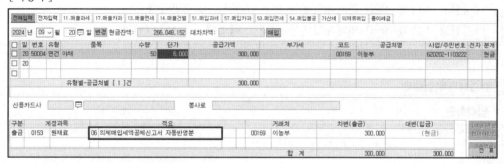

→ 원재료 계정과목에 적요6. 의제매입세액공제신고서 자동반영분을 입력한다.

[이농부]

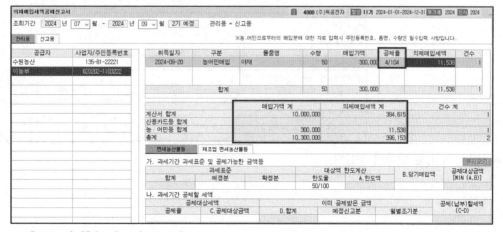

② 의제매입세액공제신고서 입력화면

→ 중소제조업이므로 공제율을 4/104로 수정한다.

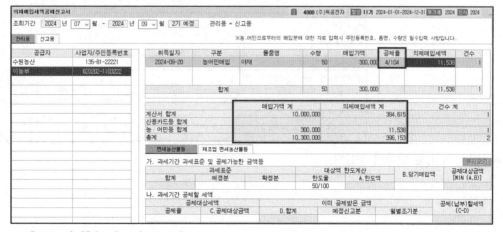

※ [F11 저장]을 반드시 누른다.

실습하기

당사는 제조업을 영위하며 중소제조업에 속하며 다음 자료를 이용하여 제2기 확정신고 시 의제매입세액공제신고서를 작성하시오. (단, 전표입력은 생략하고 원단위 미만은 절사하며, 불러오는 자료는 무시하고 직접 입력하시오.)

과세기간 종료일에 의제매입세액관련 회계처리를 일반전표입력에 수행하시오.

- 매입자료

공급자	사업자등록번호	매입일	물품명	수량	매입가격	증빙서	건수
매일장날	123-45-67891	2024.10.4.	농산물	1,000	10,000,000원	계산서	1
야채가게	101-21-34564	2024.11.23.	야채	500	5,000,000원	신용카드	1

- 제2기 예정 시 과세표준은 15,000,000원이며, 확정 시 과세표준은 20,000,000원(기계공급가액 5,000,000원은 제외한 것임)이다.
- 예정신고 시(7월~9월) 의제매입세액 396,153원을 공제받았다.
  예정신고 시(7월~9월) 의제매입대상 원재료 매입액 10,300,000원

실습하기 작업순서

▼ 입력화면

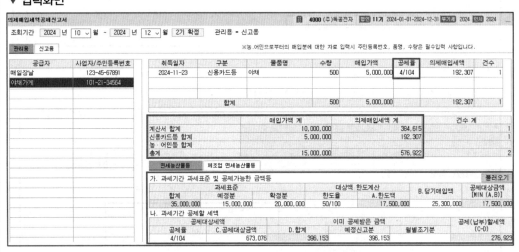

※ [F11 저장]을 반드시 누른다.

→ ① 공급자와 사업자등록번호를 입력하고 공제율은 4/104로 등록한다.

② 확정신고 시에는 정산을 해야 하므로 주어진 자료를 입력하고 공제대상매입세액을 확인한다.

ㄱ 공제대상금액 → 17,500,000원

min(한도액, 당기매입액)

한도액 = 과세표준(35,000,000원) × 한도율(50%) = 17,500,000원

당기매입액 = 예정 10,300,000원 + 확정 15,000,000 = 25,300,000원

ㄴ 과세기간 공제할 세액

공제대상세액 – 이미공제받은금액 = 공제할 세액

673,076원 – 396,153원 = 276,923원

공제대상세액 = 공제대상금액(17,500,000원) × 공제율(4/104) = 673,076원

③ 과세기간종료일(12월 31일)의 의제매입세액공제분의 일반전표입력

(차) 부가세대급금	276,923	(대) 원재료	276,923
		(적요8.타계정으로대체)	

※ 원재료에 적요8번 타계정으로 대체액을 반드시 걸어준다.

◢11 재활용폐자원세액공제신고서

재활용폐자원을 수집하는 사업자, 중고자동차를 수출하는 사업자 등이 부가가치세 과세사업을 하지 않는 자와 간이과세자로부터 재활용폐자원을 구입하여 제조, 가공하거나 이를 공급하는 경우에 부가가치세신고 시 재활용폐자원세액공제신고서를 작성하여 제출하면 매입세액을 공제받을 수 있다 (세금계산서를 발급할 수 있는 간이과세자는 제외).

1) 재활용폐자원매입세액공제

= 공제대상매입가액 × 3/103(중고자동차 10/110)

2) 전표입력 시 재활용폐자원세액공제신고서에 자동반영하기

일반전표 또는 매입매출전표입력 시 원재료 계정과목에서 적요7. 재활용폐자원매입세액공제신고서 자동반영을 입력하면 재활용폐자원세액공제신고서에 자동반영된다.

3) 재활용폐자원매입세액은 확정신고 시 정산을 한다.

→ 중고자동차는 정산 대상이 아님

- 공제대상금액 = min(당기영수증(계산서)매입액, 공제가능한금액)
- 공제대상금액 = 한도액 – 당기세금계산서매입액
- 한도액 = 매출액(예정+확정) × 한도율(80%)
- 공제대상세액 = 공제대상금액 × 공제율(3/103)
- 공제할세액 = 공제대상세액 – 이미공제받은세액

실습하기

당사는 재활용폐자원을 수집하는 사업자이다. 다음 자료에 의하여 2기 확정신고기간의 재활용폐자원세액공제신고서를 작성하시오. 매입매출전표입력을 하여 재활용폐자원세액공제신고서에 반영하고 과세기간 종료일에 재활용폐자원세액공제분에 대해 일반전표입력을 수행하시오. (단, (25)구분코드는 2.기타재활용폐자원을 선택한다.)

• 거래자료

공급자	사업자번호	거래일자	품명	수량(kg)	취득금액	증빙	건수
행복한고물상	101-02-21108	10.06.	고철	200	8,000,000원	영수증	1

• 행복한고물상은 간이과세자이고 고철매입대금은 현금으로 지불하였다.
• 예정신고기간의 중의 재활용폐자원 영수증 수취 매입금액은 2,000,000원이 있으며 재활용폐자원공제세액은 100,000원이 있다.
• 2기 과세기간 중 재활용관련 매출액과 전자세금계산서 매입액은 다음과 같다.

구분	매출액	매입공급가액(전자세금계산서)
예정분	18,000,000원	10,000,000원
확정분	22,000,000원	7,000,000원

실습하기 작업순서

① 매입매출전표입력 메뉴에서 고철구입관련 전표를 입력하고 원재료에 적요7번 재활용폐자원 매입세액공제신고서 자동반영을 등록한다.

날짜	유형	품목	수량	공급가액	부가세	공급처명	전자	분개
10.06	60.면건	고철	200	8,000,000		행복한고물상		현금

(차) 원재료	8,000,000	(대) 현금	8,000,000
(적요7. 재활용폐자원매입 세액공제신고서자동반영)			

② 재활용폐자원세액공제신고서를 열어서 공제율을 3/103으로 등록하고 자료에 내용을 입력하여 정산을 한다.

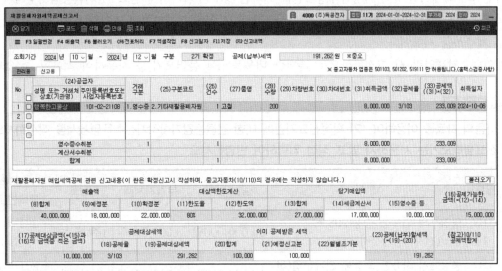

※ [F11 저장]을 반드시 누른다.

㉠ 공제대상금액 = min(당기영수증(계산서)매입액, 공제 가능한 금액)

10,000,000원 = min(10,000,000원, 15,000,000원)

㉡ 공제대상금액 = 한도액 - 당기세금계산서매입액

15,000,000원 = 32,000,000원 - 17,000,000원

㉢ 한도액 = 매출액(예정+확정) × 한도율

32,000,000원 = (예정매출액 18,000,000원 + 확정매출액 22,000,000원) × 한도율(80%)

㉣ 공제대상세액 = 공제대상금액 × 공제율

291,262원 = 10,000,000원 × 3/103

㉤ 공제할세액 = 공제대상세액 - 이미공제받은세액

191,262원 = 291,262원 - 100,000원

③ 과세기간 종료일 12월 31일자에 일반전표에 재활용폐자원공제매입세액 분개를 한다.

(차) 부가세대급금	191,262	(대) 원재료	191,262
		(적요8.타계정으로대체)	

◢12 건물등감가상각자산취득명세서

사업자가 과세기간 중 감가상각대상자산을 취득한 경우 부가가치세 신고 시 건물등감가상각자산취득명세서를 제출하여야 한다. 감가상각자산 취득으로 인해 부가가치세 조기환급을 받아야 하는 경우 제출하는 서류이다.

매입매출전표입력 시 고정자산으로 분개한 내용을 [F4 불러오기]를 사용하여 적용할 수 있다.

실습하기

다음의 자료를 이용하여 1기 확정신고기간에 대한 건물등감가상각자산취득명세서를 작성하시오. 전표불러오기는 사용하지 말고 직접 입력하여 반영하시오.

일자	내역	공급가액	부가가치세	상호	사업자 등록번호
04/15	영업부의 업무용 승용(998cc) 구입(전자세금계산서 수취)	30,000,000원	3,000,000원	(주)쉐보레	204-81-12349
04/18	공장에서 사용할 포장용 기계구입(전자세금계산서 수취)	17,000,000원	1,700,000원	(주)서울기계	201-81-98746
04/30	영업부 환경개선을 위해 에어컨 구입 (전자세금계산서 수취)	2,500,000원	250,000원	(주)엘비전자	203-81-55457

실습하기 작업순서

▼ 입력화면

건물등감가상각자산취득명세서						4000 (주)독공전자 법인 11기 2024-01-01~2024-12-31 부가세 2024 인사 2024

조회기간 2024 년 04 월 ~ 2024 년 06 월 구분 1기 확정

취득내역

감가상각자산종류	건수	공급가액	세액	비고
합 계	4	99,500,000	9,950,000	
건물 · 구축물	1	50,000,000	5,000,000	
기 계 장 치	1	17,000,000	1,700,000	
차 량 운 반 구	1	30,000,000	3,000,000	
기타감가상각자산	1	2,500,000	250,000	

거래처별 감가상각자산 취득명세

No	월/일	상호	사업자등록번호	자산구분	공급가액	세액	건수
1	04-21	(주)제이와피	617-81-66186	건물,구축물	50,000,000	5,000,000	1
2	04-15	(주)쉐보레	204-81-12349	차량운반구	30,000,000	3,000,000	1
3	04-18	(주)서울기계	201-81-98746	기계장치	17,000,000	1,700,000	1
4	04-30	(주)엘비전자	203-81-55457	기타	2,500,000	250,000	1
		합 계			99,500,000	9,950,000	4

※ [F11 저장]을 반드시 누른다.

13 부가가치세신고서 및 가산세

부가가치세신고서는 과세시간 종료 후 25일 이내 부가가치세 신고를 할 경우 과세표준 및 매출세액, 매입세액, 납부(환급)세액을 기재하여 제출하여야 하는 서류이다.

시험에서는 부가가치세신고서의 전체적인 이해가 필요하고 필드마다 매입매출전표입력 메뉴에서 과세유형에 따라 적용되는 부분을 판단하고 가산세를 계산하여 적용하는 부분을 평가한다.

▼ 과세표준 및 매출세액

구분				금액	세율	세액
과세표준 및 매출세액	과세	세금계산서 발급분	(1)	11.과세(10%) 전자세금계산서 발급	10 / 100	
		매입자발행 세금계산서	(2)		10 / 100	
		신용카드·현금영수증 발행분	(3)	17.카과(10%) 신용카드매출 22.현과(10%) 현금영수증매출	10 / 100	
		기타 (정규영수증 외 매출분)	(4)	14.건별(10%) - 소매공급(사업자등록증이 없는 개인에게 매출) - 간주공급(직매장반출제외) - 간주임대료 부가가치세법상 세금계산서교부 면제이나 부가가치세 10%의 과세매출	10 / 100	
	영세율	세금계산서 발급분	(5)	12. 영세(0%) Local L/C(내국신용장), 구매승인서에 의한 매출 영세율전자세금계산서 발급	0 / 100	
		기타	(6)	16.수출(0%) 직수출, 수출실적명세서 제출	0 / 100	
	예정신고 누락분		(7)	매출 예정신고시 누락분 반영		
	대손세액 가감		(8)			대손확정 (대손세액공제 받을 경우) 음수로 작성 대손금회수 양수로 작성
	합계		(9)		㉮	

▼ 매입세액

구분				금액	세율	세액
매입 세액	세금계산서 수취분	일반매입	(10)	51.과세(10%) 전자세금계산서 수취 52.영세(0%) 영세율전자세금계산서 수취 54.불공(10%) 전자세금계산서 수취 55.수입(10%) 수입세금계산서 수취 → 위의 전표유형 중에서 **일반 매입분**		
		수출기업 수입분 납부유예	(10-1)			
		고정자산 매입	(11)	51.과세(10%) 전자세금계산서 수취 52.영세(0%) 영세율전자세금계산서 수취 54.불공(10%) 전자세금계산서 수취 55.수입(10%) 수입세금계산서 수취 → 위의 전표유형 중에서 **고정자산 매 입분**		
	예정신고 누락분		(12)	매입 예정신고 누락분		
	매입자발행 세금계산서		(13)			
	그 밖의 공제매입세액		(14)			
	합계(10)-(10-1)+(11)+ (12)+(13)+(14)		(15)			
	공제받지 못할 매입세액		(16)			
	차감계 (15)-(16)		(17)		㉴	

구분				금액	세율	세액
(14) 그 밖의 공제 매입세액 명세	신용카드매출 전표등 수령명세서 제출분	일반매입	(41)	57.카과(10%) 신용카드 매입 61.현과(10%) 현금영수증 매입 → 위의 전표유형 중에서 **일 반 매입분**		
		고정자산매입	(42)	57.카과(10%) 신용카드 매입 61.현과(10%) 현금영수증 매입 → 위의 전표유형 중에서 **고 정자산매입분**		

구분		금액	세율	세액
의제매입세액	(43)	의제매입세액공제신고서 반영분	뒤쪽 참조	
재활용폐자원등 매입세액	(44)	재활용폐자원세액공제신고서 반영분	뒤쪽 참조	
과세사업전환 매입세액	(45)			
재고매입세액	(46)			
변제대손세액	(47)			
외국인 관광객에 대한 환급세액	(48)			
합계	(49)			

구분			금액	세율	세액
(16) 공제받지 못할 매입세액 명세	공제받지 못할 매입세액	(50)	54.불공(10%) 전자세금계산서는 수취하였으나 매입세액공제를 못 받을 경우		
	공통매입세액 면세사업등분	(51)	겸영사업자의 공통매입세액 중에서 면세사업에 해당하는 부분 공제받지못할매입세액명세서 반영분		
	대손처분받은 세액	(52)	공급받는자가 대손이 발생하여 이미공제받은 매입세액을 대손처분받은 경우 → 공제 못받음		
	합계	(53)			

구분			금액	세율	세액
(18) 그 밖의 경감·공제 세액 명세	전자신고 및 전자고지 세액공제	(54)			전자신고 시 세액공제 입력 10,000원
	전자세금계산서 발급세액 공제	(55)			
	택시운송사업자 경감세액	(56)			
	대리납부 세액공제	(57)			
	현금영수증사업자 세액공제	(58)			
	기타	(59)			
	합계	(60)			

■ 불공 정리

전자세금계산서 수취분 매입일 경우 부가가치세 10%를 매입세액으로 공제를 받을 수 있다. 그런데 부가가치세법상 매입세액불공제 사유라면 매입세액을 공제받을 수 없다. 매입세액을 공제받지 못한다고 하더라도 매입분에 대해서는 정상적으로 신고를 해야 하므로 불공에 해당하는 경우에는 **세금계산서수취분 일반매입 또는 고정자산매입에 정상적으로 입력한 후 공제받지못할매입세액**에 다시 한번 입력을 해서 매입세액에서 차감을 해주어야 한다.

▼ 과세표준명세

		업태	종목	코드번호	금액
면세사업 수입금액	(81)				
	(82)				
	(83)	수입금액 제외	고정자산매각, 간주공급등		
	(84) 합계				
계산서 발급 및 수취 명세	(85) 계산서 발급금액	13. 면세(부가세 면제) 계산서 발급			
	(86) 계산서 수취금액	53. 면세(부가세 면제) 계산서 수취			

▼ 가산세

구분				금액	세율	세액
(25) 가산세 명세	사업자미등록 등		(61)		1 / 100	
	세금계산서	지연발급 등	(62)	공급시기 이후 확정신고기간까지(7월 25일, 1월 25일) 발급한 경우 공급가액 × 1%	1 / 100	
		지연수취	(63)	공급가액 × 0.5%	5 / 1,000	
		미발급 등	(64)	공급시기 이후 확정신고기간까지(7월 25일, 1월 25일) 발급하지 않은 경우 공급가액 × 2% 종이세금계산서 발급 공급가액 × 1% (지연발급등에 입력해도 무방함)	뒤쪽 참조	
	전자세금계산서 발급명세 전송	지연전송	(65)	공급가액 × 0.3%	3 / 1,000	
		미전송	(66)	공급가액 × 0.5%	5 / 1,000	

세금계산서 합계표	제출 불성실	(67)		5 / 1,000	
	지연제출	(68)		3 / 1,000	
신고 불성실	무신고(일반)	(69)	납부세액 × 20%	뒤쪽참조	
	무신고(부당)	(70)		뒤쪽참조	
	과소 · 초과환급 신고(일반)	(71)	납부세액 × 10%	뒤쪽참조	
	과소 · 초과환급 신고(부당)	(72)		뒤쪽참조	
납부 불성실		(73)	미납세액 × 미납일수 × 2.2/10,000	뒤쪽참조	
영세율 과세표준신고 불성실		(74)	공급가액 × 0.5%	5 / 1,000	
현금매출명세서 불성실		(75)		1 / 100	
부동산임대공급가액명세서 불성실		(76)		1 / 100	
매입자 납부특례	거래계좌 미사용	(77)		뒤쪽참조	
	거래계좌 지연입금	(78)		뒤쪽참조	
신용카드매출등수령명세서 미제출 · 과다기재		(79)		5 / 1,000	
합계		(80)			

■ 가산세 감면

1. 수정신고에 따른 감면 : 법정신고기한이 경과 후 2년 이내 수정신고를 했다면 다음의 구분에 따른 금액을 감면받게 된다.

기간	감면	납부	기간	감면	납부
1개월 이내	90%	10%	6개월 초과 ~ 1년	30%	70%
1개월 초과 ~ 3개월 이내	75%	25%	1년 ~ 1년 6개월 이내	20%	80%
3개월 초과 ~ 6개월 이내	50%	50%	1년 6개월 ~ 2년	10%	90%

2. 법정신고기한이 경과 후 기한후 신고를 했다면 다음의 구분에 따른 금액을 감면받게 된다.

기간	감면	납부
1개월 이내	50%	50%
1개월 초과 ~ 3개월 이내	30%	70%
3개월 초과 ~ 6개월 이내	20%	80%

🔊 **실습하기**

다음 자료를 이용하여 1기 확정 부가가치세신고서를 작성하시오.
(단, 주어진 자료 외에는 고려하지 말고 기존에 입력된 자료는 삭제하고 작성하시오.)

매출자료	• 매출처별세금계산서합계표상의 금액은 150,000,000원, 세액 15,000,000원이다. • 카드매출 5,500,000원(부가세 포함), 현금영수증매출 1,100,000원(부가세 포함), 정규영수증외매출 440,000원(부가세 포함) • 선적된 마카오 수출액은 \$10,000(수출신고일 1,000원/\$, 선적일 1,100/\$)이다. • 내국신용장에 의한 영세율전자세금계산서 발급액 22,000,000원 • 대손확정된 외상매출금 15,000,000원(부가세 별도) • 임대보증금에 대한 간주임대료 620,000원(부가세 별도) • 당사의 제품(원가 5,000,000원, 시가 6,000,000원) 거래처에 무상제공
매입자료	• 매입처별세금계산서합계표상의 금액은 100,000,000원, 세액 10,000,000원이다. 이 중 비영업용소형승용차 1,900cc를 취득한 고정자산매입분 30,000,000원(부가세 별도)이 포함되어 있다. • 신용카드로 매입한 기계장치 매입액 7,700,000원(부가세 포함)이 있다. • 원재료를 2,200,000원(공급대가)에 매입하고 현금영수증을 발급받았다.
예정신고누락분	• 제품을 매출하고 지연발급한 전자세금계산서 3,000,000원(부가세 별도) • 원재료를 매입하고 수취한 전자세금계산서 1,700,000원(부가세 별도)
기타	• 홈택스에서 전자신고하기로 한다. • 1기예정신고 미환급세액 3,500,000원 • 가산세적용 시 미납일수는 91일로 하며 일반과소신고가산세율을 적용하기로 한다.

🔊 **실습하기 작업순서**

[입력화면]

① 부가가치세신고서 조회기간 2024년 4월 1일 ~ 2024년 6월 30일 입력한 후

기존에 저장된 데이타를 불러오시겠습니까?

예(Y)　아니오(N)

해당 화면에서 "아니오"를 누른 후 조회되는 자료는 모두 삭제를 한다.

② 거래자료를 입력한다.

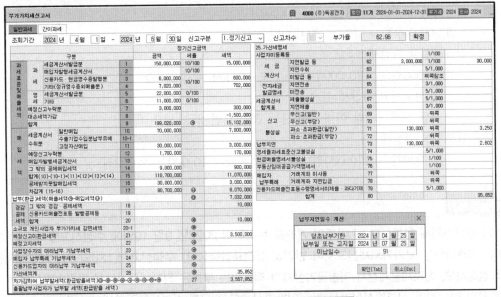

구분		금액	세율	세액
16.공제받지못할매입세액				
공제받지못할 매입세액	50	30,000,000		3,000,000
공통매입세액면세등사업분	51			
대손처분받은세액	52			
합계	53	30,000,000		3,000,000
18.그 밖의 경감·공제세액				
전자신고 및 전자고지 세액공제	54			10,000
전자세금계산서발급세액공제	55			
택시운송사업자경감세액	56			
대리납부세액공제	57			
현금영수증사업자세액공제	58			
기타	59			
합계	60			10,000

25.가산세명세				
사업자미등록등	61		1/100	
세 금 계산서	지연발급 등	62	3,000,000	1/100	30,000
	지연수취	63		5/1,000	
	미발급 등	64		뒤쪽참조	
전자세금 발급명세	지연전송	65		3/1,000	
	미전송	66		5/1,000	
세금계산서 합계표	제출불성실	67		5/1,000	
	지연제출	68		3/1,000	
신고 불성실	무신고(일반)	69		뒤쪽	
	무신고(부당)	70		뒤쪽	
	과소·초과환급(일반)	71	130,000	뒤쪽	3,250
	과소·초과환급(부당)	72		뒤쪽	
납부지연		73	130,000	뒤쪽	2,602
영세율과세표준신고불성실		74		5/1,000	
현금매출명세서불성실		75		1/100	
부동산임대공급가액명세서		76		1/100	
매입자 납부특례	거래계좌 미사용	77		뒤쪽	
	거래계좌 지연입금	78		뒤쪽	
신용카드매출전표등수령명세서미제출·과다기재		79		5/1,000	
합계		80			35,852

③ 가산세 계산

    ㉠ 세금계산서 지연발급 가산세

      = 3,000,000원 × 1% = 30,000원

    ㉡ 신고불성실 가산세

      = (300,000원 − 170,000원) × 10% × 25% = 3,250원

      → 일반과소신고 가산세 10%

         1개월 초과 3개월 이내 수정신고 75% 감면 25% 납부

    ㉢ 납부지연 가산세

      = (300,000원 − 170,000원) × 91일 × 2.2/10,000 = 2,602원

실습하기

1기 부가가치세 확정신고 시 아래의 거래를 누락하여 2024년 9월 10일에 수정신고를 하고자 한다. 거래내역을 부가가치세신고서에 반영하고(전표입력생략) 수정신고서(1차)와 가산세명세서를 작성하시오. 전자세금계산서 미발급가산세가 적용되는 부분은 전자세금계산서 미전송가산세는 적용하지 아니하며 신고불성실가산세는 일반가산세를 적용한다(과세표준명세서 생략).
(단, 주어진 자료 외에는 고려하지 말고 <u>기존에 입력된 자료는 삭제하고</u> 작성하시오.)

> 5월 1일 (주)신정에 제품을 판매하고 전자세금계산서를 발급하고 전송하였다.
>   (공급가액 40,000,000원, 부가가치세 4,000,000원)
> 5월 12일 (주)삼호상사에 제품을 판매하고 종이세금계산서를 발급하였다.
>   (공급가액 10,000,000원, 부가가치세 1,000,000원)
> 6월 26일 (주)영전자에 제품을 판매하고 세금계산서를 발행하지 않았다.
>   (공급가액 22,000,000원, 부가가치세 2,200,000원)

실습하기 작업순서

[입력화면]

① 부가가치세신고서 조회기간 2024년 4월 1일 ~ 2024년 6월 30일 입력한 후

해당 화면에서 "아니오"를 누른 후 조회되는 자료는 모두 삭제한 후 저장을 한다.

② 조회기간 2024년 4월 1일 ~ 2024년 6월 30일 입력한 후 '신고구분 : 2.수정신고, 신고차수 1'을 입력한 후 **조회되는 금액을 TAB 클릭을 하여 모든 자료를 삭제**한다.

③ 수정신고금액에 거래별 금액을 입력한다.

④ 가산세액계 클릭 → [TAB]키

⑤ 가산세 계산

　㉠ 세금계산서 지연발급 가산세

　　→ 종이세금계산서 발급건은 가산세가 1%이므로 지연발급 등에 입력한다.

　　　= 10,000,000원 × 1% = 100,000원

　㉡ 세금계산서 미발급 가산세

　　= 22,000,000원 × 2% = 440,000원

　㉢ 신고불성실 가산세

　　= 7,200,000원 × 10% × 25% = 180,000원

　　→ 일반과소신고 가산세 10%

　　　1개월 초과 3개월 이내 수정신고 75% 감면 25% 납부

㉣ 납부지연 가산세

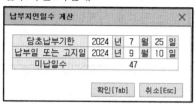

납부지연일수 계산	✕
당초납부기한	2024 년 7 월 25 일
납부일 또는 고지일	2024 년 9 월 10 일
미납일수	47

확인[Tab]　취소[Esc]

= 7,200,000원 × 47일 × 2.2/10,000 = 74,448원

부가가치세신고서　4000 (주)독공전자 11기 2024-01-01~2024-12-31 2024 2024

일반과세 / 간이과세

조회기간 2024 년 4 월 1 일 ~ 2024 년 6 월 30 일 신고구분 [2.수정신고] 신고차수 [1] 부가율 100

구분			정기신고금액 금액	세율	세액	구분			수정신고금액 금액	세율	세액
과세표준및매출세액	과세	세금계산서발급분	1		10/100		과세표준및매출세액	과세	세금계산서발급분	1	50,000,000	10/100	5,000,000
		매입자발행세금계산서	2		10/100				매입자발행세금계산서	2		10/100	
		신용카드·현금영수증발행분	3						신용카드·현금영수증발행분	3			
		기타(정규영수증외매출분)	4		10/100				기타(정규영수증외매출분)	4	22,000,000	10/100	2,200,000
	영세	세금계산서발급분	5		0/100			영세	세금계산서발급분	5		0/100	
		기타	6		0/100				기타	6		0/100	
	예정신고누락분		7					예정신고누락분		7			
	대손세액가감		8					대손세액가감		8			
	합계		9		㉮			합계		9	72,000,000	㉮	7,200,000
매입세액	세금계산서수취분	일반매입	10				매입세액	세금계산서	일반매입	10			
		수출기업수입분납부유예	10-1						수출기업수입분납부유예	10-1			
		고정자산매입	11					수취분	고정자산매입	11			
	예정신고누락분		12					예정신고누락분		12			
	매입자발행세금계산서		13					매입자발행세금계산서		13			
	그 밖의 공제매입세액		14					그 밖의 공제매입세액		14			
	합계(10)-(10-1)+(11)+(12)+(13)+(14)		15					합계(10)-(10-1)+(11)+(12)+(13)+(14)		15			
	공제받지못할매입세액		16					공제받지못할매입세액		16			
	차감계 (15-16)		17		㉯			차감계 (15-16)		17		㉯	
납부(환급)세액(매출세액㉮-매입세액㉯)					㉰		납부(환급)세액(매출세액㉮-매입세액㉯)					㉰	7,200,000
경감공제세액	그 밖의 경감·공제세액		18				경감공제세액	그 밖의 경감·공제세액		18			
	신용카드매출전표등 발행공제등		19					신용카드매출전표등 발행공제등		19			
	합계		20		㉱			합계		20		㉱	
소규모 개인사업자 부가가치세 감면세액			20-1		㉲		소규모 개인사업자 부가가치세 감면세액			20-1		㉲	
예정신고미환급세액			21		㉳		예정신고미환급세액			21		㉳	
예정고지세액			22		㉴		예정고지세액			22		㉴	
사업양수자의 대리납부 기납부세액			23		㉵		사업양수자의 대리납부 기납부세액			23		㉵	
매입자 납부특례 기납부세액			24		㉶		매입자 납부특례 기납부세액			24		㉶	
신용카드업자의 대리납부 기납부세액			25		㉷		신용카드업자의 대리납부 기납부세액			25		㉷	
가산세액계			26		㉸		가산세액계			26		㉸	794,448
차가감하여 납부할세액(환급받을세액)㉰-㉱-㉲-㉳-㉴-㉵-㉶-㉷+㉸			27				차가감하여 납부할세액(환급받을세액)㉰-㉱-㉲-㉳-㉴-㉵-㉶-㉷+㉸			27			7,994,448
총괄납부사업자가 납부할 세액(환급받을 세액)							총괄납부사업자가 납부할 세액(환급받을 세액)						

🔘 실습하기

당사는 부가가치세 2기 확정신고를 기한 내에(1월 25일) 하지 못하여 2월 1일에 기한후신고를 하고 부가가치세를 납부하고자 한다. 매출자료와 매입자료를 확인하여 전표를 입력하고 가산세를 적용하여 기한후과세표준신고서를 작성하시오. 신고불성실 가산세는 일반무신고에 의한 세율을 적용하고 미납일수는 7일로 하며 과세표준명세의 신고구분과 신고년월일을 입력하시오.
(단, 부가가치세신고서를 조회하여 적용되는 자료 외의 아래 자료를 추가로 입력한다고 가정한다.)

> [매출자료]
>
> 10월 3일 (주)솔트에 제품(공급가액 14,000,000원, 부가가치세 별도)을 외상으로 판매하고 전자세금계산서를 발급하였다.
>
> 11월 14일 (주)국제에 내국신용장(Local L/C)에 의하여 제품 8,000,000원을 외상으로 공급하고 영세율전자세금계산서를 발행하였다.

[매입자료]

12월 15일 (주)명진에서 원재료(공급가액 12,000,000원, 부가가치세 별도)를 외상으로 구입하고 전자세금계산서를 수취하였다.

12월 26일 매출거래처 (주)공업에 연말 선물세트(공급가액 550,000원 부가가치세 포함)를 우리카드로 구입하였다.

실습하기 작업순서

① 매입매출전표입력

[매출자료]

유형	품목	공급가액	부가세	공급처명	전자	분개
11.과세	제품	14,000,000	1,400,000	㈜솔트	여	외상

(차) 외상매출금	15,400,000	(대) 부가세예수금	1,400,000
		제품매출	14,000,000

유형	품목	공급가액	부가세	공급처명	전자	분개
12.영세	제품	8,000,000		㈜국제	여	외상

영세율구분 : 3.내국신용장 · 구매확인서에 의하여 공급하는 재화

(차) 외상매출금	8,000,000	(대) 제품매출	8,000,000

[매입자료]

유형	품목	공급가액	부가세	공급처명	전자	분개
51.과세	원재료	12,000,000	1,200,000	㈜명진	여	외상

(차) 부가세대급금	1,200,000	(대) 외상매입금	13,200,000
원재료	12,000,000		

② 일반전표입력

12월 26일 기업업무추진비관련 매입세액은 불공제사유이므로 일반전표에 입력하여 경비로 처리한다.

(차) 기업업무추진비(판)	550,000	(대) 미지급금	550,000
		(우리카드)	

③ 부가가치세신고서 조회기간 2024년 10월 1일 ~ 2024년 12월 31일 입력한 후

해당 화면에서 "아니오"를 누른다.

④ 부가가치세신고서 안에 가산세명세

25.가산세명세					
사업자미등록등		61		1/100	
세 금 계산서	지연발급 등	62		1/100	
	지연수취	63		5/1,000	
	미발급 등	64		뒤쪽참조	
전자세금 발급명세	지연전송	65		3/1,000	
	미전송	66		5/1,000	
세금계산서 합계표	제출불성실	67		5/1,000	
	지연제출	68		3/1,000	
신고 불성실	무신고(일반)	69	200,000	뒤쪽	20,000
	무신고(부당)	70		뒤쪽	
	과소·초과환급(일반)	71		뒤쪽	
	과소·초과환급(부당)	72		뒤쪽	
납부지연		73	200,000	뒤쪽	308
영세율과세표준신고불성실		74	8,000,000	5/1,000	20,000
현금매출명세서불성실		75		1/100	
부동산임대공급가액명세서		76		1/100	
매입자 납부특례	거래계좌 미사용	77		뒤쪽	
	거래계좌 지연입금	78		뒤쪽	
신용카드매출전표등수령명세서미제출·과다기재		79		5/1,000	
합계		80			40,308

㉠ 신고불성실 가산세

= (1,400,000원 − 1,200,000원) × 20% × 50% = 20,000원

→ 일반무신고 가산세 20%

1개월 이내 기한 후 신고 50% 감면

㉡ 납부지연 가산세

= (1,400,000원 − 1,200,000원) × 7일 × 2.2/10,000 = 308원

㉢ 영세율과세표준신고불성실 가산세

= 8,000,000원 × 0.5% × 50% = 20,000원

→ 1개월 이내 기한 후 신고 50% 감면

⑤ 과세표준명세서에서 신고구분 4. 기한후과세표준, 신고년월일에 2025년 2월 1일 입력하고 확인을 누른다.

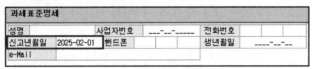

⑥ 입력완료된 부가가치세신고서 화면

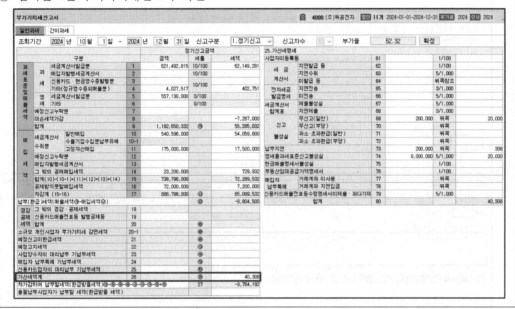

14 부가가치세 전자신고

국세청홈택스 전자신고를 하기 위해 프로그램을 닫고 회사코드 4100. (주)독공전자전자신고로 회사변경을 하여 로그인을 한다.

실습하기

2기 확정 부가가치세 전자신고를 수행하시오. (단, 부가가치세신고서와 관련 부속서류는 마감되어 있다.)

실습하기 작업순서

① 전자신고 메뉴를 열어 신고년월 2024년 10월 ~ 2024년 12월, 정기신고, 신고인구분 2. 납세자 자진신고를 입력한 후 전자신고 화면에서 [F4 제작]을 누른다.

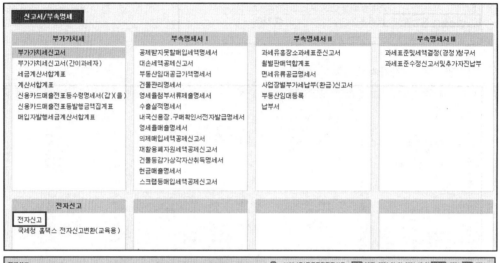

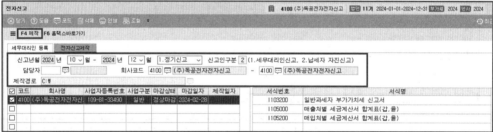

→ 추후 제작파일의 경로는 C:₩에서 확인할 수 있다.

② [F4 제작]을 누르고 비밀번호 입력 창에서 비밀번호를 입력하여 파일을 제작한다. 비밀번호는 8자리 이상 20자리 이하로 입력하면 된다. 단, 비밀번호 입력은 필수입력사항이다. 저자는 12345678의 숫자로 입력하여 실습하였다.

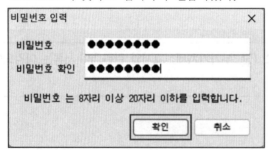

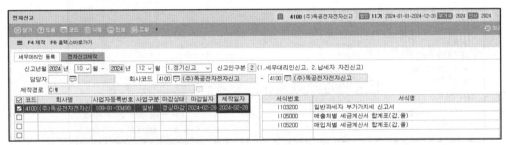

→ 제작이 완료되면 제작일자에 현재 날짜가 표시된다.

③ [F6 홈택스바로가기]를 클릭한다.

국세청홈택스[신고서 전자파일 제출]절차 화면은 닫기를 누른다.

찾아보기를 눌러 C드라이브에 제작되어 있는 파일을 확인하여 열기를 눌러 적용한다.

부가세전자신고파일명 : enc년월일.101.v사업자등록번호

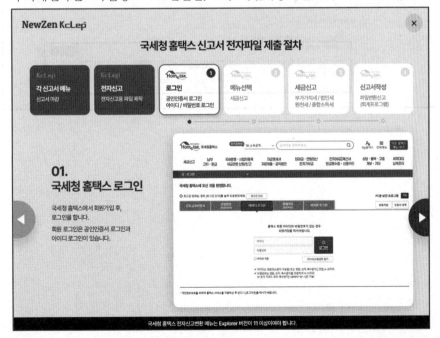

④ 형식검증하기를 클릭하여 전자신고파일제작 시 입력한 비밀번호를 입력한다.

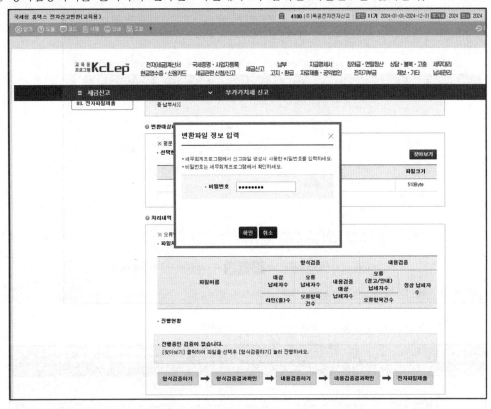

⑤ 형식검증결과확인을 클릭하여 형식검증을 진행한다.

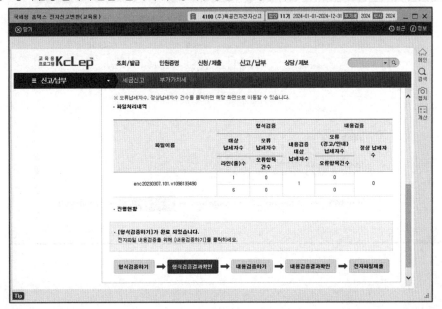

⑥ 내용검증하기를 클릭하여 내용검증을 진행한다.

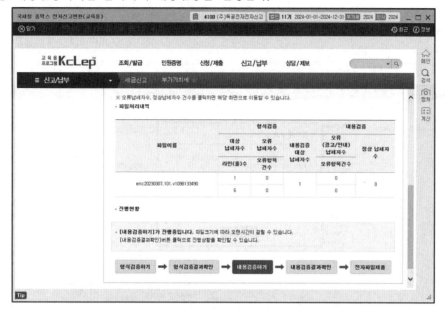

⑦ 내용검증결과확인을 클릭하여 검증결과를 확인한다.

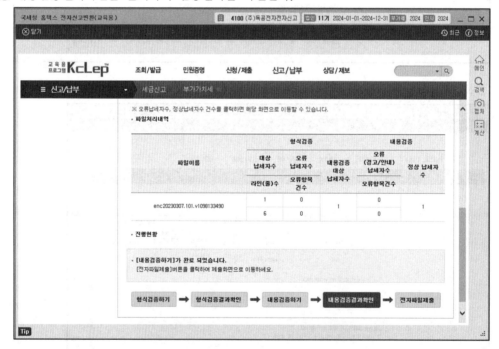

⑧ 전자파일제출을 클릭하면 정상 변환된 제출 가능한 신고서 목록이 조회되고 전자파일제출하기를 클릭하여 제출한다.

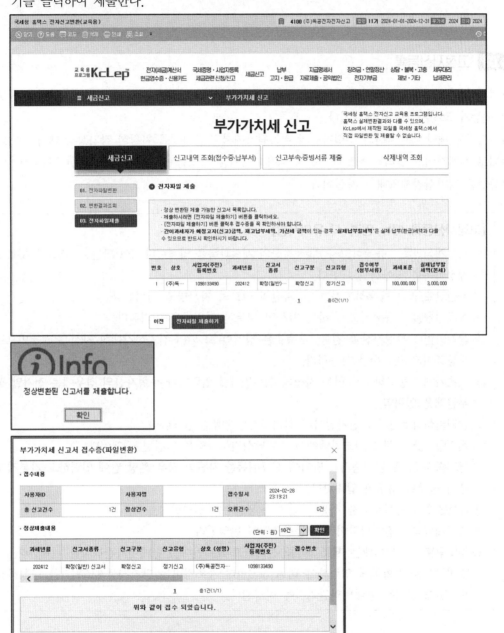

05 | 고정자산등록 및 결산자료의 입력

◢ 01 고정자산등록

고정자산은 유형자산과 무형자산을 의미하며 감가상각대상 자산을 등록하여 감가상각비를 산정하는 메뉴가 고정자산등록 메뉴이다.

감가상각은 해당 유형자산과 무형자산의 취득원가에서 잔존가치를 차감한 감가상각 대상금액을 기간별로 체계적이고 합리적으로 배분하여 비용화시키는 과정을 말한다. 토지, 건설중인자산, 투자부동산은 감가상각제외대상 자산이다.

[고정자산등록 메뉴 입력 시 유의사항]

① **자산계정과목** : 등록하고자 하는 자산의 계정과목을 입력한다. F2 또는 ⌨버튼을 누르고 계정과목을 찾아서 등록한다.

② **자산코드/명** : 등록하고자 하는 자산의 코드와 자산명을 입력한다.

③ **취득년월일** : 등록하고자 하는 자산의 취득한 연월일을 입력한다.

④ **상각방법** : 무형자산과 건물, 구축물은 정액법 그 외의 감가상각대상 자산은 정률법으로 자동표기되지만 수정 가능하다.

⑤ **기초가액** : 등록하고자 하는 자산의 취득원가를 입력한다(**무형자산의 경우에는 전기말 장부금액을 입력함**).

⑥ **전기말상각누계액** : 전기말까지 감가상각누계액을 입력한다.

⑦ **전기말 장부가액** : 기초가액에서 전기말상각누계액을 차감한 금액이다.

⑧ **당기중 취득 및 당기증가** : **당기에 신규취득한 자산의 경우 해당 칸에 입력하고 자본적지출이 발생한 경우에 입력**한다.

⑨ **내용연수** : 등록하고자 하는 자산의 내용연수를 입력한다.

⑩ **회사계상액** : 감가상각비가 자동산출되어 반영된다.

⑪ **경비구분** : 500번대는 제조경비를 선택하고 800번대는 판매비와관리비를 선택한다. 경비구분을 정확하게 입력해야 하며 500번대 제조경비는 당기제품제조원가를 구성하고 800번대 경비는 판매비와관리비에 반영된다.

실습하기

고정자산을 등록한 후 결산자료입력 메뉴에 반영하시오.

계정과목	자산코드/명	취득년월일	상각방법	취득원가	전기말상각누계액	내용연수	경비구분
건물	100/ 본사건물	2021.03.01	정액법	150,000,000원	30,000,000원	20	800번대
차량운반구	200/ 화물차	2024.10.01	정률법	15,000,000원		5	500번대
영업권	300/ 영업권	2023.01.01	정액법	12,000,000원	2,400,000원	5	800번대

실습하기 작업순서

[건물 / 본사건물]

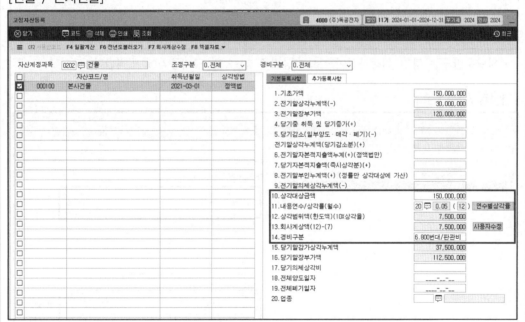

[차량운반구/화물차]

→ 차량운반구는 당기 취득자산이므로 4.당기중 취득 및 당기증가에 입력한다.

[영업권 / 영업권]

→ 무형자산은 직접법에 의해서 감가상각을 하므로 기초가액에 상각 후 금액을 입력한다.

◢02 결산 및 재무제표

1) 결산의 절차

결산이란 일년동안 기업의 경영활동에서 발생한 거래를 마감하고 외부정보이용자에게 정보전달을 하기 위한 수단인 재무제표를 작성하는 과정을 말한다.

① **수동결산** : 일반전표입력 메뉴에서 12월 31일자로 입력한다.

② **자동결산** : 결산자료입력 메뉴에서 결산정리 항목에 대한 금액을 결산반영금액란에 입력하고 [F3 전표추가]를 하면 자동으로 대체분개되어 결산이 완료된다. 고정자산등록 메뉴에서 등록하였던 고정자산의 감가상각비를 반영할 수 있다.

③ **제조원가명세서**를 12월로 열어서 당기제품제조원가 금액을 확인한다.

④ **손익계산서** : 손익계산서를 12월로 열어서 당기순이익을 확인한다.

⑤ **이익잉여금처분계산서** : 이익잉여금처분계산서를 열어서 처분확정일자 및 이익처분내역을 입력하고 **[F6 전표추가]**를 한다.

⑥ **재무상태표** : 재무상태표를 12월로 열어서 오류 메세지가 없는지 확인한다.

👐 알아두기

재무제표 마감은 아래의 순서로 한다.
제조원가명세서 → 손익계산서 → 이익잉여금처분계산서 → 재무상태표

2) 수동결산 항목

결산정리사항에 대해서 일반전표입력 메뉴 12월 31일자로 입력한다.

– 재고자산감모손실과 재고자산평가손실	– 손익의 이연과 예상
– 소모품과 소모품비 정리	– 단기매매증권, 매도가능증권 평가
– 비유동부채 유동성 대체	– 현금과부족의 정리
– 가지급금과 가수금 정리	– 외화자산, 외화부채의 평가

① 재고자산감모손실과 재고자산평가손실

㉠ 재고자산감모손실 : 장부상 재고수량과 실제 재고수량의 차이가 발생하였을 경우 회계처리한다. → **수량의 차이 = 감모손실**

구분	회계처리
정상적감모 (= 원가성이 있다.)	회계처리하지 않는다.
비정상적감모 [수동결산] (= 원가성이 없다.)	[간단예제] 장부상 재고자산 수량 100개, 원가 100원 실제 재고자산 수량 80개 → 20개의 부족수량은 모두 원가성이 없는 것으로 확인되었다. 재고자산감모손실 = 20개 × 100원(원가) = 2,000원

> [회계처리]
> (차) 재고자산감모손실 2,000원 / (대) 상품 2,000원
> **(영업외비용)**   (적요 8번 : 타계정으로의 대체액)

ⓛ 재고자산평가손실 : 장부상 금액과 순실현가능액의 차이가 발생하였을 경우 회계처리한다. → **금액의 차이 = 평가손실**

> [간단예제]
> 장부상 재고는 상품 100개가 있다.
> 장부상원가금액 100원
> 순실현가능액   60원
> → 재고자산평가손실 = 100개 × 40원 = 4,000원
> [회계처리]
> [수동결산] (차) 재고자산평가손실   4,000원 / (대) 상품평가충당금   4,000원
>   **(매출원가에 가산)**   **(자산의차감적평가항목)**

② 소모품 미사용액과 소모품 사용액 처리
　ⓛ 자산처리법 : 구입할 때 "소모품"으로 처리하고 기말에 당기 사용액을 "소모품비"로 대체한다.

> [간단예제]
> 소모품 1,000원을 현금으로 구입하고 자산으로 회계처리하였다.
> (차) 소모품 1,000원   (대) 현금 1,000원
>
> 결산 시 소모품 300원이 남아있는 것으로 확인되었다.
> [수동결산]
> (차) 소모품비 700원   (대) 소모품   700원

　ⓛ 비용처리법 : 구입할 때 "소모품비"로 처리하고 기말에 당기 미사용액을 "소모품"으로 대체한다.

> [간단예제]
> 소모품 5,000원을 현금으로 구입하고 비용으로 회계처리하였다.
> (차) 소모품비 5,000원   (대) 현금 5,000원
>
> 결산 시 소모품 1,000원이 남아있는 것으로 확인되었다.
> [수동결산]
> (차) 소모품   1,000원   (대) 소모품비   1,000원

③ 유가증권의 평가

　　㉠ 단기매매증권의 평가 : 기말 결산시점에서 장부가액(=취득가액)과 공정가액을 비교하여 "공정가액"으로 평가해야 한다. **결산일 현재 종가가 결국 장부가액이 된다.**

　　　• 장부가액 < 공정가액 : 단기매매증권평가이익(영업외수익)

> [간단예제]
> 결산 시 단기매매증권(장부가액 10,000원)의 공정가액이 15,000원으로 평가되었다.
> [수동결산]
> (차) 단기매매증권　　5,000원　　　(대) 단기매매증권평가이익　　5,000원
> **→ 결산일 공정가액이 단기매매증권의 장부가액이 된다.**
> 　　단기매매증권 장부가액 10,000원 + 결산 시 평가 단기매매증권 5,000원
> 　　= 15,000원

　　　• 장부가액 > 공정가액 : 단기매매증권평가손실(**영업외비용**)

> [간단예제]
> 결산 시 단기매매증권(장부가액 10,000원)의 공정가액이 7,000원으로 평가되었다.
> [수동결산]
> (차) 단기매매증권평가손실　　3,000원　　　(대) 단기매매증권　　　3,000원
> **→ 결산일 공정가액이 단기매매증권의 장부가액이 된다.**
> 　　단기매매증권 장부가액 10,000원 - 결산 시 평가 단기매매증권 3,000원
> 　　= 7,000원

　　㉡ 매도가능증권의 평가 : 기말 결산시점에서 장부가액(=취득가액)과 공정가액을 비교하여 "공정가액"으로 평가해야 한다.

　　　• 장부가액 < 공정가액 : 매도가능증권평가이익(**기타포괄손익누계액**)

> [간단예제]
> 결산 시 매도가능증권(장부가액 20,000원)의 공정가액이 23,000원으로 평가되었다.
> [수동결산]
> (차) 매도가능증권　　3,000원　　　(대) 매도가능증권평가이익　　　3,000원
> 　　　　　　　　　　　　　　　　　　　　**(기타포괄손익누계액)**
> **→ 결산일 공정가액이 매도가능증권의 장부가액이 된다.**
> 　　매도가능증권 장부가액 20,000원 + 결산 시 평가 매도가능증권 3,000원
> 　　= 23,000원

• 장부가액 > 공정가액 : 매도가능증권평가손실**(기타포괄손익누계액)**

> **[간단예제]**
> 결산 시 매도가능증권(장부가액 20,000원)의 공정가액이 16,000원으로 평가되었다.
> **[수동결산]**
> (차) 매도가능증권평가손실   4,000원   (대) 매도가능증권   4,000원
>   **(기타포괄손익누계액)**
> → **결산일 공정가액이 매도가능증권의 장부가액이 된다.**
>   매도가능증권 장부가액 20,000원 − 결산 시 평가 매도가능증권 4,000원
>   = 16,000원

④ 가지급금 및 가수금정리

자금이 지출 또는 입금되었으나 계정과목을 확정할 수 없을 경우 가지급금 또는 가수금으로 기중에 회계처리를 하고 결산 시 정리분개를 하여야 한다.

㉠ 가지급금

> **[간단예제]**
> 대표이사 공도윤의 요청으로 300,000원을 현금으로 지급하였다.
> (차) 가지급금(공도윤)   300,000원   (대) 현금   300,000원
>
> 결산 시 대표이사 가지급금을 임직원등단기채권으로 상계처리하였다.
> **[수동결산]**
> (차) 임직원등단기채권(공도윤)   300,000원   (대) 가지급금(공도윤)   300,000원

㉡ 가수금

> **[간단예제]**
> 법인 보통예금 계좌에 입금처를 알 수 없는 금액이 500,000원 입금되었다.
> (차) 보통예금   500,000원   (대) 가수금   500,000원
>
> 결산 시 가수금은 거래처 (주)홍도의 외상매출금으로 확인되었다.
> **[수동결산]**
> (차) 가수금   500,000원   (대) 외상매출금   500,000원
>   ((주)홍도)

⑤ 손익의 예상과 이연

거래는 회계연도 중에 발생하였지만 거래 자체가 다음연도로 이연(= 선급비용 또는 선수수익)하거나 당기 회계연도에 발생 또는 예상(= 미수수익 또는 미지급비용)되는 것을 회계기말에 결산분개를 만드는 것을 말한다.

구분	결산내용	결산분개
미수수익 (자산)	결산시점까지 이자(수익)에 대한 미수액이 있다면 결산분개한다.	[간단예제] 정기예금에 대한 당기분 이자 미수액 100원을 계상하다. [수동결산] (차) 미수수익 100원 (대) 이자수익 100원
미지급비용 (부채)	결산시점까지 급여(비용)에 대한 미지급액이 있다면 결산분개한다.	[간단예제] 결산 시 12월분 급여 미지급분 50원을 계상하다. [수동결산] (차) 급여 50원 (대) 미지급비용 50원
선수수익 (부채)	결산시점에서 차기(다음 년도)분의 임대료(수익)를 먼저 받은 것이 있다면 결산분개한다.	[간단예제] 임대료 100원을 현금으로 수취한 내역 중에 차기분은 30원이다. [수동결산] (차) 임대료 30원 (대) 선수수익 30원
선급비용 (자산)	결산시점에서 보험료(비용) 미경과(= 선급)분을 먼저 지급한 것이 있다면 결산분개한다.	[간단예제] 당기 보험료 계상액 120원 중에서 기간 미경과분은 60원이다. [수동결산] (차) 선급비용 60원 (대) 보험료 60원

🤲 **알아두기**

취득 시에 선급비용(자산)으로 처리한 경우

취득 시 : (차) 선급비용 10,000원   / (대) 현금 10,000원

이 회계처리 방법은 자산처리법을 이용한 경우로서, 예를 들어 경과액 6,000원과 미경과액 4,000원이라면 경과액 6,000원을 당기비용으로 인식한다.

[수동결산] 결산분개 : (차) 보험료 6,000원 / (대) 선급비용 6,000원

⑥ 현금과부족의 정리

　　㉠ 장부상 현금잔액 < 실제 현금잔액

> [간단예제]
> 장부상 현금 시재는 100,000원인데 실제 현금잔액이 150,000원인 것을 확인하였다.
> (차) 현금　　　50,000원　(대) 현금과부족　　　50,000원
>
> 결산 시 현금과부족의 원인을 찾지 못하였다.
> [수동결산]
> (차) 현금과부족　　　50,000원　　(대) 잡이익　　　50,000원

　　㉡ 장부상 현금잔액 > 실제 현금잔액

> [간단예제]
> 장부상 현금 시재는 100,000원인데 실제 현금잔액이 60,000원인 것을 확인하였다.
> (차) 현금과부족　　　40,000원　(대) 현금　　　40,000원
>
> 현금과부족 계정금액 중 20,000원은 야근식대로 확인되었다.
> (차) 복리후생비　　　20,000원　(대) 현금과부족　　　20,000원
>
> 결산 시 현금과부족의 원인을 찾지 못하였다.
> [수동결산]
> (차) 잡손실　　　20,000원　　(대) 현금과부족　　　20,000원

　　㉢ **결산일**에 현금이 불일치하면 "잡손실" 또는 "잡이익"으로 바로 처리하며, 현금과부족 계정과목은 **절대 사용하지 않는다.**

> [간단예제]
> **결산 시** 현금시재 30,000원이 부족한 것을 확인하였다.
> [수동결산]
> (차) 잡손실　　　30,000원　　(대) 현금　　　30,000원

⑦ [수동결산] 유동성대체

　　차입 당시의 비유동부채(1년을 초과하는)에 해당하는 장기차입금(비유동부채)이 있는 경우에 결산시점에서 상환기간이 1년 이내로 도래한 경우에는 유동부채로 볼 수 있다. 결산시점에 비유동부채의 계정과목과 **유동성장기부채(유동부채)**를 상계처리한다. 주의할 점은 반드시 차변과 대변에 거래처를 등록하여야 한다.

[간단예제]

결산 시 재무상태표에 계상되어 있는 한국은행의 장기차입금 1,000,000원의 상환기간이 10개월 남은 것으로 확인되었다.

[수동결산]

(차) 장기차입금(**한국은행**) 1,000,000원 (대) 유동성장기부채(**한국은행**) 1,000,000원
　　(비유동부채)　　　　　　　　　　　　　　　(유동부채)

⑧ [수동결산] 외화자산과 외화부채의 평가

외화자산 및 외화부채를 보유하고 있는 경우 결산시점의 환율로 평가하고 환율차이에 의한 차액을 외화환산손익(영업외손익)으로 회계처리한다. 외화자산의 환율이 상승하였을 경우에는 외화환산이익, 환율이 하락하였을 경우에는 외화환산손실로 회계처리하며 외화부채의 환율이 상승하였을 경우에는 외화환산손실, 환율이 하락하였을 경우에는 외화환산이익으로 회계처리한다.

[간단예제]

미국 언더우드사의 외화외상매출금 $10,000(장부가액 10,000,000원)의 기말 현재 환율은 1,020원/1$이다.

외화외상매출금의 장부가액 10,000,000원 ÷ $10,000 = 1,000원/1$

기말현재 환율은 1,020원/1$이므로 환율은 1$당 20원 상승하였다.

외화환산이익 = $10,000 × 20원 = 200,000

[수동결산]

(차) 외상매출금(언더우드사) 200,000원 (대) 외화환산이익 200,000원

[간단예제]

미국 드림사의 외화장기차입금 $10,000(장부가액 10,000,000원)의 기말 현재 환율은 1,040원/1$이다.

외화장기차입금의 장부가액 10,000,000원 ÷ $10,000 = 1,000원/1$

기말현재 환율은 1,040원/1$이므로 환율은 1$당 40원 상승하였다.

외화환산손실 = $10,000 × 40원 = 400,000

[수동결산]

(차) 외화환산손실 400,000원 (대) 외화장기차입금(드림사) 400,000원

3) 자동결산 항목

결산정리사항에 대해서 결산자료입력 메뉴에서 결산반영금액란에 금액을 입력하고 [**F3 전표추가**]를 한다. 자동결산 항목을 수동결산해도 무방하다.

– 채권의 대손충당금 설정	– 퇴직급여충당부채 설정
– 재고자산의 매출원가 계상	– 법인세비용 계상
– 유형자산, 무형자산의 감가상각비 설정	

① [자동결산] 매출채권의 대손충당금 설정

　　㉠ 합계잔액시산표상에서 매출채권(외상매출금, 받을어음)과 대손충당금의 기말잔액을 파악한다.

　　㉡ 대손추산액이 대손충당금보다 크면 "대손상각비"로 부족분을 설정하고, 대손추산액이 대손충당금보다 작으면 "대손충당금환입"으로 초과분을 설정한다.

> ※ <u>(매출채권기말잔액×설정률)</u> – <u>대손충당금잔액</u> = 대손상각비 또는 대손충당금환입
> 　　　　Ⓐ　　　　　　　　　　Ⓑ

[간단예제]

Ⓐ > Ⓑ

외상매출금 잔액 100,000원, 설정률 1%, 외상매출금의대손충당금잔액 500원

대손충당금설정액 = (100,000원 × 1%) – 500원 = 500원

[**수동결산**] 일반전표입력메뉴 12월 31일자로 직접 입력한다.

(차) 대손상각비 　　　　　　　500원　　(대) 대손충당금 　　　　　　　　　500원

Ⓐ < Ⓑ

외상매출금 잔액 100,000원, 설정률 1%, 외상매출금의대손충당금잔액 1,300원

대손충당금설정액 = (100,000원 × 1%) – 1,300원 = – 300원

[**수동결산**] 일반전표입력메뉴 12월 31일자로 직접 입력한다.

(차) 대손상각비 　　　　　　　300원　　(대) 대손충당금환입 　　　　　　　　300원

　　　　　　　　　　　　　　　　　(판매비와관리비의 부(–)의계정)

[**또는 자동결산**]

결산자료입력 메뉴에서 [F8 대손상각]을 클릭한다.

대손율을 확인하고 입력한다.

결산반영을 누르면 결산반영금액란에 자동으로 반영되고 전표추가를 눌러서 결산분개를 한다.

→ 기타의채권은 기타의대손상각비(영업외비용)로 처리하고 환입일 경우는 대손충당금환입(영업외수익)으로 처리한다.

② [자동결산] 감가상각비 계상

토지, 건설중인자산, 투자부동산을 제외한 건물, 기계장치, 차량운반구, 비품 등을 사용하거나 시간의 경과 또는 기술적 진보에 따라 물리적·경제적으로 그 가치가 점차 감소되어 가는데 이러한 가치감소분을 재무상태와 경영성과에 반영시키는 절차를 감가상각이라고 한다.

> [간단예제]
> 건물에 대한 당기분 감가상각비 100원을 계상하였다.
> [수동결산] 일반전표입력메뉴 12월 31일자로 직접 입력한다.
> (차) 감가상각비 100원　　　(대) 감가상각누계액　100원
> [또는 자동결산]
> [F7 감가상각]을 누르면 고정자산등록에 등록되어 있는 감가상각대상 자산의 당기 감가상각비가 조회된다. 결산반영을 눌러 결산반영금액란에 반영하고 전표추가를 눌러서 결산분개를 한다. 또는 결산반영금액란에 직접 감가상각비를 입력하고 전표추가를 눌러서 결산분개를 할 수도 있다.

③ [자동결산] 재고자산(제품매출원가)의 계상

결산자료입력 메뉴에서 기말제품제고액을 결산반영금액란에 입력한 후 전표추가를 클릭하면 제품매출원가의 분개가 일반전표입력 메뉴 12월 31일자로 자동반영된다.

④ [자동결산] 퇴직급여충당부채

결산자료입력 메뉴에서 퇴직급여충당부채 설정액을 퇴직급여(전입액)란에 직접입력하고 전표추가를 하거나 또는 상단에 [CF8 퇴직충당]을 눌러서 금액을 확인하고 결산반영을 한 후 전표추가를 하여 결산분개를 한다.

> [간단예제]
> 결산 시 퇴직급여추계액은 10,000원이며 퇴직급여충당부채 잔액은 4,000원이다.
> [수동결산] 일반전표입력메뉴 12월 31일자로 직접 입력한다.
> (차) 퇴직급여　6,000원　　　(대) 퇴직급여충당부채　6,000원

⑤ [자동결산] 법인세 등

> [간단예제]
> 결산 시 당기 법인세등을 5,500,000원으로 계상하다. (법인세 중간예납액이 선납세금계정에 1,700,000원 계상되어 있다.)
>
> 결산자료입력 메뉴에서 결산반영금액란에 선납세금 1,700,000원을 입력하고 법인세등 계상액 5,500,000원에서 선납세금 1,700,000원을 차감한 3,800,000원을 추가계산액에 입력한다.

[결산자료입력메뉴 설명]

㉠ **F3전표추가** : 결산반영금액란에 금액을 입력하고 전표추가를 누르면 일반전표입력 메뉴에 결산분개가 자동으로 반영된다.

㉡ **F4원가설정** : 매출원가 계정코드와 관련된 원가경비를 설정한다.

사용여부	매출원가코드 및 계정과목		원가경비		화면
부	0455	제품매출원가	1	0500번대	제조
부	0452	도급공사매출원가	2	0600번대	도급
부	0457	보관매출원가	3	0650번대	보관
부	0453	분양공사매출원가	4	0700번대	분양
부	0458	운송매출원가	5	0750번대	운송

[참고사항]
1. 편집(tab)을 선택하면 사용여부를 1.여 또는 0.부로 변경하실 수 있습니다.
2. 사용여부를 1.여로 입력 되어야만 매출원가코드를 변경하실 수 있습니다.
   (편집(tab)을 클릭하신 후에 변경하세요)
3. 사용여부가 1.여인 매출원가코드가 중복 입력되어 있는 경우 본 화면에
   입력하실 수 없습니다.

확인(Enter) 편집(Tab) 자동설정(F3) 취소(Esc)

㉢ **CF5결산분개삭제** : 일반전표입력 메뉴에 반영된 자동분개한 결산분개를 삭제하는 기능이다.

㉣ **F7감가상각** : 고정자산등록 메뉴에 입력된 유형자산 및 무형자산의 당기 감가상각비를 결산에 반영한다. [F7 감가상각]을 사용할 수도 있고 결산반영금액란에 직접 금액을 입력하고 전표추가를 해도 되며 일반전표입력 메뉴에서 12월 31일자로 감가상각비의 분개를 직접입력할 수도 있다.

㉤ **F8대손상각** : 채권에 대한 대손충당금 설정액을 결산에 반영한다.
  • 대손율 : 대손율은 시험에서 제시된 대손율을 직접입력해서 반영할 수 있다.
  • 추가설정액 : 추가설정액은 직접입력하여 수정 및 삭제할 수 있다.
  • 채권의 금액과 설정 전 충당금잔액은 합계잔액시산표상의 금액이 자동반영된다.
  • 대손충당금 설정액 역시 [F8 대손상각]을 활용할 수 있고 결산반영금액란에 직접 금액을 입력하고 전표추가를 해도 되며 일반전표입력 메뉴에서 12월 31일자로 대손충당금설정 분개를 직접입력할 수도 있다.

㉥ **CF8퇴직충당** : 퇴직급여충당부채 추가 설정액을 결산에 반영한다.
  • 퇴직급여추계액 : 결산일 현재 전 종원원에게 지급하여야 할 퇴직금을 산정하여 입력한다.
  • 당기감소 : 퇴직급여를 지급할 경우 분개 시 차변에 퇴직급여충당부채로 회계처리를 하게 되는데 적요를 선택하게 되면 자동반영된다.
  • 설정전잔액에서 잔액은 퇴직급여충당부채 기초금액 + 당기증가 + 당기감소액으로 결산시점 퇴직급여충당부채의 잔액을 의미한다.

- 추가설정액(결산반영)은 퇴직급여추계액에서 설정전잔액금액을 차감한 것으로 당기의 퇴직급여충당부채 추가설정액을 의미한다.
- 퇴직급여충당부채 설정액 = 퇴직급여추계액 − 퇴직급여충당부채 잔액
- [CF8 퇴직충당]을 활용하여 결산에 반영할 수 있고 퇴직급여(전입액) 결산반영금액란에 입력한 후 전표추가를 할 수도 있으며 일반전표입력 메뉴에서 12월 31일자로 퇴직급여충당부채 추가 설정 분개를 직접입력할 수도 있다.

자동결산을 마무리 한 후 반드시 상단에서 F3 전표추가 를 눌러주어야 결산분개가 일반전표에 자동으로 반영된다.

결산작업 연습하기

다음 자료를 참고하여 결산작업을 수행하고 재무제표를 마감하시오. 감가상각비는 고정자산등록에 등록한 내역을 결산자료입력 메뉴에서 반영하시오. (제시된 자료만 참고해서 수행하시오.)

[1] 결산일 현재 현금과부족의 원인을 알 수가 없다. 현금과부족계정을 확인하여 회계처리하시오.

[2] 거래은행인 대한은행에 예입된 정기예금에 대한 자료는 다음과 같다. 당기분 경과 이자를 인식하여 반영하시오(단, 이자수익은 월할계산할 것).

> • 예금 금액 : 60,000,000원   • 만기 : 3년
> • 가입연월일 : 2024년 4월 1일   • 연이자율 : 10%
> • 만기일 : 2027년 3월 31일   • 이자지급조건 : 만기 시 전액 후불

[3] 당사는 발행한 사채에 대하여 연 1회 결산 시에 이자를 지급하기로 하였다. 유효이자율법에 의한 사채의 이자비용을 계산하여 분개하시오.

> • 사채 액면가액 : 20,000,000원   • 사채할인발행차금 : 2,100,000원
> • 액면이자율 10%, 유효이자율 14%   • 이자는 12월 31일에 현금으로 지급하였다.

[4] 정부보조금으로 취득한 기계장치의 감가상각비를 계산하시오.

> • 기계장치 취득원가 : 70,000,000원   • 정부보조금 : 40,000,000원
> • 정액법, 잔존가치 없음, 내용연수 5년   • 기계장치의 취득은 1월 1일이다.

[5] 다음과 같은 금융기관 대출약정 내용을 보고, 이자비용에 대한 결산분개사항을 입력하라. 단, 이자비용은 월할계산(1월 미만의 일수는 1월로 간주)한다.

> • 대출기관 : 국민은행
> • 대출기간 : 2024년 9월 1일 ~ 2025년 8월 31일(1년)
> • 대출금액 : 100,000,000원
> • 대출이자율 : 연 6.0%
> • 원금 및 이자 상환조건 : 만기시점 일시상환조건

[6] 장기보유 목적의 매도가능증권의 기말 현재 평가액은 다음과 같다.

> • 장부가액 : 6,350,000원   • 공정가액 : 8,100,000원

[7] 가지급금 계정 잔액 금액은 대표이사 공도윤의 단기대여금으로 대체한다.

[8] 기말현재 만기가 1년 이내로 도래하는 국민은행에서 차입한 장기차입금의 금액은 100,000,000원이다.

[9] 공장 건물 화재보험료 1년분(2024년 10월 1일 ~ 2025년 9월 30일) 6,000,000원을 현금으로 납부하고 선급비용으로 회계처리하였다(보험료는 월할계산할 것).

[10] 기말현재 외화장기차입금(국민은행, $100,000)의 계정과목으로 반영된 차입금이 130,000,000원 계상되어 있다. 결산일 현재 환율은 1,200원/$이다. (제시된 자료만 참고할 것)

[11] 기말 재고자산의 장부가액은 다음과 같다.

> • 원재료 : 800,000,000원
> • 제품 : 900,000,000원
> • 재공품 : 80,000,000원
> • 상품 : 20,000,000원

> ① 원재료 중에는 기말 현재 해외로부터 도착지 인도기준으로 매입운송 중인 금액 50,000,000원이 포함되어 있다.
> ② 제품의 실사평가를 한 결과 다음과 같으며, 수량감소는 비정상적으로 발생한 것이다. (기타 다른 사항은 없는 것으로 한다.)

> • 장부상 수량 : 1,000개
> • 단위당 취득원가 : 1,000,000원
> • 실지재고 수량 : 900개
> • 단위당 시가(공정가치) : 1,300,000원

[12] 매출채권에 대해서 1%의 보충법으로 대손충당금을 설정하시오.

[13] 퇴직급여추계액은 다음과 같다. 퇴직급여충당부채는 퇴직급여추계액의 100%를 설정한다.

구분	퇴직급여추계액	기설정된 퇴직급여충당부채
제조부문	25,000,000원	19,000,000원
영업부문	48,000,000원	13,500,000원

[14] 유형자산과 무형자산의 당기 감가상각비를 결산에 반영하시오.

[15] 법인세등으로 계상할 금액은 11,000,000원이다(선납세금 금액을 확인하여 반영할 것).

해설

수동결산 항목을 **일반전표입력** 메뉴에 **12월 31일**자로 **입력**한다. → [1] ~ [11]
자동결산 항목은 **결산자료입력** 메뉴에서 입력한 후 전표추가를 하여 결산분개를 반영한다.
→ [12] ~ [15]

[1] 합계잔액시산표 12월 31일을 열어 현금과부족의 잔액을 확인한 후 입력한다.
  합계잔액시산표에서 현금과부족을 더블클릭하면 상세분개를 확인할 수 있다.
  결산일까지 현금부족액의 원인을 찾지 못했다면 잡손실로 분개한다.
  (차) 잡손실   345,000원   (대) 현금과부족   345,000원

[2] 당기분 이자수익 계산식
  = 60,000,000원 × 10% × 9/12 = 4,500,000원
  (차) 미수수익   4,500,000원   (대) 이자수익   4,500,000원

[3] 사채이자비용 = 사채의 기초장부가액 × 유효이자율
  2,506,000원 = (20,000,000원 − 2,100,000원) × 14%
  (차) 이자비용   2,506,000원   (대) 현금   2,000,000원
                                            사채할인발행차금   506,000원

[4] 정액법에 의한 감가상각비를 계산하고 정부보조금 상각액을 계산하여 감가상각비와 상계한다.
  감가상각비 14,000,000원 = $\dfrac{(70,000,000원 - 0원)}{5년}$
  (차) 감가상각비(제)   14,000,000원   (대) 감가상각누계액(207)   14,000,000원
  정부보조금상각액 = 감가상각비 × $\dfrac{정부보조금}{(취득원가 - 잔존가치)}$
  8,000,000원 = 14,000,000원 × $\dfrac{40,000,000원}{(70,000,000원 - 0원)}$
  (차) 정부보조금(217.기계장치차감) 8,000,000원 (대) 감가상각비(제)   8,000,000원

[5] 당기분 이자비용 계산식
  = 100,000,000원 × 6% × 4/12 = 2,000,000원
  (차) 이자비용   2,000,000원   (대) 미지급비용   2,000,000원

[6] 매도가능증권 평가
  (차) 매도가능증권(178)   1,750,000원   (대) 매도가능증권평가이익   1,750,000원
                                                (기타포괄손익누계액)

[7] 가지급금 정리
  (차) 단기대여금   7,700,000원   (대) 가지급금   7,700,000원
      (공도윤)   (공도윤)

[8] 장기차입금이 기말시점 만기가 1년 이내로 도래한다면 유동성장기부채로 대체분개를 하여야 한다.

(차) 장기차입금   100,000,000원   (대) 유동성장기부채   100,000,000원
　　(국민은행)　　　　　　　　　　　　　　　　(국민은행)

[9] 기중에 선급비용(자산)으로 분개하였다면 결산시점에 당기분에 해당하는 보험료를 비용으로 회계처리한다.

(차) 보험료(제)   1,500,000원   (대) 선급비용   1,500,000원

→ 당기보험료 계산식

6,000,000원 × 3/12 = 1,500,000원

[10] 외화장기차입금 130,000,000원($100,000 × 1,300원/$)

보유하고 있는 외화부채의 환율이 1,200원/$으로 100원/$ 떨어졌기 때문에 외화환산이익이 발생한다.

→ 외화환산이익 = $100,000 × 100원/$ = 10,000,000원

(차) 외화장기차입금   10,000,000원   (대) 외화환산이익   10,000,000원
　　(국민은행)

[11] ① 일반전표입력

(차) 재고자산감모손실   100,000,000원   (대) 제품   100,000,000원

(적요8. 타계정으로대체액)

→ 재고자산감모손실 = 수량차이 × 단위당취득원가

100,000,000원 = 100개 × 1,000,000원

② 결산자료입력 메뉴에서 기말재고자산을 입력한다.

→ 도착지 인도조건으로 매입운송 중인 원재료는 기말재고금액에서 차감하여야 한다.

• 원재료 : 750,000,000원	• 재공품 : 80,000,000원
• 제 품 : 800,000,000원	• 상 품 : 20,000,000원

[기말원재료 입력]

±	코드	과 목	결산분개금액	결산전금액	결산반영금액	결산후금액
	0153	⑩ 기말 원재료 재고액			750,000,000	750,000,000

[기말재공품 입력]

±	코드	과 목	결산분개금액	결산전금액	결산반영금액	결산후금액
	0169	⑩ 기말 재공품 재고액			80,000,000	80,000,000

[기말제품 입력]

±	코드	과 목	결산분개금액	결산전금액	결산반영금액	결산후금액
	0150	⑩ 기말 제품 재고액			800,000,000	800,000,000

[기말상품 입력]

±	코드	과 목	결산분개금액	결산전금액	결산반영금액	결산후금액
	0146	⑩ 기말 상품 재고액			20,000,000	20,000,000

[12] 결산자료입력 메뉴에서 [F8 대손상각]을 누른 후 외상매출금과 받을어음을 제외한 채권의 금
액을 모두 지운 뒤 결산반영을 누른다.

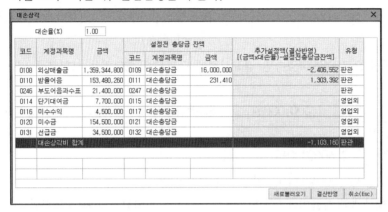

[13] [CF8 퇴직충당]을 눌러 퇴직급여추계액을 입력한 후 결산반영을 누른다.

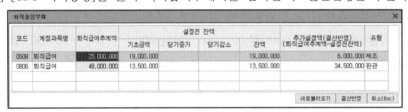

[14] [F7 감가상각]을 클릭하여 당기 감가상각비를 결산에 반영한다.

[15] 결산반영금액란에 선납세금 5,682,500원을 입력하고 법인세등 계상액 11,000,000원에서
선납세금 5,682,500원을 차감한 5,317,500원을 추가계상액에 입력한다.

0998	9. 법인세등			11,000,000	11,000,000
0136	1). 선납세금		5,682,500	5,682,500	5,682,500
0998	2). 추가계상액			5,317,500	5,317,500

→ [F3 전표추가]를 눌러 결산분개를 일반전표에 추가한다.

4) 재무제표 마감

재무제표 마감 순서는 제조원가명세서 → 손익계산서 → 이익잉여금처분계산서 → 재무상태표
순으로 마감을 하게 된다.

> • 제조원가명세서의 당기제품제조원가 → 손익계산서 제품매출원가 탭 당기제품제조원가로
>   자동반영
> • 손익계산서의 당기순이익 → 이익잉여금처분계산서 당기순이익으로 자동반영
> • 이익잉여금처분계산서의 미처분이익잉여금 → 재무상태표의 이월이익잉여금으로 자동반영

① 제조원가명세서

제품의 재료비, 노무비, 경비를 더한 당기제품제조원가를 산출해 주는 명세서이다.
산출된 당기제품제조원가는 손익계산서로 자동반영된다.

재무회계 ⇨ 결산/재무제표 ⇨ 제조원가명세서

② 손익계산서

기업의 경영성과 당기순이익(당기순손실)을 보고해주는 재무제표이다. 당기순이익은 이익
잉여금 처분계산서에 자동반영된다.

재무회계 ⇨ 결산/재무제표 ⇨ 손익계산서

③ 이익잉여금처분계산서

주주총회를 열어 이익잉여금 처분내역을 입력하는 메뉴이다. 처분예정일을 입력하고 [F6
전표추가]를 눌러주어야 손익대체 분개가 일반전표입력에 반영이 되고 미처분이익잉여금
금액을 재무상태표에 이월이익잉여금으로 대체하게 된다.

재무회계 ⇨ 결산/재무제표 ⇨ 이익잉여금처분계산서

> • 당기처분예정일 : 2025년 2월 28일
> • 전기처분확정일 : 2024년 2월 28일
> • 처분내역 : 이익준비금 500,000원
>   　　　　　현금배당 5,000,000원
>   　　　　　주식배당 12,000,000원

이익잉여금처분계산서 | 4000 (주)독공전자 | 11기 2024-01-01~2024-12-31 | 2024 | 2024

⊗닫기 ⑦도움 💬코드 🗑삭제 🖨인쇄 🔍조회

☰ F3 영어계정 F4 F6 전표추가

당기처분예정일 2025 년 2 월 28 일 전기처분확정일 2024 년 2 월 28 일

과목		계정과목명	제 11(당)기 2024년01월01일~2024년12월31일 제 11기(당기)		제 10(전)기 2023년01월01일~2023년12월31일 제 10기(전기)	
			금액		금액	
I.미처분이익잉여금				3,128,301,221		82,280,390
1.전기이월미처분이익잉여금			66,780,390		65,000,000	
2.회계변경의 누적효과	0369	회계변경의누적효과				
3.전기오류수정이익	0370	전기오류수정이익				
4.전기오류수정손실	0371	전기오류수정손실				
5.중간배당금	0372	중간배당금				
6.당기순이익			3,061,520,831		17,280,390	
II.임의적립금 등의 이입액						
1.						
2.						
합계				3,128,301,221		82,280,390
III.이익잉여금처분액				17,500,000		15,500,000
1.이익준비금	0351	이익준비금	500,000		500,000	
2.재무구조개선적립금	0354	재무구조개선적립금				
3.주식할인발행차금상각액	0381	주식할인발행차금				
4.배당금			17,000,000		15,000,000	
가.현금배당	0265	미지급배당금	5,000,000		5,000,000	
주당배당금(률)		보통주				
		우선주				
나.주식배당	0387	미교부주식배당금	12,000,000		10,000,000	
주당배당금(률)		보통주				
		우선주				
5.사업확장적립금	0356	사업확장적립금				
6.감채적립금	0357	감채적립금				
7.배당평균적립금	0358	배당평균적립금				
IV.차기이월미처분이익잉여금				3,110,801,221		66,780,390

일반전표에 62건 추가되었습니다.

확인

④ 재무상태표

기업의 일정시점의 재무상태를 나타내는 보고서이다. 이익잉여금처분계산서의 미처분이익
잉여금 금액이 이월이익잉여금 금액으로 반영된다.

재무회계 ⇨ 결산/재무제표 ⇨ 재무상태표

06 | 근로소득의 원천징수

◢ 01 사원등록

근로소득자의 인적사항을 등록하는 메뉴로서 기본사항, 부양가족명세, 추가사항 탭으로 구성되어 있다.

1) 사번

숫자 또는 문자를 이용하여 10자 이내로 입력한다.

2) 성명

사원명을 20자 이내로 입력한다.

3) 주민(외국인)번호

내국인은 1. 주민등록번호를 선택하여 입력하고 외국인은 2. 외국인등록번호 또는 3. 여권번호를 선택한 후 입력한다.

[기본사항탭]

1. **입사년월일** : 입사년월일을 정확하게 입력한다.

2. **내/외국인** : 내국인은 1, 외국인은 2를 선택한다.

3. **외국인국적** : 외국인일 경우 국적 및 체류자격을 입력한다.

4. **주민구분** : 주민(외국인)번호에서 입력한 내용이 (1. 주민등록번호, 2. 외국인등록번호, 3. 여권번호) 자동반영된다.

5. **거주구분 ~ 6. 거주지국코드** : 1. 거주자, 2. 비거주자를 선택하여 입력하고 거주지국코드를 입력한다.

7. **국외근로제공**
   - 0. 부 : 국외근로제공에 해당이 없다면 선택한다.
   - 1. 월 100만원 비과세 : 국외에서 근로를 제공하고 받는 보수 중 월 100만원 이내 비과세
   - 2. 월 500만원 비과세 : 원양어업 선박, 국외등을 항행하는 선박, 건설현장(감리포함) 등에서 근로를 제공하고 받는 보수 중 월 500만원 이내 비과세
   - 3. 전액비과세 : 전액비과세일 경우 선택한다.

8. **단일세율적용** : 외국인근로자 단일세율(근로소득의 17%)을 적용하는 경우 선택한다.

9. **외국법인 파견근로자** : 외국법인에 파견근로자인 경우 선택한다.

10. **생산직등여부** : 생산직근로자는 직전연도 총급여액 3,000만원 이하, 월정액 급여 210만원 이하일 경우 연장근로소득 비과세 적용을 받을 수 있다(연간한도 240만원).

---

11. **주소** : [F2 코드도움]을 눌러 사원의 주소를 입력한다.

12. **국민연금보수월액 ~ 14. 고용보험보수월액** : 보수월액을 입력하면 납부할 보험료를 자동으로 계산하여 급여자료입력 메뉴에 자동반영된다. [F6 기초등록]에서 등록된 요율에 의하여 계산된다. 고용보험 대표자 여부는 대표자인 경우에는 납부하지 않으므로 1.여를 선택한다.

15. **산재보험적용** : 산재보험적용 여부를 입력한다.

16. **퇴사년월일** : 사원의 퇴사일자를 입력하고 퇴직금 중도정산 시 반영된다.

[부양가족사항탭]

소득자 본인을 포함하여 소득자의 부양가족의 인적사항에 대해서 입력하며 급여자료의 소득세계산, 연말정산자료입력 메뉴에 인적공제에 반영된다.

1. **연말관계**

> ※ 연말관계 : 0.소득자 본인, 1.소득자의 직계존속, 2.배우자의 직계존속, 3.배우자
> 4.직계비속(자녀+입양자), 5.직계비속(4 제외), 6. 형제자매, 7.수급자(1~6 제외)
> 8.위탁아동(만 18세 미만, 보호기간 연장 시 20세 이하/직접선택)

소득자와 부양가족의 관계를 선택하여 입력한다.

2. **기본공제**
   ① **부** : 기본공제대상자가 아닌 경우 선택한다.
   ② **본인** : 소득자 본인일 경우 선택한다.
   ③ **20세 이하** : 기본공제 대상자가 형제자매, 직계비속일 경우 선택한다.
   ④ **60세 이상** : 기본공제 대상자가 형제자매, 직계존속일 경우 선택한다.
   ⑤ **장애인** : 기본공제 대상자가 장애인일 경우 선택한다.
            (장애인은 나이는 상관없지만 소득금액의 제한을 받는다.)
   ⑥ **기초생활대상등** : 기초생활수급자일 경우 선택한다.
   ⑦ **자녀장려금** : 자녀장려금대상일 경우 선택한다.

3. **추가공제**
   ① **부녀자** : 종합소득금액이 3,000만원 이하인 배우자가 있는 여성근로자 또는 배우자가 없는 여성근로자가 기본공제 대상 부양가족이 있는 세대주 → 50만원 공제
   ② **한부모** : 배우자가 없는 자(남녀근로자)로서 기본공제대상자 직계비속(입양자포함)이 있는 경우 → 100만원 공제
   ※ 부녀자공제와 한부모공제가 중복 적용될 경우 한부모 공제를 선택한다.
   ③ **경로우대** : 기본공제 대상자가 만 70세 이상일 경우 → 100만원 공제
   ④ **장애인** : 기본공제대상자가 장애인에 해당하는 경우 해당사항을 선택한다. → 200만원 공제

```
0 : 부
1 : 장애인복지법
2 : 국가유공자등
3 : 중증환자등
```

⑤ **자녀** : 기본공제대상자가 만 8세 이상 ~ 20세 이하의 자녀(입양자 및 위탁아동, 손자
녀포함)가 있는 경우

⑥ **출산입양** : 당해연도에 출산하였거나 입양한 경우

⑦ **위탁관계** : [F2 코드도움]을 사용하여 등록한다.

⑧ **세대주구분** : 본인이 세대주이면 선택한다.

[추가사항탭]

1. 중소기업취업감면

중소기업에 근로하는 근로자를 대상으로 소득세 감면을 해주는 정책

청년	근로계약체결일 기준 15세 이상 34세 이하 근로자, 200만원 한도 감면기간 5년 소득세감면율 90%
60세 이상, 장애인	근로계약체결일 기준 60세 이상이거나 장애인복지법상 장애인, 150만원 한도 감면기간 3년 소득세감면율 70%
경력단절여성	중소기업에서 1년 이상 근무한 자가 퇴직한 후 3년~10년 기간 내에 재취업한 근로자, 150만원 한도 감면기간 3년 소득세감면율 70%

2. 인적공제

구분	나이	연간소득금액
본인공제	–	–
배우자공제	–	100만원 이하
부양가족공제 : 거주자(배우자 포함)와 생계를 같이하는 다음의 부양가족		
① 직계존속	60세 이상	100만원 이하
② 직계비속과 입양자(위탁아동)	20세 이하(18세 미만)	
③ 본인과 배우자의 형제자매	20세 이하 또는 60세 이상	
④ 기초생활보장법에 의한 보호대상자		

- 직계존·비속은 주거형편상 별거하여도 기본공제 대상자에 포함한다.
- 위탁아동은 6개월 이상 직접양육한 아동에 한정한다.
- 직계존속의 형제자매, 외삼촌, 이모, 고모 등은 공제받지 못한다.
- 공제대상 판단시기는 당해연도 과세기간 종료일 현재의 상황에 의한다. 단, 사망자와 장애치유자는 사망일전일, 치유일전일 상황에 의한다.

- 직계비속과 직계비속의 배우자가 모두 장애인인 경우 직계비속의 배우자는 기본공제 대상자에 포함한다.
- 별거 중인 배우자는 기본공제대상자에 포함하지만 이혼한 배우자는 포함하지 않는다.

3. 연간 소득금액 100만원 이하

   종합소득, 퇴직소득, 양도소득금액을 합산한 금액을 말하며 세부적인 내용은 다음과 같다.

   - 금융(이자와 배당)소득 합계액이 2,000만원 이하의 분리과세소득
   - 근로소득만 있는 경우 총급여액 500만원 이하(다른 소득도 있는 경우는 총급여액 333만원)
   - 일용근로소득
   - 기타소득 중에서 복권당첨소득
   - 기타소득금액 300만원 이하 분리과세소득(필요경비 60% 강연료, 원고료 문예창작소득)
   - 양도소득금액 100만원, 퇴직소득금액 100만원
   - 사적연금소득 총연금액 연 1,500만원 이하인 분리과세 연금소득
   - 사업소득은 총수입금액에서 필요경비를 차감한 금액이 100만원 이하

실습하기

1. 사무직 이준호 사원을 사번101번으로 등록하고 부양가족명세를 작성하시오.

- 입사년월일 : 2024년 1월 1일
- 이준호는 세대주이다.
- 보수월액 : 5,000,000원
- 주소 : 서울시 양천구 목동남로 24

성명	관계	주민등록번호	내/외국인	동거여부	비고
이준호	본인	841003-1549754	내국인	세대주	연간 총급여액 6,000만원
정연희	배우자	861120-2634565	내국인	동거	사업소득금액 3,000만원
이대섭	부	510505-1774919	내국인	주거형편상 별거	10월에 사망
강순자	모	561224-2870984	내국인	주거형편상 별거	복권당첨소득 500,000,000원
이세리	딸	130505-4186466	내국인	동거	소득 없음
이훈	아들	171214-3143565	내국인	동거	소득 없음, 미취학 아동
정민수	처남	940925-1538922	내국인	동거	장애인, 양도소득금액 6,000,000원
이순자	고모	550303-2053323	내국인	동거	기타소득금액 4,500,000원

2. 생산직 김경순 사원을 사번102번으로 등록하고 부양가족명세를 작성하시오.

- 입사년월일 : 2024년 11월 1일　　　　• 보수월액 : 2,000,000원
- 김경순은 배우자와 작년에 사별하였으며 생산직 연장근로비과세 대상(전년도 총급여 28,000,000원) 이다.
- 주소 : 서울특별시 강서구 가로공원로 173

성명	관계	주민등록번호	내/외국인	동거여부	비고
김경순	본인	790113-2774911	내국인	세대주	연간 총급여액 2,700만원
김경자	자매	760101-2161782	내국인	동거	금융소득 4,000만원
안수아	딸	181021-4161783	내국인	동거	사업소득금액 2,000만원

3. 사무직 박대박 사원을 사번103번으로 등록하고 부양가족명세를 작성하시오.

- 입사년월일 : 2019년 1월 1일　　　　• 보수월액 : 5,500,000원
- 박대박은 세대주이다.　　　　　　　　• 주소 : 서울특별시 구로구 가마산로 77

성명	관계	주민등록번호	내/외국인	동거여부	비고
박대박	본인	860501-1245144	내국인	세대주	연간 총급여액 6,600만원
서지혜	배우자	830801-2141114	내국인	동거	일용직근로소득 20,000,000원
박정섭	부	600601-1234576	내국인	주거형편상 별거	
김유진	모	600608-2145125	내국인	주거형편상 별거	이자소득 14,000,000원
박하나	딸	080302-4124112	내국인	동거	소득없음
박하연	아들	170807-4124514	내국인	동거	소득없음
서민우	처남	950702-1845114	내국인	동거	소득없음, 장애인복지법에 따른 장애인

실습하기 작업순서

① 101. 이준호 기본사항 입력화면

| 기본사항 | 부양가족명세 | 추가사항 |

1. 입사년월일 : 2024 년 1 월 1 일
2. 내/외국인 : 1 내국인
3. 외국인국적 : KR 대한민국   체류자격 :
4. 주민구분 : 1 주민등록번호   주민등록번호 : 841003-1549754
5. 거주구분 : 1 거주자   6. 거주지국코드 : KR 대한민국
7. 국외근로제공 : 0 부   8. 단일세율적용 : 0 부   9. 외국법인 파견근로자 : 0 부
10. 생산직등여부 : 0 부   연장근로비과세 : 0 부   전년도총급여 :
11. 주소 : 08105 서울특별시 양천구 목동남로 24
(신정동)
12. 국민연금보수월액 : 5,000,000   국민연금납부액 : 225,000
13. 건강보험보수월액 : 5,000,000   건강보험산정기준 : 1 보수월액기준
     건강보험료경감 : 0 부   건강보험납부액 : 177,250
     장기요양보험적용 : 1 여 22,950   건강보험증번호 :
14. 고용보험적용 : 1 여   (대표자 여부 : 0 부   )
     고용보험보수월액 : 5,000,000   고용보험납부액 : 45,000
15. 산재보험적용 : 1 여
16. 퇴사년월일 :   년 월 일 (이월 여부 : 부) 사유 :

② 101. 이준호 부양가족명세 입력화면

| 기본사항 | 부양가족명세 | 추가사항 |

연말 관계	성명	내/외 국인	주민(외국인, 여권)번호	나이	기본공제	부녀자	한부모	경로 우대	장애인	자녀	출산 입양	위탁 관계
0	이준호	내	1 841003-1549754	40	본인							
1	이대섭	내	1 510505-1774919	73	60세이상			○				
1	강순자	내	1 561224-2870984	68	60세이상							
3	정연희	내	1 861120-2634565	38	부							
4	이세리	내	1 130505-4186466	11	20세이하					○		
4	이훈	내	1 171214-3143565	7	20세이하							
6	정민수	내	1 940925-1538922	30	부							

→ • 이준호 : 기본공제 가능하므로 입력하고 세대주로 입력한다.
 • 정연희 : 소득금액 100만원 이하를 충족하지 않으므로 기본공제가 불가능하다.
 • 이대섭 : 과세기간 종료일 이전에 사망한 경우에는 사망일 전일에 의하여 판단하므로 기본공제와 경로우대 공제 가능하다.
 • 강순자 : 복권당첨소득은 무조건 분리과세대상이므로 공제 가능하다.
 • 이세리, 이훈 : 기본공제가 가능하다(이세리는 자녀세액공제에 체크).
 • 정민수 : 장애인은 나이제한은 없으나 소득제한은 있는데 소득금액 100만원 이하를 충족하지 않으므로 기본공제가 불가능하다.
 • 이순자 : 직계존속의 형제자매는 기본공제가 불가능하므로 입력하지 않는다.

③ 102. 김경순 기본사항 입력화면

| 기본사항 | 부양가족명세 | 추가사항 |

1. 입사년월일 `2024` 년 `11` 월 `1` 💬 일
2. 내/외국인 `1` 내국인
3. 외국인국적 `KR` 💬 대한민국 체류자격 💬
4. 주민구분 `1` 주민등록번호 주민등록번호 `790113-2774911`
5. 거주구분 `1` 거주자 6. 거주지국코드 `KR` 💬 대한민국
7. 국외근로제공 `0` 부 8. 단일세율적용 `0` 부 9. 외국법인 파견근로자 `0` 부
10. 생산직등여부 `1` 여 연장근로비과세 `1` 여 전년도총급여 `28,000,000`
11. 주소 `07718` 💬 서울특별시 강서구 가로공원로 173
(화곡동)
12. 국민연금보수월액 `2,000,000` 국민연금납부액 `90,000`
13. 건강보험보수월액 `2,000,000` 건강보험산정기준 `1` 보수월액기준
건강보험료경감 `0` 부 건강보험납부액 `70,900`
장기요양보험적용 `1` 여 `9,180` 건강보험증번호
14. 고용보험적용 `1` 여 (대표자 여부 `0` 부)
고용보험보수월액 `2,000,000` 고용보험납부액 `18,000`
15. 산재보험적용 `1` 여
16. 퇴사년월일 년 월 💬 일 (이월 여부 부) 사유 💬

④ 102. 김경순 부양가족명세 입력화면

| 기본사항 | 부양가족명세 | 추가사항 |

연말관계	성명	내/외국인	주민(외국인, 여권)번호	나이	기본공제	부녀자	한부모	경로우대	장애인	자녀	출산입양	위탁관계
0	김경순	내 1	790113-2774911	45	본인							
6	김경자	내 1	760101-2161782	48	부							
4	안수아	내 1	181021-4161783	6	부							

→ • 안수아 : 소득금액 100만원 이하를 충족하지 않으므로 기본공제가 불가능하다.
• 김경자 : 20세 이하이거나 60세 이상이 아니므로 기본공제가 불가능하다.

⑤ 103. 박대박 기본사항 입력화면

| 기본사항 | 부양가족명세 | 추가사항 |

1. 입사년월일　2019 년 1 월 1 일

2. 내/외국인　1　내국인

3. 외국인국적　KR　대한민국　　　　　　체류자격

4. 주민구분　1　주민등록번호　　　　　주민등록번호　860501-1245144

5. 거주구분　1　거주자　　　　　　6. 거주지국코드　KR　대한민국

7. 국외근로제공　0　부　　　8. 단일세율적용　0　부　　9. 외국법인 파견근로자　0　부

10. 생산직등여부　0　부　　　연장근로비과세　0　부　　전년도총급여

11. 주소　08327　서울특별시 구로구 가마산로 77
　　　　　　(구로동)

12. 국민연금보수월액　　　5,500,000　　국민연금납부액　　　247,500

13. 건강보험보수월액　　　5,500,000　　건강보험산정기준　1　보수월액기준

　건강보험료경감　0　부　　　　　건강보험납부액　　　194,970

　장기요양보험적용　1　여　　25,240　　건강보험증번호

14. 고용보험적용　1　여　　　　(대표자 여부　0　부　　)

　고용보험보수월액　　　5,500,000　　고용보험납부액　　　49,500

15. 산재보험적용　1　여

16. 퇴사년월일　　년　월　일 (이월 여부　부) 사유

⑥ 103. 박대박 부양가족명세 입력화면

| 기본사항 | 부양가족명세 | 추가사항 |

연말관계	성명	내/외국인	주민(외국인,여권)번호	나이	기본공제	부녀자	한부모	경로우대	장애인	자녀	출산입양	위탁관계
0	박대박	내	1	860501-1245144	38	본인							
1	박정섭	내	1	600601-1234576	64	60세이상							
1	김유진	내	1	600608-2145125	64	60세이상							
3	서지혜	내	1	830801-2141114	41	배우자							
4	박하나	내	1	080302-4124112	16	20세이하					○		
4	박하연	내	1	170807-4124514	7	20세이하							
6	서민우	내	1	950702-1845114	29	장애인				1			

→ • 김유진 : 금융소득은 2,000만원 이하까지는 분리과세가 가능하므로 기본공제 가능하다.

　• 서지혜 : 일용직근로소득은 무조건분리과세소득으로서 기본공제 가능하다.

　• 서민우 : 장애인일 경우 소득이 없으므로 기본공제 외 장애인추가공제가 가능하다.

02 급여자료입력

상용직 사원의 월별 급여 등을 입력하여 연말정산추가자료입력, 원천징수이행상황신고서 등에 반영하여 신고하기 위한 메뉴이다. 급여자료를 입력하기 전에 먼저 수당 및 공제등록을 수행하여야 한다.

1) 수당 및 공제등록

등록된 수당 및 공제항목은 급여자료에 반영되며 기본으로 제공하는 수당 및 공제항목 외에 추가로 직접 입력할 수 있다. 해당사항이 없는 항목은 사용여부를 "부"로 설정하면 되고 급여자료에서 조회되지 않는다. 예를 들어 식대항목이 과세일 경우 기본으로 제공하는 항목에서 사용여부를 "부"로 설정하고 추가로 식대를 과세항목으로 등록한다.

수당등록에서 기본으로 제공하는 기본급, 상여, 직책수당 등 과세항목과 식대, 자가운전보조금 등 비과세 항목이 있으며 비과세 항목이라고 하더라도 정해진 한도를 초과한 금액은 자동 과세로 집계되며 소득세 및 주민세를 계산한다.

▼ 비과세수당

수당명	비과세 근로소득
자가운전 보조금	• 종업원소유차량, 종업원이 본인의 명의로 임차한 차량 소요경비, 사용자업무수행 요건 충족 → 월 20만원 이내(단, 출장비를 별도지급 시 보조금은 과세하며 배우자소유차량이면 전액 과세)
육아수당	• 근로자·배우자의 출산이나 6세 이하 자녀 → 자녀수 무관하게 월 20만원 이내
연구 보조비	• 초·중등 교원 연구보조비, 기자의 취재수당, 대학·전문대교원의 연구보조비, 중소기업 ·벤처기업부설연구소, 특정연구기관 등 연구원의 연구활동비 → 월 20만원 이내
식대	• 식대(음식물은 비과세) → 월 20만원 이하(다만, 음식물과 식대를 동시에 지급받으면 식대는 과세가 됨)
국외 근로수당	• 국외(북한포함) 근로제공 보수 월 100만원 이내(단, 출장, 연수 급여액은 근로소득으로 보지 아니함) • 외항선박·원양어선 선원, 해외건설 근로자 월 500만원 이내
연장 야간 휴일 수당	• 월정액급여 210만원 이하 또는 직전 총급여액 3,000만원 이하의 생산직 근로자가 받는 다음의 금액 → 연 240만원 이내(단, 광산근로자, 일용근로자는 전액 비과세함)

2) 급여자료입력

① **귀속년월** : 근로를 제공한 월을 입력한다.

② **지급년월일** : 급여를 지급한 년월일을 입력한다.

원천징수이행상황신고서는 지급월의 다음 달 10일까지 신고한다.

예를 들어 5월 귀속 급여를 5월 31일에 지급 → 6월 10일까지 신고

5월 귀속 급여를 6월 10일에 지급 → 7월 10일까지 신고

③ **급여항목, 공제항목** : 수당공제에서 등록된 사항이 반영된다.

④ **중도퇴사자정산** : 중도퇴사한 사원이 있을 경우 사원등록 메뉴에서 퇴사년월일을 입력하고 퇴사월의 급여자료를 입력하면 중도퇴사자 연말정산 내역을 확인하여 급여자료에 반영된다.

실습하기

다음의 급여자료를 1월분 ~ 11월분 급여자료입력 메뉴에 반영하고, 필요한 경우 수당공제 항목을 수정입력하시오. (급여지급일은 매월 말일이다.)

사원명	부서	급여 및 제수당(원)					
		기본급	식대	자가운전보조금	명절수당	육아수당	야간근로수당
이준호	사무직	5,000,000	200,000	200,000	200,000	100,000	200,000
김경순	생산직	2,000,000	200,000	200,000	200,000	100,000	300,000
박대박	사무직	5,000,000	200,000	200,000	200,000	100,000	

- 식대는 매월 정액분으로 지급하는데 회사는 별도의 식사를 구내식당에서 제공하고 있음
- 자가운전보조금은 매월 정액분으로 지급하며 비과세요건을 충족한 것으로 가정함
- 명절수당은 설날(구정)을 맞이하여 지급하는 특별수당임
- 육아수당은 7세 이하의 자녀가 있는 직원에게 매월 지급하고 있음
- 야간근로수당은 정규근로시간을 초과하여 야간근무를 하였을 경우 지급하고 있으며 비과세 요건을 충족한다고 가정함
- 국민연금, 건강보험, 고용보험, 장기요양보험, 소득세 및 지방소득세는 자동반영되므로 별도로 입력하지 않음

실습하기 작업순서

① 상여, 직책수당, 월차수당, 식대는 사용여부를 [부]로 변경한다.

② 비과세항목 자가운전보조금[정기], 야간근로수당[부정기] 사용여부 [여]를 확인하고 육아수당 [정기]은 비과세항목으로 추가한다.

③ 식대[정기]는 회사에서 음식물을 제공받으므로 과세항목으로 추가한다.

④ 명절수당[부정기] 과세항목으로 추가한다.

No	코드	과세구분	수당명	근로소득유형			월정액	통상임금	사용여부
				유형	코드	한도			
1	1001	과세	기본급	급여			정기	여	여
2	1002	과세	상여	상여			부정기	부	부
3	1003	과세	직책수당	급여			정기	부	부
4	1004	과세	월차수당	급여			정기	부	부
5	1005	비과세	식대	식대	P01	(월)200,000	정기	부	부
6	1006	비과세	자가운전보조금	자가운전보조금	H03	(월)200,000	부정기	부	여
7	1007	비과세	야간근로수당	야간근로수당	001	(년)2,400,000	부정기	부	여
8	2001	과세	식대	급여			정기	부	여
9	2002	비과세	육아수당	출산.보육수당(육아	Q01	(월)200,000	정기	부	여
10	2003	과세	명절수당	급여			정기	부	여

[이준호 급여자료입력 화면]

급여항목	금액		공제항목	금액
기본급	5,000,000		국민연금	225,000
자가운전보조금	200,000		건강보험	177,250
야간근로수당	200,000		장기요양보험	22,950
식대	200,000		고용보험	50,400
육아수당	100,000		소득세(100%)	259,000
명절수당	200,000		지방소득세	25,900
			농특세	
과 세	5,600,000			
비 과 세	300,000		공 제 총 액	760,500
지 급 총 액	5,900,000		차 인 지 급 액	5,139,500

[박대박 급여자료입력 화면]

급여항목	금액		공제항목	금액
기본급	5,000,000		국민연금	247,500
자가운전보조금	200,000		건강보험	194,970
야간근로수당			장기요양보험	25,240
식대	200,000		고용보험	48,600
육아수당	100,000		소득세(100%)	195,700
명절수당	200,000		지방소득세	19,570
			농특세	
과 세	5,400,000			
비 과 세	300,000		공 제 총 액	731,580
지 급 총 액	5,700,000		차 인 지 급 액	4,968,420

* 귀속월과 지급년월일을 입력하여 2월부터 11월까지 전월급여대장을 복사한다.

김경순은 11월 1일 입사이므로 11월 급여부터 입력한다.

[김경순 급여자료입력 화면]

급여항목	금액		공제항목	금액
기본급	2,000,000		국민연금	90,000
자가운전보조금	200,000		건강보험	70,900
야간근로수당	300,000		장기요양보험	9,180
식대	200,000		고용보험	21,600
육아수당	100,000		소득세(100%)	32,380
명절수당	200,000		지방소득세	3,230
			농특세	
과 세	2,400,000			
비 과 세	600,000		공 제 총 액	227,290
지 급 총 액	3,000,000		차 인 지 급 액	2,772,710

03 중도퇴사자 원천징수

실습하기

2024년 12월 25일 이준호 사원이 퇴사를 하였다. 사원등록에서 퇴사일자를 입력한 후 12월 급여
자료입력에서 중도퇴사자 정산을 수행하시오.

실습하기 작업순서

① 사원등록 메뉴에서 퇴사일자를 입력

16.퇴사년월일   [2024] 년 [12] 월 [25] 💬 일 (이월 여부 [0] [부])

② 급여자료입력메뉴에서 귀속년월 12월을 입력하여 급여자료를 불러오기 한다.

③ 이준호 사원을 클릭하여 메뉴표시줄에서 [F7 중도퇴사자정산]을 클릭한 후 [퇴사월소득세반영],
[급여반영]을 누른다.

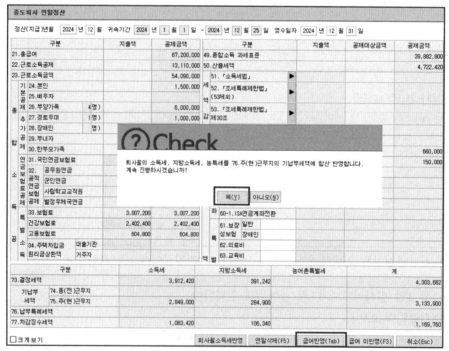

04 원천징수이행상황신고서

원천징수이행상황신고서는 원천징수의무자가 원천징수대상소득을 지급하면서 소득세를 원천징수한 날의 다음 달 10일까지 관할세무서에 제출하여야 한다. 각 소득별 자료가 반영되며 직접 입력, 수정, 삭제가 가능하다.

1) 귀속기간

소득발생 연월을 입력한다.

2) 지급기간

원천징수 대상 소득을 지급한 월을 입력한다.

3) 신고구분

정기신고, 수정신고, 기한후신고를 선택한다.

4) 원천징수명세 및 납부세액 탭

① **간이세액(A01)** : 매월/반기별 급여 총지급액 및 원천징수한 내역을 기재
② **중도퇴직(A02)** : 연도 중 중도퇴사자의 연말정산 내역을 기재
③ **일용근로(A03)** : 일용근로자에게 지급한 일당 및 원천징수 내역을 기재
④ **연말정산(A04)** : 연도말까지 계속 근로자에 대한 연말정산한 내역을 기재

5) 전월미환급세액

전월에 미환급세액이 있는 경우 입력하거나 직전월의 20.차월이월환급세액란의 금액이 자동반영된다.

🕐 **실습하기**

12월 급여 지급분에 대하여 원천징수이행상황신고서를 작성하시오. 전월미환급세액은 33,000원이다.

🕐 **실습하기 작업순서**

① 귀속기간 2024년 12월~ 2024년 12월

　지급기간 2024년 12월~ 2024년 12월, 신고구분 1.정기신고를 선택한다.

② 연말정산 추가 납부세액 분납은 "아니오"를 클릭한다.

연말정산(A04) 추가 납부세액 분납을 적용하시겠습니까?

예(Y)　　아니오(N)

③ 전월미환급세액 33,000원을 입력한다.

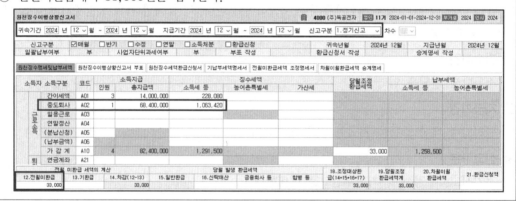

07 | 연말정산기초 및 전자신고

01 연말정산추가자료입력

근로소득자의 급여내역을 모두 합산하여 공제항목을 차감 후 계산된 과세표준으로 소득세를 산출하여 근로소득원천징수영수증에 반영하게 된다. 계속근무자의 경우 연말정산은 다음연도 2월로 관리된다.

1) F3 전체사원
계속근무자, 사원등록에 등록되어 있는 연말정산대상 전체사원을 불러온다.

2) 계속탭, 중도탭, 총괄탭
① **계속탭** : 계속근무자(퇴사일자가 없는 사원)
② **중도탭** : 현재 작업년도에 퇴사한 사원
③ **총괄탭** : 계속근무자와 중도퇴사 모두 반영 가능

3) 소득명세탭
현근무지와 종전근무지의 급여항목(과세항목, 비과세항목) 및 공제보험료명세, 세액명세 등을 입력한다. 현근무지의 데이터는 자동반영된다.

소득명세	부양가족	신용카드 등	의료비	기부금	연금저축 등I	연금저축 등II	월세액	연말정산입력

	구분	합계	주(현)	납세조합	종(전) [1/1]
소득명세	9.근무처명		(주)독공전자		
	9-1.종교관련 종사자		부		
	10.사업자등록번호		132-81-11332	----.--.--	----.--.--
	11.근무기간		2024-01-01 ~ 2024-12-31	----.--.-- ~ ----.--.--	----.--.-- ~ ----.--.--
	12.감면기간		----.--.-- ~ ----.--.--	----.--.-- ~ ----.--.--	----.--.-- ~ ----.--.--
	13-1.급여(급여자료입력)	64,800,000	64,800,000		
	13-2.비과세한도초과액				
	13-3.과세대상추가(인정상여추가)				
	14.상여				
	15.인정상여				
	15-1.주식매수선택권행사이익				
	15-2.우리사주조합 인출금				
	15-3.임원퇴직소득금액한도초과액				
	15-4.직무발명보상금				
	16.계	64,800,000	64,800,000		

공제보험료명세	직장	건강보험료(직장)(33)	2,339,640	2,339,640		
		장기요양보험료(33)	302,880	302,880		
		고용보험료(33)	583,200	583,200		
		국민연금보험료(31)	2,970,000	2,970,000		
	공적연금보험료	공무원 연금(32)				
		군인연금(32)				
		사립학교교직원연금(32)				
		별정우체국연금(32)				
세액명세	기납부세액	소득세	2,348,400	2,348,400		
		지방소득세	234,840	234,840		
		농어촌특별세				
	납부특례세액	소득세				
		지방소득세				
		농어촌특별세				

※ 시험문제에서 종전근무지에 대한 자료를 입력할 경우에는 세액명세란에 전근무지의 **결정세액을 입력해야 한다.**

4) 부양가족탭

사원등록에서 등록했던 부양가족명세탭의 내용이 자동반영되고 추가입력도 가능하다.

본인 및 부양가족의 보험료, 교육비의 항목을 입력할 경우에는 국세청(국세청 간소화서비스 자료)과 기타(국세청 간소화서비스 자료 외)로 구분하여 입력한다.

| 소득명세 | 부양가족 | 신용카드 등 | 의료비 | 기부금 | 연금저축 등I | 연금저축 등II | 월세액 | 연말정산입력 |

연말관계	성명	내/외국인		주민(외국인)번호	나이	기본공제	세대주구분	부녀자	한부모	경로우대	장애인	자녀	출산입양
0	박대박	내	1	860501-1245144	38	본인	세대주						
1	박정섭	내	1	600601-1234576	64	60세이상							
1	김유진	내	1	600608-2145125	64	60세이상							
3	서지혜	내	1	830801-2141114	41	배우자							
4	박하나	내	1	080302-4124112	16	20세이하						○	
4	박하면	내	1	170807-4124514	7	20세이하							
6	서민우	내	1	950702-1845114	29	장애인					1		
	합 계 [명]					7					1	1	

5) 신용카드 등 탭

나이제한	소득금액제한
×	○

| 소득명세 | 부양가족 | 신용카드 등 | 의료비 | 기부금 | 연금저축 등I | 연금저축 등II | 월세액 | 연말정산입력 |

	성명 생년월일	자료구분	신용카드	직불,선불	현금영수증	도서등신용	도서등직불	도서등현금	전통시장	대중교통	소비증가분 2023년	2024년
■	박대박 1986-05-01	국세청 기타										
□	박정섭 1960-06-01	국세청 기타										
□	김유진 1960-06-08	국세청 기타										
□	서지혜 1983-08-01	국세청 기타										
□	박하나 2008-03-02	국세청 기타										
□	박하면 2017-08-07	국세청 기타										
□	서민우 1995-07-02	국세청 기타										
□												
	합계											
	총급여				64,800,000	신용카드 등 최소금액(총급여의 25%)						16,200,000

→ 연말정산입력탭 42.신용카드 등 사용액에 자동반영

신용카드 등 공제대상금액							총급여	64,800,000	최저사용액(총급여 25%)	16,200,000

▶ 신용카드 등 사용금액 공제액 산출 과정

구분		대상금액	공제율금액	공제제외금액	공제가능금액	공제한도	일반공제금액	추가공제금액	최종공제금액
㉮신용카드	전통시장/		15%						
㉯직불/선불카드	대중교통비		30%						
㉰현금영수증	제외		30%						
㉱도서공연등사용분(7천이하)			30%						
㉲전통시장 사용분			40%						
㉳대중교통 이용분			40%						
㉴소비증가분			10%						
신용카드 등 사용액 합계(㉮~㉴)				아래참조 *1	공제율금액-공제제외금액	아래참조 *2	MIN[공제가능금액,공제한도]	아래참조 *3	일반공제금액+추가공제금액

▶ *1 공제제외금액 산출 방법

구분	계산식	공제제외금액
최저사용금액 ≤ 15%공제율사용금액	최저사용금액 X 15%	
15%공제율사용금액 〈 최저사용금액 ≤ 15%+30%공제율사용금액	㉮X15%+[최저사용금액-㉮]X30%	
15%+30%공제율사용금액 〈 최저사용금액 ≤ 15%+30%+40%공제율사용금액	㉮X15%+(㉯+㉰)X30%+[(최저사용금액-㉮-㉯-㉰)]X40%	

▶ *2 공제한도 산출 방법

총급여액		공제한도
총급여 7천만원 이하		300만원
총급여 7천만원 초과		250만원

▶ *3 추가공제금액 산출 방법(①+②+③+④)

구분	금액	계산식
① 전통시장 사용분 추가공제금액		MIN[공제가능금액-공제한도(음수이면 0), 300만원]
② 대중교통 이용분 추가공제금액		＊ 총급여 7천만원 초과자의 추가공제한도는 200만원
③ 도서,공연,박물관,미술관 추가공제금액		
④ 소비증가분에 대한 추가공제금액		MIN[공제가능금액-공제한도-추가공제(①전통시장,②대중교통,③도서등 X음수이면 0), ④X10%, 100만원]

※ 참고사항
1. 신용카드 등 사용금액은 근로기간 중 사용한 금액만 공제대상입니다.
2. 도서.공연비 등 추가공제는 총급여 7천만원 이하자만 가능합니다.
3. 신용카드 등 대상액은 [신용카드]탭에서 입력합니다.
4. 소비증가분은 2023년 신용카드 사용금액의 105%를 초과 사용한 금액

확인(Esc)

① 형제자매 사용액은 공제 불가능

② 신용카드 등으로 사용한 금액과 항목별 중복공제 가능여부

교육비	의료비 세액공제	○	신용카드공제	○
	취학 전 아동 학원비	○	신용카드공제	○
	그 외 교육비	×	신용카드공제	○
	교복구입비	○	신용카드공제	○
보험료 세액공제		○	신용카드공제	×
기부금 세액공제		○	신용카드공제	×

③ 공제불가능 항목

- 중고차 구입 금액의 10%는 신용카드 소득공제 적용됨
- 사업성소득의 비용·법인의 비용에 해당하는 경우
- 허위거래이거나 실제매출액을 초과한 신용카드에 의한 거래행위
- 다른 신용카드 가맹점 명의임을 알면서 신용카드를 사용한 행위
- 국민건강보험료, 고용보험료, 국민연금보험료, 생명·손해보험계약의 보험료
- 어린이집, 유치원, 초·중·고, 대학교 및 대학원교육비납부액
- 현금서비스 받은 금액
- 국세, 지방세, 전기료, 수도료, 아파트관리비, 고속도로통행료, 인터넷사용료 등 제세공과금
- 리스료와 상품권 등 유가증권구입

- 국가 등에 지급하는 사용료, 수수료등의 대가(소포우편물 방문배달용역 제외)
- 차입금이자상환액등 금융·보험 용역의 대가
- 세액공제·소득공제 적용받은 정치자금 기부액
- 주택자금공제 적용받은 월세액
- 국외에서의 사용액

④ **도서공연 등 사용분** : 총급여액 7,000만원 이하인 자가 사용한 금액

6) 의료비탭

나이제한	소득금액제한
×	×

	소득명세		부양가족		신용카드 등	의료비		기부금		연금저축 등Ⅰ		연금저축 등Ⅱ		월세액		연말정산입력	

	2024년 의료비 지급명세서												14.산후조리원

	의료비 공제대상자					지급처			지급명세					14.산후조리원
□	성명	내/외	5.주민등록번호	6.본인등해당여부	9.증빙코드	8.상호	7.사업자등록번호	10.건수	11.금액	11-1.실손보험수령액	12.미숙아선천성이상아	13.난임여부	
□													
□													
□													
					합계								
	일반의료비(본인)		6세이하,65세이상인건강보험산정특례자장애인			일반의료비(그 외)			난임시술비				
									미숙아,선천성이상아				

→ 연말정산입력탭 62.의료비에 자동반영

① **의료비공제대상자** : 성명란에서 F2를 누르고 부양가족코드도움창에서 의료비 공제대상자를 선택한다. → 6. 본인등해당여부

> 1. 본인
> 2. 65세 이상, 장애인, 건강보험산정특례자
> 3. 그 밖의 기본공제대상자

② **지급처** : 의료비 지급처의 상호 및 사업자등록번호를 입력한다.
   → 9. 의료비증빙코드 : 공제대상자 및 지급처별로 선택하여 입력한다.
- 국세청장이 연말정산간소화서비스를 통해 제공하는 의료비 자료 = 1
- 국민건강보험공단의 의료비부담명세서 = 2
- 진료비계산서, 약제비계산서 = 3
- 「노인장기요양보험법 시행규칙」 별지 제24호 서식 장기요양급여비용 명세서 = 4
  (장기요양비급여액은 의료비공제대상이 아니므로 적는 금액에 포함할 수 없음)
- 기타 의료비 영수증 = 5

③ **지급명세** : 국세청장이 연말정산간소화서비스를 통해 제공하는 의료비자료의 경우에는 의료비 공제대상자별로 의료비 지출 합계액을 적는다. 따라서 지급처의 사업자등록번호, 건수를 적지 않는다.

→ 11-1 실손의료보험금 : 실손의료보험금 지급받은 금액을 입력한다.

→ 12. 미숙아선천성이상아 : 미숙아 및 선천성 이상아 지원대상 의료비일 경우 선택한다.

→ 13. 난임여부 : 의료비 지급내용이 난임시술비에 해당하는 경우 선택한다.

→ 14. 산후조리원 : 산후조리원 비용에 대해서 의료비 세액공제를 받는 경우 선택한다.

④ 공제적용 판단

- 안경, 콘텍트렌즈 구입비는 1인당 50만원 한도 공제 가능
- 산후조리원은 출산 1회당 200만원 한도 공제 가능
- 실손의료보험금을 지급받은 금액은 공제 불가능
- 간병인 지급비용 공제 불가능
- 미용성형수술비, 건강증진의약품, 국외의료기관 의료비는 공제 불가능
- 진찰·진료·질병예방비(건강검진비용), 의약품(치료를 위한 한약 포함)구입비 공제 가능
  → 보약은 공제 불가능
- 장애인보장구(의수족, 휠체어, 보청기 등), 의료기기 구입·임차비용 공제 가능
- 임플란트와 스케일일비용 공제 가능
- 라식수술비 공제 가능

7) 기부금탭 [기부금입력 → 기부금조정]

나이제한	소득금액제한
×	○

| 소득명세 | 부양가족 | 신용카드 등 | 의료비 | 기부금 | 연금저축 등I | 연금저축 등II | 월세액 | 연말정산입력 |

기부금 입력 / 기부금 조정

12.기부자 인적 사항(F2)

주민등록번호	관계코드	내·외국인	성명

구분			노조회비여부	기부처			기부명세			자료구분
7.유형	8.코드	9.기부내용		10.상호(법인명)	11.사업자번호 등	건수	13.기부금합계금액(14+15)	14.공제대상기부금액	15.기부장려금신청금액	
			합계							

→ 기부자 인적 사항은 [F2 코드도움]으로 선택하고 구분과 기부명세를 입력한다.

| 소득명세 | 부양가족 | 신용카드 등 | 의료비 | 기부금 | 연금저축 등I | 연금저축 등II | 월세액 | 연말정산입력 |

기부금 입력 / 기부금 조정 — 공제금액계산

구분		기부연도	16.기부금액	17.전년도까지공제된금액	18.공제대상금액(16-17)	해당연도공제금액	해당연도에 공제받지 못한 금액	
유형	코드						소멸금액	이월금액
	합계							

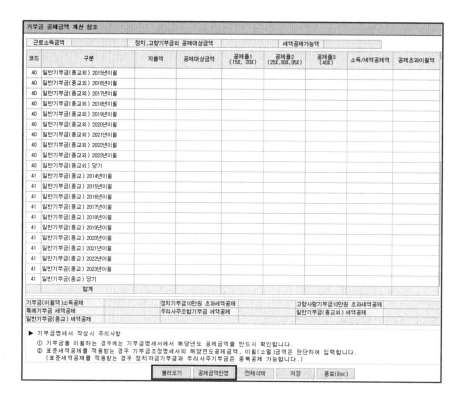

기부금조정탭에서 공제금액계산을 눌러 불러오기를 한 후 공제금액반영을 누른다.

→ 연말정산입력탭 64.기부금에 자동반영

① 정치자금은 **본인 지출분만** 가능함

② 특례기부금

> • 국가 또는 지방자치단체에 무상으로 기증하는 금품의 가액
> • 국방헌금과 국군장병 위문금품의 가액
> • 천재지변으로 인한 수재의연금과 이재민구호금품
> • 사립학교 등에 시설비, 교육비, 장학금 또는 연구비로 지출하는 기부금
> • 국립대학병원, 국립암센터, 서울대학교병원, 대한적십자가 운영하는 병원 등의 시설비, 교육비, 장학금 또는 연구비로 지출하는 기부금
> • 정당에 기부한 정치자금으로서 10만원 초과금액(10만원까지는 100/110의 금액을 세액에서 공제한다.)
> • 특별재난지역을 복구하기 위하여 자원봉사한 경우 그 용역의 가액(1일 = 총봉사시간 ÷ 8시간, 일당 8만원)
> • 사회복지공동모금회에 출연한 기부금
> • 대한적십자사, 독립기념관에 지출한 기부금
> • 한국장학재단에 대한 기부금

③ 일반기부금

- 종교단체기부금
- 사내근로복지기금에 지출한 기부금
- 불우이웃돕기로 지출하는 기부금
- 영업자가 조직한 단체로서 법인이거나 주무관청에 등록된 조합 또는 협회에 지급한 특별회비
- 위의 항목 외에 임의로 조직된 조합·협회에 지급한 회비

④ 비지정기부금 : 신협 또는 새마을금고 등에 지출하는 기부금, 어음·수표로 지출하는 기부금, 동창회, 종친회, 향우회 등

8) 연금저축 등 I 탭

① 연금계좌 세액공제 – 퇴직연금계좌

   퇴직연금계좌 불입액을 입력한다.

소득명세	부양가족	신용카드 등	의료비	기부금	연금저축 등I	연금저축 등II	월세액	연말정산입력

1 연금계좌 세액공제	- 퇴직연금계좌(연말정산입력 탭의 58.과학기술인공제, 59.근로자퇴직연금)						크게보기
퇴직연금 구분	코드	금융회사 등	계좌번호(증권번호)	납입금액	공제대상금액		세액공제금액
퇴직연금							
과학기술인공제회							

② 연금계좌 세액공제 – 연금저축계좌

   개인연금저축 또는 연금저축 불입액을 입력한다.

2 연금계좌 세액공제	- 연금저축계좌(연말정산입력 탭의 38.개인연금저축, 60.연금저축)					크게보기
연금저축구분	코드	금융회사 등	계좌번호(증권번호)	납입금액	공제대상금액	소득/세액공제액
	1.개인연금저축 2.연금저축					
개인연금저축						
연금저축						

③ 연금계좌 세액공제

   ISA만기 시 연금계좌 납입액(연금저축, 퇴직연금)을 입력한다.

3 연금계좌 세액공제	- 개인종합자산관리계좌 만기 시 연금계좌 납입액 (연말정산입력 탭의 60-1 개인종합자산관리계좌만기시연금계좌납입액)					크게보기
연금구분	코드	금융회사 등	계좌번호(증권번호)	납입금액	공제대상금액	소득/세액공제액
	1.연금저축 2.퇴직연금					
연금저축						
퇴직연금						

④ 주택마련저축 공제

   청약저축 또는 주택청약종합저축, 근로자주택마련저축 불입액을 입력한다.

   → 입력한 금액은 연말정산입력탭 40.주택마련저축소득공제에 자동반영된다.

4 주택마련저축 공제(연말정산탭의 40.주택마련저축소득공제)					원래크기(Esc)
저축구분	코드	금융회사 등	계좌번호(증권번호)	납입금액	소득공제금액
	1.청약저축 2.주택청약종합저축 3.근로자주택마련저축				
청약저축					
주택청약종합저축					
근로자주택마련저축					

9) 월세액탭

① 월세세액공제를 받기 위하여 연간월세액을 입력한다.

무주택 세대주가(총급여액 8,000만원 이하(종합소득금액 7,000만원 이하)) 월세계약을 체결하고 국민주택규모(85㎡)주택 또는 기준시가 4억원 이하 주택(주거용 오피스텔, 고시원 포함)을 임차하고 월세액을 지급한 경우 → 월세계약은 근로자의 기본공제대상자가 체결한 경우에도 가능하다.

② 거주자간 주택임차차입금 원리금 상환액 소득공제 명세

대부업 등을 경영하지 아니하는 거주자(개인)로부터 차입한 주택임차차입금 원리금상환액을 공제받을 경우 입력한다.

과세기간 종료일 현재 세대부 여부를 확인하고 임대차계약서 사본 및 금전소비대차계약서 사본을 통해 임대차계약서의 입주일과 전입일 중 빠른 날부터 전후 1개월 이내 차입한 자금인지 확인한다.

입력한 내역은 연말정산입력탭 34.주택차입금원리금상환액 거주자 칸에 자동반영된다.

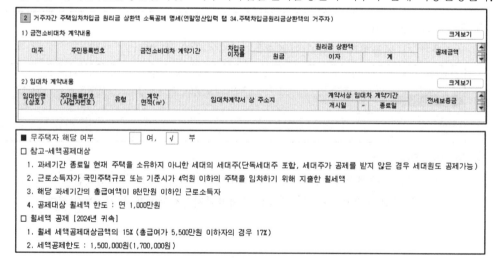

10) 연말정산입력

① 연금보험료공제 : 급여자료입력 메뉴에서 입력된 매월 연금보험료 공제액이 자동반영된다.

연금보험료공제	31.국민연금보험료		2,970,000	2,970,000
	32.공적연금보험공제	공무원연금		
		군인연금		
		사립학교교직원		
		별정우체국연금		

② 보험료공제 : 급여자료입력 메뉴에서 입력된 매월 건강보험료(장기요양보험료), 고용보험료 공제액이 자동반영된다.

33.보험료	3,225,720	3,225,720
건강보험료	2,642,520	2,642,520
고용보험료	583,200	583,200

③ 주택자금공제 : 더블클릭하면 주택자금 화면이 조회된다.

34.주택차입금 원리금상환액	대출기관	더블클릭
	거주자	
34.장기주택저당차입금이자상		

주택자금

구분				공제한도	납입/상환액	공제금액
①청약저축_연납입액 300만원 한도				납입액의 40%		
②주택청약저축(무주택자)_연납입액 300만원 한도						
③근로자주택마련저축_월 납입 15만원, 연 납입 180만원						
1.주택마련저축공제계(①~③)				연 400만원 한도		
주택임차차입금 원리금상환액	①대출기관			납입액의 40%		
	②거주자(총급여 5천만원 이하)					
2.주택차입금원리금상환액(①~②)				1+2 ≤ 연 400만원		
장기주택 저당차입금 이자상환액	2011년 이전 차입금	ⓐ15년 미만		1+2+ⓐ ≤ 600만원		
		ⓑ15년~29년		1+2+ⓑ ≤ 1,000만원		
		ⓒ30년 이상		1+2+ⓒ ≤ 1,500만원		
	2012년 이후 차입금	ⓓ고정금리OR비거치상환		1+2+ⓓ ≤1,500만원		
		ⓔ기타대출		1+2+ⓔ ≤500만원		
	2015년 이후 차입금	15년 이상	ⓕ고정AND비거치	1+2+ⓕ ≤2,000만원		
			ⓖ고정OR비거치	1+2+ⓖ ≤ 1,800만원		
			ⓗ기타대출	1+2+ⓗ ≤800만원		
		10년~15년	ⓘ고정OR비거치	1+2+ⓘ ≤600만원		
3.장기주택저당차입금이자상환액						
		합 계(1+2+3)				

▶ 1.주택마련저축공제
　➤①, ②는 2015년 이후 가입자는 총급여 7,000만원 이하인 경우만 공제 가능
　➤②는 3.장기주택저당차입금이자상환액공제를 받는 경우 공제 불가
▶ 주택차입금이자세액공제를 받는 차입금의 이자는 장기주택저당차입금이자상환액공제 적용 불가
▶ 주택요건 기준시가 6억원이하는 24.1.1 이후 취득하는 분부터 적용(24.1.1 이전 기준시가 5억원이하)

확인(Esc)

㉠ 주택마련저축공제 : 청약저축, 주택청약종합저축, 근로자주택마련저축 등 연금저축 등 Ⅰ탭에서 주택마련저축 공제에 입력된 내용이 자동반영된다. 월세액탭에서 거주자간 주택임차차입금 원리금 상환액 소득공제 명세에 입력한 내용은 주택임차차입금원리금상환액 거주자 칸에 자동반영된다.

ⓛ 주택차입금원리금상환액 : 주택임차차입금원리금상환액을 입력한다.

ⓒ 장기주택 저당차입금 이자상환액 : 장기주택 저당차입금 이자상환액을 2011년 이전 차입금, 2012년 이후 차입금, 2015년 이후 차입금을 구분하여 입력한다.

④ 개인연금저축 : 연금저축 등Ⅰ탭에서 연금계좌세액공제에 개인연금저축으로 입력한 금액이 자동반영된다.

38.개인연금저축		

⑤ 주택마련저축소득공제 : 연금저축 등Ⅰ탭에서 ④주택마련저축 공제에 입력된 내용이 자동반영된다.

40.주택 마련저축 소득공제	청약저축		
	주택청약		
	근로자주택마련		

⑥ 자녀세액공제 : 사원등록 메뉴에서 부양가족명세에 입력한 자녀, 출산입양 내역이 자동반영된다.

57.자녀 세액공제	㉘자녀	명)		
	㉖ 출산.입양	명)		

⑦ 연금계좌세액공제 : 연금저축 등Ⅰ탭에서 입력내용 중에서 ① 연금계좌세액공제에 입력한 정보가 자동반영된다.

1.퇴직연금 → 59.근로자퇴직연금

2.과학기술인공제회 → 58.과학기술공제

② 연금계좌세액공제에 입력한 정보가 자동반영된다.

2.연금저축 → 60.연금저축

③ 연금계좌세액공제에 입력한 정보가 자동반영된다.

ISA만기 시 연금계좌 납입액(연금저축, 퇴직연금) → 60-1

연 금 계 좌	58.과학기술공제			
	59.근로자퇴직연금			
	60.연금저축			
	60-1.ISA연금계좌전환			

⑧ 보장성보험 세액공제

나이제한	소득금액제한
○	○

| 소득명세 | 부양가족 | 신용카드 등 | 의료비 | 기부금 | 연금저축 등I | 연금저축 등II | 월세액 | 연말정산입력 |

연말 관계	성명	내/외국인	주민(외국인)번호	나이	기본공제	세대주 구분	부녀 자	한부 모	경로 우대	장애 인	자녀	출산 입양
0	박대박	내	1 860501-1245144	38	본인	세대주						
1	박정섭	내	1 600601-1234576	64	60세이상							
1	김유진	내	1 600608-2145125	64	60세이상							
3	서지혜	내	1 830801-2141114	41	배우자							
4	박하나	내	1 080302-4124112	16	20세이하						○	
4	박하연	내	1 170807-4124514	7	20세이하							
6	서민우	내	1 950702-1845114	29	장애인					1		
	합 계 [명]					7				1	1	

자료구분	보험료				의료비					교육비	
	건강	고용	일반보장성	장애인전용	일반	실손	선천성이상아	난임	65세,장애인	일반	장애인특수
국세청											
기타	2,642,520	583,200									

인원별로 보험료에서 더블클릭을 하여 입력한다.

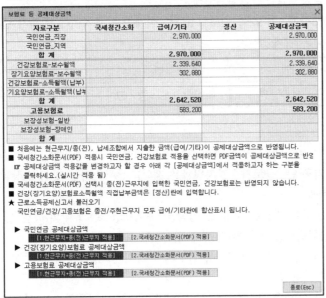

→ 연말정산입력 61.보장성보험에 자동반영

㉠ 장애인보장성보험은 나이제한이 없음

㉡ 연간한도는 각 100만원이며 보장성보험료는 12%, 장애인보장성보험료는 15% 세액공제

㉢ 저축성 보험료, 태아보험료는 공제대상이 아님

㉣ 공제적용판단 예시

> • 맞벌이부부 : 근로자(본인)계약자, 배우자(피보험자) → 공제 불가능
> • 근로자(본인)계약자, 소득이 있는 모(피보험자) → 공제 불가능
> • 소득이 없는 배우자(계약자, 피보험자) → 공제 가능

⑨ 교육비세액공제

나이제한	소득금액제한
×	○

연말관계	성명	내/외국인	주민(외국인)번호	나이	기본공제	세대주구분	부녀자	한부모	경로우대	장애인	자녀	출산입양
0	박대박	내 1	860501-1245144	38	본인	세대주						
1	박정섭	내 1	600601-1234576	64	60세이상							
1	김유진	내 1	600608-2145125	64	60세이상							
3	서지혜	내 1	830801-2141114	41	배우자							
4	박하나	내 1	080302-4124112	16	20세이하						○	
4	박하연	내 1	170807-4124514	7	20세이하							
6	서민우	내 1	950702-1845114	29	장애인					1		
합 계 [명]						7				1	1	

자료구분	보험료				의료비					교육비	
	건강	고용	일반보장성	장애인전용	일반	실손	선천성이상아	난임	65세,장애인	일반	장애인특수
국세청											
기타	2,642,520	583,200									

인원별로 교육비에서 더블클릭을 하여 입력한다.

㉠ 배우자, 직계비속, 형제자매, 입양자, 위탁아동(단, 직계존속 교육비는 공제가 불가능하지만 장애인특수교육비는 공제 가능)

구분	한도액	구분	한도액
대학교	1인당 900만원	미취학·초·중·고	1인당 300만원

㉡ 공제적용판단

- 본인 교육비(전액) : 대학(원격 또는 학위취득과정 포함) 또는 대학원, 시간제과정, 직업능력개발훈련비용(단, 근로자수강지원금은 제외), 든든학자금 및 일반상환자금 대출의 원리금상환액
- 학교 또는 보육시설 등에 지급한 수업료, 입학금, 보육비용 및 그 밖의 공납금, 초·중·고학생의 체험학습비(1인당 30만원)
- 학교급식비, 사이버대학, 학점인정 및 독학에 의한 학위 취득과정, 초중고 정규과정 교과서대금은 공제 가능함
- 교복구입비용 1인당 50만원 한도(중·고등학생만 가능), 방과후학교 수강료 및 도서구입비, 특별활동비 도서구입비 공제 가능
- 동거중인 형제자매의 대학 등록금을 본인이 부담한 경우에는 공제 가능함(단, 소득금액 100만원 이하여야 함)
- 근로인 본인이 회사 자녀학자금을 지원받아 자녀의 수업료를 납부하였을 경우 교육비 공제 가능함
- 취학 전 아동만 학원 및 체육시설 교육비 공제 가능함
- 근로소득자인 본인이 휴직기간 중에 교육비를 지출한 경우 교육비 공제 가능함
- 국외교육비 공제 가능함(단, 어학원 등은 제외)
- 기숙사비, 학교버스이용료는 공제 불가능
- ※ **대학원은 본인만 가능함**
  직계존속 교육비는 공제 불가능함(장애인특수교육비는 제외)
  학원비는 취학 전 아동만 가능함

※ 연말정산추가자료입력을 모두 마친 후 연말정산입력탭에서 **F8 부양가족탭불러오기**를 눌러 반영한다.

실습하기

다음은 사원 박대박(사번 : 103)의 연말정산을 위한 자료이다.
연말정산추가자료입력 메뉴에서 [부양가족명세]탭, [월세액]탭, [신용카드등]탭, [의료비]탭, [기부금]탭, [연말정산 입력]탭을 작성하시오.

1. 주택임대차 현황
   - 임대인 : 정부자(740103-1234567)
   - 소재지 : 경기도 성남시 분당구 판교동 5(단독주택, 계약면적 60㎡)
   - 임대기간 : 2024년 1월 1일 ~ 2025년 12월 31일
   - 세대주 및 임대차 계약자 : 박대박(전입신고 완료)
   - 월 임차료 : 1,000,000원(박대박이 1년치 임차료 12,000,000원을 모두 납부함)
   - 월세 세액공제 요건을 충족하는 것으로 가정한다.

2. 국세청 연말정산 간소화 자료 및 기타 자료

항목	내용
신용카드 등 사용액	• 박대박 신용카드 사용액 : 20,000,000원(안경구입비 600,000원 포함, 회사 법인의 비용 1,000,000원 포함), 2023년 신용카드 사용금액 17,000,000원 있음 • 서지혜 현금영수증 사용액 : 1,400,000원(전통시장 사용분 400,000원 포함) • 서민우 신용카드 사용액 : 중고차 구입비 10,000,000원 • 박정섭의 신용카드 사용액 : 15,000,000원(현금서비스 5,000,000원 포함됨)
보험료	• 본인의 일반 보장성 보험료 : 1,000,000원 (실손의료보험금 수령액은 300,000원) • 장애인(서민우)전용 보장성 보험료 : 2,000,000원 • 서지혜의 저축성보험료 : 1,000,000원 • 본인의 자동차 보험료 불입액 600,000원
의료비	• 본인의 시력보정용 안경구입비 : 600,000원(신용카드 결제) • 김유진의 질병 치료비 : 1,200,000원(실손의료보험금 수령액 300,000원 포함) • 박정섭의 치료, 요양목적이 아닌 한약 구입비 : 800,000원 • 배우자의 임플란트시술비 : 2,000,000원
교육비	• 김유진의 노인대학 등록금 : 2,500,000원 • 영유아 보육법에 따른 박하연의 어린이집 납입액 : 500,000원 • 배우자의 대학원 등록금 : 10,000,000원 • 박하나 현장체험학습비 600,000원, 방과후 수업료 300,000원 • 박하나 영어학원비 : 3,600,000원
기부금	• 본인의 종교단체 당해 기부금 : 1,000,000원(한국교회, 123-89-00458) • 배우자의 정치자금 기부금 : 100,000원

실습하기 작업순서

① 연말정산추가자료입력 메뉴를 열어 [F3 전체사원]을 클릭하여 불러오기를 한다.

② 박대박 사원을 체크하고 [월세액]탭에서 월세세액공제분을 입력한다.

| 소득명세 | 부양가족 | 신용카드 등 | 의료비 | 기부금 | 연금저축 등 I | 연금저축 등 II | **월세액** | 연말정산입력 |

| 1 월세액 세액공제 명세(연말정산입력 탭의 70.월세액) | | | | | | | | | | 크게보기 |

임대인명 (상호)	주민등록번호 (사업자번호)	유형	계약 면적(㎡)	임대차계약서 상 주소지	계약서상 임대차 계약기간		연간 월세액	공제대상금액	세액공제금액
					개시일 ~	종료일			
정부자	740103-1234567	단독주택	60.00	경기도 성남시 분당구 판교동	2024-01-01 ~	2025-12-31	12,000,000	10,000,000	1,500,000

③ 항목별 입력화면

[신용카드 등]탭에서 입력

| 소득명세 | 부양가족 | **신용카드 등** | 의료비 | 기부금 | 연금저축 등 I | 연금저축 등 II | 월세액 | 연말정산입력 |

	성명 생년월일	자료 구분	신용카드	직불,선불	현금영수증	도서등 신용	도서등 직불	도서등 현금	전통시장	대중교통	소비증가분	
											2023년	2024년
☑	박대박 1986-05-01	국세청 기타	19,000,000								17,000,000	19,000,000
☐	박정섭 1960-06-01	국세청 기타	10,000,000									10,000,000
☐	김유진 1960-06-08	국세청 기타										
☐	서지혜 1983-08-01	국세청 기타			1,000,000			400,000				1,400,000
☐	박하나 2008-03-02	국세청 기타										
☐	박하연 2017-08-07	국세청 기타										
☐	서민우 1995-07-02	국세청 기타										
☐												
☐												
	합계		29,000,000		1,000,000			400,000			17,000,000	30,400,000

| 총급여 | 64,800,000 | 신용카드 등 최소금액(총급여의 25%) | 16,200,000 |

→ 안경구입비는 신용카드공제와 중복공제가 가능하다.

회사법인 경비는 공제가 불가능하므로 차감한다.

형제자매카드사용액(서민우)은 공제가 불가능하다.

박정섭은 현금서비스 사용금액이 공제가 불가능하므로 차감한 후 나머지를 반영한다.

[보험료 공제] → [부양가족]탭에서 개인별로 보험료에서 더블클릭하여 보험료 등 공제대상금액에서 입력한다.

– 박대박의 보험료

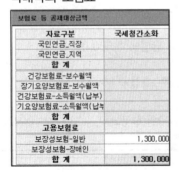

보험료 등 공제대상금액	
자료구분	국세청간소화
국민연금_직장	
국민연금_지역	
합 계	
건강보험료-보수월액	
장기요양보험료-보수월액	
건강보험료-소득월액(납부)	
기요양보험료-소득월액(납부)	
합 계	
고용보험료	
보장성보험-일반	1,300,000
보장성보험-장애인	
합 계	1,300,000

자료구분	보험료			
	건강	고용	일반보장성	장애인전용
국세청			1,300,000	
기타	2,642,520	583,200		

- 서민우의 보험료

보험료 등 공제대상금액	
자료구분	국세청간소화
국민연금_직장	
국민연금_지역	
합 계	
건강보험료-보수월액	
장기요양보험료-보수월액	
건강보험료-소득월액(납부)	
기요양보험료-소득월액(납부)	
합 계	
고용보험료	
보장성보험-일반	
보장성보험-장애인	2,000,000
합 계	2,000,000

자료구분	보험료			
	건강	고용	일반보장성	장애인전용
국세청				2,000,000
기타				

→ 박대박은 일반보장성보험료에서 실손의료보험금 수령액 차감(1,000,000원 − 300,000원) + 자동차보험료 불입액 600,000원 = 1,300,000원으로 반영한다.
서민우는 장애인보장성보험료 2,000,000원으로 반영한다.
서지혜의 저축성보험료는 공제가 불가능하다.

[의료비]탭에서 입력

| 소득명세 | 부양가족 | 신용카드 등 | 의료비 | 기부금 | 연금저축 등I | 연금저축 등II | 월세액 | 연말정산입력 |

		의료비 공제대상자				지급처		지급명세					14.산후조리원
	성명	내/외	5.주민등록번호	6.본인등해당여부	9.증빙코드	8.상호	7.사업자등록번호	10.건수	11.금액	11-1.실손보험수령액	12.미숙아선천성이상아	13.납입여부	
☐	박대박	내	860501-1245144	1	0	1			500,000		X	X	X
☐	김유진	내	600608-2145125	3	X	1			1,200,000	300,000	X	X	X
☐	박정섭	내	600601-1234576	3	X	1			2,000,000		X	X	X
☐													
☐													
☐													
			합계						3,700,000	300,000			
	일반의료비(본인)		500,000	6세이하,65세이상인건강보험산정특례자장애인			일반의료비(그 외)		3,200,000	난임시술비			
										미숙아.선천성이상아			

→ 박대박(본인)의 시력보정용 안경구입비는 500,000원까지만 공제 가능하다(신용카드와 중복공제 가능함).
김유진의 질병치료비 1,200,000원 입력하고 실손의료보험금에 300,000원 입력한다. (또는 실손의료보험금을 차감하고 900,000원을 입력해도 된다.)
서지혜(배우자)의 임플란트 치료비 2,000,000원 공제 가능하다.
박정섭의 치료, 요양목적이 아닌 한약 구입비는 공제가 불가능하다.

[교육비 공제] → [부양가족]탭에서 입력

−박하연

교육비		
일반		장애인특수
500,000	1.취학전	

− 박하나

교육비		
일반		장애인특수
600,000	2.초중고	

→ 김유진(직계존속)의 교육비는 공제가 불가능하다.

박하연(취학 전 아동) : 어린이집 납입액 500,000원 공제 가능하다.

서지혜(배우자)의 대학원등록금은 공제가 불가능하다. (소득자 본인만 공제가 가능하다.)

초중고 : 박하나 현장체험학습비 300,000원, 방과 후 수업료 300,000원 공제 가능하다.

박하나의 영어학원비는 취학 전 아동이 아니므로 공제가 불가능하다.

[기부금 공제] → [기부금 입력]탭에서 기부내역을 입력한다.

소득명세	부양가족	신용카드 등	의료비	기부금	연금저축 등I	연금저축 등II	월세액	연말정산입력

기부금 입력 | 기부금 조정

12.기부자 인적 사항(F2)			
주민등록번호	관계코드	내·외국인	성명
860501-1245144	거주자(본인)	내국인	박대박

구분			노조회비여부	기부처			기부명세			자료구분
7.유형	8.코드	9.기부내용		10.상호(법인명)	11.사업자번호 등	건수	13.기부금합계금액 (14+15)	14.공제대상기부금액	15.기부장려금신청 금액	
종교	41	금전	부	한국교회	123-89-00458	1	1,000,000	1,000,000		국세청
			합계				1,000,000	1,000,000		

[기부금 조정]탭으로 이동하여 상단에서 공제금액계산 버튼을 누른다.

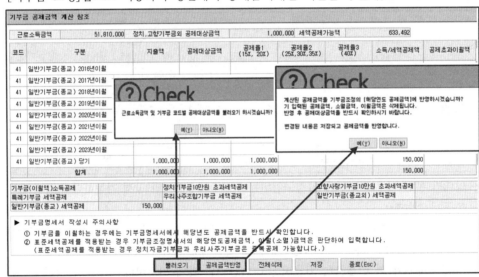

불러오기를 누른 다음 공제금액 반영을 누른 후 종료를 한다.

소득명세	부양가족	신용카드 등	의료비	기부금	연금저축 등I	연금저축 등II	월세액	연말정산입력

기부금 입력 | 기부금 조정 | | | | | | | 공제금액계산

구분		기부연도	16.기부금액	17.전년도까지공제된금액	18.공제대상금액(16-17)	해당연도공제금액	해당연도에 공제받지 못한 금액	
유형	코드						소멸금액	이월금액
종교	41	2024	1,000,000		1,000,000	1,000,000		
	합계		1,000,000		1,000,000	1,000,000		

→ 정치자금기부금은 본인 지출분만 공제 가능하다.

[연말정산입력]탭에서 [F8 부양가족탭불러오기]를 눌러 반영된 금액을 확인한다.

🗓 실습하기

다음은 사원 김경순(사번 : 102)의 연말정산을 위한 자료이다.
연말정산추가자료입력 메뉴에서 [소득명세]탭, [부양가족명세]탭, [신용카드등]탭, [의료비]탭, [연
말정산 입력]탭을 작성하시오.

1. 전(前)근무지 근로소득원천징수영수증
   - 근무기간 : 2024.01.01.~2024.10.30.
   - 근무처 : (주)서울전자(사업자등록번호 : 603-81-01281)
   - 급여 : 18,000,000원, 상여 : 3,000,000원

세액명세	소득세	지방소득세	공제보험료 명세	건강보험료	630,000원
결정세액	100,000원	10,000원		장기요양보험료	160,000원
기납부세액	300,000원	30,000원		고용보험료	140,000원
차감징수세액	-200,000원	-20,000원		국민연금보험료	400,000원

2. 국세청 연말정산 간소화 자료 및 기타 자료

항목	내용
신용카드 등 사용액	• 김경순 신용카드 사용액 : 18,000,000원(질병치료비 1,000,000원과 일반보장성 보험료 600,000원이 포함된 금액임), 2023년 신용카드 사용금액 15,000,000원, 전통시장 사용분 2,000,000원, 대중교통 사용분 800,000원 • 김경자의 신용카드 사용액 : 32,000,000원
보험료	• 김경순의 자동차운전자보험료 1,200,000원 • 안수아의 일반보장성보험료 600,000원 (김경순의 신용카드로 결제)
의료비	• 김경자의 질병치료비 1,000,000원 (김경순의 신용카드로 결제) • 김경순의 미용목적의 성형수술비 3,000,000원
교육비	• 김경순의 대학원 등록금 12,000,000원 • 안수아의 영어학원비 2,400,000원

실습하기 작업순서

① [소득명세]탭에서 종전근무지 내역 입력

소득명세	부양가족	신용카드 등	의료비	기부금	연금저축 등I	연금저축 등II	월세액	연말정산입력

<table>
<tr><th colspan="3">구분</th><th>합계</th><th colspan="2">주(현)</th><th>납세조합</th><th colspan="2">종(전) [1/2]</th></tr>
<tr><td rowspan="16">소 득 명 세</td><td colspan="2">9.근무처명</td><td></td><td colspan="2">(주)독공전자</td><td></td><td colspan="2">(주)서울전자</td></tr>
<tr><td colspan="2">9-1.종교관련 종사자</td><td></td><td colspan="2">부</td><td></td><td colspan="2"></td></tr>
<tr><td colspan="2">10.사업자등록번호</td><td></td><td colspan="2">132-81-11332</td><td>---_--_----</td><td colspan="2">603-81-01281</td></tr>
<tr><td colspan="2">11.근무기간</td><td></td><td>2024-11-01</td><td>~ 2024-12-31</td><td>----_--_-- ~ ----_--_--</td><td>2024-01-01</td><td>~ 2024-10-30</td></tr>
<tr><td colspan="2">12.감면기간</td><td></td><td>----_--_--</td><td>~ ----_--_--</td><td>----_--_-- ~ ----_--_--</td><td>----_--_--</td><td>~ ----_--_--</td></tr>
<tr><td colspan="2">13-1.급여(급여자료입력)</td><td>22,800,000</td><td colspan="2">4,800,000</td><td></td><td colspan="2">18,000,000</td></tr>
<tr><td colspan="2">13-2.비과세한도초과액</td><td>300,000</td><td colspan="2">300,000</td><td></td><td colspan="2"></td></tr>
<tr><td colspan="2">13-3.과세대상추가(인정상여추가)</td><td></td><td colspan="2"></td><td></td><td colspan="2"></td></tr>
<tr><td colspan="2">14.상여</td><td>3,000,000</td><td colspan="2"></td><td></td><td colspan="2">3,000,000</td></tr>
<tr><td colspan="2">15.인정상여</td><td></td><td colspan="2"></td><td></td><td colspan="2"></td></tr>
<tr><td colspan="2">15-1.주식매수선택권행사이익</td><td></td><td colspan="2"></td><td></td><td colspan="2"></td></tr>
<tr><td colspan="2">15-2.우리사주조합 인출금</td><td></td><td colspan="2"></td><td></td><td colspan="2"></td></tr>
<tr><td colspan="2">15-3.임원퇴직소득금액한도초과액</td><td></td><td colspan="2"></td><td></td><td colspan="2"></td></tr>
<tr><td colspan="2">15-4.직무발명보상금</td><td></td><td colspan="2"></td><td></td><td colspan="2"></td></tr>
<tr><td colspan="2">16.계</td><td>26,100,000</td><td colspan="2">5,100,000</td><td></td><td colspan="2">21,000,000</td></tr>
<tr><td rowspan="10">공 제 보 험 료 명 세</td><td rowspan="4">직장</td><td>건강보험료(직장)(33)</td><td>771,800</td><td colspan="2">141,800</td><td></td><td colspan="2">630,000</td></tr>
<tr><td>장기요양보험료(33)</td><td>178,160</td><td colspan="2">18,160</td><td></td><td colspan="2">160,000</td></tr>
<tr><td>고용보험료(33)</td><td>183,200</td><td colspan="2">43,200</td><td></td><td colspan="2">140,000</td></tr>
<tr><td>국민연금보험료(31)</td><td>580,000</td><td colspan="2">180,000</td><td></td><td colspan="2">400,000</td></tr>
<tr><td>공적
연금
보험료</td><td>공무원 연금(32)</td><td></td><td colspan="2"></td><td></td><td colspan="2"></td></tr>
<tr><td></td><td>군인연금(32)</td><td></td><td colspan="2"></td><td></td><td colspan="2"></td></tr>
<tr><td></td><td>사립학교교직원연금(32)</td><td></td><td colspan="2"></td><td></td><td colspan="2"></td></tr>
<tr><td></td><td>별정우체국연금(32)</td><td></td><td colspan="2"></td><td></td><td colspan="2"></td></tr>
<tr><td rowspan="2">세 기납부세액</td><td>소득세</td><td>164,760</td><td colspan="2">64,760</td><td></td><td colspan="2">100,000</td></tr>
<tr><td>지방소득세</td><td>16,460</td><td colspan="2">6,460</td><td></td><td colspan="2">10,000</td></tr>
</table>

② [신용카드 등]탭에서 입력

소득명세	부양가족	신용카드 등	의료비	기부금	연금저축 등I	연금저축 등II	월세액	연말정산입력

<table>
<tr><th></th><th>성명
생년월일</th><th>자료
구분</th><th>신용카드</th><th>직불,선불</th><th>현금영수증</th><th>도서등
신용</th><th>도서등
직불</th><th>도서등
현금</th><th>전통시장</th><th>대중교통</th><th colspan="2">소비증가분</th></tr>
<tr><th></th><th></th><th></th><th></th><th></th><th></th><th></th><th></th><th></th><th></th><th></th><th>2023년</th><th>2024년</th></tr>
<tr><td>□</td><td>김경순</td><td>국세청</td><td>17,400,000</td><td></td><td></td><td></td><td></td><td></td><td>2,000,000</td><td>800,000</td><td>15,000,000</td><td>20,200,000</td></tr>
<tr><td></td><td>1979-01-13</td><td>기타</td><td></td><td></td><td></td><td></td><td></td><td></td><td></td><td></td><td></td><td></td></tr>
<tr><td>□</td><td>안수마</td><td>국세청</td><td></td><td></td><td></td><td></td><td></td><td></td><td></td><td></td><td></td><td></td></tr>
<tr><td></td><td>2018-10-21</td><td>기타</td><td></td><td></td><td></td><td></td><td></td><td></td><td></td><td></td><td></td><td></td></tr>
<tr><td>□</td><td>김경자</td><td>국세청</td><td></td><td></td><td></td><td></td><td></td><td></td><td></td><td></td><td></td><td></td></tr>
<tr><td></td><td>1976-01-01</td><td>기타</td><td></td><td></td><td></td><td></td><td></td><td></td><td></td><td></td><td></td><td></td></tr>
</table>

→ 형제자매의 신용카드 사용분은 공제대상이 아니다.

　일반보장성보험료 결제금액은 차감해야 한다.

　의료비는 신용카드와 중복공제가 가능하다.

③ [보험료 공제] → [부양가족]탭에서 개인별로 보험료에서 더블클릭하여 보험료 등 공제대상금
액에서 입력한다.
　– 김경순의 보험료

보험료 등 공제대상금액	
자료구분	국세청간소화
국민연금_직장	
국민연금_지역	
합 계	
건강보험료-보수월액	
장기요양보험료-보수월액	
건강보험료-소득월액(납부)	
기요양보험료-소득월액(납부)	
합 계	
고용보험료	
보장성보험-일반	1,200,000
보장성보험-장애인	
합 계	1,200,000

자료구분	보험료			
	건강	고용	일반보장성	장애인전용
국세청			1,200,000	
기타	950,160	183,200		

　→ 안수아는 기본공제대상자가 아니므로 보험료공제가 불가능하다.

④ [의료비]탭에서 입력

| 소득명세 | 부양가족 | 신용카드 등 | 의료비 | 기부금 | 연금저축 등 I | 연금저축 등 II | 월세액 | 연말정산입력 |

2024년 의료비 지급명세서													
의료비 공제대상자				지급처				지급명세					14.산후조리원
성명	내/외	5.주민등록번호	6.본인등해당여부	9.증빙코드	8.상호	7.사업자등록번호	10.건수	11.금액	11-1.실손보험수령핵	12.미숙아선천성이상아	13.난임여부		
김경자	내	760101-2161782	3	X	1				1,000,000		X	X	X

　→ 미용목적의 성형수술비는 공제가 안 된다.
　　 의료비는 신용카드와 중복공제가 가능하다.

⑤ [교육비 공제] → [부양가족]탭에서 개인별로 교육비에서 입력한다.
　– 김경순

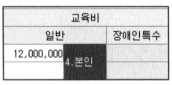

교육비	
일반	장애인특수
12,000,000　4.본인	

　→ 안수아는 소득금액 100만원 이하의 요건을 충족하지 못하므로 교육비 공제가 불가능하다.

⑥ [연말정산입력]탭에서 [F8 부양가족탭불러오기]를 눌러 반영한다.

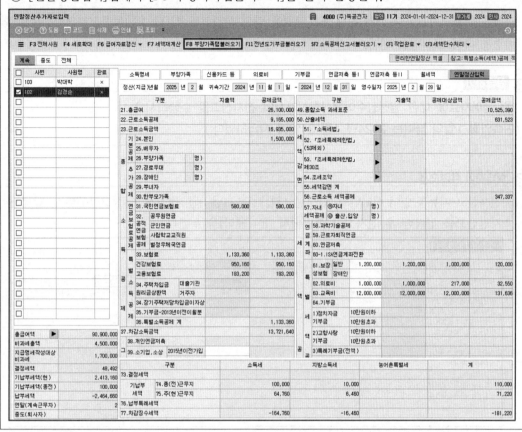

02 원천징수 전자신고

국세청홈택스 전자신고를 하기 위해 프로그램을 닫고 회사코드 4100. (주)독공전자전자신고로 회사변경을 하여 로그인을 한다.

실습하기

1월 급여자료에 대한 원천징수이행상황신고서의 전자신고를 수행하시오.
(귀속연월 1월의 급여는 2024년 1월 31일에 지급하였다.)

실습하기 작업순서

① 전자신고 메뉴를 열어 신고년월 2024년 1월 ~ 2024년 3월, 정기신고, 신고인구분 2. 납세자
자진신고를 입력한 후 전자신고 화면에서 [F4 제작]을 누른다.

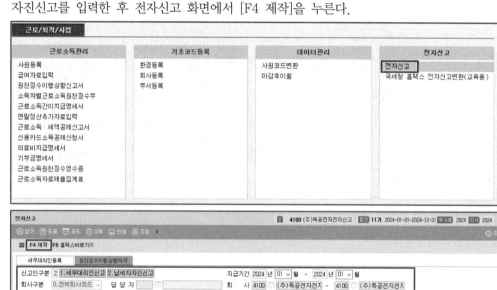

[C:₩20240304.01.t1098133490] 파일이 생성되었습니다.

확인

→ 추후 제작파일의 경로는 C:₩에서 확인할 수 있다.

② [F4 제작]을 누르고 비밀번호 입력 창에서 비밀번호를 입력하여 파일을 제작한다. 비밀번호는 8자리 이상 20자리 이하로 입력하면 된다. 단, 비밀번호 입력은 필수입력사항이다. 저자는 12345678의 숫자로 입력하여 실습하였다.

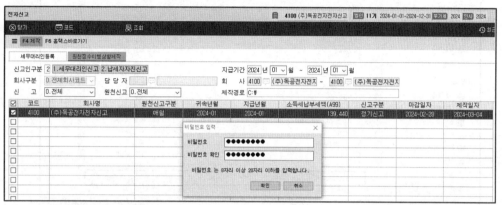

→ 제작이 완료되면 제작일자에 현재 날짜가 표시된다.

③ [F6 홈택스바로가기]를 클릭한다.

국세청홈택스[신고서 전자파일 제출]절차 화면은 닫기를 누른다.

찾아보기를 눌러 C드라이브에 제작되어 있는 파일을 확인하여 열기를 눌러 적용한다.

원천세전자신고파일명 : 연월일.01.t사업자등록번호

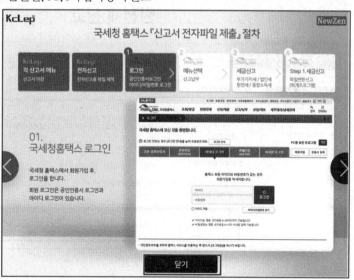

④ 형식검증하기를 클릭하여 전자신고파일제작 시 입력한 비밀번호를 입력한다.

⑤ 형식검증결과확인을 클릭하여 형식검증을 진행한다.

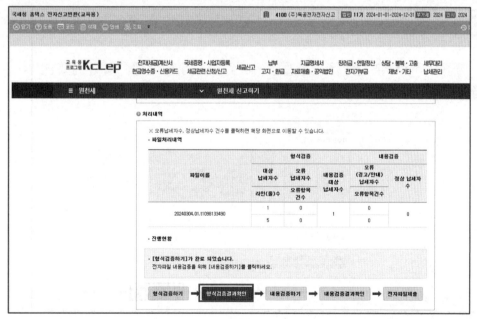

⑥ 내용검증하기를 클릭하여 내용검증을 진행한다.

⑦ 내용검증결과확인을 클릭하여 검증결과를 확인한다.

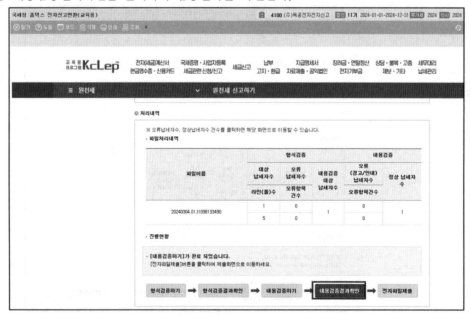

⑧ 전자파일제출을 클릭하면 정상 변환된 제출 가능한 신고서 목록이 조회되고 전자파일제출하기를 클릭하여 제출한다.

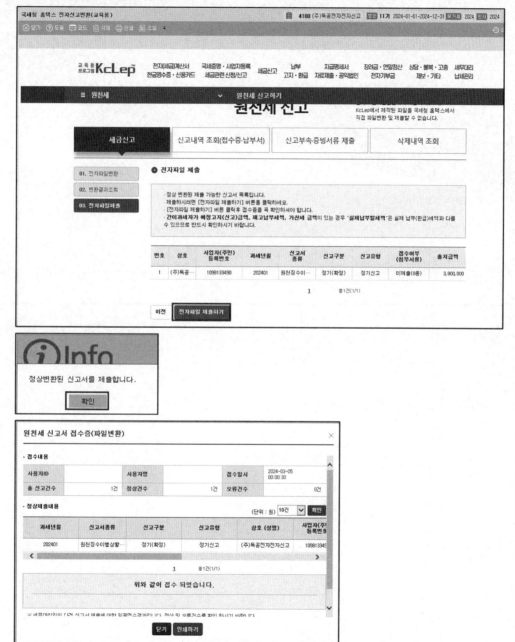

03

전산세무 2급
기출문제(이론 + 실무)

01 | 전산세무 2급 112회 기출문제 (이론 + 실무)

⊹ 이론시험 ⊹

※ 다음 문제를 보고 알맞은 것을 골라 이론문제 답안작성 메뉴에 입력하시오.
(객관식 문항당 2점)

〈 기본전제 〉

문제에서 한국채택국제회계기준을 적용하도록 하는 전제조건이 없는 경우, 일반기업회계기준을 적용한다.

01 다음 중 유가증권에 대한 설명으로 옳지 않은 것은?

① 유가증권은 증권의 종류에 따라 지분증권과 채무증권으로 분류할 수 있다.
② 단기매매증권은 주로 단기간 내 매매차익을 목적으로 취득한 유가증권을 의미한다.
③ 지분증권은 단기매매증권과 매도가능증권으로 분류할 수 있으나, 만기보유증권으로 분류할 수 없다.
④ 보고기간 종료일로부터 1년 이내 만기가 도래하는 만기보유증권의 경우 단기매매증권으로 변경하여 유동자산으로 재분류하여야 한다.

02 다음의 회계상 거래가 2024년 재무제표에 미치는 영향으로 옳지 않은 것은?

영업부의 업무용 차량에 대한 보험료(보험기간 : 2024.07.01. ~ 2025.06.30.)를 2024년 7월 1일에 지급하고 전부 비용으로 회계처리하였다. 2024년 12월 31일 결산일 현재 별도의 회계처리를 하지 않았다.

① 자산 과대 ② 비용 과대
③ 당기순이익 과소 ④ 부채 영향 없음

03 다음 중 유형자산의 취득 이후 지출에 대한 설명으로 가장 옳지 않은 것은?

① 유형자산의 인식기준을 충족하는 경우에는 자본적 지출로 처리하고, 충족하지 못한 경우에는 수익적 지출로 처리한다.
② 본래의 용도를 변경하기 위한 지출은 자본적 지출에 해당한다.

③ 자산의 원상회복, 수선유지를 위한 지출 등은 자본적 지출에 해당한다.

④ 건물 벽의 도장, 파손된 유리창 대체, 일반적인 소액 수선비는 수익적 지출에 해당한다.

04 다음 중 용역의 제공으로 인한 수익인식의 조건에 대한 설명으로 틀린 것은?

① 용역제공거래의 성과를 신뢰성 있게 추정할 수 있을 때 진행기준에 따라 인식한다.

② 이미 발생한 원가와 그 거래를 완료하기 위해 추가로 발생할 것으로 추정되는 원가의 합계액이 총수익을 초과하는 경우에는 그 초과액과 이미 인식한 이익의 합계액을 전액 당기손실로 인식한다.

③ 용역제공거래의 성과를 신뢰성 있게 추정할 수 없는 경우에는 발생한 비용의 범위 내에서 회수가능한 금액을 수익으로 인식한다.

④ 용역제공거래의 성과를 신뢰성 있게 추정할 수 없고 발생한 원가의 회수가능성이 낮은 경우에는 수익을 인식하지 않고 발생한 원가도 비용으로 인식하지 않는다.

05 다음 중 일반기업회계기준상 보수주의에 대한 예시로 옳지 않은 것은?

① 재고자산의 평가 시 저가주의에 따른다.

② 회계연도의 이익을 줄이기 위해 유형자산의 내용연수를 임의로 단축한다.

③ 물가 상승 시 재고자산평가방법으로 후입선출법을 적용한다.

④ 우발손실은 인식하나 우발이익은 인식하지 않는다.

06 다음 중 원가행태(조업도)에 따른 분류에 대한 설명으로 가장 틀린 것은?

① 고정원가는 조업도의 변동과 관계없이 일정하게 발생하는 원가이다.

② 조업도가 증가하면 총 변동원가도 증가한다.

③ 제조공장의 임차료는 대표적인 고정원가이다.

④ 조업도가 감소하면 단위당 변동원가는 증가한다.

07 (주)한국은 제조간접원가를 직접노무시간 기준으로 배부하고 있으며 제조간접원가 배부율은 시간당 2,000원이다. 제조간접원가 실제 발생액이 18,000,000원이고, 실제 직접노무시간이 10,000시간이 발생한 경우 제조간접원가 배부차이는 얼마인가?

① 2,000,000원 과대배부

② 2,000,000원 과소배부

③ 3,000,000원 과소배부

④ 배부차이 없음

08 다음은 (주)한국의 제조활동과 관련된 물량흐름 관련 자료이다. 이에 대한 설명으로 옳은 것은?

- 기초재공품 : 500개
- 기말재공품 : 300개
- 당기착수량 : 5,000개
- 공손품수량 : 700개

① 완성품의 10%가 정상공손이면 완성품 수량은 4,200개이다.

② 완성품의 10%가 정상공손이면 정상공손수량은 450개이다.

③ 완성품의 10%가 정상공손이면 비정상공손수량은 280개이다.

④ 완성품의 10%가 정상공손이면 정상공손수량은 420개이다.

09 다음 중 개별원가계산에 대한 설명으로 옳지 않은 것은?

① 작업원가표를 근거로 원가계산을 한다.

② 직접원가와 제조간접원가의 구분이 중요하다.

③ 공정별 제품원가 집계 후 해당 공정의 생산량으로 나누어 단위당 원가를 계산하는 방식이다.

④ 주문생산형태에 적합한 원가계산방식이다.

10 아래의 자료를 이용하여 평균법에 의한 가공원가의 완성품환산량을 계산하면 얼마인가?

구분	수량	완성도
기초재공품	1,000개	50%
당기착수	3,000개	
기말재공품	2,000개	40%

① 2,800개   ② 3,800개
③ 4,000개   ④ 4,300개

11 다음 중 부가가치세법상 간이과세자에 대한 설명으로 가장 틀린 것은?

① 간이과세자란 원칙적으로 직전 연도의 공급대가의 합계액이 8,000만원(2024. 7.1.부터 1억 400만원)에 미달하는 사업자를 말한다.

② 직전 연도의 공급대가의 합계액이 4,800만원 이상인 부동산임대사업자는 간이과세자로 보지 않는다.

③ 간이과세자는 세금계산서를 발급받은 재화의 공급대가에 1%를 곱한 금액을 납부세액에서 공제한다.

④ 직전 연도의 공급대가의 합계액이 4,800만원 미만인 간이과세자는 세금계산서를 발급할 수 없다.

12 다음 중 부가가치세법상 의제매입세액 공제제도에 관한 내용으로 가장 틀린 것은?

① 의제매입세액은 면세농산물 등을 공급받거나 수입한 날이 속하는 과세기간의 매출세액에서 공제한다.

② 의제매입세액공제는 사업자등록을 한 부가가치세 과세사업자가 적용대상자이며, 미등록자는 허용되지 않는다.

③ 면세농산물 등의 매입가액에는 운임 등의 직접 부대비용 및 관세를 포함한다.

④ 면세농산물 등에 대하여 세금계산서 없이도 일정한 금액을 매입세액으로 의제하여 공제하는 것이기 때문에 의제매입세액공제라고 한다.

13 다음 중 소득세법상 근로소득과 관련된 내용으로 틀린 것은?

① 식사나 기타 음식물을 제공받지 않는 근로자가 받는 월 20만원 이하의 식사대는 비과세 근로소득이다.

② 종업원이 지급받은 경조금 중 사회통념상 타당하다고 인정되는 범위 내의 금액은 근로소득으로 보지 않는다.

③ 고용관계에 의하여 지급받은 강연료는 근로소득이다.

④ 근로자의 가족에 대한 학자금은 비과세 근로소득이다.

14 다음 중 소득세법상 과세표준 확정신고를 반드시 하여야 하는 경우는?

① 퇴직소득만 있는 경우

② 근로소득과 사업소득이 있는 경우

③ 근로소득과 퇴직소득이 있는 경우

④ 근로소득과 보통예금이자 150만원(14% 원천징수세율 적용 대상)이 있는 경우

15 다음 중 소득세법상 종합소득공제에 대한 설명으로 가장 옳지 않은 것은?

① 근로소득금액 5,000,000원이 있는 40세 배우자는 기본공제 대상자에 해당한다(단, 다른 소득은 없다).

② 종합소득금액이 35,000,000원이고, 배우자가 없는 거주자로서 기본공제 대상자인 직계비속이 있는 자는 한부모공제가 가능하다.

③ 부녀자공제와 한부모공제가 중복되는 경우에는 한부모공제만 적용한다.

④ 기본공제 대상자가 아닌 자는 추가공제 대상자가 될 수 없다.

PART

03

÷ 실무시험 ÷

※ (주)시완산업(회사코드 : 1122)은 전자제품의 제조 및 도·소매업을 주업으로 영위하는 중소기업으로, 당기(제13기)의 회계기간은 2024.1.1.~2024.12.31.이다. 전산세무회계 수험용 프로그램을 이용하여 다음 물음에 답하시오.

―――――――― 〈 기본전제 〉 ――――――――

• 문제에서 한국채택국제회계기준을 적용하도록 하는 전제조건이 없는 경우, 일반기업회계기준을 적용하여 회계처리한다.

• 문제의 풀이와 답안작성은 제시된 문제의 순서대로 진행한다.

01 [일반전표입력] 메뉴를 이용하여 다음의 거래자료를 입력하시오. `15점`

――――――――― 〈 입력 시 유의사항 〉 ―――――――――

• 일반적인 적요의 입력은 생략하지만, 타계정 대체거래는 적요 번호를 선택하여 입력한다.

• 채권·채무와 관련된 거래는 별도의 요구가 없는 한 반드시 기등록된 거래처코드를 선택하는 방법으로 거래처명을 입력한다.

• 제조경비는 500번대 계정코드를, 판매비와관리비는 800번대 계정코드를 사용한다.

• 회계처리 시 계정과목은 별도의 제시가 없는 한 등록된 계정과목 중 가장 적절한 과목으로 한다.

[1] 6월 12일 단기매매증권으로 분류되는 (주)단타의 주식 5,000주를 1주당 2,000원에 매입
하였다. 매입수수료는 매입가액의 1%이고, 매입 관련 대금은 모두 보통예금 계
좌에서 지급하였다. **3점**

[2] 7월 9일 5월분 급여 지급 시 원천징수한 소득세 3,000,000원 및 지방소득세 300,000원
을 보통예금 계좌에서 이체하여 납부하였다(단, 소득세와 지방소득세를 합하여
하나의 전표로 입력할 것). **3점**

[3] 7월 21일 대주주로부터 업무용 토지(공정가치 350,000,000원)를 무상으로 기증받고, 같은
날에 토지에 대한 취득세 20,000,000원을 보통예금 계좌에서 납부하였다(단,
하나의 전표로 입력할 것). **3점**

[4] 9월 20일 액면금액 35,000,000원(5년 만기)인 사채를 34,100,000원에 발행하고, 대금은
전액 보통예금 계좌로 입금받았다. **3점**

[5] 10월 21일 전기에 발생한 (주)도담의 외상매출금 $100,000를 회수하고 즉시 전액을 원화로
환가하여 보통예금 계좌에 입금하였다(단, 전기 결산일에 외화자산 및 부채의
평가는 적절히 반영되었으며, 계정과목은 외상매출금을 사용할 것). **3점**

2023년 12월 31일(전기 결산일) 기준환율	2024년 10월 21일(환가일) 적용환율
1,150원/$	1,250원/$

02 [매입매출전표입력] 메뉴를 이용하여 다음의 거래자료를 입력하시오. **15점**

─────〈 입력 시 유의사항 〉─────
- 일반적인 적요의 입력은 생략하지만, 타계정 대체거래는 적요 번호를 선택하여 입력한다.
- 채권·채무 관련 거래는 별도의 요구가 없는 한 반드시 기등록된 거래처코드를 선택하는 방법으로
  거래처명을 입력한다.
- 제조경비는 500번대 계정코드를, 판매비와관리비는 800번대 계정코드를 사용한다.
- 회계처리 시 계정과목은 등록된 계정과목 중 가장 적절한 과목으로 한다.
- 입력화면 하단의 분개까지 처리하고, 세금계산서 및 계산서는 전자 여부를 입력하여 반영한다.

[1] 7월 2일 기계장치의 내용연수를 연장시키는 주요 부품을 교체하고 16,500,000원(부가
가치세 포함)을 대보상사에 당좌수표를 발행하여 지급하였다. 이에 대해 종이세
금계산서를 수취하였다(단, 부품교체 비용은 자본적지출로 처리할 것). **3점**

[2] 7월 24일   마케팅부서 직원의 야식을 참맛식당(일반과세자)에서 현금으로 구입하고, 현금영수증(지출증빙용)을 발급받았다. 3점

Hometax. 국세청홈택스 현금영수증

• 거래정보

거래일시	20240724
승인번호	G00260107
거래구분	승인거래
거래용도	지출증빙
발급수단번호	609-81-40259

• 거래금액

공급가액	부가세	봉사료	총 거래금액
80,000	8,000	0	88,000

• 가맹점 정보

상호	참맛식당
사업자번호	356-52-00538
대표자명	강연우
주소	서울시 강서구 가로공원로 74

• 익일 홈택스에서 현금영수증 발급 여부를 반드시 확인하시기 바랍니다.
• 홈페이지 (http://www.hometax.go.kr)
 - 조회/발급 > 현금영수증 조회 > 사용내역(소득공제) 조회 > 매입내역
   (지출증빙) 조회
• 관련문의는 국세상담센터(☎126-1-1)

[3] 8월 1일   제품의 영업관리를 위하여 개별소비세 과세대상 승용차(1,500cc)를 (주)빠름자동차에서 구입하였다. 대금은 보통예금 계좌에서 3,000,000원을 지급하고 나머지는 외상으로 하였으며, 다음과 같은 전자세금계산서를 발급받았다. 3점

전자세금계산서

승인번호	20240801-410000012-7c00mk5

공급자	등록번호	123-81-12147	종사업장번호		공급받는자	등록번호	609-81-40259	종사업장번호	
	상호(법인명)	(주)빠름자동차	성명	김빠름		상호(법인명)	(주)시완산업	성명	신서윤
	사업장주소	서울 강남구 강남대로 256				사업장주소	서울특별시 강서구 가로공원로 173		
	업태	제조	종목	자동차		업태	제조, 도소매	종목	전자제품
	이메일					이메일			

작성일자	공급가액	세액	수정사유	비고
2024-08-01	25,000,000	2,500,000	해당 없음	

월	일	품목	규격	수량	단가	공급가액	세액	비고
08	01	승용차(1,500cc)				25,000,000	2,500,000	

[4] 8월 17일 (주)더뷰상사에게 제품 2,000개를 개당 20,000원(부가가치세 별도)에 판매하고 전자세금계산서를 발급하였다. 이와 관련하여 공급가액의 30%는 보통예금 계좌로 받고 나머지는 외상으로 하였다. 3점

	전자세금계산서					승인번호	202408172501-45121451215-4212445			
공급자	등록번호	609-81-40259		종사업장번호		공급받는자	등록번호	606-81-95866	종사업장번호	
	상호(법인명)	(주)시완산업	성명		신서윤		상호(법인명)	(주)더뷰상사	성명	김소인
	사업장주소	서울특별시 강서구 가로공원로 173					사업장주소	충북 청주시 홍덕구 청주역로 105		
	업태	제조, 도소매	종목	전자제품			업태	도소매	종목	완구
	이메일						이메일			

작성일자	공급가액	세액	수정사유	비고
2024-08-17	40,000,000	4,000,000		

월	일	품목	규격	수량	단가	공급가액	세액	비고
08	17	모니터 외		2,000	20,000	40,000,000	4,000,000	

[5] 11월 30일 미국의 KYM사에 $60,000(수출신고일 11월 27일, 선적일 11월 30일)의 제품을 직수출하였다. 수출대금 중 $30,000는 11월 30일에 보통예금 계좌로 받았으며, 나머지 잔액은 12월 5일에 받기로 하였다. 일자별 기준환율은 다음과 같다(단, 수출신고필증은 정상적으로 발급받았으며, 수출신고번호는 고려하지 말 것). 3점

일자	11월 27일	11월 30일	12월 05일
기준환율	1,350원/$	1,310원/$	1,295원/$

03 부가가치세 신고와 관련하여 다음 물음에 답하시오. 10점

[1] 다음 자료를 바탕으로 제2기 확정신고기간(2024.10.01.~2024.12.31.)의 [부동산임대공급가액명세서]를 작성하시오(단, 간주임대료에 대한 정기예금 이자율은 3.5%로 가정한다). 3점

동수	층수	호수	면적(㎡)	용도	임대기간	보증금(원)	월세(원)	관리비(원)
2	1	103	100	사무실	2022.11.01.~2024.10.31.	50,000,000	2,000,000	500,000
					2024.11.01.~2026.10.31.	60,000,000	2,000,000	500,000

- 위 사무실은 (주)삼정테크(502-86-56232)에게 2022.11.01. 최초로 임대를 개시하였으며, 계약기간 만료로 2024.11.01. 임대차계약을 갱신하면서 보증금만 인상하기로 하였다.
- 월세와 관리비 수입은 모두 정상적으로 세금계산서를 발급하였으며, 간주임대료에 대한 부가가치세는 임대인이 부담하고 있다.

[2] 다음 자료를 이용하여 2024년 제1기 예정신고기간(01.01.~03.31.)의 [부가가치세신고서]를 작성하시오(단, 기존에 입력된 자료 또는 불러오는 자료는 무시하고, 부가가치세 신고서 외의 부속서류 작성은 생략할 것). 5점

매출자료	• 전자세금계산서 발급분 : 공급가액 350,000,000원 세액 35,000,000원 • 현금영수증 발급분 : 공급가액 12,000,000원 세액 1,200,000원 • [부동산임대공급가액명세서]에서 계산된 간주임대료 과세표준 금액 : 287,600원 　(단, 임대료에 대한 전자세금계산서는 적법하게 발급되었음)
매입자료	• 전자세금계산서 수취분 일반매입 : 공급가액 110,000,000원 세액 11,000,000원 　– 업무용 토지취득 관련 법무사비용 공급가액 350,000원 세액 35,000원이 포함되어 있다. • 전자세금계산서 수취분 고정자산매입 : 공급가액 40,000,000원 세액 4,000,000원 　– 개별소비세 과세 대상 업무용승용차(5인승, 1,995cc) 매입액이다. • 신용카드 일반매입액 : 공급가액 50,000,000원 세액 5,000,000원 　– 접대 관련 카드사용분 공급가액 5,000,000원 세액 500,000원이 포함되어 있다.
기타자료	• 매출 및 매입에 대한 전자세금계산서는 적법하게 발급되었다. • 전자신고세액공제는 고려하지 않는다.

[3] 2024년 제1기 확정 부가가치세신고서의 [전자신고]를 수행하시오. 2점

1. 부가가치세 신고서와 관련 부속서류는 마감되어 있다.
2. [전자신고] → [국세청 홈택스 전자신고변환(교육용)] 순으로 진행한다.
3. [전자신고]에서 전자파일 제작 시 신고인 구분은 2.납세자 자진신고로 선택하고, 비밀번호는 "13001300"으로 입력한다.
4. [국세청 홈택스 전자신고변환(교육용)]에서 전자파일변환(변환대상파일선택) > 찾아보기
5. 전자신고용 전자파일 저장경로는 로컬디스크(C:)이며, 파일명은 "enc작성연월일.101. v6098140259"이다.
6. 형식검증하기 ➡ 형식검증결과확인 ➡ 내용검증하기 ➡ 내용검증결과확인 ➡ 전자파일제출 을 순서대로 클릭한다.
7. 최종적으로 전자파일 제출하기 를 완료한다.

04 결산정리사항은 다음과 같다. 관련 메뉴를 이용하여 결산을 완료하시오. 15점

[1] 3월 22일에 장기 투자 목적으로 (주)바른상사의 비상장주식 10,000주를 7,300,000원에 취득하였다. 결산일 현재 해당 주식의 시가는 1주당 850원이다. 3점

[2] 12월 30일에 장부상 현금보다 실제 현금이 102,000원이 적은 것을 발견하여 현금과부족으로 회계 처리하였으나 기말까지 원인을 파악하지 못했다. 3점

[3] 결산 시 거래처원장 중 보통예금(우리은행)의 잔액이 (-)35,423,800원임을 발견하였다. 보통예금(우리은행) 계좌는 마이너스 통장으로 확인되었다(단, 마이너스 통장은 단기차입금 계정을 사용하고, 음수(-)로 회계처리하지 말 것). 3점

[4] 2024년 3월 1일에 영업부 사무실에 대한 화재보험료(보험기간 2024.03.01.~2025.02.29.) 1,200,000원을 전액 납입하고, 전액 비용으로 회계처리하였다(단, 음수(-)로 회계처리하지 말고, 월할계산 할 것). 3점

[5] 퇴직급여추계액이 다음과 같을 때 퇴직급여충당부채를 설정하시오. 회사는 퇴직급여추계액의 100%를 퇴직급여충당부채로 설정하고 있다. 3점

구분	퇴직금추계액	설정 전 퇴직급여충당부채 잔액
생산부서	300,000,000원	60,000,000원
마케팅부서	100,000,000원	20,000,000원

05 2024년 귀속 원천징수자료와 관련하여 다음의 물음에 답하시오. 15점

[1] 다음 자료를 이용하여 본사 기업부설연구소의 수석연구원으로 근무하는 박정수(사번 : 102)의 7월분 [급여자료입력]과 [원천징수이행상황신고서]를 작성하시오(단, 전월미환급세액은 150,000원이다). 5점

> ※ 수당등록 시 월정액 및 통상임금은 고려하지 않으며, 사용하는 수당 이외의 항목은 사용 여부를 "부"로 체크한다.
> ※ 급여자료입력 시 공제항목의 불러온 데이터는 무시하고 직접 입력하여 작성한다.
> ※ 원천징수이행상황신고서의 귀속월과 지급월은 동일하게 매월 작성하여 신고하고 있으며, 박정수의 급여내역만 반영하고 환급신청은 하지 않기로 한다.
> ※ 비과세 요건에 해당하면 최대한 반영하기로 한다.

[7월 급여내역]

이름	박정수	지급일	7월 31일
기본급	2,000,000원	소득세	35,600원
직책수당	300,000원	지방소득세	3,560원
식대	200,000원	국민연금	112,500원
[기업연구소]연구보조비	200,000원	건강보험	88,620원
육아수당	200,000원	장기요양보험	11,470원
		고용보험	22,500원
급여계	2,900,000원	공제합계	274,250원
		지급총액	2,625,750원

- 식대 : 식대 이외에 현물식사도 함께 제공하고 있다.
- [기업연구소]연구보조비 : 연구활동에 직접 종사하는 자에게 지급하고 있다.
- 육아수당 : 사규에 따라 6세 이하 자녀의 보육과 관련하여 자녀 1인당 200,000원의 수당을 지급하고 있다.

[2] 2024년 9월 20일에 입사한 사원 김민수(사번 : 130, 세대주)의 2024년 귀속 연말정산 관련 자료는 다음과 같다. [연말정산추가자료입력] 메뉴에서 이전 근무지와 관련한 근로소득 원천징수영수증은 [소득명세] 탭, 나머지 연말정산 자료에 따라 [부양가족] 탭, [의료비] 탭에 입력하고, [연말정산입력] 탭을 완성하시오(단, 제시된 자료 외의 소득은 없으며, 본인의 세부담 최소화를 가정한다). **10점**

1. 가족사항(단, 모두 생계를 같이 하며, 반드시 기본공제대상자가 아닌 경우에는 '부'로 입력할 것)

성명	관계	주민번호	비고
김민수	본인	780205-1884520	
여민지	배우자	810120-2118524	근로소득자(총급여액 : 5,000,000원)
김수지	자녀	100810-4988221	중학생, 일시적인 문예창작소득 50만원
김지민	자녀	120520-3118529	초등학생, 소득없음
한미녀	모친	551211-2113251	「장애인복지법」상 장애인, 원천징수 대상 금융소득금액 1,000만원

2. 김민수의 전(前)근무지 근로소득 원천징수영수증

• 근무처 : (주)강일전자(205 - 85 - 11389)	• 근무기간 : 2024.01.01.~2024.09.19.
• 급여 : 33,250,000원	• 상여 : 8,500,000원
• 국민연금보험료 : 1,822,500원	• 국민건강보험료 : 1,435,680원
• 장기요양보험료 : 183,870원	• 고용보험료 : 364,500원

구분		소득세	지방소득세
세액명세	결정세액	325,000원	32,500원
	기납부세액	370,000원	37,000원
	차감징수세액	−45,000원	−4,500원

3. 연말정산추가자료(모두 국세청 연말정산간소화서비스에서 조회한 자료임)

항목	내용
보험료	• 김민수 자동차 운전자보험료(보장성) : 1,150,000원 • 한미녀 장애인전용보장성 보험료 : 1,200,000원
의료비	• 여민지(배우자) : 국내에서 지출한 질병 치료비 3,000,000원(김민수의 신용카드로 결제함) ※ 실손의료보험금 수령액 1,000,000원 • 김수지(자녀) : 시력보정용 콘택트렌즈 구입비 600,000원(김민수 신용카드로 결제함)
교육비	• 김수지(자녀) : 중학교의 수업료 및 특별활동비 200,000원, 영어학원비 1,000,000원 • 김지민(자녀) : 초등학교 현장학습체험학습비 400,000원, 태권도학원비 700,000원 • 한미녀(모친) : 평생교육법에 따른 대학교 등록금 3,000,000원 (장애인특수교육비에 해당하지 않음)
신용카드등 사용액	• 김민수(본인) 신용카드 사용액 : 32,570,000원(아래의 항목이 포함된 금액임) | 구분	금액 | |---|---|
전통시장	5,200,000원
대중교통	7,500,000원 | • 여민지(배우자) 직불카드 사용액 : 12,000,000원 • 한미녀(모친) 현금영수증 사용액 : 5,000,000원

02 | 전산세무 2급 111회 기출문제 (이론 + 실무)

✦ 이론시험 ✦

※ 다음 문제를 보고 알맞은 것을 골라 │이론문제 답안작성│ 메뉴에 입력하시오.
(객관식 문항당 2점)

─── 〈 기본전제 〉 ───
문제에서 한국채택국제회계기준을 적용하도록 하는 전제조건이 없는 경우, 일반기업회계기준을 적용한다.

01 다음 중 재무제표의 기본가정에 대한 설명으로 가장 옳은 것은?

① 재무제표의 기본가정에는 기업실체의 가정, 계속기업의 가정, 수익·비용 대응의 가정이 있다.

② 기간별 보고의 가정은 자산과 부채의 분류표시를 유동성 순위에 따라 분류하여야 한다는 가정이다.

③ 기업실체의 가정은 기업실체를 소유주와는 독립적으로 보아 기업의 자산과 소유주의 자산을 분리하여 인식하여야 한다는 가정이다.

④ 계속기업의 가정은 기업실체의 지속적인 경제적 활동을 일정한 기간 단위로 분할하여 각 기간별로 재무제표를 작성하는 것을 말한다.

02 물가가 지속해서 상승하는 경제 상황을 가정할 때, 다음 중 당기순이익이 가장 적게 계상되는 재고자산 평가방법은 무엇인가?

① 선입선출법   ② 총평균법
③ 이동평균법   ④ 후입선출법

03 2024년 10월 1일 (주)한국은 기계장치를 5,000,000원에 취득하였다. 기계장치의 내용연수는 3년, 잔존가치는 500,000원으로 추정되었으며, 연수합계법으로 상각한다. (주)한국이 결산일인 2024년 12월 31일에 계상하여야 할 감가상각비는 얼마인가? (단, 월할상각할 것)

① 416,666   ② 562,500원
③ 625,000원   ④ 750,000원

04 다음 중 무형자산에 대한 설명으로 옳지 않은 것은?

① 무형자산의 재무제표 표시방법으로 직접법만을 허용하고 있다.
② 무형자산 상각 시 잔존가치는 원칙적으로 '0'인 것으로 본다.
③ 무형자산은 유형자산과 마찬가지로 매입가액에 취득 관련 부대 원가를 가산한 금액을 취득원가로 처리한다.
④ 무형자산의 상각기간은 독점적·배타적인 권리를 부여하고 있는 관계 법령이나 계약에 정해진 경우를 제외하고는 20년을 초과할 수 없다.

05 다음 중 자본 항목의 자본조정으로 분류하는 것은?

① 자기주식처분손실
② 주식발행초과금
③ 매도가능증권평가손익
④ 감자차익

06 다음 중 원가의 개념에 대한 설명으로 가장 옳지 않은 것은?

① 기회원가 : 자원을 다른 대체적인 용도로 사용할 경우 얻을 수 있는 최대금액
② 매몰원가 : 과거의 의사결정으로 이미 발생한 원가로서 의사결정에 고려하지 말아야 하는 원가
③ 회피가능원가 : 특정한 대체안을 선택하는 것과 관계없이 계속해서 발생하는 원가
④ 관련원가 : 여러 대안 사이에 차이가 나는 원가로서 의사결정에 직접적으로 관련되는 원가

07 다음 중 변동원가와 고정원가에 대한 설명으로 가장 옳지 않은 것은?

① 변동원가는 생산량이 증가함에 따라 총원가가 증가하는 원가이다.
② 고정원가는 생산량의 증감과는 관계없이 총원가가 일정한 원가이다.
③ 생산량의 증감과는 관계없이 제품 단위당 변동원가는 일정하다.
④ 생산량의 증감과는 관계없이 제품 단위당 고정원가는 일정하다.

08 다음 중 제조원가명세서에 대한 설명으로 가장 옳지 않은 것은?

① 제조원가명세서에는 기말 제품 재고액이 표시된다.
② 판매비와관리비는 제조원가명세서 작성과 관련이 없다.
③ 당기총제조원가는 직접재료원가, 직접노무원가, 제조간접원가의 합을 의미한다.
④ 제조원가명세서의 당기제품제조원가는 손익계산서의 당기제품제조원가와 일치한다.

09 캠핑카를 생산하여 판매하는 (주)붕붕은 고급형 캠핑카와 일반형 캠핑카 두 가지 모델을 생산하고 있다. 모델별 제조와 관련하여 당기에 발생한 원가는 각각 아래와 같다. (주)붕붕은 직접재료원가를 기준으로 제조간접원가를 배부하고 있으며, 당기의 실제 제조간접원가는 2,400,000원이다. 일반형 캠핑카의 당기총제조원가는 얼마인가?

구분	직접재료원가	직접노무원가
고급형 캠핑카	1,800,000원	1,000,000원
일반형 캠핑카	1,200,000원	600,000원
합계	3,000,000원	1,600,000원

① 2,700,000원   ② 2,760,000원
③ 4,240,000원   ④ 4,300,000원

10 다음 자료를 이용하여 평균법에 따른 종합원가계산을 적용할 경우, 가공원가의 완성품환산량 단위당 원가는 얼마인가?

- 직접재료는 공정 개시 시점에 모두 투입하며, 가공원가는 공정 진행에 따라 균등하게 발생한다.
- 기초재공품 2,500개(완성도 30%), 당기투입량 30,000개, 기말재공품 4,000개(완성도 30%)
- 기초재공품원가 :
  직접재료원가 200,000원,
  가공원가 30,000원
- 당기제조원가 :
  직접재료원가 2,400,000원,
  가공원가 1,306,500원

① 25원   ② 37원
③ 42원   ④ 45원

11 다음 중 부가가치세법상 면세에 해당하는 것은 모두 몇 개인가?

가. 시외우등고속버스 여객운송용역
나. 토지의 공급
다. 자동차운전학원에서 가르치는 교육용역
라. 식용으로 제공되는 외국산 미가공 식료품
마. 형사소송법에 따른 국선변호인의 국선 변호
바. 제작 후 100년이 초과된 골동품

① 5개   ② 4개
③ 3개   ④ 2개

12 다음 중 부가가치세법상 대손세액공제에 대한 설명으로 가장 옳지 않은 것은?

① 대손 사유에는 부도발생일부터 6개월 이상 지난 어음·수표가 포함된다.
② 회수기일이 6개월 이상 지난 채권 중 채권가액이 30만원 이하인 채권은 대손사유를 충족한다.
③ 재화를 공급한 후 공급일부터 15년이 지난 날이 속하는 과세기간에 대한 확정신고기한까지 대손사유로 확정되는 경우 대손세액공제를 적용한다.
④ 대손세액은 대손이 확정된 날이 속하는 과세기간의 매출세액에서 뺄 수 있다.

13 다음 중 소득세의 특징으로 가장 옳은 것은?

① 소득세의 과세기간은 사업자의 선택에 따라 변경할 수 있다.
② 거주자의 소득세 납세지는 거주자의 거소지가 원칙이다.
③ 소득세법은 종합과세제도에 의하므로 거주자의 모든 소득을 합산하여 과세한다.
④ 소득세는 개인별 소득을 기준으로 과세하는 개인 단위 과세제도이다.

14 거주자 김민재 씨의 소득이 다음과 같을 경우, 종합소득금액은 얼마인가? 단, 이자소득금액은 모두 국내은행의 정기예금이자이다.

- 양도소득금액 : 10,000,000원
- 이자소득금액 : 22,000,000원
- 근로소득금액 : 30,000,000원
- 퇴직소득금액 : 8,700,000원

① 30,000,000원　② 52,000,000원
③ 54,700,000원　④ 74,700,000원

15 다음 중 소득세법상 근로소득의 원천징수 시기가 틀린 것은?

① 2024년 11월 귀속 근로소득을 2024년 12월 31일에 지급한 경우 : 2024년 12월 말일
② 2024년 11월 귀속 근로소득을 2025년 01월 31일에 지급한 경우 : 2025년 01월 말일
③ 2024년 12월 귀속 근로소득을 2025년 01월 31일에 지급한 경우 : 2025년 01월 말일
④ 2024년 12월 귀속 근로소득을 2025년 03월 31일에 지급한 경우 : 2025년 02월 말일

✛ 실무시험 ✛

※ (주)대동산업(회사코드 : 1112)은 컴퓨터 및 주변장치의 제조 및 도·소매업을 주업으로 영위하는 중소기업으로, 당기(16기)의 회계기간은 2024.1.1.~2024.12.31.이다. 전산세무회계 수험용 프로그램을 이용하여 다음 물음에 답하시오.

―〈 기본전제 〉―

- 문제에서 한국채택국제회계기준을 적용하도록 하는 전제조건이 없는 경우, 일반기업회계기준을 적용하여 회계처리한다.
- 문제의 풀이와 답안작성은 제시된 문제의 순서대로 진행한다.

01 **[일반전표입력]** 메뉴를 이용하여 다음의 거래자료를 입력하시오. `15점`

┌─────────────── 〈 입력 시 유의사항 〉 ───────────────┐
- 일반적인 적요의 입력은 생략하지만, 타계정 대체거래는 적요 번호를 선택하여 입력한다.
- 채권·채무와 관련된 거래는 별도의 요구가 없는 한 반드시 기등록된 거래처코드를 선택하는 방법으로 거래처명을 입력한다.
- 제조경비는 500번대 계정코드를, 판매비와관리비는 800번대 계정코드를 사용한다.
- 회계처리 시 계정과목은 별도의 제시가 없는 한 등록된 계정과목 중 가장 적절한 과목으로 한다.
└───┘

[1] 1월 30일 당사가 생산한 제품(원가 50,000원, 시가 80,000원)을 제조부 생산직 직원에게 복리후생 목적으로 제공하였다(단, 부가가치세법상 재화의 공급의제에 해당하지 아니함). `3점`

[2] 4월 1일 미국 LA은행으로부터 차입한 외화장기차입금 $20,000와 이자 $800에 대해 보통예금으로 달러를 구입하여 원금과 이자를 지급하였다. 4월 1일의 기준환율은 ₩1,400/$이다(단, 외화장기차입금은 거래처원장을 조회하여 회계처리하고, 하나의 전표로 처리할 것). `3점`

[3] 5월 6일 영업부 사무실로 사용하기 위하여 4월 2일에 아래와 같이 (주)명당과 체결한 부동산 임대차계약에 따라 임대차계약서상의 보증금 20,000,000원 중 잔금 18,000,000원을 보통예금 계좌에서 송금하여 지급하고, 사무실의 임차를 개시하였다(단, 관련 계정을 조회하여 처리할 것). `3점`

부동산임대차계약서

제1조 임대차계약에 있어 임차인은 보증금을 아래와 같이 계약금과 잔금으로 나누어 지급하기로 한다.

보증금	일금	이천만원정 (₩ 20,000,000)
계약금	일금	이백만원정 (₩ 2,000,000)은 계약 시에 지불하고 영수함.
잔금	일금	일천팔백만원정 (₩ 18,000,000)은 2024년 05월 06일에 지불한다.

[4] 8월 20일 전기에 회수불능으로 대손처리한 외상매출금 2,750,000원(부가가치세 포함)을 회수하여 보통예금 계좌로 입금되었다(단, 당시 대손 요건을 충족하여 대손세액 공제를 받았으며, 하나의 전표로 처리할 것). `3점`

[5] 9월 19일 영업부에서 사용할 업무용 차량의 취득세 1,250,000원을 보통예금 계좌에서 납부하였다. `3점`

02 [매입매출전표입력] 메뉴를 이용하여 다음의 거래자료를 입력하시오. `15점`

─────⟨ 입력 시 유의사항 ⟩─────

• 일반적인 적요의 입력은 생략하지만, 타계정 대체거래는 적요 번호를 선택하여 입력한다.
• 채권·채무 관련 거래는 별도의 요구가 없는 한 반드시 기등록된 거래처코드를 선택하는 방법으로 거래처명을 입력한다.
• 제조경비는 500번대 계정코드를, 판매비와관리비는 800번대 계정코드를 사용한다.
• 회계처리 시 계정과목은 등록된 계정과목 중 가장 적절한 과목으로 한다.
• 입력화면 하단의 분개까지 처리하고, 세금계산서 및 계산서는 전자 여부를 입력하여 반영한다.

[1] 4월 2일　제품을 (주)이레테크에 판매하고 다음과 같이 전자세금계산서를 발급하였다. 3월 2일에 받은 선수금 5,000,000원을 제외한 대금 중 30,000,000원은 (주)이레테크가 발행한 어음으로 받고 나머지는 외상으로 하였다. `3점`

	전자세금계산서					승인번호		20240402-000023123547	
공급자	등록번호	128-81-59325	종사업장번호		공급받는자	등록번호	127-81-32505	종사업장번호	
	상호(법인명)	(주)대동산업	성명	지민아		상호(법인명)	(주)레테크	성명	이진주
	사업장주소	서울시 서초구 서초대로12길 45				사업장주소	부산시 사상구 대동로 307		
	업태	제조 외	종목	컴퓨터 및 주변장치		업태	제조업	종목	전자제품
	이메일					이메일	sky@naver.com		
작성일자		공급가액		세액	수정사유		비고		
2024.04.02.		50,000,000		5,000,000	해당 없음				
월	일	품목	규격	수량	단가	공급가액	세액	비고	
04	02	제품				50,000,000원	5,000,000원		
합계금액		현금	수표		어음		외상미수금	이 금액을 (청구)함	
55,000,000		5,000,000			30,000,000		20,000,000		

[2] 4월 9일　해외 매출거래처인 BTECH에 제품을 3,000,000원에 직수출하고, 대금은 1개월 후에 받기로 하였다(단, 반드시 수출신고번호는 「1234500123456X」를 입력할 것). `3점`

[3] 5월 29일　직원회식대로 제조부 660,000원과 영업부 440,000원을 지출하고 침산가든에서 제일카드(법인카드)로 결제하였다. **3점**

카드종류			카드번호			
제일카드			9435-2802-7580-0500			
유효기간			구매자명			
2025/09						
거래일시(취소일시)			품명			
2024/05/29 21:32						
거래유형	할부		승인번호			
신용승인			00360380			

(MainPay / C'SQUARE / 신용카드매출전표)

		백		천		원
금액/AMOUNT		1	0 0 0	0 0 0
부가세/V.A.T			1 0 0	0 0 0
합계/TOTAL		1	1 0 0	0 0 0

공급자정보	카드사 가맹정보
공급자 상호	가맹점명
침산가든	좌동
대표자명	대표자명
	좌동
사업자등록번호	사업자등록번호
106-62-61190	좌동
사업장 주소	가맹점 주소
서울 용산구 부흥로2가 15-2	좌동
이용문의(구매, 취소, 환불)	승인관련문의
1544-4525	1545-8452

서명
(주)대동산업

[4] 6월 5일　(주)한라상사로부터 과세사업에는 사용하지 않고 면세사업에만 사용하기 위한 기계장치를 공급가액 100,000,000원(세액 10,000,000원)에 취득하고, 전자세 금계산서를 발급받았다. 대금은 보통예금 계좌에서 10,000,000원을 송금하고, 나머지는 당좌수표를 발행하여 지급하였다. **3점**

[5] 6월 15일　제조부가 사용할 청소용품을 일진상사(일반과세자)에서 현금으로 구입하고, 현금 영수증을 발급받았다(단, 소모품비로 회계처리할 것). **3점**

일진상사			
사업자번호 211-11-10614		박일문	
경기도 부천시 신흥로 110		TEL : 031-117-2727	
홈페이지 http://www.kacpta.or.kr			
현금(지출증빙용)			
구매 2024/06/15/17:27		거래번호 : 11511	
상품명	단가	수량	금액
청소용품			200,000
	공 급 가 액		200,000원
	부 가 가 치 세		20,000원
	합　　　계		220,000원
	받 은 금 액		220,000원

03 부가가치세 신고와 관련하여 다음 물음에 답하시오. **10점**

[1] 다음 자료를 보고 2024년 제1기 예정신고기간의 [수출실적명세서]와 [영세율매출명세서]를 작성하시오(단, 매입매출전표입력은 생략할 것). **4점**

거래처	수출신고번호	선적일	환가일	통화	수출액	적용환율	
						선적일	환가일
제임스사	13065-22-065849X	2024.01.31.	2024.01.25.	USD	$100,000	1,000/$	1,080/$
랜덤기업	13075-20-080907X	2024.02.20.	2024.02.23.	USD	$80,000	1,050/$	1,070/$
큐수상사	13889-25-148890X	2024.03.18.	–	JPY	¥5,000,000	800/100¥	–

[2] 다음은 2024년 제2기 부가가치세 확정신고기간 귀속 자료이다. 다음 자료만을 이용하여 [부가가치세신고서]를 작성하시오(단, 기존의 입력된 자료는 무시하고, 부가가치세신고서 외의 부속서류 및 과세표준명세 입력은 생략할 것). **6점**

구분	자료
매출	1. 전자세금계산서 발급분(과세분) : 공급가액 500,000,000원, 세액 50,000,000원 2. 신용카드에 의한 매출액 : 공급가액 80,000,000원, 세액 8,000,000원 3. 직수출액 : 150,000,000원 4. 영세율세금계산서 발급분 : 50,000,000원(종이 세금계산서 발급) 5. 2023년 제2기 확정신고 시 대손세액공제받은 외상매출금 33,000,000원을 전액 회수함
매입	1. 세금계산서 수취분 일반매입 : 공급가액 550,000,000원, 세액 55,000,000원(세금계산서 수취분 매입액 중 520,000,000원은 과세사업의 매출과 관련된 매입액이며, 나머지 30,000,000원은 거래처 접대와 관련된 매입액이다.) 2. 제2기 예정신고 시 누락된 종이 세금계산서 수취분 : 공급가액 20,000,000원, 세액 2,000,000원
기타	1. 예정신고 누락분은 확정신고 시 반영하기로 한다. 2. 홈택스에서 직접 전자신고하여 세액공제를 받기로 한다.

04 결산정리사항은 다음과 같다. 관련 메뉴를 이용하여 결산을 완료하시오. `15점`

[1] 관리부가 2024년 9월 1일에 구입한 소모품 중 당기 말 현재까지 미사용한 소모품은 100,000원이다(단, 비용에 대한 계정과목은 소모품비(판매관리비)를 사용하고, 반드시 해당 거래를 조회하여 적절한 회계처리를 할 것). `3점`

[2] 결산일 현재 보유 중인 매도가능증권(2023년 취득)에 대하여 일반기업회계기준에 따라 회계처리를 하시오(단, 매도가능증권은 비유동자산에 해당함). `3점`

주식명	주식 수	취득일	1주당 취득원가	2023년 12월 31일 1주당 공정가치	2024년 12월 31일 1주당 공정가치
(주)에코	100주	2023.05.23.	10,000원	8,300원	7,000원

[3] 2024년 12월 16일에 차입한 대출금에 대한 이자를 다음 달부터 매월 16일에 지급하기로 하였다. `3점`

2024년 12월 16일부터 2025년 1월 15일까지 1개월 동안 지급되어야 할 이자는 3,100,000원이었으며, 이 중 2024년도 12월 31일까지의 발생이자는 1,600,000원이었다.

[4] 당해연도 말 퇴직급여추계액은 생산직 75,000,000원, 관리직 35,000,000원이며, 이미 설정된 퇴직급여충당부채액은 생산직 50,000,000원과 관리직 28,000,000원이다. 당사는 퇴직급여추계액의 100%를 퇴직급여충당부채로 계상한다. `3점`

[5] 2024년 결산을 하면서 당해연도에 대한 법인세 45,000,000원, 법인지방소득세 6,000,000 원을 확정하였다. 중간예납세액 23,000,000원, 이자수익에 대한 원천징수세액 3,080,000 원이 자산으로 계상되어 있다. <kbd>3점</kbd>

05 2024년 귀속 원천징수자료와 관련하여 다음의 물음에 답하시오. <kbd>15점</kbd>

[1] 다음 자료는 인사부 박한별 사원(입사일 2024년 6월 1일, 국내 근무)의 부양가족과 관련된 내용이다. 제시된 자료만을 이용하여 [사원등록(사번 : 500)]을 하고, 부양가족을 모두 [부양 가족명세]에 등록 후 박한별의 세부담이 최소화되도록 기본공제 및 추가공제 여부를 입력하 시오. <kbd>6점</kbd>

• 박한별 사원 본인과 부양가족은 모두 내국인이며 거주자이다.
• 기본공제 대상자가 아닌 경우 '부'로 표시한다.

관계	성명	주민등록번호	동거 (생계)여부	장애인 여부	소득현황 및 기타사항
본인	박한별	810505-2027818	–	부	근로소득금액 2,500만원
배우자	김준호	800525-1056931	부	부	소득 없음, 주거형편상 별거
본인의 아버지	박인수	510725-1013119	여	부	「장애인복지법」상 장애인에 해당함, 소득 없음, 2024년 1월 31일에 사망
아들	김은수	050510-3212685	부	부	분리과세 기타소득 200만원, 국외 유학 중
딸	김아름	241225-4115739	여	부	소득 없음

[2] 2024년 7월 1일 입사한 김기웅(사번 : 600)의 연말정산 자료는 다음과 같다. [연말정산추가 입력]에 전(前)근무지의 내용을 반영하여 [소득명세] 탭, [부양가족] 탭, [신용카드 등] 탭, [연금저축 등] 탭, [연말정산입력] 탭을 작성하시오. **9점**

---

1. 전(前) 근무지((주)해탈상사)에서 받은 근로소득원천징수영수증 자료를 입력한다.
2. 2024년 7월에 직장 근처로 이사하면서 전세자금대출을 받았다.

〈김기웅의 전(前)근무지 근로소득원천징수영수증〉

	구분		주(현)	종(전)	⑯-1 납세조합	합계
Ⅰ 근무처별소득명세	⑨ 근무처명		(주)해탈상사			
	⑩ 사업자등록번호		120-85-22227			
	⑪ 근무기간		2024.1.1.~2024.6.30.	~	~	~
	⑫ 감면기간		~	~	~	~
	⑬ 급여		24,000,000			
	⑭ 상여		3,000,000			
	⑮ 인정상여					
	⑮-1 주식매수선택권 행사이익					
	⑮-2 우리사주조합인출금					
	⑮-3 임원 퇴직소득금액 한도초과액					
	⑯ 계		27,000,000			
Ⅱ 비과세및감면소득명세	⑱ 국외근로					
	⑱-1 야간근로수당	001				
	⑱-2 출산·보육수당	Q01	600,000			
	⑱-4 연구보조비					
	~					
	⑱-29					
	⑲ 수련보조수당	Y22				
	⑳ 비과세소득 계					
	⑳-1 감면소득 계					

	구분			⑱ 소득세	⑲ 지방소득세	⑳ 농어촌특별세
Ⅲ 세액명세	⑫ 결정세액			1,255,000	125,500	
	기납부세액	⑬ 종(전)근무지 (결정세액란의 세액을 적습니다)	사업자등록번호			
		⑭ 주(현)근무지		1,350,000	135,000	
	⑮ 납부특례세액					
	⑯ 차감징수세액(⑫-⑬-⑭-⑮)			△95,000	△9,500	
(국민연금 1,610,000원 건강보험 1,388,000원 장기요양보험 189,000원 고용보험 235,600원)						
위의 원천징수액(근로소득)을 정히 영수(지급)합니다.						

〈김기웅의 2024년 연말정산자료 : 모든 자료는 국세청에서 제공된 자료에 해당함〉	
항목	내용
보험료	• 본인 저축성보험료 : 800,000원
교육비	• 본인 야간대학원 등록금 : 3,000,000원
의료비	• 시력보정용 안경구입비 : 600,000원(본인 신용카드 결제) • 본인 질병치료비 : 2,500,000원(실손의료보험금 500,000원 수령)
신용카드 등 사용액	• 신용카드 사용액 : 21,200,000원(대중교통 1,200,000원 포함) • 직불카드 사용액 : 1,300,000원(전통시장 300,000원 포함) • 현금영수증 사용액 : 1,200,000원(도서·공연 200,000원 포함)
주택차입금 원리금상환액	• 이자상환액 : 300,000원 • 원금상환액 : 3,000,000원 ※ 주택임차차입금원리금 상환액 공제요건을 충족한다고 가정한다.

03 | 전산세무 2급 110회 기출문제 (이론 + 실무)

✛ 이론시험 ✛

※ 다음 문제를 보고 알맞은 것을 골라 │이론문제 답안작성│ 메뉴에 입력하시오.
(객관식 문항당 2점)

─── 〈 기본전제 〉 ───
문제에서 한국채택국제회계기준을 적용하도록 하는 전제조건이 없는 경우, 일반기업회계기준을 적용한다.

01 다음 중 재무제표의 작성과 표시에 관한 설명으로 틀린 것은?

① 자산과 부채는 유동성이 낮은 항목부터 배열하는 것을 원칙으로 한다.
② 재무제표는 재무상태표, 손익계산서, 현금흐름표, 자본변동표로 구성되며, 주석을 포함한다.
③ 자산과 부채 및 자본은 총액에 의하여 기재함을 원칙으로 하고, 자산 항목과 부채 항목 또는 자본 항목을 상계하여 그 전부 또는 일부를 재무상태표에서 제외하면 안된다.
④ 자본거래에서 발생한 자본잉여금과 손익거래에서 발생한 이익잉여금을 구분하여 표시한다.

02 다음 자료를 이용하여 유동자산에 해당하는 금액의 합계액을 구하면 얼마인가?

• 매출채권	1,000,000원
• 특허권	1,500,000원
• 선급비용	500,000원
• 상품	2,500,000원
• 당좌예금	3,000,000원
• 장기매출채권	2,000,000원

① 5,500,000원　　② 6,000,000원
③ 6,500,000원　　④ 7,000,000원

03 다음 중 물가가 지속적으로 상승하는 상황에서 기말재고자산이 가장 크게 계상되는 재고자산의 평가방법은 무엇인가?

① 선입선출법　　② 후입선출법
③ 총평균법　　④ 이동평균법

04 유형자산을 보유하고 있는 동안 발생한 수익적지출을 자본적지출로 잘못 회계처리한 경우, 재무제표에 미치는 효과로 가장 올바른 것은?

① 자산의 과소계상
② 부채의 과대계상
③ 당기순이익의 과대계상
④ 매출총이익의 과소계상

05 다음 중 자본에 대한 설명으로 가장 옳지 않은 것은?

① 자본금은 기업이 발행한 발행주식총수에 1주당 액면금액을 곱한 금액이다.
② 자본잉여금은 주식발행초과금과 기타자본잉여금(감자차익, 자기주식처분이익 등)으로 구분하여 표시한다.
③ 매도가능증권평가손익은 자본조정 항목으로 계상한다.
④ 미처분이익잉여금은 배당 등으로 처분할 수 있는 이익잉여금을 말한다.

06 다음 중 원가에 대한 설명으로 가장 옳지 않은 것은?

① 직접원가란 특정원가집적대상에 직접 추적이 가능하거나 식별가능한 원가이다.
② 고정원가란 관련범위 내에서 조업도 수준과 관계없이 총원가가 일정한 원가 형태를 말한다.
③ 가공원가란 직접재료원가와 직접노무원가를 말한다.
④ 매몰원가란 과거 의사결정에 따라 이미 발생한 원가로 현재의 의사결정에 영향을 미치지 못하는 원가를 의미한다.

07 다음의 원가 자료를 이용하여 직접재료원가를 계산하면 얼마인가?

• 총제조원가 : 4,000,000원
• 직접노무원가 : 제조간접원가의 2배
• 제조간접원가 : 총제조원가의 25%

① 1,000,000원 ② 1,500,000원
③ 2,000,000원 ④ 2,500,000원

08 (주)한국은 직접노무시간을 기준으로 제조간접원가를 예정배부하고 있다. 당기 초 제조간접원가 예산은 2,000,000원이며, 예정 직접노무시간은 200시간이다. 당기 말 현재 실제 제조간접원가는 2,500,000원이 발생하였으며, 제조간접원가 배부차이가 발생하지 않았다면 실제 직접노무시간은 얼마인가?

① 160시간 ② 200시간
③ 250시간 ④ 500시간

09 다음 중 공손에 관한 설명으로 옳지 않은 것은?

① 정상적인 생산과정에서 필수불가결하게 발생하는 정상공손원가는 제조원가에 포함된다.
② 주산품의 제조과정에서 발생한 원재료의 부스러기 등 작업폐물의 순실현가치는 제조원가에서 차감한다.
③ 작업자의 부주의 등에 의하여 발생하는 비정상공손원가는 발생한 기간의 영업외비용으로 처리한다.
④ 정상공손수량과 비정상공손수량은 원가흐름의 가정에 따라 다르게 계산된다.

10 다음 중 가중평균법에 의한 종합원가계산방법을 적용하여 완성품 단위당 원가를 산정할 때 필요하지 않은 자료는 무엇인가?

① 기말재공품의 완성도
② 당기총제조원가
③ 완성품의 물량
④ 기초재공품의 물량

11 다음 중 부가가치세법상 재화의 공급의 제(재화의 공급으로 보는 특례)에 해당하는 것은? 단, 일반과세자로서 매입 시 매입세액은 전부 공제받았다고 가정한다.

① 자기의 다른 과세사업장에서 원료 또는 자재 등으로 사용·소비하기 위해 반출하는 경우
② 사용인에게 사업을 위해 착용하는 작업복, 작업모, 작업화를 제공하는 경우
③ 무상으로 견본품을 인도 또는 양도하거나 불특정다수에게 광고선전물을 배포하는 경우
④ 자동차 제조회사가 자기생산한 승용자동차(2,000cc)를 업무용으로 사용하는 경우

12 다음 중 부가가치세법상 영세율제도에 대한 설명으로 가장 옳지 않은 것은?

① 부가가치세의 역진성 완화를 목적으로 한다.
② 완전 면세제도이다.
③ 면세사업자는 영세율 적용대상자가 아니다.
④ 비거주자 또는 외국법인의 경우에는 상호면세주의에 따른다.

13 다음은 부가가치세법상 가산세에 대한 설명이다. 빈칸에 들어갈 내용으로 알맞은 것은?

> 사업자가 재화 또는 용역을 공급하지 아니하고 세금계산서를 발급하는 경우 그 세금계산서에 적힌 공급가액의 (   )를 납부세액에 더하거나 환급세액에서 뺀다.

① 1%   ② 2%
③ 3%   ④ 10%

14 다음 중 소득세법상 근로소득의 수입시기로 옳지 않는 것은?

① 잉여금처분에 의한 상여 : 결산일
② 인정상여 : 해당 사업연도 중 근로를 제공한 날
③ 일반상여 : 근로를 제공한 날
④ 일반급여 : 근로를 제공한 날

15 다음의 자료를 이용하여 소득세법상 복식부기의무자의 사업소득 총수입금액을 구하면 얼마인가?

> • 매출액   300,000,000원
> • 차량운반구(사업용) 양도가액
>   30,000,000원
> • 원천징수된 은행 예금의 이자수익
>   500,000원
> • 공장건물 양도가액 100,000,000원

① 430,500,000원   ② 430,000,000원
③ 330,000,000원   ④ 300,000,000원

✧ **실무시험** ✧

※ (주)도원기업(회사코드 : 1102)은 전자제품의 제조 및 도 · 소매업을 주업으로 영위하는 중소 기업으로, 당기(제19기)의 회계기간은 2024.1.1.~2024.12.31.이다. 전산세무회계 수험용 프 로그램을 이용하여 다음 물음에 답하시오.

〈 기본전제 〉

• 문제에서 한국채택국제회계기준을 적용하도록 하는 전제조건이 없는 경우, 일반기업회계기준을 적용 하여 회계처리한다.
• 문제의 풀이와 답안작성은 제시된 문제의 순서대로 진행한다.

---

01 일반전표입력] 메뉴를 이용하여 다음의 거래자료를 입력하시오. `15점`

〈 입력 시 유의사항 〉

• 일반적인 적요의 입력은 생략하지만, 타계정 대체거래는 적요 번호를 선택하여 입력한다.
• 채권 · 채무와 관련된 거래는 별도의 요구가 없는 한 반드시 기등록된 거래처코드를 선택하는 방법으로 거래처명을 입력한다.
• 제조경비는 500번대 계정코드를, 판매비와관리비는 800번대 계정코드를 사용한다.
• 회계처리 시 계정과목은 별도의 제시가 없는 한 등록된 계정과목 중 가장 적절한 과목으로 한다.

---

[1] 1월 5일　에코전자의 상장주식 100주를 단기 투자목적으로 1주당 60,000원에 취득하고 대금은 증권거래수수료 30,000원과 함께 보통예금 계좌에서 지급하였다. `3점`

[2] 3월 31일　보유 중인 신한은행의 예금에서 이자수익 500,000원이 발생하여 원천징수세액을 제외한 423,000원이 보통예금 계좌로 입금되었다(단, 원천징수세액은 자산으로 처리할 것). `3점`

[3] 4월 30일　본사 건물 신축공사를 위한 장기차입금의 이자비용 2,500,000원을 보통예금 계좌 에서 지급하였다. 해당 지출은 차입원가 자본화 요건을 충족하였으며, 신축공사 중인 건물은 2025년 2월 28일에 완공될 예정이다. `3점`

[4] 7월 10일　당사는 퇴직연금제도를 도입하면서 퇴직연금상품에 가입하였다. 생산부서 직원 에 대해서는 확정급여형(DB형) 상품으로 10,000,000원, 영업부서 직원에 대해 서는 확정기여형(DC형) 상품으로 7,000,000원을 보통예금 계좌에서 이체하여 납입하였다(단, 하나의 전표로 입력하고 기초 퇴직급여충당부채 금액은 고려하 지 말 것). `3점`

[5] 7월 15일 (주)지유로부터 공장에서 사용할 기계장치를 구입하기로 계약하고, 계약금 5,000,000 원을 즉시 당좌수표를 발행하여 지급하였다. **3점**

02 [매입매출전표입력] 메뉴를 이용하여 다음의 거래자료를 입력하시오. **15점**

〈 입력 시 유의사항 〉

- 일반적인 적요의 입력은 생략하지만, 타계정 대체거래는 적요 번호를 선택하여 입력한다.
- 채권·채무 관련 거래는 별도의 요구가 없는 한 반드시 기등록된 거래처코드를 선택하는 방법으로 거래처명을 입력한다.
- 제조경비는 500번대 계정코드를, 판매비와관리비는 800번대 계정코드를 사용한다.
- 회계처리 시 계정과목은 등록된 계정과목 중 가장 적절한 과목으로 한다.
- 입력화면 하단의 분개까지 처리하고, 세금계산서 및 계산서는 전자 여부를 입력하여 반영한다.

[1] 7월 7일 (주)신화에서 영업부서의 매출처에 선물로 증정할 와인세트 10세트를 1세트당 50,000원(부가가치세 별도)에 구입하고 전자세금계산서를 발급받았다. 대금 550,000원은 현금으로 지급하고, 선물은 구입 즉시 모두 거래처에 전달하였다. **3점**

[2] 7월 20일 공장에서 생산부서가 사용할 선풍기를 (주)하나마트에서 현금으로 구입하고, 아래와 같이 현금영수증을 발급받았다(단, 소모품비로 처리할 것). **3점**

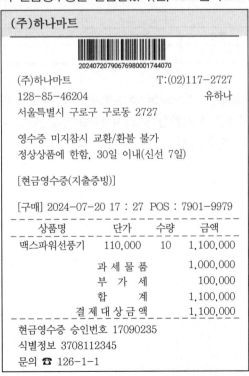

(주)하나마트

2024072079067698000174407 0

(주)하나마트   T:(02)117-2727
128-85-46204   유하나
서울특별시 구로구 구로동 2727

영수증 미지참시 교환/환불 불가
정상상품에 한함, 30일 이내(신선 7일)

[현금영수증(지출증빙)]

[구매] 2024-07-20 17 : 27 POS : 7901-9979
- -
   상품명   단가   수량   금액
맥스파워선풍기 110,000   10   1,100,000

              과 세 물 품   1,000,000
              부 가 세   100,000
              합   계   1,100,000
- - - - - - - - - - 결 제 대 상 금 액   1,100,000
현금영수증 승인번호 17090235
식별정보 3708112345
문의 ☎ 126-1-1

[3] 8월 16일 미국 UFC사에 제품을 $10,000에 해외 직수출하고, 8월 31일에 수출대금 전액을 달러($)로 받기로 하였다. 일자별 환율은 다음과 같다(단, 수출신고번호 입력은 생략할 것). **3점**

구분	8월 10일(수출신고일)	8월 16일(선적일)	8월 31일(대금회수일)
기준환율	1,150원/$	1,100원/$	1,200원/$

[4] 9월 30일 (주)명학산업에 제품을 공급하고 아래와 같이 전자세금계산서를 발급하였다. 대금은 8월 31일에 기수령한 계약금 1,800,000원을 제외한 잔액을 (주)명학산업이 발행한 당좌수표로 수령하였다. **3점**

전자세금계산서					승인번호		20240930-1547412-2014956	
공급자	등록번호	370-81-12345	종사업장 번호		공급받는자	등록번호	301-81-45665	종사업장 번호
	상호(법인명)	(주)도원기업	성명	이세종		상호(법인명)	(주)명학산업	성명
	사업장주소	서울 구로구 안양천로539길 6				사업장주소	세종시 부강면 문곡리 128	
	업태	제조등	종목	전자부품		업태	제조	종목
	이메일					이메일		

작성일자	공급가액	세액	수정사유	비고		
2024-09-30	18,000,000원	1,800,000원				

월	일	품목	규격	수량	단가	공급가액	세액	비고
09	30	제품				18,000,000원	1,800,000	

합계금액	현금	수표	어음	외상미수금	위 금액을 (**청구**) 함
19,800,000	1,800,000	18,000,000			

[5] 10월 31일 구매확인서에 의하여 (주)크림으로부터 수출용 원재료(공급가액 6,000,000원)를 매입하고 영세율전자세금계산서를 발급받았다. 대금은 보통예금 계좌에서 지급하였다. **3점**

03 부가가치세 신고와 관련하여 다음 물음에 답하시오. 10점

[1] 다음의 자료를 이용하여 2024년 제2기 부가가치세 확정신고기간에 대한 [건물등감가상각자산취득명세서]를 작성하시오(단, 아래의 자산은 모두 감가상각 대상에 해당함). 3점

취득일	내용	공급가액	상호	비고
		부가가치세액	사업자등록번호	
10.04.	회계부서의 컴퓨터 및 프린터 교체	20,000,000원	우리전산	종이세금계산서 수취
		2,000,000원	102-03-52877	
11.11.	생산부서의 보관창고 신축공사비	100,000,000원	(주)튼튼건설	전자세금계산서 수취
		10,000,000원	101-81-25749	
11.20.	업무용승용차(1,500cc) 구입	15,000,000원	(주)빠름자동차	전자세금계산서 수취
		1,500,000원	204-81-96316	
12.14.	영업부서의 에어컨 구입	10,000,000원	(주)시원마트	법인 신용카드 결제
		1,000,000원	304-81-74529	

[2] 아래의 자료만을 이용하여 2024년 제1기 부가가치세 확정신고기간(4월~6월)의 [부가가치세신고서]를 직접 입력하여 작성하시오(단, 부가가치세신고서 외의 부속서류와 과세표준명세의 작성은 생략하며, 불러온 데이터는 무시하고 새로 입력할 것). 5점

매출자료	• 전자세금계산서 매출액[주1] : 공급가액 320,000,000원, 세액 30,000,000원 주1) 영세율세금계산서 매출액(공급가액 20,000,000원)이 포함되어 있다. • 해외 직수출 매출액 : 공급가액 15,000,000원 • 현금영수증 매출액 : 공급대가 11,000,000원

매입자료	• 전자세금계산서를 수취한 매입액[주2] : 공급가액 150,000,000원, 세액 15,000,000원 주2) 운반용 화물자동차 매입(공급가액 20,000,000원, 세액 2,000,000원)이 포함되어 있으며, 나머지 금액은 모두 재고자산 매입액이다. • 신용카드 매입액은 다음과 같다.

구분	내용	공급가액	세액
일반매입	직원 복리후생 관련 매입	8,000,000원	800,000원
	대표자 개인용 물품 매입	1,000,000원	100,000원
고정자산매입	제품 품질 테스트 기계설비 매입	6,000,000원	600,000원
합계		15,000,000원	1,500,000원

기타자료	• 예정신고 미환급세액은 900,000원으로 가정한다. • 전자신고세액공제 10,000원을 적용하여 세부담최소화를 가정한다.

[3] 2024년 제1기 예정신고기간(2024.01.01.~2024.03.31.)의 [부가가치세신고서]를 전자신고하시오. **2점**

1. 부가가치세신고서와 관련 부속서류는 마감되어 있다.
2. [전자신고] → [국세청 홈택스 전자신고변환(교육용)] 순으로 진행한다.
3. [전자신고] 메뉴의 [전자신고제작] 탭에서 신고인구분은 2.납세자 자진신고를 선택하고, 비밀번호는 "12341234"로 입력한다.
4. [국세청 홈택스 전자신고변환(교육용)] → 전자파일변환(변환대상파일선택) → **찾아보기** 에서 전자신고용 전자파일을 선택한다.
5. 전자신고용 전자파일 저장경로는 로컬디스크(C:)이며, 파일명은 "enc작성연월일.101. v3708112345"이다.
6. **형식검증하기** ➡ **형식검증결과확인** ➡ **내용검증하기** ➡ **내용검증결과확인** ➡ **전자파일제출** 을 순서대로 클릭한다.
7. 최종적으로 **전자파일 제출하기** 를 완료한다.

04 결산정리사항은 다음과 같다. 관련 메뉴를 이용하여 결산을 완료하시오. **15점**

[1] 다음은 2024년 제2기 확정신고기간의 부가가치세 관련 자료이다. 아래의 자료만을 이용하여 부가세대급금과 부가세예수금을 정리하는 회계처리를 하시오. 단 입력된 데이터는 무시하고, 납부세액은 미지급세금으로, 환급세액은 미수금으로, 가산세는 세금과공과(판)로, 공제세액은 잡이익으로 처리하시오. **3점**

- 부가세예수금 : 720,000원
- 전자세금계산서지연발급가산세 : 10,000원
- 부가세대급금 : 520,000원
- 전자신고세액공제 : 10,000원

[2] 돌담은행으로부터 차입한 장기차입금 중 100,000,000원은 2025년 6월 30일에 상환기일이 도래한다. **3점**

[3] 외상매출금 및 미수금에 대하여만 기말잔액에 1%의 대손율을 적용하여 보충법에 의해 대손충당금을 설정하시오. **3점**

[4] 기말 현재 보유하고 있는 무형자산 중 영업권의 전기 말 상각 후 미상각잔액은 16,000,000원이다. 해당 영업권의 취득일은 2023년 1월 1일이며, 회사는 영업권에 대하여 5년간 월할 균등상각하고 있다. **3점**

[5] 결산일 현재 재고자산은 다음과 같다. 결산자료입력을 이용하여 결산을 수행하시오. **3점**

구분	금액	비고
원재료	93,000,000원	선적지 인도기준(FOB)으로 매입하여 운송 중인 미착원재료 2,000,000원 미포함
재공품	70,000,000원	
제품	135,000,000원	수탁자가 보관 중인 위탁제품 5,000,000원 미포함

05 **2024년 귀속 원천징수자료와 관련하여 다음의 물음에 답하시오.** **15점**

[1] 다음은 (주)도원기업의 사무직 사원 김우리(사원코드 : 100)의 6월 급여자료이다. 아래 자료를 이용하여 [사원등록]의 [부양가족명세] 탭의 부양가족에 대한 기본공제 및 추가공제 여부를 반영하고, [수당공제등록] 및 [급여자료입력]을 수행하시오(단, 근로자 본인의 세부담 최소화를 가정한다). **5점**

1. 부양가족 명세(모두 거주자인 내국인에 해당함)

성명	주민등록번호	관계	동거(생계)여부	비고
김우리	801210-1127858	본인		세대주, 2024년 총급여액 5,200만원
이현진	821010-2145201	배우자	여	소득없음
김아현	190101-4928325	입양자녀	여	소득없음, 2024년 1월에 입양신고함

※ 제시된 자료 외의 다른 소득은 없다.

2. 6월분 급여자료

이름	김우리	지급일	2024년 07월 10일
기본급	3,000,000원	소득세	79,670원
식대	200,000원	지방소득세	7,960원
자가운전보조금	200,000원	국민연금	166,500원
육아수당	200,000원	건강보험	131,160원
야간근로수당	527,000원	장기요양보험	16,980원
		고용보험	33,540원
급여계	4,127,000원	공제합계	435,810원
		지급총액	3,691,190원

- 식대 : 당사는 현물식사와 식대를 함께 제공하고 있다.
- 자가운전보조금 : 당사는 본인 명의의 차량을 업무 목적으로 사용한 직원에게만 자가 운전보조금을 지급하고 있으며, 실제 발생한 교통비를 별도로 지급하지 않는다.
- 육아수당 : 당사는 6세 이하 자녀(입양자녀 포함) 1명당 200,000원씩 육아수당을 지급하고 있다.

※ 수당등록 시 월정액 및 통상임금은 고려하지 않으며, 사용하는 수당 이외의 항목은 사용 여부를 "부"로 반영한다.

※ 급여자료입력 시 공제항목의 불러온 데이터는 무시하고 직접 입력하여 작성한다.

[2] 다음은 회계부서에 재직 중인 김갑용(사원코드 : 101) 사원의 연말정산 관련 자료이다. 다음의 자료를 이용하여 [연말정산추가자료입력] 메뉴의 [부양가족] 탭 및 관련된 탭을 모두 작성하여 연말정산을 완료하시오(단, 근로자 본인의 세부담 최소화를 가정하고, [연말정산입력] 탭은 직접 입력하지 않음). **10점**

1. 가족사항(모두 거주자인 내국인에 해당함)

성명	관계	주민등록번호	동거여부	소득금액	비고
김갑용	본인	830505-1478521		65,000,000원	총급여액(근로소득 외의 소득없음), 세대주
강희영	배우자	840630-2547858	여	10,000,000원	근로소득금액
김수필	부친	561012-1587428	여	900,000원	부동산임대소득금액 : 총수입금액 20,000,000원 필요경비 19,100,000원
김정은	아들	140408-3852611	여	–	초등학생
김준희	딸	191104-4487122	여	–	취학 전 아동

2. 연말정산 관련 추가자료(모든 자료는 국세청에서 제공된 자료에 해당함)

내역	비고
보장성 보험료	• 김갑용(본인) : 자동차보험료 300,000원 • 강희영(배우자) : 보장성보험료 200,000원 • 김수필(부친) : 생명보험료 150,000원(만기까지 납입액이 만기환급액보다 큰 경우에 해당) • 김준희(딸) : 보장성보험료 350,000원

교육비	• 김갑용(본인) : 정규 교육 과정 대학원 교육비 5,000,000원 • 김정은(아들) : 국내 소재 사립초등학교(「교육법」상의 정규 교육기관) 수업료 8,000,000원, 바이올린 학원비 2,400,000원 • 김준희(딸) : 「영유아보육법」상의 어린이집 교육비 1,800,000원
의료비	• 김갑용(본인) : 시력보정용 안경 구입비용 650,000원 • 김수필(부친) : 질병 치료 목적 의료비 1,500,000원 • 김준희(딸) : 질병 치료 목적 의료비 250,000원
신용카드 사용액	• 김갑용(본인) : 신용카드 사용액 21,500,000원(국세청 자료) (신용카드사용분 중 전통시장/대중교통/도서 등 사용분은 없음)
연금저축	• 김갑용(본인) : 2024년 연금저축계좌 납입액 6,000,000원 (계좌번호 : 농협중앙회 301-02-228451, 당해연도에 가입함)

PART
03

04 | 전산세무 2급 109회 기출문제 (이론 + 실무)

✦ 이론시험 ✦

※ 다음 문제를 보고 알맞은 것을 골라 이론문제 답안작성 메뉴에 입력하시오.
(객관식 문항당 2점)

⟨ 기본전제 ⟩

문제에서 한국채택국제회계기준을 적용하도록 하는 전제조건이 없는 경우, 일반기업회계기준을 적용한다.

01 다음 중 금융부채에 대한 설명으로 틀린 것은?

① 금융부채는 최초 인식 시 공정가치로 측정하는 것이 원칙이다.

② 양도한 금융부채의 장부금액과 지급한 대가의 차액은 기타포괄손익으로 인식한다.

③ 금융부채는 후속 측정 시 상각후원가로 측정하는 것이 원칙이다.

④ 금융채무자가 재화 또는 용역을 채권자에게 제공하여 금융부채를 소멸시킬 수 있다.

02 아래의 자료는 시장성 있는 유가증권에 관련된 내용이다. 이에 대한 설명으로 옳은 것은?

• 2023년 08월 05일 : A회사 주식 500주를 주당 4,000원에 매입하였다.
• 2023년 12월 31일 : A회사 주식의 공정가치는 주당 5,000원이다.
• 2024년 04월 30일 : A회사 주식 전부를 주당 6,000원에 처분하였다.

① 단기매매증권으로 분류할 경우 매도가능증권으로 분류하였을 때보다 2023년 당기순이익은 감소한다.

② 단기매매증권으로 분류할 경우 매도가능증권으로 분류하였을 때보다 2023년 기말 자산이 더 크다.

③ 매도가능증권으로 분류할 경우 처분 시 매도가능증권처분이익은 500,000원이다.

④ 매도가능증권으로 분류할 경우 단기매매증권으로 분류하였을 때보다 2024년 당기순이익은 증가한다.

03 다음 중 회계변경으로 인정되는 정당한 사례로 적절하지 않은 것은?

① 일반기업회계기준의 제·개정으로 인하여 새로운 해석에 따라 회계변경을 하는 경우

② 기업환경의 중대한 변화에 의하여 종전의 회계정책을 적용하면 재무제표가 왜곡되는 경우

③ 동종산업에 속한 대부분의 기업이 채택한 회계정책 또는 추정방법으로 변경함에 있어서 새로운 회계정책 또는 추정방법이 종전보다 더 합리적이라고 판단되는 경우

④ 정확한 세무신고를 위해 세법 규정을 따를 필요가 있는 경우

04 다음 중 무형자산에 대한 설명으로 가장 옳지 않은 것은?

① 개발비 중 연구단계에서 발생한 지출은 발생한 기간의 비용으로 인식한다.

② 합리적인 상각방법을 정할 수 없는 경우에는 정률법으로 상각한다.

③ 일반기업회계기준에서는 무형자산의 재무제표 표시방법으로 직접상각법과 간접상각법을 모두 허용하고 있다.

④ 무형자산의 내용연수는 법적 내용연수와 경제적 내용연수 중 짧은 것으로 한다.

05 다음 중 자본에 대한 설명으로 틀린 것은?

① 자본은 기업의 자산에서 모든 부채를 차감한 후의 잔여지분을 나타낸다.

② 주식의 발행금액이 액면금액보다 크면 그 차액을 주식발행초과금으로 하여 이익잉여금으로 회계처리한다.

③ 납입된 자본에 기업활동을 통해 획득하여 기업의 활동을 위해 유보된 금액을 가산하여 계산한다.

④ 납입된 자본에 소유자에 대한 배당으로 인한 주주지분 감소액을 차감하여 계산한다.

06 (주)하나의 제조간접원가 배부차이가 250,000원 과대배부인 경우, 실제 제조간접원가 발생액은 얼마인가? 단, 제조간접원가 예정배부율은 작업시간당 3,000원이며, 작업시간은 1일당 5시간으로 총 100일간 작업하였다.

① 1,000,000원 ② 1,250,000원
③ 1,500,000원 ④ 1,750,000원

07 (주)연우가 2024년에 사용한 원재료는 500,000원이다. 2024년 초 원재료 재고액이 2024년 말 원재료 재고액보다 50,000원 적을 경우, 2024년의 원재료 매입액은 얼마인가?

① 450,000원 ② 500,000원
③ 550,000원 ④ 600,000원

08 다음 중 제조원가명세서를 작성하기 위하여 필요한 내용이 아닌 것은?

① 당기 직접노무원가 발생액
② 당기 직접재료 구입액
③ 당기 기말제품 재고액
④ 당기 직접재료 사용액

09 (주)푸른솔은 보조부문의 원가배분방법으로 직접배분법을 사용한다. 보조부문 A와 B의 원가가 각각 1,500,000원과 1,600,000원으로 집계되었을 경우, 아래의 자료를 바탕으로 제조부문 X에 배분될 보조부문원가는 얼마인가?

사용부문 제공부문	보조부문		제조부문		합계
	A	B	X	Y	
A	–	50 시간	500 시간	300 시간	850 시간
B	200 시간	–	300 시간	500 시간	1,000 시간

① 1,150,000원 ② 1,250,000원
③ 1,332,500원 ④ 1,537,500원

10 다음 중 종합원가계산에 대한 설명으로 틀린 것은?

① 선입선출법은 실제 물량흐름을 반영하므로 평균법보다 더 유용한 정보를 제공한다.
② 평균법은 당기 이전에 착수된 기초재공품도 당기에 착수한 것으로 본다.
③ 선입선출법이 평균법보다 계산방법이 간편하다.
④ 기초재공품이 없다면 선입선출법과 평균법의 적용 시 기말재공품원가는 언제나 동일하다.

11 다음 중 부가가치세법상 용역의 공급시기에 대한 설명으로 틀린 것은?

① 임대보증금의 간주임대료는 예정신고기간 또는 과세기간의 종료일을 공급시기로 한다.
② 폐업 전에 공급한 용역의 공급시기가 폐업일 이후에 도래하는 경우 폐업일을 공급시기로 한다.
③ 장기할부조건부 용역의 공급의 경우 대가의 각 부분을 받기로 한 때를 공급시기로 한다.
④ 용역의 대가의 각 부분을 받기로 한 때 대가를 받지 못하는 경우 공급시기로 보지 않는다.

12 다음 중 부가가치세법상 면세 대상이 아닌 것은?

① 항공법에 따른 항공기에 의한 여객운송용역
② 도서, 신문
③ 연탄과 무연탄
④ 우표, 인지, 증지, 복권

13 다음 중 부가가치세법상 재화의 공급에 해당하는 거래는?

① 과세사업자가 사업을 폐업할 때 자기생산·취득재화가 남아있는 경우
② 사업장별로 그 사업에 관한 모든 권리와 의무를 포괄적으로 승계시키는 경우
③ 법률에 따라 조세를 물납하는 경우
④ 각종 법에 의한 강제 경매나 공매에 따라 재화를 인도하거나 양도하는 경우

14 다음 중 소득세법상 과세방법이 다른 하나는?

① 복권 당첨금
② 일용근로소득
③ 계약금이 위약금으로 대체되는 경우의 위약금이나 배상금
④ 비실명 이자소득

15 다음 중 근로소득만 있는 거주자의 연말정산 시 산출세액에서 공제하는 세액공제에 대한 설명으로 틀린 것은?

① 저축성보험료에 대해서는 공제받을 수 없다.
② 근로를 제공한 기간에 지출한 의료비만 공제 대상 의료비에 해당한다.
③ 직계존속의 일반대학교 등록금은 교육비세액공제 대상이다.
④ 의료비세액공제는 지출한 의료비가 총급여액의 3%를 초과하는 경우에만 적용받을 수 있다.

⋆ 실무시험 ⋆

※ (주)천부전자(회사코드 : 1092)는 제조 및 도·소매업을 영위하는 중소기업으로, 당기(제17기) 회계기간은 2024.1.1.~2024.12.31.이다. 전산세무회계 수험용 프로그램을 이용하여 다음 물음에 답하시오.

─────────── 〈 기본전제 〉 ───────────
• 문제에서 한국채택국제회계기준을 적용하도록 하는 전제조건이 없는 경우, 일반기업회계기준을 적용하여 회계처리한다.
• 문제의 풀이와 답안작성은 제시된 문제의 순서대로 진행한다.

01 [일반전표입력] 메뉴를 이용하여 다음의 거래자료를 입력하시오. 15점

─────────── 〈 입력 시 유의사항 〉 ───────────
• 일반적인 적요의 입력은 생략하지만, 타계정 대체거래는 적요 번호를 선택하여 입력한다.
• 채권·채무와 관련된 거래는 별도의 요구가 없는 한 반드시 기등록된 거래처코드를 선택하는 방법으로 거래처명을 입력한다.
• 제조경비는 500번대 계정코드를, 판매비와관리비는 800번대 계정코드를 사용한다.
• 회계처리 시 계정과목은 별도의 제시가 없는 한 등록된 계정과목 중 가장 적절한 과목으로 한다.

[1] 1월 22일   (주)한강물산에 제품을 8,000,000원에 판매하기로 계약하고, 판매대금 중 20%를
　　　　　　　당좌예금 계좌로 송금받았다. **3점**

[2] 3월 25일   거래처인 (주)동방불패의 파산으로 외상매출금 13,000,000원의 회수가 불가능
　　　　　　　해짐에 따라 대손처리하였다(대손 발생일 직전 외상매출금에 대한 대손충당금
　　　　　　　잔액은 4,000,000원이었으며, 부가가치세법상 대손세액공제는 고려하지 않는
　　　　　　　다). **3점**

[3] 6월 30일   업무용 승용자동차(5인승, 2,000cc)의 엔진 교체 후 대금 7,700,000원을 보통
　　　　　　　예금 계좌에서 지급하고 현금영수증을 수령하였다(단, 승용자동차의 엔진 교체는
　　　　　　　자본적지출에 해당한다). **3점**

[4] 7월 25일   이사회에서 2024년 07월 12일에 결의한 중간배당(현금배당 100,000,000원)인
　　　　　　　미지급배당금에 대하여 소득세 등 15.4%를 원천징수하고 보통예금 계좌에서 지
　　　　　　　급하였다(단, 관련 데이터를 조회하여 회계처리할 것). **3점**

[5] 11월 5일   액면가액 10,000,000원(3년 만기)인 사채를 10,850,000원에 할증발행하였으며,
　　　　　　　대금은 전액 보통예금 계좌로 입금되었다. **3점**

02 [매입매출전표입력] 메뉴를 이용하여 다음의 거래자료를 입력하시오. **15점**

⟨ 입력 시 유의사항 ⟩

- 일반적인 적요의 입력은 생략하지만, 타계정 대체거래는 적요 번호를 선택하여 입력한다.
- 채권·채무 관련 거래는 별도의 요구가 없는 한 반드시 기등록된 거래처코드를 선택하는 방법으로 거래처명을 입력한다.
- 제조경비는 500번대 계정코드를, 판매비와관리비는 800번대 계정코드를 사용한다.
- 회계처리 시 계정과목은 등록된 계정과목 중 가장 적절한 과목으로 한다.
- 입력화면 하단의 분개까지 처리하고, 세금계산서 및 계산서는 전자 여부를 입력하여 반영한다.

[1] 7월 18일   취득가액은 52,000,000원, 매각 당시 감가상각누계액은 38,000,000원인 공장
　　　　　　　에서 사용하던 기계장치를 (주)로라상사에 매각하고 아래와 같이 전자세금계산서
　　　　　　　를 발급하였다(당기의 감가상각비는 고려하지 말고 하나의 전표로 입력할 것).
　　　　　　　3점

전자세금계산서						승인번호		20240718-000023-123547		
공급자	등록번호	130-81-25029	종사업장 번호			공급받는자	등록번호	101-81-42001	종사업장 번호	
	상호(법인명)	(주)천부전자	성명	정지훈			상호(법인명)	(주)로라상사	성명	전소민
	사업장주소	인천시 남동구 간석로 7					사업장주소	경기 포천시 중앙로 8		
	업태	제조, 도소매	종목	전자제품			업태	제조업	종목	자동차부품
	이메일						이메일			

작성일자	공급가액	세액	수정사유	비고		
2024.07.18.	11,000,000	1,100,000	해당 없음			

월	일	품목	규격	수량	단가	공급가액	세액	비고
07	18	기계장치 매각				11,000,000	1,100,000	

합계금액	현금	수표	어음	외상미수금	위 금액을 (청구) 함
12,100,000				12,100,000	

[2] 7월 30일 영업부에 필요한 비품을 (주)소나무로부터 구입하고 법인 명의로 현금영수증을 발급받았다. 법인의 운영자금이 부족하여 대표자 개인 명의의 계좌에서 대금을 지급하였다(단, 가수금(대표자)으로 처리할 것). 3점

Hometax 국세청홈택스 **현금영수증**

• 거래정보

거래일시	2024년 7월 30일 13:40:14
승인번호	1234567
거래구분	승인거래
거래용도	지출증빙
발급수단번호	130-81-25029

• 거래금액

공급가액	부가세	봉사료	총 거래금액
600,000	60,000		660,000

• 가맹점 정보

상호	(주)소나무
사업자번호	222-81-12347
대표자명	박무늬
주소	서울특별시 강남구 압구정동 14

• 익일 홈택스에서 현금영수증 발급 여부를 반드시 확인하시기 바랍니다.
• 홈페이지 (http://www.hometax.go.kr)
 - 조회/발급 > 현금영수증 조회 > 사용내역(소득공제) 조회 > 매입내역
 (지출증빙) 조회
• 관련문의는 국세상담센터(☎126-1-1)

[3] 8월 31일   제2기 부가가치세 예정신고 시 누락한 제조부의 자재 창고 임차료에 대하여 아래와 같이 종이 세금계산서를 10월 30일에 수취하였다(단, 제2기 확정 부가가치세신고서에 자동 반영되도록 입력 및 설정할 것). **3점**

세금계산서(공급받는 자 보관용)														책번호		권		호	
														일련번호		-			

공급자	등록번호	1 1 3 - 5 5 - 6 1 4 4 8		공급받는자	등록번호	130-81-25029	
	상호(법인명)	오미순부동산	성명(대표자) 오미순		상호(법인명)	(주)천부전자	성명(대표자) 정지훈
	사업장 주소	경기도 부천시 신흥로 111			사업장 주소	인천시 남동구 간석로 7	
	업태	부동산업	종목 임대업		업태	제조 외	종목 전자제품

작성				공급가액												세액												비고
연	월	일	빈칸수	조	천	백	십	억	천	백	십	만	천	백	십	일	천	백	십	억	천	백	십	만	천	백	십	일	
24	08	31								1	5	0	0	0	0	0								1	5	0	0	0	0	0	

월	일	품목	규격	수량	단가	공급가액	세액	비고
08	31	자재창고 임차료				1,500,000원	150,000원	

합계금액	현금	수표	어음	외상미수금	이 금액을 청구 함
1,650,000원				1,650,000원	

[4] 9월 28일   제품의 제작에 필요한 원재료를 수입하면서 인천세관으로부터 아래의 수입전자세금계산서를 발급받고, 부가가치세는 보통예금 계좌에서 지급하였다(단, 재고자산에 대한 회계처리는 생략할 것). **3점**

수입전자세금계산서				승인번호	20240928-16565842-11125669	
세관명	등록번호	135-82-12512	종사업장번호	수입자	등록번호	130-81-25029	종사업장번호

세관명	등록번호	135-82-12512	종사업장번호		수입자	등록번호	130-81-25029	종사업장번호	
	상호(법인명)	인천세관	성명	김세관		상호(법인명)	(주)천부전자	성명	정지훈
	세관주소	인천광역시 미추홀구 항구로				사업장주소	인천시 남동구 간석로 7		
수입신고번호 또는 일괄발급기관(총건)						업태	제조,도소매	종목	전자제품

작성일자	과세표준	세액	수정사유	비고	
2024.09.28.	20,000,000	2,000,000	해당 없음		

월	일	품목	규격	수량	단가	공급가액	세액	비고
09	28	수입신고필증 참조				20,000,000	2,000,000	

| 합계금액 | 22,000,000 | | | | | | | |

[5] 9월 30일　영업부에서 거래처에 추석선물로 제공하기 위하여 (주)부천백화점에서 선물세트를 구입하고 아래의 전자세금계산서를 발급받았다. 대금 중 500,000원은 현금으로 결제하였으며, 잔액은 보통예금 계좌에서 지급하였다. **3점**

전자세금계산서					승인번호		20240930-100156-956214	
공급자	등록번호	130-81-01236	종사업장 번호		공급받는자	등록번호	130-81-25029	종사업장 번호	
	상호(법인명)	(주)부천백화점	성명	안부천		상호(법인명)	(주)천부전자	성명	정지홈
	사업장주소	경기도 부천시 길주로 280 (중동)				사업장주소	인천시 남동구 간석로 7		
	업태	소매	종목	잡화		업태	제조	종목	전자제품
	이메일					이메일			

작성일자	공급가액	세액	수정사유	비고
2024.09.30.	2,600,000	260,000	해당 없음	

월	일	품목	규격	수량	단가	공급가액	세액	비고
09	30	홍삼선물세트		10	260,000	2,600,000	260,000	

합계금액	현금	수표	어음	외상미수금	위 금액을 **(청구)** 함
2,860,000	2,860,000				

03 부가가치세 신고와 관련하여 다음 물음에 답하시오. **10점**

[1] 아래의 자료를 이용하여 2024년 제1기 부가가치세 확정신고기간의 [수출실적명세서]를 작성하시오(단, 거래처코드와 거래처명은 조회하여 불러올 것). **3점**

거래처	수출신고번호	선적일	환가일	통화	수출액	기준환율 선적일	기준환율 환가일
B&G	11133-77-100066X	2024.04.15.	2024.04.10.	USD	$80,000	1,350원/$	1,300원/$
PNP	22244-88-100077X	2024.05.30.	2024.06.07.	EUR	€52,000	1,400원/€	1,410원/€

[2] 다음의 자료만을 이용하여 2024년 제1기 부가가치세 확정신고기간(4월 1일~6월 30일)의 [부가가치세신고서]를 작성하시오(단, 기존에 입력된 자료 또는 불러온 자료는 무시하고, 부가가치세신고서 외의 부속서류 작성은 생략할 것). 5점

구분	자료
매출	1. 전자세금계산서 발급분 제품 매출액 : 200,000,000원(부가가치세 별도) 2. 신용카드로 결제한 제품 매출액 : 44,000,000원(부가가치세 포함) 3. 내국신용장에 의한 제품 매출액(영세율세금계산서 발급분) : 공급가액 40,000,000원 4. 수출신고필증 및 선하증권으로 확인된 수출액(직수출) : 5,000,000원(원화 환산액)
매입	1. 세금계산서 수취분 일반매입 : 공급가액 120,000,000원, 세액 12,000,000원 2. 세금계산서 수취분 9인승 업무용 차량 매입 : 공급가액 30,000,000원, 세액 3,000,000원 ※ 위 1번의 일반매입분과 별개이다. 3. 법인신용카드매출전표 수취분 중 공제 대상 일반매입 : 공급가액 10,000,000원, 세액 1,000,000원 4. 제1기 예정신고 시 누락된 세금계산서 매입 : 공급가액 20,000,000원, 세액 2,000,000원
비고	1. 제1기 예정신고 시 미환급세액은 1,000,000원이라고 가정한다. 2. 전자신고세액공제는 고려하지 않도록 한다.

[3] 다음의 자료를 이용하여 2024년 제1기 부가가치세 예정신고기간(1월 1일~3월 31일)의 [부가가치세신고서] 및 관련 부속서류를 전자신고하시오. 2점

1. 부가가치세신고서와 관련 부속서류는 마감되어 있다.
2. [전자신고] → [국세청 홈택스 전자신고변환(교육용)] 순으로 진행한다.
3. [전자신고]의 [전자신고제작] 탭에서 신고인구분은 2.납세자 자진신고를 선택하고, 비밀번호는 "12341234"로 입력한다.
4. [국세청 홈택스 전자신고변환(교육용)] → 전자파일변환(변환대상파일선택) → 찾아보기 에서 전자신고용 전자파일을 선택한다.
5. 전자신고용 전자파일 저장경로는 로컬디스크(C:)이며, 파일명은 "enc작성연월일.101.v사업자등록번호"이다.
6. 형식검증하기 ➡ 형식검증결과확인 ➡ 내용검증하기 ➡ 내용검증결과확인 ➡ 전자파일제출 을 순서대로 클릭한다.
7. 최종적으로 전자파일 제출하기 를 완료한다.

04 **결산정리사항은 다음과 같다. 관련 메뉴를 이용하여 결산을 완료하시오.** 15점

[1] 기말 재고조사 결과 자산으로 처리하였던 영업부의 소모품 일부(장부가액 : 250,000원)가 제조부의 소모품비로 사용되었음을 확인하였다. 3점

[2] 기말 재무상태표의 단기차입금 중에는 당기에 발생한 (주)유성에 대한 외화차입금 26,000,000원이 포함되어 있다. 발생일 현재 기준환율은 1,300원/$이고, 기말 현재 기준환율은 1,400원/$이다. 3점

[3] 대출금에 대한 이자지급일은 매월 16일이다. 당해연도분 미지급비용을 인식하는 회계처리를 하시오(단, 거래처 입력은 하지 않을 것). 3점

> 대출 적용금리는 변동금리로 은행에 문의한 결과 2024년 12월 16일부터 2025년 1월 15일까지의 기간에 대하여 지급되어야 할 이자는 총 5,000,000원이며, 이 중 2024년도 12월 31일까지에 대한 발생이자는 2,550,000원이었다.

[4] 기존에 입력된 데이터는 무시하고 제2기 확정신고기간의 부가가치세와 관련된 내용이 다음과 같다고 가정한다. 12월 31일 부가세예수금과 부가세대급금을 정리하는 회계처리를 하시오. 단, 납부세액(또는 환급세액)은 미지급세금(또는 미수금)으로, 경감세액은 잡이익으로, 가산세는 세금과공과(판)로 회계처리한다. 3점

> - 부가세대급금 12,400,000원
> - 전자신고세액공제액 10,000원
> - 부가세예수금 240,000원
> - 세금계산서지연발급가산세 24,000원

[5] 당기분 법인세가 27,800,000원(법인지방소득세 포함)으로 확정되었다. 회사는 법인세 중간예납세액과 이자소득원천징수세액의 합계액 11,000,000원을 선납세금으로 계상하고 있었다. 3점

05 2024년 귀속 원천징수자료와 관련하여 다음의 물음에 답하시오. 15점

[1] 다음은 자재부 사원 김경민(사번 : 101)의 부양가족 자료이다. 부양가족은 모두 생계를 함께 하고 있으며 세부담 최소화를 위해 가능하면 김경민이 모두 공제받고자 한다. [사원등록] 메뉴의 [부양가족명세]를 작성하시오(단, 기본공제대상자가 아닌 경우에는 입력하지 말 것). 5점

성명	관계	주민등록번호	동거 여부	비고
김경민	본인	660213-1234564	세대주	총급여 : 50,000,000원
정혜미	배우자	640415-2215673	동거	퇴직소득금액 100만원
김경희	동생	710115-2157892	동거	일용근로소득 550만원, 장애인(장애인복지법)
김경우	부친	410122-1789542	주거형편상 별거	이자소득 2천만원
박순란	모친	410228-2156774	주거형편상 별거	소득없음
정지원	처남	700717-1333453	동거	양도소득금액 100만원, 장애인(중증환자)
김기정	아들	961111-1123453	주거형편상 별거	취업준비생, 일용근로소득 500만원
김지은	딸	041230-4156877	동거	사업소득금액 100만원

[2] 다음은 진도준(사번 : 15, 입사일 : 2024.01.02.) 사원의 2024년 귀속 연말정산 관련 자료이다. [연말정산추가자료입력]의 [부양가족(보험료, 교육비)] 탭, [신용카드] 탭, [의료비] 탭, [연금저축] 탭을 작성하고, [연말정산입력] 탭에서 연말정산을 완료하시오(단, 근로자 본인의 세부담이 최소화되도록 한다). 10점

1. 가족사항(모두 동거하며, 생계를 같이한다. 아래 제시된 자료 외의 다른 소득은 없다.)

관계	성명	주민등록번호	소득	비고
본인	진도준	781030-1224110	총급여 8,000만원	세대주
어머니	박정희	500511-2148715	종합과세금융소득 2,400만원	
배우자	김선영	810115-2347235	분리과세 선택 기타소득 300만원	
아들	진도진	150131-3165617	소득 없음	초등학생
아들	진시진	180121-3165112	소득 없음	유치원생

※ 기본공제대상자가 아닌 경우 기본공제 "부"로 입력할 것

2. 연말정산 자료

※ 아래의 자료는 국세청 홈택스 및 기타 증빙을 통해 확인된 것으로, 별도의 언급이 없는 한 국세청 홈택스 연말정산간소화서비스에서 조회된 자료이다.

구분	내용
보험료	• 진도준 보장성보험료 : 2,200,000원 • 진도진 보장성보험료 : 480,000원 • 진시진 보장성보험료 : 456,000원
교육비	• 진도준 대학원 수업료 : 8,000,000원 • 박정희 사이버대학 수업료 : 2,050,000원 • 진도진 영어보습학원비 : 2,640,000원 • 진도진 태권도학원비 : 1,800,000원 • 진시진 축구교실학원비 : 1,200,000원 (진시진의 축구교실학원비는 국세청 홈택스 연말정산간소화서비스에서 조회한 자료가 아니며, 교육비세액공제 요건을 충족하지 못하는 것으로 확인되었다.)
의료비	• 진도준 질병 치료비 : 3,000,000원(진도준 신용카드 결제) • 진도준 시력보정용 렌즈 구입비용 : 600,000원(1건, 진도준 신용카드 결제) 　 – 구입처 : 렌즈모아(사업자등록번호 105-68-23521) 　 – 의료비증빙코드 : 기타영수증 • 박정희 질병 치료비 : 3,250,000원(진도준 신용카드 결제) 　 – 보험업법에 따른 보험회사에서 실손의료보험금 2,000,000원 수령
신용카드 등 사용액	• 진도준 신용카드 사용액 : 32,000,000원(전통시장 사용분 2,000,000원 포함) • 진도준 현금영수증 사용액 : 3,200,000원(전통시장 사용분 200,000원 포함) • 진도준 체크카드 사용액 : 2,382,000원(대중교통 사용분 182,000원 포함) • 진도준 신용카드 사용액은 의료비 지출액이 모두 포함된 금액이다. • 제시된 내용 외 전통시장/대중교통/도서 등 사용분은 없다.
기타	• 진도준 연금저축계좌 납입액 : 2,400,000원(2024년도 납입분) 　 – 삼성생명보험(주) 계좌번호 : 153-05274-72339

05 | 전산세무 2급 108회 기출문제 (이론 + 실무)

✦ 이론시험 ✦

※ 다음 문제를 보고 알맞은 것을 골라 이론문제 답안작성 메뉴에 입력하시오.
(객관식 문항당 2점)

――――〈 기본전제 〉――――

문제에서 한국채택국제회계기준을 적용하도록 하는 전제조건이 없는 경우, 일반기업회계기준을 적용한다.

01 다음 중 회계정책, 회계추정의 변경 및 오류에 대한 설명으로 틀린 것은?

① 회계추정 변경의 효과는 당해 회계연도 개시일부터 적용한다.
② 변경된 새로운 회계정책은 원칙적으로 전진적으로 적용한다.
③ 매기 동일한 회계추정을 사용하면 비교가능성이 증대되어 재무제표의 유용성이 향상된다.
④ 매기 동일한 회계정책을 사용하면 비교가능성이 증대되어 재무제표의 유용성이 향상된다.

02 다음 중 주식배당에 대한 설명으로 가장 옳지 않은 것은?

① 주식발행 회사의 순자산은 변동이 없으며, 주주 입장에서는 주식 수 및 단가만 조정한다.
② 주식발행 회사의 입장에서는 배당결의일에 미처분이익잉여금이 감소한다.
③ 주식의 주당 액면가액이 증가한다.
④ 주식발행 회사의 자본금이 증가한다.

03 비용의 인식이란 비용이 귀속되는 보고기간을 결정하는 것을 말하며, 관련 수익과의 대응 여부에 따라 수익과 직접 대응, 합리적인 기간 배분, 당기에 즉시 인식의 세 가지 방법이 있다. 다음 중 비용인식의 성격이 나머지와 다른 하나는 무엇인가?

① 감가상각비   ② 급여
③ 광고선전비   ④ 기업업무추진비

04 다음 중 재무상태표와 손익계산서에 모두 영향을 미치는 오류에 해당하는 것은?

① 만기가 1년 이내에 도래하는 장기채무를 유동성대체하지 않은 경우
② 매출할인을 영업외비용으로 회계처리한 경우
③ 장기성매출채권을 매출채권으로 분류한 경우
④ 감가상각비를 과대계상한 경우

05 아래의 자료에서 기말재고자산에 포함해야 할 금액은 모두 얼마인가?

- 선적지인도조건으로 매입한 미착상품 1,000,000원
- 도착지인도조건으로 판매한 운송 중인 상품 3,000,000원
- 담보로 제공한 저당상품 5,000,000원
- 반품률을 합리적으로 추정가능한 상태로 판매한 상품 4,000,000원

① 4,000,000원   ② 8,000,000원
③ 9,000,000원   ④ 13,000,000원

06 제조부서에서 사용하는 비품의 감가상각비 700,000원을 판매부서의 감가상각비로 회계처리할 경우, 해당 오류가 당기손익에 미치는 영향으로 옳은 것은? (단, 당기에 생산한 제품은 모두 당기 판매되고, 기초 및 기말재공품은 없는 것으로 가정한다.)

① 제품매출원가가 700,000원만큼 과소계상된다.
② 매출총이익이 700,000원만큼 과소계상된다.
③ 영업이익이 700,000원만큼 과소계상된다.
④ 당기순이익이 700,000원만큼 과소계상된다.

07 다음의 (주)광명의 원가 관련 자료이다. 당기의 가공원가는 얼마인가?

- 직접재료 구입액 : 110,000원
- 직접노무원가 : 200,000원
- 직접재료 기말재고액 : 10,000원
- 고정제조간접원가 : 500,000원
- 변동제조간접원가는 직접노무원가의 3배이다.

① 900,000원   ② 1,100,000원
③ 1,300,000원   ④ 1,400,000원

08 다음의 자료에서 설명하는 원가행태의 예시로 가장 올바른 것은?

- 조업도가 '0'이라도 일정한 원가가 발생하고 조업도가 증가할수록 원가도 비례적으로 증가한다.
- 혼합원가(Mixed Costs)라고도 한다.

① 직접재료원가   ② 임차료
③ 수선비   ④ 전기요금

09 종합원가계산제도하의 다음 물량흐름 자료를 참고하여 ㉠과 ㉡의 차이를 구하면 얼마인가?

> • 재료원가는 공정 초에 전량 투입되며, 가공원가는 공정 전반에 걸쳐 균등하게 발생한다.
> • 기초재공품 : 300개(완성도 40%)
> • 기말재공품 : 200개(완성도 50%)
> • 당기착수량 : 700개
> • 당기완성품 : 800개
> • 평균법에 의한 가공원가의 완성품환산량은 (㉠)개이다.
> • 선입선출법에 의한 가공원가의 완성품환산량은 (㉡)개이다.

① 100개 ② 120개
③ 150개 ④ 200개

10 다음 중 공손 및 작업폐물의 회계처리에 대한 설명으로 틀린 것은?

① 정상적이면서 모든 작업에 공통되는 공손원가는 공손이 발생한 제조부문에 부과하여 제조간접원가의 배부과정을 통해 모든 작업에 배부되도록 한다.
② 비정상공손품의 제조원가가 80,000원이고, 처분가치가 10,000원이라면 다음과 같이 회계처리한다.

   (차) 공손품   10,000원
   　　 공손손실   70,000원
   (대) 재공품   80,000원

③ 작업폐물이 정상적이면서 모든 작업에 공통되는 경우에는 처분가치를 제조간접원가에서 차감한다.
④ 작업폐물이 비정상적인 경우에는 작업폐물의 매각가치를 제조간접원가에서 차감한다.

11 다음 중 부가가치세법에 따른 과세거래에 대한 설명으로 틀린 것은?

① 자기가 주요자재의 일부를 부담하는 가공계약에 따라 생산한 재화를 인도하는 것은 재화의 공급으로 본다.
② 사업자가 위탁가공을 위하여 원자재를 국외의 수탁가공 사업자에게 대가 없이 반출하는 것은 재화의 공급으로 보지 아니한다.
③ 주된 사업과 관련하여 용역의 제공 과정에서 필연적으로 생기는 재화의 공급은 주된 용역의 공급에 포함되는 것으로 본다.
④ 사업자가 특수관계인에게 사업용 부동산의 임대용역을 제공하는 것은 용역의 공급으로 본다.

12 다음 중 부가가치세법에 따른 신고와 납부에 대한 설명으로 틀린 것은?

① 모든 사업자는 예정신고기간의 과세표준과 납부세액을 관할 세무서장에게 신고해야 한다.
② 간이과세자에서 해당 과세기간 개시일 현재 일반과세자로 변경된 경우 예정고지가 면제된다.
③ 조기에 환급을 받기 위하여 신고한 사업자는 이미 신고한 과세표준과 납부한 납부세액 또는 환급받은 세액은 신고하지 아니한다.
④ 폐업하는 경우 폐업일이 속한 달의 다음 달 25일까지 과세표준과 세액을 신고해야 한다.

13 다음 중 세금계산서에 대한 설명으로 가장 올바르지 않은 것은?

① 소매업을 영위하는 사업자가 영수증을 발급한 경우, 상대방이 세금계산서를 요구할지라도 세금계산서를 발행할 수 없다.

② 세관장은 수입자에게 세금계산서를 발급하여야 한다.

③ 면세사업자도 재화를 공급하는 경우 계산서를 발급하여야 한다.

④ 매입자발행세금계산서 발급이 가능한 경우가 있다.

14 다음 중 소득세법상 비과세되는 근로소득이 아닌 것은?

① 근로자가 출장여비로 실제 소요된 비용을 별도로 지급받지 않고 본인 소유의 차량을 직접 운전하여 업무수행에 이용한 경우 지급하는 월 20만원 이내의 자가운전보조금

② 회사에서 현물식사를 제공하는 대신에 별도로 근로자에게 지급하는 월 20만원의 식대

③ 근로자가 6세 이하 자녀보육과 관련하여 받는 급여로서 월 20만원 이내의 금액

④ 대주주인 출자임원이 사택을 제공받음으로써 얻는 이익

15 소득세법상 다음 자료에 의한 소득만 있는 거주자의 2024년 귀속 종합소득금액은 모두 얼마인가?

> • 사업소득금액(도소매업)
>   : 25,000,000원
> • 사업소득금액(음식점업)
>   : △10,000,000원
> • 사업소득금액(비주거용 부동산임대업)
>   : △7,000,000원
> • 근로소득금액 : 13,000,000원
> • 양도소득금액 : 20,000,000원

① 21,000,000원   ② 28,000,000원

③ 41,000,000원   ④ 48,000,000원

⁂ **실무시험** ⁂

※ (주)세아산업(회사코드 : 1082)은 제조 및 도·소매업을 영위하는 중소기업으로, 당기(11기)
회계기간은 2024.1.1.~2024.12.31.이다. 전산세무회계 수험용 프로그램을 이용하여 다음 물음에 답하시오.

─────〈 기본전제 〉─────

• 문제에서 한국채택국제회계기준을 적용하도록 하는 전제조건이 없는 경우, 일반기업회계기준을 적용
하여 회계처리한다.
• 문제의 풀이와 답안작성은 제시된 문제의 순서대로 진행한다.

01 [일반전표입력] 메뉴를 이용하여 다음의 거래자료를 입력하시오. **15점**

─────〈 입력 시 유의사항 〉─────

• 일반적인 적요의 입력은 생략하지만, 타계정 대체거래는 적요 번호를 선택하여 입력한다.
• 채권·채무와 관련된 거래는 별도의 요구가 없는 한 반드시 기등록된 거래처코드를 선택하는
방법으로 거래처명을 입력한다.
• 제조경비는 500번대 계정코드를, 판매비와관리비는 800번대 계정코드를 사용한다.
• 회계처리 시 계정과목은 별도의 제시가 없는 한 등록된 계정과목 중 가장 적절한 과목으로 한다.

[1] 2월 11일 영업부의 거래처 직원인 최민영의 자녀 돌잔치 축의금으로 100,000원을 보통예금
계좌에서 이체하였다. **3점**

[2] 3월 31일 제조공장의 직원을 위해 확정기여형(DC) 퇴직연금에 가입하고 당월분 납입액
2,700,000원을 보통예금 계좌에서 퇴직연금 계좌로 이체하였다. **3점**

[3] 5월 30일 당사는 유상증자를 통해 보통주 5,000주를 주당 4,000원(주당 액면가액 5,000
원)에 발행하고, 증자대금은 보통예금 계좌로 입금되었다. 유상증자일 현재 주식
발행초과금 잔액은 2,000,000원이다. **3점**

[4] 7월 10일 래인상사(주)로부터 제품 판매대금으로 수령한 3개월 만기 약속어음 20,000,000
원을 하나은행에 할인하고, 할인수수료 550,000원을 차감한 잔액이 보통예금
계좌로 입금되었다(단, 차입거래로 회계처리할 것). **3점**

[5] 12월 13일 당사의 거래처인 (주)서울로부터 기계장치를 무상으로 받았다. 동 기계장치의 공
정가치는 3,800,000원이다. **3점**

02 [매입매출전표입력] 메뉴를 이용하여 다음의 거래자료를 입력하시오. `15점`

─〈 입력 시 유의사항 〉─

• 일반적인 적요의 입력은 생략하지만, 타계정 대체거래는 적요 번호를 선택하여 입력한다.
• 채권·채무 관련 거래는 별도의 요구가 없는 한 반드시 기등록된 거래처코드를 선택하는 방법으로 거래처명을 입력한다.
• 제조경비는 500번대 계정코드를, 판매비와관리비는 800번대 계정코드를 사용한다.
• 회계처리 시 계정과목은 등록된 계정과목 중 가장 적절한 과목으로 한다.
• 입력화면 하단의 분개까지 처리하고, 세금계산서 및 계산서는 전자 여부를 입력하여 반영한다.

[1] 10월 8일 수출업체인 (주)상상에 구매확인서에 의하여 제품을 10,000,000원에 판매하고, 영세율전자세금계산서를 발급하였다. 판매대금은 당월 20일에 지급받는 것으로 하였다(단, 서류번호의 입력은 생략한다). `3점`

[2] 10월 14일 제조공장에서 사용하는 화물용 트럭의 접촉 사고로 인해 파손된 부분을 안녕정비소에서 수리하고, 1,650,000원(부가가치세 포함)을 법인카드((주)순양카드)로 결제하였다. 단, 지출비용은 차량유지비 계정을 사용한다. `3점`

```
             카드매출전표
───────────────────────────
카드종류 : (주)순양카드
회원번호 : 2224-1222-****-1347
거래일시 : 2024.10.14. 22:05:16
거래유형 : 신용승인
매    출 : 1,500,000원
부 가 세 : 150,000원
합    계 : 1,650,000원
결제방법 : 일시불
승인번호 : 71999995
은행확인 : 하나은행
───────────────────────────
가맹점명 : 안녕정비소
      - 이 하 생 략 -
```

[3] 11월 3일 (주)바이머신에서 10월 1일에 구입한 기계장치에 하자가 있어 반품하고 아래와 같이 수정세금계산서를 발급받았으며 대금은 전액 미지급금과 상계처리하였다 (단, 분개는 음수(-)로 회계처리할 것). 3점

수정전자세금계산서						승인번호		20241103-00054021-00000086		
공급자	등록번호	105-81-72040		종사업장번호		공급받는자	등록번호	202-81-03655	종사업장번호	
	상호(법인명)	(주)바이머신	성명		한만군		상호(법인명)	(주)세아산업	성명	오세아
	사업장주소	경북 칠곡군 석적읍 강변대로 220					사업장주소	서울시 동대문구 겸재로 16		
	업태	도소매	종목	기타 기계 및 장비			업태	제조, 도소매	종목	컴퓨터부품
	이메일						이메일			
작성일자		공급가액		세액		수정사유		비고		
2024-11-03		-30,000,000원		-3,000,000원		재화의 환입		당초 작성일자(20241001), 당초 승인번호		
월	일	품목		규격	수량	단가	공급가액		세액	비고
11	03	기계장치					-30,000,000원		-3,00,000원	
합계금액		현금		수표		어음		외상미수금		이 금액을 (청구)함
-33,000,000원								-33,000,000원		

[4] 11월 11일 빼빼로데이를 맞아 당사의 영업부 직원들에게 선물하기 위해 미리 주문하였던 초콜릿을 (주)사탕으로부터 인도받았다. 대금 2,200,000원(부가가치세 포함) 중 200,000원은 10월 4일 계약금으로 지급하였으며, 나머지 금액은 보통예금 계좌에서 지급하고 아래의 전자세금계산서를 수취하였다. 3점

전자세금계산서						승인번호		20241111-15454645-58811886		
공급자	등록번호	178-81-12341		종사업장번호		공급받는자	등록번호	202-81-03655	종사업장번호	
	상호(법인명)	(주)사탕	성명		박사랑		상호(법인명)	(주)세아산업	성명	오세아
	사업장주소	서울특별시 동작구 여의대방로 28					사업장주소	서울시 동대문구 겸재로 16		
	업태	소매업	종목	과자류			업태	제조, 도소매	종목	컴퓨터부품
	이메일						이메일			
작성일자		공급가액		세액		수정사유		비고		
2024-11-11		2,000,000원		200,000원		해당 없음		계약금 200,000원 수령(2024년 10월 4일)		
월	일	품목		규격	수량	단가	공급가액		세액	비고
11	11	힘내라 초콜렛 외				2,000,000원	2,000,000원		200,000원	
합계금액		현금		수표		어음		외상미수금		이 금액을 (청구)함
2,200,000원		200,000						2,000,000원		

[5] 12월 28일 비사업자인 개인 소비자에게 사무실에서 사용하던 비품(취득원가 1,200,000원, 감가상각누계액 960,000원)을 275,000원(부가가치세 포함)에 판매하고, 대금은 보통예금 계좌로 받았다(별도의 세금계산서나 현금영수증을 발급하지 않았으며, 거래처 입력은 생략한다). **3점**

03 부가가치세신고와 관련하여 다음 물음에 답하시오. **10점**

[1] 다음은 2024년 제2기 부가가치세 예정신고기간의 신용카드 매출 및 매입자료이다. 아래 자료를 이용하여 [신용카드매출전표등발행금액집계표]와 [신용카드매출전표등수령명세서(갑)]을 작성하시오(단, 매입처는 모두 일반과세자이다). **4점**

1. 신용카드 매출

거래일자	거래내용	공급가액	부가가치세	합계	비고
7월 17일	제품매출	4,000,000원	400,000원	4,400,000원	전자세금계산서를 발급하고 신용카드로 결제받은 3,300,000원이 포함되어 있다.
8월 21일	제품매출	3,000,000원	300,000원	3,300,000원	
9월 30일	제품매출	2,000,000원	200,000원	2,200,000원	

2. 신용카드 매입

거래일자	상호	사업자번호	공급가액	부가가치세	비고
7월 11일	(주)가람	772-81-10112	70,000원	7,000원	사무실 문구구입 –법인(신한)카드 사용
8월 15일	(주)기쁨	331-80-62014	50,000원	5,000원	거래처 선물구입 –법인(신한)카드 사용
9월 27일	자금성	211-03-54223	10,000원	1,000원	직원 간식구입 – 직원 개인카드 사용

※ 법인(신한)카드 번호 : 7777-9999-7777-9999, 직원 개인카드 번호 : 3333-5555-3333-5555

[2] 다음의 자료를 이용하여 2024년 제1기 부가가치세 확정신고기간(2024년 4월~2024년 6월)에 대한 [대손세액공제신고서]를 작성하시오. **4점**

- 대손이 발생된 매출채권은 아래와 같다.

공급일자	거래상대방	계정과목	공급대가	비고
2024.01.05.	정성(주)	외상매출금	11,000,000원	부도발생일(2024.03.31.)
2023.09.01.	수성(주)	받을어음	7,700,000원	부도발생일(2023.11.01.)
2021.05.10.	금성(주)	외상매출금	5,500,000원	상법상 소멸시효 완성(2024.05.10.)
2023.01.15.	우강상사	단기대여금	2,200,000원	자금 차입자의 사망(2024.06.25.)

- 전기에 대손세액공제(사유 : 전자어음부도, 당초공급일 : 2023.01.05, 대손확정일자 : 2023.10.01.)를 받았던 매출채권(공급대가 : 5,500,000원, 매출처 : 비담(주), 111-81-33339)의 50%를 2024.05.10.에 회수하였다.

[3] 당 법인의 2024년 제1기 예정신고기간의 부가가치세신고서를 작성 및 마감하여 부가가치세 전자신고를 수행하시오. **2점**

1. 부가가치세신고서와 관련 부속서류는 마감되어 있다.
2. [전자신고] → [국세청 홈택스 전자신고변환(교육용)] 순으로 진행한다.
3. 전자신고용 전자파일 제작 시 신고인 구분은 2.납세자 자진신고로 선택하고, 비밀번호는 "12341234"로 입력한다.
4. 전자신고용 전자파일 저장경로는 로컬디스크(C:)이며, 파일명은 "enc작성연월일.101. v2028103655"이다.
5. 최종적으로 국세청 홈택스에서 [전자파일 제출하기]를 완료한다.

04 다음 결산자료를 입력하여 결산을 완료하시오. 15점

[1] 2024년 6월 1일에 제조공장에 대한 화재보험료(보험기간 : 2024.06.01.~2025.05.31.) 3,000,000원을 전액 납입하고 즉시 비용으로 회계처리하였다(단, 음수(-)로 회계처리하지 말고, 월할계산할 것). 3점

[2] 보통예금(우리은행)의 잔액이 (-)7,200,000원으로 계상되어 있어 거래처원장을 확인해보니 마이너스통장으로 확인되었다. 3점

[3] 다음은 기말 현재 보유하고 있는 매도가능증권(투자자산)의 내역이다. 이를 반영하여 매도가능증권의 기말평가에 대한 회계처리를 하시오. 3점

회사명	2023년 취득가액	2023년 기말 공정가액	2024년 기말 공정가액
(주)대박	159,000,000원	158,500,000원	135,000,000원

[4] 결산일 현재 외상매출금 잔액과 미수금 잔액에 대해서만 1%의 대손충당금(기타채권 제외)을 보충법으로 설정하고 있다. 3점

[5] 기말 현재 보유 중인 감가상각 대상 자산은 다음과 같다. 3점

- 계정과목 : 특허권
- 내용연수 : 7년
- 상각방법 : 정액법
- 취득원가 : 4,550,000원
- 취득일자 : 2022.04.01.

05 2024년 귀속 원천징수자료와 관련하여 다음의 물음에 답하시오. 15점

[1] 다음은 영업부 최철수 과장(사원코드 : 101)의 3월과 4월의 급여자료이다. 3월과 4월의 [급여자료입력]과 [원천징수이행상황신고서]를 작성하시오(단, 원천징수이행상황신고서는 각각 작성할 것). 5점

1. 회사 사정으로 인해 3월과 4월 급여는 2024년 4월 30일에 일괄 지급되었다.
2. 수당 및 공제항목은 불러온 자료는 무시하고, 아래 자료에 따라 입력하되 사용하지 않는 항목은 "부"로 등록한다.
3. 급여자료

구분	3월	4월	비고
기본급	2,800,000원	3,000,000원	
식대	100,000원	200,000원	현물식사를 별도로 제공하고 있다.
지급총액	2,900,000원	3,200,000원	
국민연금	135,000원	135,000원	
건강보험	104,850원	115,330원	
장기요양보험	13,570원	14,930원	
고용보험	23,200원	25,600원	
건강보험료정산	-	125,760원	공제소득유형 : 5.건강보험료정산
장기요양보험정산	-	15,480원	공제소득유형 : 6.장기요양보험정산
소득세	65,360원	91,460원	
지방소득세	6,530원	9,140원	
공제총액	348,510원	532,700원	
차인지급액	2,551,490원	2,667,300원	

[2] 신영식 사원(사번 : 102, 입사일 : 2024년 05월 01일)의 2024년 귀속 연말정산과 관련된 자료는 다음과 같다. 아래의 자료를 이용하여 [연말정산추가자료입력] 메뉴의 [소득명세] 탭, [부양가족] 탭, [의료비] 탭, [기부금] 탭, [연금저축 등 I] 탭, [연말정산입력] 탭을 작성하여 연말정산을 완료하시오. 단, 신영식은 무주택 세대주로 부양가족이 없으며, 근로소득 이외에 다른 소득은 없다. **10점**

현근무지	• 급여총액 : 24,800,000원(비과세 급여, 상여, 감면소득 없음) • 소득세 기납부세액 : 747,200원(지방소득세 : 74,720원) • 이외 소득명세 탭의 자료는 불러오기 금액을 반영한다.
전(前)근무지 근로소득 원천징수 영수증	• 근무처 : (주)진우상사(사업자번호 : 258-81-84442) • 근무기간 : 2024.01.01.~2024.04.20. • 급여총액 : 20,000,000원(비과세 급여, 상여, 감면소득 없음) • 건강보험료 : 419,300원 • 장기요양보험료 : 51,440원 • 고용보험료 : 108,000원 • 국민연금 : 540,000원 • 소득세 결정세액 : 200,000원(지방소득세 결정세액 : 20,000원)

2024년도 연말정산자료

※ 안경구입비를 제외한 연말정산 자료는 모두 국세청 홈택스 연말정산간소화서비스 자료임

항목	내용
보험료 (본인)	• 일반 보장성 보험료 : 2,000,000원 • 저축성 보험료 : 1,500,000원 ※ 계약자와 피보험자 모두 본인이다.
교육비(본인)	• 대학원 교육비 : 7,000,000원
의료비 (본인)	• 질병 치료비 : 3,000,000원 　(본인 현금 결제, 실손의료보험금 1,000,000원 수령) • 시력보정용 안경 구입비 : 800,000원 　(안경원에서 의료비공제용 영수증 수령) • 미용 목적 피부과 시술비 : 1,000,000원 • 건강증진을 위한 한약 : 500,000원
기부금 (본인)	• 종교단체 금전 기부금 : 1,200,000원 • 사회복지공동모금회 금전 기부금 : 2,000,000원 ※ 지급처(기부처) 상호 및 사업자번호 입력은 생략한다.
개인연금저축 (본인)	• 개인연금저축 납입금액 : 2,000,000원 • KEB 하나은행, 계좌번호 : 253-660750-73308

06 | 전산세무 2급 107회 기출문제 (이론 + 실무)

✛ 이론시험 ✛

※ 다음 문제를 보고 알맞은 것을 골라 이론문제 답안작성 메뉴에 입력하시오.
(객관식 문항당 2점)

─── 〈 기본전제 〉 ───

문제에서 한국채택국제회계기준을 적용하도록 하는 전제조건이 없는 경우, 일반기업회계기준을 적용한다.

01 다음 중 재고자산의 취득원가에 포함되지 않는 것은?

① 부동산매매업자가 부동산(재고자산)을 취득하기 위하여 지출한 취득세
② 컴퓨터를 수입하여 판매하는 소매업자가 컴퓨터를 수입하기 위하여 지출한 하역료
③ 가전제품 판매업자가 가전제품을 홍보하기 위하여 지출한 광고비
④ 제품 제조과정에서 발생하는 직접재료원가

02 다음 중 아래 자료의 거래로 변동이 있는 자본 항목끼리 바르게 짝지어진 것은?

(주)한국은 자기주식 300주(주당 액면금액 500원)를 주당 600원에 취득하여 200주는 주당 500원에 매각하고, 나머지 100주는 소각하였다. (주)한국의 자기주식 취득 전 자본 항목은 자본금뿐이다.

① 자본금, 자본잉여금
② 자본잉여금, 자본조정
③ 자본금, 자본조정
④ 자본조정, 기타포괄손익누계액

03 아래의 자료를 이용하여 2024년 매도가능증권처분손익을 구하면 얼마인가?

> • 2023년 03월 01일 : 매도가능증권 1,000주를 주당 7,000원에 취득하였다.
> • 2023년 12월 31일 : 매도가능증권 1,000주에 대하여 기말 공정가치로 평가하고, 매도가능증권평가이익 2,000,000원을 인식하였다.
> • 2024년 03월 01일 : 매도가능증권 100주를 주당 6,000원에 처분하였다.
> • 위 거래 이외에 매도가능증권 관련 다른 거래는 없었다.

① 매도가능증권처분이익 100,000원
② 매도가능증권처분손실 100,000원
③ 매도가능증권처분이익 200,000원
④ 매도가능증권처분손실 200,000원

04 다음 중 충당부채에 대한 설명으로 가장 옳지 않은 것은?

① 충당부채의 명목금액과 현재가치의 차이가 중요한 경우에는 의무를 이행하기 위해 예상되는 지출액의 미래가치로 평가한다.
② 충당부채는 최초의 인식시점에서 의도한 목적과 용도로만 사용해야 한다.
③ 충당부채로 인식하기 위해서는 과거 거래의 결과로 현재 의무가 존재하여야 하고, 그 의무를 이행하기 위해 자원이 유출될 가능성이 매우 높아야 한다.
④ 충당부채로 인식하는 금액은 현재의무를 이행하는데 소요되는 지출에 대한 보고기간 말 현재 최선의 추정치여야 한다.

05 2024년 12월 31일 (주)순양은 영업부가 사용하던 승합자동차를 중고차 매매 중개사이트를 이용하여 8,000,000원에 처분하고, 중고차 매매 중개사이트의 중개수수료 150,000원을 차감한 후 7,850,000원을 지급받았다. 다음은 처분한 승합자동차 관련 자료로 아래의 감가상각방법에 의하여 감가상각하였다. 아래의 자료를 이용하여 계산한 유형자산처분손익은 얼마인가?

구분	승합자동차
사용부서	영업부
취득가액	15,000,000원
잔존가액	0원
취득일	2023.01.01.
감가상각방법	정액법
내용연수	5년

① 유형자산처분이익 1,000,000원
② 유형자산처분이익 850,000원
③ 유형자산처분손실 1,000,000원
④ 유형자산처분손실 1,150,000원

06 다음 중 손익계산서에서 확인할 수 있는 항목을 고르시오.

① 당기원재료사용액
② 제조간접원가사용액
③ 당기제품제조원가
④ 기말재공품재고액

07 다음 중 변동원가에 대한 설명으로 옳지 않은 것은?

① 조업도가 증가하면 단위당 변동원가도 증가한다.

② 조업도가 감소하면 총변동원가도 감소한다.

③ 직접재료원가는 대표적인 변동원가이다.

④ 일반적으로 단위당 변동원가에 조업도를 곱하여 총변동원가를 계산한다.

08 다음 중 종합원가계산의 특징으로 가장 옳은 것은?

① 직접원가와 간접원가로 나누어 계산한다.

② 단일 종류의 제품을 연속적으로 대량 생산하는 경우에 적용한다.

③ 고객의 주문이나 고객이 원하는 형태의 제품을 생산할 때 사용되는 방법이다.

④ 제조간접원가는 원가대상에 직접 추적할 수 없으므로 배부기준을 정하여 배부율을 계산하여야 한다.

09 다음 자료를 이용하여 직접노무원가를 계산하면 얼마인가?

• 직접원가(기초원가)	400,000원
• 가공원가	500,000원
• 당기총제조원가	800,000원

① 100,000원   ② 200,000원

③ 300,000원   ④ 400,000원

10 각 부문의 용역수수관계와 원가 발생액이 다음과 같을 때, 단계배분법(가공부문의 원가부터 배분)에 따라 보조부문 원가를 제조부문에 배분한 후 3라인에 집계되는 제조원가를 구하시오.

소비 부문 제공 부문	보조부문		제조부문	
	가공 부문	연마 부문	3라인	5라인
가공부문	–	50%	30%	20%
연마부문	20%	–	35%	45%
발생원가	400,000 원	200,000 원	500,000 원	600,000 원

① 690,000원   ② 707,500원

③ 760,000원   ④ 795,000원

11 다음 중 부가가치세법상 신용카드매출전표 등 발급에 대한 세액공제에 관한 설명으로 틀린 것은?

① 법인사업자와 직전 연도의 재화 또는 용역의 공급가액의 합계액이 사업장별로 10억원을 초과하는 개인사업자는 적용 대상에서 제외한다.

② 신용카드매출전표 등 발급에 대한 세액공제금액은 각 과세기간마다 500만원을 한도로 한다.

③ 공제대상 사업자가 현금영수증을 발급한 금액에 대해서도 신용카드매출전표 등 발급에 대한 세액공제를 적용한다.

④ 신용카드매출전표 등 발급에 대한 세액공제금액이 납부할 세액을 초과하면 그 초과하는 부분은 없는 것으로 본다.

12 다음은 일반과세자인 (주)한성의 2024년 제1기 매출 관련 자료이다. 부가가치세 매출세액은 얼마인가?

> • 총매출액 : 20,000,000원
> • 매출에누리액 : 3,000,000원
> • 판매장려금 : 1,500,000원

① 150,000원   ② 300,000원
③ 1,550,000원   ④ 1,700,000원

13 다음 중 부가가치세법상 의제매입세액공제에 대한 설명으로 옳은 것은?

① 법인 음식점은 의제매입세액공제를 받을 수 없다.
② 간이과세자는 의제매입세액공제를 받을 수 없다.
③ 면세농산물 등을 사용한 날이 속하는 예정신고 또는 확정신고 시 공제한다.
④ 일반과세자인 음식점은 농어민으로부터 정규증빙 없이 농산물 등을 구입한 경우에도 공제받을 수 있다.

14 주어진 자료에 의하여 아래의 일용근로자의 근로소득에 대하여 원천징수할 세액은 얼마인가?

> • 근로소득 일당 200,000원 × 4일
> = 800,000원
> • 근로소득공제 1일 150,000원
> • 근로소득세액공제 근로소득에 대한 산출세액의 100분의 55

① 48,000원   ② 39,000원
③ 12,000원   ④ 5,400원

15 다음은 기업업무추진비에 관한 설명이다. 아래의 빈칸에 각각 들어갈 금액으로 올바르게 짝지어진 것은?

> 사업자가 한 차례의 접대에 지출한 기업업무추진비 중 경조금의 경우 (가), 그 외의 경우 (나)을 초과하는 적격증빙 미수취 기업업무추진비는 각 과세기간의 소득금액을 계산할 때 필요경비에 산입하지 아니한다.

	가	나
①	100,000원	10,000원
②	100,000원	30,000원
③	200,000원	10,000원
④	200,000원	30,000원

❖ 실무시험 ❖

※ (주)파쇄상회(회사코드 : 1072)는 제조 및 도·소매업을 영위하는 중소기업으로, 당기(13기) 회계기간은 2024.1.1.~2024.12.31.이다. 전산세무회계 수험용 프로그램을 이용하여 다음 물음에 답하시오.

───────────〈 기본전제 〉───────────

• 문제에서 한국채택국제회계기준을 적용하도록 하는 전제조건이 없는 경우, 일반기업회계기준을 적용하여 회계처리한다.
• 문제의 풀이와 답안작성은 제시된 문제의 순서대로 진행한다.

01 [일반전표입력] 메뉴를 이용하여 다음의 거래자료를 입력하시오. **15점**

───────────〈 입력 시 유의사항 〉───────────

• 일반적인 적요의 입력은 생략하지만, 타계정 대체거래는 적요 번호를 선택하여 입력한다.
• 채권·채무와 관련된 거래는 별도의 요구가 없는 한 반드시 기등록된 거래처코드를 선택하는 방법으로 거래처명을 입력한다.
• 제조경비는 500번대 계정코드를, 판매비와관리비는 800번대 계정코드를 사용한다.
• 회계처리 시 계정과목은 별도의 제시가 없는 한 등록된 계정과목 중 가장 적절한 과목으로 한다.

[1] 1월 31일 (주)오늘물산의 1월 31일 현재 외상매출금 잔액이 전부 보통예금 계좌로 입금되었다(단, 거래처원장을 조회하여 입력할 것). **3점**

[2] 3월 15일 정기주주총회에서 주식배당 10,000,000원, 현금배당 20,000,000원을 실시하기로 결의하였다(단, 이월이익잉여금(코드번호 0375) 계정을 사용하고, 현금배당의 10%를 이익준비금으로 적립한다). **3점**

[3] 4월 21일 외상매출금으로 계상한 해외 매출처인 CTEK의 외화 외상매출금 $23,000 전액을 회수와 동시에 즉시 원화로 환가하여 보통예금 계좌에 입금하였다. 환율은 다음과 같다. **3점**

• 2024년 01월 03일 선적일(외상매출금 인식 시점) 적용 환율 : 1,280원/$
• 2024년 04월 21일 환가일(외상매출금 입금 시점) 적용 환율 : 1,220원/$

[4] 8월 5일 단기매매차익을 얻을 목적으로 보유하고 있는 (주)망고의 주식 100주를 1주당 10,000원에 처분하고 대금은 수수료 등 10,000원을 차감한 금액이 보통예금 계좌로 입금되었다(단, (주)망고의 주식 1주당 취득원가는 5,000원이다). **3점**

[5] 9월 2일   사무실을 임차하기 위하여 (주)헤리움과 08월 02일에 체결한 임대차계약의 보증금 잔액을 보통예금 계좌에서 이체하여 지급하였다. 다음은 임대차계약서의 일부이다. **3점**

부동산임대차계약서

제1조 위 부동산의 임대차계약에 있어 임차인은 보증금 및 차임을 아래와 같이 지불하기로 한다.

보증금	일금	일천만원정	(₩ 10,000,000)
계약금	일금	일백만원정	(₩ 1,000,000)은 계약 시에 지불하고 영수함.
잔금	일금	구백만원정	(₩ 9,000,000)은 2024년 09월 02일에 지불한다.

02 [매입매출전표입력] 메뉴를 이용하여 다음의 거래자료를 입력하시오. **15점**

─〈 입력 시 유의사항 〉─

- 일반적인 적요의 입력은 생략하지만, 타계정 대체거래는 적요 번호를 선택하여 입력한다.
- 채권·채무 관련 거래는 별도의 요구가 없는 한 반드시 기등록된 거래처코드를 선택하는 방법으로 거래처명을 입력한다.
- 제조경비는 500번대 계정코드를, 판매비와관리비는 800번대 계정코드를 사용한다.
- 회계처리 시 계정과목은 등록된 계정과목 중 가장 적절한 과목으로 한다.
- 입력화면 하단의 분개까지 처리하고, 세금계산서 및 계산서는 전자 여부를 입력하여 반영한다.

[1] 1월 15일   회사 사옥을 신축하기 위해 취득한 토지의 중개수수료에 대하여 부동산중개법인으로부터 아래의 전자세금계산서를 수취하였다. **3점**

전자세금계산서				승인번호		20240115-10454645-53811338	
공급자	등록번호	211-81-41992	종사업장번호	공급받는자	등록번호	301-81-59626	종사업장번호
	상호(법인명)	(주)동산	성명 오미진		상호(법인명)	(주)파쇄상회	성명 이미숙
	사업장주소	서울시 금천구 시흥대로 198-11			사업장주소	서울시 영등포구 선유동1로 1	
	업태	서비스	종목 부동산중개		업태	제조 외	종목 전자제품
	이메일	ds114@naver.com			이메일	jjsy77@naver.com	

작성일자	공급가액	세액	수정사유	비고		
2024-01-15	10,000,000원	1,000,000원	해당 없음			

월	일	품목	규격	수량	단가	공급가액	세액	비고
01	15	토지 중개수수료				10,000,000원	1,000,000원	

합계금액	현금	수표	어음	외상미수금	이 금액을 (청구)함
11,000,000원				11,000,000원	

[2] 3월 30일 외국인(비사업자)에게 제품을 110,000원(부가가치세 포함)에 판매하고 대금은 현금으로 수령하였다(단, 구매자는 현금영수증을 요청하지 않았으나 당사는 현금영수증 의무발행사업자로서 적절하게 현금영수증을 발행하였다). **3점**

[3] 7월 20일 (주)굳딜과 제품 판매계약을 체결하고 판매대금 16,500,000원(부가가치세 포함)을 보통예금 계좌로 입금받은 후 전자세금계산서를 발급하였다. 계약서상 해당 제품의 인도일은 다음 달 15일이다. **3점**

전자세금계산서					승인번호		20240720-000023-123547		
공급자	등록번호	301-81-59626	종사업장 번호		공급받는자	등록번호	101-81-42001	종사업장 번호	
	상호(법인명)	(주)파쇄상회	성명	이미숙		상호(법인명)	(주)굳딜	성명	전소민
	사업장주소	서울시 영등포구 선유동1로 1				사업장주소	경기 포천시 중앙로 8		
	업태	제조 외	종목	전자제품		업태	제조업	종목	자동차부품
	이메일	jjsy77@naver.com				이메일			
작성일자		공급가액		세액	수정사유		비고		
2024-07-20		15,000,000원		1,500,000원	해당 없음				
월	일	품목	규격	수량	단가	공급가액	세액		비고
07	20	제품 선수금				1,500,000원	150,000원		
합계금액		현금	수표		어음		외상미수금		이 금액을 (청구)함
16,500,000원		16,500,000원							

[4] 8월 20일 미국에 소재한 해외 매출거래처인 몽키에게 제품을 5,000,000원에 직수출하고 판매대금은 3개월 후에 받기로 하였다(단, 수출신고번호 입력은 생략한다). **3점**

[5] 9월 12일 다음은 영업부 사무실의 임대인으로부터 받은 전자세금계산서이다. 단, 세금계산서상에 기재된 품목별 계정과목으로 각각 회계처리하시오. **3점**

전자세금계산서					승인번호		20240912-31000013-44346111	
공급자	등록번호	130-55-08114	종사업장 번호		공급받는자	등록번호	301-81-59626	종사업장 번호
	상호(법인명)	미래부동산	성명	편미선		상호(법인명)	(주)파쇄상회	성명	이미숙
	사업장주소	경기도 부천시 길주로 1				사업장주소	서울시 영등포구 선유동1로 1	
	업태	부동산업	종목	부동산임대		업태	제조 외	종목	전자제품
	이메일	futureland@estate.com				이메일	jjsy77@naver.com	

작성일자	공급가액	세액	수정사유	비고
2024-09-12	2,800,000원	280,000원	해당 없음	

월	일	품목	규격	수량	단가	공급가액	세액	비고
09	12	임차료				2,500,000원	250,000원	
09	12	건물관리비				300,000원	30,000원	

합계금액	현금	수표	어음	외상미수금	이 금액을 (청구)함
3,080,000원				3,080,000원	

02 부가가치세신고와 관련하여 다음 물음에 답하시오. **10점**

[1] 아래 자료만을 이용하여 2024년 제1기 부가가치세 확정신고기간(04.01.~06.30.)의 [부가가치세신고서]를 작성하시오(단, 기존에 입력된 자료 또는 불러온 자료는 무시하고, 부가가치세신고서 외의 부속서류 작성은 생략할 것). **6점**

매출자료	• 전자세금계산서 발급분 과세 매출액 : 600,000,000원(부가가치세 별도) • 신용카드매출전표 발급분 과세 매출액 : 66,000,000원(부가가치세 포함) • 현금영수증 발급분 과세 매출액 : 3,300,000원(부가가치세 포함) • 중국 직수출액 : 400,000위안

일자별 환율	4월 10일 : 수출신고일	4월 15일 : 선적일	4월 20일 : 환가일
	180원/위안	170원/위안	160원/위안

매출자료	• 대손세액공제 요건을 충족한 소멸시효 완성 외상매출금 : 11,000,000원(부가가치세 포함)
매입자료	• 세금계산서 수취분 매입액(일반매입) : 공급가액 400,000,000원, 세액 40,000,000원 　- 이 중 접대 물품 관련 매입액(공급가액 8,000,000원, 세액 800,000원)이 포함되어 있으며, 나머지는 과세 재고자산의 구입액이다. • 정상적으로 수취한 종이세금계산서 예정신고 누락분 : 공급가액 5,000,000원, 부가가치세 500,000원
기타자료	• 매출자료 중 전자세금계산서 지연발급분 : 공급가액 23,000,000원, 세액 2,300,000원 • 부가가치세 신고는 신고기한 내에 당사가 직접 국세청 홈택스에서 전자신고한다. • 세부담 최소화를 가정한다.

[2] 다음 자료를 이용하여 제2기 확정신고기간의 [공제받지못할매입세액명세서](「공제받지못할
매입세액 내역」 및 「공통매입세액의정산내역」)를 작성하시오(단, 불러온 자료는 무시하고
직접 입력할 것). **4점**

1. 매출 공급가액에 관한 자료

구분	과세사업	면세사업	합계
07월~12월	450,000,000원	150,000,000원	600,000,000원

2. 매입세액(세금계산서 수취분)에 관한 자료

구분	① 과세사업 관련			② 면세사업 관련		
	공급가액	매입세액	매수	공급가액	매입세액	매수
10월~12월	225,000,000원	22,500,000원	11매	50,000,000원	5,000,000원	3매

3. 제2기(07.01.~12.31.) 총공통매입세액 : 15,000,000원
4. 제2기 예정신고 시 공통매입세액 중 불공제매입세액 : 250,000원

04 다음 결산자료를 입력하여 결산을 완료하시오. **15점**

[1] 2022년 7월 1일에 개설한 푸른은행의 정기예금 100,000,000원의 만기일이 2025년 6월
30일에 도래한다. **3점**

[2] 2024년 4월 1일 우리(주)에게 70,000,000원을 대여하고 이자는 2025년 3월 31일 수령하
기로 하였다(단, 약정이자율은 연 6%, 월할 계산할 것). **3점**

[3] 당기 중 현금 시재가 부족하여 현금과부족으로 처리했던 623,000원을 결산일에 확인한 결과
내용은 다음과 같다(단, 하나의 전표로 입력하고, 항목별로 적절한 계정과목을 선택할 것).
3점

내용	금액
불우이웃돕기 성금	500,000원
생산부에서 발생한 운반비(간이영수증 수령)	23,000원
영업부 거래처 직원의 결혼 축의금	100,000원

[4] 결산일 현재 재고자산을 실사 평가한 결과는 다음과 같다. 기말재고자산 관련 결산분개를
하시오(단, 각 기말재고자산의 시가와 취득원가는 동일한 것으로 가정한다). **3점**

구분	취득단가	장부상 기말재고	실사한 기말재고	수량 차이 원인
원재료	1,500원	6,500개	6,200개	정상감모
제품	15,500원	350개	350개	
상품	10,000원	1,500개	1,000개	비정상감모

[5] 당사는 기말 현재 보유 중인 외상매출금, 받을어음, 단기대여금의 잔액(기타 채권의 잔액은 제외)에 대해서만 1%의 대손충당금을 보충법으로 설정하고 있다(단, 원 단위 미만은 절사한다). **3점**

05 2024년 귀속 원천징수자료와 관련하여 다음의 물음에 답하시오. **15점**

[1] 다음은 생산직 근로자인 이현민(사번 : 105)의 3월분 급여 관련 자료이다. 아래 자료를 이용하여 3월분 [급여자료입력]과 [원천징수이행상황신고서]를 작성하시오(단, 전월미환급세액은 420,000원이다). **5점**

1. 유의사항
   - 수당등록 및 공제항목은 불러온 자료는 무시하고 아래 자료에 따라 입력하며, 사용하는 수당 및 공제 이외의 항목은 "부"로 체크하고, 월정액 여부와 정기·부정기 여부는 무시한다.
   - 원천징수이행상황신고서는 매월 작성하며, 이현민의 급여 내역만 반영하고 환급신청은 하지 않는다.
2. 급여명세서 및 급여 관련 자료

2024년 3월 급여명세서

(주)파쇄상회

이름	이현민	지급일	2024.03.31.
기본급	2,600,000원	소득세	10,230원
상여	600,000원	지방소득세	1,020원
식대	100,000원	국민연금	126,000원
자가운전보조금	200,000원	건강보험	98,270원
야간근로수당	200,000원	장기요양보험	12,580원
월차수당	300,000원	고용보험	29,600원
급여합계	4,000,000원	공제합계	277,700원
귀하의 노고에 감사드립니다.		차인지급액	3,722,300원

- 식대 : 당 회사는 현물 식사를 별도로 제공하지 않는다.

- 자가운전보조금 : 직원 본인 명의의 차량을 소유하고 있고, 그 차량을 업무수행에 이용하는 경우에 자가운전보조금을 지급하고 있으며, 별도의 시내교통비 등을 정산하여 지급하지 않는다.
- 야간근로수당 : 생산직 근로자가 받는 시간외근무수당으로서 이현민 사원의 기본급은 매월 동일한 것으로 가정한다.

[2] 다음은 강희찬(사번 : 500) 사원의 2024년 귀속 연말정산 관련 자료이다. 아래의 자료를 이용하여 [연말정산추가자료입력] 메뉴의 [부양가족](인별 보험료 및 교육비 포함) 탭을 수정하고, [신용카드 등] 탭, [의료비] 탭, [기부금] 탭을 작성하여 연말정산을 완료하시오. **10점**

1. 가족사항

관계	성명	나이	소득	비고
본인	강희찬	40세	총급여액 6,000만원	세대주
배우자	송은영	42세	양도소득금액 500만원	
아들	강민호	9세	소득 없음	첫째, 2024년에 입양 신고함
동생	강성찬	37세	소득 없음	장애인복지법에 따른 장애인

2. 연말정산 자료 : 다음은 근로자 본인이 결제하거나 지출한 금액으로서 모두 국세청 홈택스 연말정산간소화서비스에서 수집한 자료이다.

구분	내용
신용카드등 사용액	• 본인 : 신용카드 20,000,000원 　－ 재직 중인 (주)파쇄상회의 비용을 본인 신용카드로 결제한 금액 1,000,000원, 자녀 미술학원비 1,200,000원, 대중교통이용액 500,000원이 포함되어 있다. • 아들 : 현금영수증 700,000원 　－ 자녀의 질병 치료목적 한약구입비용 300,000원, 대중교통이용액 100,000원이 포함되어 있다.
보험료	• 본인 : 생명보험료 2,400,000원(보장성 보험임) • 동생 : 장애인전용보장성보험료 1,700,000원
의료비	• 본인 : 2,700,000원(시력보정용 안경 구입비 600,000원 포함) • 배우자 : 2,500,000원(전액 난임시술비에 해당함) • 아들 : 1,200,000원(현금영수증 수취분 질병 치료목적 한약구입비용 300,000원 포함) • 동생 : 3,100,000원(전액 질병 치료목적으로 지출한 의료비에 해당함)
교육비	• 아들 : 초등학교 수업료 500,000원, 미술학원비 1,200,000원(본인 신용카드 사용분에 포함)
기부금	• 본인 : 종교단체 기부금 1,200,000원(모두 당해연도 지출액임)

3. 근로자 본인의 세부담이 최소화되도록 하고, 제시된 가족들은 모두 생계를 같이하는 동거가족이다.

07 | 전산세무 2급 106회 기출문제 (이론 + 실무)

÷ 이론시험 ÷

※ 다음 문제를 보고 알맞은 것을 골라 이론문제 답안작성 메뉴에 입력하시오.
(객관식 문항당 2점)

〈 기본전제 〉

문제에서 한국채택국제회계기준을 적용하도록 하는 전제조건이 없는 경우, 일반기업회계기준을 적용한다.

01 다음 중 재무제표 작성과 표시에 대한 설명으로 틀린 것은?

① 자산과 부채는 1년을 기준으로 하여 유동자산 또는 비유동자산, 유동부채 또는 비유동부채로 구분하는 것을 원칙으로 한다.

② 중요하지 않은 항목이라도 성격이나 기능이 유사한 항목과 통합하여 표시할 수 없다.

③ 자산과 부채는 유동성이 높은 항목부터 배열하는 것을 원칙으로 한다.

④ 자본은 자본금, 자본잉여금, 자본조정, 기타포괄손익누계액, 이익잉여금(또는 결손금)으로 분류된다.

02 다음 중 현금및현금성자산으로 분류되는 것은?

① 사용 제한 기간이 1년 이내인 보통예금

② 취득 당시 만기가 1년 이내에 도래하는 금융상품

③ 당좌차월

④ 3개월 이내 환매 조건을 가진 환매채

03 다음 자료를 이용하여 유동부채에 포함될 금액을 구하면 얼마인가?

• 외상매입금	100,000,000원
• 선수금	5,000,000원
• 미지급금	3,000,000원
• 퇴직급여충당부채	500,000,000원
• 사채	50,000,000원

① 655,000,000원 ② 158,000,000원
③ 108,000,000원 ④ 58,000,000원

04 다음 중 유가증권에 대한 설명으로 틀린 것은?

① 단기매매증권에 대한 미실현보유손익은 기타포괄손익누계액으로 처리한다.

② 단기매매증권이 시장성을 상실한 경우에는 매도가능증권으로 분류하여야 한다.

③ 매도가능증권에 대한 미실현보유손익은 기타포괄손익누계액으로 처리한다.

④ 만기가 확정된 채무증권으로서 상환금액이 확정되었거나 확정이 가능한 채무증권을 만기까지 보유할 적극적인 의도와 능력이 있는 경우에는 만기보유증권으로 분류한다.

05 다음 중 자본에 영향을 미치는 거래에 해당하지 않는 것은?

① 보통주 500주를 1주당 500,000원에 신규발행하여 증자하였다.

② 정기주주총회에서 현금배당 1,000,000원을 지급하는 것으로 결의하였다.

③ 영업부에서 사용할 비품을 1,500,000원에 구입하고 대금은 현금으로 지급하였다.

④ 직원들에게 연말 상여금 2,000,000원을 현금으로 지급하였다.

06 다음 중 원가 집계과정에 대한 설명으로 틀린 것은?

① 당기제품제조원가(당기완성품원가)는 재공품 계정의 차변으로 대체된다.

② 당기총제조원가는 재공품 계정의 차변으로 대체된다.

③ 당기제품제조원가(당기완성품원가)는 제품 계정의 차변으로 대체된다.

④ 제품매출원가는 매출원가 계정의 차변으로 대체된다.

07 다음 중 의사결정과의 관련성에 따른 원가에 대한 설명으로 틀린 것은?

① 매몰원가 : 과거의 의사결정으로 이미 발생한 원가로서 어떤 의사결정을 하더라도 회수할 수 없는 원가

② 기회원가 : 자원을 현재 용도 이외에 다른 용도로 사용했을 경우 얻을 수 있는 최대 금액

③ 관련원가 : 의사결정 대안 간에 차이가 나는 원가로 의사결정에 영향을 주는 원가

④ 회피불능원가 : 어떤 의사결정을 하더라도 절약할 수 있는 원가

08 다음의 그래프가 나타내는 원가에 대한 설명으로 가장 옳은 것은?

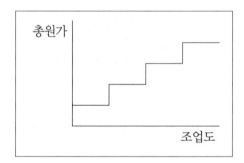

① 변동원가와 고정원가가 혼합된 원가이므로 혼합원가(Mixed Costs)라고도 한다.

② 일정한 범위의 조업도 내에서는 총원가가 일정하지만 조업도 구간이 달라지면 총액(총원가)이 달라진다.

③ 대표적인 예로는 전기요금, 수도요금 등이 있다.

④ 조업도의 변동과 관계없이 일정하게 발생하는 고정원가와 조업도의 변동에 따라 비례하여 발생하는 변동원가의 두 가지 요소를 모두 가지고 있다.

09 (주)한양은 직접노무시간을 기준으로 제조간접원가를 예정배부하고 있다. 제조간접원가예산 총액은 3,000,000원이며, 예정 직접노무시간과 실제 직접노무시간은 30,000시간으로 동일하다. 제조간접원가 100,000원 과소배부되었을 경우 실제 제조간접원가 발생액은 얼마인가?

① 2,900,000원   ② 3,000,000원
③ 3,100,000원   ④ 3,200,000원

10 다음은 제조회사인 (주)가림의 원가 관련 자료이다. 아래의 자료를 바탕으로 구한 평균법에 의한 완성품 단위당 제조원가는 얼마인가? 단, 모든 제조원가는 공정 전반에 걸쳐 균등하게 투입된다.

- 기초재공품원가 :
  직접재료원가 500,000원,
  가공원가 : 500,000원
- 당기제조원가 :
  직접재료원가 7,000,000원,
  가공원가 : 6,000,000원
- 완성품수량 : 5,000개
- 기말재공품수량 : 2,500개(완성도 80%)

① 1,500원   ② 1,700원
③ 1,800원   ④ 2,000원

11 다음 중 우리나라의 부가가치세법에 대한 설명으로 옳은 것은?

> 가. 우리나라 부가가치세는 간접세이다.
> 나. 우리나라 부가가치세는 생산지국 과세원칙을 적용하고 있다.
> 다. 우리나라 부가가치세는 지방세이다.
> 라. 우리나라 부가가치세는 전단계거래액공제법이다.

① 가   ② 가, 나
③ 가, 다   ④ 가, 라

12 다음 중 부가가치세법상 납세지에 대한 설명으로 틀린 것은? 단, 예외 사항은 없는 것으로 한다.

① 광업 : 광업사무소의 소재지
② 제조업 : 최종제품을 완성하는 장소
③ 부동산임대업 : 사업에 관한 업무를 총괄하는 장소
④ 법인 건설업 : 법인의 등기부상 소재지

13 다음 중 소득세법상 기본원칙에 대한 설명으로 가장 옳지 않은 것은?

① 종합소득은 원칙적으로 종합과세하고, 퇴직소득과 양도소득은 분류과세한다.
② 사업소득이 있는 거주자의 종합소득세 납세지는 사업장의 소재지로 한다.
③ 소득세의 과세기간은 1월 1일부터 12월 31일까지를 원칙으로 한다.
④ 종합소득세 산출세액 계산 시 종합소득과세표준에 따라 6%~45%의 누진세율이 적용된다.

14 소득세법상 아래의 자료에 의한 소득만 있는 거주자의 종합소득금액을 계산하면 얼마인가? 단, 이월결손금은 전년도의 부동산임대업을 제외한 사업소득에서 발생한 금액이다.

> • 부동산임대 이외의 사업소득금액 : 35,000,000원
> • 부동산(상가)임대 사업소득금액 : 15,000,000원
> • 이월결손금 : 50,000,000원

① 10,000,000원 ② 35,000,000원
③ 60,000,000원 ④ 80,000,000원

15 다음 중 소득세법에서 규정하고 있는 원천징수세율이 가장 낮은 소득은 무엇인가?

① 복권당첨소득 중 3억원 초과분
② 비실명 이자소득
③ 이자소득 중 비영업대금이익
④ 일용근로자의 근로소득

✣ 실무시험 ✣

※ 수원산업(주)(회사코드 : 1062)는 제조 및 도 · 소매업을 영위하는 중소기업으로, 당기(제11기) 회계기간은 2024.1.1.~2024.12.31.이다. 전산세무회계 수험용 프로그램을 이용하여 다음 물음에 답하시오.

─〈 기본전제 〉─

• 문제에서 한국채택국제회계기준을 적용하도록 하는 전제조건이 없는 경우, 일반기업회계기준을 적용하여 회계처리한다.
• 문제의 풀이와 답안작성은 제시된 문제의 순서대로 진행한다.

01 [일반전표입력] 메뉴를 이용하여 다음의 거래자료를 입력하시오. **15점**

─〈 입력 시 유의사항 〉─

• 일반적인 적요의 입력은 생략하지만, 타계정 대체거래는 적요 번호를 선택하여 입력한다.
• 채권 · 채무와 관련된 거래는 별도의 요구가 없는 한 반드시 기등록된 거래처코드를 선택하는 방법으로 거래처명을 입력한다.
• 제조경비는 500번대 계정코드를, 판매비와관리비는 800번대 계정코드를 사용한다.
• 회계처리 시 계정과목은 별도의 제시가 없는 한 등록된 계정과목 중 가장 적절한 과목으로 한다.

[1] 3월 20일 회사는 보유하고 있던 자기주식 300주(1주당 15,000원에 취득)를 모두 17,000원에 처분하고 대금은 보통예금 계좌로 수령하였다(단, 처분일 현재 자기주식처분손익 잔액을 조회하여 반영할 것). **3점**

[2] 3월 31일 액면가액 100,000,000원(5년 만기)인 사채를 102,000,000원에 발행하였으며, 대금은 전액 보통예금 계좌로 받았다. **3점**

[3] 4월 30일 다음은 4월 급여내역으로서 급여 지급일은 4월 30일이며, 보통예금 계좌에서 지급하였다(단, 하나의 전표로 처리할 것). **3점**

부서	성명	총급여	소득세 등 공제합계	차감지급액
영업부	박유미	2,400,000원	258,290원	2,141,710원
제조부	이옥섭	2,100,000원	205,940원	1,894,060원
합계		4,500,000원	464,230원	4,035,770원

[4] 5월 13일 (주)진아로부터 외상매출금 50,000,000원을 조기 회수함에 따른 제품매출할인액(할인율 1%)을 차감한 나머지 금액을 보통예금 계좌로 입금받았다(단, 부가가치세는 고려하지 말 것).

[5] 8월 25일 2024년 제1기 확정신고기간의 부가가치세 미납세액 5,000,000원(미지급세금으로 처리함)과 납부지연가산세 200,000원을 법인카드(국민카드)로 납부하였다. 국세 카드납부대행수수료는 결제금액의 2%가 부과된다. 단, 미지급 카드 대금은 미지급금, 가산세는 세금과공과(판), 카드수수료는 수수료비용(판)으로 처리하고, 하나의 전표로 회계처리하시오. **3점**

02 [매입매출전표입력] 메뉴를 이용하여 다음의 거래자료를 입력하시오. **15점**

─── ⟨ 입력 시 유의사항 ⟩ ───

- 일반적인 적요의 입력은 생략하지만, 타계정 대체거래는 적요 번호를 선택하여 입력한다.
- 채권·채무 관련 거래는 별도의 요구가 없는 한 반드시 기등록된 거래처코드를 선택하는 방법으로 거래처명을 입력한다.
- 제조경비는 500번대 계정코드를, 판매비와관리비는 800번대 계정코드를 사용한다.
- 회계처리 시 계정과목은 등록된 계정과목 중 가장 적절한 과목으로 한다.
- 입력화면 하단의 분개까지 처리하고, 세금계산서 및 계산서는 전자 여부를 입력하여 반영한다.

[1] 1월 23일 전기에 당사가 (주)유진물산에 외상으로 판매한 제품(공급가액 5,000,000원, 세액 500,000원)에 관한 공급계약이 해제되어 현행 부가가치세법에 따라 아래와 같은 수정전자세금계산서를 발급하였다. **3점**

수정전자세금계산서						승인번호		20240123-15454645-58811886		
공급자	등록번호	602-81-48930		종사업장번호		공급받는자	등록번호	150-81-21411	종사업장번호	
	상호(법인명)	수원산업(주)	성명		이준영		상호(법인명)	(주)유진물산	성명	최유진
	사업장주소	경기도 수원시 장안구 파장천로44번길 30					사업장주소	서울시 서초구 명달로 105		
	업태	제조 외	종목	컴퓨터 및 주변장치 외			업태	도소매	종목	전자제품
	이메일						이메일			

작성일자	공급가액	세액	수정사유	비고
2024-01-23	-5,000,000원	-500,000원	계약해제	

월	일	품목	규격	수량	단가	공급가액	세액	비고
1	23	제품				-5,000,000원	-500,000원	

합계금액	현금	수표	어음	외상미수금	이 금액을 (영수, 청구)함
-5,500,000원				-5,500,000원	

[2] 2월 1일 업무용으로 사용할 목적으로 거래처 (주)기대로부터 업무용승용차(990cc)를 중고로 구입하였다. 대금은 한 달 후에 지급하기로 하고, 다음의 종이세금계산서를 발급받았다. **3점**

세금계산서(공급받는 자 보관용)							책번호		권		호	
							일련번호			-		
공급자	등록번호	1 0 6 - 8 1 - 5 6 3 1 1				공급받는자	등록번호	602 - 81 - 48930				
	상호(법인명)	(주)기대	성명(대표자)		정현우		상호(법인명)	수원산업(주)	성명(대표자)			이준영
	사업장 주소	경기도 성남시 중원구 성남대로 99					사업장 주소	경기도 수원시 장안구 파장천로44번길 30				
	업태	제조, 도소매	종목	전자제품			업태	도소매	종목			컴퓨터 외

작성			공급가액														세액											비고
연	월	일	빈칸수	조	천	백	십	억	천	백	십	만	천	백	십	일	천	백	십	억	천	백	십	만	천	백	십	일
24	02	01					1	0	0	0	0	0	0	0					1	0	0	0	0	0	0		

월	일	품목	규격	수량	단가	공급가액	세액	비고
02	01	승용차				10,000,000원	1,000,000원	

합계금액	현금	수표	어음	외상미수금	이 금액을 청구 함
11,000,000원				11,000,000원	

[3] 3월 24일 정상적인 구매확인서에 의하여 수출업체인 (주)상도무역에 제품을 납품하고 다음의 영세율 전자세금계산서를 발급하였다. 대금은 다음 달에 지급받기로 하였다(단, 서류번호 입력은 생략할 것). **3점**

전자세금계산서

승인번호	20240324-15454645-58811886

공급자	등록번호	602-81-48930	종사업장 번호		공급받는자	등록번호	130-81-55668	종사업장 번호	
	상호(법인명)	수원산업(주)	성명	이준영		상호(법인명)	(주)상도무역	성명	김영수
	사업장주소	경기도 수원시 장안구 파장천로44번길 30				사업장주소	서울시 서초구 강남대로 253		
	업태	제조 외	종목	컴퓨터 및 주변장치 외		업태	도소매, 무역	종목	전자제품
	이메일					이메일			

작성일자	공급가액	세액	수정사유	비고
2024-03-24	30,000,000원	0원	해당 없음	구매확인서

월	일	품목	규격	수량	단가	공급가액	세액	비고
3	24	제품	SET	10	3,000,000원	30,000,000원	0원	

합계금액	현금	수표	어음	외상미수금	이 금액을 (청구)함
30,000,000원				30,000,000원	

[4] 4월 1일 판매한 제품을 배송하기 위하여 (주)장수운송(일반과세자)에 운반비를 현금으로 지급하고 현금영수증(지출증빙용)을 발급받았다. **3점**

Hometax 국세청홈택스 **현금영수증**

- **거래정보**

거래일시	2024-04-01 13:06:22
승인번호	G00260107
거래구분	승인거래
거래용도	지출증빙
발급수단번호	602-81-48930

- **거래금액**

공급가액	부가세	봉사료	총 거래금액
500,000	50,000	0	550,000

- **가맹점 정보**

상호	(주)장수운송
사업자번호	114-81-80641
대표자명	남재안
주소	서울시 송파구 문정동 101-2

- 익일 홈택스에서 현금영수증 발급 여부를 반드시 확인하시기 바랍니다.
- 홈페이지 (http://www.hometax.go.kr)
  - 조회/발급 > 현금영수증 조회 > 사용내역(소득공제) 조회 > 매입내역(지출증빙) 조회
- 관련문의는 국세상담센터(☎126-1-1)

[5] 5월 20일 생산부 직원들이 온리푸드에서 회식을 하고 식사비용 495,000원(부가가치세 포함)을 법인카드인 국민카드로 결제하였다(단, 카드매입에 대한 부가가치세 매입세액 공제요건은 충족하며, 미결제 카드대금은 미지급금으로 처리할 것). **3점**

03 부가가치세신고와 관련하여 다음 물음에 답하시오. **10점**

[1] 다음 자료를 바탕으로 제2기 확정신고기간(2024.10.01.~2024.12.31.)의 부동산임대공급가액명세서를 작성하시오(단, 간주임대료에 대한 정기예금 이자율은 3.5%로 가정한다). **2점**

동수	층수	호수	면적(㎡)	용도	임대기간	보증금(원)	월세(원)	관리비(원)
1	2	201	120	사무실	2022.12.01.~2024.11.30.	30,000,000	1,700,000	300,000
					2024.12.01.~2026.11.30.	50,000,000	1,700,000	300,000

- 위 사무실은 세무법인 우람(101-86-73232)에게 2022.12.01. 최초로 임대를 개시하였으며, 2년 경과 후 계약기간이 만료되어 2024.12.01. 임대차계약을 갱신하면서 보증금만 인상하기로 하였다.
- 월세와 관리비에 대해서는 정상적으로 세금계산서를 발급하였으며, 간주임대료에 대한 부가가치세는 임대인이 부담하고 있다.

[2] 다음의 자료만을 이용하여 2024년 제2기 확정신고기간(10월 1일~12월 31일)의 [부가가치세신고서]를 직접 입력하여 작성하시오(부가가치세신고서 외의 기타 부속서류의 작성은 생략하며, 불러온 데이터 값은 무시하고 새로 입력할 것). **6점**

매출자료	• 전자세금계산서 매출액 : 공급가액 250,000,000원, 세액 25,000,000원 　– 영세율 매출은 없음 • 신용카드 매출액 : 공급가액 30,000,000원, 세액 3,000,000원 　– 신용카드 매출액은 전자세금계산서 발급분(공급가액 10,000,000원, 세액 1,000,000원)이 포함되어 있음
매입자료	• 전자세금계산서 매입액 : 공급가액 180,000,000원, 세액 18,000,000원 　– 전자세금계산서 매입액은 업무용승용차(5인승, 2,000cc) 매입액(공급가액 30,000,000원, 세액 3,000,000원)이 포함되어 있으며, 나머지는 원재료 매입액임 • 신용카드 매입액 : 공급가액 25,000,000원, 세액 2,500,000원 　– 전액 직원 복리후생 관련 매입액임
예정신고 누락분	• 전자세금계산서 과세 매출액 : 공급가액 20,000,000원, 세액 2,000,000원 　– 부당과소신고에 해당하지 않음
기타	• 예정신고 누락분은 확정신고 시 반영하기로 한다. • 2024년 제2기 예정신고 시 당초 납부기한은 2024.10.25.이며, 2024년 제2기 확정신고 및 납부일은 2025.01.25.이다. • 국세청 홈택스를 통해 전자신고하고 전자신고세액공제를 받기로 한다. • 전자세금계산서의 발급 및 전송은 정상적으로 이뤄졌다.

[3] 다음의 자료를 이용하여 2024년 제2기 부가가치세 예정신고기간(7월~9월)의 [부가가치세 신고서]와 관련 부속서류를 전자신고하시오. **2점**

1. 부가가치세신고서와 관련 부속서류는 마감되어 있다.
2. [전자신고] → [국세청 홈택스 전자신고변환(교육용)] 순으로 진행한다.
3. 전자신고용 전자파일 제작 시 신고인 구분은 2.납세자 자진신고로 선택하고, 비밀번호는 "12341234"로 입력한다.
4. 전자신고용 전자파일 저장경로는 로컬디스크(C:)이며, 파일명은 "enc작성연월일.101.v602 8148930"이다.
5. 최종적으로 국세청 홈택스에서 [전자파일 제출하기]를 완료한다.

04 다음 결산자료를 입력하여 결산을 완료하시오. **15점**

[1] 영업부가 7월에 구입한 소모품 800,000원 중 결산일까지 미사용한 소모품은 500,000원이다. 당사는 소모품 구입 시 전액 자산으로 계상하였다(단, 자산에 대한 계정과목은 소모품을 사용할 것). **3점**

[2] 전기에 하나은행에서 차입한 $10,000가 당기 결산일 현재 외화장기차입금으로 남아 있으며, 일자별 기준환율은 다음과 같다. **3점**

- 차입일 현재 환율 : 1,500원/$
- 당기말 현재 환율 : 1,545원/$
- 전기말 현재 환율 : 1,575원/$

[3] 일반기업회계기준에 따라 2024년말 현재 보유 중인 매도가능증권(2023년 중 취득)에 대하여 결산일 회계처리를 하시오(단, 매도가능증권은 비유동자산으로 가정함). **3점**

주식명	주식수	1주당 취득원가	2023년말 1주당 공정가치	2024년말 1주당 공정가치
(주)세모전자	100주	2,000원	3,300원	3,000원

[4] 매출채권(외상매출금, 받을어음) 잔액에 대하여 대손율 1%의 대손충당금을 보충법으로 설정하시오. **3점**

[5] 기말 현재 당기분 법인세(지방소득세 포함)는 20,000,000원으로 산출되었다. 단, 당기분 법인세 중간예납세액 8,300,000원과 이자소득 원천징수세액 700,000원은 선납세금으로 계상되어 있다. **3점**

05 2024년 귀속 원천징수자료와 관련하여 다음의 물음에 답하시오. 15점

[1] 다음 자료를 바탕으로 [사원등록] 메뉴를 이용하여 사무직 사원 강하나(내국인, 거주자, 여성, 세대주, 배우자 없음)의 [부양가족명세] 탭을 알맞게 수정하고, [수당공제] 등록과 5월의 [급여자료입력]을 수행하시오. 5점

1. 부양가족 명세

성명	관계	주민등록번호	내/외국인	동거여부	비고
강하나	본인	810630-2548757	내국인	세대주	근로소득 총급여액 3,000만원
강인우	본인의 아버지	510420-1434568	내국인	주거형편상 별거	양도소득금액 90만원
유지인	본인의 어머니	550730-2870988	내국인	주거형편상 별거	근로소득 총급여액 500만원
이민주	본인의 딸	040805-4123455	내국인	동거	소득 없음
이자유	본인의 아들	060505-3123451	내국인	동거	소득 없음
강하늘	본인의 언니	780112-2434522	내국인	동거	소득 없음, 장애인(중증환자)

※ 본인 및 부양가족의 소득은 위의 소득이 전부이다.

2. 5월분 급여자료

이름	강하나	지급일	5월 31일
기본급	2,000,000원	국민연금	85,500원
식대	100,000원	건강보험	59,280원
자가운전보조금	200,000원	장기요양보험	7,670원
		고용보험	18,000원
		공제합계	170,450원
급여계	2,300,000원	지급총액	2,129,550원

• 식대 : 당 회사는 현물 식사를 별도로 제공하고 있지 않다.
• 자가운전보조금 : 당사는 본인 명의의 차량을 업무 목적으로 사용한 직원에게만 자가운전보조금을 지급하고 있으며, 실제 발생한 교통비를 별도로 지급하지 않는다.
※ 수당등록 시 월정액 및 통상임금은 고려하지 않으며, 사용하는 수당 이외의 항목은 사용 여부를 "부"로 체크한다.
※ 급여자료입력 시 공제항목의 불러온 데이터는 무시하고 직접 입력하여 작성한다.

[2] 2024년 6월 10일에 입사한 사원 문지율(사번 : 125, 남성, 세대주) 씨의 2024년 귀속 연말 정산 관련 자료는 다음과 같다. [연말정산추가자료입력] 메뉴를 이용하여 전(前)근무지 관련 근로소득원천징수영수증은 [소득명세] 탭에 입력하고, 나머지 자료에 따라 [부양가족] 탭 및 [의료비지급명세서(부양가족 탭)]와 [연말정산입력] 탭을 입력하시오(단, 제시된 소득 이외의 소득은 없으며, 세부담 최소화를 가정한다). **10점**

1. 전(前)근무지 근로소득원천징수영수증
   - 근무기간 : 2024.01.01.~2024.06.01.
   - 근무처 : 주식회사 영일전자(사업자등록번호 : 603-81-01281)
   - 급여 : 16,200,000원, 상여 : 3,000,000원

세액명세	소득세	지방소득세	공제보험료 명세	건강보험료	113,230원
결정세액	100,000원	10,000원		장기요양보험료	13,890원
기납부세액	300,000원	30,000원		고용보험료	25,920원
차감징수세액	−200,000원	−20,000원		국민연금보험료	145,800원

2. 가족사항 : 모두 생계를 같이함

성명	관계	주민번호	비고
문지율	본인	721010-1187511	총급여액 5,000만원
김민성	배우자	750101-2843110	일용근로소득금액 1,200만원
문가영	자녀	051027-4842411	소득 없음
문가빈	자녀	051027-4845114	소득 없음

※ 기본공제대상자가 아닌 경우도 기본공제 "부"로 입력할 것

3. 연말정산추가자료(모두 국세청 연말정산간소화서비스에서 조회한 자료임)

항목	내용
보험료	• 문지율(본인) : 자동차운전자보험료 120만원 • 문가영(자녀) : 일반보장성보험료 50만원
의료비	※ 의료비는 의료비지급명세서(부양가족 탭)에 반영할 것 • 김민성(배우자) : 질병 치료비 200만원(실손의료보험금 수령액 50만원, 문지율의 신용카드로 결제) • 문가빈(자녀) : 콘택트렌즈 구입 비용 60만원(문지율의 신용카드로 결제)
교육비	• 문지율(본인) : 대학원 등록금 1,000만원 • 문가영(자녀) : 고등학교 교복 구입비 70만원, 체험학습비 20만원 • 문가빈(자녀) : 고등학교 교복 구입비 50만원, 영어학원비 100만원

신용카드 등 사용액	• 문지율(본인) 신용카드 3,200만원(아래의 항목이 포함된 금액임) 　－전통시장 사용분 150만원 　－대중교통 사용분 100만원 　－도서공연등 사용분 100만원 　－배우자 및 자녀의 의료비 지출액 260만원 • 문지율(본인) 현금영수증 : 300만원 • 김민성(배우자) 현금영수증 : 150만원

08 | 전산세무 2급 105회 기출문제 (이론 + 실무)

᛫ 이론시험 ᛫

※ 다음 문제를 보고 알맞은 것을 골라 │이론문제 답안작성│ 메뉴에 입력하시오.
(객관식 문항당 2점)

─〈 기본전제 〉─

문제에서 한국채택국제회계기준을 적용하도록 하는 전제조건이 없는 경우, 일반기업회계기준을 적용한다.

01 다음은 회계정보의 질적 특성 중 무엇에 대한 설명인가?

> 회계정보가 정보이용자의 의사결정 목적과 관련 있어야 한다는 것으로서, 회계정보를 이용하지 않고 의사결정하는 경우와 회계정보를 이용하여 의사결정하는 경우를 비교했을 때 의사결정의 내용에 차이가 발생하여야 한다는 특성이다.

① 이해가능성　　② 목적적합성
③ 신뢰성　　　　④ 비교가능성

02 다음의 자료는 (주)아주상사의 2024년 기말재고자산 내역이다. 재고자산감모손실이 2024년 매출총이익에 미치는 영향을 바르게 설명한 것은?

> • 장부상 기말재고 : 1,000개
> • 실사에 의한 기말재고 : 950개
> • 단위당 원가 : 1,500원(시가 : 1,700원)
> • 재고자산감모손실의 5%는 비정상적으로 발생하였다.

① 매출총이익이 71,250원 감소한다.
② 매출총이익이 75,000원 감소한다.
③ 매출총이익이 76,500원 감소한다.
④ 매출총이익이 85,000원 감소한다.

03 다음 중 유형자산에 대한 설명으로 틀린 것은?

① 유형자산은 재화의 생산, 용역의 제공, 타인에 대한 임대 또는 자체적으로 사용할 목적으로 보유하는 물리적 형체가 있는 자산을 말한다.
② 유형자산은 1년을 초과하여 사용할 것이 예상되는 자산이다.
③ 정부보조 등에 의해 유형자산을 무상 또는 공정가치보다 낮은 대가로 취득한 경우 그 유형자산의 취득원가는 취득일의 공정가치로 한다.
④ 다른 종류의 자산과의 교환으로 취득한 유형자산의 취득원가는 교환을 위하여 제공한 자산의 장부가액으로 측정한다.

04 다음 중 재화의 판매로 인한 수익인식의 조건에 대한 설명으로 옳지 않은 것은?

① 수익금액을 신뢰성 있게 측정할 수 있다.
② 경제적 효익의 유입 가능성이 매우 높다.
③ 재화의 소유에 따른 유의적인 위험과 보상이 판매자에게 있다.
④ 거래와 관련하여 발생했거나 발생할 원가를 신뢰성 있게 측정할 수 있다.

05 다음 중 자산과 부채에 대한 설명으로 틀린 것은?

① 우발자산은 자산으로 인식한다.
② 부채는 과거의 거래나 사건의 결과로 현재 기업 실체가 부담하고 있고 미래에 자원의 유출 또는 사용이 예상되는 의무이다.
③ 부채는 원칙적으로 1년을 기준으로 유동부채와 비유동부채로 분류한다.
④ 우발부채는 부채로 인식하지 않고 주석으로 기재한다.

06 다음 중 원가의 분류기준에 대한 설명으로 옳지 않은 것은?

① 원가 발생형태에 따른 분류 : 재료원가, 노무원가, 제조간접원가
② 원가행태에 따른 분류 : 변동원가, 고정원가, 준변동원가, 준고정원가
③ 원가의 추적가능성에 따른 분류 : 제조원가, 비제조원가
④ 의사결정과의 관련성에 따른 분류 : 관련원가, 비관련원가, 기회원가, 매몰원가

07 다음 중 제조원가명세서에 대한 설명으로 가장 옳지 않은 것은?

① 당기제품제조원가는 손익계산서상 제품 매출원가 계산에 직접적인 영향을 미친다.
② 제조원가명세서상 기말 원재료재고액은 재무상태표에 표시되지 않는다.
③ 당기총제조원가는 직접재료원가, 직접노무원가, 제조간접원가의 총액을 의미한다.
④ 당기제품제조원가는 당기에 완성된 제품의 원가를 의미한다.

08 직접배분법을 이용하여 보조부문 제조간접원가를 제조부문에 배분하고자 한다. 보조부문 제조간접원가를 배분한 후 조립부문의 총원가는 얼마인가?

제공부문 \ 사용부문	보조부문		제조부문	
	설비부문	전력부문	조립부문	절단부문
전력부문 공급	60kW	–	500kW	500kW
설비부문 공급	–	100시간	600시간	200시간
자기부문 원가	800,000원	400,000원	600,000원	500,000원

① 900,000원
② 1,300,000원
③ 1,400,000원
④ 1,800,000원

09 정상개별원가계산을 채택하고 있는 (주)현탄은 직접노무시간을 기준으로 제조간접원가를 배부하고 있다. 당해연도 초 제조간접원가 예상금액은 1,000,000원, 예상 직접노무시간은 20,000시간이다. 당기 말 현재 실제 제조간접원가 발생액은 800,000원, 실제 직접노무시간이 13,000시간일 경우 제조간접원가배부차이는 얼마인가?

① 150,000원 과소배부
② 150,000원 과대배부
③ 280,000원 과소배부
④ 280,000원 과대배부

10 아래의 자료를 이용하여 종합원가계산 시 비정상공손수량을 계산하면 몇 개인가? 단, 정상공손은 완성품수량의 8%로 가정한다.

- 기초재공품 : 200개
- 당기착수량 : 900개
- 기말재공품 : 120개
- 공손수량 : 80개

① 5개   ② 6개
③ 7개   ④ 8개

11 다음 중 부가가치세법상 간이과세자에 대한 설명으로 틀린 것은?

① 법인은 간이과세자가 될 수 없다.
② 간이과세자는 의제매입세액 공제를 받을 수 있다.
③ 간이과세자는 공급대가를 과세표준으로 한다.
④ 간이과세자도 영세율을 적용받을 수 있으나 공제세액이 납부세액을 초과하더라도 환급되지 않는다.

12 다음 중 부가가치세법상 재화 및 용역의 공급시기에 대한 설명으로 옳지 않은 것은?

① 장기할부판매 : 대가의 각 부분을 받기로 한 때
② 내국물품 외국반출(직수출) : 수출재화의 선(기)적일
③ 무인판매기를 이용하여 재화를 공급하는 경우 : 재화가 인도되는 때
④ 완성도기준지급조건부 : 대가의 각 부분을 받기로 한 때

13 다음 중 부가가치세법상 면세 대상 재화 또는 용역에 해당하지 않는 것은?

① 주택과 그 부수토지(범위 내)의 임대용역
② 고속철도에 의한 여객운송용역
③ 연탄과 무연탄
④ 금융·보험용역

14 다음 중 소득세법상 인적공제에 대한 설명으로 가장 옳은 것은?

① 기본공제 대상 판정에 있어 소득금액 합계액은 종합소득금액, 퇴직소득금액, 양도소득금액을 합하여 판단한다.

② 배우자가 없는 거주자로서 기본공제대상자인 자녀가 있는 경우에도 종합소득금액이 3천만원을 초과하는 경우에는 한부모추가공제를 적용받을 수 없다.

③ 형제자매의 배우자는 공제대상 부양가족에 포함한다.

④ 부양기간이 1년 미만인 부양가족에 대한 인적공제는 월할 계산한다.

15 다음 중 소득세법상 과세 대상 근로소득에 해당하지 않는 것은?

① 주주총회 등 의결기관의 결의에 따라 상여로 받는 소득

② 퇴직할 때 받은 퇴직소득에 속하지 않는 퇴직공로금

③ 사업주가 모든 종업원에게 지급하는 하계 휴가비

④ 임원이 아닌 종업원이 중소기업에서 주택 구입에 소요되는 자금을 저리 또는 무상으로 받음으로써 얻는 이익

÷ 실무시험 ÷

※ 미수상회(회사코드 : 1052)는 제조 및 도·소매업을 영위하는 중소기업으로, 당기(제12기)의 회계기간은 2024.1.1.~2024.12.31.이다. 전산세무회계 수험용 프로그램을 이용하여 다음 물음에 답하시오.

───〈 기본전제 〉───

• 문제에서 한국채택국제회계기준을 적용하도록 하는 전제조건이 없는 경우, 일반기업회계기준을 적용하여 회계처리한다.

• 문제의 풀이와 답안작성은 제시된 문제의 순서대로 진행한다.

01 [일반전표입력] 메뉴를 이용하여 다음의 거래자료를 입력하시오. 15점

───〈 입력 시 유의사항 〉───

• 일반적인 적요의 입력은 생략하지만, 타계정 대체거래는 적요 번호를 선택하여 입력한다.

• 채권·채무와 관련된 거래는 별도의 요구가 없는 한 반드시 기등록된 거래처코드를 선택하는 방법으로 거래처명을 입력한다.

• 제조경비는 500번대 계정코드를, 판매비와관리비는 800번대 계정코드를 사용한다.

• 회계처리 시 계정과목은 별도의 제시가 없는 한 등록된 계정과목 중 가장 적절한 과목으로 한다.

[1] 1월 12일 미래상사(주)로부터 제품 판매대금으로 수령한 약속어음 15,000,000원을 할인하고, 할인비용 200,000원을 차감한 잔액이 보통예금에 입금되었다(단, 매각거래로 회계처리할 것). **3점**

[2] 2월 5일 생산부 직원들에 대한 확정기여형(DC형) 퇴직연금 납입액 3,000,000원을 보통예금 계좌에서 이체하였다. **3점**

[3] 3월 31일 미납된 법인세 4,000,000원을 보통예금 계좌에서 이체하여 납부하였다(단, 미지급한 세금은 부채이다). **3점**

[4] 5월 5일 유진전자에서 5월 1일에 구입한 3,000,000원의 컴퓨터를 사회복지공동모금회에 기부하였다(단, 컴퓨터는 구입 시 비품으로 처리하였음). **3점**

[5] 6월 17일 생산부에서 사용할 청소용품을 현금으로 구입하고 아래의 간이영수증을 수령하였다(단, 당기 비용으로 처리할 것). **3점**

영 수 증(공급받는자용)

No.		(주)미수상회 귀하		
공급자	사업자등록번호	118-05-52158		
	상호	서울철물	성명	이영민 (인)
	사업장소재지	서울시 강남구 도곡동		
	업태	도,소매	종목	철물점
작성년월일		공급대가 총액		비고
2024.06.17.		20,000원		
위 금액을 정히 **영수**(청구)함.				
월일	품목	수량	단가	공급가(금액)
06.17.	청소용품	2	10,000원	20,000원
합계		20,000원		
부가가치세법시행규칙 제25조의 규정에 의한 (영수증)으로 개정				

02 [매입매출전표입력] 메뉴를 이용하여 다음의 거래자료를 입력하시오. 15점

┌─────────────── 〈 입력 시 유의사항 〉 ───────────────┐
- 일반적인 적요의 입력은 생략하지만, 타계정 대체거래는 적요 번호를 선택하여 입력한다.
- 채권·채무 관련 거래는 별도의 요구가 없는 한 반드시 기등록된 거래처코드를 선택하는 방법으로 거래처명을 입력한다.
- 제조경비는 500번대 계정코드를, 판매비와관리비는 800번대 계정코드를 사용한다.
- 회계처리 시 계정과목은 등록된 계정과목 중 가장 적절한 과목으로 한다.
- 입력화면 하단의 분개까지 처리하고, 세금계산서 및 계산서는 전자 여부를 입력하여 반영한다.
└──┘

[1] 1월 20일 (주)하이마트에서 탕비실에 비치할 목적으로 냉장고를 3,300,000원(부가가치세 포함)에 구입하고, 현금영수증(지출증빙용)을 수취하였다(단, 자산으로 처리할 것). 3점

┌──────────────────────────────────────┐
│   **(주)하이마트**   │
│ 128-85-46204   유정아   │
│ 서울특별시 구로구 구로동 2727   TEL : 02-117-2727 │
│   홈페이지 http://www.kacpta.or.kr   │
│   **현금영수증(지출증빙용)**   │
│ 구매 2024/01/20/17:27   거래번호 : 031-0027 │
├────────┬──────┬──────────┬──────────┤
│ 상품명 │ 수량 │   단가   │   금액   │
├────────┼──────┼──────────┼──────────┤
│ 냉장고 │   1 │3,300,000원│3,300,000원│
│   │   │   │   │
├────────┴──────┴──────────┼──────────┤
│   과 세 물 품 가 액   │3,000,000원│
│   부 가 가 치 세 액   │ 300,000원│
├───────────────────────────┼──────────┤
│   합   계   │3,300,000원│
│   받 은 금 액   │3,300,000원│
└───────────────────────────┴──────────┘

[2] 2월 9일 영업부에서 비품으로 사용하던 복사기(취득가액 : 5,000,000원, 처분 시 감가상각누계액 : 2,255,000원)를 (주)유미산업에 2,000,000원(부가가치세 별도)에 처분하고 전자세금계산서를 발급하였다. 대금은 보통예금 계좌로 입금되었다. 3점

[3] 7월 1일 창립기념일 선물로 영업부 직원들에게 1인당 5개씩 지급할 USB를 (주)원테크로부터 구입하였다. 매입대금 중 500,000원은 현금으로 지급하고 나머지는 외상으로 처리하였다(단, 아래의 전자세금계산서는 적법하게 발급받았으며, 외상대는 미지급금 처리한다). 3점

전자세금계산서					승인번호		20240701-15454645-58811886		
공급자	등록번호	101-81-22500	종사업장번호		공급받는자	등록번호	222-81-14476	종사업장번호	
	상호(법인명)	(주)원테크	성명	이원화		상호(법인명)	(주)미수상회	성명	전재현
	사업장주소	서울특별시 동작구 여의대방로 28				사업장주소	서울시 서초구 가락로 8		
	업태	도소매	종목	전자제품		업태	제조	종목	전자제품
	이메일					이메일			

작성일자	공급가액	세액	수정사유	비고
2024-07-01	5,000,000원	500,000원	해당 없음	

월	일	품목	규격	수량	단가	공급가액	세액	비고
07	01	USB		1,000	5,000원	5,000,000원	500,000원	

합계금액	현금	수표	어음	외상미수금	위 금액을 (청구) 함
5,500,000원	500,000			5,000,000원	

[4] 8월 27일 기계장치의 내용연수를 연장시키는 주요 부품을 교체하고 13,200,000원(부가가치세 포함)을 광명기계에 당좌수표를 발행하여 지급하였다. 이에 대해 종이세금계산서를 수취하였다(단, 부품교체 비용은 자본적지출로 처리할 것). 3점

[5] 9월 27일 미국 BOB사에 제품을 $30,000에 직수출(수출신고일 : 9월 15일, 선적일 : 9월 27일)하고, 수출대금은 9월 30일에 받기로 하였다. 수출과 관련된 내용은 다음과 같다(수출신고번호는 고려하지 말 것). 3점

일자	9월 15일 : 수출신고일	9월 27일 : 선적일	9월 30일 : 대금회수일
기준환율	1,200원/$	1,150원/$	1,180원/$

03 부가가치세 신고와 관련하여 다음 물음에 답하시오. 10점

[1] 다음의 자료를 이용하여 2024년 제1기 확정신고기간에 대한 [건물등감가상각자산취득명세서]를 작성하시오(단, 모두 감가상각자산에 해당함). 3점

일자	내역	공급가액	부가가치세	상호	사업자등록번호
4/8	생산부가 사용할 공장건물 구입 • 전자세금계산서 수령 • 보통예금으로 지급	500,000,000원	50,000,000원	(주)용을	130-81-50950

5/12	생산부 공장에서 사용할 포장용 기계 구입 • 전자세금계산서 수령 • 보통예금으로 지급	60,000,000원	6,000,000원	(주)광명	201-81-14367
6/22	영업부 환경개선을 위해 에어컨 구입 • 전자세금계산서 수령 • 법인카드로 결제	8,000,000원	800,000원	(주)ck전자	203-81-55457

[2] 다음 자료를 이용하여 2024년 제1기 확정신고기간의 [부가가치세신고서]만을 작성하시오 (단, 불러오는 데이터 값은 무시하고 새로 입력할 것). **5점**

구분	자료
매출자료	• 전자세금계산서 발급분 과세 매출액 : 공급가액 500,000,000원, 세액 50,000,000원 • 해외 직수출에 따른 매출 : 공급가액 100,000,000원, 세액 0원
매입자료	• 전자세금계산서 발급받은 매입내역

구분	공급가액	세액
일반 매입	185,000,000원	18,500,000원
일반 매입(접대성 물품)	5,000,000원	500,000원
기계장치 매입	100,000,000원	10,000,000원
합계	290,000,000원	29,000,000원

• 신용카드 사용분 매입내역

구분	공급가액	세액
일반 매입	5,000,000원	500,000원
사업과 관련없는 매입	1,000,000원	100,000원
비품(고정) 매입	3,000,000원	300,000원
예정신고누락분(일반 매입)	1,000,000원	100,000원
합계	10,000,000원	1,000,000원

구분	자료
기타	• 전자세금계산서의 발급 및 국세청 전송은 정상적으로 이루어졌다. • 예정신고누락분은 확정신고 시에 반영하기로 한다. • 국세청 홈택스로 전자신고하여 전자신고세액공제를 받기로 한다.

[3] (주)미수상회(회사코드 : 1052)의 제2기 확정 부가가치세 신고서를 작성 및 마감하여 가상 홈택스에서 부가가치세 신고를 수행하시오. **2점**

> 1. 부가가치세신고서와 관련 부속서류는 마감되어 있다.
> 2. [전자신고] → [국세청 홈택스 전자신고변환(교육용)] 순으로 진행한다.
> 3. 전자신고용 전자파일 제작 시 신고인 구분은 2.납세자 자진신고로 선택하고, 비밀번호는 "12341234"로 입력한다.
> 4. 전자신고용 전자파일 저장경로는 로컬디스크(C:)이며, 파일명은 "enc작성연월일.101.v2228 114476"이다.
> 5. 최종적으로 국세청 홈택스에서 [전자파일 제출하기]를 완료한다.

04 다음 결산자료를 입력하여 결산을 완료하시오. **15점**

[1] 아래의 차입금 관련 자료를 이용하여 결산일까지 발생한 차입금 이자비용에 대한 당해연도 분 미지급비용을 인식하는 회계처리를 하시오(단, 이자비용은 만기 시에 지급하고, 월할 계산한다). **3점**

> • 금융기관 : (주)은아은행
> • 대출금액 : 300,000,000원
> • 대출기간 : 2024년 5월 1일~2025년 4월 30일
> • 대출이자율 : 연 2.0%

[2] 12월 1일 장부상 현금보다 실제 현금이 86,000원 많은 것을 발견하여 현금과부족으로 회계 처리하였으나 기말까지 원인을 파악하지 못했다. **3점**

[3] 다음은 제2기 확정신고기간의 부가가치세 관련 자료이다. 12월 31일에 부가세대급금과 부가세예수금을 정리하는 회계처리를 하시오. 단, 입력된 데이터는 무시하고, 납부세액(또는 환급세액)은 미지급세금(또는 미수금), 가산세는 세금과공과(판), 경감세액은 잡이익으로 처리하시오. **3점**

> • 부가세대급금 : 31,400,000원
> • 전자세금계산서미발급가산세 : 60,000원
> • 부가세예수금 : 25,450,000원
> • 전자신고세액공제액 : 10,000원

[4] 전기에 미래은행으로부터 차입한 장기차입금 20,000,000원의 만기일은 2025년 3월 30일이다. **3점**

[5] 결산일 현재 무형자산인 영업권의 전기말 상각 후 미상각잔액은 200,000,000원으로, 이 영업권은 작년 1월 초 250,000,000원에 취득한 것이다. 단, 회사는 무형자산에 대하여 5년간 월할 균등상각하고 있으며, 상각기간 계산 시 1월 미만은 1월로 간주한다. 이에 대한 회계처리를 하시오. **3점**

05 2024년 귀속 원천징수자료와 관련하여 다음의 물음에 답하시오. **15점**

[1] 다음은 영업부 소속인 이영환(사번 : 501)의 급여 관련 자료이다. 필요한 [수당공제등록]을 하고 5월분 [급여자료입력]과 [원천징수이행상황신고서]를 작성하시오. **5점**

> 1. 5월의 급여 지급내역은 다음과 같다.
>
> | 이름 : 이영환 | | | 지급일 : 2024년 5월 31일 | |
> |---|---|---|---|---|
> | | 기본급 | 3,000,000원 | 국민연금 | 135,000원 |
> | | 직책수당 | 400,000원 | 건강보험 | 120,000원 |
> | (비과세) | 식대 | 200,000원 | 장기요양보험 | 15,540원 |
> | (비과세) | 자가운전보조금 | 200,000원 | 고용보험 | 30,600원 |
> | (비과세) | 육아수당 | 100,000원 | 소득세 | 114,990원 |
> | – | | | 지방소득세 | 11,490원 |
> | 급여 합계 | | 3,900,000원 | 공제합계 | 427,620원 |
> | | | | 차인지급액 | 3,472,380원 |
>
> 2. 수당공제등록 시 다음에 주의하여 입력한다.
>   - 수당등록 시 사용하는 수당 이외의 항목은 사용 여부를 "부"로 체크한다.
>   (단, 월정액 여부와 통상임금 여부는 무시할 것)
>   - 공제등록은 그대로 둔다.
> 3. 급여자료입력 시 다음에 주의하여 입력한다.
>   - 비과세에 해당하는 항목은 모두 요건을 충족하며, 최대한 반영하기로 한다.
>   - 공제항목은 불러온 데이터는 무시하고 직접 입력하여 작성한다.
> 4. 원천징수는 매월 하고 있으며, 전월 미환급세액은 200,000원이다.

[2] 다음은 최미남(사번 : 502, 입사일 : 2024.01.01.) 사원의 2024년 연말정산 관련 자료이다. [연말정산추가자료입력] 메뉴의 [부양가족] 탭을 수정하고, [연금저축] 탭과 [연말정산입력] 탭을 작성하시오(단, 근로자 본인의 세부담이 최소화되도록 한다). **10점**

1. 가족사항(모두 동거하며, 생계를 같이한다. 제시된 자료 외의 다른 소득은 없다)

관계	성명	주민등록번호	소득	비고
본인	최미남	771030-1112352	총급여 7,000만원	세대주
어머니	박희수	500324-2625224	일용근로소득 300만원	
배우자	김연우	800515-2122527	종합과세금융소득 3,000만원	
딸	최지우	140123-4165982	소득 없음	초등학생
아들	최건우	151224-3695874	소득 없음	초등학생

※ 기본공제대상자가 아닌 경우도 기본공제 "부"로 입력할 것

2. 연말정산 자료
※ 국세청 홈택스 및 기타 증빙을 통해 확인된 자료이며, 별도의 언급이 없는 한 국세청 홈택스 연말정산간소화서비스에서 조회된 자료이다.

구분	내용
보험료	• 최미남 보장성보험료 : 1,600,000원 • 최지우 보장성보험료 : 500,000원 • 최건우 보장성보험료 : 450,000원
교육비	• 최미남 대학원 수업료 : 5,000,000원 • 김연우 사이버대학 수업료 : 750,000원 • 최지우 영어보습학원비 : 1,200,000원 • 최건우 컴퓨터학원비 : 1,000,000원

의료비	※ 의료비는 의료비지급명세서(부양가족 탭)에 반영할 것
	• 최미남 질병 치료비 : 1,500,000원 (최미남 신용카드 결제)
	• 최미남 시력보정용 안경 구입비용 : 500,000원 (최미남 신용카드 결제)
	  – 구입처 : 대학안경점(사업자등록번호 605-26-23526)
	  – 의료비증빙코드는 기타영수증으로 입력할 것
	• 박희수 질병 치료비 : 3,250,000원(최미남 신용카드 결제)
	  – 보험업법에 따른 보험회사에서 실손의료보험금 1,000,000원 지급받음

신용카드 등 사용액	• 최미남 신용카드 사용액 : 22,000,000원(전통시장/대중교통/도서 등 사용분 없음) • 최미남 현금영수증 사용액 : 2,200,000원(전통시장/대중교통/도서 등 사용분 없음) • 김연우 신용카드 사용액 : 3,100,000원(전통시장/대중교통/도서 등 사용분 없음) • 최미남 신용카드 사용액에는 의료비 지출액이 모두 포함된 금액이다.
기타	• 최미남 연금저축계좌 : 1,200,000원 (2024년도 납입분, (주)국민은행 계좌번호 : 243-910750-72209)

09 | 전산세무 2급 104회 기출문제 (이론 + 실무)

✛ 이론시험 ✛

※ 다음 문제를 보고 알맞은 것을 골라 이론문제 답안작성 메뉴에 입력하시오.
(객관식 문항당 2점)

─〈 기본전제 〉─

문제에서 한국채택국제회계기준을 적용하도록 하는 전제조건이 없는 경우, 일반기업회계기준을 적용한다.

01 다음 중 재무제표의 작성과 표시에 관한 설명으로 가장 옳지 않은 것은?

① 재무제표를 작성할 때 계속기업으로서의 존속가능성을 평가해야 한다.
② 재무제표의 작성과 표시에 대한 책임은 경영진에게 있다.
③ 기업은 현금기준회계를 사용하여 재무제표를 작성한다.
④ 재무제표는 원칙적으로 사실에 근거한 자료만 나타내지만, 추정에 의한 측정치도 포함한다.

02 다음 중 재고자산에 대한 설명으로 가장 옳지 않은 것은?

① 선적지인도조건으로 판매한 운송 중인 상품은 판매자의 재고자산이 아니다.
② 선입선출법은 기말재고자산이 가장 최근 매입분으로 구성되어 기말재고자산가액이 시가에 가깝다.

③ 후입선출법에 의해 원가배분을 할 경우 기말재고는 최근에 구입한 상품의 원가로 구성된다.
④ 위탁매매계약을 체결하고 수탁자가 위탁자에게 받은 적송품은 수탁자가 제3자에게 판매하기 전까지 위탁자의 재고자산이다.

03 다음 중 무형자산에 대한 설명으로 가장 옳지 않은 것은?

① 일반기업회계기준에서는 사업 결합 등 외부에서 취득한 영업권만 인정하고, 내부에서 창출된 영업권은 인정하지 않는다.
② 무형자산은 인식기준을 충족하지 못하면 그 지출은 발생한 기간의 비용으로 처리한다.
③ 무형자산의 잔존가치는 없는 것을 원칙으로 한다.
④ 무형자산의 공정가치가 증가하면 그 공정가치를 반영하여 감가상각한다.

04 다음 자료를 이용하여 자본잉여금에 해당하는 금액을 구하면 얼마인가?

• 주식발행초과금	500,000원
• 매도가능증권평가이익	300,000원
• 자기주식처분이익	1,000,000원
• 이익준비금	1,000,000원
• 임의적립금	400,000원
• 감자차익	700,000원

① 2,100,000원   ② 2,200,000원
③ 2,500,000원   ④ 3,500,000원

05 다음 중 회계변경에 대한 설명으로 가장 옳지 않은 것은?

① 회계정책의 변경은 회계방법이 변경되는 것이며, 소급법을 적용한다.
② 회계정책의 변경에 따른 누적 효과를 합리적으로 결정하기 어려우면 전진법을 적용한다.
③ 세법개정으로 회계처리를 변경해야 하는 경우 정당한 회계변경의 사유에 해당한다.
④ 회계추정의 변경은 전진적으로 처리하여 그 효과를 당기와 당기 이후의 기간에 반영한다.

06 다음 중 원가에 대한 설명으로 가장 옳지 않은 것은?

① 직접재료비는 조업도에 비례하여 총원가가 증가한다.
② 당기총제조원가는 당기에 발생한 기본원가와 제조간접원가의 합이다.
③ 관련 범위 내에서 변동비는 조업도의 증감에 불구하고 단위당 원가가 일정하다.

④ 제품생산량이 증가함에 따라 관련 범위 내에서 제품 단위당 고정원가는 일정하다.

07 수선부문과 동력부문에 각각 800,000원, 760,000원의 보조부문원가가 집계되어 있을 경우, 아래의 자료를 바탕으로 조립부문에 배분될 보조부문원가 총액은 얼마인가? (단, 직접배분법을 사용하는 것으로 가정한다.)

구분	제조부문		보조부문		합계
	성형	조립	수선	동력	
수선부문	300 시간	200 시간	–	500 시간	1,000 시간
동력부문	4,500 kW	3,500 kW	12,000 kW	–	20,000 kW

① 293,000원   ② 453,000원
③ 587,500원   ④ 652,500원

08 아래의 자료만을 참고하여 기말제품재고액을 구하면 얼마인가?

1. 재무상태표의 자료

구분	기초	기말
재공품	100,000원	150,000원
제품	210,000원	(?)

※ 기초 및 기말원재료재고액은 없음

2. 제조원가명세서와 손익계산서의 자료
 • 직접재료비 : 190,000원
 • 제조간접비 : 150,000원
 • 직접노무비 : 100,000원
 • 제품매출원가 : 200,000원

① 400,000원   ② 360,000원
③ 280,000원   ④ 220,000원

09 원가자료가 다음과 같을 때 당기의 직접재료비를 계산하면 얼마인가?

> - 당기총제조원가는 2,300,000원이다.
> - 제조간접비는 당기총제조원가의 20% 이다.
> - 제조간접비는 직접노무비의 80%이다.

① 0원 ② 1,035,000원
③ 1,265,000원 ④ 1,472,000원

10 다음 중 개별원가계산과 종합원가계산에 대한 설명으로 가장 옳지 않은 것은?

① 개별원가계산은 다품종소량생산, 종합원가계산은 소품종대량생산에 적합하다.
② 개별원가계산은 종합원가계산에 비해 상대적으로 부정확하다.
③ 개별원가계산은 종합원가계산에 비해 과다한 노력과 비용이 발생한다.
④ 종합원가계산은 대상 기간의 총제품제조원가를 총생산량으로 나누어 단위당 제품제조원가를 계산한다.

11 다음 중 부가가치세법상 재화의 공급에 해당하지 않는 것은?

① 자가공급 ② 외상판매
③ 사업상 증여 ④ 담보제공

12 다음 중 부가가치세법상 영세율과 면세에 대한 설명으로 가장 옳지 않은 것은?

① 국내 거래에는 영세율이 적용되지 않는다.
② 면세의 취지는 부가가치세의 역진성을 완화하기 위함이다.
③ 국외에서 공급하는 용역에 대해서는 영세율을 적용한다.
④ 상가 부수 토지를 매각하는 경우에도 부가가치세가 면제된다.

13 다음의 일시적·우발적 소득 중 소득세법상 기타소득이 아닌 것은?

① 복권당첨금
② 계약의 위약금
③ 상표권의 양도소득
④ 비영업대금의 이익

14 다음 중 소득세법상 근로소득의 수입시기로 옳지 않은 것은?

① 인정상여 : 해당 사업연도 중의 근로를 제공한 날
② 급여 : 지급을 받기로 한 날
③ 잉여금 처분에 의한 상여 : 해당 법인의 잉여금처분결의일
④ 임원의 퇴직소득 한도 초과로 근로소득으로 보는 금액 : 지급받거나 지급받기로 한 날

15 다음 중 소득세법상 납세의무자에 대한 설명으로 가장 옳지 않은 것은?

① 비거주자는 국내원천소득에 대해서만 과세한다.
② 거주자는 국내·외 모든 원천소득에 대하여 소득세 납세의무를 진다.
③ 거주자는 국내에 주소를 두거나 150일 이상 거소를 둔 개인을 말한다.
④ 거주자의 소득세 납세지는 주소지로 한다.

╬ 실무시험 ╬

※ (주)이천산업(회사코드 : 1042)은 전자제품의 제조 및 도·소매업을 주업으로 영위하는 중소기업으로, 당기(17기)의 회계기간은 2024.1.1.~2024.12.31.이다. 전산세무회계 수험용 프로그램을 이용하여 다음 물음에 답하시오.

─────⟨ 기본전제 ⟩─────

• 문제에서 한국채택국제회계기준을 적용하도록 하는 전제조건이 없는 경우, 일반기업회계기준을 적용하여 회계처리한다.
• 문제의 풀이와 답안작성은 제시된 문제의 순서대로 진행한다.

01 [일반전표입력] 메뉴를 이용하여 다음의 거래자료를 입력하시오. `15점`

─────⟨ 입력 시 유의사항 ⟩─────

• 일반적인 적요의 입력은 생략하지만, 타계정 대체거래는 적요 번호를 선택하여 입력한다.
• 채권·채무와 관련된 거래는 별도의 요구가 없는 한 반드시 기등록된 거래처코드를 선택하는 방법으로 거래처명을 입력한다.
• 제조경비는 500번대 계정코드를, 판매비와관리비는 800번대 계정코드를 사용한다.
• 회계처리 시 계정과목은 별도의 제시가 없는 한 등록된 계정과목 중 가장 적절한 과목으로 한다.

[1] 3월 10일 전기에 회수불능채권으로 대손처리했던 외상매출금(거래처 입력 생략) 6,000,000원 중 절반을 현금으로 회수하다(단, 부가가치세법상 대손세액공제는 적용하지 않는다). `3점`

[2] 3월 15일 코스닥 상장주식인 (주)에코전자의 주식 500주를 단기보유목적으로 주당 10,000원에 매입하고, 대금은 수수료 50,000원과 함께 보통예금 계좌에서 이체하다(단, 수수료는 영업외비용으로 처리할 것). `3점`

[3] 7월 7일 영업부가 사용하는 건물에 대한 재산세 1,260,000원과 생산부가 사용하는 건물에 대한 재산세 880,000원을 보통예금으로 납부하다. `3점`

[4] 7월 16일 세무교육 전문가인 한세법 씨를 초빙하여 생산부의 직원들을 대상으로 연말정산교육을 실시하고, 그 대가로 한세법 씨에게 1,000,000원 중 원천징수세액 33,000원을 제외한 금액을 보통예금 계좌에서 지급하다(단, 교육훈련비 계정과목으로 회계처리할 것). `3점`

[5] 8월 31일 정기예금의 만기가 도래하여 원금 10,000,000원과 정기예금이자(이자소득 400,000원, 원천징수세액 61,600원)의 원천징수세액을 제외한 나머지가 보통예금 계좌로 입금되다(단, 원천징수세액은 자산항목으로 처리한다). **3점**

02 [매입매출전표입력] 메뉴를 이용하여 다음의 거래자료를 입력하시오. **15점**

┌──────────── 〈 입력 시 유의사항 〉 ────────────┐
- 일반적인 적요의 입력은 생략하지만, 타계정 대체거래는 적요 번호를 선택하여 입력한다.
- 채권·채무 관련 거래는 별도의 요구가 없는 한 반드시 기등록된 거래처코드를 선택하는 방법으로 거래처명을 입력한다.
- 제조경비는 500번대 계정코드를, 판매비와관리비는 800번대 계정코드를 사용한다.
- 회계처리 시 계정과목은 등록된 계정과목 중 가장 적절한 과목으로 한다.
- 입력화면 하단의 분개까지 처리하고, 세금계산서 및 계산서는 전자 여부를 입력하여 반영한다.
└──┘

[1] 1월 22일 공장건물을 신축하기 위한 토지를 취득하면서 토지정지비용을 다음 달에 지급하기로 하고 아래의 전자세금계산서를 발급받다. **3점**

전자세금계산서					승인번호		20240122-15454645-58811888		
공급자	등록번호	126-51-03728	종사업장번호		공급받는자	등록번호	412-81-28461	종사업장번호	
	상호(법인명)	상진개발	성명	이준영		상호(법인명)	(주)이천산업	성명	곽노정
	사업장주소	경기도 이천시 부발읍 경충대로 20				사업장주소	서울시 관악구 관악산나들길 66		
	업태	건설업	종목	토목공사		업태	제조 외	종목	전자제품
	이메일					이메일	tax111@daum.net		

작성일자	공급가액	세액	수정사유	비고
2024-01-22	13,750,000원	1,375,000원	해당 없음	

월	일	품목	규격	수량	단가	공급가액	세액	비고
01	22	토지정지비용				13,750,000원	1,375,000원	

합계금액	현금	수표	어음	외상미수금	이 금액을 (**청구**)함
15,125,000				15,125,000	

[2] 1월 31일 레고문구(일반과세자)에서 영업부가 사용할 문구류를 현금으로 매입하고 아래의 현금영수증을 받다(단, 문구류는 소모품비로 회계처리할 것). **3점**

현금영수증(지출증빙용)
CASH RECEIPT

사업자등록번호	215-16-85543
현금영수증 가맹점명	레고문구
대표자명	최강희
주소 전화번호	서울시 동작구 상도로 107 02-826-6603

품명	문구류	승인번호	062-83
거래일시	2024.01.31.	취소일자	

단위	백		천		원
금액 AMOUNT	1 5 0 0 0 0				
부가세 V.A.T	1 5 0 0 0				
봉사료 TIPS					
합계 TOTAL	1 6 5 0 0 0				

[3] 2월 28일 정상적인 구매확인서에 의하여 (주)안건으로부터 원재료 30,000,000원을 매입하고 영세율전자세금계산서를 발급받았으며, 대금은 보통예금으로 지급하다. **3점**

[4] 3월 10일 사업자가 아닌 김명진(거래처 입력할 것) 씨에게 제품을 판매하고, 판매대금 1,320,000 원(부가가치세 포함)은 보통예금 계좌로 입금되다(단, 간이영수증을 발행함). **3점**

[5] 3월 16일 영업부는 거래처 접대용 근조 화환을 주문하고, 다음의 전자계산서를 발급받다. **3점**

전자계산서					승인번호	20240316-15454645-58811886		
공급자	등록번호	134-91-72824	종사업장 번호		공급받는자	등록번호	412-81-28461	종사업장 번호
	상호(법인명)	제일화원	성명	한만군		상호(법인명)	(주)이천산업	성명	곽노정
	사업장주소	서울특별시 동작구 여의대방로 28				사업장주소	서울시 관악구 관악산나들길 66		
	업태	도소매	종목	화훼, 식물		업태	제조 외	종목	전자제품
	이메일	tax000@naver.com				이메일	tax111@daum.net		
작성일자		공급가액	수정사유		비고			
2024-03-16		90,000원	해당 없음					
월	일	품목	규격	수량	단가	공급가액	비고
03	16	근조화환		1	90,000원	90,000원	
합계금액		현금	수표	어음	외상미수금	이 금액을 (청구)함	
90,000원					90,000원		

03 부가가치세 신고와 관련하여 다음 물음에 답하시오. 10점

[1] 다음의 자료를 이용하여 2024년 제2기 부가가치세 예정신고기간(7월~9월)의 [신용카드매출전표등수령명세서(갑)]를 작성하시오. 사업용 신용카드는 신한카드(1000-2000-3000-4000)를 사용하고 있으며, 현금지출의 경우 사업자등록번호를 기재한 지출증빙용 현금영수증을 수령하였다(단, 상대 거래처는 일반과세자라고 가정하며, 매입매출전표 입력은 생략함). 3점

일자	내역	공급가액	부가세액	상호	사업자등록번호	증빙
7/15	직원출장 택시요금	100,000원	10,000원	신성택시	409-21-73215	사업용 신용카드
7/31	사무실 복합기 토너 구입	150,000원	15,000원	(주)오피스	124-81-04878	현금영수증
8/12	직원용 음료수 구입	50,000원	5,000원	이음마트	402-14-33228	사업용 신용카드
9/21	직원야유회 놀이공원 입장권 구입	400,000원	40,000원	(주)스마트	138-86-01157	사업용 신용카드

[2] 기존의 입력된 자료 또는 불러온 자료는 무시하고 아래의 자료만을 이용하여 2024년 제1기 확정신고기간(4월~6월)의 [부가가치세신고서]를 직접 입력하여 작성하시오. 단, 부가가치세 신고서 외의 과세표준명세 등 기타 부속서류의 작성은 생략하며, 세액공제를 받기 위하여 전자신고를 할 예정이다. 5점

매출자료	• 전자세금계산서 발급 과세 매출액 : 130,000,000원(부가가치세 별도) • 신용카드 과세 매출액 : 3,300,000원(부가가치세 포함) • 직수출액 : 12,000,000원 • 비사업자에 대한 정규영수증 외 과세 매출액 : 440,000원(부가가치세 포함) • 2024년 제1기 소멸시효가 완성된 외상매출금 1,100,000원(부가가치세 포함)은 대손세액공제를 받기로 하였다.
매입자료	• 세금계산서 수취분 매입액(일반매입) : 공급가액 55,000,000원, 세액 5,500,000원 － 이 중 접대물품 관련 매입액(공급가액 10,000,000원, 세액 1,000,000원)이 포함되어 있으며, 나머지는 과세 재고자산의 구입액이다. • 2024년 제1기 예정신고 시 미환급된 세액 : 800,000원

[3] 다음의 자료를 이용하여 2024년 제2기 부가가치세 확정신고기간(10월 1일~12월 31일)의 [부가가치세신고서] 및 관련 부속서류를 전자신고하시오. **2점**

1. 부가가치세신고서와 관련 부속서류는 마감되어 있다.
2. [전자신고] → [국세청 홈택스 전자신고변환(교육용)] 순으로 진행한다.
3. 전자신고용 전자파일 제작 시 신고인 구분은 2.납세자자진신고로 선택하고, 비밀번호는 "12345678"로 입력한다.
4. 전자신고용 전자파일 저장경로는 로컬디스크(C:)이며, 파일명은 "enc작성연월일.101.v사업자등록번호"이다.
5. 최종적으로 국세청 홈택스에서 [전자파일 제출하기]를 완료한다.

04 다음 결산자료를 입력하여 결산을 완료하시오. **15점**

[1] 1년간의 임대료(2024년 10월 1일~2025년 9월 30일) 24,000,000원을 일시에 수령하고 전액을 영업외수익으로 처리하였다(단, 임대료의 기간 배분은 월할계산하며, 회계처리 시 음수로 입력하지 말 것). **3점**

[2] 단기대여금 중에는 당기 중 발생한 LPL사에 대한 외화대여금 24,000,000원(발생일 기준환율 1,200원/$)이 포함되어 있다. 기말 현재 기준환율은 1,300원/$이다. **3점**

[3] 당기 중에 취득하여 기말 현재 보유 중인 유가증권의 내역은 다음과 같다. 기말 유가증권의 평가는 기업회계기준에 따라 처리하기로 한다(단, 단기매매목적으로 취득함). **3점**

구분	주식수	1주당 취득원가	기말 1주당 공정가치
상장주식	8,000주	3,000원	2,500원

[4] 코로나로 인한 특별재난지역에 기부한 제품 15,000,000원에 대한 회계처리가 누락된 것을 기말제품재고 실사 결과 확인하였다. **3점**

[5] 기말 현재 보유하고 있는 영업부의 감가상각자산은 다음과 같다. 감가상각비와 관련된 회계처리를 하시오(단, 제시된 자료 이외에 감가상각자산은 없다고 가정하고, 월할 상각하며, 고정자산등록은 생략할 것). **3점**

계정과목	취득일자	취득원가	잔존가치	내용연수	상각방법	전기말 감가상각누계액
차량운반구	2023년 7월 1일	50,000,000원	0원	5년	정액법	5,000,000원

05 2024년 귀속 원천징수자료와 관련하여 다음의 물음에 답하시오. 15점

[1] 다음은 총무부 사원 강지후(사번 : 105)의 부양가족 자료이다. 부양가족은 생계를 같이하고 있으며 부양가족공제는 요건이 충족되는 경우 모두 강지후 사원이 적용받기로 한다. 근로자 본인의 소득세가 최소화되도록 [사원등록] 메뉴의 [부양가족명세]를 작성하시오(단, 기본공제대상자가 아닌 경우에는 기본공제 "부"로 입력할 것). 5점

성명	관계	주민등록번호	동거 여부	비고
강지후	본인	741213-1114524	세대주	
정혜미	배우자	751010-2845212	동거	퇴직소득금액 200만원
김미자	본인의 모친	550203-2346311	동거	일용근로소득 550만원
강지민	본인의 동생	791010-2115422	질병의 요양으로 일시적 퇴거	장애인(항시 치료를 요하는 중증환자), 양도소득금액 300만원
강지율	자녀	070505-4842106	동거	원고가 당선되어 받은 일시적인 원고료 100만원
강민율	자녀	100705-3845722	국외 유학 중	소득 없음

[2] 다음은 영업부 사원 한기홍(사번 : 103, 세대주)의 연말정산 관련 자료이다. 근로자 본인의 소득세부담이 최소화되도록 [연말정산추가자료입력] 메뉴의 [부양가족] 탭을 수정하고, 나머지 연말정산 자료에 따라 [의료비] 탭, [신용카드] 탭, [기부금] 탭에 입력하고, [연말정산입력] 탭을 완성하시오. 10점

1. 국세청 연말정산간소화서비스 조회 자료

항목	내용
보험료	• 본인 자동차보험료 납부액 : 750,000원 • 배우자 저축성보험료 납부액 : 1,000,000원 • 자녀 보장성보험료 납부액 : 150,000원
의료비	• 모친 질병 치료 목적 병원비 : 3,000,000원(한기홍의 신용카드로 결제) • 모친 보약 구입비(건강증진 목적) : 500,000원 • 배우자 허리디스크 수술비(치료 목적) : 1,200,000원(실손의료보험금 500,000원 수령)
교육비	• 자녀 캐나다 현지 소재 초등학교(교육법에 따른 학교에 해당하는 교육기관) 수업료 : 20,000,000원
기부금	• 배우자 종교단체 기부금 : 500,000원

신용카드 등 사용액	• 본인 신용카드 : 10,000,000원(모친 병원비 3,000,000원과 대중교통이용분 1,000,000원 포함) • 배우자 현금영수증 : 4,000,000원(전통시장사용분 500,000원 포함)
주택자금	• 장기주택저당차입금 이자상환액 : 2,000,000원(아래 추가자료 참고할 것)

2. 추가자료

(1) 부양가족

- 이슬비(배우자) : 소득 없음
- 한기쁨(자녀) : 초등학생, 소득 없음
- 김어른(모친) : 생계를 같이함, 총급여액 600만원, 장애인복지법상 장애인

(2) 주택자금 관련 세부 내역

- 한기홍 사원은 세대주이며, 국민주택규모의 1주택을 본인 명의로 소유하고 있다.
- 장기저당주택차입금과 주택의 명의자는 한기홍이다.
- 장기저당주택차입금의 차입일은 2014년 6월 1일이며, 상환기간은 15년(고정금리)이다.
- 주택의 취득일(2014년 5월 6일) 당시 기준시가는 3억원이다.
- 위 자료 외의 장기주택저당차입금 이자상환액공제요건은 모두 충족한 것으로 본다.

10 | 전산세무 2급 103회 기출문제 (이론 + 실무)

이론시험

※ 다음 문제를 보고 알맞은 것을 골라 이론문제 답안작성 메뉴에 입력하시오.
(객관식 문항당 2점)

〈 기본전제 〉

문제에서 한국채택국제회계기준을 적용하도록 하는 전제조건이 없는 경우, 일반기업회계기준을 적용한다.

01 다음 중 유형자산의 취득원가에 대한 설명으로 틀린 것은?

① 기존 건물이 있는 토지를 취득한 후 기존 건물의 즉시 철거비용은 토지의 취득원가에 포함한다.
② 기계장치를 구입 목적에 사용할 수 있을 때까지 발생한 설치비 및 시운전비는 취득원가에 가산한다.
③ 유형자산 취득과 관련하여 발생한 제세공과금은 유형자산의 취득원가에 가산한다.
④ 토지 등의 재산세 또는 종합부동산세가 발생한 경우 취득원가에 가산한다.

02 다음 중 재무상태표상 자본과 관련된 설명으로 틀린 것은?

① 자기주식을 취득한 경우 자기주식(자본조정)으로 회계처리하고, 이를 처분할 때 이익이 발생한 경우 이는 자기주식 처분이익(자본잉여금)으로 처리한다.
② 감자차손은 감자차익과 우선 상계하고 남은 잔액을 자본잉여금으로 분류한다.
③ 자본잉여금은 무상증자를 위해 자본금으로 전입시키는 경우에 사용되기도 한다.
④ 주식할인발행차금은 주식발행초과금과 우선하여 상계하고, 잔액이 남을 경우 자본조정으로 분류한다.

03 다음 중 일반기업회계기준상 현금및현금성자산에 포함되지 않는 것은?

① 미국달러화 지폐 $100
② 사용에 제한이 없는 보통예금 5백만원
③ 만기가 도래하여 현금 회수가 가능한 받을어음 1천만원
④ 상환일이 1년 내인 단기대여금 1천만원

04 다음 자료를 이용하여 영업이익을 계산하면 얼마인가?

> • 매출액 : 100,000,000원
> • 차량유지비 : 1,000,000원
> • 매출원가 : 50,000,000원
> • 기부금 : 2,000,000원
> • 기업업무추진비 : 5,000,000원
> • 잡손실 : 1,000,000원

① 41,000,000원 ② 42,000,000원
③ 44,000,000원 ④ 49,000,000원

05 다음 중 사채에 대한 설명으로 옳지 않은 것은?

① 사채발행비용은 사채의 발행가액에서 차감한다.
② 액면이자율보다 시장이자율이 클 경우 할증발행한다.
③ 사채할인발행차금은 해당 사채의 액면가액에서 차감하여 기재한다.
④ 사채할인(할증)발행차금은 유효이자율법에 의하여 상각 또는 환입한다.

06 다음의 자료는 (주)하나의 제품인 비행기 제조와 관련하여 발생한 원가 자료이다. (주)하나의 실제 당기 제조간접비는 1,200,000원이며, 회사는 직접재료비를 기준으로 제조간접비를 배부하고 있다. 비행기A의 당기총제조원가는 얼마인가?

구분	비행기A	비행기B	합계
직접재료비	600,000원	900,000원	1,500,000원
직접노무비	400,000원	600,000원	1,000,000원

① 1,480,000원 ② 1,500,000원
③ 2,500,000원 ④ 2,220,000원

07 다음 자료는 종합원가계산에 대한 내용이다. 비정상공손 수량은 얼마인가?

> • 기초재공품 : 3,000개
> • 당기착수량 : 2,300개
> • 공손품 : 200개
> • 기말재공품 : 1,100개
> • 단, 정상공손은 완성품수량의 3%이다.

① 41개 ② 80개
③ 120개 ④ 159개

08 (주)세정은 정상개별원가계산제도를 사용하고 있다. 제조간접비 예정배부율은 직접노무시간당 10,000원, 예상 직접노무시간은 110시간, 실제 직접노무시간은 100시간이다. 실제 제조간접비 발생액은 1,400,000원인 경우 제조간접비 배부차이는 얼마인가?

① 300,000원 과소배부
② 300,000원 과대배부
③ 400,000원 과소배부
④ 400,000원 과대배부

09 다음 중 공통부문원가를 각 부문에 배부하는 기준으로 가장 적합하지 않은 것은?

① 건물감가상각비 : 건물점유면적
② 종업원복리후생부문 : 각 부문의 종업원 수
③ 기계감가상각비 : 기계점유면적
④ 전력부문 : 전력사용량

10 아래의 그래프는 조업도에 따른 원가의 변화를 나타낸 것이다. 다음 중 고정원가에 해당하는 그래프는 무엇인가?

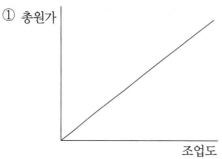

① 총원가

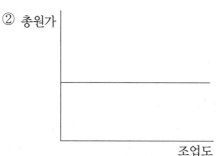

② 총원가

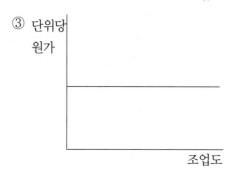

③ 단위당 원가

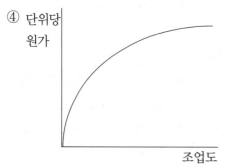

④ 단위당 원가

11 다음 중 부가가치세법상 과세표준에 포함되는 것은?

① 할부판매의 이자상당액
② 매출에누리액
③ 환입된 재화의 가액
④ 재화를 공급한 후의 그 공급가액에 대한 할인액

12 다음은 영세율에 대한 설명이다. 가장 틀린 것은?

① 영세율제도는 소비지국에서 과세하도록 함으로써 국제적인 이중과세를 방지하고자 하기 위한 제도이다.
② 국외에서 공급하는 용역에 대해서는 영세율을 적용하지 아니한다.
③ 비거주자나 외국법인의 국내 거래에 대해서는 영세율을 적용하지 아니함을 원칙으로 하되, 상호주의에 따라 영세율을 적용한다.
④ 국내 거래도 영세율 적용대상이 될 수 있다.

13 다음 중 부가가치세법상 용역의 공급에 해당하지 않는 것은?

① 건설업의 경우 건설업자가 건설자재의 전부 또는 일부를 부담하는 것
② 자기가 주요 자재를 전혀 부담하지 아니하고 상대방으로부터 인도받은 재화를 단순히 가공만 하는 것
③ 상업상 또는 과학상의 지식·경험 또는 숙련에 관한 정보를 제공하는 것
④ 자기가 주요 자재의 전부 또는 일부를 부담하고 상대방으로부터 인도받은 재화를 가공하여 새로운 재화를 만드는 가공계약에 따라 재화를 인도하는 것

14 다음 중 소득세법상 소득공제 및 세액공제 판단 시점에 관한 내용으로 틀린 것은?

① 인적공제 나이 판정 시 과세기간 종료일인 12월 31일의 상황으로 보는 것이 원칙이다.

② 과세기간 중 장애가 치유된 자에 대해서는 치유일 전날의 상황에 따른다.

③ 과세기간 중 사망한 자에 대해서는 사망일의 상황에 따른다.

④ 나이 판정 시 해당 과세기간 중에 요건을 충족하는 날이 하루라도 있으면 공제대상자로 한다.

15 다음 중 소득세법상 종합소득금액에 대한 설명으로 옳은 것은?

① 종합소득금액은 이자소득, 배당소득, 사업소득, 근로소득, 퇴직소득, 기타소득, 연금소득을 모두 합산한 것을 말한다.

② 원천징수된 소득은 종합소득금액에 포함될 수 없다.

③ 부가가치세법상 영세율 적용대상에서 발생하는 매출은 소득세법상 소득금액에서 제외한다.

④ 해당 연도 사업소득에서 발생한 결손금은 해당 연도 다른 종합소득금액에서 공제한다. 단, 부동산임대업을 영위하지 않았다.

✛ 실무시험 ✛

※ (주)로운상회(회사코드 : 1032)는 제조 및 도·소매업을 영위하는 중소기업으로, 당기(16기)의 회계기간은 2024.1.1.~2024.12.31.이다. 전산세무회계 수험용 프로그램을 이용하여 다음의 물음에 답하시오.

─────⟨ 기본전제 ⟩─────

• 문제에서 한국채택국제회계기준을 적용하도록 하는 전제조건이 없는 경우, 일반기업회계기준을 적용하여 회계처리한다.
• 문제의 풀이와 답안작성은 제시된 문제의 순서대로 진행한다.

01 다음의 거래 자료를 [일반전표입력] 메뉴를 이용하여 입력하시오. **15점**

─────⟨ 입력 시 유의사항 ⟩─────

• 일반적인 적요의 입력은 생략하지만, 타계정 대체거래는 적요 번호를 선택하여 입력한다.
• 채권·채무와 관련된 거래는 별도의 요구가 없는 한 반드시 기등록된 거래처코드를 선택하는 방법으로 거래처명을 입력한다.
• 제조경비는 500번대 계정코드를, 판매비와관리비는 800번대 계정코드를 사용한다.
• 회계처리 시 계정과목은 별도의 제시가 없는 한 등록된 계정과목 중 가장 적절한 과목으로 한다.

[1] 1월 31일 생산부의 전직원(생산직 100명)에 대한 건강검진을 한국병원에서 실시하고, 건강
검진 비용 10,000,000원을 법인신용카드(하나카드)로 결제하였다(미지급금으로
회계처리할 것). 3점

[2] 3월 3일 (주)동국 소유의 건물로 사무실을 이전하고 임차보증금 15,000,000원 중 계약금
5,000,000원(2월 3일 지급)을 제외한 잔금 10,000,000원을 보통예금 계좌에서 지
급하였다. 3점

[3] 3월 31일 단기 시세차익을 목적으로 올해 3월 2일에 취득하여 보유하고 있던 (주)미래의
주식 1,000주(주당 액면가액 5,000원, 주당 취득가액 8,000원)를 10,000,000원
에 일괄처분하고, 대금은 보통예금 계좌로 입금받았다. 3점

[4] 9월 21일 자금을 조달할 목적으로 유상증자를 하였다. 신주 2,000주를 1주당 7,500원(주당
액면가액 5,000원)에 발행하고, 주금은 보통예금 계좌로 입금받았다(단, 9월 21일
현재 주식할인발행차금 잔액은 없다). 3점

[5] 10월 31일 기업은행에서 차입한 단기차입금 100,000,000원의 만기상환일이 도래하여 원
금을 상환하고, 동시에 차입금이자 300,000원도 함께 보통예금 계좌에서 이체
하여 지급하였다. 3점

02 다음의 거래 자료를 [매입매출전표입력] 메뉴를 이용하여 입력하시오. 15점

─────〈 입력 시 유의사항 〉─────
- 일반적인 적요의 입력은 생략하지만, 타계정 대체거래는 적요 번호를 선택하여 입력한다.
- 채권·채무 관련 거래는 별도의 요구가 없는 한 반드시 기등록된 거래처코드를 선택하는 방법으
로 거래처명을 입력한다.
- 제조경비는 500번대 계정코드를, 판매비와관리비는 800번대 계정코드를 사용한다.
- 회계처리 시 계정과목은 등록된 계정과목 중 가장 적절한 과목으로 한다.
- 입력화면 하단의 분개까지 처리하고, 세금계산서 및 계산서는 전자 여부를 입력하여 반영한다.

[1] 7월 28일 부품의 제작에 필요한 원재료를 수입하고 김해세관으로부터 수입전자세금계산서
를 발급받았다. 부가가치세는 현금으로 지급하였다(단, 재고자산의 회계처리는 생
략할 것). 3점

수입전자세금계산서

승인번호	20240728-16565842-11125669

세 관 명	등록번호	135-83-12412	종사업장 번호			수 입 자	등록번호	121-86-23546	종사업장 번호	
	상호(법인명)	김해세관	성명	김세관			상호(법인명)	(주)로운상회	성명	김로운
	세관주소	부산광역시 강서구 공항진입로					사업장주소	부산광역시 사상구 대동로 303		
							업태	제조, 도소매	종목	컴퓨터 및 주변장치 외

| 수입신고번호 또는
일괄발급기관(총건) | | | | 업태 | 제조, 도소매 | 종목 | 컴퓨터 및
주변장치 외 |

작성일자	과세표준	세액	수정사유	비고
2024-07-28	30,000,000원	3,000,000원	해당 없음	

월	일	품목	규격	수량	단가	공급가액	세액	비고
07	28	수입신고필증 참조				30,000,000원	3,000,000원	

합계금액	33,000,000원

[2] 7월 30일 (주)조아캐피탈로부터 영업부가 업무용으로 사용하기 위하여 9인승 승합차를 리스하기로 하였다. 리스는 운용리스이며, 매월 리스료 550,000원 지급 조건이다. 7월분 리스료에 대하여 다음과 같이 전자계산서를 수취하고 보통예금 계좌에서 이체하여 지급하였다(단, 임차료 계정을 사용할 것). **3점**

전자계산서

승인번호	20240730-09230211-11112

공 급 자	등록번호	115-81-78435	종사업장 번호			공 급 받 는 자	등록번호	121-86-23546	종사업장 번호	
	상호 (법인명)	(주)조아캐피탈	성명	나조아			상호 (법인명)	(주)로운상회	성명	김로운
	사업장주소	서울 중구 퇴계로 125					사업장주소	부산광역시 사상구 대동로 303		
	업태	금융	종목	기타여신금융,할부금융, 시설대여			업태	제조, 도소매	종목	컴퓨터 및 주변장치 외
	이메일						이메일	fhdns@never.net		

작성일자	공급가액	수정사유	비고
2024-07-30	550,000원	해당 없음	19바3525

월	일	품목	규격	수량	단가	공급가액	비고
07	30	월 리스료				550,000원	

합계금액	현금	수표	어음	외상미수금	이 금액을 (영수)함
550,000원	550,000원				

[3] 8월 12일 해외 매출처인 영국 ACE사에 제품을 직수출(수출신고일 : 8월 10일, 선적일 : 8월 12일)하고, 수출대금 $30,000는 8월 30일에 받기로 하였다. 일자별 기준환율은 다음과 같다(단, 수출신고번호는 고려하지 말 것). **3점**

일자	8월 10일	8월 12일	8월 30일
기준환율	1,200원/$	1,150원/$	1,180원/$

[4] 9월 25일 당사가 생산한 제품(장부가액 2,000,000원, 시가 3,000,000원, 부가가치세 별도) 을 생산부 거래처인 (주)세무물산에 선물로 제공하였다(단, 제품과 관련된 부가가 치세는 적정하게 신고되었다고 가정한다). **3점**

[5] 9월 30일 (주)혜민에 제품을 30,000,000원(공급가액)에 판매하고 아래 전자세금계산서를 발급하였다. 단, 7월 31일 계약금 10,000,000원을 보통예금 계좌로 입금받았으며, 나머지 잔액은 10월 30일에 받기로 하였다(하나의 전표로 입력할 것). **3점**

전자세금계산서

						승인번호		20240930-100156-956214	
공급자	등록번호	121-86-23546	종사업장번호		공급받는자	등록번호	110-81-42121	종사업장번호	
	상호(법인명)	(주)로운상회	성명	김로운		상호(법인명)	(주)혜민	성명	이혜민
	사업장주소	부산광역시 사상구 대동로 303				사업장주소	서울 강남구 테헤란로 50		
	업태	제조,도소매	종목	컴퓨터 및 주변장치 외		업태	도소매	종목	전자제품
	이메일	fhdns@never.net				이메일			

작성일자	공급가액	세액	수정사유	비고
2024-09-30	30,000,000원	3,000,000원	해당 없음	

월	일	품목	규격	수량	단가	공급가액	세액	비고
09	30	전자제품		100	300,000원	30,000,000원	3,000,000원	

합계금액	현금	수표	어음	외상미수금	이 금액을 (청구) 함 (영수)
33,000,000원	10,000,000원			23,000,000원	

03 부가가치세 신고와 관련하여 다음 물음에 답하시오. **10점**

[1] 다음의 자료만을 이용하여 2024년 제1기 부가가치세 확정신고기간(2024.04.01.~2024.06.30.) 의 [부가가치세신고서]를 작성하시오(단, 기존에 입력된 자료 또는 불러온 자료는 무시하고, 부 가가치세신고서 외의 부속서류 작성은 생략할 것). **5점**

> 1. 매출내역
>   (1) 전자세금계산서 발급분 매출 : 공급가액 500,000,000원, 부가가치세 50,000,000원
>   (2) 해외 직수출에 따른 매출 : 공급가액 50,000,000원
> 2. 매입내역
>   (1) 전자세금계산서 수취분 일반매입 : 공급가액 250,000,000원, 부가가치세 25,000,000원
>   – 위의 일반매입 중 공급가액 10,000,000원, 부가가치세 1,000,000원은 사업과 직접
>   관련이 없는 지출이다.
>   (2) 예정신고누락분 세금계산서 매입 : 공급가액 4,500,000원, 부가가치세 450,000원
> 3. 예정신고 미환급세액 : 1,000,000원
> 4. 당사는 부가가치세 신고 시 홈택스에서 직접 전자신고를 한다(세부담 최소화 가정).

[2] 다음은 2024년 제2기 확정신고기간(10.01.~12.31.)의 부가가치세 관련 자료이다. (주)로운 상회의 [신용카드매출전표등발행금액집계표]를 작성하시오(단, 전표입력은 생략한다). **3점**

- 10월 15일 : (주)남산에 제품을 납품하고 세금계산서(공급가액 25,000,000원, 부가가치세액 2,500,000원)를 발급하고, 10월 30일에 (주)남산의 법인카드로 결제받았다.
- 11월 30일 : 면세제품(공급가액 7,000,000원)을 (주)해라산업에 납품하고 계산서를 발급하고, 12월 15일에 (주)해라산업의 법인카드로 결제받았다.

[3] 제1기 부가가치세 예정신고기간의 부가가치세신고서와 관련 부속서류를 전자신고하시오. **2점**

1. 부가가치세신고서와 관련 부속서류는 마감되어 있다.
2. [전자신고] → [국세청 홈택스 전자신고변환(교육용)] 순으로 진행한다.
3. 전자신고용 전자파일 제작 시 신고인 구분은 2.납세자 자진신고로 선택하고, 비밀번호는 "12341234"로 입력한다.
4. 전자신고용 전자파일 저장경로는 로컬디스크(C:)이며, 파일명은 "enc작성연월일.101.v12186 23546"이다.
5. 최종적으로 국세청 홈택스에서 [전자파일 제출하기]를 완료한다.

04 다음의 결산자료를 입력하여 결산을 완료하시오. **15점**

[1] 외화매출채권인 AAPL.CO.LTD의 외상매출금과 관련된 자료는 다음과 같다. **3점**

- 07월 04일 : 제품을 $100,000에 직수출하기로 계약하였다.
- 07월 31일 : 수출하기로 한 제품의 선적을 완료하였으며, 대금은 전액 외상으로 하였다.
- 08월 30일 : 위 수출대금 중 일부인 $30,000를 회수하였다.
- 일자별 기준환율

07월 04일	07월 31일	08월 30일	12월 31일
2,120원/$	1,190원/$	1,190원/$	1,150원/$

[2] 4월 1일 영업부에서 사용하는 법인명의의 업무용 차량에 대한 자동차 보험료 1,200,000원 (보험기간 : 2024.04.01.~2025.03.31.)을 국민화재보험에 지급하고 전액 보험료로 계상하였다(단, 보험료의 기간 배분은 월할계산하고, 회계처리 시 음수로 입력하지 말 것). **3점**

[3] 당사는 기말 현재 보유 중인 채권 등의 잔액에 대해서 1%의 대손충당금을 보충법으로 설정하고 있다(단, 원 단위 미만은 절사한다). **3점**

구분	기말잔액	설정 전 대손충당금 잔액
외상매출금	695,788,470원	5,150,000원
받을어음	157,760,000원	155,000원
단기대여금	90,000,000원	0원

[4] 당기말 현재 퇴직급여추계액이 다음과 같고, 회사는 퇴직급여추계액의 100%를 퇴직급여충당금으로 설정하고 있다. 퇴직급여충당부채를 설정하시오. **3점**

구분	퇴직급여추계액	설정 전 퇴직급여충당부채 잔액
생산부	150,000,000원	100,000,000원
영업부	200,000,000원	100,000,000원

[5] 당사는 해당연도 결산을 하면서 법인세 12,000,000원(지방소득세 포함)을 확정하였다. 이자수익에 대한 원천징수세액 550,000원 및 법인세 중간예납세액 5,000,000원은 자산으로 계상되어 있다. **3점**

05 2024년 귀속 원천징수자료와 관련하여 다음의 물음에 답하시오. **15점**

[1] 다음은 (주)로운상회의 생산직 근로자인 정희석(사번 : 101)의 5월분 급여 관련 자료이다. 아래 자료를 이용하여 5월분 [급여자료입력]과 [원천징수이행상황신고서]를 작성하시오(단, 전월미환급세액은 230,000원이며, 급여지급일은 매월 말일이다). **5점**

※ 수당등록 및 공제항목은 불러온 자료는 무시하고 아래 자료에 따라 입력하며, 사용하는 수당 및 공제 이외의 항목은 "부"로 체크하기로 한다.
※ 원천징수이행상황신고서는 매월 작성하며, 정희석의 급여내역만 반영하고 환급신청은 하지 않기로 한다.

〈5월 급여내역〉

이름	정희석	지급일	5월 31일
기본급	1,900,000원	소득세	25,950원
식대	100,000원	지방소득세	2,590원
자가운전보조금	300,000원	국민연금	99,000원
야간근로수당	200,000원	건강보험	67,910원

교육보조금	100,000원	장기요양보험	8,790원
		고용보험	19,800원
급여합계	2,600,000원	공제합계	224,040원
귀하의 노고에 감사드립니다.		지급총액	2,375,960원

(1) 식대 : 당 회사는 현물 식사를 별도로 제공하고 있다.

(2) 자가운전보조금 : 당사는 본인 명의의 차량을 업무목적으로 사용한 직원에게만 비정기적으로 자가운전보조금을 지급하고 있으며, 실제 발생된 교통비를 별도로 지급하지 않는다.

(3) 야간근로수당 : 올해 5월부터 업무시간 외 추가로 근무를 하는 경우 야근수당을 지급하고 있으며, 생산직 근로자가 받는 시간외근무수당으로서 비과세요건을 충족하고 있다.

(4) 교육보조금 : 사규에 따라 초등학교 자녀교육비에 대하여 매월 지급하고 있다.

[2] 김영식 사원(사번 : 102, 입사일 : 2024년 7월 1일)의 2024년 귀속 연말정산과 관련된 자료는 다음과 같다. 아래의 자료를 이용하여 [연말정산추가자료입력] 메뉴의 [소득명세] 탭, [연금저축 등] 탭, [월세,주택임차] 탭, [연말정산입력] 탭을 작성하시오. 단, 김영식은 무주택 세대주로 부양가족이 없으며, 근로소득 이외에 다른 소득은 없다. **10점**

(1) 현근무지
- 급여총액 : 13,200,000원(비과세 급여, 상여, 감면소득 없음)
- 소득세 기납부세액 : 155,700원(지방소득세 : 15,540원)
- 이외 소득명세 탭의 자료는 불러오기 금액을 반영한다.

(2) 종전근무지
⟨종전근무지 근로소득원천징수영수증상의 내용⟩
- 근무처 : (주)진성상사 (사업자번호 : 405-81-65449)
- 근무기간 : 2024.01.01.~2024.06.20.
- 급여총액 : 12,000,000원 (비과세 급여, 상여, 감면소득 없음)
- 국민연금 : 540,000원
- 건강보험료 : 411,600원
- 장기요양보험료 : 47,400원
- 고용보험료 : 96,000원
- 소득세 결정세액 : 100,000원(지방소득세 : 10,000원)
- 소득세 기납부세액 : 200,000원(지방소득세 : 20,000원)
- 소득세 차감징수세액 : −100,000원(지방소득세 : −10,000원)

(3) 2024년도 연말정산자료

※ 연말정산 자료는 모두 국세청 홈택스 및 기타 증빙을 통해 확인된 자료임

항목	내용
보험료	• 일반 보장성 보험료 : 1,600,000원 • 저축성 보험료 : 2,400,000원
교육비	• 본인 대학원 교육비 : 6,000,000원
의료비 (본인)	• 질병 치료비 : 1,500,000원(본인 신용카드 결제) • 시력보정용 안경 구입비 : 600,000원(안경원에서 의료비공제용 영수증 수령) • 미용목적 피부과 시술비 : 1,000,000원 • 건강증진을 위한 한약 : 400,000원
신용카드 등 사용금액	• 본인신용카드 사용액 : 8,500,000원(질병 치료비 포함) • 직불카드 사용액 : 3,600,000원 • 현금영수증 사용액 : 50,000원 ※ 전통시장, 대중교통 사용분은 없음
월세액 명세	• 임대인 : 김서민(주민등록번호 : 771031-1028559) • 유형 : 다가구 • 계약면적 : 50㎡ • 임대주택 주소지 : 부산시 해운대구 우동 10번지 1동 202호 • 임대차기간 : 2024.1.1.~2026.12.31. • 매달 월세액 : 300,000원
개인 연금저축	• 본인 개인연금저축 납입금액 : 1,200,000원 • KEB 하나은행, 계좌번호 : 243-610750-72208

PART

04

전산세무 2급
기출문제 정답 및 해설

01 | 전산세무 2급 112회 기출문제 정답 및 해설

÷ 이론시험 ÷

▣ 정답

01 ④	02 ①	03 ③	04 ④	05 ②	06 ④	07 ①	08 ②	09 ③	10 ①
11 ③	12 ③	13 ④	14 ②	15 ①					

01 ④ 계정과목을 단기매매증권으로 분류변경하는 것이 아니라, 만기보유증권(유동자산)으로 분류변경한다.

02 ①
- 미반영 회계처리
  (차) 선급비용(자산) (대) 보험료(비용)
- 자산 과소, 비용 과대, 당기순이익 과소, 부채는 영향이 없다.

03 ③ 원상회복, 수선유지를 위한 지출은 수익적 지출에 해당한다.

04 ④ 용역제공거래의 성과를 신뢰성 있게 추정할 수 없고 발생한 원가의 회수가능성이 낮은 경우에도 발생한 원가는 비용으로 인식한다(일반기업회계기준 16.14).

05 ② 회계연도의 이익을 줄이기 위해 유형자산의 내용연수를 임의로 단축하는 것은 회계처리의 오류이다.

06 ④ 조업도가 증가하거나 감소하더라도 단위당 변동원가는 변함이 없다.

07 ① 2,000,000원 과대배부 = 실제발생액 18,000,000원 − 예정배부액 20,000,000원

- 예정배부액 : 실제 직접노무시간 10,000시간 × 제조간접원가 배부율 2,000원 = 20,000,000원

08 ②
- 완성품수량 : 기초재공품 500개＋당기착수 5,000개 − 기말재공품 300개 − 공손품 700개 = 4,500개
- 정상공손수량 : 당기완성품 4,500개 × 10% = 450개
- 비정상공손수량 : 공손품 700개 − 정상공손 450개 = 250개

09 ③ 종합원가계산에 대한 설명이다.

10 ① 완성품환산량 2,800개 = 완성품 2,000개 + 기말재공품 2,000개 × 40%

11 ③ 간이과세자는 세금계산서를 발급받은 재화의 공급대가에 0.5%를 곱한 금액을 납부세액에서 공제한다.

12 ③ 의제매입세액의 공제대상이 되는 원재료의 매입가액은 운임 등의 부대비용을 제외한 매입원가로 한다(부가가치세 집행기준 42−84−5).

13 ④ 근로자의 가족에 대한 학자금은 근로소득으로 과세한다.

14 ② 근로소득과 사업소득이 있는 경우 과세표준확정신고의 예외에 해당하지 않으므로 반드시 확정신고를 해야 한다.

15 ① 총급여액 5,000,000원 이하의 근로소득만 있는 자가 기본공제 대상자에 해당한다. 한부모공제는 소득금액 제한이 없다.

✛ 실무시험 ✛

01 일반전표입력

[1] 6월 12일

| (차) 단기매매증권 | 10,000,000원 | (대) 보통예금 | 10,100,000원 |
| 수수료비용(984) | 100,000원 | | |

[2] 7월 9일

| (차) 예수금 | 3,300,000원 | (대) 보통예금 | 3,300,000원 |

[3] 7월 21일

| (차) 토지 | 370,000,000원 | (대) 자산수증이익 | 350,000,000원 |
| | | 보통예금 | 20,000,000원 |

[4] 9월 20일

| (차) 보통예금 | 34,100,000원 | (대) 사채 | 35,000,000원 |
| 사채할인발행차금 | 900,000원 | | |

[5] 10월 21일

| (차) 보통예금 | 125,000,000원 | (대) 외상매출금((주)도담) | 115,000,000원 |
| | | 외환차익 | 10,000,000원 |

02 매입매출전표입력

[1] 7월 2일

유형 : 51.과세, 공급가액 : 15,000,000원. 부가세 : 1,500,000원, 공급처명 : 대보상사, 전자 : 부, 분개 : 혼합

| (차) 부가세대급금 | 1,500,000원 | (대) 당좌예금 | 16,500,000원 |
| 기계장치 | 15,000,000원 | | |

[2] 7월 24일

유형 : 61.현과, 공급가액 : 80,000원, 부가세 : 8,000원, 공급처명 : 참맛식당, 분개 : 현금 또는 혼합

| (차) 부가세대급금 | 8,000원 | (대) 현금 | 88,000원 |
| 복리후생비(판) | 80,000원 | | |

[3] 8월 1일

유형 : 54.불공, 공급가액 : 25,000,000원, 부가세 : 2,500,000원, 공급처명 : (주)빠름자동차,
전자 : 여, 분개 : 혼합, 불공제사유 : ③ 비영업용승용자동차 구입·유지 및 임차

| (차) 차량운반구 | 27,500,000원 | (대) 보통예금 | 3,000,000원 |
| | | 미지급금 | 24,500,000원 |

[4] 8월 17일

유형 : 11.과세, 공급가액 : 40,000,000원, 부가세 : 4,000,000원, 공급처명 : (주)더뷰상사,
전자 : 여, 분개 : 혼합

| (차) 보통예금 | 12,000,000원 | (대) 부가세예수금 | 4,000,000원 |
| 외상매출금 | 32,000,000원 | 제품매출 | 40,000,000원 |

[5] 11월 30일

유형 : 16.수출, 공급가액 : 78,600,000원, 공급처명 : KYM사, 분개 : 혼합,
영세율구분 : ① 직접수출(대행수출 포함)

| (차) 외상매출금 | 39,300,000원 | (대) 제품매출 | 78,600,000원 |
| 보통예금 | 39,300,000원 | | |

03 부가가치세 신고와 부속서류 작성

[1] [부동산임대공급가액명세서]

[2] 부가가치세신고서 작성

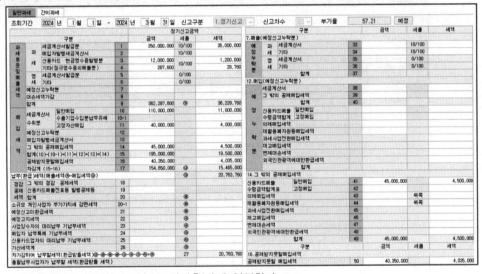

• 간주임대료는 기타(정규영수증외매출분)에 입력한다.

[3] 부가가치세 전자신고

1. [부가가치세신고서] 및 부속서류 "마감" 확인

2. 전자신고 데이터 F4제작 선택 → 신고년월, 1. 정기신고, 2. 납세자 자진신고, 회사코드 → 비밀
번호 13001300 입력 후 확인

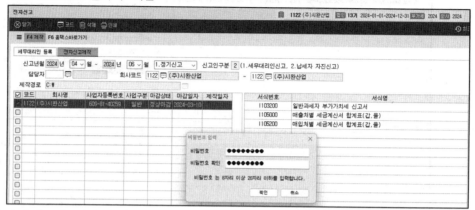

3. F6홈택스바로가기 선택

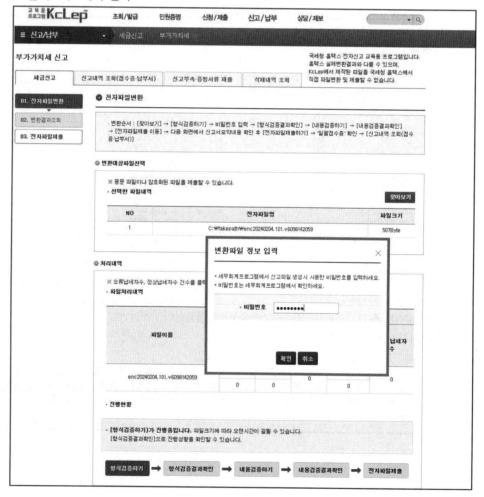

① [찾아보기] → 파일 업로드 → 비밀번호 13001300 입력함

② 형식검증하기 ➡ 형식검증결과확인 ➡ 내용검증하기 ➡ 내용검증결과확인 ➡ 전자파일제출 를 순서대로 클릭함

③ 전자파일제출하기 → 닫기

04 결산자료입력

[1] 12월 31일 일반전표입력

(차) 매도가능증권(178)	1,200,000원	(대) 매도가능증권평가이익	1,200,000원

[2] 12월 31일 일반전표입력

(차) 잡손실	102,000원	(대) 현금과부족	102,000원

[3] 12월 31일 일반전표입력

(차) 보통예금	35,423,800원	(대) 단기차입금(우리은행)	35,423,800원

[4] 12월 31일 일반전표입력

(차) 선급비용	200,000원	(대) 보험료(판)	200,000원

[5] 결산자료입력 및 일반전표입력

1. [결산자료입력] → Ctrl F8 퇴직충당 → 퇴직급여추계액란 → 퇴직급여(판) 100,000,000원 입력 → 퇴직급여(제) 300,000,000원 입력 → F3 전표추가

2. [결산자료입력] → 3)노무비 → 2)퇴직급여(전입액) 240,000,000원 입력, 4)판매비와일반관리비 → 2)퇴직급여(전입액) 80,000,000원 → F3 전표추가

3. 또는 2024.12.31. 일반전표입력

(차) 퇴직급여(판)	80,000,000원	(대) 퇴직급여충당부채	320,000,000원
퇴직급여(제)	240,000,000원		

- 마케팅부서 : 퇴직급여추계액 100,000,000원 × 100% − 20,000,000원 = 80,000,000원
- 생산부서 : 퇴직급여추계액 300,000,000원 × 100% − 60,000,000원 = 240,000,000원

05 원천징수

[1] [급여자료입력]메뉴와 [원천징수이행상황신고서] 작성

1. [수당등록]

수당공제등록 ✕

| 수당등록 | 공제등록 | ▲ ▼ |

No	코드	과세구분	수당명	근로소득유형 유형	근로소득유형 코드	근로소득유형 한도	월정액	통상임금	사용여부
1	1001	과세	기본급	급여			정기	여	여
2	1002	과세	상여	상여			부정기	부	부
3	1003	과세	직책수당	급여			정기	부	여
4	1004	과세	월차수당	급여			정기	부	부
5	1005	비과세	식대	식대	P01	(월)200,000	정기	부	부
6	1006	비과세	자가운전보조금	자가운전보조금	H03	(월)200,000	부정기	부	부
7	1007	비과세	야간근로수당	야간근로수당	O01	(년)2,400,000	부정기	부	부
8	2001	비과세	[기업연구소]연구보조	[기업연구소]연구보	H10	(월)200,000	부정기	부	여
9	2002	비과세	출산.보육수당(육아수	출산.보육수당(육아	Q01	(월)200,000	정기	부	여
10	2003	과세	식대	급여			정기	부	여

2. [급여자료입력]

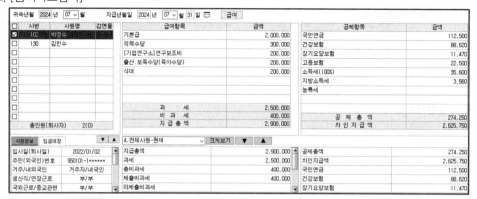

3. 원천징수이행상황신고서

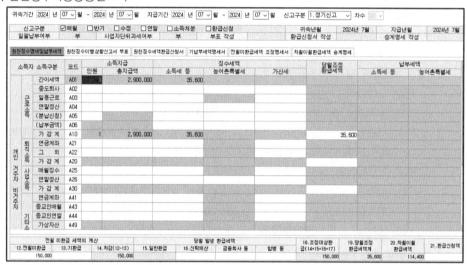

[2] [연말정산추가자료입력] 작성

1. [소득명세] 탭

2. [부양가족명세] 탭

(1) 인적공제

- 여민지(배우자) : 총급여 500만원 이하는 기본공제대상자이다.
- 김수지(자녀) : 일시적인 문예창작소득 50만원은 기타소득 분리과세로 기본공제대상자에 해당한다.
- 한미녀(모친)
  - 기본공제유형 60세 이상 또는 장애인
  - 장애인은 연령의 제한이 없으며, 원천징수 대상 금융소득 2,000만원 이하는 분리과세로 기본공제대상자에 해당한다.

(2) 보험료
- 김민수 일반보장성보험료

보험료 등 공제대상금액	
자료구분	**국세청간소화**
국민연금_직장	
국민연금_지역	
합 계	
건강보험료-보수월액	
장기요양보험료-보수월액	
건강보험료-소득월액(납부)	
기요양보험료-소득월액(납늑	
합 계	
고용보험료	
보장성보험-일반	1,150,000
보장성보험-장애인	
합 계	**1,150,000**

- 한미녀(모친) 장애인보장성보험료

보험료 등 공제대상금액	
자료구분	**국세청간소화**
국민연금_직장	
국민연금_지역	
합 계	
건강보험료-보수월액	
장기요양보험료-보수월액	
건강보험료-소득월액(납부)	
기요양보험료-소득월액(납늑	
합 계	
고용보험료	
보장성보험-일반	
보장성보험-장애인	1,200,000
합 계	**1,200,000**

(3) 교육비
- 김수지

교육비		
일반		**장애인특수**
200,000	2.초중	
	고	

- 김지민

교육비		
일반		**장애인특수**
300,000	2.초중	
	고	

- 김수지(자녀) : 학원비는 초등학교 취학 전 아동에 한하여 공제가 가능하다.
- 김지민(자녀) : 초등학교 체험학습비는 연 30만원까지 공제가 가능하다.
- 한미녀(모친) : 직계존속의 교육비는 공제 대상이 아니다(다만, 장애인 특수교육비는 제외함).

3. [의료비] 탭

	소득명세	부양가족	신용카드 등	의료비	기부금	연금저축 등I	연금저축 등II	월세액	연말정산입력

					2024년 의료비 지급명세서									
	의료비 공제대상자					지급처			지급명세					14.산후조리원
	성명	내/외	5.주민등록번호	6.본인등해당여부	9.증빙코드	8.상호	7.사업자등록번호	10.건수	11.금액	11-1.실손보험수령액	12.미숙아선천성이상아	13.납입여부	
□	여민지	내	810120-2118524	3	X	1				3,000,000	1,000,000	X	X	X
□	김수지	내	100810-4988221	3	X	1				500,000		X	X	X
□														
□														
					합계				3,500,000	1,000,000			
	일반의료비(본인)			6세이하,65세이상인건강보험산정특례자장애인			일반의료비(그 외)		3,500,000	난임시술비			
										미숙아.선천성이상아			

- 김수지(자녀) : 시력 보정용 콘택트렌즈 1인당 연 50만원까지 공제가 가능하다.

4. [신용카드] 탭

	소득명세	부양가족	신용카드 등	의료비	기부금	연금저축 등I	연금저축 등II	월세액	연말정산입력

	성명 생년월일	자료구분	신용카드	직불,선불	현금영수증	도서등신용	도서등직불	도서등현금	전통시장	대중교통	소비증가분	
											2023년	2024년
□	김민수	국세청	19,870,000						5,200,000	7,500,000		32,570,000
	1978-02-05	기타										
□	한미녀	국세청			5,000,000							5,000,000
	1955-12-11	기타										
□	여민지	국세청		12,000,000								12,000,000
	1981-01-20	기타										
□	김수지	국세청										
	2010-08-10	기타										
□	김지민	국세청										
	2012-05-20	기타										
	합계		19,870,000	12,000,000	5,000,000				5,200,000	7,500,000		49,570,000

5. [연말정산입력] 탭 : F8 부양가족불러오기 실행

| 소득명세 | 부양가족 | 신용카드 등 | 의료비 | 기부금 | 연금저축 등I | 연금저축 등II | 월세액 | 연말정산입력 |

정산(지급)년월 2025 년 2 월 귀속기간 2024 년 1 월 1 일 ~ 2024 년 12 월 31 일 영수일자 2025 년 2 월 28 일

	구분		지출액	공제금액		구분		지출액	공제대상금액	공제금액
21.총급여				59,250,000	49.종합소득 과세표준					24,603,638
22.근로소득공제				12,712,500	50.산출세액					2,430,545
23.근로소득금액				46,537,500	51.「소득세법」	▶	세			
기본공제	24.본인			1,500,000	52.「조세특례제한법」	▶	액			
	25.배우자			1,500,000	(53제외)					
	26.부양가족	3명)		4,500,000	53.「조세특례제한법」	▶	감			
추가공제	27.경로우대	명)			제30조					
	28.장애인	1명)		2,000,000	54.조세조약	▶	면			
	29.부녀자				55.세액감면 계					
	30.한부모가족				56.근로소득 세액공제					660,000
연금보험료공제	31.국민연금보험료		2,610,000	2,610,000	57.자녀 ㉮자녀	2명)	세액공제			350,000
	32. 공적연금보험료공제	공무원연금			㉯ 출산.입양	명)				
		군인연금			연금계좌	58.과학기술공제				
		사립학교교직원				59.근로자퇴직연금				
		별정우체국연금			세	60.연금저축				
특별소득공제	33.보험료		2,823,862	2,823,862		60-1.ISA연금계좌전환				
		건강보험료	2,319,362	2,319,362	액	61.보장 일반	1,150,000	1,150,000	1,000,000	120,000
		고용보험료	504,500	504,500		성보험 장애인	1,200,000	1,200,000	1,000,000	150,000
	34.주택차입금	대출기관				62.의료비	3,500,000	3,500,000	722,500	108,375
	원리금상환액	거주자			별	63.교육비	500,000	500,000	500,000	75,000
	34.장기주택저당차입금이자상					64.기부금				
	35.기부금-2013년이전이월분				세	1)정치자금	10만원이하			
	36.특별소득공제 계			2,823,862		기부금	10만원초과			
37.차감소득금액				31,603,638	액	2)고향사랑	10만원이하			
	38.개인연금저축					기부금	10만원초과			
그밖의소득공제	39.소기업,소상	2015년이전가입			공	3)특례기부금(전액)				
	공인 공제부금	2016년이후가입				4)우리사주조합기부금				
	40.주택	청약저축				5)일반기부금(종교단체외)				
	마련저축	주택청약			제	6)일반기부금(종교단체)				
	소득공제	근로자주택마련				65.특별세액공제 계				453,375
	41.투자조합출자 등 소득공제					66.표준세액공제				
	42.신용카드 등 사용액		49,570,000	7,000,000	67.납세조합공제					
	43.우리사주조합 일반 등				68.주택차입금					
	출연금 벤처 등				69.외국납부	▶				
	44.고용유지중소기업근로자				70.월세액					
	45.장기집합투자증권저축				71.세액공제 계					1,463,375
	46.청년형장기집합투자증권저축				72.결정세액((50)-(55)-(71))					967,170
	47.그 밖의 소득공제 계			7,000,000	82.실효세율(%) [(72/21)]X100					1.6
48.소득공제 종합한도 초과액	▶									

	구분	소득세	지방소득세	농어촌특별세	계
73.결정세액		967,170	96,717		1,063,887
기납부세액	74.종(전)근무지	325,000	32,500		357,500
	75.주(현)근무지	976,080	97,600		1,073,680
76.납부특례세액					
77.차감징수세액		-333,910	-33,380		-367,290

02 | 전산세무 2급 111회 기출문제 정답 및 해설

✦ 이론시험 ✦

➤ 정답

01 ③	02 ④	03 ②	04 ①	05 ①	06 ③	07 ④	08 ①	09 ②	10 ④
11 ③	12 ③	13 ④	14 ②	15 ②					

01 ③ ① 재무제표는 일정한 가정 하에서 작성되며, 그러한 기본가정으로는 기업실체, 계속기업 및 기간별 보고를 들 수 있다(일반기업회계기준 개념체계 문단 61).
② 기간별 보고의 가정이란 기업실체의 존속기간을 일정한 기간 단위로 분할하여 각 기간별로 재무제표를 작성하는 것을 말한다(일반기업회계기준 개념체계 문단 65).
④ 계속기업의 가정이란 기업실체는 그 목적과 의무를 이행하기에 충분할 정도로 장기간 존속한다고 가정하는 것을 말한다(일반기업회계기준 개념체계 문단 64).

02 ④ 후입선출법에 대한 설명이다.

03 ② 562,500원 = 취득가액 4,500,000원 × $\frac{3년}{(1년 + 2년 + 3년)}$ × $\frac{3개월}{12개월}$

04 ① 무형자산의 재무제표 표시방법으로 직접법과 간접법을 모두 허용하고 있다.

05 ① 자기주식처분손실이 자본조정에 해당한다. 주식발행초과금, 감자차익은 자본잉여금에, 매도가능증권평가손익은 기타포괄손익누계액에 해당한다.

06 ③ 회피불능원가에 대한 설명이다. 회피가능원가란 의사결정에 따라 회피할 수 있는 원가를 말한다.

07 ④ 생산량의 증감에 따라 제품 단위당 고정원가는 변동한다.

08 ① 제조원가명세서에는 기말 제품 재고액은 표시되지 않는다.

09 ② 일반형 캠핑카 당기총제조원가 2,760,000원 = 직접재료원가 1,200,000원 + 직접노무원가 600,000원 + 제조간접원가 960,000원
• 제조간접원가 배부율 : 제조간접원가 2,400,000원 ÷ 총직접재료원가 3,000,000원 = 80%
• 일반형 캠핑카 제조간접원가 배부액 : 직접재료원가 1,200,000원 × 배부율 80% = 960,000원

10 ④
- 가공원가 완성품환산량 : 당기완성품수량 28,500개 + 기말재공품 4,000개 × 0.3 = 29,700개
- 가공원가 완성품환산량 단위당원가 : (30,000원 + 1,306,500원) ÷ 29,700개 = 45원

11 ③ 나, 라, 마 3개이다.
- 가, 다, 바는 과세이고, 미가공식료품은 국내산, 외국산 불문하고 면세한다.

12 ③ 공급일부터 10년이 지난 날이 속하는 과세기간에 대한 확정신고기한까지 확정되는 대손세액에 대하여 대손세액공제를 적용받을 수 있다.

13 ④ ① 소득세의 과세기간은 원칙은 1월 1일부터 12월 31일까지이다. 단 예외적으로 사망 시와 출국 시에는 모두 1월 1일부터 사망일, 출국일 전날까지이다.
② 거주자의 소득세 납세지는 거주자의 주소지가 원칙이다.
③ 소득세법은 종합과세제도, 분류과세제도, 분리과세제도가 있으며 분류과세제도는 종합과세에 포함하지 않고 별도로 과세하며, 분리과세 중 완납적 원천징수에 해당하는 것은 소득이 발생하면 원천세를 징수하고 납부의무가 종결된다.

14 ② 52,000,000원 = 근로소득금액 30,000,000원 + 이자소득금액 22,000,000원
- 양도소득과 퇴직소득은 분류과세한다.

15 ② 소득세법 제135조 제1항
- 2024년 11월 귀속 근로소득을 2025년 1월에 지급한 경우 원천징수시기는 2024년 12월 31일이다.
- 1월~11월 귀속 근로소득을 12월 31일까지 지급하지 않은 경우, 그 근로소득은 12월 31일에 지급한 것으로 보아 소득세를 원천징수한다.
- 12월 귀속 근로소득을 다음 연도 2월 말까지 지급하지 않은 경우, 그 근로소득은 다음 연도 2월 말에 지급한 것으로 보아 소득세를 원천징수한다.

PART
04

⊹ 실무시험 ⊹

01 일반전표입력

[1] 1월 30일

(차) 복리후생비(제)	50,000원	(대) 제품	50,000원
		(적요 8. 타계정으로 대체)	

[2] 4월 1일

(차) 외화장기차입금(미국LA은행)	26,000,000원	(대) 보통예금	29,120,000원
이자비용	1,120,000원		
외환차손	2,000,000원		

[3] 5월 6일

(차) 임차보증금((주)명당)	20,000,000원	(대) 보통예금	18,000,000원
		선급금((주)명당)	2,000,000원

[4] 8월 20일

(차) 보통예금	2,750,000원	(대) 대손충당금(109)	2,500,000원
		부가세예수금	250,000원

[5] 9월 19일

(차) 차량운반구	1,250,000원	(대) 보통예금	1,250,000원

02 매입매출전표입력

[1] 4월 2일

유형 : 11.과세, 공급가액 : 50,000,000원, 부가세 : 5,000,000원, 거래처 : (주)이레테크,
전자 : 여, 분개 : 혼합

(차) 선수금	5,000,000원	(대) 부가세예수금	5,000,000원
받을어음	30,000,000원	제품매출	50,000,000원
외상매출금	20,000,000원		

[2] 4월 9일

유형 : 16.수출, 공급가액 : 3,000,000원, 거래처 : BTECH, 분개 : 외상 또는 혼합,
영세율구분 : ①직접수출(대행수출 포함), 수출신고번호 : 12345-00-123456X

(차) 외상매출금	3,000,000원	(대) 제품매출	3,000,000원

[3] 5월 29일

유형 : 57.카과, 공급가액 : 1,000,000원, 부가세 : 100,000원, 거래처 : 침산가든,
분개 : 카드 또는 혼합, 신용카드사 : 제일카드

(차) 부가세대급금	100,000원	(대) 미지급금(제일카드)	1,100,000원
복리후생비(제)	600,000원	(또는 미지급비용)	
복리후생비(판)	400,000원		

[4] 6월 5일

유형 : 54.불공, 공급가액 : 100,000,000원, 부가세 : 10,000,000원, 거래처 : (주)한라상사,

전자 : 여, 분개 : 혼합, 불공제사유 : ⑤ 면세사업 관련

(차) 기계장치　　　　　　　　　110,000,000원　　(대) 당좌예금　　　　　　　　100,000,000원

　　　　　　　　　　　　　　　　　　　　　　　　보통예금　　　　　　　　　10,000,000원

[5] 6월 15일

유형 : 61.현과, 공급가액 : 200,000원, 부가세 : 20,000원, 거래처 : 일진상사,

분개 : 현금 또는 혼합

(차) 부가세대급금　　　　　　　　20,000원　　(대) 현금　　　　　　　　　　　220,000원

　　　소모품비(제)　　　　　　　200,000원

03 부가가치세 신고와 부속서류 작성

[1] [수출실적명세서]

조회기간	2024 년 01 ∨ 월 ~ 2024 년 03 ∨ 월 구분 : 1기 예정 과세기간별입력							

구분	건수	외화금액		원화금액		비고	
⑨합계	3	5,180,000.00		232,000,000			
⑩수출재화[=⑫합계]	3	5,180,000.00		232,000,000			
⑪기타영세율적용							

No	□	(13)수출신고번호	(14)선(기)적일자	(15)통화코드	(16)환율	금액		전표정보	
						(17)외화	(18)원화	거래처코드	거래처명
1	□	13065-22-065849X	2024-01-31	USD	1,080.0000	100,000.00	108,000,000	00801	제일스사
2	□	13075-20-080907X	2024-02-20	USD	1,050.0000	80,000.00	84,000,000	00802	랜딩기업
3	□	13889-25-148890X	2024-03-18	JPY	8.0000	5,000,000.00	40,000,000	00901	큐수상사
	□								
		합계				5,180,000	232,000,000		

[2] [영세율매출명세서]

조회기간	2024 년 01 ∨ 월 ~ 2024 년 03 ∨ 월 1기 예정		

부가가치세법	조세특례제한법		

(7)구분	(8)조문	(9)내용	(10)금액(원)
부가가치세법	제21조	직접수출(대행수출 포함)	232,000,000
		중계무역·위탁판매·외국인도 또는 위탁가공무역 방식의 수출	
		내국신용장·구매확인서에 의하여 공급하는 재화	
		한국국제협력단 및 한국국제보건의료재단에 공급하는 해외반출용 재화	
		수탁가공무역 수출용으로 공급하는 재화	
	제22조	국외에서 제공하는 용역	
	제23조	선박·항공기에 의한 외국항행용역	
		국제복합운송계약에 의한 외국항행용역	
(11) 부가가치세법에 따른 영세율 적용 공급실적 합계			232,000,000
(12) 조세특례제한법 및 그 밖의 법률에 따른 영세율 적용 공급실적 합계			
(13) 영세율 적용 공급실적 총 합계(11)+(12)			232,000,000

[3] 부가가치세신고서 작성

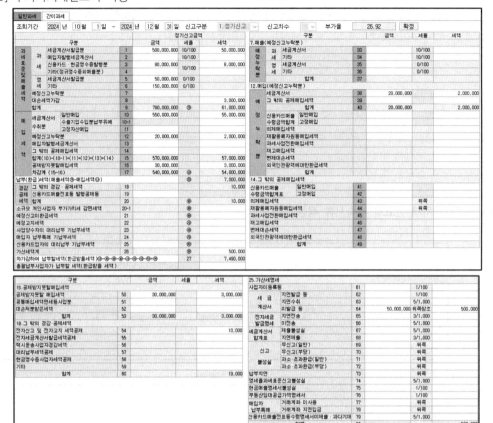

※ 세금계산서 불성실 가산세 중 전자세금계산서 발급의무자가 세금계산서 발급시기에 종이세금계
산서를 발급한 경우 가산세 : 공급가액 × 1%(64.미발급 등 또는 62.지연발급 등)

04 결산자료입력

[1] 12월 31일 일반전표입력

(차) 소모품비(판) 900,000원 (대) 소모품 900,000원

[2] 12월 31일 일반전표입력

(차) 매도가능증권평가손실 130,000원 (대) 매도가능증권(178) 130,000원

• (8,300원 − 7,000원) × 100주 = 130,000원

[3] 12월 31일 일반전표입력

(차) 이자비용 1,600,000원 (대) 미지급비용 1,600,000원

[4] 결산자료입력 및 일반전표입력

1. [결산자료입력] → Ctrl F8 퇴직충당 → 퇴직급여추계액 →

   퇴직급여(508) 75,000,000원, 퇴직급여(806) 35,000,000원 입력 → 결산반영 → F3 전표추가

   2. 또는 [결산자료입력] → 퇴직급여(508) 25,000,000원 입력, 퇴직급여(806) 7,000,000원 입력
     → F3전표추가

   3. 또는 2024.12.31. 일반전표입력

     (차) 퇴직급여(508)   25,000,000원   (대) 퇴직급여충당부채   32,000,000원
          퇴직급여(806)   7,000,000원

[5] 결산자료입력 및 일반전표입력

   1. [결산자료입력] → 9.)법인세등 → 선납세금 26,080,000원 입력, 추가계상액 24,920,000원 입력
     → F3전표추가

   2. 또는 2024.12.31.일반전표입력

     (차) 법인세등   51,000,000원   (대) 미지급세금   24,920,000원
                                        선납세금   26,080,000원

05 원천징수

[1] [사원등록] 메뉴의 [부양가족명세] 작성

   1. [사원등록] > [기본사항]

	사번	성명	주민(외국인)번호	나이	기본사항	부양가족명세	추가사항
	500	박한별	1 810505-2027818	42	1.입사년월일	2024 년 6 월 1 일	

   2. [사원등록] > [부양가족명세]

연말관계	성명	내/외국인	주민(외국인,여권)번호	나이	기본공제	부녀자	한부모	경로우대	장애인	자녀	출산입양	위탁관계
0	박한별	내	1 810505-2027818	43	본인							
1	박인수	내	1 510725-1013119	73	60세이상			○	1			
3	김준호	내	1 800525-1056931	44	배우자							
4	김은수	내	1 050510-3212685	19	20세이하					○		
4	김아름	내	1 241225-4115739	0	20세이하						둘째	

※ 부양가족명세

   ① 박한별(본인)은 근로소득금액이 3,000만원 이하에 해당하므로 부녀자공제를 받을 수 있다.

   ② 박인수(소득자의 직계존속)는 기본공제, 경로우대자공제, 장애인공제를 받을 수 있다.

   ③ 김준호(배우자)는 생계를 같이 해야 한다는 요건이 없다.

   ④ 김은수, 김아름(직계비속)은 항상 생계를 같이하는 부양가족으로 보며 출산공제를 받을 수 있다.

[2] [연말정산추가자료입력] 작성

1. 소득명세 탭

| 소득명세 | 부양가족 | 신용카드 등 | 의료비 | 기부금 | 연금저축 등I | 연금저축 등II | 월세액 | 연말정산입력 |

구분	합계	주(현)	납세조합	종(전) [1/2]
9.근무처명		(주)대동산업		(주)해탈상사
9-1.종교관련 종사자		부		부
10.사업자등록번호		129-81-59325	---.--.----	---.--.----
11.근무기간		2024-01-01 ~ 2024-12-31	----.-.-- ~ ----.-.--	2024-07-01 ~ 2024-06-30
12.감면기간		----.-.-- ~ ----.-.--	----.-.-- ~ ----.-.--	----.-.-- ~ ----.-.--
13-1.급여(급여자료입력)	66,000,000	42,000,000		24,000,000
13-2.비과세한도초과액				
13-3.과세대상추가(인정상여추가)				
14.상여	3,000,000			3,000,000
15.인정상여				
15-1.주식매수선택권행사이익				
15-2.우리사주조합 인출금				
15-3.임원퇴직소득금액한도초과액				
15-4.직무발명보상금				
16.계	69,000,000	42,000,000		27,000,000
공제보험료명세 직장 건강보험료(직장)(33)	2,876,900	1,488,900		1,388,000
장기요양보험료(33)	379,680	190,680		189,000
고용보험료(33)	571,600	336,000		235,600
국민연금보험료(31)	3,203,000	1,593,000		1,610,000
공적연금 공무원 연금(32)				
군인연금(32)				
사립학교교직원연금(32)				
별정우체국연금(32)				
세액명세 기납부세액 소득세	5,651,200	4,396,200		1,255,000
지방소득세	565,120	439,620		125,500
농어촌특별세				
납부특례세액 소득세				
지방소득세				
농어촌특별세				

2. 부양가족 탭 : 교육비

| 소득명세 | 부양가족 | 신용카드 등 | 의료비 | 기부금 | 연금저축 등I | 연금저축 등II | 월세액 | 연말정산입력 |

연말관계	성명	내/외국인	주민(외국인)번호	나이	기본공제	세대주구분	부녀자	한부모	경로우대	장애인	자녀	출산입양
0	김기웅	내	1 800706-1256785	44	본인	세대주						
	합 계 [명]				1							

자료구분	보험료				의료비					교육비	
	건강	고용	일반보장성	장애인전용	일반	실손	선천성이상아	난임	65세,장애인	일반	장애인특수
국세청										3,000,000 4.본인	
기타	3,256,580	571,600			1.전액						

3. 신용카드 등 탭

| 소득명세 | 부양가족 | 신용카드 등 | 의료비 | 기부금 | 연금저축 등I | 연금저축 등II | 월세액 | 연말정산입력 |

성명 생년월일	자료구분	신용카드	직불,선불	현금영수증	도서등신용	도서등직불	도서등현금	전통시장	대중교통	소비증가분 2023년	소비증가분 2024년
김기웅	국세청	20,000,000	1,000,000	1,000,000			200,000	300,000	1,200,000		23,700,000
1900-07-06	기타										

4. 의료비 탭

| 소득명세 | 부양가족 | 신용카드 등 | 의료비 | 기부금 | 연금저축 등I | 연금저축 등II | 월세액 | 연말정산입력 |

2024년 의료비 지급명세서

의료비 공제대상자					지급처		지급명세						14.산후조리원
성명	내/외	5.주민등록번호	6.본인등해당여부	9.증빙코드	8.상호	7.사업자등록번호	10.건수	11.금액	11-1.실손보험수령액	12.미숙아선천성이상아	13.난임여부		
김기웅	내	800706-1256785	1 0	1				500,000		X	X	X	
김기웅	내	800706-1256785	1 0	1				2,500,000	500,000	X	X	X	

5. 연말정산입력 탭

1) 주택차입금원리금상환액

주택자금

구분	공제한도	납입/상환액	공제금액
①청약저축_연납입액 300만원 한도			
②주택청약저축(무주택자)_연납입액 300만원 한도	납입액의 40%		
③근로자주택마련저축_월 납입 15만원, 연 납입 180만원			
1. 주택마련저축공제계 (①~③)	연 400만원 한도		
주택임차차입금 원리금상환액 ①대출기관	납입액의 40%	3,300,000	1,320,000
②거주자(총급여 5천만원 이하)			

2) F8 부양가족탭불러오기

소득명세	부양가족	신용카드 등	의료비	기부금	연금저축 등I	연금저축 등II	월세액	연말정산입력

정산(지급)년월 2025 년 2 월 귀속기간 2024 년 1 월 1 일 - 2024 년 12 월 31 일 영수일자 2025 년 2 월 28 일

	구분	지출액	공제금액		구분	지출액	공제대상금액	공제금액
21.총급여			69,000,000	49.종합소득 과세표준				41,906,320
22.근로소득공제			13,200,000	50.산출세액				5,025,948
23.근로소득금액			55,800,000	세 51.「소득세법」 ▶				
기본공제	24.본인		1,500,000	액 52.「조세특례제한법」(53제외) ▶				
	25.배우자			감 53.「조세특례제한법」제30조 ▶				
	26.부양가족 (명)			면 54.조세조약 ▶				
추가공제	27.경로우대 (명)			55.세액감면 계				
	28.장애인 (명)			56.근로소득 세액공제				660,000
	29.부녀자			57.자녀 ⓐ자녀 (명)				
	30.한부모가족			세액공제 ⓑ 출산.입양 (명)				
연금보험료공제	31.국민연금보험료	3,203,000	3,203,000	연 58.과학기술공제				
공적연금보험료공제	32. 공무원연금			금 59.근로자퇴직연금				
	군인연금			계 60.연금저축				
	사립학교교직원			좌 60-1.ISA연금계좌전환				
	별정우체국연금			특 61.보장 일반				
특별소득공제	33.보험료	3,828,180	3,828,180	별 성보험 장애인				
	건강보험료	3,256,580	3,256,580	세 62.의료비	3,000,000	3,000,000	430,000	64,500
	고용보험료	571,600	571,600	액 63.교육비	3,000,000	3,000,000	3,000,000	450,000
	34.주택차입금 대출기관	3,300,000	1,320,000	공 64.기부금				
	원리금상환액 거주자			제 1)정치자금 10만원이하				
	34.장기주택저당차입금이자상			기부금 10만원초과				
	35.기부금-2013년이전이월분			2)고향사랑 10만원이하				
	36.특별소득공제 계		5,148,180	기부금 10만원초과				
37.차감소득금액			45,948,820	공 3)특례기부금(전액)				
38.개인연금저축				제 4)우리사주조합기부금				
그밖의소득공제	39.소기업,소상공인 공제부금 2015년이전가입			5)일반기부금(종교단체외)				
	2016년이후가입			6)일반기부금(종교단체)				
	40.주택마련저축 청약저축			65.특별세액공제 계				514,500
	주택청약			66.표준세액공제				
	근로자주택마련			67.납세조합공제				
	41.투자조합출자 등 소득공제			68.주택차입금				
	42.신용카드 등 사용액	23,700,000	4,042,500	69.외국납부 ▶				
	43.우리사주조합 일반 등			70.월세액				
	출연금 벤처 등			71.세액공제 계				1,174,500
	44.고용유지중소기업근로자			72.결정세액((50)-(55)-(71))				3,851,448
	45.장기집합투자증권저축			82.실효세율(%) [(72/21)]X100				5.6
	46.청년형장기집합투자증권저축							
	47.그 밖의 소득공제 계		4,042,500					
48.소득공제 종합한도 초과액 ▶								

구분	소득세	지방소득세	농어촌특별세	계
73.결정세액	3,851,448	385,144		4,236,592
기납부세액 74.종(전)근무지	1,255,000	125,500		1,380,500
75.주(현)근무지	4,396,200	439,620		4,835,820
76.납부특례세액				
77.차감징수세액	-1,799,750	-179,970		-1,979,720

PART
04

03 | 전산세무 2급 110회 기출문제 정답 및 해설

✛ 이론시험 ✛

📌 정답

| 01 | ① | 02 | ④ | 03 | ① | 04 | ③ | 05 | ③ | 06 | ③ | 07 | ① | 08 | ③ | 09 | ②, ④ | 10 | ④ |
| 11 | ④ | 12 | ① | 13 | ③ | 14 | ① | 15 | ③ | | | | | | | | | | | | |

01 ① 유동성이 높은 항목부터 배열하는 것을 원칙으로 한다.

02 ④ 7,000,000원 = 매출채권 1,000,000원 + 상품 2,500,000원 + 당좌예금 3,000,000원 + 선급비용 500,000원이 된다. 단, 특허권, 장기매출채권은 비유동자산에 해당한다.

03 ① 선입선출법이다.
- 물가가 지속적으로 상승하는 경우, 기말 재고자산 금액은 후입선출법 > 총평균법 > 이동평균법 > 선입선출법 순으로 커진다.

04 ③ 수익적지출을 자본적 지출로 잘못 회계처리하면 자산의 과대계상과 비용의 과소계상으로 인해 당기순이익과 자본이 과대계상된다.

05 ③ 매도가능증권평가손익은 기타포괄손익누계액에 계상한다.

06 ③ 가공원가란 직접노무원가와 제조간접원가를 말한다.

07 ① 1,000,000원 = 총제조원가 4,000,000원 − 제조간접원가 1,000,000원 − 직접노무원가 2,000,000원

- 제조간접원가 : 총제조원가 4,000,000원 × 25% = 1,000,000원
- 직접노무원가 : 제조간접원가 1,000,000원 × 200% = 2,000,000원

08 ③ 250시간 = 예정배부액(실제 제조간접원가) 2,500,000원 ÷ 예정배부율 10,000원
- 예정배부액 : 실제 제조간접원가 2,500,000원 ± 배부차이 0원 = 2,500,000원
- 예정배부율 :
$$\frac{제조간접원가\ 예산\ 2,000,000원}{예정\ 직접노무시간\ 200시간}$$
= 10,000원/직접노무시간

09 ②, ④
② 작업폐물에 관한 설명이다.
④ 원가흐름과 상관없이 항상 동일하다.

10 ④ 평균법에 의한 종합원가계산의 경우, 완성품 단위당 원가의 산정 시 기초재공품의 물량에 대한 정보는 불필요하다.

11 ④ 사업자가 자기생산·취득재화를 비영업용 승용자동차(개별소비세 과세 대상)로 사용 또는 소비하거나 그 자동차의 유지를 위하여 사용 또는 소비하는 경우 재화의 공급으로 본다(부가가치세법 제10조 제2항 제1호).

12 ① 면세제도에 대한 설명이다.
- 영세율 제도는 소비지국과세원칙의 구현을 목적으로 한다.

13 ③ 3%
- 사업자가 재화 또는 용역을 공급하지 아니하고 세금계산서 등을 발급한 경우 그 세금계산서 등에 적힌 공급가액의 3퍼센트를 납부세액에 더하거나 환급세액에서 뺀다(부가가치세법 제60조 제3항 제1호).

14 ① 잉여금처분에 의한 상여는 해당 법인의 잉여금처분결의일을 수입시기로 한다.

15 ③ 330,000,000원 = 매출액 300,000,000원 + 차량운반구 양도가액 30,000,000원
- 복식부기의무자가 차량 및 운반구 등 대통령령으로 정하는 사업용 유형자산을 양도함으로써 발생하는 소득은 사업으로 한다. 다만, 토지와 건물의 양도로 발생하는 양도소득에 해당하는 경우는 제외한다(소득세법 제19조 제1항 제20호).

╌ 실무시험 ╌

01 일반전표입력

[1] 1월 5일

| (차) 단기매매증권 | 6,000,000원 | (대) 보통예금 | 6,030,000원 |
| 수수료비용(984) | 30,000원 | | |

[2] 3월 31일

| (차) 보통예금 | 423,000원 | (대) 이자수익 | 500,000원 |
| 선납세금 | 77,000원 | | |

[3] 4월 30일

| (차) 건설중인자산 | 2,500,000원 | (대) 보통예금 | 2,500,000원 |

[4] 7월 10일

| (차) 퇴직연금운용자산 | 10,000,000원 | (대) 보통예금 | 17,000,000원 |
| 퇴직급여(판) | 7,000,000원 | | |

[5] 7월 15일

| (차) 선급금((주)지유) | 5,000,000원 | (대) 당좌예금 | 5,000,000원 |

02 매입매출전표입력

[1] 7월 7일

유형 : 54.불공, 공급가액 : 500,000원, 부가세 : 50,000원, 거래처 : (주)신화, 전자 : 여, 분개 : 현금 또는 혼합, 불공제사유 : ④ 기업업무추진비 및 이와 유사한 비용 관련

| (차) 기업업무추진비(판) | 550,000원 | (대) 현금 | 550,000원 |

[2] 7월 20일

유형 : 61.현과, 공급가액 : 1,000,000원, 부가세 : 100,000원, 거래처 : (주)하나마트,

분개 : 현금 또는 혼합

(차) 부가세대급금   100,000원   (대) 현금   1,100,000원

      소모품비(제)   1,000,000원

[3] 8월 16일

유형 : 16.수출, 공급가액 : 11,000,000원, 거래처 : 미국 UFC사, 분개 : 외상 또는 혼합,

영세율구분 : ① 직접수출(대행수출 포함)

(차) 외상매출금   11,000,000원   (대) 제품매출   11,000,000원

[4] 9월 30일

유형 : 11.과세, 공급가액 : 18,000,000원, 부가세 : 1,800,000원, 거래처 : (주)명학산업,

전자 : 여, 분개 : 혼합

(차) 현금   18,000,000원   (대) 부가세예수금   1,800,000원

      선수금   1,800,000원   제품매출   18,000,000원

[5] 10월 31일

유형 : 52.영세, 공급가액 : 6,000,000원, 거래처 : (주)크림, 전자 : 여, 분개 : 혼합

(차) 원재료   6,000,000원   (대) 보통예금   6,000,000원

03 부가가치세 신고와 부속서류 작성

[1] [건물등감가상각자산취득명세서]

조회기간 2024 년 10 월 ~ 2024 년 12 월　구분 2기 확정

취득내역

감가상각자산종류	건수	공급가액	세액	비고
합 계	4	145,000,000	14,500,000	
건물 · 구축물	1	100,000,000	10,000,000	
기 계 장 치				
차 량 운 반 구	1	15,000,000	1,500,000	
기타감가상각자산	2	30,000,000	3,000,000	

거래처별 감가상각자산 취득명세

No	월/일	상호	사업자등록번호	자산구분	공급가액	세액	건수
1	10-01	우리전산	102-03-52877	기타	20,000,000	2,000,000	1
2	11-11	(주)튼튼건설	101-81-25749	건물,구축물	100,000,000	10,000,000	1
3	11-20	(주)빠름자동차	204-81-96316	차량운반구	15,000,000	1,500,000	1
4	12-14	(주)시원마트	304-81-74529	기타	10,000,000	1,000,000	1
			합 계		145,000,000	14,500,000	4

[2] 부가가치세신고서 작성

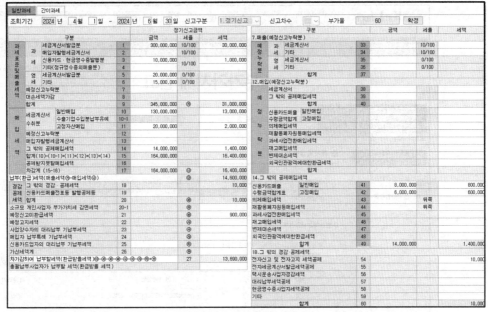

[3] 부가가치세 전자신고

1. [부가가치세신고서] 및 관련 부속서류 마감 확인

2. 전자신고 데이터 F4제작 선택 → 신고년월, 1. 정기신고, 2. 납세자 자진신고, 회사코드 → 비밀번호 12341234 입력 후 확인

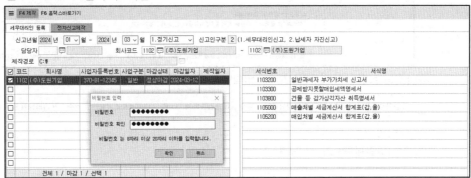

3. F6 홈택스바로가기. 선택하기

① [찾아보기] → 파일 업로드 → 비밀번호 12341234 입력함

②  을 순서대로

클릭함

③ 전자파일제출하기 → 닫기

04 **결산자료입력**

[1] 12월 31일 일반전표입력

(차) 부가세예수금	720,000원	(대) 부가세대급금	520,000원
세금과공과(판)	10,000원	잡이익	10,000원
		미지급세금	200,000원

[2] 12월 31일 일반전표입력

    (차) 장기차입금(돌담은행)　　100,000,000원　　　　(대) 유동성장기부채(돌담은행)　100,000,000원

[3] 결산자료입력 및 일반전표입력

    1. [결산자료입력] → 기간 : 2024년 01월~2024년 12월 → F8 대손 →

       대손율(%) : 1.00 → 추가설정액(결산반영) → 외상매출금 3,334,800, 받을어음 0, 미수금 230,000, 선급금 0 → 결산반영 → F3 전표추가

    2. 또는 [결산자료입력] → 기간 : 2024년 01월~2024년 12월 → 4. 판매비와 일반관리비 → 5). 대손상각 → 외상매출금 3,334,800원 입력 → F3 전표추가 → 7. 영업외 비용 → 2). 기타의대손상각 → 미수금 230,000원 입력

    3. 또는 2024.12.31. 일반전표입력

       (차) 대손상각비　　　　　　　　3,334,800원　　(대) 대손충당금(109)　　　　　3,334,800원

           기타의대손상각비　　　　　230,000원　　　　　대손충당금(121)　　　　　　230,000원

      • 대손상각비 : 외상매출금 기말잔액 583,480,000원 × 1% − 2,500,000원 = 3,334,800원

      • 기타의대손상각비 : 미수금 기말잔액 23,000,000원 × 1% = 230,000원

[4] 결산자료입력 및 일반전표입력

    1. [결산자료입력] → 기간 : 2024년 01월~2024년 12월 → 4. 판매비와 일반관리비 → 6). 무형자산상각비 → 영업권 4,000,000원 입력 → F3 전표추가

    2. 또는 2024.12.31. 일반전표입력

       (차) 무형자산상각비　　　　　　4,000,000원　　(대) 영업권　　　　　　　　　4,000,000원

      • 무형자산상각비 : 영업권 전기 말 미상각잔액 16,000,000원×(5년/4년)÷5년＝4,000,000원

[5] 결산자료입력 및 일반전표입력

    [결산자료입력] → 기간 : 2024년 01월~2024년 12월 → 2. 매출원가 →

    1) 원재료비 → ⑩ 기말 원재료 재고액 95,000,000원 입력

    8) 당기 총제조비용 → ⑩ 기말 재공품 재고액 70,000,000원 입력

    9) 당기완성품제조원가 → ⑩ 기말 제품 재고액 140,000,000원 입력 → F3 전표추가

05 원천징수

[1] [사원등록] 메뉴의 [부양가족명세] 작성과 [급여자료입력]메뉴

    1. [부양가족명세]

기본사항	부양가족명세	추가사항											
연말관계	성명	내/외국인	주민(외국인, 여권)번호	나이	기본공제	부녀자	한부모	경로우대	장애인	자녀	출산입양	위탁관계
0	김우리	내	1	801210-1127858	44	본인							
3	이현진	내	1	821010-2145201	42	배우자							
4	김아현	내	1	190101-4928325	5	20세이하						첫째	

    • 당해연도에 입양한 자녀에 대하여 출산입양공제가 가능하며, 8세 미만 자녀는 자녀세액공제 대상에 해당하지 않는다.

2. [수당등록]

수당공제등록

No	코드	과세구분	수당명	근로소득유형 유형	코드	한도	월정액	통상임금	사용여부
1	1001	과세	기본급	급여			정기	여	여
2	1002	과세	상여	상여			부정기	부	부
3	1003	과세	직책수당	급여			정기	부	부
4	1004	과세	월차수당	급여			정기	부	부
5	1005	비과세	식대	식대	P01	(월)200,000	정기	부	부
6	1006	비과세	자가운전보조금	자가운전보조금	H03	(월)200,000	부정기	부	여
7	1007	비과세	야간근로수당	야간근로수당	O01	(년)2,400,000	부정기	부	여
8	2001	과세	식대	급여			정기	부	여
9	2002	비과세	출산.보육수당(육아)	출산.보육수당(육0	Q01	(월)200,000	정기	부	여

- 현물식사를 제공받고 있으므로 식대로 제공받는 금액은 과세이다.
- 육아수당은 6세 이하 자녀가 있는 근로자가 받는 금액 중 월 20만원을 한도로 비과세한다.

3. [급여자료입력]

귀속년월 2024 년 06 ∨ 월 지급년월일 2024년 07 ∨ 월 10 일 급여

사번	사원명	감면율	급여항목	금액	공제항목	금액
100	김우리		기본급	3,000,000	국민연금	166,500
101	김갑용		자가운전보조금	200,000	건강보험	131,160
			야간근로수당	527,000	장기요양보험	16,980
			식대	200,000	고용보험	33,540
			출산.보육수당(육아수당)	200,000	소득세(100%)	79,670
					지방소득세	7,960
					농특세	
			과 세	3,727,000		
			비 과 세	400,000	공 제 총 액	435,810
총인원(퇴사자)	2(0)		지 급 총 액	4,127,000	차 인 지 급 액	3,691,190

[2] [연말정산추가자료입력] 작성

1. [부양가족] 탭

(1) 인적공제

연말관계	성명	내/외국인	주민(외국인)번호	나이	기본공제	세대주구분	부녀자	한부모	경로우대	장애인	자녀	출산입양
0	김갑용	내	1 830505-1478521	41	본인	세대주						
1	김수필	내	1 561012-1587428	68	60세이상							
3	강희영	내	1 840630-2547858	40	부							
4	김정은	내	1 140409-3852611	10	20세이하						○	
4	김준희	내	1 191104-4487122	5	20세이하							
	합 계 [명]				4						1	

(2) 보험료

① 김갑용(본인)

자료구분	보험료 건강	고용	일반보장성	장애인전용
국세청			300,000	
기타	2,599,350	520,000		

② 김수필(부친)

자료구분	보험료 건강	고용	일반보장성	장애인전용
국세청			150,000	
기타				

③ 김준희(딸)

자료구분	보험료 건강	고용	일반보장성	장애인전용
국세청			350,000	
기타				

(3) 교육비세액공제

① 김갑용(본인)

교육비	
일반	장애인특수
5,000,000 4.본인	

② 김정은(아들)

교육비	
일반	장애인특수
8,000,000 2.초중고	

③ 김준희(딸)

교육비	
일반	장애인특수
1,800,000 1.취학전	

※ 또는 3,000,000

2. [신용카드] 탭

3. [의료비] 탭

4. [연금저축 등 I] 탭

연금저축구분	코드	금융회사 등	계좌번호(증권번호)	납입금액	공제대상금액	소득/세액공제액
2.연금저축	190	농협중앙회 및 산하기관	301-02-228451	6,000,000	6,000,000	720,000
개인연금저축						
연금저축				6,000,000	6,000,000	720,000

5. [연말정산입력] 탭 : F8부양가족탭불러오기 실행

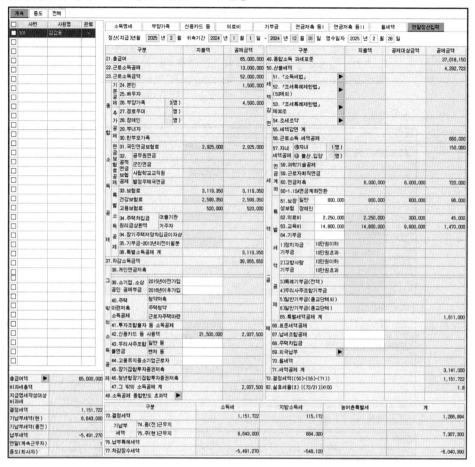

04 | 전산세무 2급 109회 기출문제 정답 및 해설

✦ 이론시험 ✦

☑ 정답

01	②	02	④	03	④	04	②	05	②	06	②	07	③	08	③	09	④	10	③
11	④	12	①	13	①	14	③	15	③										

01 ② 양도한 금융부채의 장부금액과 지급한 대가의 차액은 당기손익으로 인식한다.

02 ④ 매도가능증권처분이익은 1,000,000원, 단기매매증권처분이익 500,000원이다. 따라서 매도가능증권으로 분류한 경우의 2024년 당기순이익이 단기매매증권으로 분류하였을 때보다 500,000원 증가한다. ①번 매도가능증권으로 분류할 경우 2023년 당기순이익에 미치는 영향은 없으나 단기매매증권으로 분류할 경우 500,000원이 증가한다. ②번 기말 자산은 동일하다. ③번 매도가능증권처분이익은 1,000,000원이다.

03 ④ 세법 규정을 따르기 위한 회계변경은 정당한 사유에 해당하지 않는다.

04 ② 합리적인 상각방법을 정할 수 없는 경우에는 정액법으로 상각한다.

05 ② 주주로부터 현금을 수령하고 주식을 발행하는 경우에 주식의 발행금액이 액면금액보다 크다면 그 차액을 주식발행초과금으로 하여 자본잉여금으로 회계처리한다(일반기업회계기준 15.3).

06 ② 실제 제조간접비 발생액 1,250,000원 = 예정배부액 1,500,000원 − 과대배부액 250,000원
  • 예정배부액 : (5시간 × 100일) × 예정배부율 3,000원 = 1,500,000원

07 ③ 원재료 매입액 550,000원 = 당기사용 원재료 500,000원 + 원재료 재고 감소액 50,000원
  • 기초원재료 + 당기매입 원재료 = 당기사용 원재료 + 기말원재료
  • 기말원재료가 50,000원이라 가정하면 기초원재료는 없음

08 ③ 당기 기말제품 재고액은 손익계산서에서 매출원가를 산출하는 데 필요한 자료로 제조원가명세서와는 상관없는 자료이다.

09 ④ 제조부문 X에 배분될 보조부문원가 1,537,500원 = A부문(1,500,000원 × 500시간/800시간) + B부문(1,600,000원×300시간/800시간)
  • 직접배분법은 보조부문 상호간에 행해지는 용역의 수수를 완전히 무시하는 원가배분방법이다.

10 ③ 평균법은 당기 이전에 착수된 기초재공품도 당기에 착수한 것으로 가정하여 계산하므로 평균법이 선입선출법보다 계산이 간편하다.

11 ④ 용역의 대가의 각 부분을 받기로 한 때란 "받기로 약정된 날"을 의미하므로 대가를 받지 못하는 경우에도 공급시기로 본다.

12 ① 항공법에 따른 항공기에 의한 여객운송용역은 과세 대상에 해당한다.

13 ① 폐업 시 잔존재화는 재화의 간주공급에 해당하며, 사업의 포괄양도와 조세의 물납, 강제 경매나 공매는 재화의 공급으로 보지 않는다.

14 ③ 나머지는 모두 무조건 분리과세 대상에 해당하며 ③은 무조건 종합과세 대상이다.

15 ③ 직계존속의 일반대학교 등록금은 교육비 세액공제 대상이 아니다.

⁂ 실무시험 ⁂

01 **일반전표입력**
[1] 1월 22일
(차) 당좌예금 　　　　1,600,000원　　(대) 선수금((주)한강물산)　　1,600,000원
[2] 3월 25일
(차) 대손충당금(109)　4,000,000원　　(대) 외상매출금((주)동방불패)　13,000,000원
　　대손상각비(판)　9,000,000원
[3] 6월 30일
(차) 차량운반구　　　7,700,000원　　(대) 보통예금　　　　　7,700,000원
[4] 7월 25일
(차) 미지급배당금　100,000,000원　　(대) 예수금　　　　　15,400,000원
　　　　　　　　　　　　　　　　　　　보통예금　　　　　84,600,000원
[5] 11월 5일
(차) 보통예금　　　10,850,000원　　(대) 사채　　　　　　10,000,000원
　　　　　　　　　　　　　　　　　　　사채할증발행차금　　　850,000원

02 **매입매출전표입력**
[1] 7월 18일
유형 : 11.과세, 공급가액 : 11,000,000원, 부가세 : 1,100,000원, 거래처 : (주)로라상사,
전자 : 여, 분개 : 혼합
(차) 미수금　　　　　　12,100,000원　　(대) 부가세예수금　　　1,100,000원
　　감가상각누계액(207)　38,000,000원　　　기계장치　　　　　52,000,000원
　　유형자산처분손실　　3,000,000원

[2] 7월 30일

    유형 : 61.현과, 공급가액 : 600,000원, 부가세 : 60,000원, 거래처 : (주)소나무, 분개 : 혼합

    (차) 부가세대급금   60,000원   (대) 가수금(대표자 또는 정지훈)   660,000원

        비품   600,000원

[3] 8월 31일

    `Shift` `F5` 예정신고누락분 확정신고 > 확정신고 개시연월 : 2024년 10월 > 확인(Tab)

    유형 : 51.과세, 공급가액 : 1,500,000원, 부가세 : 150,000원, 거래처 : 오미순부동산, 전자 : 부

    분개 : 혼합

    (차) 부가세대급금   150,000원   (대) 미지급금   1,650,000원

        임차료(제)   1,500,000원

[4] 9월 28일

    유형 : 55.수입, 공급가액 : 20,000,000원, 부가세 : 2,000,000원, 거래처 : 인천세관, 전자 : 여

    분개 : 혼합

    (차) 부가세대급금   2,000,000원   (대) 보통예금   2,000,000원

[5] 9월 30일

    유형 : 54.불공, 공급가액 : 2,600,000원, 부가세 : 260,000원, 거래처 : (주)부천백화점, 전자 : 여

    분개 : 혼합, 불공제사유 : ④ 기업업무추진비 및 이와 유사한 비용 관련

    (차) 기업업무추진비(판)   2,860,000원   (대) 현금   500,000원

                                    보통예금   2,360,000원

03 부가가치세 신고와 부속서류 작성

[1] [수출실적명세서] 작성

조회기간 2024 년 04 월 ~ 2024 년 06 월 구분 : 1기 확정   과세기간별입력

구분	건수	외화금액	원화금액	비고
⑨합계	2	132,000.00	176,800,000	
⑩수출재화[=⑩합계]	2	132,000.00	176,800,000	
⑪기타영세율적용				

No	☐	(13)수출신고번호	(14)선(기)적일자	(15)통화코드	(16)환율	(17)외화	(18)원화	거래처코드	거래처명
1	☐	11133-77-100066X	2024-04-15	USD	1,300.0000	80,000.00	104,000,000	00159	B&G
2	☐	22244-88-100077X	2024-05-30	EUR	1,400.0000	52,000.00	72,800,000	00160	PNP
	☐								
		합계				132,000	176,800,000		

[2] 부가가치세신고서 작성

[3] 부가가치세 전자신고

1. [부가가치세신고서] 및 관련 부속서류 마감 확인

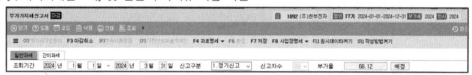

2. 전자신고 데이터 F4제작 선택 → 신고년월, 1. 정기신고, 2. 납세자 자진신고, 회사코드 → 비밀번호 12341234 입력 후 확인

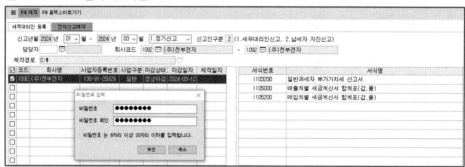

3. F6 홈택스바로가기 선택하기

① [찾아보기] → 파일 업로드 → 비밀번호 12341234 입력함

② 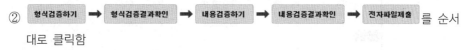 를 순서대로 클릭함

③ 전자파일제출하기 → 닫기

04 결산자료입력

[1] 12월 31일 일반전표입력

(차) 소모품비(제)	250,000원	(대) 소모품	250,000원

[2] 12월 31일 일반전표입력

(차) 외화환산손실	2,000,000원	(대) 단기차입금((주)유성)	2,000,000원

• 외화환산손실 : $20,000 × (기말 기준환율 1,400원 − 발생일 기준환율 1,300원) = 2,000,000원

[3] 12월 31일 일반전표입력

(차) 이자비용	2,550,000원	(대) 미지급비용	2,550,000원

[4] 12월 31일 일반전표입력

(차) 부가세예수금	240,000원	(대) 부가세대급금	12,400,000원
세금과공과(판)	24,000원	잡이익	10,000원
미수금	12,146,000원		

[5] 결산자료입력 및 일반전표입력

　　1. [결산자료입력] → 9. 법인세등 → 1). 선납세금 11,000,000원 입력 → F3전표추가

　　　　　　　　　　　　　　　　　　　3). 추가계상액 16,800,000원 입력

　　2. 또는 일반전표입력

(차) 법인세등	27,800,000원	(대) 선납세금	11,000,000원
		미지급세금	16,800,000원

05 원천징수

[1] [사원등록] 메뉴의 [부양가족명세] 작성

□	사번	성명	주민(외국인)번호	나이
□	15	진도준	1 781030-1224110	45
■	101	김경민	1 660213-1234564	58
□				

기본사항	부양가족명세	추가사항

연말관계	성명	내/외국인	주민(외국인,여권)번호	나이	기본공제	부녀자	한부모	경로우대	장애인	자녀	출산입양	위탁관계
0	김경민	내	1 660213-1234564	58	본인							
3	정혜미	내	1 640415-2215673	60	배우자							
6	김경희	내	1 710115-2157892	53	장애인					1		
1	김경우	내	1 410122-1789542	83	60세이상			○				
1	박순란	내	1 410228-2155774	83	60세이상			○				
6	정지원	내	1 700717-1333453	54	장애인					3		
4	김지은	내	1 041230-4156877	20	20세이하						○	

　※ 김기정은 나이 제한 요건을 충족하지 못하고, 취업준비를 위해 소득자 본인과 별거한 상태는 부양가족명세에 포함되지 않는다.

[2] [연말정산추가자료입력] 작성

　1. [부양가족] 탭

　(1) 인적공제 : 소득요건을 미충족하는 박정희를 제외하고는 모두 기본공제대상자이다.

소득명세	부양가족	신용카드 등	의료비	기부금	연금저축 등I	연금저축 등II	월세액	연말정산입력

연말관계	성명	내/외국인	주민(외국인)번호	나이	기본공제	세대주구분	부녀자	한부모	경로우대	장애인	자녀	출산입양
0	진정준	내	1 781030-1224110	46	본인	세대주						
1	박정희	내	1 500511-2148715	74	부							
3	김선영	내	1 810115-2347235	43	배우자							
4	진도진	내	1 150131-3165617	9	20세이하						○	
4	진시진	내	1 180121-3165112	6	20세이하							
	합 계 [명]				4						1	

　(2) 보험료 : 일반보장성보험료 합계가 1,000,000원 이상인 경우 정답

　　① 진도준　　　　　　　　　　② 진도진

자료구분	보험료			
	건강	고용	일반보장성	장애인전용
국세청			2,200,000	
기타	3,199,270	640,000		

자료구분	보험료			
	건강	고용	일반보장성	장애인전용
국세청			480,000	
기타				

③ 진시진

자료구분	보험료			
	건강	고용	일반보장성	장애인전용
국세청			456,000	
기타				

(3) 교육비

① 진도준

교육비		
일반		장애인특수
8,000,000	4.본인	

② 박정희 : 직계존속의 교육비는 공제대상 교육비에 해당하지 않는다.

③ 진도진 : 취학아동의 학원비는 공제대상 교육비에 해당하지 않는다.

④ 진시진 : 공제 대상 교육비 요건 미충족

2. [의료비] 탭

소득명세	부양가족	신용카드 등	의료비	기부금	연금저축 등I	연금저축 등II	월세액	연말정산입력

		2024년 의료비 지급명세서											
		의료비 공제대상자				지급처			지급명세				14.산후조리원
□	성명	내/외	5.주민등록번호	6.본인등해당여부	9.증빙코드	8.상호	7.사업자등록번호	10.건수	11.금액	11-1.실손보험수령액	12.미숙아선천성이상아	13.납입여부	
□	진도준	내	781030-1224110	1	0	1				3,000,000		X	X	X
□	진도준	내	781030-1224110	1	0	5	렌즈모아	105-68-23521	1	500,000		X	X	X
□	박정희	내	500511-2148715	2	0	1				3,250,000	2,000,000	X	X	X

3. [신용카드 등] 탭

소득명세	부양가족	신용카드 등	의료비	기부금	연금저축 등I	연금저축 등II	월세액	연말정산입력

□	성명 생년월일	자료구분	신용카드	직불,선불	현금영수증	도서등신용	도서등직불	도서등현금	전통시장	대중교통	소비증가분	
											2023년	2024년
□	진도준	국세청	30,000,000	2,200,000	3,000,000				2,200,000	182,000		37,582,000
	1978-10-30	기타										
□	박정희	국세청										
	1950-05-11	기타										
□	김선영	국세청										
	1981-01-15	기타										
□	진도진	국세청										
	2015-01-31	기타										
□	진시진	국세청										
	2018-01-21	기타										
	합계		30,000,000	2,200,000	3,000,000				2,200,000	182,000		37,582,000

총급여			80,000,000	신용카드 등 최소금액(총급여의 25%)		20,000,000

4. [연금저축 등 I] 탭

소득명세	부양가족	신용카드 등	의료비	기부금	연금저축 등I	연금저축 등II	월세액	연말정산입력

2 연금계좌 세액공제 - 연금저축계좌(연말정산입력 탭의 38.개인연금저축, 60.연금저축) 크게보기

연금저축구분	코드	금융회사 등	계좌번호(증권번호)	납입금액	공제대상금액	소득/세액공제액
2.연금저축	405	삼성생명보험 (주)	153-05274-72339	2,400,000	2,400,000	288,000
개인연금저축						
연금저축				2,400,000	2,400,000	288,000

5. [연말정산입력] 탭 : F8부양가족탭불러오기 실행

소득명세	부양가족	신용카드 등	의료비	기부금	연금저축 등 I	연금저축 등 II	월세액	연말정산입력

정산(지급)년월 2025 년 2 월 귀속기간 2024 년 1 월 2 일 - 2024 년 12 월 31 일 영수일자 2025 년 2 월 28 일

구분	지출액	공제금액		구분	지출액	공제대상금액	공제금액
21.총급여		80,000,000		49.종합소득 과세표준			49,237,930
22.근로소득공제		13,750,000		50.산출세액			6,125,689
23.근로소득금액		66,250,000		51.「소득세법」 ▶			
기본공제 24.본인		1,500,000	세액감면	52.「조세특례제한법」(53제외) ▶			
25.배우자		1,500,000		53.「조세특례제한법」제30조 ▶			
26.부양가족 (2명)		3,000,000		54.조세조약 ▶			
추가공제 27.경로우대 (명)				55.세액감면 계			
28.장애인 (명)				56.근로소득 세액공제			500,000
29.부녀자				57.자녀 ㉮자녀 (1명)			150,000
30.한부모가족			세액공제	㉯ 출산.입양 (명)			
연금보험료공제 31.국민연금보험료	3,600,000	3,600,000	연금계좌	58.과학기술공제			
32.공적연금보험료공제 공무원연금				59.근로자퇴직연금			
군인연금				60.연금저축	2,400,000	2,400,000	288,000
사립학교교직원				60-1.ISA연금계좌전환			
별정우체국연금			특별세액공제	61.보장 일반	3,136,000	3,136,000 1,000,000	120,000
특별소득공제 33.보험료	3,839,270	3,839,270		성보험 장애인			
건강보험료	3,199,270	3,199,270		62.의료비	6,750,000	6,750,000 2,350,000	352,500
고용보험료	640,000	640,000		63.교육비	8,000,000	8,000,000 8,000,000	1,200,000
34.주택차입금 대출기관				64.기부금			
원리금상환액 거주자				1)정치자금기부금 10만원이하			
34.장기주택저당차입금이자상				10만원초과			
35.기부금-2013년이전이월분				2)고향사랑기부금 10만원이하			
36.특별소득공제 계		3,839,270		10만원초과			
37.차감소득금액		52,810,730		3)특례기부금(전액)			
38.개인연금저축				4)우리사주조합기부금			
그밖의소득공제 39.소기업,소상공인 2015년이전가입				5)일반기부금(종교단체외)			
2016년이후가입				6)일반기부금(종교단체)			
40.주택마련저축 청약저축				65.특별세액공제 계			1,672,500
주택청약				66.표준세액공제			
근로자주택마련				67.납세조합공제			
41.투자조합출자 등 소득공제				68.주택차입금			
42.신용카드 등 사용액	37,582,000	3,572,800		69.외국납부 ▶			
43.우리사주조합 일반 등				70.월세액			
출연금 벤처 등				71.세액공제 계			2,610,500
44.고용유지중소기업근로자				72.결정세액((50)-(55)-(71))			3,515,189
45.장기집합투자증권저축				73.실효세율(%) [(72/21)]X100			4.4
46.청년형장기집합투자증권저축							
47.그 밖의 소득공제 계		3,572,800					
48.소득공제 종합한도 초과액 ▶							

구분	소득세	지방소득세	농어촌특별세	계
73.결정세액	3,515,189	351,518		3,866,707
기납부세액 74.종(전)근무지				
75.주(현)근무지	8,425,200	842,430		9,267,630
76.납부특례세액				
77.차감징수세액	-4,910,010	-490,910		-5,400,920

05 ｜ 전산세무 2급 108회 기출문제 정답 및 해설

✦ 이론시험 ✦

★ 정답

01	②	02	③	03	①	04	④	05	③	06	①	07	③	08	④	09	②	10	④
11	③	12	①	13	①	14	④	15	②										

01 ② 변경된 새로운 회계정책은 소급하여 적용한다. 전기 또는 그 이전의 재무제표를 비교목적으로 공시할 경우에는 소급적용에 따른 수정사항을 반영하여 재작성한다. 비교재무제표상의 최초 회계기간 전의 회계기간에 대한 수정사항은 비교재무제표상 최초 회계기간의 자산, 부채 및 자본의 기초금액에 반영한다. 또한 전기 또는 그 이전기간과 관련된 기타재무정보도 재작성한다(일반기업회계기준 5.11).

02 ③ 주식배당으로 주당 액면가액의 변동은 없다.
- 주식발행 회사의 회계처리 : 미처분이익잉여금이 감소하고 자본금은 증가한다.
  배당결의일 : (차) 미처분이익잉여금
  　　　　　　　 (대) 미교부주식배당금
  배당지급일 : (차) 미교부주식배당금
  　　　　　　　 (대) 자본금
- 주주의 회계처리는 없다. 주식배당은 주식발행 회사의 미처분이익잉여금의 감소와 자본금의 증가로 자본 구성항목의 변동만 있을 뿐 순자산 유출은 발생하지 않아 순자산은 변동이 없다.

03 ① 감가상각비는 기간 배분에 따라 비용을 인식하지만, 나머지는 당기에 즉시 비용으로 인식한다.

04 ④ ①, ③ 재무상태표에만 영향을 미치는 오류
② 손익계산서에만 영향을 미치는 오류

05 ③ 기말재고자산에 포함할 금액 9,000,000원 = 선적지인도조건 1,000,000원 + 도착지인도조건 3,000,000원 + 담보제공저당상품 5,000,000원

06 ① 제조부서의 감가상각비를 판매부서의 감가상각비로 회계처리할 경우, 제품매출원가가 과소계상되어 매출총이익은 증가하고, 영업이익 및 당기순이익의 변동은 없다.

07 ③ 당기 가공원가 1,300,000원 = 직접노무원가 200,000원 + 변동제조간접원가 600,000원 + 고정제조간접원가 500,000원
- 변동제조간접원가 : 직접노무원가 200,000원 × 3 = 600,000원

08 ④ 준변동원가에 대한 설명이다.

09 ② 평균법과 선입선출법의 차이 120개 = ⊙ 900개 − ⓒ 780개
　 ⊙ 평균법 완성품환산량 : 당기완성품 800개 + 기말재공품(200개 × 완성도 50%) = 900개

ⓒ 선입선출법 완성품환산량 : 기초재공품(300개 × 완성도 60%) + 당기착수 당기완성품 500개 + 기말재공품(200개 × 완성도 50%) = 780개

10 ④ 작업폐물이 비정상적인 경우에는 작업폐물의 매각가치를 기타수익으로 처리한다.

11 ③ 주된 사업과 관련하여 주된 재화의 생산과정이나 용역의 제공 과정에서 필연적으로 생기는 재화의 공급은 별도의 공급으로 보되, 과세 및 면세 여부 등은 주된 사업의 과세 및 면세 여부 등을 따른다(부가가치세법 제14조 제2항).

12 ① 개인사업자와 직전 과세기간 공급가액의 합계액이 1억5천만원 미만인 법인사업자는 각 예정신고기간마다 직전 과세기간에 대한 납부세액의 50퍼센트로 결정하여 대통령령으로 정하는 바에 따라 해당 예정신고기간이 끝난 후 25일까지 징수한다(부가가치세법 제48조 제3항).

13 ① 소매업을 영위하는 사업자가 영수증을 발급한 경우에도 재화 또는 용역을 공급받는 자가 사업자등록증을 제시하고 세금계산서 발급을 요구하는 경우에는 세금계산서를 발급하여야 한다(부가가치세법 제36조 제3항).

14 ④ 대주주인 출자임원이 사택을 제공받음으로써 얻는 이익은 근로소득으로 과세되며, 주주가 아닌 임원의 경우에는 과세 제외된다.

15 ② 종합소득금액 28,000,000원 = 사업소득금액 25,000,000원 − 사업소득결손금 결손금 10,000,000원 + 근로소득금액 13,000,000원
  • 양도소득은 분류과세되는 소득이며, 비주거용 부동산 임대업에서 발생한 결손금은 해당연도의 다른 소득금액에서 공제할 수 없다.

✛ 실무시험 ✛

01 일반전표입력

[1] 2월 11일

(차) 기업업무추진비(판)	100,000원	(대) 보통예금	100,000원

[2] 3월 31일

(차) 퇴직급여(제)	2,700,000원	(대) 보통예금	2,700,000원

[3] 5월 30일

(차) 보통예금	20,000,000원	(대) 자본금	25,000,000원
주식발행초과금	2,000,000원		
주식할인발행차금	3,000,000원		

[4] 7월 10일

(차) 보통예금	19,450,000원	(대) 단기차입금(하나은행)	20,000,000원
이자비용	550,000원		

[5] 12월 13일

(차) 기계장치 3,800,000원 (대) 자산수증이익 3,800,000원

02 매입매출전표입력

[1] 10월 8일

유형 : 12.영세, 공급가액 : 10,000,000원, 거래처 : (주)상상, 전자 : 여,

분개 : 외상 또는 혼합, 영세율구분 : ③내국신용장·구매확인서에 의하여 공급하는 재화

(차) 외상매출금 10,000,000원 (대) 제품매출 10,000,000원

[2] 10월 14일

유형 : 57.카과, 공급가액 : 1,500,000원, 부가세 : 150,000원, 거래처 : 안녕정비소,

분개 : 혼합 또는 카드, 신용카드 : (주)순양카드

(차) 부가세대급금 150,000원 (대) 미지급금((주)순양카드) 1,650,000원

차량유지비(제) 1,500,000원 (또는 미지급비용)

[3] 11월 3일

유형 : 51.과세, 공급가액 : -30,000,000원, 부가세 : -3,000,000원, 거래처 : (주)바이머신

전자 : 여, 분개 : 혼합

(차) 부가세대급금 -3,000,000원 (대) 미지급금 -33,000,000원

기계장치 -30,000,000원

[4] 11월 11일

유형 : 51.과세, 공급가액 : 2,000,000원, 부가세 : 200,000원, 거래처 : (주)사탕, 전자 : 여

분개 : 혼합

(차) 부가세대급금 200,000원 (대) 선급금 200,000원

복리후생비(판) 2,000,000원 보통예금 2,000,000원

[5] 12월 28일

유형 : 14.건별, 공급가액 : 250,000원, 부가세 : 25,000원, 분개 : 혼합

(차) 보통예금 275,000원 (대) 부가세예수금 25,000원

감가상각누계액(213) 960,000원 비품 1,200,000원

유형자산처분이익 10,000원

03 부가가치세 신고와 부속서류 작성

[1] [신용카드매출전표등발행금액집계표], [신용카드매출전표등수령명세서(갑)]작성

1. [신용카드매출전표등발행금액집계표]

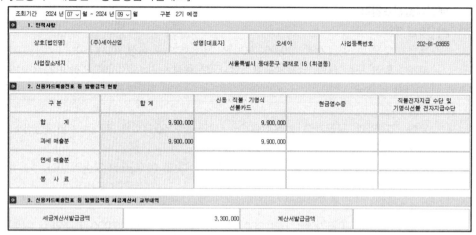

2. [신용카드매출전표등수령명세서(갑)]

[2] 대손세액공제신고서 작성

당초공급일	대손확정일	대손금액	공제율	대손세액	거래처		대손사유
2023-09-01	2024-05-02	7,700,000	10/110	700,000	수성(주)	5	부도(6개월경과)
2021-05-10	2024-05-10	5,500,000	10/110	500,000	금성(주)	6	소멸시효완성
2023-01-05	2024-05-10	-2,750,000	10/110	-250,000	비담(주)		
합 계		10,450,000		950,000			

- 정성(주) 외상매출금 : 부도발생일로부터 6개월이 경과하지 않았으므로 공제 불가.
- 우강상사 단기대여금 : 단기대여금은 부가가치세법상 대손세액공제가 불가하다.

[3] 부가가치세 전자신고 수행

1. [부가가치세신고서] 및 관련 부속서류 마감 확인

2. 전자신고 데이터 F4제작 선택 → 신고년월, 1. 정기신고, 2. 납세자 자진신고, 회사코드 → 비밀
번호 12341234 입력 후 확인

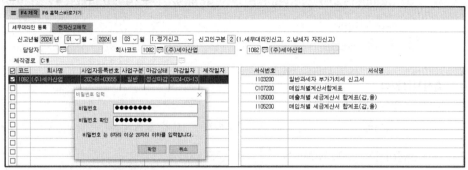

3. F6 홈택스바로가기 선택하기

PART
04

① [찾아보기] → 파일 업로드 → 비밀번호 12341234 입력함

② 형식검증하기 ➡ 형식검증결과확인 ➡ 내용검증하기 ➡ 내용검증결과확인 ➡ 전자파일제출 를 순서대로 클릭함

③ 전자파일제출하기 → 닫기

04 결산자료입력

[1] 12월 31일 일반전표입력

(차) 선급비용 1,250,000원 (대) 보험료(제) 1,250,000원

• 선급비용 : $3{,}000{,}000원 \times \dfrac{5월}{12월} = 1{,}250{,}000원$

[2] 12월 31일 일반전표입력

(차) 보통예금 7,200,000원 (대) 단기차입금(우리은행) 7,200,000원

[3] 12월 31일 일반전표입력

(차) 매도가능증권평가손실 23,500,000원 (대) 매도가능증권(178) 23,500,000원

[4] 결산자료입력 및 일반전표입력

1. [결산자료입력] → F8 대손상각 → 대손율 1%, 외상매출금, 미수금을 제외한 계정의 추가설정액을 삭제 → [결산반영] → F3 전표추가

2. [결산자료입력] →

• 4.판매비와 일반관리비 → 5).대손상각 → 외상매출금 4,540,500원 입력

• 7.영업외비용 → 2).기타의대손상각 → 미수금 2,480,000원 입력 → F3 전표추가

3. 12월 31일 일반전표입력

(차) 대손상각비(판) 4,540,500원[주1] (대) 대손충당금(109) 4,540,500원

　　　기타의대손상각비 2,480,000원[주2] 　　　대손충당금(121) 2,480,000원

주1) 합계잔액시산표 12월 31일

　　　외상매출금 잔액 558,550,000원 × 1% − 기설정된 대손충당금 1,045,000원 = 4,540,500원

주2) 합계잔액시산표 12월 31일

　　　미수금 잔액 278,000,000원 × 1% − 기설정된 대손충당금 300,000원 = 2,480,000원

[5] 결산자료입력 및 일반전표입력

1. [결산자료입력] → 4.판매비와 일반관리비 → 6). 무형자산상각비 → 특허권 결산반영금액란 650,000원 입력 → F3 전표추가

2. 또는 12월 31일 일반전표입력

(차) 무형자산상각비 650,000원 (대) 특허권 650,000원

• 무형자산상각비 : 4,550,000원 ÷ 7년 = 650,000원

05 원천징수

[1] 3월과 4월 [급여자료입력]과 [원천징수이행상황신고서] 작성

1. [수당공제]

1) 수당등록   2) 공제등록

2. [급여자료입력]

1) 3월 귀속 급여

2) 4월 귀속 급여

3. 원천징수이행상황신고서

1) 3월 귀속 4월 지급분

2) 4월 귀속 4월 지급분

귀속기간 2024 년 04 월 ~ 2024 년 04 월	지급기간 2024 년 04 월 ~ 2024 년 04 월	신고구분 1.정기신고 ▾	차수

신고구분	☑매월 ☐반기 ☐수정 ☐연말 ☐소득처분 ☐환급신청		귀속년월	2024년 4월	지급년월	2024년 4월
일괄납부여부	부	사업자단위과세여부	부	부표 작성	환급신청서 작성	승계명세 작성

원천징수명세및납부세액 | 원천징수이행상황신고서 부표 | 원천징수세액환급신청서 | 기납부세액명세서 | 전월미환급세액 조정명세서 | 차월이월환급세액 승계명세

소득자 소득구분		코드	소득지급		징수세액			당월조정 환급세액	납부세액	
			인원	총지급액	소득세 등	농어촌특별세	가산세		소득세 등	농어촌특별세
근로소득	간이세액	A01	1	3,200,000	91,460					
	중도퇴사	A02								
	일용근로	A03								
	연말정산	A04								
	(분납신청)	A05								
	(납부금액)	A06								
	가 감 계	A10	1	3,200,000	91,460				91,460	

[2] 연말정산추가자료입력

1. [소득명세] 탭

2. [부양가족] 탭

1) 보장성보험

자료구분	보험료			
	건강	고용	일반보장성	장애인전용
국세청			2,000,000	
기타	1,462,460	306,400		

2) 교육비

교육비	
일반	장애인특수
7,000,000 4.본인	

※ 보장성보험-일반 : 2,000,000원 또는 1,000,000원

3. [의료비] 탭

소득명세	부양가족	신용카드 등	**의료비**	기부금	연금저축 등I	연금저축 등II	월세액	연말정산입력

2024년 의료비 지급명세서

	의료비 공제대상자				지급처			지급명세						14.산후조리원
	성명	내/외	5.주민등록번호	6.본인등해당여부	9.증빙코드	8.상호	7.사업자등록번호	10.건수	11.금액	11-1.실손보험수령액	12.미숙아선천성이상아	13.납입여부	
	신영식	내	890801-1211112	1	0	1				3,000,000	1,000,000	X	X	X
	신영식	내	890801-1211112	1	0	5			1	500,000		X	X	X
	합계							1	3,500,000	1,000,000				
일반의료비(본인)	3,500,000	6세이하,65세미상인건강보험산정특례자장애인			일반의료비(그 외)			납입시술비						
								미숙아.선천성이상아						

4. [기부금] 탭

1) [기부금입력] 탭

소득명세	부양가족	신용카드 등	의료비	기부금	연금저축 등I	연금저축 등II	월세액	연말정산입력

기부금 입력	기부금 조정

12.기부자 인적 사항(F2)			
주민등록번호	관계코드	내·외국인	성명
890801-1211112	거주자(본인)	내국인	신영식

구분			노조회비여부	기부처		건수	기부명세			자료구분
7.유형	8.코드	9.기부내용		10.상호(법인명)	11.사업자번호 등		13.기부금합계금액 (14+15)	14.공제대상기부금액	15.기부장려금신청 금액	
종교	41	금전	부	필수 입력	필수 입력		1,200,000	1,200,000		국세청
일반	40	금전	부	필수 입력	필수 입력		2,000,000	2,000,000		국세청
		합계					3,200,000	3,200,000		

※ 사회복지공동모금회 기부금 코드 및 유형 : 10.특례기부금 또는 40.일반기부금(종교단체 외)

2) [기부금조정] 탭 ⇒ 공제금액계산 > 불러오기 > 공제금액반영 > 저장

소득명세	부양가족	신용카드 등	의료비	기부금	연금저축 등I	연금저축 등II	월세액	연말정산입력

기부금 입력	기부금 조정						공제금액계산

구분		기부연도	16.기부금액	17.전년도까지공제된금액	18.공제대상금액(16-17)	해당연도공제금액	해당연도에 공제받지 못한 금액	
유형	코드						소멸금액	이월금액
일반	40	2024	2,000,000		2,000,000	2,000,000		
종교	41	2024	1,200,000		1,200,000	1,200,000		
	합계		3,200,000		3,200,000	3,200,000		

※ 사회복지공동모금회 기부금 코드 및 유형 : 10.특례기부금 또는 40.일반기부금(종교단체 외)

5. [연금저축] 탭

소득명세	부양가족	신용카드 등	의료비	기부금	연금저축 등I	연금저축 등II	월세액	연말정산입력

2 연금계좌 세액공제   - 연금저축계좌(연말정산입력 탭의 38.개인연금저축, 60.연금저축)   크게보기

연금저축구분	코드	금융회사 등	계좌번호(증권번호)	납입금액	공제대상금액	소득/세액공제액
1.개인연금저축	305	KEB 하나은행(구. 주식회사	253-660750-73308	2,000,000		720,000
개인연금저축				2,000,000		720,000
연금저축						

6. [연말정산입력] 탭 : F8 부양가족탭불러오기

| 소득명세 | 부양가족 | 신용카드 등 | 의료비 | 기부금 | 연금저축 등Ⅰ | 연금저축 등Ⅱ | 월세액 | 연말정산입력 |

정산(지급)년월 2025 년 2 월 귀속기간 2024 년 1 월 1 일 - 2024 년 12 월 31 일 영수일자 2025 년 2 월 28 일

구분		지출액	공제금액	구분		지출액	공제대상금액	공제금액
21.총급여			44,800,000	49.종합소득 과세표준				27,185,140
22.근로소득공제			11,970,000	50.산출세액				2,817,771
23.근로소득금액			32,830,000	51.「소득세법」 ▶				
기본공제	24.본인		1,500,000	세액감면	52.「조세특례제한법」 ▶ (53제외)			
	25.배우자				53.「조세특례제한법」 제30조 ▶			
종합	26.부양가족 명)				54.조세조약 ▶			
추가공제	27.경로우대 명)				55.세액감면 계			
	28.장애인 명)				56.근로소득 세액공제			660,000
	29.부녀자			세액공제	57.자녀 ⑦자녀 명)			
	30.한부모가족				⑪ 출산.입양 명)			
연금보험료공제	31.국민연금보험료	1,656,000	1,656,000	연금계좌	58.과학기술공제			
	32.공적연금보험공제 공무원연금				59.근로자퇴직연금			
소득별공제	군인연금				60.연금저축			
	사립학교교직원				60-1.ISA연금계좌전환			
	별정우체국연금			특별세액공제	61.보장 일반	2,000,000	2,000,000	1,000,000	120,000
특별소득공제	33.보험료	1,768,860	1,768,860		성보험 장애인			
	건강보험료	1,462,460	1,462,460		62.의료비	3,500,000	3,500,000	1,156,000	173,400
	고용보험료	306,400	306,400		63.교육비	7,000,000	7,000,000	7,000,000	1,050,000
	34.주택차입금 대출기관				64.기부금	3,200,000	3,200,000	3,200,000	480,000
	원리금상환액 거주자				1)정치자금 10만원이하			
	34.장기주택저당차입금이자상				기부금 10만원초과			
	35.기부금-2013년이전이월분			세액공제	2)고향사랑 10만원이하			
	36.특별소득공제 계		1,768,860		기부금 10만원초과			
37.차감소득금액			27,905,140		3)특례기부금(전액)			
그밖의소득공제	38.개인연금저축	2,000,000	720,000		4)우리사주조합기부금			
	39.소기업,소상공인 공제부금 2015년이전가입				5)일반기부금(종교단체외)	2,000,000	2,000,000	300,000
	2016년이후가입				6)일반기부금(종교단체)	1,200,000	1,200,000	180,000
	40.주택마련저축소득공제 청약저축				65.특별세액공제 계			1,823,400
	주택청약				66.표준세액공제			
	근로자주택마련				67.납세조합공제			
	41.투자조합출자 등 소득공제				68.주택차입금			
	42.신용카드 등 사용액				69.외국납부 ▶			
	43.우리사주조합 일반 등 출연금				70.월세액			
	벤처 등				71.세액공제 계			2,483,400
	44.고용유지중소기업근로자				72.결정세액((50)-(55)-(71))			334,371
	45.장기집합투자증권저축				82.실효세율(%) [(72/21)]X100			0.7
	46.청년형장기집합투자증권저축							
	47.그 밖의 소득공제 계		720,000					
	48.소득공제 종합한도 초과액 ▶							

구분		소득세	지방소득세	농어촌특별세	계
73.결정세액		334,371	33,437		367,808
기납부세액	74.종(전)근무지	200,000	20,000		220,000
	75.주(현)근무지	747,200	74,720		821,920
76.납부특례세액					
77.차감징수세액		-612,820	-61,280		-674,100

06 | 전산세무 2급 107회 기출문제 정답 및 해설

이론시험

정답

01	③	02	③	03	②	04	①	05	④	06	③	07	①	08	②	09	①	10	④
11	②	12	④	13	②	14	④	15	④										

01 ③ 가전제품 판매업자가 가전제품을 홍보하기 위하여 지출한 광고비는 재고자산 취득 후에 발생하는 판매관리비 성격의 비용으로 취득원가에 포함되지 않는다.

02 ③ 변동이 있는 자본 항목은 자본금과 자본조정(자기주식, 자기주식처분손실, 감자차손)이다.

(차) 자기주식 180,000원
(대) 현금등 180,000원
(차) 현금등 100,000원
　 자기주식처분손실 20,000원
(대) 자기주식 120,000원
(차) 자본금 50,000원
　 감자차손 10,000원
(대) 자기주식 60,000원

03 ② 매도가능증권처분손실 100,000원 = (매도가능증권 취득원가 7,000원 − 처분가액 6,000원) × 100주

2023.03.01.
(차) 매도가능증권 7,000,000원
(대) 현금등 7,000,000원
2023.12.31.
(차) 매도가능증권 2,000,000원
(대) 매도가능증권평가이익 2,000,000원

2024.03.01.
(차) 현금등 600,000원
　 매도가능증권평가이익 200,000원
　 매도가능증권처분손실 100,000원
(대) 매도가능증권 900,000원

04 ① 명목금액과 현재가치의 차이가 중요한 경우에는 의무를 이행하기 위하여 예상되는 지출액의 현재가치로 평가한다(일반기업회계기준 14.9).

05 ④ 유형자산처분손실 1,150,000원 = 장부가액 9,000,000원 − 순매각금액 7,850,000원
- 감가상각누계액 : (취득가액 15,000,000원 − 잔존가액 0원) × 2/5 = 6,000,000원
- 장부가액 : 취득가액 15,000,000원 − 감가상각누계액 6,000,000원 = 9,000,000원
- 순매각금액 : 처분가액 8,000,000원 − 처분부대원가 150,000원 = 7,850,000원
- 유형자산의 제거 손익은 순매각금액과 장부금액의 차액으로 산정하며, 손익계산서에서 당기손익으로 인식한다(일반기업회계기준 10.45).

06 ③ 당기제품제조원가는 손익계산서 및 제조원가명세서에서 확인할 수 있다.

07 ① 조업도가 증가하더라도 단위당 변동원가는 변함이 없다.

08 ② 종합원가계산은 단일 종류의 제품을 연속적으로 대량 생산하는 제품의 원가계산에 적합하다. 나머지는 개별원가계산에 대한 설명이다.

09 ① 직접노무원가 100,000원 = 직접원가 400,000원 − 직접재료원가 300,000원
  • 직접재료원가 : 당기총제조원가 800,000원 − 가공원가 500,000원 = 300,000원

10 ④ 3라인에 집계한 제조원가 795,000원 = 가공부문 원가 배분액 120,000원 + 연마부문 원가 배분액 175,000원 + 3라인 발생원가 500,000원
  1. 가공부문 원가 배분
    • 연마부문 : 400,000원 × 50% = 200,000원
    • 3라인 : 400,000원 × 30% = 120,000원
  2. 연마부문 원가 배분
    • 3라인 : (가공부문원가 배분액 200,000원 + 연마부문 원가 200,000원) × 35%/80% = 175,000원

11 ② 공제금액(연간 500만원을 한도로 하되, 2026년 12월 31일까지는 연간 1천만원을 한도로 한다) : 발급금액 또는 결제금액의 1퍼센트(2026년 12월 31일까지는 1.3퍼센트로 한다)(부가가치세법 제46조 제1항 제3호) 따라서 각 과세기간마다 500만원을 한도로 하는 것은 아니다.

12 ④ 매출세액 1,700,000원 = 과세표준 17,000,000원 × 10%
  • 과세표준 : 총매출액 20,000,000원 − 매출에누리액 3,000,000원 = 17,000,000원
  • 매출에누리는 과세표준에서 차감하는 항목이고, 판매장려금은 과세표준에서 공제하지 않는 항목이다.

13 ② ① 법인 음식점은 의제매입세액 공제율 6/106을 적용한다.
  ② 면세농산물 등을 사용한 시점이 아닌 구입한 날이 속하는 과세기간에 공제한다.
  ③ 제조업만 농어민으로부터 정규증빙 없이 농산물 등을 구입한 경우에도 의제매입세액공제가 가능하다.

14 ④ 원천징수세액 5,400원 = [(일당 200,000원 − 근로소득공제 150,000원/일) × 4일 × 6%] × (1−55%)
  • 원천징수의무자가 일용근로자의 근로소득을 지급할 때에는 그 근로소득에 근로소득공제를 적용한 금액에 원천징수세율을 적용하여 계산한 산출세액에서 근로소득세액공제를 적용한 소득세를 원천징수한다(소득세법 제134조 제3항).

15 ④ 사업자가 한 차례의 접대에 지출한 기업업무추진비 중 경조금의 경우 20만원, 이 외의 경우 3만원을 초과하는 기업업무추진비로서 적격증빙을 수취하지 아니한 기업업무추진비는 각 과세기간의 소득금액을 계산할 때 필요경비에 산입하지 아니한다(소득세법 제35조 제2항 및 시행령 제83조 제2항).

÷ 실무시험 ÷

01 일반전표입력

[1] 1월 31일

(차) 보통예금   7,700,000원   (대) 외상매출금((주)오늘물산)   7,700,000원

[2] 3월 15일

(차) 이월이익잉여금(375)   32,000,000원   (대) 미교부주식배당금   10,000,000원

미지급배당금   20,000,000원

이익준비금   2,000,000원

[3] 4월 21일

(차) 보통예금   28,060,000원   (대) 외상매출금(CTEK)   29,440,000원

외환차손   1,380,000원

[4] 8월 5일

(차) 보통예금   990,000원   (대) 단기매매증권   500,000원

단기매매증권처분이익   490,000원

[5] 9월 2일

(차) 임차보증금((주)헤리움)   10,000,000원   (대) 보통예금   9,000,000원

선급금((주)헤리움)   1,000,000원

02 매입매출전표입력

[1] 1월 15일

유형 : 54.불공, 공급가액 : 10,000,000원, 부가세 : 1,000,000원, 거래처 : (주)동산, 전자 : 여

분개 : 혼합, 불공제사유 : ⑥ 토지의 자본적 지출 관련

(차) 토지   11,000,000원   (대) 미지급금   11,000,000원

[2] 3월 30일

유형 : 22.현과, 공급가액 : 100,000원, 부가세 : 10,000원, 거래처 : 없음, 분개 : 현금 또는 혼합

(차) 현금   110,000원   (대) 부가세예수금   10,000원

제품매출   100,000원

※ 현금영수증 의무발행사업자는 건당 거래금액이 100,000원 이상인 경우, 거래상대방이 증빙을 요청하지 않더라도 현금영수증을 자진 발급하여야 한다.

※ 거래처를 외국인 등으로 입력한 경우에도 정답으로 인정함

[3] 7월 20일

유형 : 11.과세, 공급가액 : 15,000,000원, 부가세 : 1,500,000원, 거래처 : (주)굳딜, 전자 : 여

분개 : 혼합

(차) 보통예금   16,500,000원   (대) 부가세예수금   1,500,000원

선수금   15,000,000원

[4] 8월 20일

유형 : 16.수출, 공급가액 : 5,000,000원, 거래처 : 몽키, 분개 : 외상 또는 혼합,

영세율구분 : ① 직접수출(대행수출 포함)

(차) 외상매출금　　　　　　　5,000,000원　　(대) 제품매출　　　　　　　5,000,000원

[5] 9월 12일

유형 : 51.과세, 공급가액 : 2,800,000원, 부가세 : 280,000원, 거래처 : 미래부동산, 전자 : 여

분개 : 혼합

(차) 부가세대급금　　　　　　280,000원　　(대) 미지급금　　　　　　3,080,000원

　　임차료(판)　　　　　　2,500,000원　　　　(또는 미지급비용)

　　건물관리비(판)　　　　　300,000원

※ 복수거래 입력 여부는 관계없음

03　부가가치세 신고와 부속서류 작성

[1] 부가가치세신고서

[2] 「공제받지못할매입세액 내역」 및 「공통매입세액의정산내역」

1. [공제받지못할매입세액내역] 탭

매입세액 불공제 사유	세금계산서		
	매수	공급가액	매입세액
①필요적 기재사항 누락 등			
②사업과 직접 관련 없는 지출			
③개별소비세법 제1조제2항제3호에 따른 자동차 구입·유지			
④기업업무추진비 및 이와 유사한 비용 관련			
⑤면세사업등 관련	3	50,000,000	5,000,000
⑥토지의 자본적 지출 관련			
⑦사업자등록 전 매입세액			
⑧금·구리 스크랩 거래계좌 미사용 관련 매입세액			
합계	3	50,000,000	5,000,000

2. [공통매입세액의정산내역] 탭

산식	구분	(15)총공통 매입세액	(16)면세 사업확정 비율			(17)불공제매입 세액총액 ((15)*(16))	(18)기불공제 매입세액	(19)가산또는 공제되는매입 세액((17)-(18))
			총공급가액	면세공급가액	면세비율			
1.당해과세기간의 공급가액기준		15,000,000	600,000,000.00	150,000,000.00	25.000000	3,750,000	250,000	3,500,000
합계		15,000,000	600,000,000	150,000,000		3,750,000	250,000	3,500,000

가산또는공제되는매입세액(3,500,000) = 총공통매입세액(15,000,000) * 면세비율(%)(25.000000) - 기불공제매입세액(250,000)

04 결산자료입력

[1] 12월 31일 일반전표입력

(차) 정기예금   100,000,000원   (대) 장기성예금   100,000,000원

[2] 12월 31일 일반전표입력

(차) 미수수익   3,150,000원   (대) 이자수익   3,150,000원

• 이자수익 : 70,000,000원 × 6% × 9/12 = 3,150,000원

[3] 12월 31일 일반전표입력

(차) 기부금   500,000원   (대) 현금과부족   623,000원
    운반비(제)   23,000원
    기업업무추진비(판)   100,000원

[4] 일반전표입력 및 결산자료입력

1. 일반전표입력

(차) 재고자산감모손실   5,000,000원   (대) 상품   5,000,000원
                                    (적요8. 타계정으로 대체액)

2. 결산자료입력 →

• 상품매출원가 → ⑩기말상품재고액 10,000,000원
• 제품매출원가 → 1)원재료비 → ⑩기말원재료재고액 9,300,000원
          9) 당기완성품제조원가 → ⑩기말제품재고액 5,425,000원 → F3전표추가

[5] 12월 31일 일반전표입력

1. 결산자료입력 → F8대손상각 → 대손율 : 1% → 추가설정액 →

• 외상매출금 2,426,480원, • 받을어음 638,400원, • 단기대여금 1,900,000원 → 결산반영 → F3
전표추가

2. 또는 일반전표입력

(차) 대손상각비	3,064,880원	(대) 대손충당금(109)	2,426,480원
기타의대손상각비	1,900,000원	대손충당금(111)	638,400원
		대손충당금(115)	1,900,000원

또는

(차) 대손상각비	3,064,880원	(대) 대손충당금(109)	2,426,480원
		대손충당금(111)	638,400원
(차) 기타의대손상각비	1,900,000원	(대) 대손충당금(115)	1,900,000원

또는

(차) 대손상각비	2,426,480원	(대) 대손충당금(109)	2,426,480원
대손상각비	638,400원	대손충당금(111)	638,400원
기타의대손상각비	1,900,000원	대손충당금(115)	1,900,000원

05 원천징수

[1] [급여자료입력]과 [원천징수이행상황신고서]를 작성

1. 수당공제등록

2. 급여자료입력

- 식대와 자가운전보조금에 대해서는 비과세 적용을 받는다.
- 기본급여가 월 260만원으로 월정액 210만원을 초과하므로 야간근로(연장근로)수당에 대해서는 비과세 요건을 충족하지 않지만 과세 또는 비과세로 입력해도 무관하다.

3. 원천징수이행상황신고서

귀속기간 2024 년 03 월 ~ 2024 년 03 월	지급기간 2024 년 03 월 ~ 2024 년 03 월	신고구분 1.정기신고	차수	

신고구분	☑매월	☐반기	☐수정	☐연말	☐소득처분	☐환급신청	귀속년월	2024년 3월	지급년월	2024년 3월
일괄납부여부		부	사업자단위과세여부		부	부표 작성	환급신청서 작성		승계명세 작성	

원천징수명세및납부세액	원천징수이행상황신고서 부표	원천징수세액환급신청서	기납부세액명세서	전월미환급세액 조정명세서	차월이월환급세액 승계명세

소득자 소득구분		코드	소득지급		징수세액				당월조정환급세액	납부세액	
			인원	총지급액	소득세 등	농어촌특별세	가산세			소득세 등	농어촌특별세
근로소득	간이세액	A01	1	3,800,000	10,230						
	중도퇴사	A02									
	일용근로	A03									
	연말정산	A04									
	(분납신청)	A05									
	(납부금액)	A06									
	가 감 계	A10	1	3,800,000	10,230				10,230		

전월 미환급 세액의 계산				당월 발생 환급세액				18.조정대상환급(14+15+16+17)	19.당월조정환급세액계	20.차월이월환급세액	21.환급신청액
12.전월미환급	13.기환급	14.차감(12-13)	15.일반환급	16.신탁재산	금융회사 등	합병 등				
420,000		420,000						420,000	10,230	409,770

[2] 연말정산추가자료입력

1. [부양가족] 탭

(1) 인적공제

소득명세	부양가족	신용카드 등	의료비	기부금	연금저축 등I	연금저축 등II	월세액	연말정산입력

연말관계	성명	내/외국인	주민(외국인)번호	나이	기본공제	세대주구분	부녀자	한부모	경로우대	장애인	자녀	출산입양
0	강희찬	내	1 830130-1710614	41	본인	세대주						
3	송은영	내	1 810317-2141611	43	부							
4	강민호	내	1 141225-3014674	10	20세이하						○	첫째
6	강성찬	내	1 860717-1714315	38	장애인					1		
	합 계 [명]				3					1	1	1

(2) 보험료

① 강희찬(본인)

자료구분	보험료			
	건강	고용	일반보장성	장애인전용
국세청			2,400,000	
기타	2,399,400	480,000		

• 2,400,000원 또는 1,000,000원

② 강성찬(동생)

자료구분	보험료			
	건강	고용	일반보장성	장애인전용
국세청				1,700,000
기타				

• 1,700,000원 또는 1,000,000원

(3) 교육비(강민호)

교육비	
일반	장애인특수
500,000	2.초중고

• 강민호 교육비 : 초등학생 학원비는 공제 대상 아님

2. [신용카드 등] 탭

성명 생년월일	자료구분	신용카드	직불,선불	현금영수증	도서등 신용	도서등 직불	도서등 현금	전통시장	대중교통	소비증가분 2023년	소비증가분 2024년
강희찬	국세청	18,500,000							500,000		19,000,000
1983-01-30	기타										
송은염	국세청										
1981-03-17	기타										
강민호	국세청			600,000					100,000		700,000
2014-12-25	기타										
강성찬	국세청										
1986-07-17	기타										
합계		18,500,000		600,000					600,000		19,700,000
총급여				60,000,000	신용카드 등 최소금액(총급여의 25%)						15,000,000

• 신용카드등 사용액 : 법인의 비용을 결제한 경우의 사용액은 공제 대상 아님

3. [의료비] 탭

2024년 의료비 지급명세서

성명	내/외	5.주민등록번호	6.본인등 해당여부	9.증빙코드	8.상호	7.사업자 등록번호	10.건수	11.금액	11-1.실손 보험수령액	12.미숙아 선천성이상아	13.난임 여부	14.산후 조리원
강희찬	내	830130-1710614	1	0	1			2,600,000		X	X	X
송은염	내	810317-2141611	3	X	1			2,500,000		X	0	X
강민호	내	141225-3014674	3	X	1			1,200,000		X	X	X
강성찬	내	860717-1714315	2	0	1			3,100,000		X	X	X
합계								9,400,000				
일반의료비 (본인)	2,600,000	6세이하,65세이상인 건강보험산정특례자 장애인	3,100,000	일반의료비 (그 외)	1,200,000	난임시술비 미숙아.선천성이상아	2,500,000					

• 시력보정용 안경 구입비는 1인당 50만원 한도이며, 이를 구분 기재한 것도 정답으로 인정함
• 의료비세액공제는 부양가족의 소득요건 제한을 받지 않으므로 배우자 사용분도 공제대상임

4. [기부금] 탭

(1) [기부금입력] 탭

12.기부자 인적 사항(F2)

주민등록번호	관계코드	내 · 외국인	성명
830130-1710614	거주자(본인)	내국인	강희찬

구분 7.유형	8.코드	노조 회비 여부	9.기부내용	기부처 10.상호(법인명)	기부처 11.사업자 번호 등	건수	13.기부금합계 금액(14+15)	14.공제대상 기부금액	15.기부장려금 신청 금액	자료구분
종교	41	부	금전	필수 입력	필수 입력		1,200,000	1,200,000		국세청
합계							1,200,000	1,200,000		

• 기부내용 : 금전, 현물, 미입력 모두 정답으로 인정함

(2) [기부금조정] 탭 > 공제금액계산 > 불러오기 > 공제금액반영 > 저장

구분 유형	코드	기부연도	16.기부금액	17.전년도까지 공제된금액	18.공제대상 금액(16-17)	해당연도 공제금액	해당연도에 공제받지 못한 금액 소멸금액	해당연도에 공제받지 못한 금액 이월금액
종교	41	2024	1,200,000		1,200,000	1,200,000		
합계			1,200,000		1,200,000	1,200,000		

5. [연말정산입력] 탭 > F8 부양가족탭불러오기를 한다.

| 소득명세 | 부양가족 | 신용카드 등 | 의료비 | 기부금 | 연금저축 등 I | 연금저축 등 II | 월세액 | 연말정산입력 |

정산(지급)년월 2025 년 2 월 귀속기간 2024 년 1 월 1 일 - 2024 년 12 월 31 일 영수일자 2025 년 2 월 28 일

구분			지출액	공제금액	구분			지출액	공제대상금액	공제금액
21.총급여				60,000,000	49.종합소득 과세표준					32,255,600
22.근로소득공제				12,750,000	50.산출세액					3,578,340
23.근로소득금액				47,250,000	세	51.「소득세법」	▶			
기본공제	24.본인			1,500,000		52.「조세특례제한법」 (53제외)	▶			
	25.배우자					53.「조세특례제한법」 제30조	▶			
	26.부양가족	2명)		3,000,000	액	54.조세조약	▶			
추가공제	27.경로우대	명)			감	55.세액감면 계				
	28.장애인	1명)		2,000,000	면	56.근로소득 세액공제				660,000
	29.부녀자					57.자녀 ㉮자녀	1명)			150,000
	30.한부모가족				세액공제 ㉯ 출산.입양		1명)			300,000
연금보험료공제	31.국민연금보험료		2,700,000	2,700,000	연	58.과학기술공제				
	32. 공적연금보험공제 공무원연금					59.근로자퇴직연금				
	군인연금				세	60.연금저축				
	사립학교교직원				계	60-1.ISA연금계좌전환				
	별정우체국연금				좌	61.보장 일반 성보험	2,400,000	2,400,000	1,000,000	120,000
특별소득공제	33.보험료		2,879,400	2,879,400		장애인	1,700,000	1,700,000	1,000,000	150,000
	건강보험료		2,399,400	2,399,400	특	62.의료비	9,400,000	9,400,000	7,600,000	1,515,000
	고용보험료		480,000	480,000		63.교육비	500,000	500,000	500,000	75,000
	34.주택차입금 대출기관				액 별	64.기부금	1,200,000	1,200,000	1,200,000	180,000
	원리금상환액 거주자					1)정치자금 10만원이하				
	34.장기주택저당차입금이자상				세	기부금 10만원초과				
	35.기부금-2013년이전이월분				액	2)고향사랑 10만원이하				
	36.특별소득공제 계			2,879,400		기부금 10만원초과				
37.차감소득금액				35,170,600	공	3)특례기부금(전액)				
38.개인연금저축						4)우리사주조합기부금				
그 밖의 소득공제	39.소기업,소상 공인 공제부금 2015년이전가입				제	5)일반기부금(종교단체외)				
	2016년이후가입					6)일반기부금(종교단체)	1,200,000	1,200,000		180,000
	40.주택 마련저축 청약저축					65.특별세액공제 계				2,040,000
	소득공제 주택청약				66.표준세액공제					
	근로자주택마련				67.납세조합공제					
	41.투자조합출자 등 소득공제				68.주택차입금					
	42.신용카드 등 사용액		19,700,000	2,915,000	69.외국납부		▶			
	43.우리사주조합 일반 등				70.월세액					
	출연금 벤처 등				71.세액공제 계					3,150,000
	44.고용유지중소기업근로자				72.결정세액((50)-(55)-(71))					428,340
	45.장기집합투자증권저축				82.실효세율(%) [(72/21)]X100					0.7
	46.청년형장기집합투자증권저축									
	47.그 밖의 소득공제 계			2,915,000						
48.소득공제 종합한도 초과액	▶									

구분		소득세	지방소득세	농어촌특별세	계
73.결정세액		428,340	42,834		471,174
기납부 세액	74.종(전)근무지				
	75.주(현)근무지	5,509,000	550,900		6,059,900
76.납부특례세액					
77.차감징수세액		-5,080,660	-508,060		-5,588,720

PART 04

07 | 전산세무 2급 106회 기출문제 정답 및 해설

✦ 이론시험 ✦

✔ 정답

01	②	02	④	03	③	04	①	05	③	06	①	07	④	08	②	09	③	10	④
11	①	12	③	13	②	14	①	15	④										

01 ② 자산, 부채, 자본 중 중요한 항목은 재무상태표 본문에 별도 항목으로 구분하여 표시한다. 중요하지 않은 항목은 성격 또는 기능이 유사한 항목에 통합하여 표시할 수 있으며, 통합할 적절한 항목이 없는 경우에는 기타항목으로 통합할 수 있다. 이 경우 세부 내용은 주석으로 기재한다(일반기업회계기준 2.34).

02 ④ 현금및현금성자산은 통화 및 타인발행수표 등 통화대용증권과 당좌예금, 보통예금 및 큰 거래비용 없이 현금으로 전환이 용이하고 이자율 변동에 따른 가치변동의 위험이 경미한 금융상품으로서 취득 당시 만기일(또는 상환일)이 3개월 이내인 것을 말한다(일반기업회계기준 2.35).

03 ③ 108,000,000원 = 외상매입금 100,000,000원 + 선수금 5,000,000원 + 미지급금 3,000,000원
- 퇴직급여충당부채와 사채는 비유동부채로 분류한다.

04 ① 단기매매증권에 대한 미실현보유손익은 당기손익항목으로 처리한다(일반기업회계기준 6.31).

05 ③ (차) 비품(자산 증가)
　　(대) 현금(자산 감소) : 자본 영향 없음
① (차) 현금(자산 증가)
　　(대) 자본금(자본 증가) : 자본 증가
② (차) 미처분이익잉여금(자본 감소)
　　(대) 미지급배당금(부채 증가) : 자본 감소
④ (차) 급여(비용 발생)
　　(대) 현금(자산 감소) : 자본 감소

06 ① 당기제품제조원가(당기완성품원가)는 재공품 계정의 대변으로 대체된다.

07 ④ 회피가능원가는 어떤 의사결정을 하더라도 절약할 수 없는 원가이다.

08 ② 준고정원가에 대한 설명으로 계단원가라고도 한다. ①, ③, ④는 준변동원가에 대한 설명이다.

09 ③ 3,100,000원 = 예정배부액 3,000,000원 + 과소배부액 100,000원
- 예정배부율 : 제조간접원가예산 3,000,000원 ÷ 예정 직접노무시간 30,000시간 = @100원/직접노무시간
- 예정배부액 : 실제 직접노무시간 30,000시간 × 예정배부율 @100원 = 3,000,000원

10 ④ 완성품 단위당 제조원가 : 2,000원
   1. 완성품환산량 = 완성품수량 + 기말재
      공품 환산량
      재료비 = 5,000단위 + 2,000단위 =
      7,000단위
      가공비 = 5,000단위 + 2,000단위 =
      7,000단위
   2. 단위당 원가 = (기초재공품원가 + 당기
      제조원가) ÷ 완성품환산량
      [(500,000원 + 7,000,000원) + (500,000원
      + 6,000,000원)] ÷ 7,000단위 = 2,000원

11 ① 부가가치세는 국세이며, 소비지국과세원
   칙을 적용하고 전단계세액공제법을 채택
   하고 있다.

12 ③ 부동산임대업의 납세지는 부동산의 등기
   부상 소재지이다.

13 ② 사업소득이 있는 거주자의 종합소득세 납
   세지는 거주자의 주소지로 한다.

14 ① 10,000,000원 = 35,000,000원 + 10,000,000
   원 + 15,000,000원 − 50,000,000원
   • 부동산임대업을 제외한 사업소득에서
     발생한 이월결손금은 모든 종합소득에
     서 통산한다.

15 ④ • 일용근로자의 근로소득 : 6%
   • 복권당첨소득 중 3억원 초과분 : 30%
   • 비실명이자소득 : 45%
   • 이자소득 중 비영업대금이익 : 25%

❖ 실무시험 ❖

01 **일반전표입력**

[1] 3월 20일

(차) 보통예금	5,100,000원	(대) 자기주식	4,500,000원
		자기주식처분손실	300,000원
		자기주식처분이익	300,000원

[2] 3월 31일

(차) 보통예금	102,000,000원	(대) 사채	100,000,000원
		사채할증발행차금	2,000,000원

[3] 4월 30일

(차) 급여(판)	2,400,000원	(대) 예수금	464,230원
급여(제)	2,100,000원	보통예금	4,035,770원

[4] 5월 13일

(차) 보통예금	49,500,000원	(대) 외상매출금((주)진아)	50,000,000원
매출할인(406)	500,000원		

[5] 8월 25일

(차) 미지급세금	5,000,000원	(대) 미지급금(국민카드)	5,304,000원
세금과공과(판)	200,000원		
수수료비용(판)	104,000원		

02 매입매출전표입력

[1] 1월 23일

유형 : 11.과세, 공급가액 : -5,000,000원, 부가세 : -500,000원, 거래처 : (주)유진물산,
전자 : 여, 분개 : 외상 또는 혼합

(차) 외상매출금	-5,500,000원	(대) 부가세예수금	-500,000원
		제품매출	-5,000,000원

[2] 2월 1일

유형 : 51.과세, 공급가액 : 10,000,000원, 부가세 : 1,000,000원, 거래처 : (주)기대,
전자 : 부, 분개 : 혼합

(차) 부가세대급금	1,000,000원	(대) 미지급금	11,000,000원
차량운반구	10,000,000원		

[3] 3월 24일

유형 : 12.영세, 공급가액 : 30,000,000원, 부가세 : 0원, 거래처 : (주)상도무역, 전자 : 여
분개 : 외상 또는 혼합, 영세율구분 : ③ 내국신용장·구매확인서에 의하여 공급하는 재화

(차) 외상매출금	30,000,000원	(대) 제품매출	30,000,000원

[4] 4월 1일

유형 : 61.현과, 공급가액 : 500,000원, 부가세 : 50,000원, 거래처 : (주)장수운송,
분개 : 현금 또는 혼합

(차) 부가세대급금	50,000원	(대) 현금	550,000원
운반비(판)	500,000원		

[5] 5월 20일

유형 : 57.카과, 공급가액 : 450,000원, 부가세 : 45,000원, 거래처 : 온리푸드,
분개 : 카드 또는 혼합, 신용카드사 : 국민카드

(차) 부가세대급금	45,000원	(대) 미지급금(국민카드)	495,000원
복리후생비(제)	450,000원		

03 부가가치세 신고와 부속서류 작성

[1] [부동산임대공급가액명세서]

[2] [부가가치세 신고서]

구분		금액	세율	세액
16.공제받지못할매입세액				
공제받지못할 매입세액	50	30,000,000		3,000,000
공통매입세액면세등사업분	51			
대손처분받은세액	52			
합계	53	30,000,000		3,000,000
18.그 밖의 경감·공제세액				
전자신고 및 전자고지 세액공제	54			10,000
전자세금계산서발급세액공제	55			
택시운송사업자경감세액	56			
대리납부세액공제	57			
현금영수증사업자세액공제	58			
기타	59			
합계	60			10,000

- 신고불성실(일반과소·초과환급)가산세 : 2,000,000원 × 10% × 25% = 50,000원
- 납부지연가산세 : 2,000,000원 × 2.2 / 10,000 × 92일 = 40,480원

※ 정상적으로 발행한 전자세금계산서를 국세청에 제출한 경우에는 매출·매입처별 세금계산서합계표를 제출하지 않을 수 있다(부가가치세법 제54조 제1항 및 제2항).

[3] 홈택스에서 전자신고

1. [부가가치세신고서] 및 관련 부속서류 마감 확인

2. 전자신고 데이터 F4제작 선택 → 신고년월, 1. 정기신고, 2. 납세자 자진신고, 회사코드 → 비밀번호 12341234 입력 후 확인

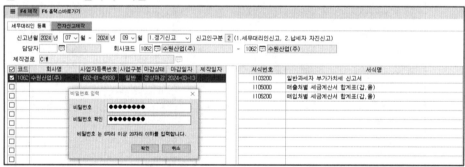

3. F6 홈택스바로가기 선택하기

① [찾아보기] → 파일 업로드 → 비밀번호 12341234 입력함

② 형식검증하기 ➡ 형식검증결과확인 ➡ 내용검증하기 ➡ 내용검증결과확인 ➡ 전자파일제출 를 순서

대로 클릭함

③ 전자파일제출하기 → 닫기

04 결산자료입력

[1] 12월 31일

　(차) 소모품비(판)　　　　　　　300,000원　(대) 소모품　　　　　　　　　　300,000원

[2] 12월 31일

　(차) 외화장기차입금(하나은행)　300,000원　(대) 외화환산이익　　　　　　300,000원
　• 외화환산이익 : 외화장기차입금 $10,000 × (전기말 환율 1,575원 − 당기말 환율 1,545원) = 300,000원

[3] 12월 31일

　(차) 매도가능증권평가이익　　　30,000원　(대) 매도가능증권(178)　　　　30,000원
　• 2023년말 인식한 매도가능증권평가이익 130,000원이 기타포괄손익누계액 항목에 있으므로 2024년말 발생한 평가손실과 우선 상계하여 회계처리한다.
　• 매도가능증권평가손익은 재무상태표상 자본 항목 중 기타포괄손익누계액 항목으로, 차기 이후 발생하는 평가손익과 상계하여 회계처리한다.

[4] 12월 31일

　1. [결산자료입력] → F8대손상각 → 대손율(%) : 1.00 → 새로불러오기 → 결산반영 → F3전표추가
　2. 또는 [결산자료입력] → 4. 판매비와 일반관리비 → 5). 대손상각 → 외상매출금 결산반영금액 3,160,000원 입력과 받을어음 결산반영금액 1,077,600원 입력 → F3전표추가
　3. 또는 일반전표입력
　　(차) 대손상각비(판)　　　　4,237,600원　(대) 대손충당금(109)　　3,160,000원[주1]
　　　　　　　　　　　　　　　　　　　　　　　　대손충당금(111)　　1,077,600원[주2]

　　주1) 대손충당금(외상매출금) : 516,000,000원 × 1% − 2,000,000원 = 3,160,000원
　　주2) 대손충당금(받을어음) : 167,760,000원 × 1% − 600,000원 = 1,077,600원

[5] 12월 31일

　1. [결산자료입력] → 9. 법인세등 → 1). 선납세금 결산반영금액 9,000,000원 입력과 2). 추가계상액 결산반영금액 11,000,000원 입력 → F3전표추가
　2. 또는 일반전표입력
　　(차) 법인세등　　　　　　20,000,000원　(대) 선납세금　　　　　　9,000,000원
　　　　　　　　　　　　　　　　　　　　　　미지급세금　　　　　11,000,000원

05 원천징수

[1] [사원등록]과 [급여자료입력] 작성

　1. [사원등록] → [부양가족명세] 탭

연말관계	성명	내/외국인	주민(외국인, 여권)번호	나이	기본공제	부녀자	한부모	경로우대	장애인	자녀	출산입양	위탁관계
0	강하나	내	1 810630-2548757	43	본인	○						
1	강인우	내	1 510420-1434568	73	60세이상			○				
1	유지인	내	1 550730-2870988	69	60세이상							
4	이민주	내	1 040805-4123455	20	20세이하					○		
4	이자유	내	1 060505-3123451	18	20세이하					○		
6	강하늘	내	1 780112-2434522	46	장애인				3			

　• 기본공제대상자인 부양가족이 있는 세대주로서 종합소득금액 3,000만원 이하인 배우자가 없는 여성인 경우 부녀자공제 대상에 해당하지만 부녀자공제와 한부모공제의 적용 요건을 동시에 충족하는 경우 한부모공제를 적용한다.

- 아버지 강인우 : 70세 이상이므로 경로우대자공제 대상이다.
- 어머니 유지인 : 근로소득만 있는 자는 총급여액 500만원 이하이면 기본공제대상자이다.
- 언니 강하늘 : 장애인은 나이에 상관없이 소득요건을 충족하면 기본공제대상자이다.

2. [수당공제등록]

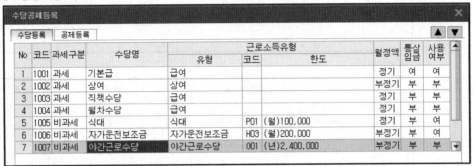

3. [급여자료입력]

[2] [연말정산추가자료입력] 메뉴의 [소득명세], [부양가족] 탭을 수정하고, [의료비지급명세서] 탭과 [연말정산입력] 탭을 작성

1. [소득명세] 탭

2. [부양가족] 탭

| 소득명세 | 부양가족 | 신용카드 등 | 의료비 | 기부금 | 연금저축 등 I | 연금저축 등 II | 월세액 | 연말정산입력 |

연말 관계	성명	내/외국인		주민(외국인)번호	나이	기본공제	세대주 구분	부녀 자	한부 모	경로 우대	장애 인	자녀	출산 입양
0	문지율	내	1	721010-1187511	52	본인	세대주						
3	김민성	내	1	750101-2843110	49	배우자							
4	문가영	내	1	051027-4842411	19	20세이하						○	
4	문가빈	내	1	051027-4845114	19	20세이하						○	
	합 계 [명]							4				2	

3. [의료비] 탭

| 소득명세 | 부양가족 | 신용카드 등 | 의료비 | 기부금 | 연금저축 등 I | 연금저축 등 II | 월세액 | 연말정산입력 |

2024년 의료비 지급명세서

	의료비 공제대상자					지급처				지급명세				14.산후 조리원
	성명	내/외	5.주민등록번호	6.본인등 해당여부	9.증빙 코드	8.상호	7.사업자 등록번호	10. 건수	11.금액	11-1.실손 보험수령액	12.미숙아 선천성이상아	13.난임 여부	
☐	김민성	내	750101-2843110	3	X	1				2,000,000	500,000	X	X	X
☐	문가빈	내	051027-4845114	3	X	1				500,000		X	X	X
☐														
☐														
				합계						2,500,000	500,000			
	일반의료비 (본인)		6세이하,65세이상인 건강보험산정특례자 장애인			일반의료비 (그 외)		2,500,000		난임시술비				
										미숙아·선천성이상아				

- 실손의료보험금 수령액은 공제대상 의료비 지출액에서 제외한다.
- 시력보정용 안경 또는 콘택트렌즈를 구입하기 위하여 지출한 비용은 기본공제대상자 1명당 연 50만원까지 공제대상 의료비 지출액으로 한다.

4. [신용카드 등] 탭

| 소득명세 | 부양가족 | 신용카드 등 | 의료비 | 기부금 | 연금저축 등 I | 연금저축 등 II | 월세액 | 연말정산입력 |

	성명 생년월일	자료 구분	신용카드	직불,선불	현금영수증	도서등 신용	도서등 직불	도서등 현금	전통시장	대중교통	소비증가분	
											2023년	2024년
☐	문지율 1972-10-10	국세청 기타	28,500,000		3,000,000	1,000,000			1,500,000	1,000,000		35,000,000
☐	김민성 1975-01-01	국세청 기타			1,500,000							1,500,000
☐	문가영 2005-10-27	국세청 기타										
☐	문가빈 2005-10-27	국세청 기타										
	합계		28,500,000		4,500,000	1,000,000			1,500,000	1,000,000		36,500,000

| 총급여 | | | | 69,200,000 | 신용카드 등 최소금액(총급여의 25%) | | | 17,300,000 |

- 공제대상 신용카드 등 사용액에서 의료비세액공제 적용분 지출액을 제외하지 않는다.

5. 보험료 등 공제대상금액 : [부양가족] 탭 → 문지율과 문가영 선택 → 국세청(일반보정성)에 입력한다.

① 문지율

자료구분	보험료			
	건강	고용	일반보장성	장애인전용
국세청			1,200,000	
기타	2,088,980	433,920		

② 문가영

자료구분	보험료			
	건강	고용	일반보장성	장애인전용
국세청			500,000	
기타				

6. 교육비 : [부양가족] 탭 → 문지율, 문가영, 문가빈 선택 → 국세청(일반)에 입력한다.

① 문지율 본인　　　　　　　② 문가영 자녀　　　　　　　③ 문가빈 자녀

교육비	
일반	장애인특수
10,000,000 4.본인	

교육비	
일반	장애인특수
700,000 2.초중 고	

교육비	
일반	장애인특수
500,000 2.초중 고	

- 교복구입비용은 중·고등학생 1명당 연간 50만원을 한도로 공제한다.
- 초중고 체험학습비는 1명당 연간 30만원 한도로 공제한다.
- 본인의 교육비는 한도를 적용받지 않는다.

7. 모든 자료를 입력한 후 [F8 부양가족 탭 불러오기]를 선택하여 각 세액공제가 반영되도록 한다.

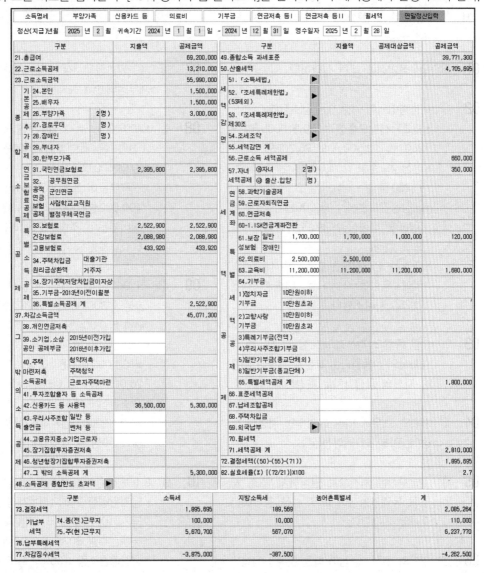

08 | 전산세무 2급 105회 기출문제 정답 및 해설

✛ 이론시험 ✛

☞ 정답

01 ②	02 ①	03 ④	04 ③	05 ①	06 ③	07 ②	08 ③	09 ①	10 ④
11 ②	12 ③	13 ②	14 ①	15 ④					

01 ② 목적적합성에 대한 설명이다.

02 ① 매출총이익이 71,250원 감소한다.
- 재고자산감모손실 : 50개(1,000개 − 950개) × 1,500원 = 75,000원
- 정상감모손실 : 75,000원 × 95% = 71,250원
- 비정상감모손실 : 75,000원 × 5% = 3,750원(비정상감모손실은 영업외비용으로 처리)
- 따라서 정상감모손실 금액만 매출총이익에 영향을 끼치므로 매출총이익은 71,250원 감소한다.

03 ④ 다른 종류의 자산과의 교환 시 취득한 유형자산의 취득원가는 교환을 위하여 제공한 자산의 공정가치로 측정한다.

04 ③ 재화의 소유에 따른 유의적인 위험과 보상이 구매자에게 이전된다.

05 ① 우발자산은 자산으로 인식하지 않고, 자원의 유입가능성이 매우 높은 경우에만 주석에 기재한다.

06 ③ 원가의 추적가능성에 따른 분류 : 직접원가, 간접원가

07 ② 제조원가명세서상 기말 원재료재고액은 재무상태표에 표시된다.

08 ③ 1,400,000원 = 조립부문원가 600,000원 +전력부문 배분액 200,000원+설비부문 배분액 600,000원
- 전력부문이 조립부문에 배분한 금액 : 400,000원×500/1,000=200,000원
- 설비부문이 조립부문에 배분한 금액 : 800,000원×600/800=600,000원

09 ① 150,000원 과소배부 = 실제 제조간접비 발생액 800,000원−제조간접비 예정배부액 650,000원
- 제조간접비 예정배부율 : 예상 제조간접비 1,000,000원÷예상 직접노무시간 20,000시간 = @50원/시간
- 제조간접비 예정배부액 : 실제 직접노무시간 13,000시간×제조간접비 예정배부율 @50원 = 650,000원

10 ④ 8개 = 공손수량 80개 − 정상공손수량 72개
- 당기완성품수량 : (기초재공품 200개+ 당기착수 900개) − (기말재공품 120개 +공손수량 80개) = 900개
- 정상공손수량 : 900개 × 8% = 72개

11 ② 간이과세자는 의제매입세액 공제를 받을 수 없다.

12 ③ 무인판매기를 이용하여 재화를 공급하는 경우 : 무인판매기에서 현금을 인출하는 때

13 ② 시내버스, 시외버스, 일반철도 등의 대중교통수단에 의한 여객운송용역은 기초생활필수품으로서 부가가치세를 면제하지만, 항공기 등에 의한 여객운송 용역은 부가가치세를 면제하는 여객운송 용역에서 제외한다(부가가치세법 제26조 제1항 제7조).

14 ① ② 한부모추가공제는 소득금액에 제한을 받지 않는다.
③ 형제자매의 배우자는 부양가족의 대상에 해당하지 않는다.
④ 부양기간 1년 미만 여부에 상관없이 월할계산하지 않는다.

15 ④ 중소기업 종업원이 주택자금을 대여받음으로써 얻는 이익은 복리후생적 성질의 급여로 비과세 근로소득에 해당한다(소득세법 제12조 제3호 저목 및 시행령 제17조의4 제2호).

PART 04

✛ 실무시험 ✛

01 일반전표입력
[1] 1월 12일
(차) 보통예금 14,800,000원 (대) 받을어음(미래상사(주)) 15,000,000원
매출채권처분손실 200,000원
[2] 2월 5일
(차) 퇴직급여(제) 3,000,000원 (대) 보통예금 3,000,000원
[3] 3월 31일
(차) 미지급세금 4,000,000원 (대) 보통예금 4,000,000원
[4] 5월 5일
(차) 기부금 3,000,000원 (대) 비품 3,000,000원
[5] 6월 17일
(차) 소모품비(제) 20,000원 (대) 현금 20,000원

02 매입매출전표입력
[1] 1월 20일
유형 : 61.현과, 공급가액 : 3,000,000원, 부가세 : 300,000원, 거래처 : (주)하이마트, 분개 : 현금 또는 혼합
(차) 부가세대급금 300,000원 (대) 현금 3,300,000원
비품 3,000,000원 (또는 보통예금)

[2] 2월 9일

유형 : 11.과세, 공급가액 : 2,000,000원, 부가세 : 200,000원, 거래처 : (주)유미산업, 전자 : 여, 분개 : 혼합

(차) 감가상각누계액(213)	2,255,000원	(대) 부가세예수금	200,000원
보통예금	2,200,000원	비품	5,000,000원
유형자산처분손실	745,000원		

[3] 7월 1일

유형 : 51.과세, 공급가액 : 5,000,000원, 부가세 : 500,000원, 거래처 : (주)원테크, 전자 : 여, 분개 : 혼합

| (차) 부가세대급금 | 500,000원 | (대) 현금 | 500,000원 |
| 복리후생비(판) | 5,000,000원 | 미지급금 | 5,000,000원 |

[4] 8월 27일

유형 : 51.과세, 공급가액 : 12,000,000원, 부가세 : 1,200,000원, 거래처 : 광명기계, 전자 : 부, 분개 : 혼합

| (차) 부가세대급금 | 1,200,000원 | (대) 당좌예금 | 13,200,000원 |
| 기계장치 | 12,000,000원 | | |

[5] 9월 27일

유형 : 16.수출, 공급가액: 34,500,000원, 부가세 : 0원, 거래처 : 미국 BOB사, 분개 : 외상 또는 혼합, 영세율구분 : 1. 직접수출

| (차) 외상매출금 | 34,500,000원 | (대) 제품매출 | 34,500,000원 |

※ $30,000 × 1,150원 = 34,500,000원

03 부가가치세 신고와 부속서류 작성

[1] [건물등감가상각자산취득명세서]

조회기간	2024 년 04 월 ~ 2024 년 06 월	구분 1기 확정			
취득내역					
감가상각자산종류	건수	공급가액	세 액		비 고
합 계	3	568,000,000	56,800,000		
건 물 · 구 축 물	1	500,000,000	50,000,000		
기 계 장 치	1	60,000,000	6,000,000		
차 량 운 반 구					
기타감가상각자산	1	8,000,000	800,000		

No	거래처별 감가상각자산 취득명세					
	월/일	상호	사업자등록번호	자산구분	공급가액	세액	건수
1	04-08	(주)용율	130-81-50950	건물,구축물	500,000,000	50,000,000	1
2	05-12	광명기계	105-51-41220	기계장치	60,000,000	6,000,000	1
3	06-22	(주)ck전자	203-81-55457	기타	8,000,000	800,000	1
		합 계			568,000,000	56,800,000	3

[2] [부가가치세 신고서]

[3] 홈택스에서 전자신고

  1. [부가가치세신고서] 및 관련 부속서류 마감 확인

  2. 전자신고 데이터 F4제작 선택 → 신고년월, 1. 정기신고, 2. 납세자 자진신고, 회사코드 → 비밀
번호 12341234 입력 후 확인

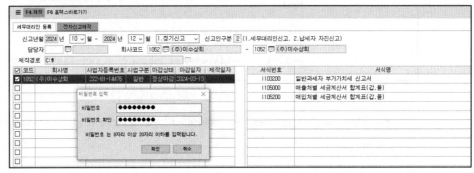

3. F6 홈택스바로가기 선택하기

① [찾아보기] → 파일 업로드 → 비밀번호 12341234 입력함

② 형식검증하기 ➡ 형식검증결과확인 ➡ 내용검증하기 ➡ 내용검증결과확인 ➡ 전자파일제출 를 순서

대로 클릭함

③ 전자파일제출하기 → 닫기

04 결산자료입력

[1] 12월 31일

  (차) 이자비용   4,000,000원   (대) 미지급비용   4,000,000원

  ※ 300,000,000원 × 2% × 8개월/12개월 = 4,000,000원

[2] 12월 31일

  (차) 현금과부족   86,000원   (대) 잡이익   86,000원

[3] 12월 31일

  (차) 부가세예수금   25,450,000원   (대) 부가세대급금   31,400,000원

      세금과공과(판)   60,000원   잡이익   10,000원

      미수금   5,900,000원

[4] 12월 31일

  (차) 장기차입금(미래은행)   20,000,000원   (대) 유동성장기부채(미래은행) 20,000,000원

[5] 12월 31일

  1. [결산자료입력] → 4. 판매비와일반관리비 → 6). 무형자산상각비 → 영업권 결산반영금액 란 : 50,000,000원 입력 → F3전표추가

  2. 또는 일반전표입력

    (차) 무형자산상각비   50,000,000원   (대) 영업권   50,000,000원

05 원천징수

[1] [급여자료입력]과 [원천징수이행상황신고서] 작성

  1. 수당공제등록

No	코드	과세구분	수당명	근로소득유형 유형	코드	한도	월정액	통상임금	사용여부
1	1001	과세	기본급	급여			정기	여	여
2	1002	과세	상여	상여			부정기	부	부
3	1003	과세	직책수당	급여			정기	부	여
4	1004	과세	월차수당	급여			정기	부	부
5	1005	비과세	식대	식대	P01	(월)200,000	정기	부	여
6	1006	비과세	자가운전보조금	자가운전보조금	H03	(월)200,000	부정기	부	여
7	1007	비과세	야간근로수당	야간근로수당	001	(년)2,400,000	부정기	부	부
8	2001	비과세	출산.보육수당(육아~	출산.보육수당(육아	Q01	(월)200,000	정기	부	여

  2. 급여자료입력

귀속년월 2024년 05월   지급년월일 2024년 05월 31일   급여

사번	사원명	감면율
501	이영환	
502	최미남	

급여항목	금액
기본급	3,000,000
직책수당	400,000
식대	200,000
자가운전보조금	200,000
출산.보육수당(육아수당)	100,000
과 세	3,400,000
비 과 세	500,000
지 급 총 액	3,900,000

공제항목	금액
국민연금	135,000
건강보험	120,000
장기요양보험	15,540
고용보험	30,600
소득세(100%)	114,990
지방소득세	11,490
농특세	
공 제 총 액	427,620
차 인 지 급 액	3,472,380

총인원(퇴사자) 2(0)

3. 원천징수이행상황신고서

[2] [연말정산추가자료입력] 메뉴의 [부양가족] 탭을 수정하고, [연금저축] 탭과 [연말정산입력] 탭 작성

1. [부양가족] 탭

(1) 인적공제 : 소득요건 미충족되는 김연우를 제외하고는 모두 기본공제 대상자이다. 모친은 경로 우대공제 대상자이다.

연말정산관계	성명	내/외국인	주민(외국인)번호	나이	기본공제	세대주구분	부녀자	한부모	경로우대	장애인	자녀	출산입양
0	최미남	내	1 771030-1112352	47	본인	세대주						
1	박회수	내	1 500324-2625224	74	60세이상				○			
3	김연우	내	1 800515-2122527	44	부							
4	최지우	내	1 140123-4165982	10	20세이하						○	
4	최건우	내	1 151224-3695874	9	20세이하						○	
			합 계 [명]				4		1		2	

(2) 의료비지급명세서

2. [연금저축 등 I] 탭

소득명세	부양가족	신용카드 등	의료비	기부금	연금저축 등 I	연금저축 등 II	월세액	연말정산입력

2 연금계좌 세액공제 - 연금저축계좌(연말정산입력 탭의 38.개인연금저축, 60.연금저축)						크게보기
연금저축구분	코드	금융회사 등	계좌번호(증권번호)	납입금액	공제대상금액	소득/세액공제액
2.연금저축	306	(주) 국민은행	243-910750-72209	1,200,000	1,200,000	144,000
개인연금저축						
연금저축				1,200,000	1,200,000	144,000

3. 연말정산입력 탭

(1) 신용카드 등 공제대상금액

	소득명세		부양가족	신용카드 등	의료비		기부금	연금저축 등I	연금저축 등II	월세액	연말정산입력		
□	성명 생년월일	자료 구분	신용카드	직불,선불	현금영수증	도서등 신용	도서등 직불	도서등 현금	전통시장	대중교통	소비증가분	
											2023년	2024년
□	최미남	국세청	22,000,000		2,000,000							24,000,000
	1977-10-30	기타										
□	박회수	국세청										
	1950-03-24	기타										
□	김연우	국세청										
	1980-05-15	기타										
□	최지우	국세청										
	2014-01-23	기타										
□	최건우	국세청										
	2015-12-24	기타										

(2) 보험료세액공제 : [부양가족] 탭 → 최미남, 최지우, 최건우 선택 → 국세청(일반보장성)에 입력한다.

① 최미남 보험료

자료구분	보험료			
	건강	고용	일반보장성	장애인전용
국세청			1,600,000	
기타	2,746,600	560,000		

② 최지우 보험료

자료구분	보험료			
	건강	고용	일반보장성	장애인전용
국세청			500,000	
기타				

③ 최건우 보험료

자료구분	보험료			
	건강	고용	일반보장성	장애인전용
국세청			450,000	
기타				

(3) 교육비세액공제 : 최미남의 교육비 공제만 공제대상이 된다. [부양가족] 탭 → 최미남 선택 → 국세청(일반)에 입력한다.

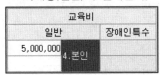

교육비	
일반	장애인특수
5,000,000 4.본인	

4. 모든 자료를 입력한 후 [F8 부양가족 탭 불러오기]를 선택하여 각 세액공제가 반영되도록 한다.

소득명세	부양가족	신용카드 등	의료비	기부금	연금저축 등Ⅰ	연금저축 등Ⅱ	월세액	연말정산입력

정산(지급)년월 2025 년 2 월 귀속기간 2024 년 1 월 1 일 - 2024 년 12 월 31 일 영수일자 2025 년 2 월 28 일

구분		지출액	공제금액	구분		지출액	공제대상금액	공제금액
21.총급여			70,000,000	49.종합소득 과세표준				39,618,400
22.근로소득공제			13,250,000	50.산출세액				4,682,760
23.근로소득금액			56,750,000	51.「소득세법」 ▶				
기본공제	24.본인		1,500,000	세액감면 52.「조세특례제한법」(53제외) ▶				
	25.배우자			53.「조세특례제한법」제30조 ▶				
	26.부양가족 3명)		4,500,000	54.조세조약 ▶				
추가공제	27.경로우대 1명)		1,000,000	55.세액감면 계				
	28.장애인 명)			56.근로소득 세액공제				660,000
종합소득공제	29.부녀자			57.자녀 ㉮자녀 2명)				350,000
	30.한부모가족			세액공제 ㉯ 출산.입양 명)				
연금보험료공제	31.국민연금보험료	3,150,000	3,150,000	세액공제 연금계좌 58.과학기술공제				
	32. 공적연금보험료공제 공무원연금			59.근로자퇴직연금				
	군인연금			60.연금저축		1,200,000	1,200,000	144,000
	사립학교교직원			60-1.ISA연금계좌전환				
	별정우체국연금			특별세액공제 61.보장 일반 2,550,000		2,550,000	1,000,000	120,000
특별소득공제	33.보험료	3,306,600	3,306,600	성보험 장애인				
	건강보험료	2,746,600	2,746,600	62.의료비 5,250,000		5,250,000	2,150,000	322,500
	고용보험료	560,000	560,000	63.교육비 5,000,000		5,000,000	5,000,000	750,000
	34.주택차입금 대출기관			64.기부금				
	원리금상환액 거주자			1)정치자금 10만원이하				
	34.장기주택저당차입금이자상			기부금 10만원초과				
	35.기부금-2013년이전이월분			2)고향사랑 10만원이하				
	36.특별소득공제 계		3,306,600	기부금 10만원초과				
37.차감소득금액			43,293,400	3)특례기부금(전액)				
38.개인연금저축				4)우리사주조합기부금				
그밖의소득공제	39.소기업.소상 2015년이전가입			5)일반기부금(종교단체외)				
	공인 공제부금 2016년이후가입			6)일반기부금(종교단체)				
	40.주택 청약저축			65.특별세액공제 계				1,192,500
	마련저축 주택청약			66.표준세액공제				
	소득공제 근로자주택마련			67.납세조합공제				
	41.투자조합출자 등 소득공제			68.주택차입금				
	42.신용카드 등 사용액	24,000,000	3,675,000	69.외국납부 ▶				
	43.우리사주조합 일반 등			70.월세액				
	출연금 벤처 등			71.세액공제 계				2,346,500
	44.고용유지중소기업근로자			72.결정세액((50)-(55)-(71))				2,336,260
	45.장기집합투자증권저축			82.실효세율(%) [(72/21)]X100				3.3
	46.청년형장기집합투자증권저축							
	47.그 밖의 소득공제 계		3,675,000					
	48.소득공제 종합한도 초과액 ▶							

구분		소득세	지방소득세	농어촌특별세	계
73.결정세액		2,336,260	233,626		2,569,886
기납부세액	74.종(전)근무지				
	75.주(현)근무지	7,777,000	777,700		8,554,700
76.납부특례세액					
77.차감징수세액		-5,440,740	-544,070		-5,984,810

09 | 전산세무 2급 104회 기출문제 정답 및 해설

✦ 이론시험 ✦

☑ 정답

01 ③	02 ③	03 ④	04 ②	05 ③	06 ④	07 ④	08 ①	09 ③	10 ②
11 ④	12 ①	13 ④	14 ②	15 ③					

01 ③ 기업은 현금흐름표를 제외하고는 발생기준 회계를 사용하여 재무제표를 작성한다.

02 ③ 후입선출법은 현행수익에 대하여 현행원가가 대응되므로 기말재고는 과거의 상품원가로 구성된다.

03 ④ 무형자산의 미래경제적효익은 시간의 경과에 따라 소비되기 때문에 상각을 통하여 장부금액을 감소시킨다. 무형자산의 공정가치 또는 회수가능액이 증가하더라도 상각은 원가에 기초한다(일반기업회계기준 11.27).

04 ② 자본잉여금 2,200,000원 = 주식발행초과금 500,000원 + 감자차익 700,000원 + 자기주식처분이익 1,000,000원이 된다.
이익준비금, 임의적립금은 이익잉여금에 해당하며, 매도가능증권평가이익은 기타포괄손익누계액에 해당한다.

05 ③ 세법개정으로 회계처리를 변경해야 하는 경우는 정당한 회계변경 사유가 아니다.

06 ④ 제품생산량이 증가함에 따라 제품 단위당 고정원가는 감소한다.

07 ④ 652,500원 = 수선부문원가 320,000원 + 동력부문원가 332,500원
- 수선부문원가 배분액 : 수선부문원가 800,000원 × 200시간/500시간 = 320,000원
- 동력부문원가 배분액 : 동력부문원가 760,000원 × 3,500kW/8,000kW = 332,500원

08 ① 400,000원(기말제품재고액) = 기초제품 210,000원 + 당기제품제조원가 390,000원 − 제품매출원가 200,000원
- 당기제품제조원가 390,000원 = 기초재공품 100,000원 + 당기총제조원가 440,000원 − 기말재공품 150,000원
- 당기총제조원가 440,000원 = 직접재료비 190,000원 + 직접노무비 100,000원 + 제조간접비 150,000원

09 ③ 1,265,000원(직접재료비) = 당기총제조원가 2,300,000원 − 직접노무비 575,000원 − 제조간접비 460,000원
- 제조간접비 : 당기총제조원가 2,300,000원 × 20% = 460,000원
- 직접노무비 : 제조간접비 460,000원 ÷ 80% = 575,000원

10 ② 개별원가계산은 원가계산 과정이 복잡하나 정확성은 더 높다.

11 ④ 담보제공은 채권담보의 목적에 불과하므로 재화의 공급으로 보지 않는다.

12 ① 국내 거래에도 영세율이 적용될 수 있다.

13 ④ 비영업대금의 이익은 이자소득에 해당한다.

14 ② 급여는 근로를 제공한 날을 수입시기로 한다(소득세법 시행령 제49조).

15 ③ 거주자는 국내에 주소를 두거나 183일 이상 거소를 둔 개인을 말한다.

⊹ 실무시험 ⊹

01 일반전표입력

[1] 3월 10일

(차) 현금	3,000,000원	(대) 대손충당금(109)	3,000,000원
또는 (차) 외상매출금	3,000,000원	(대) 대손충당금(109)	3,000,000원
현금	3,000,000원	외상매출금	3,000,000원

[2] 3월 15일

(차) 단기매매증권	5,000,000원	(대) 보통예금	5,050,000원
수수료비용(984)	50,000원		

[3] 7월 7일

(차) 세금과공과(판)	1,260,000원	(대) 보통예금	2,140,000원
세금과공과(제)	880,000원		

[4] 7월 16일

(차) 교육훈련비(제)	1,000,000원	(대) 예수금	33,000원
		보통예금	967,000원

[5] 8월 31일

(차) 보통예금	10,338,400원	(대) 정기예금	10,000,000원
선납세금	61,600원	이자수익	400,000원

02 매입매출전표입력

[1] 1월 22일

유형 : 54.불공, 공급가액 : 13,750,000원, 부가세 : 1,375,000원, 거래처 : 상진개발, 전자 : 여, 분개 : 혼합, 불공제사유: ⑥토지의 자본적 지출 관련

(차) 토지	15,125,000원	(대) 미지급금	15,125,000원

[2] 1월 31일

유형 : 61.현과, 공급가액 : 150,000원, 부가세 : 15,000원, 거래처 : 레고문구, 분개 : 현금

(차) 부가세대급금	15,000원	(대) 현금	165,000원
소모품비(판)	150,000원		

[3] 2월 28일

　　유형 : 52.영세, 공급가액 : 30,000,000원, 부가세 : 0원, 거래처 : (주)안건, 전자 : 여, 분개 : 혼합

　(차) 원재료　　　　　　　　　30,000,000원　　(대) 보통예금　　　　　　　　　30,000,000원

[4] 3월 10일

　　유형 : 14.건별, 공급가액 : 1,200,000원, 부가세 : 120,000원, 거래처 : 김명진, 분개 : 혼합

　(차) 보통예금　　　　　　　　　1,320,000원　　(대) 부가세예수금　　　　　　　　120,000원

　　　　　　　　　　　　　　　　　　　　　　　　　　제품매출　　　　　　　　　　1,200,000원

[5] 3월 16일

　　유형 : 53.면세, 공급가액 : 90,000원, 부가세 : 0원, 거래처 : 제일화원, 전자 : 여, 분개 : 혼합

　(차) 기업업무추진비(판)　　　　　90,000원　　(대) 미지급금　　　　　　　　　　90,000원

　　　　　　　　　　　　　　　　　　　　　　　　　또는 미지급비용

03 부가가치세 신고와 부속서류 작성

[1] [신용카드매출전표등수령명세서(갑)]

　※ 여객운송업(택시), 입장권 발행 영위 사업은 공제대상에 해당하지 않는다.

조회기간 : 2024 년 07 월 ~ 2024 년 09 월　구분 2기 예정

2. 신용카드 등 매입내역 합계

구분	거래건수	공급가액	세액
합　계	2	200,000	20,000
현금영수증	1	150,000	15,000
화물운전자복지카드			
사업용신용카드	1	50,000	5,000
그 밖의 신용카드			

3. 거래내역입력

No		월/일	구분	공급자	공급자(가맹점) 사업자등록번호	카드회원번호	그 밖의 신용카드 등 거래내역 합계		
							거래건수	공급가액	세액
1	□	07-31	현금	(주)오피스	124-81-04878		1	150,000	15,000
2	□	08-12	사업	이음마트	402-14-33228		1	50,000	5,000
	□								
				합계			2	200,000	20,000

[2] [부가가치세 신고서]

일반과세 / 간이과세

조회기간 2024 년 4 월 1 일 ~ 2024 년 6 월 30 일　신고구분 1.정기신고　신고차수　부가율 62.17　확정

		구분		정기신고금액			구분		금액	세율	세액
				금액	세율	세액	16.공제받지못할매입세액				
과세표준및매출세액	과세	세금계산서발급분	1	130,000,000	10/100	13,000,000	공제받지못할 매입세액	50	10,000,000		1,000,000
		매입자발행세금계산서	2		10/100		공통매입세액면세등사업분	51			
		신용카드·현금영수증발행분	3	3,000,000	10/100	300,000	대손처분받은세액	52			
		기타(정규영수증외매출분)	4	400,000		40,000	합계	53	10,000,000		1,000,000
	영세	세금계산서발급분	5		0/100		18.그 밖의 경감·공제세액				
		기타	6	12,000,000	0/100		전자신고 및 전자고지 세액공제	54			10,000
	예정신고누락분		7				전자세금계산서발급세액공제	55			
	대손세액가감		8			-100,000	택시운송사업자경감세액	56			
	합계		9	145,400,000	㉮	13,240,000	대리납부세액공제	57			
매입세액	세금계산서수취분	일반매입	10	55,000,000		5,500,000	현금영수증사업자세액공제	58			
		수출기업수입분납부유예	10-1				기타	59			
		고정자산매입	11				합계	60			10,000
	예정신고누락분		12								
	매입자발행세금계산서		13								
	그 밖의 공제매입세액		14								
	합계(10)-(10-1)+(11)+(12)+(13)+(14)		15	55,000,000		5,500,000					
	공제받지못할매입세액		16	10,000,000		1,000,000					
	차감계 (15-16)		17	45,000,000	㉯	4,500,000					
납부(환급)세액(매출세액㉮-매입세액㉯)					㉰	8,740,000					
경감공제세액	그 밖의 경감·공제세액		18			10,000					
	신용카드매출전표등 발행공제등		19								
	합계		20		㉱	10,000					
소규모 개인사업자 부가가치세 감면세액			20-1		㉲						
예정신고미환급세액			21		㉳	800,000					
예정고지세액			22		㉴						
사업양수자의 대리납부 기납부세액			23		㉵						
매입자 납부특례 기납부세액			24		㉶						
신용카드업자의 대리납부 기납부세액			25		㉷						
가산세액계			26		㉸						
차가감하여 납부할세액(환급받을세액)㉰-㉱-㉲-㉳-㉴-㉵-㉶-㉷+㉸			27			7,930,000					
총괄납부사업자가 납부할 세액(환급받을 세액)											

[3] 홈택스에서 전자신고
1. [부가가치세신고서] 및 관련 부속서류 마감 확인

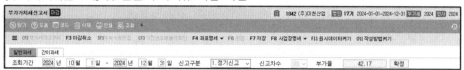

2. 전자신고 데이터 F4제작 선택 → 신고년월, 1. 정기신고, 2. 납세자 자진신고, 회사코드 → 비밀
번호 12345678 입력 후 확인

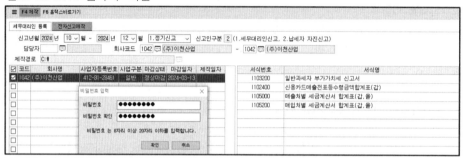

3. F6 홈택스바로가기 선택하기

① [찾아보기] → 파일 업로드 → 비밀번호 12345678 입력함

② 형식검증하기 ➡ 형식검증결과확인 ➡ 내용검증하기 ➡ 내용검증결과확인 ➡ 전자파일제출 를 순서대로 클릭함

③ 전자파일제출하기 → 닫기

04 결산자료입력

[1] 12월 31일

(차) 임대료(904) 18,000,000원 (대) 선수수익 18,000,000원

※ 선수수익 : 총임대료 24,000,000원 × 9/12 = 18,000,000원

[2] 12월 31일

(차) 단기대여금(LPL사) 2,000,000원 (대) 외화환산이익 2,000,000원

※ 외화환산이익 : $20,000 × (기말 기준환율 1,300원 − 발생일 기준환율 1,200원) = 2,000,000원

[3] 12월 31일

(차) 단기매매증권평가손실 4,000,000원 (대) 단기매매증권 4,000,000원

[4] 12월 31일

(차) 기부금 15,000,000원 (대) 제품 15,000,000원

            (적요 8. 타계정으로 대체)

[5] 12월 31일

1. [결산자료입력] → 4. 판매비와일반관리비 → 4). 감가상각비 → 차량운반구 결산반영금액 란 : 10,000,000원 입력 → F3전표추가

2. 또는 일반전표입력

(차) 감가상각비(판) 10,000,000원 (대) 감가상각누계액(209) 10,000,000원

※ 감가상각비 : 취득가액 50,000,000원 ÷ 내용연수 5년 = 10,000,000원

05 원천징수

[1] [사원등록] 메뉴의 [부양가족명세]를 작성

기본사항	부양가족명세	추가사항												
연말관계	성명	내/외국인	주민(외국인, 여권)번호	나이	기본공제	부녀자	한부모	경로우대	장애인	자녀	출산입양	위탁관계
0	강지후	내	1 741213-1114524	50	본인							
3	정혜미	내	1 751010-2845212	49	부							
1	김미자	내	1 550203-2346311	69	60세이상							
6	강지민	내	1 791010-2115422	45	부							
4	강지율	내	1 070505-4842106	17	20세이하					○		
4	강민율	내	1 100705-3845722	14	20세이하					○		

- 배우자(정혜미)와 동생(강지민)은 소득금액이 100만원을 초과하므로 소득금액 기준이 맞지 않는다.
- 자녀(강지율)은 소득금액기준을 충족한다.
- 동생(강지민)의 경우 기본공제 '부' 입력 후 장애인 '3.중증환자' 입력한 경우에도 정답으로 인정한다.

[2] [연말정산추가자료입력] 메뉴의 [부양가족] 탭을 수정하고, [연금저축] 탭과 [연말정산입력] 탭, [의료비지급명세서]를 작성
1. [부양가족] 탭

소득명세	부양가족	신용카드 등	의료비	기부금	연금저축 등 I	연금저축 등 II	월세액	연말정산입력

연말관계	성명	내/외국인		주민(외국인)번호	나이	기본공제	세대주구분	부녀자	한부모	경로우대	장애인	자녀	출산입양
0	한기홍	내	1	710501-1223336	53	본인	세대주						
1	김어른	내	1	580801-2141116	66	부							
3	이슬비	내	1	750102-2111452	49	배우자							
4	한기쁨	내	1	100105-4111112	14	20세이하						○	
		합 계 [명]				3						1	

- 김어른(모친)은 총급여액이 500만원을 초과하므로 기본공제대상에 해당하지 않는다.
- 한기쁨(자녀)은 자녀세액공제 대상이다.
2. [의료비지급명세서] : [의료비] 탭에서 입력한다.

소득명세	부양가족	신용카드 등	의료비	기부금	연금저축 등 I	연금저축 등 II	월세액	연말정산입력

2024년 의료비 지급명세서													
의료비 공제대상자				지급처		지급명세							14.산후조리원
성명	내/외	5.주민등록번호	6.본인등해당여부	9.증빙코드	8.상호	7.사업자등록번호	10.건수	11.금액	11-1.실손보험수령액	12.미숙아선천성이상아	13.납입여부		
김어른	내	580801-2141116	2	0	1			3,000,000		X	X		X
이슬비	내	750102-2111452	3	X	1			1,200,000	500,000	X	X		X
			합계					4,200,000	500,000				
일반의료비(본인)		6세이하,65세이상인건강보험산정특례자장애인					3,000,000	일반의료비(그 외)		1,200,000	난임시술비미숙아·선천성이상아		

- 의료비세액공제 대상 기본공제대상자는 소득요건 및 나이요건의 제한을 받지 않는다.
3. 장기주택저당차입금이자상환액 : [연말정산입력] 탭에서 입력한다.

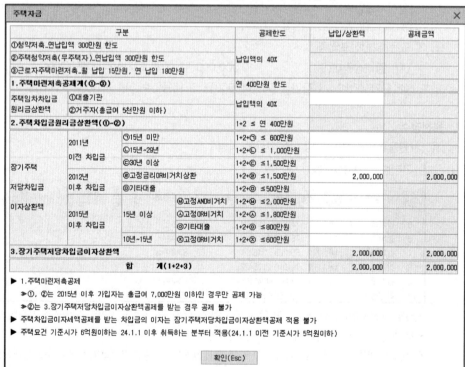

4. 신용카드 등 사용액 : [신용카드 등] 탭에서 입력한다.

	성명 생년월일	자료 구분	신용카드	직불,선불	현금영수증	도서등 신용	도서등 직불	도서등 현금	전통시장	대중교통	소비증가분	
											2023년	2024년
	한기홍 1971-05-01	국세청 기타	9,000,000							1,000,000		10,000,000
	김어른 1958-08-01	국세청 기타										
	이슬비 1975-01-02	국세청 기타			3,500,000					500,000		4,000,000
	한기쁨 2010-01-05	국세청 기타										
	합계		9,000,000		3,500,000					500,000	1,000,000	14,000,000

총급여			50,000,000	신용카드 등 최소금액(총급여의 25%)	12,500,000

5. 보험료세액공제 : [부양가족] 탭 → 한기홍, 한기쁨 선택 → 국세청(일반보장성)에서 입력한다.

① 한기홍 보험료

자료구분	보험료			
	건강	고용	일반보장성	장애인전용
국세청			750,000	
기타	1,961,880	418,000		

② 한기쁨 보험료

자료구분	보험료			
	건강	고용	일반보장성	장애인전용
국세청			150,000	
기타				

• 보장성보험료 : 900,000원= 본인 자동차보험료 750,000원+자녀 보장성보험료 150,000원

6. 교육비 : [부양가족] 탭 → 한기쁨 선택 → 국세청(일반)에 입력한다.

교육비	
일반	장애인특수
20,000,000	2.초중 고

※ 교육비를 3,000,000원으로 입력해도 정답임

7. 기부금 : 종교단체 기부금 500,000원 : [기부금] 탭

(1) 기부금 입력탭

기부금 입력	기부금 조정					
12.기부자 인적 사항(F2)						
주민등록번호		관계코드		내·외국인		성명
750102-2111452		배우자		내국인		이슬비

구분		9.기부내용	노조 회비 여부	기부처		건수	기부명세			자료 구분
7.유형	8. 코드			10.상호 (법인명)	11.사업자 번호 등		13.기부금합계 금액 (14+15)	14.공제대상 기부금액	15.기부장려금 신청 금액	
종교	41	금전	부	필수 입력	필수 입력	1	500,000	500,000		국세청
			합계				500,000	500,000		

(2) 기부금 조정탭 : 공제금액계산 선택 → 불러오기 → 공제금액반영 → 저장

소득명세	부양가족	신용카드 등	의료비	기부금	연금저축 등I	연금저축 등II	월세액	연말정산입력	
기부금 입력	기부금 조정							공제금액계산	
구분		기부연도	16.기부금액	17.전년도까지 공제된금액	18.공제대상 금액(16-17)	해당연도 공제금액	해당연도에 공제받지 못한 금액		
유형	코드						소멸금액	이월금액	
종교	41	2024	500,000		500,000	500,000			

8. 모든 자료를 입력한 후 [F8 부양가족 탭 불러오기]를 선택하여 각 세액공제가 반영되도록 한다.

소득명세	부양가족	신용카드 등	의료비	기부금	연금저축 등I	연금저축 등II	월세액	연말정산입력

정산(지급)년월 2025 년 2 월 귀속기간 2024 년 1 월 1 일 ~ 2024 년 12 월 31 일 영수일자 2025 년 2 월 28 일

구분		지출액	공제금액	구분		지출액	공제대상금액	공제금액
21.총급여			50,000,000	49.종합소득 과세표준				24,530,120
22.근로소득공제			12,250,000	50.산출세액				2,419,518
23.근로소득금액			37,750,000	51.「소득세법」 ▶				
기본공제	24.본인		1,500,000	52.「조세특례제한법」(53제외) ▶				
	25.배우자		1,500,000	53.「조세특례제한법」제30조 ▶				
	26.부양가족 1명)		1,500,000	54.조세조약 ▶				
추가공제	27.경로우대 명)			55.세액감면 계				
	28.장애인 명)			56.근로소득 세액공제				660,000
	29.부녀자			57.자녀 ㉮자녀 1명)				150,000
	30.한부모가족			세액공제 ㉯ 출산.입양 명)				
연금보험료공제	31.국민연금보험료	2,340,000	2,340,000	58.과학기술공제				
	32.공적연금보험 공무원연금			59.근로자퇴직연금				
	군인연금			60.연금저축				
	사립학교교직원			60-1.ISA연금계좌전환				
	별정우체국연금			61.보장 일반	900,000	900,000	900,000	108,000
특별공제	33.보험료	2,379,880	2,379,880	성보험 장애인				
	건강보험료	1,961,880	1,961,880	62.의료비	4,200,000	4,200,000	2,200,000	330,000
	고용보험료	418,000	418,000	63.교육비	20,000,000	20,000,000	3,000,000	450,000
	34.주택차입금 대출기관			64.기부금	500,000	500,000	500,000	75,000
	원리금상환액 거주자			1)정치자금기부금 10만원이하				
	34.장기주택저당차입금이자상	2,000,000	2,000,000	10만원초과				
	35.기부금-2013년이전이월분			2)고향사랑기부금 10만원이하				
	36.특별소득공제 계		4,379,880	10만원초과				
37.차감소득금액			26,530,120	3)특례기부금(전액)				
그 밖의 소득공제	38.개인연금저축			4)우리사주조합기부금				
	39.소기업,소상공인 공제부금 2015년이전가입			5)일반기부금(종교단체외)				
	2016년이후가입			6)일반기부금(종교단체)	500,000	500,000	75,000
	40.주택마련저축 청약저축			65.특별세액공제 계				963,000
	주택청약			66.표준세액공제				
	근로자주택마련			67.납세조합공제				
	41.투자조합출자 등 소득공제			68.주택차입금				
	42.신용카드 등 사용액	14,000,000	2,000,000	69.외국납부 ▶				
	43.우리사주조합 일반 등			70.월세액				
	출연금 벤처 등			71.세액공제 계				1,773,000
	44.고용유지중소기업근로자			72.결정세액((50)-(55)-(71))				646,518
	45.장기집합투자증권저축			82.실효세율(%) [(72/21)]X100				1.3
	46.청년형장기집합투자증권저축							
	47.그 밖의 소득공제 계		2,000,000					
	48.소득공제 종합한도 초과액 ▶							

구분		소득세	지방소득세	농어촌특별세	계
73.결정세액		646,518	64,651		711,169
기납부세액	74.종(전)근무지				
	75.주(현)근무지	2,810,540	280,980		3,091,520
76.납부특례세액					
77.차감징수세액		-2,164,020	-216,320		-2,380,340

10 | 전산세무 2급 103회 기출문제 정답 및 해설

✛ 이론시험 ✛

📌 정답

01	④	02	②	03	④	04	③	05	②	06	①	07	②	08	③	09	③	10	②
11	①	12	②	13	④	14	③	15	④										

01 ④ 재산세, 종합부동산세는 보유와 관련된 세금이므로 취득원가가 아닌 세금과공과 계정으로 처리한다.

02 ② 감자차손은 감자차익과 상계하고 남은 잔액을 자본조정으로 분류한다.

03 ④ 단기대여금은 당좌자산에 속하는 채권으로서 현금및현금성자산으로 분류하지 않는다. 단, 만기가 도래한 받을어음은 통화대용증권으로서 현금및현금성자산으로 분류된다.

04 ③ 44,000,000원 = 매출액 100,000,000원 − 매출원가 50,000,000원 − 기업업무추진비 5,000,000원 − 차량유지비 1,000,000원

05 ② 액면이자율보다 시장이자율이 클 경우 할인발행한다.

06 ① 1,480,000원 = 직접재료비 600,000원 + 직접노무비 400,000원 + 제조간접비 480,000원
   • 제조간접비 배부율 : 제조간접비 1,200,000원 ÷ 총직접재료비 1,500,000원 = 80%

   • 비행기A 제조간접비 배부액 : 직접재료비 600,000원 × 배부율 80% = 480,000원

07 ② 80개 = 공손품 200개 − 정상공손수량 120개
   • 당기완성품 : 기초재공품 3,000개 + 당기착수 2,300개 − 기말재공품 1,100개 − 공손품 200개=4,000개
   • 정상공손수량 : 당기완성품 4,000개 × 3% = 120개

08 ③ 400,000원 과소배부 = 예정배부액 1,000,000원 − 실제 제조간접비 발생액 1,400,000원
   • 예정배부액 : 예정배부율 10,000원 × 실제 직접노무시간 100시간

09 ③ 기계감가상각비는 각 부문의 기계사용시간으로 배분하는 것이 합리적이다.

10 ② ①번과 ③번은 변동원가의 그래프이고, ④번은 변동원가와 고정원가에 해당하지 않는 그래프이다.

11 ① 매출에누리와 매출환입, 매출할인은 부가가치세 과세표준에 포함되지 않는다.

12 ② 국외에서 공급하는 용역에 대해서는 영세율을 적용한다.

13 ④ 자기가 주요 자재의 전부 또는 일부를 부담하고 상대방으로부터 인도받은 재화를 가공하여 새로운 재화를 만드는 가공계약에 따라 재화를 인도하는 것은 재화의 공급으로 본다.

14 ③ 사망일 전날의 상황에 따른다.

15 ④ ① 퇴직소득은 합산대상이 아니다.
② 예납적 원천징수대상은 원천징수된 소득이 종합소득금액에 포함되어 기납부세액으로 공제된다.
③ 영세율이 적용되어 거래징수할 부가가치 매출세액이 없어도 사업소득에 해당하는 매출액은 있으므로 소득세법상 소득금액에 포함된다.

⁛ 실무시험 ⁛

01 일반전표입력

[1] 1월 31일

(차) 복리후생비(제)	10,000,000원	(대) 미지급금(하나카드)	10,000,000원

[2] 3월 3일

(차) 임차보증금((주)동국)	15,000,000원	(대) 선급금((주)동국)	5,000,000원
		보통예금	10,000,000원

[3] 3월 31일

(차) 보통예금	10,000,000원	(대) 단기매매증권	8,000,000원
		단기매매증권처분이익	2,000,000원

[4] 9월 21일

(차) 보통예금	15,000,000원	(대) 자본금	10,000,000원
		주식발행초과금	5,000,000원

[5] 10월 31일

(차) 단기차입금(기업은행)	100,000,000원	(대) 보통예금	100,300,000원
이자비용	300,000원		

02 매입매출전표입력

[1] 7월 28일

유형 : 55.수입, 공급가액 : 30,000,000원, 부가세 : 3,000,000원, 거래처 : 김해세관, 전자 : 여, 분개 : 현금 또는 혼합

(차) 부가세대급금	3,000,000원	(대) 현금	3,000,000원

[2] 7월 30일

　　유형 : 53.면세, 공급가액 : 550,000원, 부가세 : 0원, 거래처 : (주)조아캐피탈, 전자 : 여, 분개 : 혼합

　　(차) 임차료(판)　　　　　　　　550,000원　　　(대) 보통예금　　　　　　　　550,000원

[3] 8월 12일

　　유형 : 16.수출, 공급가액 : 34,500,000원, 거래처 : 영국ACE사, 분개 : 외상 또는 혼합, 영세율 구분 : ①직접수출(대행수출 포함)

　　(차) 외상매출금　　　　　34,500,000원　　　(대) 제품매출　　　　　34,500,000원

[4] 9월 25일

　　유형 : 14.건별, 공급가액 : 3,000,000원, 부가세 : 300,000원, 거래처 : (주)세무물산, 분개 : 혼합

　　(차) 기업업무추진비(제)　　2,300,000원　　　(대) 부가세예수금　　　　　300,000원
　　　　　　　　　　　　　　　　　　　　　　　제품　　　　　　　　　2,000,000원
　　　　　　　　　　　　　　　　　　　　　　(적요 8. 타계정으로 대체액)

[5] 9월 30일

　　유형 : 11.과세, 공급가액 : 30,000,000원, 부가세 : 3,000,000원, 거래처 : (주)혜민, 전자 : 여, 분개 : 혼합

　　(차) 외상매출금　　　　　23,000,000원　　　(대) 제품매출　　　　　30,000,000원
　　　　선수금　　　　　　　10,000,000원　　　　부가세예수금　　　　　3,000,000원

03 부가가치세 신고와 부속서류 작성

[1] [부가가치세신고서]

구분		금액	세율	세액	구분		금액	세율	세액
과세표준및매출세액	세금계산서발급분	1	500,000,000	10/100	50,000,000	7.매출(예정신고누락분) 예정누락분 과세 세금계산서	33		10/100	
	매입자발행세금계산서	2		10/100		기타	34		10/100	
	신용카드·현금영수증발행분	3		10/100		영세 세금계산서	35		0/100	
	기타(정규영수증외매출분)	4				기타	36		0/100	
	영세 세금계산서발급분	5		0/100		합계	37			
	기타	6	50,000,000	0/100		12.매입(예정신고누락분)				
예정신고누락분		7				예정누락분 세금계산서	38	4,500,000		450,000
대손세액가감		8				그 밖의 공제매입세액	39			
합계		9	550,000,000	㉮	50,000,000	합계	40	4,500,000		450,000
매입세액	세금계산서수취분 일반매입	10	250,000,000		25,000,000	정누락분 신용카드매출 일반매입				
	수출기업수입분납부유예	10-1				수령금액합계 고정매입				
	고정자산매입	11				의제매입세액				
	예정신고누락분	12	4,500,000		450,000	재활용폐자원등매입세액				
	매입자발행세금계산서	13				과세사업전환매입세액				
	그 밖의 공제매입세액	14				재고매입세액				
	합계(10)-(10-1)+(11)+(12)+(13)+(14)	15	254,500,000		25,450,000	변제대손세액				
	공제받지못할매입세액	16	10,000,000		1,000,000	외국인관광객에대한환급세액				
	차감계 (15-16)	17	244,500,000	㉰	24,450,000	합계				
납부(환급)세액(매출세액㉮-매입세액㉰)				㉲	25,550,000	16.공제받지못할매입세액				
경감공제세액	그 밖의 경감·공제세액	18			10,000	공제받지못할매입세액	50	10,000,000		1,000,000
	신용카드매출전표등 발행공제등	19				공통매입세액면세등사업분	51			
	합계	20		㉳	10,000	대손처분받은세액	52			
소규모 개인사업자 부가가치세 감면세액		20-1		㉴		합계	53	10,000,000		1,000,000
예정신고미환급세액		21		㉵		18.그 밖의 경감·공제세액				
예정고지세액		22		㉶		전자신고 및 전자고지 세액공제	54			10,000
사업양수자의 대리납부 기납부세액		23		㉷		전자세금계산서발급세액공제	55			
매입자 납부특례 기납부세액		24		㉸		택시운송사업자경감세액	56			
신용카드업자의 대리납부 기납부세액		25		㉹		대리납부세액공제	57			
가산세액계		26		㉺		현금영수증사업자세액공제	58			
차가감하여 납부할세액(환급받을세액)㉲-㉳-㉴-㉵-㉶-㉷-㉸-㉹+㉺		27	25,540,000			기타	59			
총괄납부사업자가 납부할 세액(환급받을 세액)						합계	60			10,000

조회기간 2024 년 4 월 1 일 ~ 2024 년 6 월 30 일 신고구분 1.정기신고 신고차수 부가율 53.72 확정

일반과세 / 간이과세

[2] [신용카드매출전표발행금액집계표]

[3] 홈택스에서 전자신고

1. [부가가치세신고서] 및 관련 부속서류 마감 확인

2. 전자신고 데이터 F4제작 선택 → 신고년월, 1. 정기신고, 2. 납세자 자진신고, 회사코드 → 비밀번호 12341234 입력 후 확인

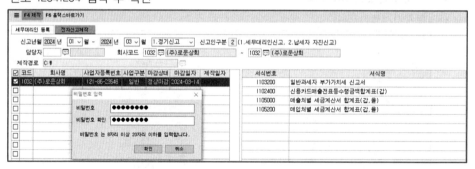

3. F6 홈택스바로가기 선택하기

① [찾아보기] → 파일 업로드 → 비밀번호 12341234 입력함

② **형식검증하기** → **형식검증결과확인** → **내용검증하기** → **내용검증결과확인** → **전자파일제출** 를 순서 대로 클릭함

③ 전자파일제출하기 → 닫기

04 결산자료입력

[1] 12월 31일

| (차) 외화환산손실 | 2,800,000원 | (대) 외상매출금(AAPL.CO.LTD) | 2,800,000원 |

[2] 12월 31일

| (차) 선급비용 | 300,000원 | (대) 보험료(판) | 300,000원 |

[3] 12월 31일

(차) 대손상각비	3,230,484원	(대) 대손충당금(109)	1,807,884원
기타의대손상각비	900,000원	대손충당금(111)	1,422,600원
		대손충당금(115)	900,000원
또는 (차) 대손상각비	3,230,484원	(대) 대손충당금(109)	1,807,884원
		대손충당금(111)	1,422,600원
(차) 기타의대손상각비	900,000원	(대) 대손충당금(115)	900,000원
또는 (차) 대손상각비	1,807,884원	(대) 대손충당금(109)	1,807,884원
(차) 대손상각비	1,422,600원	(대) 대손충당금(111)	1,422,600원
(차) 기타의대손상각비	900,000원	(대) 대손충당금(115)	900,000원

[4] 12월 31일

1. [결산자료입력] → •3).노무비 → 2).퇴직급여(전입액) 50,000,000원 입력 → F3 전표추가
   •4.판매비와일반관리비 → 2).퇴직급여(전입액) 100,000,000원 입력

2. 또는 [결산자료입력] → Ctrl F8 퇴직충당 → 퇴직급여추계액 → 508.퇴직급여 150,000,000원 입력과 806.퇴직급여 200,000,000원 입력 → 결산반영 → F3전표추가

3. 또는 일반전표입력

| (차) 퇴직급여(제) | 50,000,000원 | (대) 퇴직급여충당부채 | 150,000,000원 |
| 퇴직급여(판) | 100,000,000원 | | |

| 또는 (차) 퇴직급여(제) | 50,000,000원 | (대) 퇴직급여충당부채 | 50,000,000원 |
| (차) 퇴직급여(판) | 100,000,000원 | (대) 퇴직급여충당부채 | 100,000,000원 |

   • 퇴직급여(제) : 생산부 퇴직급여추계액 150,000,000원×100%−100,000,000원=50,000,000원
   • 퇴직급여(판) : 영업부 퇴직급여추계액 200,000,000원×100%−100,000,000원=100,000,000원

[5] 12월 31일

1. [결산자료입력] → 9.법인세등 → •1).선납세금 5,550,000원 입력 → F3전표추가
   •2).추가계상액 6,450,000원 입력

2. 또는 일반전표입력

(차) 법인세등	12,000,000원	(대) 선납세금	5,550,000원
		미지급세금	6,450,000원
또는 (차) 법인세등	5,550,000원	(대) 선납세금	5,550,000원
(차) 법인세등	6,450,000원	(대) 미지급세금	6,450,000원

05 원천징수

[1] [급여자료입력]과 [원천징수이행상황신고서]를 작성

1. 수당공제등록

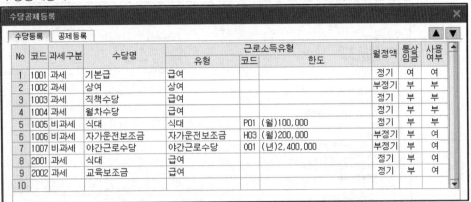

No	코드	과세구분	수당명	근로소득유형 유형	근로소득유형 코드	근로소득유형 한도	월정액	통상임금	사용여부
1	1001	과세	기본급	급여			정기	여	여
2	1002	과세	상여	상여			부정기	부	부
3	1003	과세	직책수당	급여			정기	부	부
4	1004	과세	월차수당	급여			정기	부	부
5	1005	비과세	식대	식대	P01	(월)100,000	정기	부	부
6	1006	비과세	자가운전보조금	자가운전보조금	H03	(월)200,000	부정기	부	여
7	1007	비과세	야간근로수당	야간근로수당	001	(년)2,400,000	부정기	부	여
8	2001	과세	식대	급여			정기	부	여
9	2002	과세	교육보조금	급여			정기	부	여
10									

2. 급여자료입력

귀속년월 2024년 05월 지급년월일 2024년 05월 31일 급여

사번	사원명	감면율
101	정희석	
102	김영식	

총인원(퇴사자) 2(0)

급여항목	금액
기본급	1,900,000
자가운전보조금	300,000
야간근로수당	200,000
식대	100,000
교육보조금	100,000
과 세	2,200,000
비 과 세	400,000
지 급 총 액	2,600,000

공제항목	금액
국민연금	99,000
건강보험	67,910
장기요양보험	8,790
고용보험	19,800
소득세(100%)	25,950
지방소득세	2,590
농특세	
공 제 총 액	224,040
차 인 지 급 액	2,375,960

3. 원천징수이행상황신고서

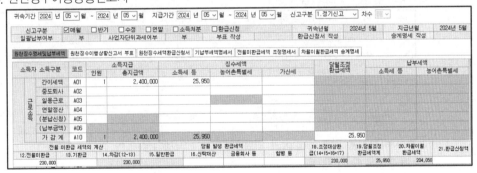

귀속기간 2024년 05월 ~ 2024년 05월 지급기간 2024년 05월 ~ 2024년 05월 신고구분 1.정기신고 차수

신고구분	☑매월 □반기 □수정 □연말 □소득처분 □환급신청	귀속년월 2024년 5월	지급년월 2024년 5월
일괄납부여부	부 사업자단위과세여부 부 부표 작성	환급신청서 작성	승계명세 작성

소득자 소득구분		코드	소득지급 인원	소득지급 총지급액	징수세액 소득세 등	징수세액 농어촌특별세	징수세액 가산세	당월조정 환급세액	납부세액 소득세 등	납부세액 농어촌특별세
근로소득	간이세액	A01	1	2,400,000	25,950					
	중도퇴사	A02								
	일용근로	A03								
	연말정산	A04								
	(분납신청)	A05								
	(납부금액)	A06								
	가 감 계	A10	1	2,400,000	25,950			25,950		

전월 미환급 세액의 계산				당월 발생 환급세액				18.조정대상환급(14+15+16+17)	19.당월조정환급세액계	20.차월이월환급세액	21.환급신청액
12.전월미환급	13.기환급	14.차감(12-13)	15.일반환급	16.신탁재산	금융회사 등	합병 등					
230,000		230,000						230,000	25,950	204,050	

[2] [연말정산추가자료입력] 메뉴의 [부양가족] 탭을 수정하고, [연금저축] 탭과 [연말정산입력] 탭, [의료비지급명세서]를 작성

1. [소득명세] 탭

구분		합계	주(현)	납세조합	종(전)[1/2]
소득명세	9.근무처명		(주)로운상회		(주)진성상사
	9-1.종교관련 종사자		부		부
	10.사업자등록번호		121-86-23546	---_--_-----	405-81-65449
	11.근무기간		2024-01-01 ~ 2024-12-31	~	2024-01-01 ~ 2024-06-20
	12.감면기간		~	~	~
	13-1.급여(급여자료입력)	25,200,000	13,200,000		12,000,000
	13-2.비과세한도초과액				
	13-3.과세대상추가(인정상여추가)				
	14.상여				
	15.인정상여				
	15-1.주식매수선택권행사이익				
	15-2.우리사주조합 인출금				
	15-3.임원퇴직소득금액한도초과액				
	15-4.직무발명보상금				
	16.계	25,200,000	13,200,000		12,000,000
공제보험료명세	직장 건강보험료(직장)(33)	872,940	461,340		411,600
	장기요양보험료(33)	103,980	56,580		47,400
	고용보험료(33)	201,600	105,600		96,000
	국민연금보험료(31)	1,134,000	594,000		540,000
	공적연금보험료 공무원연금(32)				
	군인연금(32)				
	사립학교교직원연금(32)				
	별정우체국연금(32)				
세액명세	기납부세액 소득세	255,700	155,700		100,000
	지방소득세	25,540	15,540		10,000
	농어촌특별세				
	납부특례세액 소득세				
	지방소득세				
	농어촌특별세				

2. [의료비] 탭 : 의료지급명세서

2024년 의료비 지급명세서

의료비 공제대상자				지급처			지급명세						14.산후조리원
성명	내/외	5.주민등록번호	6.본인등해당여부	9.증빙코드	8.상호	7.사업자등록번호	10.건수	11.금액	11-1.실손보험수령액	12.미숙아선천성이상아	13.난임여부	
김영식	내	780102-1245121	1	0	1				1,500,000		X	X	X
김영식	내	780102-1245121	1	0	5			1	500,000		X	X	X
					합계			1	2,000,000				
일반의료비(본인)		2,000,000	6세이하,65세이상인건강보험산정특례자장애인			일반의료비(그 외)			난임시술비				
									미숙아.선천성이상아				

※ 시력보정용 안경 구입비의 의료증빙코드 : 국세청장 또는 기타영수증

3. [연금저축 등 I] 탭

2 연금계좌 세액공제 - 연금저축계좌(연말정산입력 탭의 38.개인연금저축, 60.연금저축) [크게보기]

연금저축구분	코드	금융회사 등	계좌번호(증권번호)	납입금액	공제대상금액	소득/세액공제액
1.개인연금저축	305	KEB 하나은행(구. 주식회사	243-610750-72208	1,200,000		480,000
개인연금저축				1,200,000		480,000
연금저축						

4. [월세액] 탭

| 소득명세 | 부양가족 | 신용카드 등 | 의료비 | 기부금 | 연금저축 등I | 연금저축 등II | 월세액 | 연말정산입력 |

| 1 | 월세액 세액공제 명세(연말정산입력 탭의 70.월세액) | | | | | | | | | | 크게보기 |

임대인명 (상호)	주민등록번호 (사업자번호)	유형	계약 면적(㎡)	임대차계약서 상 주소지	계약서상 임대차 계약기간			연간 월세액	공제대상금액	세액공제금액
					개시일	~	종료일			
김서민	771031-1028559	다가구	50.00	부산시 해운대구 우동 10번지	2024-01-01	~	2024-12-31	3,600,000	3,600,000	134,092

5. [신용카드 등] 탭 → 신용카드등사용금액 소득공제

	성명 생년월일	자료 구분	신용카드	직불,선불	현금영수증	도서등 신용	도서등 직불	도서등 현금	전통시장	대중교통	소비증가분	
											2023년	2024년
☐	김영식	국세청	8,500,000	3,600,000	50,000							12,150,000
☐	1978-01-02	기타										

6. 보험료세액공제 : [부양가족] 탭 → 김영식 선택 → 국세청(일반보장성)에 입력한다.

자료구분	보험료			
	건강	고용	일반보장성	장애인전용
국세청			1,600,000	
기타	976,920	201,600		

- 보험료 지출액 : 1,600,000원 또는 1,000,000원

7. 교육비세액공제 : [부양가족] 탭 → 김영식 선택 → 국세청(일반)에 입력한다.

교육비		
일반		장애인특수
6,000,000	4.본인	

8. 모든 자료를 입력한 후 [F8 부양가족 탭 불러오기]를 선택하여 각 세액공제가 반영되도록 한다.

| 소득명세 | 부양가족 | 신용카드 등 | 의료비 | 기부금 | 연금저축 등Ⅰ | 연금저축 등Ⅱ | 월세액 | 연말정산입력 |

정산(지급)년월 2025 년 2 월 귀속기간 2024 년 1 월 1 일 ~ 2024 년 12 월 31 일 영수일자 2025 년 2 월 28 일

구분		지출액	공제금액	구분		지출액	공제대상금액	공제금액
21.총급여			25,200,000	49.종합소득 과세표준				9,237,480
22.근로소득공제			9,030,000	50.산출세액				554,248
23.근로소득금액			16,170,000	51.「소득세법」 ▶				
기본공제	24.본인		1,500,000	세액감면	52.「조세특례제한법」(53제외) ▶			
	25.배우자				53.「조세특례제한법」제30조 ▶			
종합소득공제	26.부양가족 (명)				54.조세조약 ▶			
	27.경로우대 (명)				55.세액감면 계			
	28.장애인 (명)				56.근로소득 세액공제			304,836
	29.부녀자				57.자녀 ㉮자녀 (명)			
	30.한부모가족				세액공제 ㉯ 출산.입양 (명)			
연금보험료공제	31.국민연금보험료	1,134,000	1,134,000	연금계좌	58.과학기술공제			
	32. 공적연금 공무원연금				59.근로자퇴직연금			
	군인연금				60.연금저축			
	사립학교교직원				60-1.ISA연금계좌전환			
	별정우체국연금								
특별소득공제	33.보험료	1,178,520	1,178,520	특별세액공제	61.보장 일반	1,600,000	1,600,000	1,000,000	120,000
	건강보험료	976,920	976,920		성보험 장애인				
	고용보험료	201,600	201,600		62.의료비	2,000,000	2,000,000	1,244,000	129,412
	34.주택차입금 대출기관				63.교육비	6,000,000	6,000,000	6,000,000	
	원리금상환액 거주자				64.기부금				
	34.장기주택저당차입금이자상				1)정치자금 10만원이하				
	35.기부금-2013년이전이월분				기부금 10만원초과				
	36.특별소득공제 계		1,178,520		2)고향사랑 10만원이하				
37.차감소득금액			12,357,480		기부금 10만원초과				
38.개인연금저축		1,200,000	480,000		3)특례기부금(전액)				
그밖의소득공제	39.소기업,소상 2015년이전가입				4)우리사주조합기부금				
	공인 공제부금 2016년이후가입				5)일반기부금(종교단체외)				
	40.주택 청약저축				6)일반기부금(종교단체)				
	마련저축 주택청약				65.특별세액공제 계				249,412
	소득공제 근로자주택마련				66.표준세액공제				
	41.투자조합출자 등 소득공제								
	42.신용카드 등 사용액	12,150,000	2,640,000	67.납세조합공제				
	43.우리사주조합 일반 등			68.주택차입금				
소득공제	출연금 벤처 등			69.외국납부 ▶				
	44.고용유지중소기업근로자			70.월세액		3,600,000	3,600,000	
	45.장기집합투자증권저축			71.세액공제 계				554,248
	46.청년형장기집합투자증권저축			72.결정세액((50)-(55)-(71))				
	47.그 밖의 소득공제 계		3,120,000	82.실효세율(%) [(72/21)]X100				
48.소득공제 종합한도 초과액 ▶								

구분		소득세	지방소득세	농어촌특별세	계
73.결정세액					
기납부 세액	74.종(전)근무지	100,000	10,000		110,000
	75.주(현)근무지	155,700	15,540		171,240
76.납부특례세액					
77.차감징수세액		-255,700	-25,540		-281,240

저자 소개

✎ 공경태

약력

- 충북대학교 일반대학원 회계학과 경영학박사(세무회계 전공)
- 서울디지털대학교 세무회계학과 교수
- 한국산업인력공단 과정평가형(사무자동화산업기사/전산회계운용사) 국가기술자격 시험출제위원 및 외부심사평가위원
- 한국생산성본부 ERP 정보관리사 시험출제위원

- 한국공인회계사회 FAT/TAT 시험출제 및 선정위원, 채점위원장
- 전국상업경진대회 시험출제 및 감수위원
- 직업훈련교사 회계 1급, ERP 정보관리사 1급(인사 · 회계 · 생산 · 물류), 전산세무 1급, TAT 1급 등 다수 자격증 보유

저서

- 독공 전산회계 1,2급 (박문각출판)
- 독공 전산세무 1,2급 (박문각출판)

- 독공 TAT(세무실무) 1,2급 (박문각출판)
- 독공 FAT(회계실무) 1,2급 (박문각출판)

✎ 정혜숙

약력

- 충북대학교 일반대학원 회계학과 경영학 석사(회계학 전공)
- 한국기술교육대학교 직업능력개발원 전공역량보수교육 교수
- 한국산업인력공단 과정평가형(전산회계운용사) 국가기술자격 시험출제위원 및 외부심사평가위원
- 한국생산성본부 ERP 정보관리사 시험출제위원

- 전국상업경진대회 시험출제 및 감수위원
- 한국세무사회 자격시험 T/F위원
- 성결대학교 교양학부, 대한상공회의소 인천인력개발원 외 다수 강의
- 에듀윌, EBS 플러스2 교육방송 ERP 정보관리사 생산 · 물류, AT자격시험 온라인 강의

저서

- 독공 전산회계 1,2급 (박문각출판)
- 독공 전산세무 1,2급 (박문각출판)

- 독공 TAT(세무실무) 1,2급 (박문각출판)
- 독공 FAT(회계실무) 1,2급 (박문각출판)

✎ 박병규

약력

- 수원대학교 회계학과 졸업
- 인성회계직업전문학원 대표 회계강사
- 직업능력개발교사(회계, 재무, 생산관리, 일반판매, e-비지니스)

- 전산회계운용사 1급, 전산세무 1급, TAT(세무정보처리) 1급, ERP 정보관리사 1급(인사 · 회계 · 생산 · 물류) 등 자격증 보유

저서

- 독공 전산회계 1,2급 (박문각출판)
- 독공 전산세무 1,2급 (박문각출판)

- 독공 FAT(회계실무) 1,2급 (박문각출판)
- 독공 TAT(세무실무) 1,2급 (박문각출판)

수상내역

- 2022년 직업능력의 달 "국무총리 표창장"
- 제22회 전국 전산회계 경진대회 표창장

- 제21회 전국 전산회계 경진대회 표창장
- 제8회 공인회계사회 TAT 2급 "AT Award 표창장"

✎ 김현상

약력

- 회계학 박사
- 두풍회계직업전문학교 학장
- 대구대학교 겸임교수

- 선린대학교 겸임교수
- 동국대학교, 울산대학교 출강
- 한국회계학회, 한국전산회계학회, 한국산업정보학회 회원

저서 및 논문

- 독공 전산회계 1,2급 (박문각출판)
- 독공 전산세무 1,2급 (박문각출판)
- 독공 FAT(회계실무) 1,2급 (박문각출판)
- 독공 TAT(세무실무) 1,2급 (박문각출판)
- 김현상의 회계실무강좌 (경영과 회계)
- 월별세무업무 실무해설 (경영과 회계)
- 기업회계와 세무회계실무해설 (경영과 회계)
- 생활속의 세금이야기 생활세금 (경영과 회계)

- ERP 실무 -ERP실무2급용 핵심ERP (도서출판 글로벌)
- 개인의 성격유형이 ERP수용에 미치는 영향에 관한 탐색적 연구 (한국산업정보학회 최우수논문상)
- 회계처리 형태에 따른 회계정보 활용에 관한 연구 (한국전산회계학회 전산회계연구)
- ERP 시스템의 내부통제와 품질요인의 관계에 관한 연구 (한국전산회계학회)

상훈사항

- 직업훈련기관 대표 고용노동부장관 표창

✎ 강만성

약력

- 전주대학교 경상대학 졸업(회계학 전공)
- 한길이알피전산회계학원 원장 겸 대표강사(회계,세무)

- 前 대영직업전문학교 전산세무 전임강사, 논산세일센터 전임강사(회계), 前 익산세일센터 전임강사(세무)

저서

- 독공 전산회계 1,2급 (박문각출판)
- 독공 전산세무 1,2급 (박문각출판)

- 독공 FAT(회계실무) 1,2급 (박문각출판)
- 독공 TAT(세무실무) 1,2급 (박문각출판)

박문각 자격증
전산세무 2급

독공 **독하게 공부하자**

제3판 인쇄 2024. 5. 16. | **제3판 발행** 2024. 5. 20. | **편저자** 공경태, 정혜숙, 김현상, 박병규, 강만성
발행인 박 용 | **발행처** (주)박문각출판 | **등록** 2015년 4월 29일 제2015-000104호
주소 06654 서울시 서초구 효령로 283 서경 B/D 4층 | **팩스** (02)723-6870
전화 교재 문의 (02)723-6869

저자와의
협의하에
인지생략

정가 26,000원
ISBN 979-11-6987-869-2